INGENIERIA FINANCIERA

La gestión en los mercados financieros internacionales

Segunda edición

Serie McGraw-Hill de Management

COORDINADOR

José Carlos Jarillo Mossi
IMD. Lausanne (Suiza)

CONSULTORES EDITORIALES

Diego del Alcázar Silvela
Director del Instituto de Empresa
Madrid

Josep Chias
Presidente de Marketing Systems y Profesor de Marketing de ESADE
Barcelona

Pedro Nueno Iniesta
Vicepresidente de la European Foundation for Management de Bruselas
y Profesor del IESE. Barcelona

INGENIERIA FINANCIERA

La gestión en los mercados financieros internacionales

Segunda edición

**LUIS DIEZ DE CASTRO
JUAN MASCAREÑAS PEREZ-IÑIGO**

Catedráticos de Economía Financiera
Universidad Complutense de Madrid

McGraw-Hill

MADRID • BUENOS AIRES • CARACAS • GUATEMALA • LISBOA • MEXICO
NUEVA YORK • PANAMA • SAN JUAN • SANTAFE DE BOGOTA • SANTIAGO • SAO PAULO
AUCKLAND • HAMBURGO • LONDRES • MILAN • MONTREAL • NUEVA DELHI • PARIS
SAN FRANCISCO • SIDNEY • SINGAPUR • ST. LOUIS • TOKIO • TORONTO

INGENIERIA FINANCIERA. Segunda edición

No está permitida la reproducción total o parcial de este libro, ni su tratamiento informático, ni la transmisión de ninguna forma o por cualquier medio, ya sea electrónico, mecánico, por fotocopia, por registro u otros métodos, sin el permiso previo y por escrito de los titulares del Copyright.

DERECHOS RESERVADOS © 1994, respecto a la segunda edición en español por
McGRAW-HILL/INTERAMERICANA DE ESPAÑA, S. A. U.
Edificio Valrealty, 1.ª planta
Basauri, 17
28023 Aravaca (Madrid)

ISBN: 84-481-1854-5
Depósito legal: M. 28.955-1998

Cubierta: Estudio F. Piñuela
Compuesto en: FER Fotocomposición, S. A.
Impreso en: EDIGRAFOS, S. A.

IMPRESO EN ESPAÑA - PRINTED IN SPAIN

A nuestro maestro
Andrés-Santiago Suárez Suárez

Contenido

1. El Sistema Monetario Internacional **1**

    1.1. Necesidad de un sistema monetario 1
    1.2. El sistema del patrón-oro 2
    1.3. El sistema de patrón de cambios-oro 3
    1.4. El sistema de patrón de cambios-dólar 4
    1.5. Los Derechos Especiales de Giro (DEG) 6
    De aquí en adelante 10
    Bibliografía 10

2. El Sistema Monetario Europeo **13**

    2.1. Antecedentes 13
    2.2. Los componentes del SME: El compromiso cambiario 14
    2.3. El ECU 17
    2.4. El FECOM 22
    2.5. El ECU y la empresa 23
    2.6. El futuro del SME 23
    De aquí en adelante 24
    Bibliografía 24

3. El Mercado de Divisas **27**

    3.1. Introducción 27
    3.2. El tipo de cambio 31
    3.3. Los billetes de banco 34
    3.4. Operaciones al contado y a plazo 35
    3.5. El arbitraje 38
    3.6. El riesgo de cambio 40
    De aquí en adelante 43
    Bibliografía 43
    Ejercicios 43

4. El Ajuste del tipo de cambio **45**

    4.1. Introducción 45
    4.2. Teoría de la paridad del poder adquisitivo 47

ix

x   Contenido

    4.3. Teoría de la paridad de los tipos de interés 50
    4.4. Teoría cerrada o «efecto Fisher» 55
    4.5. Teoría de las expectativas 56
    4.6. Efecto Fisher internacional 57
    De aquí en adelante 59
    Bibliografía 59
    Ejercicios 60

5. El Mercado Internacional de Créditos **63**

    5.1. Introducción 63
    5.2. Eurocréditos y eurodivisas 63
    5.3. Características de los créditos internacionales 64
    5.4. La estructura de los créditos sindicados 67
    5.5. El coste efectivo del crédito internacional 67
    De aquí en adelante 69
    Bibliografía 69

6. El Mercado Internacional de Obligaciones **71**

    6.1. Introducción 71
    6.2. Características 71
    6.3. Ventajas 74
    6.4. Los bonos *matador* 75
    6.5. Los FRNs (*Floating Rates Notes*) 77
    6.6. ECP (*Eurocommercial papers*) 81
    6.7. Euronotas (*Euronotes*) 83
    6.8. El riesgo de insolvencia y la calificación de los prestatarios 85
    De aquí en adelante 88
    Bibliografía 88
    Ejercicios 89

7. El Mercado Internacional de Acciones **91**

    7.1. Introducción 91
    7.2. Particularidades: el rendimiento 92
    7.3. Particularidades: el riesgo 93
    7.4. El Modelo de Valoración de Activos Financieros (CAPM) 100
    7.5. La Teoría de la Valoración por Arbitraje (APT) 115
    7.6. La gestión de las carteras internacionales 117
    De aquí en adelante 120
    Bibliografía 120
    Ejercicios 121

8. Opciones I: Introducción **125**

    8.1. Introducción 125
    8.2. El mercado de opciones 126
    8.3. Descripción de las opciones 127
    8.4. Opciones de compra (*call options*) 131
    8.5. Opciones de venta (*put options*) 137

8.6.	Estrategias simples sintéticas	140
8.7.	Estrategias complejas: *Straddle, Strip* y *Strap*	143
8.8.	Estrategias en la utilización de las opciones: Los diferenciales o *spreads*	147
8.9.	Uso de las opciones para reducir el riesgo	155
	De aquí en adelante	159
	Bibliografía	160
	Ejercicios	162

9. Opciones II: Valoración ... **165**

9.1.	Introducción	165
9.2.	Factores que determinan el precio de una opción	167
9.3.	Los límites del arbitraje con opciones	171
9.4.	El método binomial de valoración de opciones	177
9.5.	El modelo de Black y Scholes	184
9.6.	La sensibilidad del precio de la opción	189
9.7.	Evidencia empírica de la expresión de Black y Scholes	196
	De aquí en adelante	196
	Bibliografía	197
	Ejercicios	197
	Apéndice A: Modelo de Hoja de Cálculo para la resolución del modelo de Black y Scholes	200

10. Opciones III: Otros tipos de opciones ... **203**

10.1.	Opciones sobre divisas	203
10.2.	Opciones sobre índices	214
10.3.	Opciones sobre futuros de tipos de interés	220
10.4.	Opciones exóticas	223
	De aquí en adelante	226
	Bibliografía	227
	Ejercicios	228

11. Futuros Financieros ... **231**

11.1.	El contrato de futuros financieros	231
11.2.	La Cámara de compensación (*clearing house*)	236
11.3.	Características de los contratos de futuros	239
11.4.	La paridad entre el precio del futuro y el de contado	245
11.5.	La base	246
11.6.	Diferenciales (*spreads*)	249
11.7.	Clases de futuros financieros	251
	De aquí en adelante	260
	Bibliografía	261
	Ejercicios	263

12. Futuros Financieros II: La cobertura del riesgo ... **265**

12.1.	Concepto de cobertura	265
12.2.	La cobertura y la base	266
12.3.	La determinación del ratio de cobertura	269

12.4. La cobertura de los tipos de interés a corto plazo 276
12.5. La medida del comportamiento de la cobertura 282
12.6. Las imperfecciones de la cobertura: el riesgo residual 283
12.7. Ejemplo 286
De aquí en adelante 287
Bibliografía 287
Ejercicios 288

13. Permuta financiera I: *Swap* de intereses 291

13.1. Introducción 291
13.2. *Swap* de tipos de interés 293
13.3. Los mecanismos de un *swap* de intereses 297
13.4. El riesgo en las operaciones *swap* 302
13.5. Ventajas y limitaciones 307
13.6. La cancelación de un *swap* de intereses 308
13.7. La *swapción* 310
13.8. Otras clases de *swaps* sobre tipos de interés 317
De aquí en adelante 323
Bibliografía 324
Ejercicios 325
Apéndice A: El cálculo del valor de un contrato *swap* 328
Apéndice B: Contrato marco de permuta financiera de intereses en pesetas «SWAPCEMM» 332

14. Permuta financiera II: *Swap* de divisas y *swap* de activos 345

14.1. Introducción 345
14.2. *Swap* de divisas (*currency swap*) 347
14.3. Ejemplos de *swaps* de divisas 348
14.4. Otras clases de *swaps* de divisas 354
14.5. Ventajas y limitaciones 356
14.6. La valoración de un *swap* de divisas 356
14.7. *Swap* de activos (*asset swaps*) 358
14.8. *Swaps* de acciones (*equity swaps*) 361
De aquí en adelante 362
Bibliografía 363
Ejercicios 363

15. Permuta financiera III: La deuda externa y los *swaps* deuda/capital
(Autora: Sara González Fernández) 365

15.1. La deuda externa y la financiación internacional 365
15.2. Técnicas de reprogramación de la deuda externa 367
15.3. *Swaps* de deuda externa 368
15.4. Menú de opciones 374
Bibliografía 377

16. Otros productos financieros de cobertura del riesgo 379

16.1. La gestión del riesgo 379
16.2. FRA (*forward rate agreement*) 381

16.3.	FXA (*forward exchange agreement*)	387
16.4.	*Caps*	390
16.5.	*Floor*	394
16.6.	*Collar*	396
16.7.	El *Corridor*	400
16.8.	Acuerdo participativo sobre tipos de interés (*participating interest rate agreement – PIRA*)	401
16.9.	El cilindro (*cylinder*)	402
16.10.	Contrato a plazo participativo (*participating forward contract*)	403
	De aquí en adelante	405
	Bibliografía	405
	Ejercicios	406
	Apéndice A: La valoración de un *cap*	409
	Apéndice B: Estudio de un caso práctico sobre los *caps* y *collars* como alternativas a los *swaps* de tipos de interés	411
	Apéndice C: Contrato marco FRACEMM	414

17. Ingeniería Financiera **421**

17.1.	Concepto	421
17.2.	Los instrumentos y operaciones simples	425
17.3.	Ingeniería Financiera	431
17.4.	Operaciones complejas de Ingeniería Financiera	434
17.5.	La definición del perfil de riesgo de la empresa	441
17.6.	Situación actual y perspectivas futuras de la Ingeniería Financiera	445
	De aquí en adelante	447
	Bibliografía	447

Bibliografía General **449**

Indice analítico **461**

Introducción
a la segunda edición

Hace unos dos años y medio que publicamos la primera edición de Ingeniería Financiera y aun a pesar de que el tema sólo es interesante para unas cuantas personas que trabajan o estudian en el ámbito de las finanzas, hemos de decir que se han realizado varias reimpresiones de la primera edición que han tenido como destino todos los países de habla hispana. Este éxito nos ha animado a realizar una segunda edición donde hemos revisado, cambiado, actualizado y ampliado bastantes conceptos e ideas de las mostradas en la primera de ellas.

Durante estos pocos años la *ingeniería financiera* ha seguido desarrollándose a lo largo y ancho de nuestro mundo, tanto es así, que en algunos casos (en España, por ejemplo) en medios periodísticos se le da un sentido peyorativo, cuando ella no trata más que de la construcción y desarrollo de productos financieros centrados, principalmente, en el uso combinado de las opciones, futuros, contratos a plazo y permutas financieras. A lo largo de nuestro mundo (sobre todo en las áreas de habla inglesa y francesa) cada vez han ido apareciendo más obras sobre finanzas tituladas *ingeniería financiera*, lo que nos llena de orgullo puesto que creemos que la edición de nuestra obra fue la primera en lengua española que adoptó tal nombre y la tercera en el mundo.

Pero volviendo al libro vamos a hacer un somero repaso de las principales modificaciones con respecto a la edición anterior. Vaya por delante la introducción de la sección de «ejercicios» en una gran parte de los capítulos cuyo objetivo es la mejor comprensión por parte del lector de lo expuesto en la parte teórica. Se ha mantenido la sección «de aquí en adelante» que tanto éxito ha tenido en nuestros lectores puesto que les permite profundizar sobre el tema tratado.

Los dos capítulos iniciales dedicados al Sistema Monetario Internacional y al Sistema Monetario Europeo se han mejorado, sobre todo en el caso de este último que se ha ampliado con nuevos epígrafes aunque no hay que perder de vista la delicada situación que en el momento de escribir estas líneas está atravesando el SME y la Unión Económica y Monetaria de los países integrantes de la Unión Europea. En ambos capítulos se ha contado con la inestimable ayuda de nuestra compañera Sara González Fernández, Profesora Titular de Economía Internacional en la Universidad Complutense de Madrid.

El capítulo dedicado al mercado de divisas ha sido completamente reelaborado ampliando los epígrafes ya existentes e incluyendo uno sobre el riesgo de cambio. También se ha reescrito el capítulo dedicado al ajuste del tipo de cambio dónde se hace un mayor hincapié en las teorías existentes sobre el comportamiento del tipo de cambio.

En la ampliación de los capítulos dedicados a los mercados internacionales de créditos y obligaciones hemos contado con la ayuda de Joaquín López Pascual. Se ha ampliado y reelaborado el capítulo que hace referencia al mercado internacional de acciones, en el que se ha incluido más profusamente el tratamiento del riesgo a través de la teoría de carteras, del modelo de valoración de activos financieros y de la teoría de la valoración por arbitraje. Para terminar el capítulo con una introducción a la inversión, diversificación y análisis de resultados de las inversiones internacionales.

Los tres capítulos dedicados al estudio de las opciones financieras (los numerados como 8, 9 y 10) han sufrido grandes alteraciones. Para empezar, el primero de ellos se ha convertido en un capítulo introductorio al estudio de las opciones en general, por lo que se recomienda a aquellas personas que sólo quieran conocerlas a un nivel simple. El segundo trata exclusivamente de la valoración de opciones, por lo que es recomendable para los que quieran profundizar algo en su estudio. Mientras que el tercero, que es una profundización de los anteriores, se refiere a los diversos tipos de opciones financieras: índices, divisas, futuros sobre tipos de interés y opciones exóticas (asiáticas, *lookbacks*, etc.).

Los capítulos referentes a los contratos de futuros se han reelaborado ligeramente para mejorar la exposición de los mismos, haciendo un poco más de inflexión en la valoración de dichos contratos y en su utilización como instrumento de cobertura.

El Capítulo 13 dedicado a las permutas financieras sobre tipos de interés se ha reelaborado completamente con vistas a una mejor comprensión de la mecánica de los *swaps*, de su valoración, de su cancelación y de los productos derivados de los mismos como, por ejemplo, la *swapción*. El Capítulo 14 se ha ampliado ligeramente con idea de mejorar la comprensión de los temas expuestos en el mismo. Se ha modificado ligeramente el Capítulo 15 dedicado a los *swaps* deuda/capital que ha sido elaborado por Sara González.

El Capítulo 16 dedicado a otros productos de cobertura se ha ampliado para mejorar la exposición sobre los mismos. También se ha incluido un nuevo apéndice dedicado a la valoración de los *caps*. En cuanto al Capítulo 17 se ha modificado ligeramente.

Por último, se observará que el Capítulo 18 de la primera edición, dedicado a las compras apalancadas de empresas (*leveraged buy outs*) se ha eliminado de esta edición. Si el lector deseara consultar dicho tema le remitimos al libro de Juan Mascareñas: *Manual de Fusiones y Adquisiciones de Empresas*, editado por McGraw-Hill.

Sólo nos resta agradecer a nuestros compañeros del Departamento de Economía y Administración Financiera de la Empresa de la Universidad Complutense sus consejos sobre diversas partes del libro, así como a los colegas de otras Universidades que nos han hecho llegar sus sugerencias y, por supuesto, a nuestros alumnos de la Licenciatura de Empresariales y del Master en Gestión Financiera, que han sido los responsables directos del nacimiento de esta segunda edición con sus continuas preguntas, ideas y sugerencias. A todos ellos muchas gracias. Nuestro agradecimiento a esta gran editorial que es McGraw-Hill por seguir confiando en nuestro trabajo y continuar difundiendo nuestras ideas.

Noviembre de 1993
Luis Díez de Castro
Juan Mascareñas

1
El Sistema Monetario Internacional

1.1. NECESIDAD DE UN SISTEMA MONETARIO

La necesidad del Sistema Monetario Internacional surge al aparecer la moneda como medio de pago. A partir del momento en que se empieza a desechar como tal el uso de los bienes (1870), se comienza a generalizar la utilización del papel moneda. En el instante en que éste último se utiliza para realizar pagos al exterior aparece la necesidad de contar con unas reglas de valoración de esas monedas.

El *Sistema Monetario Internacional* (SMI) no es otra cosa que el conjunto de reglas, acuerdos, leyes e instituciones que regulan el transvase de los flujos monetarios entre países.

Un sistema monetario es necesario porque las relaciones monetarias entre los países se han de llevar a cabo en un entorno cierto, exento de incertidumbre, o lo menos incierto posible. En toda relación económica existe la incertidumbre, pero cuando ésta llega a alcanzar unos determinados límites superiores, esas relaciones no se llevan a cabo, es decir, no se está dispuesto a asumir un riesgo muy elevado.

Lo que se exige a un sistema monetario es que, por lo menos, establezca una serie de normas dentro de las cuales se van a desarrollar los intercambios financieros y que esas normas o reglas sean aceptadas por todos (tengan efectividad), así como que perduren en el tiempo, eliminando parte de la incertidumbre.

Una de las normas más importantes *es la que regula el valor de las monedas*. Cuando se realiza el intercambio de unas monedas por otras se necesita un sistema que establezca cuál es el procedimiento por el que se valoran unas monedas en términos de las otras.

Esto es todavía más necesario en el caso de que se concedan créditos de un país a otro o se aplacen pagos. En estos casos, se hace imprescindible que, tanto el que tiene que cobrar como el que tiene que pagar, sepan de antemano cómo van a ser valoradas sus monedas en el momento futuro, cómo va a ser efectuado su cobro o su pago, en qué condiciones y si podrá, o no, llevarlo a cabo.

Las normas no siempre han sido acordadas previamente por los participantes en los sistemas que han estado vigentes en los sucesivos períodos sino que ha sido la práctica continuada lo que les ha dado una aceptación generalizada.

1.2. EL SISTEMA DEL PATRON-ORO

La época que se inicia, alrededor de 1870, se conoce como *época del patrón-oro clásico* porque en aquél momento la moneda que se utilizaba no era otra cosa que resguardos o certificados de depósitos de oro. Resguardos que daban al poseedor el derecho a retirar del banco la cantidad de oro que reflejaba cada billete, es decir, se producía la plena convertibilidad de cada moneda en oro. Como es lógico, existía una relación entre una unidad monetaria y una determinada cantidad de oro. De tal manera, que en dicha época la *unidad de cuenta* era el oro puesto que cada moneda tenía un valor o contenido en dicho metal.

La relación de cambio entre las monedas estaba directamente relacionada con el contenido en oro de las mismas.

$$A \longrightarrow 1 \text{ onza de oro}$$
$$B \longrightarrow 2 \text{ onzas de oro}$$

Relación de cambio: $2A = B$

El *tipo de cambio* era en principio un tipo fijo, puesto que los contenidos de oro de las monedas también eran fijos. Sin embargo, existía la posibilidad de fluctuación alrededor del valor de equivalencia directa. Eso se debía al coste del transporte del oro, de manera que podría ocurrir que en vez de $2A = B$ nos diesen algo más de B, por ejemplo, $2A = 1,05B$. Pero para materializar esa hipotética ganancia habría que ir al banco emisor de la moneda B y retirar del mismo el oro correspondiente.

La posible ventaja de ese desajuste de cambios sólo sería rentable si esa cantidad de oro adicional que se recibe fuese superior al coste de ir a buscar y transportar el oro. Si fuese inferior, el tipo de cambio se podrá mantener, puesto que a nadie le interesaría ir en su búsqueda.

Estas variaciones que se derivan del coste del transporte del oro se denominan *puntos oro*, (punto de compra de oro y punto de venta de oro) y es la fluctuación que se permite sobre el tipo de cambio fijo.

En principio, este sistema funcionaba bastante bien al ser muy simple y no presentar problemas en su mecánica. Desde el punto de vista económico tenía una ventaja fundamental: la constancia en el valor de las monedas. El que tenía una deuda sabía exactamente qué cantidad iba a tener que devolver, es decir, daba una seguridad sobre las cantidades a pagar o cobrar, lo que hacía de él un sistema muy estable.

Ahora bien, el sistema del patrón-oro clásico adolece de serios inconvenientes:

- Beneficia a los países poseedores de oro, que son los que en un principio pueden emitir dinero en cantidades abundantes.

- Estimula el desequilibrio inicial entre países que tienen oro y los que no lo tienen; aunque con el tiempo el sistema tiende a ajustarse al ir adquiriendo dicho metal estos últimos países.
- La cantidad de dinero en circulación está limitada por la cantidad de oro existente. No hay más cantidad de dinero que la cantidad de oro. En un principio el sistema funciona, la masa monetaria (M) es suficiente para pagar las transacciones internacionales que se realizan, pero a medida que el comercio y las economías nacionales se desarrollan, M se vuelve insuficiente para hacer frente a los cobros y pagos derivados de dichas transacciones.
- La falta de liquidez provoca un aumento de la deflación y de los desequilibrios que afectan a cada economía nacional.

Esta es la razón por la que el sistema evoluciona, a partir de 1922, hacia otro denominado *sistema de patrón de cambios-oro*, que abarcará desde 1922 hasta 1944.

1.3. EL SISTEMA DE PATRON DE CAMBIOS-ORO

La evolución que sufre el SMI trata de aumentar la cantidad de medios de pago en circulación. Como esto no se podrá realizar a través del aumento del oro, se hace a través del aumento de una moneda, la libra esterlina (£), que pasa a ser aceptada con carácter general, aunque el Banco de Inglaterra emita una mayor cantidad de billetes que los depósitos en oro que posee.

Este sistema se basa en la confianza en estos billetes, aunque se sabe que no todos ellos pueden ser canjeados por oro. El contenido nominal en oro de la libra se mantiene y el poseedor de los billetes tiene el derecho a cambiarlos por dicho metal. La unidad de cuenta en la mayoría de los países pasa a ser la libra y, directa o indirectamente, el oro sigue siendo la *unidad de referencia*. La regla de fluctuación sigue siendo la de los *puntos oro* y el tipo de cambio fijo.

La razón del buen funcionamiento de este sistema radica en la aceptación por parte de los usuarios de la moneda patrón. Y en el período de referencia ello era así porque en esa época el 90% del comercio internacional se realizaba a través de Inglaterra, lo que implicaba que la mayoría de las compras de los diferentes países se hacían en territorio inglés pagándose en libras y, al mismo tiempo, cuando vendían sus productos a terceros países no tenían inconveniente en aceptar como medio de cobro la libra, ya que aunque no pudiera, hipotéticamente, ser convertida en oro, tenía un poder adquisitivo que les iba a permitir adquirir otros productos, que necesitaban, en el exterior.

Gracias a esta situación la libra se convierte en la unidad de cuenta generalizada del sistema, con lo que se soluciona el problema de la liquidez.

Pero el sistema comienza a fallar al perder vigencia las razones por las que la moneda británica era aceptada con confianza. Esto ocurre debido a que:

a) Inglaterra empieza a no poder suministrar algunos, o parte de los bienes y servicios que los países compraban en el exterior.
b) Comienzan a aparecer otros países que están en condiciones de suministrar dichos productos en forma más ventajosa.
c) El comercio internacional inicia un cambio de dirección, haciendo que la libra resulte menos necesaria.
d) La libra comienza a ser rechazada como medio de pago al no tener un respaldo real en oro, lo que produce una pérdida de valor, que hace fallar al sistema por carecer éste de una unidad de cuenta, que sea la referencia de valor uniforme, con base en la que se valora a las demás monedas. No se cumple la condición fundamental del sistema estable: la *certeza*.

A pesar de su fracaso, la Segunda Guerra Mundial aplaza las posibles modificaciones que se debían hacer al ya ineficaz sistema imperante, y el establecimiento de un nuevo sistema no sucede hasta 1944.

1.4. EL SISTEMA DE PATRON DE CAMBIOS-DOLAR

En 1944 las naciones, que ya se perfilaban como vencedoras en la guerra, deciden reunirse para establecer un SMI que elimine los problemas de los sistemas anteriores. El nuevo sistema que recibe el nombre de *sistema de patrón de cambios-dólar*, comienza en 1944 con los acuerdos de Bretton Woods y durará hasta comienzos de la década de los setenta. El acuerdo fundamental consiste en tomar el dólar de los EE.UU. ($), e indirectamente el oro, como unidad de cuenta. La unidad de cuenta va ser el dólar cuyo valor será fijado a razón de 35 dólares la onza de oro y el resto de las monedas serán valoradas en dólares (como es lógico cada moneda tiene un valor en oro calculado a través de su valor en dólares).

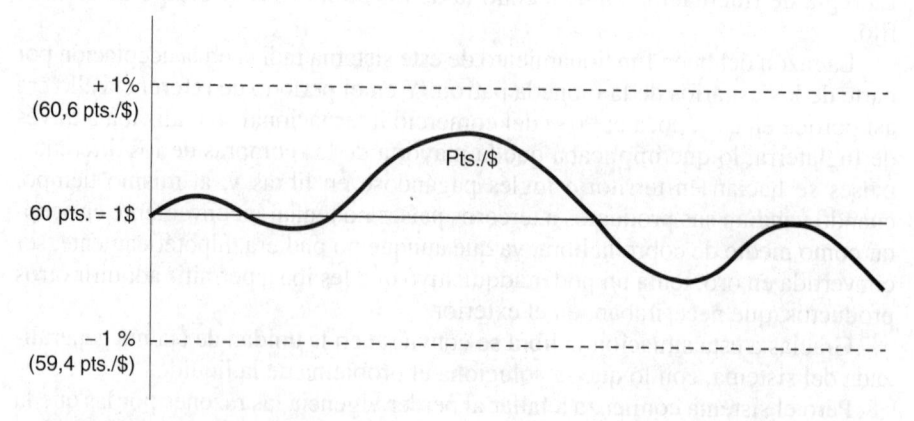

Figura 1.1. Sistema cambiario surgido de los acuerdos de Bretton Woods.

El tipo de cambio es fijo, si bien se establece la posibilidad de que alrededor de ese valor se den unas fluctuaciones del ± 1% (véase la Figura 1.1) y se somete a un organismo central de vigilancia y control de dicho sistema: *El Fondo Monetario Internacional* (FMI). Al mismo tiempo se establecen otras condiciones en el sistema:

1.ª La convertibilidad del dólar en oro. Con el fin de dar una mayor confianza en el valor del dólar a ese precio fijo de 35 $/onza, pero con la limitación de que dicha conversión sólo se puede hacer entre Bancos Centrales y no entre particulares.
2.ª Todas las monedas de los países que se suman a este acuerdo son convertibles entre sí, pudiéndose cambiar unas por otras.

El sistema inicialmente funcionó por algunas razones evidentes:

1.ª Después de la Segunda Guerra Mundial, el único país que estaba en condiciones de suministrar todo, o casi todo, lo que necesitaban los demás países eran los Estados Unidos. Ello hace que dichos países necesiten dólares, por lo que éstos son aceptados sin reservas en los intercambios financieros internacionales.
2.ª En aquel momento la Reserva Federal de los EE.UU. incluso poseía el 60% de todo el oro existente en el mundo, lo que proporcionaba un fuerte respaldo a su moneda.

Sin embargo, a finales de los años cincuenta y en el transcurso de la década de los sesenta se fueron perfilando una serie de circunstancias que en 1971 desembocaron en la ruptura del sistema monetario surgido en Bretton Woods. Ello fue consecuencia de la falta de liquidez y de confianza, así como de la necesidad de un ajuste cambiario. Entre la circunstancias que lo provocaron caben citar las siguientes:

1. *La dirección del comercio internacional empieza a variar.* Los países comienzan a producir bienes y servicios que antes adquirían en el exterior, lo que hace que otros países se los compren a ellos en vez de a los Estados Unidos. Incluso este último país llega a importar más de lo que exporta. La abundancia de dólares puesta en circulación para facilitar el comercio generó un proceso de inflación internacional. Además, la convertibilidad interna de las principales divisas que se produjo a finales de 1958 estimuló los movimientos internacionales de capital generando importantes desequilibrios.

2. *El coste del oro.* Al ser éste un metal que hay que extraer, se obtiene primero de los lugares más accesibles, pero a medida que se necesita más, es necesario invertir más dinero en conseguirlo, lo que hace aumentar su coste. De hecho, ya en 1950, el coste de conseguir una onza adicional de oro superaba los 35 dólares, lo que se prevé en aumento debido a la demanda creciente del oro para usos particulares. Ante la situación anterior se producen todavía intentos de mantener el precio del oro en el mercado libre a 35 $/onza. Los gobiernos de los principales países intentan limitar el precio de dicho metal interviniendo directamente a través del uso de las reservas de oro que ellos poseen, bajo el supuesto de que las tensiones son provocadas por movimientos

especulativos. Aunque a la postre la realidad se impondrá y se demostrará que no existía especulación sino simplemente que el oro valía más, lo que acabó introduciendo una distorsión en el sistema, que le hizo perder su utilidad. Estas circunstancias propiciaron el cierre del mercado oficial de Londres, creándose un mercado paralelo que es en el que se realizan las transacciones privadas.

3. *Las fuertes fluctuaciones experimentadas en los tipos de cambio de algunas monedas europeas.* La sobrevaloración experimentada por la libra esterlina en los años sesenta que desembocó en una devaluación de la misma en 1967, y la especulación masiva del marco en 1971 que supuso para Alemania el dejar flotar libremente su moneda, abandonando el tipo de cambio fijo.

4. *La desviación de recursos* para cubrir los gastos generados por conflictos internacionales, como el de Rhodesia (1965), la guerra árabe-israelí (1967) y, sobre todo, la guerra de Vietnam.

En los distintos países comienzan a detectarse movimientos ante el temor de que el dólar cambie su valor en oro. Francia toma la iniciativa en este sentido y trata de adelantarse a esa pérdida de valor del dólar pidiendo la conversión de los dólares, que posee en su reserva, en oro. Una primera petición francesa de conversión es atendida a principio de 1971, pero en agosto de ese año Estados Unidos suspende temporalmente la conversión de dólares en oro; dicha suspensión acabaría siendo definitiva.

Ante esta situación, los principales países occidentales deciden reunirse en el Smithsonian Institute de Washington en busca de un acuerdo, que consistió en no realizar una reforma radical, sino unos ligeros retoques en dicho sistema con el fin de intentar arreglarlo. Los acuerdos básicos son:

a) Con respecto al valor del dólar, se acuerda ajustar su valor al del oro, fijándose un valor de 38 $/onza.
b) Se mantiene el tipo de cambio fijo aumentándose la banda de fluctuación libre para los ajustes coyunturales en un ± 2,25%.

Pero a pesar de todo, el oro seguía subiendo y la economía norteamericana soportaba serias tensiones, lo que acabó provocando una devaluación de su moneda respecto a la de los otros países industrializados. En marzo de 1973, se eliminan los tipos de cambios fijos y se pasa a la flotación libre del valor de las monedas y en enero de 1976 es abolido el precio oficial del oro, lo que equivale a la desaparición del valor oficial del dólar y, por tanto, su consideración como unidad de cuenta. Con lo que el sistema quedó destruido.

1.5. LOS DERECHOS ESPECIALES DE GIRO (DEG)

Para superar el problema de liquidez internacional que presentaba el sistema de Bretton Woods, el Fondo Monetario Internacional decidió crear en 1968 una moneda artificial denominada *Derecho Especial de Giro* (DEG), con un valor ligado en un principio al dólar-oro, pero que a partir de 1976 pasa a estar formada por un conjunto de monedas reales, esto es, lo que en lenguaje financiero se denomina como *cesta de monedas*.

El nuevo sistema monetario que resulta a partir de 1976 se caracteriza por tener una unidad de cuenta: el DEG; un tipo de cambio variable; y una flotación libre. El DEG trata de resolver algunos de los problemas creados en los sistemas anteriores como son:

1. *La falta de liquidez.* Al ser el DEG una moneda artificial puede ser creada en las cantidades que sean necesarias; va a estar controlado por un organismo independiente, que es permanentemente aceptado por todos los países miembros del sistema, el FMI, del que forman parte.

2. *El control.* Evita que un único país controle un medio de pago internacional beneficiándose, a su vez, del mismo.

3. La *variabilidad* de la unidad de cuenta. Con la nueva unidad se pretende que permanezca estable su valor y por ello se recurre a darle el carácter de una moneda compuesta *o cesta de monedas.* La razón lógica que asegura que una cesta mantiene su valor estable se deriva de varias circunstancias:

- El valor de las monedas en circulación se considera que fluctúa de forma aleatoria y, como sabemos, la suma de muchas variables aleatorias da como resultado un valor que, teóricamente, se mantiene estable al anularse la suma de las perturbaciones. De tal manera que cuanto mayor sea el número de monedas que compongan la cesta, mayor será su estabilidad.
- Muchas de las monedas están correlacionadas negativamente, lo que hace que aumentos en el precio de unas monedas conduzcan a devaluaciones de otras.

En teoría, la composición ideal de una cesta de monedas debería ser aquella que minimizara las variaciones de su valor siguiendo la idea de la *teoría de carteras de valores.* Si utilizamos la *varianza* para medir estas variaciones, el problema consistiría en minimizar la varianza de la cesta, que dependerá de su composición.

$$\text{Mín. } \sigma_c^2 = X_1^2 \sigma_1^2 + X_2^2 \sigma_2^2 + \ldots + 2 X_1 X_2 \sigma_{12} + 2 X_1 X_3 \sigma_{13} + \ldots$$

donde X_i es la proporción en que la moneda i entre en la cesta. Resolviendo este problema obtendríamos los X_i óptimos y positivos (si $X_i = 0$ esa moneda no entraría en la cesta).

En la práctica, para establecer la comparación del DEG se recurre a otro procedimiento:

1. En lo referente a la elección de las monedas que van a componer la cesta. Se pretende que los valores de las que se incluyan tengan movimientos aleatorios, eligiéndose, por tanto, aquéllas que posean un mercado. Debido a que la causa principal de la transacción de monedas se deriva de intercambios comerciales se elegirán las de aquellos países con participación significativa en el comercio internacional; decidiéndose tomar las monedas de los países cuya participación supere el 1% (medida por el volumen de sus exportaciones). Así, por ejemplo, los 16 países elegidos en 1976 fueron los mostrados en la Tabla 1.1.

8 Ingeniería Financiera

Tabla 1.1. Países cuyas monedas componían el DEG en 1976

EE.UU.	Gran Bretaña	Suecia	Austria
Japón	Holanda	Noruega	España
Alemania	Bélgica	Canadá	Sudáfrica
Francia	Italia	Australia	Dinamarca

A medida que va variando la participación en el comercio internacional se producen los ajustes correspondientes, así en 1978 se varía la composición de la cesta cayéndose de la lista anterior Sudáfrica y Dinamarca e incorporándose a ella dos países petroleros Arabia Saudita e Irán.

2. En lo referente a la cantidad de cada moneda que se incorpora a la cesta, se acuerda que sea tal que su valor represente una participación en el valor total del DEG proporcional a la que tiene en el comercio internacional.

Con el transcurso del tiempo se aprecia que muchas de estas monedas no cumplen el requisito de variabilidad de su valor al no tener todos los países un comercio fluido y regular con el exterior lo suficientemente importante como para dar lugar a que sus monedas sean apreciadas y demandadas en el entorno internacional, resultando aconsejable su eliminación de la cesta. Así, en 1981 se acuerda dejar únicamente cinco monedas, el dólar($), la libra (£), el marco (DM), el yen (¥) y el franco francés (FF), acordándose revisar su composición cada cinco años. La determinación de la cantidad a incluir de cada una de ellas se sigue rigiendo por el criterio anterior, de lo que resulta la composición que aparece en la Figura 1.2.

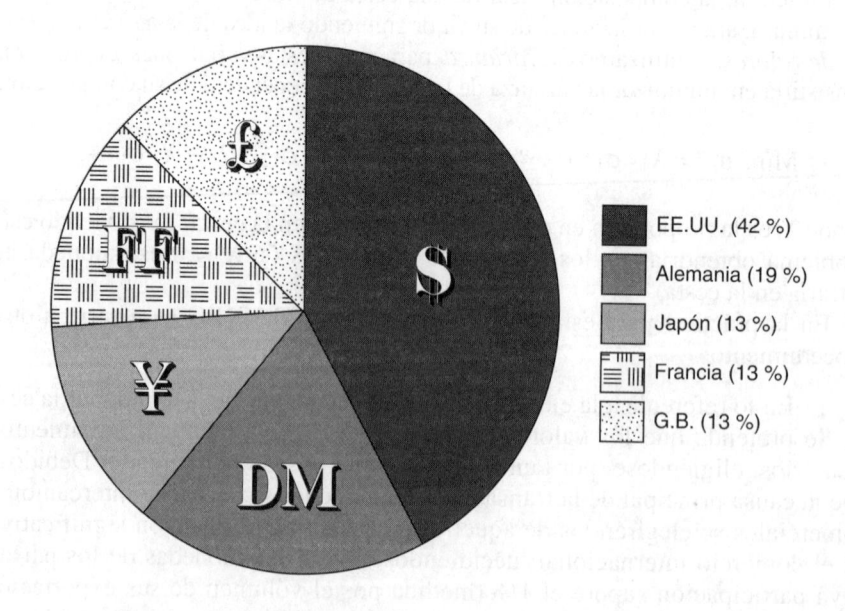

Figura 1.2. Composición del DEG en 1981.

- EE.UU. (42 %)
- Alemania (19 %)
- Japón (13 %)
- Francia (13 %)
- G.B. (13 %)

A la vista de las proporciones anteriores, las cantidades de las monedas integrantes en función de los tipos de cambio de 1981 son:

0,54 $ 0,46 DM   34 ¥   0,74 FF   0,071 £

La participación en el comercio internacional de cada país varía y también lo hace el valor de sus monedas. Ambas variaciones hacen que el contenido de la cesta tenga que ser ajustado periódicamente. En 1986 se revisan las ponderaciones en la cesta y las correspondientes cantidades (tomando las cotizaciones medias del último trimestre de 1985), de lo que resulta la siguiente composición:

Participación	42 % $	19 % DM	15% ¥	12% FF	12% £
Cantidades	0,652 $	0,567 DM	33,4 ¥	1,02 FF	0,0893 £

Nuevamente en 1991 se lleva a cabo una revisión de los porcentajes de participación y de las cantidades de moneda de acuerdo con su valor en ese momento. El resultado es una nueva composición del DEG que se mantendrá hasta 1996:

Participación	40 % $	21% DM	17 % ¥	11% FF	11% £
Cantidades	0,572 $	0,453 DM	31,8 ¥	0,8 FF	0,0812 £

El DEG mantiene su valor bastante estable. Se utiliza en un principio para las relaciones entre los países y el FMI, al igual que en las relaciones entre los Bancos Centrales de los diferentes países. Lo utiliza el FMI en la concesión de créditos a los diferentes países y es un sistema de regulación de la liquidez internacional a través del mecanismo de préstamos, que generalmente se utiliza para completar las reservas.

En este sentido, los DEGs actúan como un activo de reserva y no como un crédito que hay que devolver. La cuantía que se puede obtener es función de la cuota, entregando a cambio moneda convertible. Por estas entregas se paga un interés que equivale a la media ponderada de los tipos de mercado a corto plazo de las cinco monedas componentes.

En este sentido de moneda de reserva, los DEGs son utilizados comúnmente en las siguientes aplicaciones:

a) Para obtener cualquier moneda de otro país miembro, a condición de que la transacción se efectúe al tipo de cambio oficial de la moneda frente al DEG, determinado por el FMI.
b) En acuerdos de permuta financiera, en virtud de los cuales un país miembro puede transferir DEGs a otro, a cambio de una cantidad equivalente de moneda u otro activo monetario (con excepción del oro) comprometiéndose las partes a efectuar la transferencia inversa en la fecha y al tipo de cambio convenidos por ellas.

c) En operaciones a plazo a través de las cuales los países miembros pueden comprar o vender DEGs para su entrega en determinada fecha a cambio de una cantidad determinada de moneda al tipo de cambio que hayan convenido.
d) En préstamos de DEGs a tasas de interés y con plazos convenidos entre las partes.
e) Para liquidar obligaciones financieras.
f) Como garantía del cumplimiento de obligaciones financieras.
g) Como unidad de cuenta en contratos privados y convenios internacionales.
h) Para cubrir pérdidas en las reservas de un país.

A pesar del intento de superar la falta de liquidez con la creación de los DEGs, el proceso anteriormente descrito generó una inestabilidad monetaria internacional que era necesario desbloquear. Para ello, se constituyó en 1972 el Comité para la Reforma del Sistema Monetario, que tras varias propuestas vio aprobadas sus recomendaciones en el acuerdo de Jamaica para entrar en vigor en 1978. El criterio aplicado fue el de que cada país era libre de aplicar el sistema de fijación de tipos de cambio que considerase oportuno: tipo de cambio fijo o flexible. Además, se acordó que los países no podían realizar manipulaciones competitivas del tipo de cambio, si bien debían intervenir a corto plazo para eludir perturbaciones bruscas. Adicionalmente, se desmonetizó el oro, suprimiendo su precio oficial.

DE AQUI EN ADELANTE

Para profundizar más en el estudio del Sistema Monetario Internacional se aconseja consultar el libro de M. Connolly: *The International Monetary System: Choices for the Future,* editado por Praeger. O el de Robert Solomon: *The International Monetary System 1945-1981* editado por Harper & Row. Y también el de Armand Van Dormael: *Bretton Woods: Birth of a Monetary System* que ha sido publicado por Holmes & Meier.

BIBLIOGRAFIA

ARAGONÉS, José R.: *Economía Financiera Internacional.* Pirámide. Madrid. 1990.
BALLADUR, Eduard: «La reconstrucción del sistema monetario internacional: Tres enfoques alternativos». *ICE,* núm. 2.126. 1988. Págs. 1065-1067.
BUCKLEY, Adrian: *Multinational Finance.* Philip Alan. 1986.
BUCKLEY, Adrian: *The Essence of International Money.* Prentice Hall. Nueva York. 1990.
CONNOLLY, M.: *The International Monetary System: Choices for the Future.* Praeger. 1982.
DAS, Dilip (ed.): *International Finance.* Routledge. Nueva York. 1993.
DUFEY, Gunter: «International Capital Markets: Structure and Response in an era of Instability». *Sloan Management Review.* Spring. 1981. Págs. 35-45.
EITEMAN, D., y STONEHILL, A.: *Las Finanzas de las Empresas Multinacionales.* Addison-Wesley. Willmington. 1992.
KVASNICKA, J.: *Readings in International Finance.* Federal Reserve Bank of Chicago. 1987.
FEIGER, G., y JACQUILLAT, B.: *International Finance: Text and Cases.* Allyn and Bacon. Boston. 1982.

GRABBE, J.: *International Financial Markets*. Elsevier. Nueva York. 1986.
ICE: «Significado y evolución del Derecho Especial de Giro». *Boletín Económico de Información Comercial Española,* núm. 2.303. Págs. 3797-3800.
LEROUX, François, y ALBOUY, Michel: «Les paniers monetaires optimaux et la réduction du risque de change». *Finance,* vol. 3, núm. 2-3. 1982. Págs. 241-261.
LEVI, M.: *International Finance*. McGraw Hill. Nueva York. 1990.
MUNS, Joaquín: *Crisis y Reforma del Sistema Monetario Internacional*. Instituto de Estudios Fiscales. Madrid. 1978.
SOLOMON, Robert : *The International Monetary System 1945-1981*. Harper & Row. Nueva York. 1982.
VAN DORMAEL, Armand: *Bretton Woods: Birth of a Monetary System*. Holmes & Meier. Nueva York. 1978.

2
El Sistema Monetario Europeo

2.1. ANTECEDENTES

Los países miembros de la Comunidad Económica Europea [1] a la vista de los desajustes que acabarían con el fracaso del *patrón de cambios-dólar* y teniendo en cuenta que en el tratado fundacional de la CEE, el Tratado de Roma (1957), no se especificaba nada en absoluto sobre lo que podría denominarse un «sistema monetario europeo», durante la década de los años sesenta deciden emitir una serie de informes sobre la necesidad de armonizar el sistema cambiario de los países miembros y de crear un sistema monetario específico para la zona, con el objetivo de tratar de solucionar el problema que estaba perjudicando al comercio entre los componentes de la propia CEE, y entre ella y terceros países.

De entre ellos, el más significativo es el informe Werner realizado en 1970, que describe la construcción de un sistema monetario europeo mediante tres etapas, que irían desde la coordinación de las políticas monetarias de los países miembros hasta la definición de tipos de cambio fijos y estables. El compromiso cambiario defendido en dicho informe es el denominado «la serpiente en el túnel» al consistir en un sistema de tipos de cambio fijos con banda de fluctuación y paridad ajustable. Aunque este sistema, tal y como se definió anteriormente, sólo estuvo en vigor unos pocos meses (desde el 24 de abril de 1972 hasta el 19 de marzo de 1973, fecha en la que desaparecieron las bandas de fluctuación con respecto al dólar) pasaremos a describirlo a continuación por ser muy parecido al que posteriormente sería adoptado.

El sistema consistía en que:

 a) El valor de la moneda de cualquier país miembro de la CEE no podría variar más de un 2,25% por arriba o por debajo del valor del tipo de cambio central que la misma tuviese con respecto al dólar americano, que se utilizaba como moneda de referencia.

---

[1] Desde el 1 de noviembre de 1993 el nombre oficial es Unión Europea, pero mantenemos el de CEE debido a que este último era el nombre oficial durante toda la etapa de creación del SME y del ECU.

b) El valor de la moneda de un país miembro de la CEE no podría variar más de un 2,25%, en total, con respecto al de otra moneda de otro país miembro cualquiera.

En la Figura 2.1 se puede observar cómo el tipo de cambio central se situaba en *x* francos franceses = *y* marcos alemanes = un dólar americano. La cotización de ambas monedas europeas no podía alejarse más del ± 2,25% con relación a dicho tipo de cambio central. Y al mismo tiempo, la cotización del franco y del marco no podía diferir entre sí más de un 2,25% del tipo de cambio central.

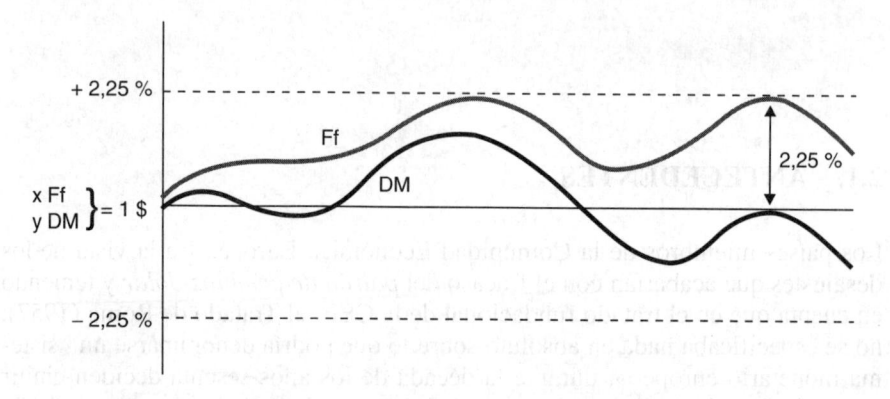

Figura 2.1. La *serpiente monetaria* en el túnel, según el plan Werner.

Sin embargo, en esta primera etapa el sistema no funciona a plena satisfacción, pues cuando los países se ven implicados en un desajuste, no desean ser el primero en tomar las medidas correspondientes debido a que éste tendría que realizar un mayor esfuerzo. Cada uno de los dos países trata de culpar al otro del desajuste y trata de obligarle a que tome las medidas oportunas, dado que el ajuste supone un coste más pesado sobre todo para el país cuya moneda se deprecia (tiene que disminuir sus reservas comprando sus propias monedas) precisamente en el momento en que se encuentra en peores condiciones económicas. Es ante esta obligación, que se resisten a cumplir, por lo que algunos países abandonan, o no quieren formar parte, del sistema de *serpiente monetaria*.

Como consecuencia de la iniciativa franco-alemana, en 1978 se realizan diversas reuniones en las que se aprueba la creación del *sistema monetario europeo* (SME) que entró en vigor en 1979 y que pasaremos a analizar seguidamente.

2.2. LOS COMPONENTES DEL SME: EL COMPROMISO CAMBIARIO

El objetivo que persigue el SME es estabilizar los tipos de cambio de los países miembros de la Unión Europea, en la medida en que dicho objetivo contribuye a desarrollar las relaciones comerciales y financieras entre ellos.

Dicho sistema monetario se compone de tres elementos, que iremos analizando posteriormente:

a) El compromiso cambiario entre las diversas monedas y el ECU y entre ellas entre sí.
b) La moneda unitaria europea: el ECU.
c) El Fondo Europeo de Cooperación Monetaria: el FECOM.

El sistema cambiario comunitario incorpora dos compromisos simultáneos, uno por el que se vincula cada moneda adscrita al sistema a las demás monedas, y otro que vincula cada moneda adscrita al sistema al ECU (éste lo analizaremos en el tercer epígrafe).

Tabla 2.1. Tipos de cambio centrales de las monedas de los países de la Unión Europea con respecto al ECU y con respecto a la peseta en el SME (1 de noviembre, 1993).

Divisas	Tipo central del ECU	Pesetas	Límite superior	Límite inferior
Ecu	1,0000	154,2500		
Marco alemán	1,9496	79,1188	91,9123	68,1276
Franco francés	6,5388	23,5900	27,4045	20,3128
Libra esterlina *	0,7867	196,0722	227,7771	168,8339
Franco belga-lux.	40,2123	3,8359	4,4562	3,3030
Lira italiana *	1.793,1900	0,0860	0,0999	0,0741
Florín holandés	2,1967	70,2190	81,5734	60,4641
Libra irlandesa	0,8086	190,7618	221,6080	164,2612
Coronas danesas	7,4368	20,7414	24,0953	17,8600
Escudos portugueses	192,8540	0,7998	0,9292	0,6887
Dracmas griegos *	264,1530	0,5839	0,6784	0,5028
Peseta española	154,2500	1,0000		

* Estos países no estaban adscritos al compromiso cambiario del SME en la fecha de referencia.

2.2.1. El margen de intervención

El primer compromiso consiste en fijar un tipo de cambio central con respecto a cada una de las monedas de los restantes países miembros. Así, por ejemplo, cuando España se incorporó al SME en 1989 adoptó un tipo de cambio central con respecto al marco alemán consistente en 65 pts./DM y lo mismo se hizo con respecto al resto de las monedas comunitarias (véase en la Tabla 2.1 la parrilla de paridades a 1 de noviembre de 1993).

Una vez fijada la paridad central, el tipo de cambio deberá fluctuar libremente dentro de unas bandas preestablecidas, denominadas *márgenes de inter-*

vención, cuyos límites se sitúan en ± 2,25%[2] con respecto a dicha paridad central. Es lo que se denomina una *serpiente monetaria* (oscilaciones en torno al tipo base, dentro de los márgenes establecidos). En la Tabla 2.1 se muestran los márgenes de intervención que existían en noviembre de 1993 con relación a la peseta y el tipo central con respecto al ECU, donde como puede observarse las bandas tenían una amplitud del ± 15% [3], esto es así debido a que el 2 de agosto de 1993 la CEE decidió ampliar temporalmente las bandas de fluctuación del mecanismo cambiario del SME como forma de frenar las alteraciones sufridas por el SME durante los años 1992 y 1993 causadas por movimientos especulativos contra varias de sus monedas (la libra esterlina y la lira italiana abandonaron el compromiso cambiario en septiembre de 1992, y la peseta, el escudo y la libra irlandesa se devaluaron varias veces a lo largo del período comentado). El florín holandés y el marco alemán siguen manteniendo una banda del ± 2,25% y, muy posiblemente, el franco belga-luxemburgués consiga en muy poco tiempo integrarse también en ella.

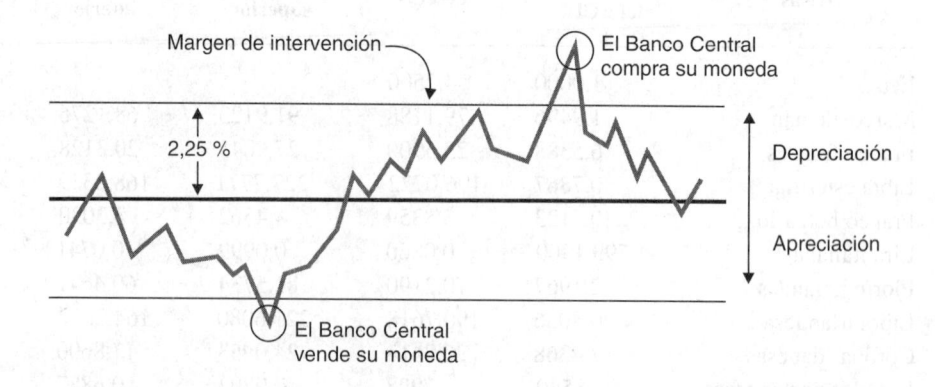

Figura 2.2. Los márgenes de intervención del SME.

Si, por ejemplo, el tipo de cambio de la peseta con respecto al marco rebasara el margen de intervención por su parte superior, querría decir que se habría producido una *depreciación* de la moneda española, y una *apreciación* de la alemana, más allá de lo permitido por el compromiso cambiario. La primera reacción por parte española debería ser la intervención del Banco de España comprando pesetas y vendiendo marcos con el fin de que al reducir la cantidad de pesetas éstas se apreciasen, al mismo tiempo, que al lanzar marcos al mercado éstos tenderían a depreciarse. Esta acción sería complementada por una interven-

---

[2] Aunque por razones de simplicidad expositiva se hace referencia habitualmente a la variación del ± 2,25% en realidad el límite superior efectivo es del 2,2753% y el inferior del -2,2247%.

[3] En realidad el límite superior es el 16,17% y el límite inferior es el 13,892%.

ción semejante del Bundesbank que también adquiriría pesetas a cambio de vender marcos (véase la Figura 2.2).

Si las acciones comentadas anteriormente no fuesen suficientes porque la reserva de divisas (marcos) española se agotase, el Banco de España debería acudir al FECOM [4] con objeto de pedir prestado y endeudarse en marcos para seguir adquiriendo pesetas. Si aun así esto no fuese posible o no se quisiese aumentar el endeudamiento con el FECOM, la tercera vía sería *devaluar* la peseta con respecto al marco (y, por ende, con respecto al resto de las monedas del SME).

Para proceder a *devaluar* [5] (o *revaluar*, en su caso) una moneda adscrita al sistema se deberán dar los siguientes pasos:

1.º La propuesta, debidamente argumentada, deberá ser presentada por el Gobernador del Banco Central (Banco de España, en el caso de la peseta) y estar acompañada de un informe favorable del Comité de Gobernadores de Bancos Centrales.

2.º La propuesta se enviará al Consejo de Ministros de Economía y Finanzas (Ecofin), el cual tiene la capacidad para aprobar esta modificación del tipo de cambio central bilateral.

Por supuesto, también podría ocurrir que la moneda española se apreciase con respecto al marco llegando a traspasar el margen de intervención inferior, en cuyo caso ambos bancos centrales adquirirían marcos y venderían pesetas en la cantidad necesaria hasta que ambas monedas vuelvan a encontrarse dentro de la banda formada por los márgenes de intervención (véase Figura 2.2). Si esto fuese insuficiente el Bundesbank debería acudir al FECOM o solicitar la devaluación de su moneda.

2.3. EL ECU

En 1979 se crea una unidad de cuenta común que recibe el nombre de *ECU* (Unidad Monetaria Europea o *European Currency Unit*). A la hora de establecer una unidad de cuenta se tratan de evitar los inconvenientes detectados en sistemas anteriores por lo que se decide establecer como tal una moneda que facilite el control de la liquidez del sistema. Pero, al mismo tiempo, para no dar ventaja a ningún país, no ha de ser la moneda de ninguno en concreto. Para conseguir ese objetivo se recurre a hacer del ECU una "moneda compuesta" o *cesta de monedas*, cuyo contenido es el de una combinación de todas las monedas de la Unión Europea (Figura 2.2).

---

[4] El FECOM se define en el Epígrafe 4.

[5] Obsérvese la diferencia entre que una moneda se *deprecie* o en que se *devalúe*. En el primer caso es una elevación del tipo de cambio de mercado que depende de la actuación de la oferta y demanda de la divisa de que se trate. Mientras que una *devaluación* es una elevación del tipo de cambio oficial, que es el que se ha comprometido a mantener la autoridad monetaria, como ocurre en el SME.

18 *Ingeniería Financiera*

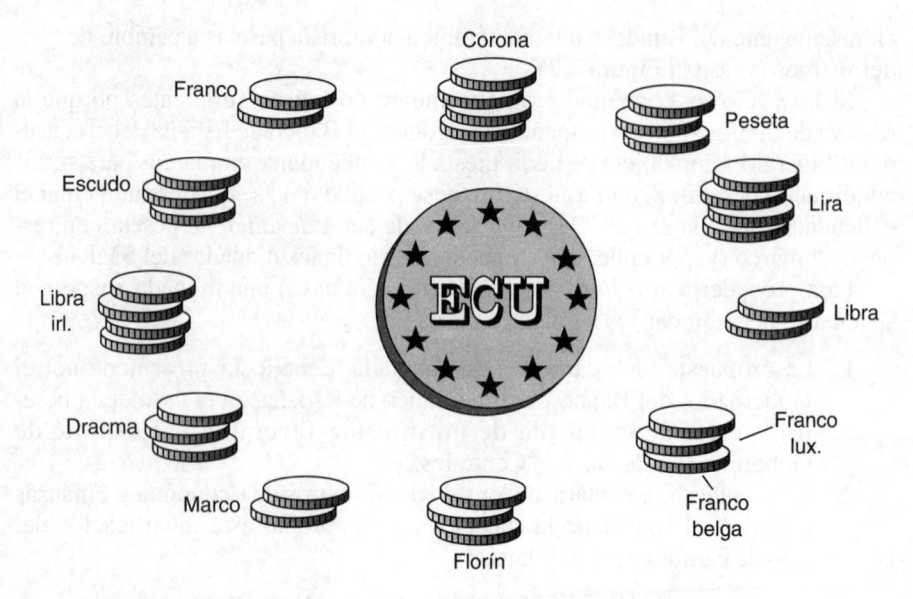

Figura 2.3. Monedas componentes del ECU desde 1989.

En diciembre de 1978, el Consejo Europeo definió el valor de un ECU a partir de las diferentes cuantías de las monedas de los países miembros. Debemos recordar aquí que su participación en el ECU es obligatoria. La cuantía de cada moneda es diferente y se calcula en función de variables objetivas: su Producto Nacional Bruto (PNB), su participación en el comercio intracomunitario y su participación en el apoyo monetario a corto plazo.

Las cuantías asignadas en el momento de la creación del SME fueron las siguientes:

1 ECU = 0,828 DM + 1,15 Ff + 0,0885 £ + 109 L + 0,286 Fls + 3,66 Fb +
+ 0,217 Cd + 0,00759 £irl + 0,14 Flux

Ahora bien, esas cuantías pueden ser revisadas:

– Cada cinco años, en función de las variables mencionadas.
– A petición de un país miembro si antes de cumplirse el mencionado período de cinco años el peso o cuantía correspondiente a una moneda, según las variables mencionadas, difiere en más de un 25% en el valor asignado en la última revisión.

Así, en 1989 la cuantía de las doce monedas que en ese momento componían el ECU (desde el nacimiento de éste se habían incorporado el dracma griego, la peseta española y el escudo portugués) era la siguiente:

1 ECU = 0,6242 DM + 1,332 Ff + 0,08784 £ + 151,8 L + 0,2198 Fls +
+ 3,431 Fb-lux + 0,1976 Cd + 0,008552 £irl + 1,44 Drc +
+ 6,885 Pts. + 1,393 Esc.

Llegados a este punto, cuando se habla de la composición del ECU, conviene hacer una precisión esencial que, para su mejor comprensión, vamos a desarrollar a partir de la Tabla 2.2.

Como se observa, por un lado tendremos la cuantía de cada moneda comunitaria en el ECU a la que ya nos hemos referido (utilizaremos los valores de 1989). En segundo lugar calculamos el valor del ECU expresado en una moneda (en nuestro caso, en pesetas al día 8 de noviembre de 1993), que es la suma de los contravalores en pesetas de las cuantías de las monedas que componen el ECU. Si los contravalores utilizados son los tipos de cambio centrales bilaterales, lo que obtenemos es el tipo de cambio central o *tipo pivote* peseta-ECU[6]. Si los contravalores que se utilizan son los tipos de cambio de equilibrio de mercado del día, tal y como aquí se ha hecho, obtenemos el tipo de cambio de equilibrio de mercado peseta-ECU correspondiente a ese día.

Tabla 2.2. Ponderación de las diversas monedas componentes del ECU el día 8 –XI–93

Divisas	Cuantías	tc de la peseta	Cuantías en pts.	Ponderación
Marco alemán	0,6242	80,151	50,030	32,50 %
Franco francés	1,332	23,065	30,723	19,96 %
Libra esterlina	0,08784	200,617	17,622	11,45 %
Florín holandés	0,1298	71,44	15,703	10,20 %
Lira italiana	151,8	0,08233	12,498	8,12 %
Franco belga-lux.	3,431	3,77621	12,956	8,42 %
Peseta española	6,885	1	6,885	4,47 %
Corona danesa	0,1976	20,174	3,986	2,59 %
Libra irlandesa	0,008552	190,759	1,631	1,06 %
Escudo portugués	1,393	0,78229	1,090	0,71 %
Dracma griego	1,44	0,5601	0,807	0,52 %
		1 ecu =	153,930	100,00 %

Por último, el peso o ponderación de una moneda es la relación entre el número de unidades de la misma que entran en la composición del ECU y la cotización de éste último en dicha moneda, expresado en tanto por cien. Así, por ejemplo, la ponderación del marco alemán se ha calculado dividiendo 50,030 entre la cotización del ECU en pesetas 153,93 lo que da un resultado del 32,50%.

Naturalmente, los pesos de las divisas varían diariamente al alterarse sus tipos de cambio de mercado. Sin embargo, los llamados *pesos pivote* (calculados

---

[6] Al realizar este cálculo para las monedas no adscritas al compromiso cambiario se utiliza un tipo de cambio teórico en lugar del tipo de cambio bilateral, puesto que éste no existe.

con los tipos de cambio centrales bilaterales) sólo varían cuando se realizan ajustes monetarios en los mencionados tipos de cambio centrales bilaterales, o cuando se revisan las cuantías. Estas revisiones deben ser aceptadas mutuamente, y no pueden alterar el valor externo del ECU.

A partir de la creación del ECU, el Sistema Monetario Europeo incorpora un mecanismo adicional de control que consiste en fijar para cada moneda un valor fijo con respecto al ECU, es decir, se establece un valor fijo de cada moneda en ECUs, lo que conduce a establecer, también, el tipo de cambio entre monedas (véase en la Tabla 2.1 la columna del tipo central del ECU). Por ejemplo, el día 1 de noviembre de 1993 la cotización del marco y del franco francés con respecto al ECU era la que aparece a continuación y a través de ella se puede establecer la cotización entre el marco y el franco francés:

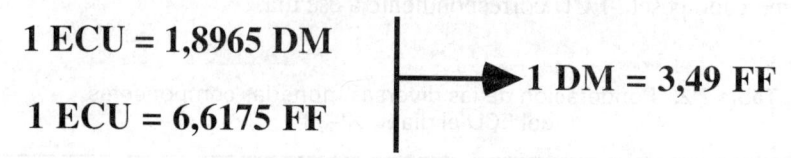

1 ECU = 1,8965 DM

1 ECU = 6,6175 FF

⟶ **1 DM = 3,49 FF**

Tipo de cambio moneda-ECU   Tipo de cambio moneda-moneda

Como se ha visto al calcular la composición del ECU y las cuantías de las distintas monedas en el mismo a través de los tipos de cambio centrales bilaterales, se pueden calcular los tipos de cambio centrales de cada moneda respecto al ECU o tipos pivote (véase la Tabla 2.1). De esta forma, las fluctuaciones del tipo de cambio de mercado de una moneda respecto al ECU por referencia al tipo pivote, actúan como un indicador de la estabilidad de todo el sistema cambiario, es decir, como *indicador de divergencia* pudiendo anunciar la necesidad de realizar intervenciones, tal y como se ha señalado en el epígrafe anterior.

El *indicador de divergencia* (*ID*) mide la aproximación de una moneda a los límites máximos de fluctuación posible y para ello se debe calcular (en porcentaje) la prima o descuento (*PR*) del tipo de cambio de mercado de la moneda estudiada respecto al ECU (t_{CM}) con relación al tipo de cambio pivote de la moneda (t_{CPV}). Es decir:

$$ID = (PR \div MMD) \times 100$$

donde *MMD* es el *margen máximo de divergencia* que expresado en tanto por ciento es igual a 0,0225 x (100 – P). Siendo *P* la ponderación de la moneda estudiada en el ECU[7]. Si la prima es positiva querrá decir que la moneda se aprecia, mientras que si fuese negativa (descuento) se estaría depreciando:

$$PR = \frac{t_{CPV} - t_{CM}}{t_{CPV}} \times 100$$

---

[7] Si la moneda en cuestión se encontrase en la banda ancha del 15% la expresión del MMD sería igual al 0,15 x (100 – P).

Tabla 2.3. MMD, ID y UD de las monedas componentes del SME el 8-XI-93

	tc pivote	tc mercado	Prima	Pesos	MMD (%)	ID	UD (%)
Marco alemán	1,9496	1,9200	1,52 %	32,50 %	1,52	99,97 %	1,14
Franco francés	6,5388	6,6700	−2,01 %	19,96 %	12,01	−16,71 %	9,00
Libra esterlina *	0,7867	0,7600	3,39 %	11,45 %	13,28	25,55 %	9,96
Florín holandés	2,1967	2,1500	2,13 %	10,20 %	2,02	105,22 %	1,52
Lira italiana *	1.793,1900	1.869,6100	−4,26 %	8,12 %	13,78	−30,92 %	10,34
Franco belga-lux	40,2123	40,7600	−1,36 %	8,42 %	13,74	−9,91 %	10,30
Peseta española	154,2500	153,9100	0,22 %	4,47 %	14,33	1,54 %	10,75
Corona danesa	7,4368	7,6300	−2,60 %	2,59 %	14,61	−17,78 %	10,96
Libra irlandesa	0,8086	0,8000	1,06 %	1,06 %	14,84	7,17 %	11,13
Escudo portugués	192,8540	196,7700	−2,03 %	0,71 %	14,89	−13,63 %	11,17

* Estas dos monedas no estaban en el compromiso cambiario del SME en dicha fecha.

Con el fin de evitar tensiones en el Sistema cuando se alcanza el *umbral de divergencia* se produce una presunción de actuación que se puede materializar en intervenciones en el mercado cambiario, una modificación del tipo pivote, medidas de política monetaria interna, política fiscal, etc.

Cuando el tipo de cambio de mercado de una moneda respecto al ECU alcanza el 75% del límite máximo o mínimo de la banda de fluctuación definida respecto al tipo pivote, se dice que esa moneda se sitúa en el *umbral de divergencia*.

Se alcanza esta diferencia cuando una moneda se aparta un 2,25% (un 15% para las monedas que estén en la banda de fluctuación amplia) de los tipos de cambio centrales bilaterales de todas las demás monedas. Ahora bien, cada moneda tiene un peso diferente en el ECU, por lo que la distancia máxima de divergencia es distinta para cada moneda.

El cálculo del *umbral de divergencia* (*UD*) se ajusta a la siguiente fórmula, donde P es la ponderación en el ECU de la moneda cuyo tipo de cambio se analiza:

$$UD = 0,75 \times 0,0225 \times (100 - P)$$

como es lógico si la moneda se encontrase en la banda del 15% la expresión sería $UD = 0,75 \times 0,15 \times (100 - P)$.

En la Tabla 2.3 se muestra un ejemplo utilizando los tipos de cambio del 8 de febrero de 1993 y los tipos pivote del día dos de agosto de 1993. Se han incluido la libra esterlina y la lira italiana aunque en dicha fecha se encontraban fuera del compromiso cambiario del SME. El marco alemán y el florín holandés tenían un 2,25% de variación máxima, mientras que el resto de las monedas lo tenían del 15%.

Como se aprecia, el marco alemán tenía un margen máximo de divergencia (*MMD*) más pequeño que el resto: el 1,52%, mientras que el más grande lo tenía el escudo portugués con un 14,89%. El 75% del MMD es el umbral de divergencia (*UD*) que indicaría una señal de alerta que mostraría al país correspondiente que debe adoptar las medidas oportunas para corregir su economía.

El indicador de divergencia (*ID*) indica cuán cerca está una moneda de su *MMD*. Así, por ejemplo, el florín holandés había rebasado ligeramente su *MMD* (105,22%) y el marco estaba muy cerca de hacerlo (99,97%), mientras que la peseta se encontraba prácticamente en su tipo de cambio pivote (*ID* = 1,54%).

2.4. EL FECOM

Un sistema monetario que basa su funcionamiento en criterios de estabilidad de los tipos de cambio requiere un fondo que proporcione liquidez a los países cuyas monedas están adscritas a ese compromiso de estabilidad, cuando por causas coyunturales no pueden mantener el valor de su moneda dentro de los márgenes de fluctuación autorizados.

Con cargo a esos fondos, el país cuya moneda tiene problemas para mantener su valor puede realizar intervenciones en el mercado de cambios, evitando ajustes en el tipo de cambio que restarían credibilidad al sistema.

Esta necesidad ya fue detectada en los años previos a la creación oficial del SME en 1978. Así, en el acuerdo de Basilea en abril de 1972 se consideró la necesidad de definir un Fondo Europeo de Cooperación Monetaria (FECOM). El FECOM está dirigido por un Consejo de administración compuesto por los miembros del Comité de Gobernadores de bancos centrales, un representante de la Comisión y el Secretario del Comité Monetario de la Unión Europea. El objetivo del FECOM es dirigir las operaciones correspondientes a la «serpiente monetaria europea», controlar las acciones de los Bancos Centrales cuyas monedas participaban en ese mecanismo de cambios, la financiación a muy corto plazo y el apoyo monetario a corto plazo. El FECOM es el encargado de facilitar fondos a los países comunitarios y se reúne mensualmente en Basilea operando a través del Banco de Pagos Internacionales de Basilea (BPI).

El origen de los depósitos que gestiona el FECOM son el resultado de la transferencia que para tal fin (pues no son de su propiedad) realizan los países miembros y que alcanza a ser igual al 20% de sus reservas de oro y dólares. En contrapartida, dichos países reciben ECUs mediante un sistema de *swaps* renovables cada tres meses [8].

Para mantener la regla del 20%, y en la medida en que durante esos tres meses hayan variado los volúmenes de reservas, se realizarán los ajustes necesarios revisando las cantidades emitidas en ECUs en función de las nuevas cantidades de oro y dólares transferidos y de sus nuevos precios. Así, el dólar se valora según la cotización en el mercado de cambios dos días laborables antes de su fecha de estimación. El oro se valora a partir del precio medio del mercado de Londres en los últimos seis meses, sin que este valor medio pueda superar al correspondiente al último día laborable precedente al día de estimación. Con cargo a estas reservas se crean ECUs (llamados ECUs oficiales) y se asignan las dotaciones correspondientes a los países miembros en función de sus aportaciones.

---

[8] Sobre los contratos *swap* véanse los Capítulos 13 y 14.

2.5. EL ECU Y LA EMPRESA

Además de las ventajas que el ECU proporciona al sistema monetario de la Comunidad Europea y que constituyen también los objetivos básicos de su creación entre los que se pueden destacar los de evitar la inestabilidad monetaria y la creación de una zona cuyo peso financiero permita resistir los efectos perturbadores de los movimientos del dólar, el ECU tiene también un gran potencial de ventajas de cara a su uso privado y en especial para la empresa.

Tal como se expresa en la obra de la Asociación para la Unión Monetaria de Europa, *El ECU para la Europa de 1992*. El ECU es un instrumento que puede ser empleado por la empresa para mejorar sus niveles de estabilidad y seguridad. Con el ECU se logra el objetivo de tener una referencia de valor estable. El ECU es, efectivamente, como ya queda demostrado, una moneda estable, o al menos, más estable que cualquiera de las divisas existentes consideradas independientemente. Ello permite a la empresa denominar sus obligaciones de tipo financiero sobre todo aquellas con relación a otros países en una divisa cuyo valor de cambio va a permanecer relativamente constante a lo largo del tiempo. Su uso representa, por tanto, un sustitutivo del seguro de cambio con el ahorro de coste que ello conlleva.

En un sentido más general, la utilización del ECU como unidad de cuenta permite una armonización más coherente de la producción y facilita la asignación óptima de los recursos entre las diferentes unidades. Por otra parte, y además del menor coste derivado del razonamiento anterior, la empresa puede presentar ante sus clientes una política más estable de precios con la influencia que ello puede tener sobre la fidelidad de la clientela, la uniformidad en las informaciones sobre precios y la simplicidad en las relaciones entre compradores y vendedores.

En el plano financiero operativo también se pueden obtener economías derivadas de la utilización del ECU al simplificar la gestión del riesgo de cambio y de los tipos de interés, facilitar la compensación inmediata de las deudas y los créditos, reducir las diferencias de fechas de valor aplicadas a las adquisiciones y cesiones de divisas y, en general, una mayor fluidez en la gestión de la tesorería.

Por todo ello, el uso no oficial del ECU se está extendiendo cada vez más, aún antes de que llegue el momento en que sea declarado moneda de uso corriente.

2.6. EL FUTURO DEL SME

Como cualquier ciudadano de la Unión Europea sabe, el SME no es más que el camino hacia la consecución de una moneda única: el ECU. Esta deberá conseguirse no más tarde de 1999, tal y como señala el Tratado de Maastricht (1991), en el que se señalan las bases para la convergencia económica que haga posible dicha unión económica y monetaria.

Mientras el ECU no se convierte en la única moneda de la Unión Europea y que, en ese instante, deberá ser emitida por el futuro Banco Central Europeo [9], dicha moneda-cesta convive con las de los países miembros de la Unión. Es decir, el ECU existe como divisa y de hecho cotiza en los mercados de divisas internacionales, existe a nivel bancario y se pueden pedir préstamos o realizar depósitos en dicha moneda; también es normal que los Estados miembros realicen emisiones de deuda pública en ECUs y, por supuesto, la moneda europea cotiza en los mercados de futuros y opciones sobre divisas, además, de poder realizarse operaciones *swaps* con ella. El ECU es hoy una de las cinco divisas más importantes del mundo.

DE AQUI EN ADELANTE

Para aquel lector que desee ampliar sus conocimientos sobre el tema, recomendamos que consulte el libro *El Sistema Monetario Europeo,* escrito por Sara González y Juan Mascareñas (editorial Eudema), en el que se desarrollan todos los puntos fundamentales del SME y el ECU. También es interesante el libro de la Asociación para la Unión Monetaria Europea (1989): *El ECU para la Europa de 1992,* en el que se desarrolla la aplicabilidad del ECU a la empresa comunitaria. Por otro lado el libro de Bernard Schmitt (1990), *El ECU y las soberanías nacionales en Europa,* editado por Paraninfo, que supone una reflexión muy profunda y completa sobre la esencia y consecuencias de las monedas-patrón.

BIBLIOGRAFIA

AGGARWAL, Arun: «The ECU: A real asset?». *Accountancy.* Agosto. 1989. Págs. 70-71.
AGLIETTA, M., y GHYMERS, C.: *L'integration monetaire en Europe.* Recherches Economiques de Louvain, vol. 59 (1-2). Lovaina. 1993.
ARAGONÉS, José R.: *Economía Financiera Internacional.* Pirámide. Madrid. 1990.
ASOCIACIÓN PARA LA UNIÓN MONETARIA EUROPEA: *El ECU para la Europa de 1992.* París. 1989.
EITEMAN, D., y STONEHILL,A.: *Las Finanzas de las Empresas Multinacionales.* Addison-Wesley. Willmington. 1992.
FEIGER, G., y JACQUILLAT, B.: *International Finance*: Text and Cases. Allyn and Bacon. Boston. 1982.
GIAVAZZI, Francesco, y GIOVANINI, Alberto: «Modèles du SME: l'Europe n'est-elle qu'une zone deutsche mark?». *Revue Economique,* núm. 3. Mayo 1988. Págs. 641-666.
GONZÁLEZ, Sara, y MASCAREÑAS, Juan: *El Sistema Monetario Europeo.* Eudema. Madrid. 1993.
GRABBE, J.: *International Financial Markets.* Elsevier. Nueva York. 1986.
JUNQUERA, Mónica: «El papel del ECU en el SME». *ICE.* núm. 2.014. 1985 Págs. 4196-4197.
KESSLER, Guillermo: «La peseta en el Sistema Monetario Europeo. Algunas consideraciones». ICE. Febrero. 1987. Págs. 7-28.
LEROUX, François, y ALBOUY, Michel: «Les paniers monetaires optimaux et la réduction du risque de change». *Finance,* vol. 3, núm. 2-3. 1982. Págs. 241-261.
PÉREZ-CAMPANERO, J.: *El Sistema Monetario Europeo y el ECU.* FEDEA. Madrid. 1990.
SANCHÍS, Manuel: «Los mecanismos de funcionamiento del Sistema Monetario Europeo». ICE, núm. 2.014. 1985. Págs. 4.189-4.195.

---

[9] Desde el 1 de enero de 1994 existe el Instituto Monetario Europeo que es el embrión del futuro Banco Central Europeo y que está situado en Francfurt (Alemania).

SCHMITT, Bernard: *El ECU y las soberanías nacionales en Europa*. Paraninfo. Madrid. 1990.
TRIFFIN, Robert: «The European Monetary System and the Dollar in the Framework of the World Monetary System». *Banca Nazionale del Lavoro Quaterly Review*. Septiembre, 1982.
WRAGG, L. (ed.): *Composite Currencies. SDR's ECU's and other instruments*. Euromoney. Londres. 1984
ZANGANO, G.: «The Atractions of the ECU». *Euromoney*. Febrero, 1985.

3
El mercado de divisas

3.1. INTRODUCCION

El mercado financiero de divisas es el mercado base de todos los demás mercados financieros internacionales, puesto que en él se establece el valor de cambio de las monedas en que se van a realizar los flujos monetarios internacionales. Es también, de entre ellos, el de mayor volumen de transacciones.

Es un mercado en el que se intercambian monedas y, por tanto, en el que es difícil identificar la figura del comprador y la del vendedor pero, en definitiva, es en donde se encuentran oferentes y demandantes que finalmente se ponen de acuerdo para realizar una determinada transacción a un determinado precio. El precio aquí, sin embargo, no tiene el mismo sentido que en el resto de los mercados ya que se trata de una relación de intercambio, que recibe la denominación especial de *tipo de cambio*. En definitiva, el precio de una moneda en función de otra.

En sentido estricto, no se debe de confundir este mercado con el de monedas, debido a que en los mercados de divisas lo que se negocia no es la moneda en su estado físico, sino la *divisa*, la cual no es más que un depósito o saldo bancario en moneda distinta de la nuestra realizado en una institución financiera. En general, se considera divisa:

a) El propio depósito de moneda extranjera en una institución financiera, o
b) Los documentos que dan derecho a disponer de esos depósitos (cheques, tarjetas de crédito, etc.).

Un claro ejemplo de divisa es el cheque de viajero, al que se le aplica la tarifa o precio de la divisa a la hora de hacerlo efectivo; un cheque contra una cuenta corriente de un país distinto del propietario, etc.

Es necesario comprender que todos los depósitos bancarios de una moneda extranjera están finalmente localizados en el país de origen de la divisa. Así, todos los depósitos en dólares americanos realizados en cualquier institución financiera de cualquier país del mundo al final se encontrarán en los Estados Unidos. Todos los depósitos en pesetas realizados en cualquier institución financiera que se encuentre fuera de territorio español, al final se encontrarán en España. Veamos un ejemplo práctico para ilustrar esta cuestión:

Una empresa de electrónica española exporta a Alemania unos *chips* necesarios para la fabricación de ordenadores por valor de 500 millones de pesetas. Como quiera que dicha empresa necesita dólares para otra de sus transacciones, solicita del importador alemán le pague en dicha divisa y no en marcos. Suponiendo que los tipos de cambio respectivos fuesen 125 pts./$ y 1,5 DM/$ y, para mayor sencillez, haciendo abstracción de las comisiones de los bancos correspondientes, veamos la operatoria seguida por ambas empresas. La compañía alemana emite una orden de pago a favor de la empresa española por valor de 4 millones de dólares. La empresa española recibe en la cuenta de su banco, el BBV, la cantidad en dólares. El banco, con objeto de hacer efectiva la orden, transfiere a su corresponsal en los Estados Unidos que es el BBV Internacional, mientras que se pone al habla con el banco de la compañía alemana, el Dredsner Bank, y le pide el nombre de su corresponsal en Estados Unidos, que resulta ser el Citibank. Así se produce una transferencia de fondos en dólares de la cuenta que el Dredsner tiene en el Citibank a favor de la cuenta que el BBV tiene en el BBV Int. Una vez hecho esto, el BBV comunica a la empresa española que ya tiene los dólares y le pregunta qué quiere que haga con ellos, si convertirlos a pesetas o dejarlos en una cuenta en dólares con objeto de realizar otra serie de operaciones posteriores. El Dresdner hará lo propio con la empresa alemana: o le detrae de su cuenta en dólares los 4 millones o se los detrae de su cuenta en marcos tras aplicar el tipo de cambio correspondiente. Como se aprecia a través del ejemplo, los dólares han estado siempre depositados en los Estados Unidos, no ha habido movimiento de fondos ni en España ni en Alemania, sólo en el país americano.

El mercado de divisas se organiza de dos formas distintas pero que están perfectamente interrelacionadas:

- *Tipo europeo*: Es aquella parte del mercado que se corresponde con localizaciones concretas (mercado *localista*), es decir, que está formada por unas determinadas instituciones o lugares donde acuden oferentes y demandantes a unas horas determinadas para realizar sus transacciones. Es similar a las Bolsas de valores.
- *Tipo americano*: Formado por la red de instituciones financieras de todo el mundo, es la parte más internacional del mercado y la más libre puesto que realiza sus transacciones en cualquier momento a través de cualquier medio de comunicación. Es universal, careciendo de límites espaciales o temporales, con excepción de los que imponen algunos países con respecto a cierto tipo de operaciones, en todo caso, funciona las 24 horas del día y en todo el mundo.

Para que exista un *mercado perfecto* (y el de divisas es de los más perfectos) es necesario que las ofertas y demandas sean conocidas por todos los participantes (o su mayoría). Por ello, estas operaciones se centralizan a través de instituciones financieras localizadas en determinados centros financieros. Hay unas plazas o ciudades donde concurren un gran número de operaciones del mismo tipo; por

El mercado de divisas   29

ejemplo, el mundo del dólar se sitúa en Nueva York, el de la libra en Londres, un bloque de divisas se sitúa en Zurich, pero esto tiene cada vez menos importancia dado que el reparto de operaciones se realiza a través de todo el mundo. Los principales mercados mundiales de divisas son (véase Figura 3.1 y Figura 3.2): *a*) Europa: Londres, París, Francfurt y Zurich; *b*) America: Nueva York, Chicago y Toronto; *c*) Oriente: Tokio, Hong Kong, Singapur, Melbourne, Sidney y Bahrein.

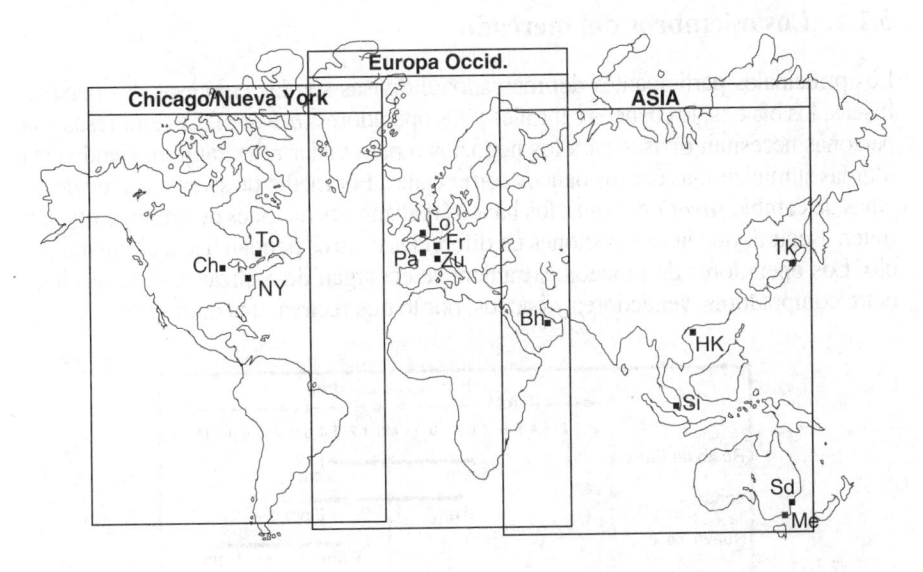

Figura 3.1. Zonas de tiempo de los principales mercados mundiales de divisas.

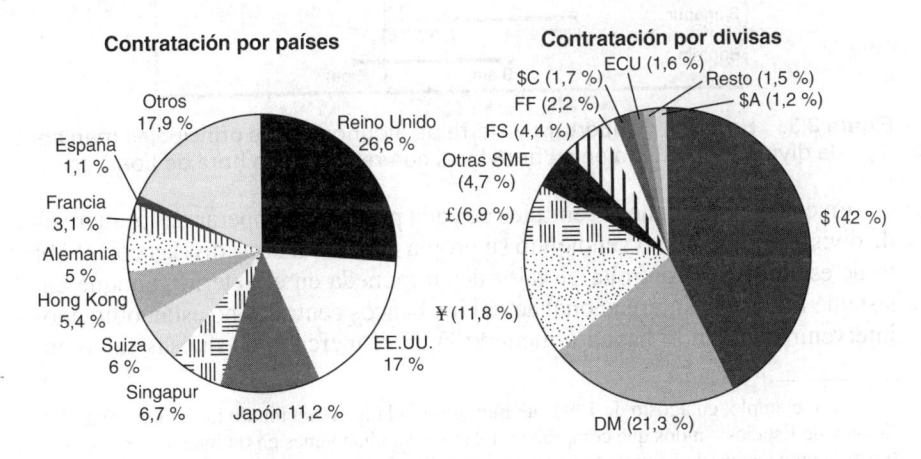

Figura 3.2. El mercado mundial de divisas a mediados de 1992 (Fuente: A.F.I.).

En la Figura 3.3 se muestran las horas de apertura y cierre según el horario local de algunos de los principales mercados de divisas con relación al horario de Londres. Como se aprecia, durante cada una de las 24 horas del día hay algún mercado abierto y operando en el mundo.

Concluyendo, el mercado de divisas tiene una peculiaridad: el mismo tipo de bien que se negocia (dinero) es con el que se realizan los pagos; y el precio de este bien es el *tipo de cambio*.

3.1.1. Los miembros del mercado

Los principales participantes del mercado de divisas son las empresas, las personas físicas, los bancos, los bancos centrales y los operadores (*brokers*). Las empresas y las personas necesitan divisas para los negocios o para viajar al extranjero, siendo estas últimas suministradas por los bancos comerciales. Por medio de su extensa red de oficinas de cambio (*dealing room*), los bancos realizan operaciones de arbitraje que permiten asegurar que las cotizaciones en diferentes centros tiendan hacia el mismo precio. Los operadores de moneda extranjera se encargan de realizar las transacciones entre compradores, vendedores y bancos, por lo que reciben una comisión.

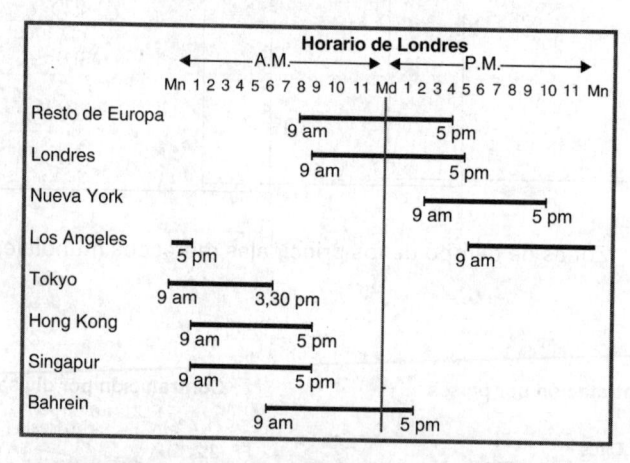

Figura 3.3. Horarios de apertura y cierre de algunos de los principales mercados de divisas del mundo en su hora local con relación a la hora de Londres.

En cuanto a los bancos centrales de cada país, suelen operar en los mercados de divisas comprando o vendiendo su propia moneda u otras divisas con el objeto de estabilizar o controlar el valor de su moneda en el exterior, aunque en el sistema financiero internacional actual los bancos centrales no están obligados a intervenir (aunque lo hagan a menudo [1]) en el mercado de divisas salvo en el

---

[1] Por ejemplo, en agosto de 1993 fue muy notoria la intervención de los bancos centrales de Japón y de Estados Unidos que compraban dólares y vendían yenes en un intento desesperado de frenar la apreciación de la moneda japonesa, que dificultaba las exportaciones de dicho país, con los consiguientes problemas económicos que ello conlleva.

Sistema Monetario Europeo. La intervención se denomina *limpia* cuando lo que se pretende es evitar movimientos especulativos sobre la moneda tratando de disuadir a los especuladores.

No sólo hay numerosos mercados de divisas a lo largo del planeta sino que también hay numerosos intermediarios (unos 1.600 en el año 1990, pertenecientes a unos 70 países) que están conectados entre sí a través de sistemas de telecomunicación (como el SWIFT, *Society for Worldwide Interbank Financial Telecommunication*), teléfono, fax, etc., que garantizan una rapidez, seguridad y bajo coste de las transacciones a lo largo de las 24 horas del día. El operador suele tener ante sí cuatro pantallas (véase la Figura 3.4), de las que una corresponde al sistema telefónico a base de números y páginas que se activan digitalmente y otras a los sistemas Reuters y Telerate que muestran la información multidivisa, precios de contado y a plazo, depósitos y noticias en general. En dichas pantallas está incorporado el sistema operativo mediante el que se opera con los bancos (SWIFT). Las impresoras recogen puntualmente, las confirmaciones, operaciones y diálogos, mientras que lo contratado por teléfono queda registrado en una cinta magnetofónica.

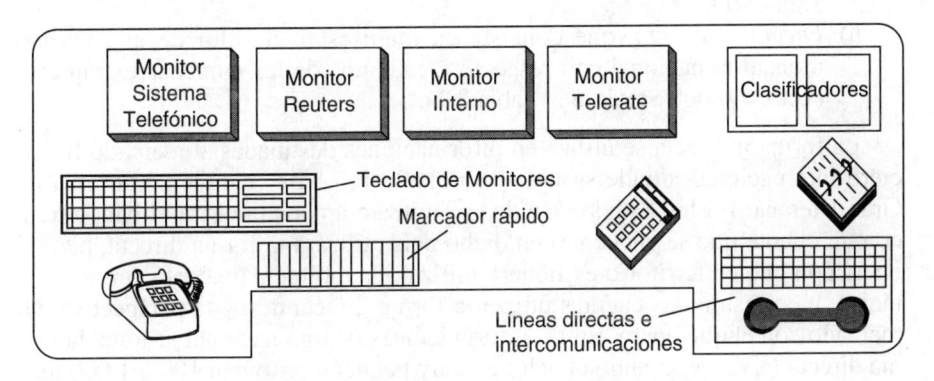

Figura 3.4. Una típica mesa de operador en divisas.

3.2. EL TIPO DE CAMBIO

El tipo de cambio es doble, puesto que existe un precio para el *comprador* y otro para el *vendedor*. Los dos participantes asumen una posición bivalente, pudiéndose considerar a la vez compradores y vendedores (venden su moneda y compran otra). Debido a esta posible confusión y dado que los precios o tipos de cambio son fijados por las instituciones financieras, las cotizaciones se expresan desde su punto de vista. Así, cuando nos referimos a la posición compradora (en inglés *bid*) queremos decir que es el precio que el intermediario va a pagarnos por adquirir nuestra moneda, puesto que él es el comprador; mientras que si hablamos de la posición vendedora (en inglés *offer* o *ask*) nos indicará el precio que nos costará comprarle dicha moneda al intermediario, puesto que él nos la vende.

El precio de compra es siempre menor que el de venta, pues la diferencia es lo que posibilita el beneficio del intermediario. No se olvide que las instituciones que operan en los mercados de divisas no son los usuarios finales sino que son intermediarios que actúan en nombre de particulares, que necesitan cambiar una determinada moneda por otra debido a razones comerciales o de otro tipo. Habitualmente el tipo comprador (T_c) se calcula a partir de un tipo base (T_b) y una *tasa de variación* (*c*):

$$T_c = T_b (1 - c)$$

y el tipo vendedor (T_v):

$$T_v = T_b (1 + c)$$

Los dos tipos de precios (comprador y vendedor) pueden ser establecidos a su vez de dos formas diferentes. Puesto que el precio de una divisa es el precio de una moneda expresada en unidades de otra, existirán dos modalidades según que tomemos como base la unidad monetaria de un país o la del otro:

a) *Forma directa*, que consiste en enunciar el valor de una unidad monetaria extranjera en términos de moneda nacional (1$ = 125 pts., como en la Tabla 3.1).
b) *Forma indirecta*, que consiste en manifestar el valor de una unidad monetaria nacional con respecto a cada una de las monedas extranjeras (1pts. = 0,008 $; véase la Tabla 3.1).

La forma indirecta se utiliza en informaciones destinadas al mercado financiero internacional, donde se toma el dólar como base; también se utiliza en Gran Bretaña. En los Estados Unidos se utilizan ambos tipos; si el banco trata con un cliente que se encuentra en dicho país utilizará la forma directa, pero si opera con uno en territorio extranjero utilizará la indirecta (excepto con los británicos), en resumidas cuentas utiliza la forma directa desde la perspectiva del mercado con el que opera. En las informaciones de tipo nacional se toma la forma directa (a veces, cuando el valor es muy pequeño se toman 100 o 1.000 unidades nacionales). En la Tabla 3.1 se muestra el Mercado de Divisas de Madrid, que está expresado en su forma directa y un ejemplo, columna del centro, de cómo sería en forma indirecta.

Para identificar la posición cuando no aparece explícita hay que tener en cuenta si el tipo de cambio es directo o indirecto:

- *Directo*: La cifra menor indica la posición compradora y la mayor la vendedora (véase Figura 3.3).
- *Indirecto*: La cifra mayor indica la posición compradora y la menor la vendedora.

También es necesario conocer qué se entiende por un *tipo de cambio cruzado*, el cual se define como aquel tipo de cambio calculado indirectamente en función de los tipos de cambio de otras dos divisas. Debido a que la práctica internacional consiste en cotizar la mayoría de las divisas contra el dólar, para calcular la cotización de otras dos divisas cualesquiera entre sí, deberemos utilizar un tipo de cambio cruzado. Así, por ejemplo, si en la Tabla 3.1 la cotización media de la peseta con respecto al dólar era de 125,014 pts./$ y sabemos que la cotización media del franco francés con respecto al dólar es de 6,3714 FF/$, podremos calcular el tipo de cambio cruzado pts./FF sin más que dividir entre sí los dos tipos de cambio precedentes: 19,621 pts./FF.

Tabla 3.1. Mercado de divisas de Madrid (directo e indirecto) y de Billetes de Banco

Divisas	MERCADO DE DIVISAS (21-IX-88) Pesetas Comp.	Vend.	INDIRECTO Divisas Comp.	Vend.	BILLETES DE BANCO (21-IX-88) Comp. (pts.)	Vend. (pts.)
1 Dólar EE.UU.	124,858	125,170	0,0080	0,0080	BG122,260	BG126,840
1 Dólar canadiense	102,352	102,608	0,0098	0,0097	99,940	103,690
1 Franco francés	19,596	19,646	0,0510	0,0509	19,170	19,890
1 Libra esterlina	209,267	209,791	0,0048	0,0048	204,900	212,590
1 Libra irlandesa	178,926	179,374	0,0056	0,0056	175,290	181,860
1 Franco suizo	78,836	79,034	0,0127	0,0127	77,250	80,150
100 Francos belgas	317,782	318,578	0,3147	0,3139	306,800	318,300
1 Marco alemán	66,605	66,771	0,0150	0,0150	65,200	67,650
100 Liras italianas	8,958	8,980	11.1632	11.1359	8,750	9,070
1 Florín holandés	59,048	59,196	0,0169	0,0169	57,800	59,970
1 Corona sueca	19,410	19,458	0,0515	0,0514	18,870	19,580
1 Corona danesa	17,370	17,414	0,0576	0,0574	16,980	17,610
1 Corona noruega	18,057	18,103	0,0554	0,0552	17,620	18,280
1 Marco finlandés	28,181	28,251	0,0355	0,0354	27,540	28,570
100 Schellings	947,015	949,385	0,1056	0,1053	927,270	967,040
100 Escudos portugueses	80,829	81,031	1.2372	1.2341	76,830	81,240
100 Yens japoneses	93,014	93,246	1.0751	1.0724	91,150	94,570
1 Dólar australiano	97,328	97,572	0,0103	0,0102	97,730	101,390
100 Dracmas griegos	82,397	82,603	1.2136	1.2106	78,320	82,830
1 ECU	138,027	138,373	0,0072	0,0072		

Se denomina *diferencial* a la diferencia entre el tipo de cambio vendedor y el comprador de una divisa determinada. Así, por ejemplo, en la Tabla 3.2 se muestra cómo el diferencial para la peseta con relación al dólar es de 0,05 pesetas (un 0,04% con relación al tipo de cambio [2]); el diferencial para la libra esterlina es de 0,001 libras (0,06% del tipo de cambio); o, el del peso mexicano es de 10 pesos (0,4% de su tipo de cambio). El tamaño del diferencial [3] depende de la amplitud o profundidad del mercado de esa divisa en concreto (es decir, de su grado de liquidez) y de su estabilidad en ese momento. En todo caso dichos

---

[2] También se puede decir que 0,04 % es igual a 4 puntos o «pipos». Estos valores se obtienen directamente si se opera con el sistema de cotización indirecta, que es el que utilizan los operadores del mercado.

[3] Como se aprecia los datos utilizados son de 1988, lo cual se ha mantenido así a propósito con objeto de que el lector pueda calcular los diferenciales actualizados de las divisas que desee, consultando la sección financiera de cualquier periódico de ámbito general o especializado en economía, y así pueda compararlos con los de 1988.

diferenciales no son los mismos para todas las instituciones financieras intermediarias y también dependen del volumen de divisas que se desea adquirir o vender: a mayor volumen, menor diferencial (la cantidad normal negociada oscila entre uno y dos millones de dólares, si es menor se pedirá precio para un contrato *spot for small* y si fuese mayor *for a big amount*).

Tabla 3.1. Mercado de divisas de Nueva York

MERCADO DE DIVISAS DE NUEVA YORK
(21-9-88)

Peseta	124,87/92	Marco alemán	1,840/50
Libra esterlina	1,6740/50	Yen	134,25/30
Dólar canadiense	1,2163/68	Schelling austríaco	13,18/19
Franco belga	39,26/28	Corona danesa	7,1890/1920
Franco francés	6,3655/85	Escudo	154,25/45
Lira italiana	1,395/96	Corona sueca	6,4340/70
Florín holandés	2,1135/45	Marco finlandés	39,76/77
Franco suizo	1,5825135	Peso mexicano	2284/94

3.3. LOS BILLETES DE BANCO

El tipo de cambio de las divisas sirve como base para establecer el tipo de cambio de los billetes (el billete no es la mercancía intercambiada en el mercado de divisas, pues lo que se negocia es el depósito mediante transferencias). El tipo de cambio del billete siempre es menor que el tipo de cambio de la divisa en la posición compradora siendo, por el contrario, mayor en la posición vendedora (la institución financiera compra más barato y vende más caro el billete que la divisa, véase la columna de la derecha de la Tabla 3.1 y compárese con la de la izquierda, que representa a las divisas).

La institución financiera, como compradora de papel moneda, no obtiene ninguna rentabilidad por la adquisición del billete, pues éste sólo produce rendimiento a través de su inversión. Por ello cuando las instituciones financieras reciben billetes procuran colocarlos lo antes posible, es decir, convertirlos en un activo financiero y ese depósito hay que hacerlo en el país de procedencia del billete correspondiente. Esto tiene un coste, que está formado por el transporte y el seguro, así como por un coste temporal (la operación necesita un tiempo durante el que no se obtiene ningún rendimiento), existiendo también un riesgo asociado de pérdida ante posibles variaciones en su valor. Ese coste ha de ser repercutido en aquella persona o entidad a la que compra el billete, y lo hace pagando una cantidad menor que la que pagaría si comprase directamente una divisa.

La institución financiera, como vendedora de papel moneda, se enfrenta a un problema opuesto al del párrafo anterior. Cuando alguien demanda un billete aquélla no dispondrá del mismo al no serle rentable su posesión, por lo que para atender dicha petición deberá retirar de los depósitos que tenga en el país correspondiente una determinada cantidad de dinero (convirtiendo el activo financiero que tenga en ese país en activos líquidos, transportarlos en sentido contrario y entregárselos al demandante). El coste de esta operación se le repercute al comprador del billete de ahí que el billete le resulte más caro que si hubiese comprado una divisa.

Por lo general, existe simetría entre ambas diferencias. El coste de conversión del billete en divisa suele coincidir con el coste de conversión de la divisa en billete.

Las diferencias entre el valor del billete y el de la divisa no suelen ser iguales para todas las monedas; dependen de dos factores:

- *Distancia*: El coste del transporte será mayor cuanto más alejado esté el país, o más difícil sea acceder a él, y la diferencia será mayor.
- *Inestabilidad* de la moneda de ese país. Cuanto mayor sea la inestabilidad mayor será el riesgo, puesto que mayor probabilidad hay de que cuando el billete se haya convertido en divisa el tipo de cambio haya variado, existiendo un riesgo de pérdida de valor, que es compensado ampliando dicha diferencia.

Esta es la causa de que algunas monedas, como el dólar, tengan distintos valores para un billete grande o para uno pequeño (en la Tabla 3.1 sólo aparece el billete grande –BG–; el valor del pequeño era de 121,04 y 126,84 para comprador y vendedor, respectivamente); la razón es el coste de conversión, siendo ese coste menor en proporción al valor transportado cuando el billete es grande que cuando es pequeño.

3.4. OPERACIONES AL CONTADO Y A PLAZO

En el mercado de divisas se realizan dos tipos de operaciones: al contado y a plazo o a futuro.

- Las operaciones al *contado* (*spot*) son acuerdos de cambio de una divisa contra otra a un tipo de cambio determinado. El intercambio de estas divisas deberá producirse dentro de las 48 horas siguientes a la fecha de transacción [4].
- Las operaciones a *plazo* (*forward*) son las realizadas mediante un acuerdo de intercambio de moneda en un determinado momento para materializarse en un período futuro: 1, 2, 3 y 6 meses (períodos normalizados: véase Tabla 3.3).

---

[4] Son dos días hábiles. Es decir, si resultase que en alguno de los dos países de las monedas implicadas o en los Estados Unidos, uno de los días fuera fiesta, habrá que pasar al tercer día.

Tabla 3.3. Precios del tipo de cambio a plazo (seguro de cambio)

PRECIOS DEL SEGURO DE CAMBIO
(21-IX-88)

Moneda	1 mes	2 meses	3 meses	6 meses
Dólar EE.UU.	124,80-00	125,05-25	125,27-47	125,93-18
Marco	67,00-20	67,31-51	67,31-81	68,53-73
Libra esterlina	209,31-91	209,10-70	208,86-46	208,22-82
Franco francés	19,66-76	19,70-80	19,74-84	19,87-97
Franco suizo	79,43-73	79,90-20	80,36-66	81,75-05
Florín	59,36-56	59,61-81	59,86-06	60,64-84
100 F belgas	319,02-02	319,82-82	320,55-55	323,27-27
100 L italianas	8,59-00	8,95-00	8,94-99	8,93-98
100 Yens	93,28-58	93,77-87	94,17-47	95,51-81
Corona noruega	18,06-16	18,02-12	17,98-08	17,86-96
Corona sueca	19,42-52	19,42-52	19,43-53	19,45-55
Corona danesa	17,42-52	17,46-56	17,49-59	17,57-67

El contrato a plazo de compraventa de divisas es un contrato en firme, su cumplimiento no es opcional sino obligatorio. A este tipo de contrato acuden dos clases de participantes: los que buscan *seguridad* (que tratan de protegerse del riesgo de variación del tipo de cambio, es decir, eliminan incertidumbre al asegurarse un determinado tipo de cambio) y los *especuladores* (que tratan de beneficiarse de las variaciones que se puedan producir en el tipo de cambio).

En definitiva, podemos decir que el contrato de compraventa de moneda a plazo, denominado también *outright*, fija de antemano el tipo de cambio a una fecha futura determinada. Hoy en día se consideran operaciones a plazo todas aquellas cuyo valor o vencimiento es superior a los dos días de contado. El precio a plazo en el mercado suele coincidir con el precio de contado del día en que se contrata la operación más el diferencial de intereses correspondiente al período en cuestión.

El tipo de cambio a plazo no suele establecerse en base a la predicción directa de lo que será en el futuro el tipo de cambio de una moneda. Al contrario, es el resultado directo del cálculo de tres factores con los cuales contamos el día de la operación:

1.º El tipo de cambio de contado del día de la operación.
2.º El tipo de interés al que el cliente toma prestada la divisa vendida.
3.º El tipo de interés al que el cliente deposita la divisa comprada.

La idea que subyace en este cálculo la explicaremos mediante un ejemplo: Supongamos que un importador español necesita pagar un millón de dólares americanos dentro de tres meses y en lugar de esperar ese período para adquirir la divisa americana decide comprarla ahora. Si el tipo de cambio de contado en la actualidad es de 125 pts./$, lo primero que hará su banco será pedir prestados los 125 millones equivalentes para adquirir el millón de dólares. Este préstamo le cuesta un 10% de interés nominal anual en el mercado financiero que equivale a pagar dentro de tres meses:

$$125.000.000 \text{ pts.} \times 0,10 \times (1/4) = 3.125.000 \text{ pts.}$$

Inmediatamente, el banco adquiere los dólares al contado y los invierte a un tipo de interés del 7% nominal anual, que es el tipo de interés del dólar en el mercado de eurodólares. Ello implica pagar dentro de tres meses:

$$1.000.000 \$ \times 0,07 \times (1/4) = 17.500 \$$$

Transcurridos los tres meses, el banquero devolverá el principal más los intereses a su acreedor, es decir, 128.125.000 pts., mientras que recibe el principal más los intereses de su inversión en dólares: 1.017.500 dólares. El tipo a plazo correspondiente al equilibrio, que es el que el banco aplicará al importador, es igual a:

$$128.125.000 \text{ pts.} \div 1.017.500 \$ = 125,92 \text{ pts.}/\$$$

En realidad lo que ha hecho el banquero es realizar un *swap* (véase el Capítulo 13) a un plazo de tres meses. Por ello a la diferencia entre el tipo a plazo y el tipo de contado expresada en porcentaje se le denomina *puntos de swap* o en argot «pipos» (en inglés *pips*); así, en nuestro ejemplo serán 92 pipos. La fórmula general que permite calcular el tipo a plazo en función del tipo de contado ($T_{A/B}$), de los tipos de interés de la moneda (i_A) y de la divisa (i_B) y del período de tiempo (n), es la siguiente:

$$T \text{ plazo} = T_{A/B} \times \frac{1 + i_A \times \dfrac{n}{360}}{1 + i_B \times \dfrac{n}{360}}$$

En España (Tabla 3.3) se denomina *seguro de cambio* a la operación de asegurarse un determinado tipo de cambio. La forma de expresar su cotización es semejante a la del tipo de contado así pues 125,00-25 pts./$ querrá decir que el banco nos compra los dólares a 125,00 pesetas., o nos los vende a 125,25 pesetas. Otras veces la cotización se muestra con el precio de contado más los denominados *puntos de swaps o pipos*, esto es: 124,87/92 y los pipos 13/33. En las operaciones a plazo puede ocurrir que los precios a plazo sean superiores a los de contado, entonces se dice que esa divisa cotiza con *prima a plazo* (como ocurre en el ejemplo anterior donde hay que sumar los pipos al precio de contado para obtener el precio a plazo). Si, por el contrario, la cotización a plazo es menor a la de contado, entonces la divisa cotiza con *descuento*. (Si en el ejemplo anterior fuese así, la cotización de los pipos hubiera sido del tipo 33/13 y habría que restarlos del precio de contado.) Por lo general, las monedas débiles cotizan con descuento frente a las fuertes, mientras que las fuertes lo hacen con prima frente a las más débiles (véase Tabla 3.3).

3.5. EL ARBITRAJE

Los valores de todas las monedas están interrelacionados; las operaciones de compra-venta se realizan de forma muy rápida y con un gran volumen, interviniendo en ellas entidades de reconocida solvencia. Esto permite que la intervención de los *arbitrajistas*, que se benefician de la diferencia de precios o cotizaciones en distintos lugares, ajuste rápidamente los precios. Así, por ejemplo, si en el mercado de divisas de Madrid la cotización de una libra esterlina es igual a 200 pesetas, mientras que en el mercado de Londres es de 0,004651 £/pts., al efectuar el producto de ambas cotizaciones veremos que no se obtiene la unidad, como debería ser si ambos mercados cotizasen igual, sino 0,9302 lo que indica la posibilidad de arbitraje. Este se produciría adquiriendo las libras en Madrid al precio de 200 pesetas/£ y vendiéndolas en Londres al precio de 215 pesetas/£ (esta cifra se obtiene de dividir 1 entre 0,004651). O, también, vendiendo una libra en Londres, con lo que obtenemos 215 pesetas., y adquiriéndolas en Madrid, con lo que obtenemos 1,075 libras esterlinas.

Podría ocurrir que no existiese un posible arbitraje entre dos monedas, pero sí entre tres o más, siendo necesario en todo caso percibir la existencia de un beneficio. Esa interrelación que permite el arbitraje la podemos considerar con tres monedas: A, B y C. Denominaremos:

$T_{i/j}$ al tipo de cambio de una unidad de moneda j por moneda i.

$T_{A/C}$ será, por tanto, el tipo de cambio de A con respecto a una unidad monetaria de C.

Supongamos que poseemos una única moneda de A y que la canjeamos por monedas B con lo que obtendríamos: $T_{B/A}$. Si las cambiásemos más tarde por C, obtendríamos las siguientes unidades de C: $T_{B/A} \times T_{C/B}$.

Si las unidades de C las canjeásemos de nuevo por A, obtendríamos:

$$T_{B/A} \times T_{C/B} \times T_{A/C}$$

Esta operación global se realizaría si el rendimiento del producto fuese mayor que la unidad, ya que hemos partido de una unidad de A (véase el ejemplo numérico anterior en el que partiendo de una libra acababamos obteniendo 1,075); si existiera esa posibilidad de ganancias se produciría una demanda y oferta extraordinaria de divisas que llevaría a aumentar los valores de unas divisas y a disminuir las de otras; este proceso se repetiría hasta que:

$$T_{B/A} \times T_{C/B} \times T_{A/C} \leq 1 \qquad \text{[I]}$$

caso en el que ya no sería rentable el arbitraje.

Supongamos ahora, que disponemos de una unidad de A y la cambiamos primero por C, luego por B y, finalmente, por A:

$$T_{C/A} \times T_{B/C} \times T_{A/B} \leq 1$$

en períodos normales o de estabilidad:

$$T_{C/A} \times T_{B/C} \times T_{A/B} \leq 1 \longrightarrow \frac{1}{T_{C/A} \times T_{B/C} \times T_{A/B}} \geq 1$$

$$\underbrace{\frac{1}{T_{C/A}} \times \frac{1}{T_{B/C}} \times \frac{1}{T_{A/B}} \geq 1}_{\text{Tipo de cambio directo de } A} \longrightarrow \underbrace{T_{C/A} \times T_{B/C} \times T_{A/B} \geq 1}_{\text{Tipo de cambio indirecto de } A}$$

lo que coincide con la ecuación [I] (vuelva a verse el ejemplo numérico pero ahora con las 200 pesetas iniciales que luego se convertían en 215 por medio del arbitraje). Ambas condiciones sólo se pueden cumplir simultáneamente (en condiciones de estabilidad) si se dan en forma de igualdad:

$$T_{B/A} \times T_{C/B} \times T_{A/C} = 1$$

de donde en situación de equilibrio, despejando $T_{B/A}$:

$$T_{B/A} = \frac{1}{T_{C/B}} \times \frac{1}{T_{A/C}} = T_{B/C} \times T_{C/A}$$

lo que pone de evidencia que cualquier variación en el tipo de cambio de una moneda debe ser seguida por variaciones en algún otro tipo de cambio para volver a restablecer la igualdad. Mientras esto no suceda actuarán los arbitrajistas y será precisamente su acción la que contribuirá a volver a la posición de equilibrio.

Consideremos ahora la situación más realista en que existen dos tipos de cambio: posición compradora y posición vendedora $T^c_{B/A}$ y $T^v_{B/A}$ (donde c es la *tasa de variación*):

$$T^c_{B/A} = T_{B/A} \times (1 - c)$$
$$T^v_{B/A} = T_{B/A} \times (1 + c)$$
$$T^v_{B/A} - T^c_{B/A} = T_{B/A} \times 2 \times c \rightarrow c = \frac{T^v_{B/A} - T^c_{B/A}}{2 \times T_{B/A}}$$

Con el mismo razonamiento anterior, pero ahora considerando los diferentes tipos comprador y vendedor, veamos cuáles serán las condiciones para que exista posibilidad de arbitraje. Supongamos la misma operación que en el caso anterior. $T^c_{i/j}$ será el tipo de cambio de monedas i que obtendríamos al vender a una institución financiera una unidad de j. En una situación estable o normal.

$$T^c_{B/A} \times T^c_{C/B} \times T^c_{A/C} \leq 1$$

Si realizamos una transformación del tipo $T^c_{B/A} = 1/T^v_{A/B}$ (ejemplo: $T^v_{pts./\$}$, la institución financiera vende un dólar a cambio de 130 pesetas. $T^c_{\$/pts.}$, la institución financiera compra una peseta a cambio de 1/130 dólares), obtendríamos:

$$\frac{1}{T^v_{A/B}} \times T^c_{C/B} \times T^c_{A/C} \leq 1$$

$$\frac{1}{T_{A/B} \times (1+c)} \times T_{C/B} \times (1-c) \times T_{A/C} \times (1-c) \leq 1$$

$$T_{A/B} \geq T_{C/B} \times T_{A/C} \times \frac{(1-c)^2}{(1+c)}$$

Si, ahora, cambiamos A por C, obtendremos:

$$T^c_{C/A} \times T^c_{B/C} \times T^c_{A/B} \leq 1$$

$$\frac{1}{T^v_{A/C}} \times \frac{1}{T^v_{C/B}} \times T^c_{A/B} \leq 1$$

$$\frac{1}{T_{A/C} \times (1+c)} \times \frac{1}{T_{C/B} \times (1+c)} \times T_{A/B} \times (1-c) \leq 1$$

$$T_{A/B} \leq T_{A/C} \times T_{C/B} \times \frac{(1+c)^2}{(1-c)}$$

$$\boxed{T_{A/C} \times T_{C/B} \times \frac{(1+c)^2}{(1-c)} \geq T_{A/B} \geq T_{C/B} \times T_{A/C} \times \frac{(1-c)^2}{(1+c)}}$$

Si $T_{A/B}$ se sale de estos límites, entonces existe posibilidad de arbitraje.

3.6. EL RIESGO DE CAMBIO

La gestión del riesgo de cambio comienza por identificar qué partidas y cantidades han sido expuestas al riesgo asociado con las variaciones en los tipos de cambio. Se dice que un activo, deuda, beneficio o una corriente de flujos de caja esperados han sido expuestos al riesgo de cambio cuando la variación de una divisa determinada produce una alteración de su valoración en términos de la moneda nacional. Es esta alteración en el valor de la moneda nacional que ha sido inducida por una variación de una divisa determinada lo que se denomina riesgo de cambio.

3.6.1. Categorías de la exposición al riesgo de cambio

La exposición al riesgo de cambio aparece ligada a un gran número de operaciones como, por ejemplo, exportaciones, importaciones, préstamos y empréstitos en divisas, inversiones directas en el extranjero, empréstitos en el mercado internacional de capitales, inversiones en divisas, etc. A su vez dicha exposición puede originarse de diversas formas, que se pueden clasificar en tres categorías:

1.º **Exposición de transacción.** Surge cuando la obligación a cobrar o a pagar está denominada en una moneda extranjera. Es una exposición de los flujos de caja asociados con típicas transacciones de negocios (con clientes o proveedores extranjeros, por ejemplo), flujos de dividendos o de capital (como dividendos o amortización de deudas denominados en moneda extranjera). No faltan los expertos que consideran a esta exposición como integrante de la exposición económica que veremos más adelante.

2.º **Exposición contable.** Surge de la consolidación de los activos y pasivos denominados en moneda extranjera en el proceso de preparar unos estados contables consolidados. Esta categoría refleja la posibilidad de que las partidas denominadas en divisas al ser consolidadas con el resto y traducidas a moneda nacional reflejen pérdidas o ganancias como resultado de las variaciones de los tipos de cambio. Es un sistema de valoración eminentemente contable y que no refleja el verdadero valor económico de la exposición al riesgo[5].

3.º **Exposición económica.** Surge debido a que el valor actual de la corriente de flujos de caja esperados, tanto si está denominada en moneda nacional como extranjera, puede variar al alterarse los tipos de cambio. Así, el valor de una operación en el extranjero puede ser expresada como el valor actual de los flujos de caja operativos incrementales esperados de las actividades en el extranjero, actualizados a la apropiada tasa de descuento. Si denominamos por CI y PI, respectivamente, a los cobros y pagos incrementales estimados y valorados en moneda extranjera; por $T_{A/B}$ al tipo de cambio directo esperado en el futuro y expresado en moneda nacional A en función de una unidad de moneda extranjera B; y siendo k la tasa de rendimiento requerida para ese tipo de inversión en el extranjero, el valor actual neto de dicha operación vendrá dado por la siguiente expresión:

$$VA = \sum_{i=0}^{n} \frac{(CI_i - PI_i) \, T_{A/B_i}}{(1+k)^i}$$

Esta expresión supone que los flujos de caja incrementales que se producen debido a la operación realizada en el extranjero son totalmente atribuibles a la compañía matriz en el país A. Si esto no fuese así la expresión anterior debería ser modificada apropiadamente[6]. También es necesario comprender que las

---

[5] Sobre las diversas formas de exposición contable véase el libro de Josette PEYRARD: *Risque de Change*. Vuibert Gestion. París. 1986.
[6] Sobre esta expresión modificada véase BUCKLEY, Adrian: *The Essence of International Money*. Prentice Hall. Englewood Clifs (NJ). 1990. Pág. 56.

depreciaciones o apreciaciones de las divisas afectan en diversa forma a los cobros, a los pagos y a los tipos de cambio esperados, por lo que deberíamos estimar estas tres variables separadamente según sean los escenarios sobre los comportamientos de las divisas implicadas que esperamos ocurran en el futuro.

3.6.2. La gestión del riesgo de cambio

Con objeto de cubrir la exposición al riesgo de cambio surgen diversas técnicas y productos financieros, algunos de los cuales los iremos analizando a lo largo de este libro. De forma somera, las distintas técnicas de cobertura se pueden agrupar en dos categorías: internas y externas.

Las técnicas de cobertura *internas* son métodos que la propia empresa puede poner en práctica para disminuir su riesgo de cambio y aunque son numerosos podemos clasificarlos de la siguiente manera:

- *a)* La modificación temporal de los pagos en divisas: La elección de los medios de pago, el descuento por pronto pago, la utilización de las cuentas de intercepción (éstas son unas cuentas bancarias situadas en un país extranjero y destinadas a recibir los pagos en divisas efectuados por los clientes de ese país), la variación del vencimiento de los pagos, etc.
- *b)* Disminución del volumen de efectos a cobrar o pagar en moneda extranjera: Cobertura al contado (consiste en compensar los efectos a cobrar en una divisa con los efectos a pagar en la misma divisa), los mercados de compensación (los cobros procedentes de una misma empresa extranjera y los pagos a la misma, ambos en la misma divisa, tienden a compensarse), la compensación multilateral de pagos (*netting*, en inglés), el centro de refacturación (las filiales emiten facturas con cargo a dicho centro en divisas y éste las reemite con cargo a la matriz en moneda nacional), etc.
- *c)* Acciones sobre la elección de la divisa: La indiciación monetaria, la elección de una divisa poco volátil (por ejemplo, el ECU), etc.
- *d)* Otras técnicas internas: Acción según los flujos comerciales de la empresa, acciones de tipo contable, etc.

Por otra parte, las técnicas de cobertura *externas* implican la utilización de recursos producidos por agentes exógenos a la empresa y se pueden clasificar en cuatro categorías:

- *a)* Técnicas de cobertura a través de bancos: El contrato a plazo, créditos en divisas, etc.
- *b)* Técnicas de cobertura a través de mercados especializados: Contratos de futuros sobre divisas (véase Capítulo 11), contratos de opciones sobre divisas (véase Capítulo 10), etc.
- *c)* Los *swaps* de divisas: Con tipo de interés fijo, con diversas divisas (véase el Capítulo 14).
- *d)* Técnicas de cobertura a través de organismos aseguradores oficiales.

DE AQUI EN ADELANTE

El lector que quiera profundizar más en el mercado internacional de divisas debería consultar la muy completa obra de Claude TYGIER: *Basic Handbook of Foreign Exchange*, editada por Euromoney. También es muy útil la ya clásica obra de RIEHL y RODRÍGUEZ: *Mercado de divisas y mercado de dinero*, editada por Interamericana/McGraw Hill, de la que continuamente surgen nuevas ediciones, o la del profesor de la Universidad de París Dauphine, Yves SIMON (1986): *Techniques Financières Internationales*, editada por Economica. Sobre el riesgo de cambio, otra obra francesa, la de la profesora de la Sorbona Josette PEIRARD: *Risque de Change*, editada por Vuibert Gestion, que es bastante didáctica.

BIBLIOGRAFIA

ALIBER, R.: *Riesgo de cambio y financiación en la empresa*. Pirámide. Madrid. 1983.
ARAGONÉS., JOSÉ R.: *Economía Financiera Internacional*. Pirámide. Madrid. 1990.
CORNELL, BRADFORD, y SHAPIRO, ALAN: «Managing Foreign Exchange Risks». En STERN y CHEW (ed.): *New Developments in International Finance*. Blackwell. Oxford. 1988. Págs. 44-59.
LAYARD-LIESCHING, RONALD: «More power to your portfolio». *Global Investor*. Julio-agosto. 1989. Págs. 54-57.
PEYRARD, JOSETTE: *Risque de Change*. Vuibert Gestión. París. 1986
RIEHL, H., y RODRÍGUEZ, R.: *Mercados de Divisas y Mercados de Dinero*. Interamericana. Madrid. 1985.
SIMON, YVES: *Techniques Financières Internationales*. Economica. París. 1986.
SIMON, YVES: *Finance Internationale, Questions et exercices corrigés*. Economica. París. 1991.
STERN, JOEL, y CHEW, DONALD (ed.): *New Developments in International Finance*. Blackwell. Oxford. 1988.
THOMAS, LEE: «The currency hedged catechism». *Global Investor*. Julio-Agosto. 1989. Págs. 49-53.
TYGIER, CLAUDE: *Basic Handbook of Foreign Exchange*. Euromoney. Londres. 1988.

EJERCICIOS

1. Si el 24 de agosto de 1993, el dólar cotizaba en Madrid a 136 pesetas, en Francfurt a 1,68 marcos y en Tokio a 103,81 yenes. Calcular:

    a) La cotización en pesetas del marco y del yen.
    b) La cotización en marcos de la peseta y del yen.
    c) La cotización en yenes del marco y la peseta.

2. Calcular las tasas de variación para las divisas cuyas cotizaciones en pesetas se ofrecen a continuación:

    a) Dólar: 135,990-262.
    b) Ecu: 154,416-726.
    c) 100 yenes: 130,948-210.
    d) Franco suizo: 91,792-976.

3. Calcular los tipos a plazo en pesetas para tres y seis meses con relación al dólar, al

marco y al yen sabiendo que el tipo de interés en España es del 10,5% y que los tipos de cambio de contado y los tipos de interés respectivos son los siguientes:

a) Dólar: 135,990-262 y el tipo de interés en los EEUU es del 6%.
b) Marco: 80,754-80,916 y el tipo de interés en Alemania es del 8%.
c) 100 yenes: 130,948-210 y el tipo de interés en Japón es del 3%.

4. Sabiendo que el tipo de interés en España es actualmente del 10%, calcular el tipo de interés en Suecia, en Italia y en Suiza sabiendo que la cotización promedio con respecto a la peseta de dichas divisas tanto al contado como a un plazo de tres meses son las siguientes:

a) Corona sueca: 16,7 pts. (contado) y 17 pts. (plazo).
b) 100 Liras: 8,52 pts. (contado) y 8,58 pts. (plazo).
c) Franco suizo: 91,8 pts. (contado) y 92,7 (plazo).

5. Sabiendo que el tipo de interés en España es actualmente del 10%, calcular el tipo de interés en los Estados Unidos, en Alemania y en Gran Bretaña sabiendo que la cotización promedio con respecto a la peseta de dichas divisas tanto al contado como a un plazo de seis meses son las siguientes:

a) Dólar: 130 pts. (contado) y 133 pts. (plazo).
b) Marco: 80 pts. (contado) y 82 pts. (plazo).
c) Libra: 203 pts. (contado) y 209 pts. (plazo).

6. Un banco español desea vender 300.000 dólares en el mercado de divisas. ¿Qué debe hacer el operador si cuando decide negociar las divisas, los tipos de cambio promedio son los siguientes? (hágase abstracción de las comisiones y corretajes):

a) Mercado de Madrid: 135 pts./dólar.
b) Mercado de Londres: 1,734 dólares/£.
c) Mercado de Madrid y de Londres: 238,24 pts./£.

7. Un cliente remite a su banco localizado en París 200.000 dólares provenientes de exportaciones realizadas a los Estados Unidos. Estas divisas deberán ser abonadas en francos franceses en su cuenta. En el momento de realizar la operación, el dólar en París cotiza a 7,9735 francos franceses; mientras que en el mercado londinense hay que pagar 1,5158 dólares por una libra esterlina. Esta última cotiza en París a razón de 12,1225 francos franceses.

Los gastos suplementarios de teléfono y télex que implica una transacción con Londres se estiman en 25 francos franceses. ¿Cree usted que el operador estará interesado en utilizar la libra esterlina como divisa «puente» para vender los dólares de su cliente?

4
El ajuste del tipo de cambio

4.1. INTRODUCCION

Como ya sabemos el tipo de cambio varía constantemente a lo largo del tiempo, por lo que es preciso predecir esas oscilaciones. Existe una preocupación general por la estabilidad o, cuando ésta no es posible, por prever y compensar esos movimientos.

Las teorías que explican los movimientos del tipo de cambio pretenden proporcionarnos una base para posibles predicciones, así como explicar la razón por la que se producen diferencias entre la oferta y la demanda de una moneda determinada, lo que implica una alteración de su precio o tipo de cambio. Estas diferencias entre la oferta y la demanda que constituyen la principal razón de los movimientos de los tipos de cambio, se producen debido a la existencia de un número variable de personas que necesitan comprar y vender una determinada moneda lo que, a su vez, se debe a diversas causas:

1.ª *El comercio internacional de bienes.* Por la adquisición de bienes en otros países.
2.ª *La inversión.* Las personas pueden desear variar la cantidad de recursos financieros que colocan en el exterior, tanto en inversiones productivas como en inversiones financieras.
3.ª *Especulación.* Basada en la adquisición de divisas o venta de las mismas con la esperanza de obtener una ganancia en el cambio de una moneda por otra. La ganancia se logrará si los tipos de cambio se mueven en la dirección esperada por el especulador.
4.ª *El arbitraje.* Que consiste en adquirir la moneda en un mercado por un precio inferior e, instantáneamente, venderla en otro distinto por un precio superior. Con lo que se consigue una ganancia segura, al mismo tiempo, que permite que todos los mercados tengan cotizaciones similares de las diversas divisas.

En función de estas motivaciones, las teorías que tratan de explicar estas variaciones en los tipos de cambio se basan en dos factores que condicionan los comportamientos inversores o comerciales internacionales:

- *Precio* de los productos
- *Interés* del dinero

La razón por la que se compran o se venden más o menos productos en el exterior radica en la diferencia en los precios de los mismos, mientras que la evolución de los capitales invertidos en uno u otro país se debe a la diferente retribución de esos capitales.

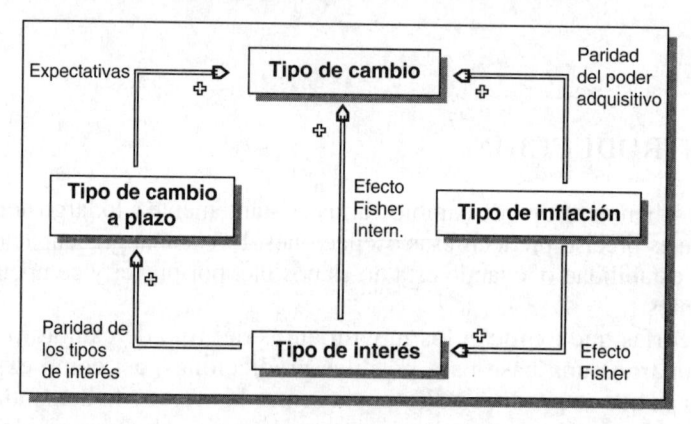

Figura 4.1. Relación entre el tipo de cambio (en forma directa), el de inflación y el de interés.

Comenzaremos suponiendo que los mercados financieros internacionales son eficientes, lo que nos permite caracterizar el equilibrio resultante a través de una serie de teorías que relacionan el tipo de cambio[1] con la tasa de inflación y con el tipo de interés (Figura 4.1):

1.ª Teoría de la *paridad del poder adquisitivo*. Liga el tipo de cambio con el tipo de inflación siendo la relación de orden directo: cuando la inflación disminuye el tipo de cambio desciende (la moneda se aprecia), y viceversa.
2.ª Teoría de la *paridad de los tipos de interés*. Liga el tipo de interés con el tipo de cambio a plazo en sentido directo.
3.ª Teoría de *Fisher (cerrada)*. Relaciona el tipo de inflación con el tipo de interés. La relación es de tipo positivo, pues a un aumento del índice de inflación le seguirá un aumento del tipo de interés nominal, y lo contrario.
4.ª Teoría de las *expectativas*: Utiliza al tipo de cambio a plazo como estimador del tipo de cambio al contado, relacionándolos de forma directa.

---

[1] Aquí expresado en su forma directa, es decir, si el tipo de cambio asciende, quiere decir que la moneda se deprecia, y si desciende, que ella se aprecia.

El ajuste del tipo de cambio 47

5.ª Teoría de *Fisher internacional (abierta)*. Pone de manifiesto que existe una relación entre el tipo de cambio y el de interés de forma directa. A largo plazo, a un aumento del tipo de interés de una moneda le seguirá la depreciación de la misma, es decir, un aumento del tipo de cambio.

4.2. TEORIA DE LA PARIDAD DEL PODER ADQUISITIVO

Se basa en la idea de que similares productos situados en distintos países deben tener igual valor, es decir, costar lo mismo. Ello supone que a cualquier comprador le resultará indiferente comprarlo en un país o en otro cualquiera. Por tanto, esta teoría relaciona el nivel de precios relativos de un país con respecto al de otro, o los precios mundiales de los bienes con el tipo de cambio existente en una situación de equilibrio de pagos.

Como los precios de cada país se establecen en su propia moneda, la igualdad de valor se produce en función del tipo de cambio. Supone esta teoría que los precios en los distintos países deben ser básicamente iguales, ya que si no fuese así se producirían excesos de demanda sobre los bienes más baratos que llevarían, finalmente, a que los precios se elevaran y alcanzasen un nivel similar. Así, según esta teoría, el tipo de cambio entre dos monedas se encontrará en «equilibrio» cuando se iguale el precio de idénticas cestas de bienes y servicios en ambos países.

Veamos un ejemplo: Supongamos que el valor de una bicicleta en España es 10.000 pesetas, y en Alemania es 125 marcos. Para que se cumpla la teoría de la paridad del poder adquisitivo, debería ocurrir que el tipo de cambio de la peseta con respecto al marco fuese de 80 pesetas/DM.

Como sería imposible que la igualdad se produjera exactamente con respecto a todos los bienes, la teoría recurre a considerar el nivel general de precios como la magnitud que hay que igualar a través de los tipos de cambio al contado. Así que podemos definir la *paridad del poder adquisitivo* (PPA) entre dos países como el cociente entre los niveles de precios de ambos, o como el producto del tipo de cambio en el período base, multiplicado por el cociente entre el nivel de precios nacional y extranjero en el momento de referencia. Los defensores de esta teoría suponen que a largo plazo las divisas tienden a desplazarse hacia su PPA.

El problema surge ante los diferentes criterios que se toman en consideración en la formación de las cestas en cada país para establecer el nivel general de precios, las cuales se elaboran conforme a los hábitos consumidores del país. Pero ante la imposibilidad de un índice mejor, aun reconociendo este vicio de partida, se utiliza el nivel general de precios de cada país prescindiendo de las diferencias de cálculo de cada uno.

Siendo P_A el índice de precios del país A, P_B el índice de precios del país B y $T_{A/B}$ el tipo de cambio de la moneda A con respecto a la moneda B, tendremos que, como vimos en el ejemplo anterior, según esta teoría el tipo de cambio vendrá dado por la relación entre los índices de precios de ambos países:

$$P_A = P_B \times T_{A/B} \longrightarrow T_{A/B} = P_A \div P_B$$

Una variación, transcurrido cierto plazo de tiempo, implicaría el paso del índice de precios en A (P_A) a un nuevo valor que se puede expresar en función de una tasa de variación (p_A) que es el incremento, en tanto por uno, que sufre el nivel general de precios, es decir, su tasa de inflación, y que se explicaría por las variaciones de los demás elementos.

$$P_A \times (1 + p_A) = P_B \times (1 + p_B) \times T_{A/B} \times (1 + t_{A/B})$$

donde $t_{A/B}$ indica la variación del tipo de cambio y p_B la variación en los precios del país B expresadas en tanto por uno. Ahora utilizando las dos expresiones anteriores y dividiendo la segunda por la primera, obtendremos:

$$(1 + p_A) = (1 + p_B) \times (1 + t_{A/B})$$
$$1 + p_A = 1 + p_B + t_{A/B} + p_B \times t_{A/B} \qquad [1]$$

$$\boxed{t_{A/B} = (p_A - p_B) / (1 + p_B)}$$

Esta es la expresión exacta que nos explica la variación del tipo de cambio en función de las variaciones en los índices de precios, o tipos de inflación, entre dos países. La expresión que habitualmente se utiliza es la que explica la variación del tipo de cambio en función solamente de la diferencia en los tipos de inflación:

$$\boxed{t_{A/B} = (p_A - p_B)}$$

Esta expresión se deriva de despreciar $p_B \times t_{A/B}$ en la expresión [1], al considerar que ambos componentes son cantidades inferiores a la unidad y su producto, más pequeño aún.

Así, por ejemplo, según esta teoría si el tipo de cambio actual entre la peseta y el marco es de 80 pts./DM y según las previsiones económicas el *diferencial de inflación* entre ambos países (es decir, $p_A - p_B$) se espera que sea de un 2% para el próximo año, el tipo de cambio esperado de la peseta será igual a: 80 x (1 + 0,02) = 81,6 pts./DM. Dicho de otra manera, si los precios se mantuviesen estables en el país germano mientras en España aumentaban un 2%, ello debería provocar una demanda de marcos y una venta de pesetas. El marco alemán resultaría más caro y el equilibrio se alcanzaría con el nuevo tipo de cambio que hemos calculado anteriormente.

Así las previsiones deben ir dirigidas a conocer cuál es la tasa diferencial de inflación de ambos países. Aquel país con un mayor diferencial de inflación deberá elevar el tipo de cambio de su moneda con respecto a la otra, es decir, deberá reconocer la pérdida de valor de su moneda (depreciación); siendo esa elevación del tipo de cambio igual a la diferencia entre ambos tipos de inflación.

La prestigiosa revista *The Economist* realiza una vez al año un estudio sobre el precio de un determinado bien en una serie de países con objeto de comprobar si una divisa cualquiera está sobre o infravalorada con respecto al dólar y para ello se basa en la teoría de la paridad del poder adquisitivo (PPA). Con dicho objetivo procura elegir un tipo de producto cuyo precio no esté distorsionado por los costes de transporte internacional y por los costes de distribución. El producto elegido es la conocida hamburguesa de McDonald's, Big Mac que se produce localmente en 66 países, siendo la PPA de la Big Mac el tipo de cambio con respecto al dólar que iguala el coste de la misma en todos los países. En la Tabla 4.1 se pueden observar los precios de dicha hamburguesa en una serie de países el día 13 de abril de 1993. Dicho día, el precio medio en los Estados Unidos era de 2,28 dólares, y en los demás países el que aparece en la segunda columna.

Si dividimos el precio en la moneda local por su coste en dólares en EE.UU. obtendremos el tipo de cambio implícito según la teoría de la paridad del poder adquisitivo; el resultado de esa división puede verse en la quinta columna. Esto se puede comparar con el tipo de cambio vigente ese día, que se muestra en la cuarta columna. Por último, en la columna restante se muestra la sobrevaloración (o infravaloración) en porcentaje de ambos tipos de cambio. Si la cifra es negativa querrá decir que la moneda local está infravalorada en ese país, si fuese positiva estaría sobrevalorada.

Tabla 4.1. La paridad del poder adquisitivo y la Big Mac

	Precio de la Big Mac M. Local	Precio de la Big Mac Dólares	T. cambio en M. Local	PPA implícita del dólar	Sobrevalor. M. Local
EE.UU.	2,28 $	2,28	-	-	-
Alemania	4,60 DM	2,91	1,58	2,02	28%
Argentina	3,60 pesos	3,60	1,00	1,58	58%
Bélgica	109 FrB	3,36	32,45	47,82	47%
Dinamarca	25,75 Kr	4,25	6,06	11,30	86%
España	325 Pts.	2,85	114,00	142,50	25%
Francia	18,50 FF	3,46	5,34	8,10	52%
Holanda	5,45 Fl	3,07	1,77	2,38	35%
Irlanda	1,48 £I	2,29	0,65	0,65	0%
Italia	4500 L	2,95	1,52	1,97	29%
Japón	391 ¥	3,45	113,00	170,99	51%
México	7,09 pesos	2,29	3,10	3,11	0%
Reino Unido	1,79 £	2,79	0,64	0,78	22%
Rusia	780 Rublos	1,14	686,00	343,00	-50%

(Fuente: *The Economist.* 17-abr-93)

Por ejemplo, en España en dicha fecha el tipo de cambio era de 114 pts./dólar, cuando según la teoría comentada debería ser 142,5 pts./dólar, es decir, en ese momento el dólar estaba infravalorado puesto que el tipo de cambio debería ser mayor[2]. Algo parecido ocurre en el caso de Argentina que,

---

[2] A pesar de las críticas surgidas contra este índice como, por ejemplo, la existencia de aranceles o de subvenciones estatales en algunos países a la importación de materias primas agropecuarias, *The Economist* opina que el índice tiene una gran fiabilidad.

a pesar de tener su moneda dolarizada (1 peso = 1 dólar) la divisa norteamericana está infravalorada. México, en cambio, según este índice hamburguesiano tendría un tipo de cambio con respecto al dólar en "equilibrio".

En la práctica esta teoría, debida inicialmente a David Ricardo y desarrollada posteriormente por Gustav Cassel en 1916, parece verificarse en el largo plazo, pero en el corto hay muchos factores que impiden su cumplimiento: aranceles, cuotas, controles de cambios, movimientos de capitales a corto y largo plazo, así como el grado de confianza que se tiene sobre la moneda de cada país que depende de numerosas variables políticas y económicas.

4.3. TEORIA DE LA PARIDAD DE LOS TIPOS DE INTERÉS

También basada en la idea de equivalencia, supone que las rentabilidades que se pueden obtener en las inversiones en dos países distintos deben ser iguales. Ahora bien, esto sólo se puede analizar con precisión en ausencia de riesgo y para que éste sea eliminado totalmente habrá que recurrir a comprar o vender la divisa a plazo, lo que asegura un determinado tipo de cambio a la hora de recuperar el interés obtenido por la inversión.

El tipo de interés nominal es una magnitud que se conoce "a priori" al realizar la inversión, pero el tipo de cambio de contado existente en la fecha de finalización de la misma es una expectativa que podrá cumplirse, o no. El que acepta realizar una inversión en espera de que el tipo de cambio varíe de forma que le retribuya complementariamente junto al tipo de interés, está corriendo un riesgo (Figura 4.2).

4.3.1. El contrato a plazo

Se supone que un inversor, cuando no quiere correr ningún riesgo, debe comprometer el tipo de cambio al que se va a canjear la cantidad invertida en el exterior cuando repatríe la inversión. Para ello debe hacer un *contrato de divisa a plazo (forward contract)* comprometiéndose a vender la cantidad que espera tener al final de la operación y que consistirá en el capital más los intereses obtenidos al recuperar la inversión; de esta manera se asegurará la cantidad que va a recibir en su propia moneda al final de la inversión.

El contrato de divisas a plazo consiste en un contrato entre un banco y su cliente. Cada parte se compromete a entregar, en un momento futuro del tiempo, previamente especificado, una cierta cantidad de dinero en una divisa, a cambio de otra cantidad conocida en otra divisa distinta, a un tipo de cambio en el que ambas partes están de acuerdo.

Normalmente ninguna cantidad de dinero cambia de manos antes del vencimiento del contrato y una vez ocurrido éste se producirá el intercambio al tipo especificado en el contrato. La fecha de entrega puede ser especificada en el contrato (*fixed forward contract*), o puede ser elegida por el cliente entre dos fechas futuras previamente indicadas (*option forward contract*). Este último caso cubre la situación, bastante común por lo general, en la que una empresa no está segura del día en que recibirá, o pagará, las divisas, pero conoce el período en que probablemente va a suceder.

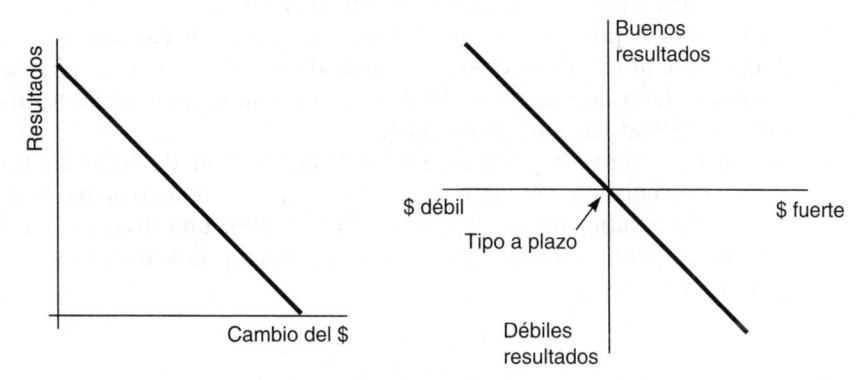

Figura 4.2. Impacto de la cotización del dólar en el resultado de la empresa y perfil del riesgo del tipo de cambio.

A modo de ejemplo supongamos una empresa importadora que se enfrenta al riesgo de cambio mostrado en la Figura 4.2. Para ello debería hacer un contrato a plazo con un banco por el cual compraría hoy la cantidad de divisas que le hacen falta a un precio convenido y que le serían entregadas en una fecha futura predeterminada. Cuanto más fuerte sea la cotización del dólar en la fecha acordada, mayor será el valor del contrato para comprar dólares en el precio indicado (Figura 4.3A). De esta forma el mayor riesgo de un aumento del dólar, que haría disminuir los beneficios de la empresa, es compensado por el mayor valor del contrato a plazo. El perfil de riesgo de la empresa se ha transformado en una linea horizontal (Figura 4.3B).

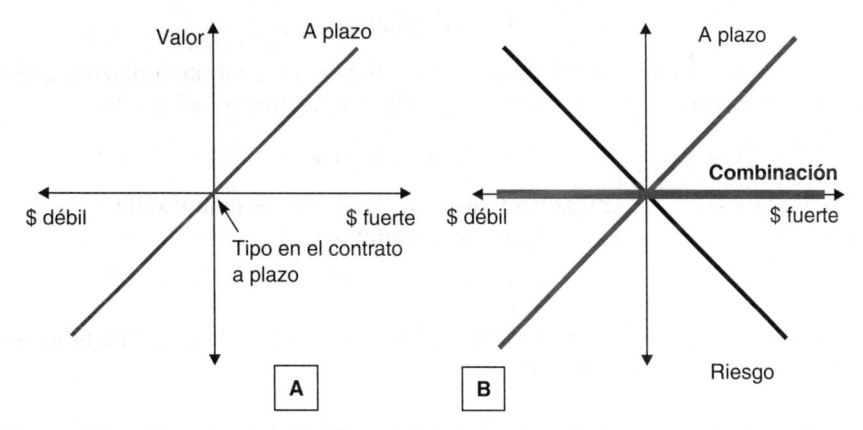

Figura 4.3. Ejemplo de cobertura del riesgo a través de un «contrato a plazo».

4.3.2. La paridad de los tipos de interés

Con base en el contrato a plazo para eliminar el riesgo, la teoría de la paridad de los tipos de interés, utiliza los siguientes elementos:

i_j = rentabilidad o tipo de interés nominal en el país j.

i_j^* = rentabilidad que obtiene en el país j un inversor extranjero, que contabiliza su inversión en otra moneda diferente a la del país j y que tanto a la hora de realizar su inversión, como al término de la misma, deberá efectuar un canje de moneda.

i_F = tasa que constituye la prima de descuento del contrato de divisa a plazo. Es la diferencia, en tanto por uno, entre el tipo de cambio actual (T_0) y el tipo de cambio de un contrato a plazo sobre una divisa (T_F). Se denomina prima en caso que resulte positiva o descuento en caso contrario:

$$i_F = (T_F - T_0) / T_0$$

Esta rentabilidad, sobre un contrato de divisa a plazo, se puede entender, también, como la rentabilidad de una determinada operación financiera de inversión. Y en este sentido lo interpretan algunos en el mercado de divisa a plazo en el que participan como inversores.

A modo de ejemplo, supongamos que nos encontramos con un inversor, residente en España (país A), que desea colocar sus inversiones en EE.UU. (país B). La operación que ha de acometer, si quiere eliminar el riesgo, consistirá en cambiar pesetas por dólares, comprar con estos últimos bonos del Tesoro americano (*T-bills*), esperar a su vencimiento y volver a cambiar los dólares que le entreguen por pesetas. Lo que el inversor tiene que hacer para calcular su rentabilidad efectiva es comparar las pesetas que ha tenido que invertir al principio de la operación y las que ha recibido al final.

Supongamos una inversión en el equivalente exacto en pesetas a un dólar. Al final de la operación el inversor español recuperará:

$$(1 + i_B) \text{ dólares}$$

Supongamos que nuestro inversor ha realizado un contrato a plazo y que se ha asegurado un tipo de cambio (T_F), con lo que recuperará en pesetas:

$$(1 + i_B) \times T_F \text{ pesetas}$$

Para obtener esa cantidad ha tenido que hacer un desembolso de T_0 pesetas. De este modo, la ganancia en términos absolutos será:

$$(1 + i_B) \times T_F - T_0$$

Si, ahora, lo dividimos por el desembolso inicial nos dará la rentabilidad, o ganancia por unidad monetaria:

$$i_B^* = [(1 + i_B) \times T_F - T_0] / T_0$$

que estará referida al período de tiempo que transcurre entre el momento de la realización de la operación y el de su vencimiento. Si ahora operamos con la ecuación anterior:

$$i_B^* = (1 + i_B) \times \frac{T_F}{T_0} - 1$$

y como ya sabemos:

$$i_F = \frac{T_F - T_0}{T_0} \longrightarrow \frac{T_F}{T_0} = 1 + i_F$$

sustituyendo:

$$i_B^* = (1 + i_B) \times (1 + i_F) - 1 = 1 + i_B + i_F + i_B \times i_F - 1 = i_F \times (1 + i_B) + i_B \quad [2]$$

En esta teoría se supone que a partir de determinado momento o situación de equilibrio, esta rentabilidad ha de ser igual a la que obtendría este inversor en su propio país (i_A). Lo cual es cierto puesto que al comparar dos operaciones que no implican ningún riesgo, las rentabilidades tienen que ser iguales, lo que nos lleva a que en equilibrio:

$$i_B^* = i_A$$
$$i_F \times (1 + i_B) + i_B = i_A$$

Por tanto, llegamos a la siguiente expresión:

$$\boxed{i_F = (i_A - i_B) / (1 + i_B)}$$

La cual relaciona la prima o descuento de la cotización a plazo de la divisa (i_F) con los tipos de interés de los países de que se trate (i_A e i_B). Si ahora simplificamos en la expresión que calculaba [2] haciendo despreciable el producto $i_F \times i_B$ (por ser el producto de dos tantos por uno) obtendremos una relación directa entre la prima o descuento y la diferencia entre los tipos de interés:

$$\boxed{i_F = i_A - i_B}$$

Con lo que se demuestra que el diferencial entre los tipos de interés de dos países debe ser igual a la tasa de apreciación o depreciación esperada de la divisa con relación a la moneda nacional. Si resultase que $i_A > i_B$ entonces la divisa cotizará "con prima", cotizando "con descuento" cuando $i_A < i_B$.

Si, ahora, considerásemos que la situación de equilibrio es inexistente, entonces se producirán movimientos de capitales entre países. Existiendo dos casos distintos:

1.º) $i_F > i_A - i_B \longrightarrow i_F + i_B > i_A \longrightarrow i_B^* > i_A$ con lo que interesaría realizar la operación consistente en invertir en el país B.

2.º) $i_F < i_A - i_B \longrightarrow i_F + i_B < i_A \longrightarrow i_B^* < i_A$ con lo que interesaría realizar la operación consistente en invertir en el país A, que es donde se conseguiría la mayor rentabilidad.

4.3.3. Ejemplo

Supongamos un inversor alemán que pide prestado al tipo de interés nominal de su país (el 8%) 12.500 marcos durante un año de plazo, al final de los cuales deberá devolver un total de 13.500 marcos. Cambia éstos por pesetas al tipo de cambio de 80 pesetas/DM, por lo que recibe un millón de pesetas que deposita durante un año al tipo de interés nominal vigente en España (el 10%). Transcurrido el año, recibirá un total de 1,1 millones de pesetas que volverá a cambiar por marcos a un tipo de cambio igual al tipo a plazo. En condiciones de eficiencia, éste resultará del siguiente cálculo:

$$i_F = (i_A - i_B) / (1 + i_B) = (0,1 - 0,08) / (1,08) = 1,852\%$$
$$T_F = T_0 \times (1 + i_F) = 80 \text{ pts./DM} \times (1 + 0,01852) = 81,48 \text{ pts./DM}$$

Con semejante tipo de cambio al repatriar sus ingresos recibiría prácticamente lo mismo que deberá devolver a sus acreedores alemanes con lo que no habrá obtenido ninguna ventaja en semejante operación. Ahora bien, si el tipo a plazo no fuese el anterior sino, por ejemplo, 81 pts./DM al cambiar sus pesetas por marcos recibiría 13.580 marcos, lo que le proporcionaría un beneficio de 80 marcos.

4.3.4. Un ejemplo de arbitraje

Supongamos que el tipo de cambio al contado del dólar en Londres es de 1,3150 $ por cada libra esterlina y que el tipo de cambio a tres meses es de 1,2980 $ por libra. Con estos datos el descuento de la libra esterlina en el trimestre será igual a: (1,2980 − 1,3150) ÷ 1,3150 = −1,29%. Esta última anualizada vale −1,29% × 4 = −5,17%.

Además, sabemos que los tipos de interés nominales anuales en el Reino Unido son del 14% (3,5% trimestral) y en EE.UU. son del 8% (2% trimestral). Si hacemos abstracción de los costes de transacción, veremos que el diferencial de intereses es del 6% anual mientras que la tasa de descuento es del 5,17% anual. Un arbitrajista que observase esta diferencia actuaría de la manera que veremos a continuación.

a) Al comienzo del trimestre:
- Se endeuda en 1.315.000 dólares durante tres meses al 8% nominal anual.
- Cambia sus dólares por un millón de libras al tipo de cambio de contado de 1,315 $/£.
- Invierte dichas libras en el mercado de Londres al 14% anual durante tres meses, es decir, al 3,5% trimestral.
- Vende a un plazo de tres meses las libras prestadas y los intereses percibidos, es decir, 1.035.000 £ a un precio de 1,2980 $/£.

b) Al final del trimestre:
- Percibe el resultado de su inversión en libras: 1.035.000 £.
- Ejecuta el contrato a plazo de sus libras. Para ello las vende a cambio de dólares al tipo a plazo de 1,2980 $/£ con lo que recibe 1.343.430 dólares.
- Devuelve el préstamo de 1.315.000 $ al 2% de interés trimestral, lo que hace un total de 1.341.300 dólares.
- El beneficio conseguido es 1.343.430$ − 1.341.300$ = 2.130$.

No hemos tenido en cuenta ni los costes de transacción, ni los impuestos sobre beneficios. Además, señalaremos que esta ganancia se consigue sin riesgo, puesto que la inversión suele tener lugar sobre títulos de deuda pública a corto plazo.

4.4. TEORIA CERRADA O "EFECTO FISHER"

También conocida como *efecto Fisher*, parte de la base de que los tipos de interés nominales de un país determinado reflejan anticipadamente los rendimientos reales ajustados por las expectativas de inflación en el mismo. En un mundo donde los inversores son internacionalmente móviles, las tasas reales de rendimiento esperadas deberían tender hacia la igualdad, reflejando el hecho de que en la búsqueda de unos mayores rendimientos reales las acciones de arbitraje realizadas por los inversores les forzarán a igualarse. Al menos esto debería cumplirse para el mercado libre de eurodivisas, donde sus tipos de interés nominales pueden diferir entre los distintos países pero, según el efecto Fisher, sólo debido a los diferenciales de inflación existentes entre los mismos. Y estos diferenciales deberían reforzar las alteraciones esperadas en los tipos de cambio al contado.

Consideremos dos países, A y B: el tipo de interés nominal en el mercado del país A es i_A, mientras que el del mercado del país B será i_B; el tipo de inflación en cada uno de los dos países será respectivamente, p_A y p_B. Con estos datos podemos calcular la rentabilidad real de cada país (r_A y r_B):

$$1 + i_A = (1 + r_A) \times (1 + p_A) \quad \text{y} \quad 1 + i_B = (1 + r_B) \times (1 + p_B)$$

Si ahora restamos estas dos ecuaciones y suponemos que se cumple el efecto Fisher, es decir, que $r_A = r_B = r$, obtendremos:

$$i_A - i_B = (1 + r) \times (p_A - p_B)$$

dividiendo ambos miembros por (1+r):

$$\frac{i_A - i_B}{1 + r} = p_A - p_B$$

dividiendo ahora ambos miembros por $(1 + p_B)$ y recordando que al multiplicar este factor por $(1 + r)$ obtendremos $(1 + i_B)$ podremos obtener la expresión que muestra el efecto Fisher:

$$\frac{i_A - i_B}{1 + i_B} = \frac{p_A - p_B}{1 + p_B}$$

Ahora bien, como en la teoría anterior también se suele utilizar una simplificación de la misma al suponer que $r_A = i_A - p_A$ y que también ocurre que $r_B = i_B - p_B$, y dado que $r_A = r_B = r$, igualando ambas expresiones podremos concluir que los diferenciales de interés y de inflación son prácticamente iguales:

$$i_A - i_B = p_A - p_B$$

En esta teoría no juega ningún papel directo el tipo de cambio, pero sí a través de los mercados que hacen posible esa igualdad. Así, si el diferencial de inflación de España con respecto a Alemania fuese del 2%, el diferencial de los rendimientos nominales también debería ser el mismo.

4.5. TEORIA DE LAS EXPECTATIVAS

Si los participantes en los mercados de cambios pudieran cubrir perfectamente sus riesgos de cambio, o si fuesen neutrales con respecto al mismo, el tipo a plazo dependería únicamente de lo que dichos participantes esperen que suceda en el futuro con el tipo de cambio al contado.

Así, por ejemplo, si el tipo de cambio de contado esperado para dentro de tres meses es de 130 pts./$, en la actualidad el tipo de cambio a plazo a tres meses debería de ser el mismo. Si ello no fuese así, por ejemplo, si fuese más alto los inversores se lanzarían a vender dólares a plazo con lo que recibirían dentro de tres meses 135 pesetas por cada dólar, momento en el que si sus expectativas se cumplen el tipo de contado es de 130 pts./$, con lo que volverían a cambiar sus 135 pesetas por dólares y recibirían 1,038 dólares. Pero como este razonamiento lo harían todos los inversores nadie querría vender pesetas a plazo a cambio de dólares por lo que no funcionaría el mercado de divisa a plazo pts./$.

Concretando, la teoría de las expectativas supone que los tipos de contado esperados para dentro de t períodos coincidirán en el futuro con los actuales tipos de cambio a plazo a t períodos. Para demostrar esta teoría deberemos utilizar las tres anteriores, así que recordemos sus conclusiones:

a) Paridad de los tipos de interés: $i_F = (i_A - i_B) / (1 + i_B)$.

b) Efecto Fisher: $(i_A - i_B) / (1 + i_B) = (p_A - p_B) / (1 + p_B)$
   c) Paridad poder adquisitivo: $t_{A/B} = (p_A - p_B) / (1 + p_B)$

Como se observa, al ser todas igualdades, tiene que cumplirse que la variación esperada de los tipos de contado tiene que coincidir con los diferenciales entre los tipos a plazo y de contado:

$$\boxed{t_{A/B} = i_F}$$

o dicho de otra manera y suponiendo que el plazo sea de *t* períodos:

$$\frac{T_t - T_O}{T_O} = \frac{T_F - T_O}{T_O}$$

donde T_t representa al tipo de cambio al contado en el momento *t*. Siempre que estas dos tasas estén referidas al mismo período de tiempo, con lo que T_0 es el mismo para ambas, hemos de deducir que:

$$T_t = T_F$$

Si los inversores tienen en cuenta el riesgo, entonces el tipo a plazo puede ser superior o inferior al tipo de contado esperado. Supóngase que un exportador español está seguro de recibir un millón de marcos dentro de seis meses; puede esperar hasta dentro de seis meses y entonces convertir los marcos en pesetas, o puede vender los marcos a plazo. Para evitar el riesgo de cambio, el exportador podría desear pagar una cantidad ligeramente distinta del precio de contado esperado. Por otra parte, habrá empresarios que deseen adquirir marcos a plazo y, con objeto de evitar el riesgo asociado con las variaciones de los tipos de cambio, estén dispuestos a pagar un precio a plazo algo mayor que el precio de contado que ellos esperan exista en el futuro.

Algunos inversores considerarán más seguro vender marcos a plazo, otros creerán que es mejor comprarlos a plazo. Si predomina el primer grupo es probable que el precio a plazo del marco sea menor que su tipo de cambio de contado esperado. Si predominase el segundo grupo querría decir lo contrario. Las acciones del grupo mayoritario son las que hacen que los tipos de cambio a plazo se sitúen en línea con los tipos de contado esperados y, por tanto, tienda a cumplirse esta teoría.

4.6. EFECTO FISHER INTERNACIONAL

Otra de las teorías que surge como resultado de las anteriores es el denominado efecto Fisher internacional, que analiza la rentabilidad del inversor internacional que estará formada por dos componentes: el tipo de interés nominal y las variaciones del tipo de cambio.

Es decir, si un español invierte en EE.UU. recibirá el interés que proporcionen en el país norteamericano y, además, obtendrá una cantidad adicional derivada de las diferencias en el tipo de cambio (si la peseta se ha depreciado en un 8%, su inversión se revalorizará en un 8% puesto que por los dólares invertidos le darán dicho porcentaje de más en pesetas).

Según Fisher, la rentabilidad total del inversor internacional debe ser igual a largo plazo entre los diferentes países. También a largo plazo, deberá ocurrir que aquel país que ofrezca un menor tipo de interés nominal deba elevar el valor de su moneda para proporcionar al inversor un beneficio que le compense del menor tipo de interés. Por el contrario, aquel país con un mayor tipo de interés nominal verá disminuir el valor de su moneda, con lo que se igualará la rentabilidad total del inversor entre estos dos países. Así, si el diferencial de tipos de interés entre España y Alemania es del 2%, la peseta debería verse depreciada en un 2% pasando de 80 pts./DM a 81,6 pts./DM.

Es una síntesis de las teorías anteriores. Partiendo de la paridad del poder adquisitivo y del efecto Fisher:

$$(i_A - i_B) / (1 + i_B) = (p_A - p_B) / (1 + p_B)$$
$$t_{A/B} = (p_A - p_B) / (1 + p_B)$$

e igualando ambas expresiones, obtendremos:

$$\boxed{t_{A/B} = (i_A - i_B) / (1 + i_B)}$$

o en su expresión simplificada:

$$t_{A/B} = (i_A - i_B)$$

de donde:

$$\boxed{i_A = i_B + t_{A/B}}$$

Este denominado *efecto Fisher internacional* está desarrollado sobre una especulación sobre los tipos de interés, a diferencia de la teoría de la paridad de los tipos de interés que vimos anteriormente y que se basaba en arbitrajes cubiertos. El argumento de Fisher estriba en que los inversores racionales realizarán estimaciones sobre los tipos de cambio de contado que se van a dar en el futuro. Si sus juicios son tales que justifican la obtención de un beneficio especulando sobre los tipos de interés sin cubrirse (es decir, no utilizando los tipos de cambio a plazo), sus acciones tendentes a adquirir una divisa y vender otra desplazarán el tipo de cambio de ambas hasta anular dicho beneficio. El efecto de esta especulación sería traer los diferenciales de los tipos de interés en línea con los tipos de cambio al contado y las expectativas de su movimiento en el futuro.

Sin embargo, vemos que en la realidad ocurren cosas que no concuerdan con esta teoría. En determinados países hay tipos de interés elevados pero el tipo de cambio de su moneda desciende al aumentar el valor de la misma, lo que va en contra del tipo de relación directa que establece la teoría expuesta. Esta contradicción real, que sólo se produce a corto plazo pero no a largo, se suele deber a las intervenciones gubernamentales de cada país en un intento de mantener sus tipos de interés altos artificialmente buscando la captación de capitales extranjeros que financien inversiones nacionales. Como es lógico, esta política monetaria sólo se puede mantener durante cierto tiempo y no indefinidamente, con lo que tarde o temprano la moneda se depreciará.

Conclusión: Si existen diferencias entre los tipos de interés de los diferentes países como consecuencia de los diferenciales de inflación entre ellos, a largo plazo se va a producir una variación en el tipo de cambio que va a compensar dicha diferencia.

DE AQUI EN ADELANTE

Sobre algunas de las teorías aquí expuestas se recomienda la obra del profesor de la Universidad Complutense José R. ARAGONÉS: *Economía Financiera Internacional*, editada por Pirámide. También puede consultarse el libro de Josette PEYRARD: *Risque de Change*, editado por Vuibert. Así como, el de ALIBER, R.: *Riesgo de cambio y financiación en la empresa*, editado por Pirámide, y el de EITEMAN, D., y STONEHILL, A.: *Las Finanzas de las Empresas Multinacionales*, editado por Addison Wesley Iberoamericana en 1992.

BIBLIOGRAFIA

ALIBER, R.: *Riesgo de cambio y financiación en la empresa*. Pirámide. Madrid. 1983
ARAGONÉS, José R.: *Economía Financiera Internacional*. Pirámide. Madrid. 1990
BREALEY, Richard, y MYERS, Stewart: *Principles of Corporate Finance*. McGraw Hill. Nueva York. 1991
BUCKLEY, Adrian: *The Essence of International Money*. Prentice Hall. Hemel Hempstead (GB). 1990
CORNELL, Bradford, y SHAPIRO, Alan: «Managing Foreign Exchange Risks». En STERN y CHEW (ed.): *New Developments in International Finance*. Blackwell. Oxford. 1988. Págs. 44-59
EMERY, Douglas, y FINNERTY, John: *Principles of Finance*. West Pub. Saint Paul(MN). 1991
EEITEMAN y STONEHILL: *Las Finanzas de las Empresas Multinacionales*. Addison Wesley Iberoamericana. Wilmington (Del.). 1992
PEYRARD, Josette: *Risque de Change*. Vuibert Gestion. París. 1986
RIEHL, H., y RODRÍGUEZ, R.: *Mercados de Divisas y Mercados de Dinero*. Interamericana. Madrid. 1985
SIMON, Yves: *Finance Internationale. Questions et exercices corrigés*. Economica. París. 1992
TOPSACALIAN, Patrick: *Principes de Finance Internationale*. Economica. París. 1992

EJERCICIOS

1. La tabla siguiente muestra los tipos de interés y los tipos de cambio para el dólar americano y la peseta. El tipo de cambio al contado es de 127 pts./$. Complete los datos que faltan sabiendo que los tipos de interés han sido calculados a interés compuesto anualmente:

	3 meses	6 meses	1 año
Tipo de interés efectivo de los Eurodólares	11,25%	12,00%	?
Tipo de interés efectivo de las Europesetas	19,25%	?	19,75%
Pesetas a plazo por dólar	?	?	135,36
Prima de descuento sobre la peseta	?	-6,15%	?

2. El tipo de interés libre de riesgo a tres meses en los EE.UU. es del 8% nominal anual, mientras que en Suiza es del 3% nominal anual. Teniendo en cuenta que el tipo de cambio es de 0,66 $/Fs:

    a) Calcular el tipo de cambio a un plazo de tres meses según la paridad de los tipos de interés.

    b) Si dicho tipo de cambio a plazo fuese de 0,68 $/Fs, describa cómo se pueden obtener beneficios a través de un proceso de arbitraje tanto en dólares como en francos suizos.

3. Si el tipo de cambio al contado peseta-marco es 80,835 pts./DM y el tipo de cambio a un plazo de 6 meses es de 82,34 pts./marco. ¿Cuál es la relación entre las tasas de inflación esperadas entre España y Alemania para el año próximo?

4. Florida Airlines espera recibir 10 millones de marcos alemanes dentro de un año de un *tour operador* germano. Florida desea cubrir su riesgo de cambio. El tipo de cambio al contado actual es de 0,60 $/DM, siendo el tipo de cambio a un plazo de un año 0,58 $/DM:

    a) ¿Cuántos dólares esperaría recibir Florida si no cubre su posición?

    b) Supóngase que transcurrido un año, el tipo de cambio al contado es de 0,56$/DM. ¿Cuánto le habría ahorrado la cobertura a la compañía aérea?

    c) Si los tipos de interés a un año son del 10% en los EE.UU. y en Alemania, ¿qué método de cobertura recomendaría?

    d) Si los tipos de interés a un año son del 10% en los EE.UU. y del 14% en Alemania, ¿qué método de cobertura recomendaría?

5. En enero del año t los índices generales de precios de los países A y B eran, respectivamente, de 125 y 120. A final de año habían alcanzado los valores de 147 y 165 respectivamente. Si la teoría de la paridad del poder adquisitivo se cumpliera, ¿cuál debería ser el tipo de cambio entre las divisas de ambos países a finales de dicho año, si el valor del mismo en enero era de 3,41 unidades de B por cada unidad de A.

6. Calcular el tipo de cambio a un plazo de dos meses del florín holandés con relación al yen sabiendo que: 100 yenes = 131 pts.; que 1Fl = 72 pts.; que el tipo de interés de los euroyenes a dos meses es del 5,25% nominal anual, mientras que el del euroflorín es de 6,125% nominal anual.

7. Un exportador español vende 250.000 marcos en el mercado a plazo a tres meses. En el momento de efectuar dicha venta los tipos de cambio comprador-vendedor del marco al contado son iguales a 60,04-18 pts., el tipo de interés a tres meses de los euromarcos es del 5,125%-5,250%, y el tipo de interés a tres meses en España es del 8,625%-8,75%.

   a) ¿Cuál es el valor del tipo de cambio calculado por el banco de inversión?
   b) ¿Qué suma recibiría el exportador español por la venta a plazo de sus marcos, haciendo abstracción de los costes de transacción?

8. Los tipos de cambio al contado de diferentes divisas son:

   $/FF = 6,0632 - 6,0772 FF.
   £/FF = 9,8120 - 9,8300 FF.
   £/DM = 2,9520 - 2,9523 DM.

   a) Calcular los tipos de cambio al contado del marco con relación al franco francés y del dólar con relación a la libra esterlina.
   b) Calcular los tipos de cambio a un plazo de tres meses del marco con relación al franco francés y del dólar con relación a la libra esterlina, sabiendo que los tipos de interés a tres meses son:

   FF = 7,8125 - 7,9375.
   $ = 6,5000 - 6,6250.
   DM = 3,7500 - 3,8750.
   £ = 9,8750 - 10,0000.

5
El mercado internacional de créditos

5.1. INTRODUCCION

Este mercado se refiere a la cesión temporal de recursos financieros entre instituciones, empresas o particulares de diversos países. La operatoria internacional es semejante a la nacional: alguien cede a otro un determinado montante de recursos financieros a cambio de un determinado tipo de interés, devolviendo dicha cantidad al transcurrir un determinado período de tiempo. Lo que ocurre es que la cesión temporal, realizada entre dos países distintos, se lleva a cabo mediante unas determinadas normas, que no son las mismas que rigen en los mercados de créditos nacionales.

En primer lugar, hay que tener en cuenta que esa cesión de recursos financieros se realiza siempre en el mercado internacional mediante la modalidad de *crédito*, poniendo a disposición del prestatario o deudor una determinada cantidad, que puede ser utilizada en la medida que lo desee, pagando intereses únicamente por la parte del crédito que vaya disponiendo.

Por *crédito internacional*, se entiende aquel que es concedido en una moneda distinta de la del país del prestatario o en el que el prestamista está situado en el extranjero. Se pueden distinguir, por tanto, dos modalidades:

a) *Crédito internacional simple*: El crédito se concede en la moneda del prestamista. Por ejemplo, una institución española acude a un banco alemán para que le conceda un crédito en marcos.

b) *Eurocrédito*: Es un crédito en eurodivisas. Como *eurodivisa* es la moneda de un país depositada en otro país diferente del de emisión, el eurocrédito concedido con base en estos depósitos resultará en moneda diferente de la del prestamista, que puede ser incluso la propia moneda del prestatario. Por ejemplo, una institución española acude a un banco alemán para que le conceda un crédito en yenes, que necesita para realizar compras en Japón.

5.2. EUROCREDITOS Y EURODIVISAS

El concepto de eurodólar, y su extensión y más genérico de eurodivisa, surge tras la Segunda Guerra Mundial, momento en el que los dólares comenzaron a afluir hacia Europa a través de la ayuda de EE.UU. a la Europa en ruinas. Como todo lo que se necesitaba comprar en el exterior se encontraba en Norteamérica, el dólar es aceptado con generalidad por su poder adquisitivo, que además se mantenía estable. Ante esta situación los bancos comienzan a aceptar depósitos en la moneda americana, lo que lleva seguidamente a que estas instituciones financieras concediesen créditos con base en esos depósitos, produciéndose una expansión aún mayor de la circulación de dicha moneda. De ahí la aceptación del dólar como moneda de uso corriente, refrendada por la existencia de un mercado financiero de dólares fuera de los Estados Unidos.

Como esos dólares se encontraban en Europa reciben la denominación de *eurodólares*, y los créditos sobre ellos la de *eurocréditos* o créditos en *eurodólares*. De la misma forma se realizan emisiones de títulos, obligaciones, bonos, que únicamente pueden ser adquiridos con esos dólares situados en el continente europeo.

Posteriormente, esta misma situación se produce también fuera del continente europeo, en Japón y en otros países, aunque la denominación de "euro" se mantiene. En la actualidad, la situación se extiende no sólo a otros países sino también a otras monedas, que comienzan a circular fuera de sus países de origen como, por ejemplo, la libra esterlina (*eurolibra*), el yen japonés (*euroyen*), e incluso la peseta (*europeseta*). En la misma línea, los dólares que poseen los países productores de petróleo y que, por tanto, utilizan para conceder créditos, se denominan *petrodólares*.

En definitiva, pues, el *eurocrédito* se define como un crédito internacional denominado en moneda distinta del país del prestamista, porque los recursos que está cediendo son *eurodivisas* (monedas, para él, extranjeras, pero depositadas en su país).

Debido a la proliferación de eurodivisas, el crédito internacional está cambiando, lo que posibilita incluso que las instituciones económicas de un país acudan al extranjero a buscar créditos en su propia moneda. Hasta hace poco esa posibilidad existía y la practicaban sólo los EE.UU., sobre todo desde el momento en que las empresas americanas acuden al mercado de eurodólares en busca de recursos financieros en dólares, como consecuencia de los altos tipos de interés existentes en EE.UU., que perseguían frenar la masa monetaria en circulación. Pero de la misma forma hoy día una empresa española puede recibir un crédito, procedente de Alemania, en europesetas.

5. 3. CARACTERISTICAS DE LOS CREDITOS INTERNACIONALES

Para este tipo de créditos no existe una legislación internacional, aunque sí legislaciones nacionales que regulan lo que los habitantes de cada país pueden hacer en los mercados internacionales. Lo que sí existe es un acuerdo tácito entre las instituciones financieras para realizar este tipo de operaciones en una determinada forma lo que hace que los créditos internacionales posean algunas características propias que les son comunes:

1.ª Implican un *alto volumen* de recursos financieros. Ya que nadie acude a estos créditos sino es porque existen razones que sitúan al mercado internacional en preferencia con respecto al mercado nacional; y una de esas razones es la disponibilidad de un mayor volumen de recursos.

2.ª Como consecuencia de lo anterior, son *créditos sindicados*. Es decir, no se conceden únicamente por una institución financiera sino por un sindicato formado por varias de ellas (véase el Epígrafe 5.4).

3.ª El tipo de interés es siempre *variable o flotante*. Esto es así debido a la necesidad que tienen las instituciones financieras que conceden el crédito, de protegerse contra las oscilaciones de los tipos de interés y que los recursos que respaldan el crédito son conseguidos por las instituciones financieras en el mercado a corto plazo.

La variación se establece en función de una revisión del tipo de interés cada tres meses. Se hace tomando un interés básico o de referencia, que suele ser un tipo de interés del mercado de dinero, a menudo el *Libor* (*London interbank offered rate*), es decir, un tipo de interés interbancario, o el *preferencial* (*prime rate*) de alguna institución financiera importante (generalmente, del banco director). Sobre ese tipo de interés se le añade un *diferencial* (*spread*), que se cuantifica en cuartos, octavos, o dieciseisavos de punto porcentual.

4.ª Los créditos internacionales suelen estar divididos en *tramos* o fracciones de tal manera que no todo el crédito está sometido a las mismas condiciones. Los tramos se establecen sobre una base temporal o cuantitativa. Las características cambiantes para cada uno de los tramos se suelen referir al tipo de interés, tanto al base como al diferencial. Así, por ejemplo, se puede establecer un diferencial de un 1% para el primer período de tiempo y de 0,5% para los restantes, o un diferencial determinado para la mitad del crédito y otro diferente para la cuantía restante, o también, tipos básicos diferentes para cada uno de los tramos como puede ser la utilización del *Libor* o el *Mibor* (*Madrid interbank offered rate*).

5.ª Se conceden a *instituciones importantes*. Empresas o instituciones oficiales que, o bien ofrecen por sí mismas una gran garantía, o bien cuentan con el aval de su Gobierno.

6.ª Se pueden obtener a tipos de interés *bajos* en relación a los tipos de interés de los créditos de menor cuantía.

7.ª Son créditos respaldados por recursos financieros captados a *corto plazo*. Los créditos internacionales son créditos a largo plazo, pero las instituciones financieras no comprometen sus recursos permanentes para este tipo de operaciones no habituales, ya que hablamos de créditos extraordinarios. Es por eso que acuden al mercado interbancario en busca de recursos financieros a corto plazo, y, por tanto, han de soportar un coste variable. Este coste, que será generalmente el tipo básico, deberá ser repercutido sobre el deudor, añadiéndole un diferencial (el beneficio), que suele ser estrecho ya que la función de la institución financiera es, en esencia, la de mediador con muy poco riesgo.

```
┌─────────────────────────────────────────────────────────────────┐
│           This advertisement appears as a matter of record only │
│                                                                 │
│                         ⊘ ᒰᑎᑌᔕᗩ                                │
│                  EMPRESA NACIONAL DEL URANIO, S.A.              │
│                                                                 │
│                      U.S. $  50.000.000                         │
│                      ECU    34.036.750                          │
│                      £      20.161.290                          │
│                      D.M.   76.025.000                          │
│                                                                 │
│                   MEDIUM TERM SYNDICATED LOAN                   │
│                                                                 │
│                           LEAD MANAGERS                         │
│                                                                 │
│   BANCO HISPANO AMERICANO, S.A.      CHEMICAL BANK INTERNATIONAL LTD. │
│   THE BANK OF TOKYO LTD. (Sucursal en España)    BANQUE INDOSUEZ │
│   BANKERS TRUST UNTERNATIONAL, LTD.          THE MITSUI BANK LTD.│
│                                                                 │
│                         CO-LEAD MANAGERS                        │
│              CONFEDERACION ESPAÑOLA DE CAJAS DE AHORROS         │
│                              (CECA)                             │
│                                                                 │
│                         FOUNDS PROVIDED by                      │
│                                                                 │
│   BANCA NAZIONALE DEL LAVORO    BANQUE INDOSUEZ    CAJA DE AHORROS Y MONTE DE │
│                                 (Sucursal en España)  PIEDAD DE LA CIUDAD DE VITORIA │
│   BANCO HISPANO AMERICANO, S.A. BANQUE PARIBAS, S.A.  CAJA DE AHORROS MUNICIPAL │
│                                 (Sucursal en España)        DE ALICANTE │
│   BANCO PASTOR, S.A.           CAJA DE AHORROS DE BILBAO  CAJA PROVINCIAL DE AHORROS │
│                                                              DE LA RIOJA │
│   BANCO SAUDI ESPAÑOL, S.A.    CAJA DE AHORROS DE CATALUÑA   CHEMICAL BANK │
│   (Saudesbank)                                               (Sucursal en España) │
│   THE BANK OF TOKYO, LTD.      CAJA DE AHORROS DE ZARAGOZA  CONFEDERACION ESPAÑOLA DE │
│   (Sucursal en España)            ARAGON Y RIOJA (CAZAR)    CAJAS DE AHORRO (CECA) │
│   BANKERS TRUST COMPAÑY        CAJA GENERAL DE AHORROS Y    THE MITSUI BANK LTD. │
│   (Sucursal en España)          MONTE DE PIEDAD DE GRANADA  (Sucursal en España) │
│                           SOCIETE GENERALE DE BANQUE EN ESPAGNE │
│                                                                 │
│                         BANQUE INDOSUEZ ECU AGENT               │
│                                                                 │
│                                  ▲                              │
│                                                                 │
│                        BANKERS TRUST COMPANY                    │
│                          (Sucursal en España)                   │
│                                AGENT           OCTOBER 1984     │
└─────────────────────────────────────────────────────────────────┘
```

Figura 5.1. Ejemplo de lápida o *tombstone*.

8.ª Han de ser *públicos*, debiendo anunciarse en la prensa. En dichos anuncios (que se denominan *lápidas* o *tombstones*) aparecerá el beneficiario y el importe del crédito así como los bancos directores, el banco agente y los participantes. En todo caso, dichos anuncios tienen un carácter meramente publicitario y no suponen ninguna oferta de venta (véase la Figura 5.1).

9.ª Pueden ser en una moneda o en varias. Los tramos, también, pueden referirse a monedas distintas. A este tipo de créditos se les denomina *multidivisas*.

5.4. LA ESTRUCTURA DE LOS CREDITOS SINDICADOS

En síntesis, el proceso de sindicación supone un mecanismo temporal de asociación de las entidades con un fin determinado, distribuir la participación en la concesión del mismo (Figura 5.2).

Estos créditos se estructuran, en general, de forma similar a la de otro tipo de emisiones realizadas en los mercados internacionales, como las emisiones de eurobonos que serán analizadas en el capítulo siguiente.

El proceso se inicia con una valoración del mercado y de la idoneidad de la concesión de un préstamo de estas características. Diversas entidades financieras ofertan sus propuestas sobre la estructura del préstamo, entidades participantes en el sindicato, comisiones, banco agente, etc.

El prestatario (*borrower*), a la vista de las ofertas elige la que de todas las presentadas considere mejor y que de forma más óptima se adecúa a sus necesidades financieras.

El prestatario confiere a la institución elegida para actuar como *director* (*lead manager*) un *mandato* (*mandate*), es decir, una autorización materializada por escrito dirigida al director de la operación, para que en su nombre proceda a dirigir la operación en los términos acordados que deben figurar en el contrato. Efectivamente, en el mandato se recogen los términos y condiciones generales en los que la operación será realizada, haciéndose constar expresamente la concesión por parte del emisor al director de las facultades inherentes a todo director de emisión.

El sindicato se forma exclusivamente para la concesión del crédito correspondiente, siendo su creación un acto previo a dicha concesión. Como en todo sindicato de crédito aparecen tres figuras:

- *Banco director.* Puede asumir esta función más de un banco. Se encarga de organizar el crédito y deberá poseer gran solvencia y prestigio, puesto que es al que se dirige el crédito y, por dicha razón, es el encargado de buscar a los otros miembros del sindicato entre los que deberá distribuir el mismo. Su función termina con la concesión del crédito.
- *Banco agente.* Es el banco que se encarga de gestionar o administrar el crédito. Lleva las relaciones del sindicato con el beneficiario del crédito. También es el único banco autorizado a recibir del deudor sus pagos por intereses y devolución de la deuda. Esta medida está destinada a que se cumplan las condiciones del crédito y a que ninguna de las instituciones financieras tenga un trato de favor. Sólo existe un banco agente. Es frecuente que esta función la asuma el mismo banco que hace de director.
- *Banco participante o prestamista.* Es el típico integrante de un sindicato.

5.5. EL COSTE EFECTIVO DEL CREDITO INTERNACIONAL

El coste del crédito internacional está constituido por diversos componentes, algunos comunes a todo tipo de crédito y otros específicos de su caracter internacional. En esencia, los factores que determinan el total del coste son el tipo de interés, las comisiones y el tipo de cambio.

68 *Ingeniería Financiera*

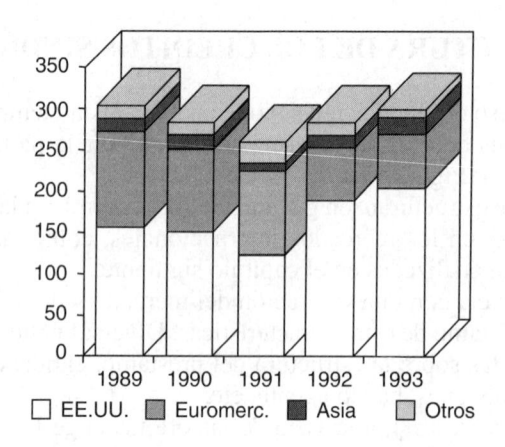

Figura 5.2. Préstamos sindicados según el mercado durante el primer semestre de los años indicados (Fuente: Euromoney Loanware).

a) *El tipo de interés*: Como ya se ha explicado anteriormente, el tipo de interés de estos créditos es variable y revisable por períodos de tres o seis meses. Se calcula tomando el valor al principio del trimestre o semestre del tipo base (Libor, preferencial, etc.) y añadiéndole el diferencial pactado. Ese tipo será el efectivamente pagado durante los tres o seis meses siguientes. Transcurrido ese plazo se revisa nuevamente para el siguiente período y así sucesivamente. Este tipo se aplica sobre las cantidades dispuestas. De forma que el interés pagado durante el período t será igual a:

$$I_t = \sum_{i=0}^{t} D_i\, r_t\, \frac{\text{días del período}}{360}$$

en donde I_t es la cantidad total desembolsada en concepto de intereses en el período t; D_i es la cantidad retirada del crédito correspondiente al período i; r_t es el tipo de interés aplicable durante el transcurso del período t y que será igual al tipo base de dicho período más el diferencial correspondiente.

b) *Comisiones*: Son de distinta naturaleza, unas de tipo fijo, y pagadas generalmente al comienzo de la operación, y otras durante la vigencia del crédito de acuerdo con su evolución. Entre las primeras se encuentran las comisiones de dirección y de participación. Aunque actualmente el prestamista realiza por ambos conceptos un único desembolso, obedecen a conceptos diferentes. Las comisiones de dirección retribuyen la labor de organización del crédito que asume el banco correspondiente, y las de participación, la mera función de prestamista.

El grupo de comisiones de tipo variable lo constituyen la comisión de mantenimiento (*commitment fee*) por las cantidades no dispuestas, que suele oscilar entre 37,5 y 50 puntos básicos (0,375 % – 0,50 %); la comisión de agencia (*agency fee*) como retribución a la labor de gestión y seguimiento del crédito. Suele pagarse anualmente y calcularse en 10 puntos básicos (0,1 %) sobre el total del préstamo.

Analíticamente, habrá que distinguir entre la comisión inicial (C_0):

$$C_0 = (CP + CD) \times P$$

donde *CP* es la comisión de participación, *CD* la de dirección y *P* el principal del crédito. Y la comisión para cada período *i* (C_i):

$$C_i = CM \times PND + CA \times P$$

donde *CM* es la comisión de mantenimiento, *PND* el principal no dispuesto y *CA* la comisión de agencia.

c) *Tipo de cambio*: Influye aumentando o disminuyendo las cantidades tomadas a préstamo y los desembolsos realizados en la moneda del prestatario de manera que los desembolsos y disposiciones realizadas deberán multiplicarse por el tipo de cambio vigente en cada momento.

En base a todo ello el coste efectivo del crédito por período, en tanto por uno, sería el que resultara de despejar *k* de la siguiente ecuación:

$$(D_0 - C_0)T_0 + \frac{(D_1 - C_1 - I_1)T_1}{(1+k)} + \frac{(D_2 - C_2 - I_2)T_2}{(1+k)^2} + .. + \frac{(-P - I_n)T_n}{(1+k)^n} = 0$$

DE AQUI EN ADELANTE

Se recomienda consultar la serie de ocho artículos de Claude DUFLOUX y Laurent MARGULICI «A propos des euro-crédits» publicado en la *Revue Banque* entre en el número 403 de febrero de 1981 hasta el número 411 de noviembre de 1981.

También es interesante consultar el libro de Emilio ONTIVEROS y otros (1991): *Mercados Financieros Internacionales*, editado por Espasa Calpe.

BIBLIOGRAFIA

ARAGONÉS, José R.: *Economía Financiera Internacional*. Pirámide. Madrid. 1990.
DUFLOUX, Claude, y MARGULICI, Laurent: «A propos des euro-crédits» *Revue Banque,* números 403 al 411. 1981.
EUROMONEY: «Special IMF/World Bank issue». *Euromoney.* Sept. 1993.
GRABBE, J.: *International Financial Markets*. Elsevier. Nueva York. 1986.
GÓMEZ-REY, E.: Créditos y Préstamos Internacionales. Ediciones del Foro. Madrid. 1982.
LÓPEZ PASCUAL, Joaquín: «Los préstamos sindicados». *Actualidad Financiera,* núm. 9. 1993. Págs.: 135-142.
ONTIVEROS, Emilio, y otros: Mercados Financieros Internacionales. Espasa Calpe. Madrid. 1991.

6
El mercado internacional de obligaciones

6.1. INTRODUCCION

Este mercado se desarrolló a finales de la década de los sesenta, convirtiéndose en una fuente muy estimada de recursos financieros a largo plazo. Las obligaciones de carácter internacional son unos títulos similares a los de carácter nacional, es decir, una parte alícuota de un préstamo a largo plazo reflejada en un título que puede ser endosado. Se diferencian en que la de tipo internacional viene denominada en moneda distinta de la del país emisor, aunque la aparición de nuevas fórmulas e instrumentos hace que esta característica no sea tan claramente diferenciadora; por ejemplo, cuando aparece el eurodólar, diversas instituciones de los Estados Unidos empiezan a efectuar emisiones en dólares y a colocarlas en Europa para captar dólares a un precio inferior al que les hubiera costado adquirirlos en su propio país.

Existen dos clases de emisiones:

- *Obligación internacional simple:* Es una emisión en moneda del país donde se coloca la misma, realizada por un prestatario extranjero. Si la emisión es en dólares y se coloca en los EE.UU. recibe el nombre coloquial de *yankee*; si en yens en Japón, se denomina *samurai*; si en pesetas en España, *matador*; si en libras en Gran Bretaña, *bulldog*; si en florines en Holanda, *rembrandt*, y si en dólares australianos en Australia, *canguros*.
- *Euroobligación o Eurobono:* La moneda en que se emite es distinta de la del país en el que se coloca. Por ejemplo, una emisión de obligaciones del INI en dólares colocada en Alemania, o una emisión en pesetas colocada en el extranjero con lo que obtendremos *europesetas*. También pueden emitirse en varias monedas teniendo, en ese caso el inversor, la opción de recibir el principal o los intereses en una de las monedas de la emisión elegida por él.

6.2. CARACTERISTICAS

Las principales características de las obligaciones internacionales y de los eurobonos son:

1.ª Su venta se realiza siempre de forma directa a un *sindicato bancario*, que es el que toma la emisión. En este sindicato aparecen dos figuras: el *banco director* y los *bancos participantes*. El primero asume las mismas funciones que en el crédito, es decir, organiza la emisión de las obligaciones (condiciones, cantidad, plazo, intereses), busca a las instituciones que van a suscribirlas y reparte las obligaciones; estos títulos no se ofrecen directamente al público, aunque éste puede invertir sus ahorros en ellas a través de las instituciones financieras que suscriben la emisión. No hay *banco agente* al no ser necesario, pues estas obligaciones suelen estar gestionadas por sus propietarios al ser títulos *al portador* y que se encuentran repartidas por todo el mundo. El pago de intereses y la amortización se hace directamente con el tenedor de la obligación en cada momento.

2.ª La emisión deberá *anunciarse públicamente*, apareciendo en dicho anuncio (denominado en español *lápida* o en inglés *tombstone*): el beneficiario, la moneda de emisión, la cuantía, el tipo de interés, el vencimiento y los bancos que participan y dirigen la operación.

3.ª Las condiciones específicas de cada obligación se establecen entre el emisor y el sindicato suscriptor. Las condiciones afectan sobre todo al tipo de interés y al vencimiento. En cuanto al tipo de interés se utilizan todo tipo de posibilidades: interés *fijo* (si, además, vence en una fecha prefijada se denomina *straight*) o interés *variable*, es decir, revisable por períodos anuales o superiores, y se toma como base un tipo de mercado, generalmente el Libor, al que se añade un *diferencial* (véase los FRN en el quinto epígrafe).

4.ª En cuanto al vencimiento se dan diversas posibilidades: vencimiento *único* (del total de la emisión, o *bullet*), amortización *anticipada* (a elección del obligacionista, o *put*) o *forzosa* (si lo decide el emisor, o *call*). Pueden existir obligaciones *convertibles* en acciones de la empresa emisora, o en otro activo financiero emitido por ella; en este caso, generalmente, además de las condiciones de cambio habituales, donde se incluye la forma en la que se van a valorar las acciones (cotización de los últimos meses, los meses tienen 30 días y el año 360 días, etc.), se añade una condición más de conversión, la relativa al tipo de cambio, que se va a utilizar a la hora de la conversión, pues las acciones están valoradas en la moneda del país emisor y las obligaciones en la del país donde fue colocada.

También existen los obligaciones con *warrant*, que proporcionan el derecho de adquisición a un determinado precio de acciones de la compañía emisora, esto es, con separación de la obligación.

5.ª Aunque el plazo normal suele ser de doce años, el vencimiento de los eurobonos puede extenderse desde los cinco a los treinta años. El valor nominal de cada eurobono suele ser de 1.000 dólares.

6.ª Los certificados y las liquidaciones se suelen realizar a través de *Euroclear* o *Cedel*. *Euroclear* es un sistema de depósito y liquidación informatizado para custodiar, entregar y realizar los pagos de los eurobonos; radicado en Bruselas, pertenece a 120 instituciones financieras y es administrado por Morgan Guaranty. Semejante al anterior es *Cedel*, que situado en Luxemburgo, tiene más de mil miembros.

7.ª Hay varias formas de cotizar los eurobonos, sobre todo en lo referente al problema del *cupón corrido*, es decir, la parte del cupón que pertenece al vendedor del bono[1]. Por regla general, aunque hay más excepciones de las deseadas (como las obligaciones convertibles, las indiciadas o los FRNs), es normal que aparezca en la cotización por un lado el precio del bono (como un porcentaje del valor nominal del eurobono) y por otro lado el *cupón corrido*. En cuanto a la forma de calcular dicho cupón corrido el más extendido es el sistema americano, es decir, el año tiene 12 meses de 30 días y, por tanto, un año 360 días. Sin embargo, en países como Gran Bretaña, Japón y Canadá se calculan los días reales.

El cálculo del precio teórico de los eurobonos que pagan cupones anualmente suele hacerse aplicando la fórmula de la AIBD (*Association of International Bond Dealers*):

$$P + g \times (1-f) = v^f \times [100 \times v^n + g \times (1 + a_{n|i})]$$

donde P es el precio teórico del eurobono expresado en porcentaje del valor nominal; g es el tipo de interés del cupón expresado en porcentaje; $1-f$ es la parte del año que ha pertenecido al vendedor del eurobono, de tal manera que $g \times (1-f)$ indica el valor del cupón corrido; v^f es igual a $(1 + i/100)^{-f}$; $a_{n|i}$ es el valor actual de una renta unitaria postpagable de n años al tipo de interés i. Téngase en cuenta que la vida del bono es igual a $n + f$, donde n indica el número de años completos que le restan de vida y f la parte del año inicial de valoración que todavía queda por transcurrir. Así, por ejemplo, si queremos calcular el valor teórico de un eurobono el día 1 de septiembre de 1993 que vence el 31 de diciembre de 1997 y que paga un cupón del 7% anual cuando la tasa de rendimiento de dicho tipo de emisión en el mercado es del 8,5% es igual a:

$$P + 7 \times (1 - 0,33) = 0,92166^{0,33} \times [100 \times 0,92166^4 + 7 \times (1 + a_{4|8,5\%})]$$

$$P + 4,66 = 99,38 \longrightarrow P = 94,72$$

el inversor pagaría el 94,72% del valor nominal del bono más el 4,66% del mismo en concepto de cupón corrido. Si quisiéramos calcular el rendimiento deberíamos despejar i de la ecuación anterior y en lugar de P pondríamos el precio de mercado en porcentaje.

Por otra parte, la expresión empleada en los Estados Unidos para calcular el precio teórico (P) o el rendimiento (r) es igual a:

$$P_0 = \sum_{j=1}^{mn} \frac{c/m}{(1 + r/m)^j} + \frac{P_n}{(1 + r/m)^{mn}}$$

---

[1] A diferencia de lo que ocurre cuando se vende una acción ordinaria, lo que implica perder el derecho a recibir los dividendos, cuando se vende un bono u obligación el vendedor tiene derecho a recibir la parte proporcional del próximo cupón que corresponda a la parte del tiempo que estuvo en su poder entre dos pagos consecutivos del mismo.

donde c es el cupón anual en términos monetarios; m es el número de períodos en los que se divide el año desde el punto de vista del pago de cupones (por lo general, será $m = 2$, lo que corresponde a pagos semestrales); n es el número de años que restan de la vida del bono; r es el tipo de rendimiento requerido del bono; P_n es el precio de reembolso del bono (que suele coincidir con el valor nominal del bono); y P_0 es el precio teórico del bono que incluye el cupón corrido.

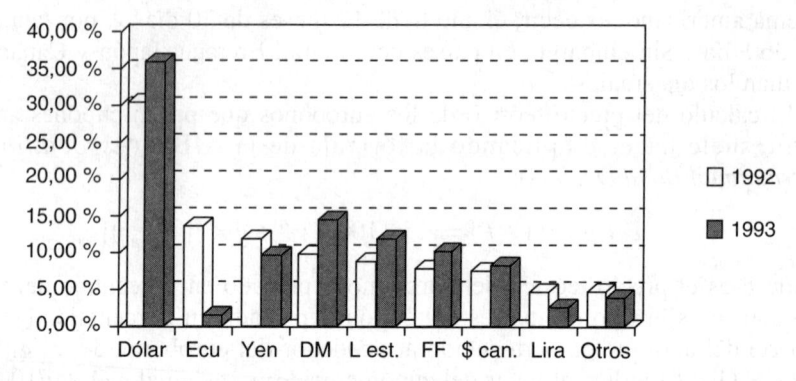

Figura 6.1. Principales divisas utilizadas en los eurobonos (primer semestre del año 1992 y 1993). Fuente: Euromoney Bondware.

Las principales monedas en las que se realizan las emisiones de eurobonos son: el dólar norteamericano (alrededor del 35% de las emisiones), marcos alemanes, yenes japoneses, libras esterlinas, ecus, dólar canadiense y dólar australiano. El volumen total de emisiones vivas de eurobonos a mediados de 1993 era de 1.500 billones de dólares. Como se aprecia en la Figura 6.1, el primer semestre de 1993 fue muy atípico puesto que la «tormenta monetaria» que sacudió a las monedas integrantes del SME hizo que el ecu pasara de ser la segunda divisa en importancia a un modesto noveno puesto. La caída del ecu provocó un aumento de la importancia relativa del dólar, del marco, libra esterlina y franco francés.

Por otra parte, hay que empezar a observar el creciente mercado de los denominados *bonos dragón*, que son emisiones semejantes a los eurobonos pero realizadas en Asia y que cotizan sólo en mercados asiáticos no japoneses. Comenzaron su existencia en 1991 con una emisión del Banco Asiático de Desarrollo (ADB) que tenía un nominal de 300 millones de dólares; a mediados de 1993 el número de emisiones vivas era de más de 2.000 millones de dólares pero se espera multiplicar por cinco dicha cifra para finales de 1994.

6.3. VENTAJAS

Este tipo de obligaciones tiene una serie de ventajas sobre las nacionales, desde el punto vista del emisor:

a) Acuden a un mercado con *mayor capacidad de absorción*.

b) Tienen una *mayor libertad y flexibilidad* al no existir una legislación a nivel internacional, una vez autorizada su emisión por el propio país. El único trámite es la *garantía*, pues el sindicato no admitirá una emisión que no esté respaldada por el Estado o por un grupo de instituciones financieras de reconocida solvencia.

c) Los *intereses son inferiores* a los de las emisiones nacionales. Aunque esto es relativo puesto que el tipo de interés nominal puede sufrir alteraciones derivadas de variaciones en el tipo de cambio, así como por la aparición de unas sobretasas más o menos explícitas.

d) Los *costes de emisión* suelen ser más bajos debido a que los costes fijos, al ser la emisión de gran volumen, se reparten más.

e) El mercado internacional está dispuesto a aceptar *vencimientos más largos*, debido a las garantías de la emisión.

Y desde el punto de vista del tenedor:

a) Una ventaja importante es la ausencia de retenciones fiscales sobre esos títulos, además de que hay una mayor facilidad para mantener el anonimato.

b) Son títulos de gran liquidez y fáciles de enajenar. A veces se cotizan en algunos mercados de valores, pero no suele ser frecuente ni siquiera necesario para mantener su liquidez, pues los bancos los toman inmediatamente por su fácil colocación.

c) Ofrecen una gran seguridad.

6.4. LOS BONOS MATADOR

Como ya dijimos en el primer apartado, una de las clases de obligaciones internacionales (*foreign bonds*) son los bonos *matador*, que son aquellas emisiones denominadas en pesetas y realizadas por una institución extranjera dentro del territorio español (Figura 6.2).

Los emisores son organismos e instituciones internacionales de reconocida solvencia (por lo general, calificadas como AAA o AA según la agencia de calificación americana *Standard & Poor's*). La mayoría de las emisiones van acompañadas de contratos de permuta financiera o *swaps* en divisas (véase sobre esto el Capítulo 14) con otras monedas más fuertes, lo que permite al emisor beneficiarse de las mejores condiciones de las emisiones en pesetas (mayores tipos de interés) sin constreñirse a la utilización de la misma dentro de España sino que al permutarla por otra divisa (dólares, marcos o francos suizos) puede operar en los mercados financieros internacionales.

Este tipo de emisiones comienza con la valoración de las características del mercado y de la idoneidad del lanzamiento de una emisión según sus características generales. El emisor realizará, seguidamente, las gestiones necesarias para la obtención del correspondiente permiso de las autoridades españolas (la Dirección General del Tesoro). Mientras tanto, las diversas entidades financieras ofertan sus propuestas para la dirección o codirección de la emisión en cuestión.

76 *Ingeniería Financiera*

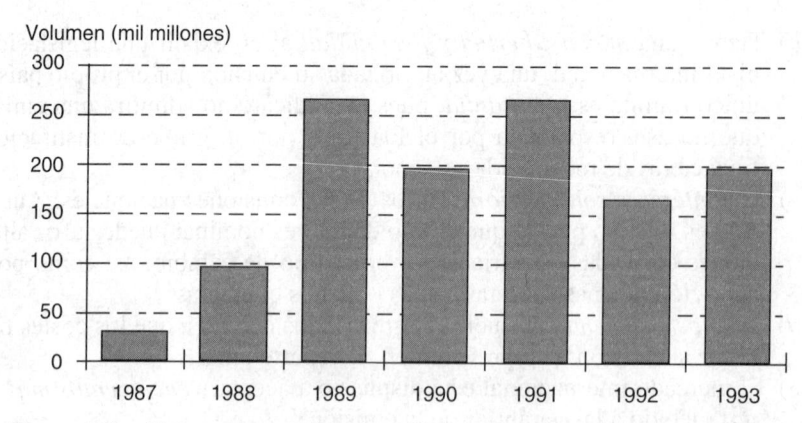

Figura 6.2. Volumen en miles de millones de pesetas de las emisiones *matador* realizadas en España en el período 1987-1993 (Fuente: Caja de Madrid). Nota: En 1993 sólo figura el primer semestre.

Una vez realizadas las propuestas, el emisor evalúa las ofertas y elige la que de todas las presentadas se considere más competitiva y con mayores posibilidades de ser colocada lo más ampliamente posible en el mercado. La entidad elegida como directora de la emisión (*lead manager*) recibe el *mandato*, es decir, la autorización por escrito para proceder a realizar la emisión en los términos estipulados (véase la Figura 6.3). El director de la emisión buscará y seleccionará un grupo de coaseguradores de la misma, que facilite su colocación entre inversores institucionales y particulares, además de asegurar y respaldar la emisión.

Una vez realizado lo anterior entra en acción el *mercado gris*, esto es, un mercado en el que participan sólo los intermediarios y por el cual se cotiza la emisión sin esperar al período de oferta pública, lo que posibilita que éstos tomen posiciones comprando y vendiendo a precios preestablecidos antes de que el público pueda hacerlo. Una vez que se abre al público la posibilidad de comprar parte de la emisión es cuando se realizarán la compensación y la liquidación a través de *Euroclear* y *Cedel*. En la Tabla 6.1 se muestra la cotización de diversas emisiones de bonos *matador* en el mercado de la Asociación de Intermediarios de Activos Financieros (AIAF).

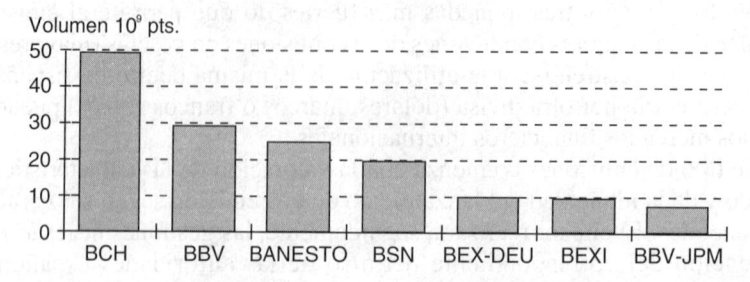

Figura 6.3. Bancos directores de las emisiones matador durante el primer semestre de 1992 (Fuente: Caja de Madrid).

Tabla 6.1. Cotización de los bonos matador en el mercado AIAF el día 2-XI-93 (Fuente: AIAF).

EMISOR	Fecha de vencim.	Cupón	N° Op.	Importe Contrat.	Precio (ex-cupón) Máx.	Mín.	Medio	TIR Med.	Fecha Prec. med. ant.
B. Mundial	25-06-98	10,35	2	177,0	108,00	107,25	107,62	8,17	107,12 20-10-93
CEE	16-11-95	12,37	2	188,0	106,73	106,69	106,71	8,59	106,24 14-09-93
Eurofima	26-07-03	10,00	1	51,8	109,75	109,75	109,75	8,51	104,91 28-09-93
B. Mundial	04-08-98	9,75	1	25,0	106,00	106,00	106,00	8,15	105,92 29-10-93
BEI	04-03-98	11,25	1	33,0	109,62	109,62	109,62	8,45	110,68 25-10-93
BEI	30-09-96	8,30	1	2000,0	100,50	100,50	100,50	8,07	100,06 29-10-93
BEI	03-07-96	11,30	1	50,0	106,55	106,55	106,55	8,41	105,87 11-10-93
BEI	14-11-97	11,40	1	121,0	109,67	109,67	109,67	8,46	109,62 28-10-93
Mercado gris:									
Corp. Fin. Int.	15-11-98	8,10	1	50,0	100,00	100,00	100,00	8,10	100,50 29-10-93
BEI	18-11-03	8,12	1	150,0	98,60	98,60	98,60	8,33	99,08 29-10-93
TOTALES			10	2645,8					

6.5. LOS FRNs (*FLOATING RATE NOTES*)

Son eurobonos de interés variable, es decir, sus cupones se fijan periódicamente con relación a un índice de tipos de interés a corto plazo determinado (en el euromercado se suele utilizar el Libor-6 meses). Su éxito radica en que ofrecen una solución adecuada a la volatilidad de los tipos de interés, característica ésta que desanima a los inversores a comprometer fondos a largo plazo a tipos de interés fijo (véase Tabla 6.2).

6.5.1. Características de los FRNs

- Tipo de interés flotante: Libor a seis meses más un diferencial. El tipo de interés suele estar alrededor del 0,25% sobre el Libor. Los cupones se pagan cada seis meses.
- Instrumentación en títulos-valores que se ofrecen al público en el mercado internacional de capitales.
- Existencia de fondos de amortización (*sinking funds*) y de rescate (*purchase funds*). Con un vencimiento entre 5-7 años.
- Cotizable en Bolsa.
- Facilidad de transmisión.

Desde el punto de vista del prestatario:

- Es una forma de conseguir recursos a largo plazo.
- Es una fuente alternativa de recursos.
- Tiene un impacto publicitario en la empresa.
- Reembolsos anticipados muy ventajosos.

78 *Ingeniería Financiera*

Tabla 6.2. Ejemplo de FRN emitido por RENFE en 1986

Emisor:	RENFE (garantía del Reino de España)
Importe:	500.000.000 $
Plazo:	12 años
Tipo de interés:	Libor-6 meses menos 1/8
Precio de emisión:	100,10%
Comisión (dirección y seguro):	0,10%
Comisión de venta:	0,05%
Fecha de pago:	28/noviembre/1986
Amortización anticipada:	A partir del tercer año
Director de la operación:	Salomon Brothers Inc.

6.5.2. Tipos de FRNs

a) *Capped FRNs*. Emisiones de FRNs que incorporan tipos de interés máximos (*cap*).
b) *Convertible FRNs*. Convertible en un bono a largo plazo y con tipo de interés fijo, a opción del inversor.
c) *Drop-lock FRNs*. Cuando el tipo de interés a corto plazo cae por debajo de un límite especificado se convierten automáticamente en bonos con interés fijo.
d) *Extendible notes*. El tipo de interés es ajustado cada dos años según un índice de mercado. El inversor puede revender los bonos al propio emisor (opción de venta, o *put*) a la par cada dos años. Y el emisor puede pagar un tipo por encima del índice para animar a los inversores a mantener su inversión.
e) *Inverse FRNs*. Pagan intereses en una relación inversa a los movimientos en el tipo de interés de referencia (por ejemplo, si el Libor aumenta el tipo del FRN desciende).
f) *Minimax FRNs*. Tiene un tipo de interés mínimo pagable (*floor*) y uno máximo (*cap*). Este tipo de emisión permite tanto al emisor como al inversor una determinada protección contra el riesgo del tipo de interés.
g) *Mismatched FRNs*. En los que el período de pago del interés es, por ejemplo, de seis meses, pero el tipo de interés se ajusta con mayor frecuencia (cada mes o tres meses).
h) *Perpetual FRNs*. No tienen una fecha fija de amortización.
i) *Puttable perpetual FRNs*. Un FRN perpetuo que es amortizable a opción del inversor después de transcurrido un período determinado.
j) *Serial FRNs*: Son FRNs que llevan, además del cupón para el cobro de intereses, otro cupón para el cobro de amortizaciones estipuladas.
k) *Step-down FRNs*. Un FRN a muy largo plazo (30 años) con cupón declinante con relación al tipo de interés de referencia. Después de transcurrido un período determinado es amortizable a opción del emisor.

6.5.3. Inversores en FRNs

Los directores financieros y tesoreros de las empresas suelen preferir las inversiones en bonos de renta fija debido a su aversión a las pérdidas de capital, por lo que los FRNs no son una alternativa donde invertir sus depósitos. De hecho, suelen considerarlos como una forma de mantener alguno de sus activos en forma líquida para hacer frente a desembolsos inesperados durante un período indeterminado.

Las compañías de seguros y los fondos de pensiones suelen mantener activos líquidos a corto plazo disponibles para hacer frente a pagos inesperados casi inmediatamente, pero invierten la parte más estable de sus activos en bonos de renta fija puesto que prefieren conocer con la mayor exactitud posible su rendimiento futuro. Esto explica su gusto por las inversiones a largo plazo que pagan intereses fijos. Ahora bien, como es sabido si los tipos de interés suben el valor de los bonos de renta fija desciende y si dicho tipo de empresas se ven obligados a vender algunos de ellos en ese momento (porque tengan que pagar más pensiones de las esperadas, o hacer frente a grandes siniestros) sufrirían grandes pérdidas, por ello una parte de las carteras de sus inversiones en bonos suele estar compuesta por FRNs que actúan como protección contra el ascenso de los tipos de interés.

Los fondos de inversión suelen operar en los mercados de FRNs por dos motivos: *a)* porque su objetivo es conseguir el mayor rendimiento posible de sus inversiones (los fondos de pensiones y las compañías de seguros tienen como objetivo primordial hacer frente a los pagos que son la razón de ser de sus nombres); *b)* estas carteras son dirigidas por los gerentes más hábiles y competentes lo que hace que tengan total libertad de operar en el mercado que gusten con tal de cumplir sus objetivos. El FRN cumple aquí una función importante puesto que si se espera que los tipos de interés asciendan es mejor invertir en bonos de renta variable, mientras que si se esperase un descenso de los mismos lo mejor sería invertir en emisiones a largo plazo de renta fija.

Por último, los bancos suelen mirar a los FRNs no como una inversión para conseguir un rendimiento sino como una inversión cuyo objetivo es aprovecharse de los *diferenciales* (*spreads*), es decir, para ellos la discusión no se centra en interés fijo *versus* interés variable, sino en si el diferencial que ellos obtienen al tener FRNs es acorde a sus requerimientos y si supera a los de otras inversiones a corto plazo. El FRN, por tanto, ayudará a maximizar el rendimiento de los activos de la entidad pero sólo hasta un cierto punto puesto que, para ésta, son un activo líquido indicado para posiciones a corto plazo que conlleva un cierto riesgo de pérdida (si los tipos caen) el cual deberá ser constreñido dentro de unos límites muy estrictos.

Muchos bancos han creado carteras de FRNs que se financian a través de los recursos obtenidos en el mercado interbancario y cuyo objetivo suele ser la maximización de los diferenciales. Para ello utilizan su potencial de endeudarse en el mercado interbancario para financiar sus carteras de tipos variables lo que les da un diferencial por encima de dicho mercado. Además de su liquidez, la diversificación de la cartera de tipos variables emitidos en divisas de diferentes países así como el incremento de la presencia de los FRNs en los mercados de capitales y su utilización en operaciones de permuta financiera, que les ha permitido obtener ventajosos diferenciales, han hecho muy atractiva la inversión en este tipo de emisión desde el punto de vista bancario.

6.5.4. La valoración de los FRNs

Para los inversores, la característica más atractiva de los FRNs es el hecho de que suelen ser revalorados cada seis meses (o cuando se pague el cupón), por ello conllevan una cierta protección del principal contra el riesgo de variación de los tipos de interés.

Cada FRN tiene unas características distintivas de negociación, que pueden ser atribuidas a las diferencias existentes en el diferencial entre su cupón y el Libor, en las fechas de maduración y en la frecuencia con las que su cupón es recalculado. Los FRNs de mayor plazo son relativamente menos líquidos que los de menor plazo debido a que los bancos suelen concentrarse en préstamos y endeudamiento a tipo variable a corto plazo, por ello tienden a ser más volátiles. Esta mayor volatilidad también se nota en los FRNs, cuyos cupones se recalculan semestralmente en comparación con los que lo hacen cada trimestre.

Hay un gran número de métodos de valoración de los FRNs, por ello sólo nos referiremos a algunos de ellos. El más simple consiste en dividir el cupón recibido por el precio de adquisición, lo que presupone que no hay ni ganancias ni pérdidas de capital a lo largo del período considerado, además de suponer que cuando sea recalculado el cupón va a serlo a la par con el índice indicado (Libor, por ejemplo) cuando esto no tiene por qué ser así. Una fórmula más precisa calcula el rendimiento hasta la renovación del cupón (*return to rollover*) y se expresa así:

$$RR = \frac{P_r + (C_0 \times \text{días}/360) - (P + CC)}{P + CC} \times \frac{360}{\text{días}} \times 100$$

donde P_r es el precio estimado en la fecha de renovación del cupón; C_0 es cupón actual; los *días* indican el número de los mismos desde la liquidación hasta la fecha de renovación; P es el precio de adquisición del FRN; y CC es el cupón corrido en la fecha de liquidación. Este método es útil para comparar el rendimiento del FRN con otros instrumentos como los CDs o los eurodepósitos, pero es menos útil cuando se comparan FRNs con diferentes plazos de revaloración de los cupones.

Un método común de valoración de los FRNs empleado por los bancos se centra en el margen sobre el Libor. La medida más simple (*el margen simple*) consiste en tomar el diferencial del cupón sobre el Libor (D) y añadirle la amortización del precio del FRN (P) descontado de la par sobre el plazo restante hasta su maduración (T):

$$\text{Margen simple} = \frac{1}{P} \times \left[\frac{100 - P}{T} + D \right]$$

Esta expresión puede ser retocada con objeto de incluirle el denominado «efecto del rendimiento actual», que se produce cuando el FRN es adquirido a un precio distinto de la par. La expresión del margen total será:

$$\text{Margen total} = \frac{1}{P} \times \left[\frac{100 - P}{T} + D + \frac{R_m \times (100 - P)}{100} \right]$$

donde R_m es el valor promedio del Libor a lo largo del resto de la vida del FRN (en la fórmula anterior se expresa en porcentaje). Existen otra serie de expresiones matemáticas para valorar los FRNs que aquí no vamos a comentar en aras de la sencillez de exposición [2].

6.6. ECP (*EUROCOMMERCIAL PAPER*)

El ECP es un instrumento perteneciente al mercado de deuda a corto plazo, o *mercado de dinero*. Este último posibilita la gestión eficiente del fondo de rotación, tanto por parte del emisor como por parte del inversor. Los prestatarios utilizan este mercado para financiar su activo circulante y las necesidades estacionales de fondos (véase Tabla 6.3).

Volviendo al ECP, éste es una emisión de pagarés negociables con vencimiento a corto plazo. Sus características más importantes son:

a) Los vencimientos son flexibles, siendo fijados por el emisor en el momento de su emisión. Suelen ser desde 2 a 365 días aunque, normalmente, no superan los 180 días. A base de un sistema de renovación (*roll-over*) se puede aumentar cuanto se quiera la duración del ECP (véase el caso mostrado en la Tabla 6.3).

b) El valor nominal de los títulos es bastante más alto que en el caso de los eurobonos, puesto que un ECP viene a valer 100.000 dólares, esto hace que el mercado de ECP esté dominado por grandes inversores.

c) Las emisiones de ECP no están aseguradas.

d) Por lo general, pero no siempre, se emiten al descuento. El rendimiento del instrumento se refleja en la diferencia entre el precio descontado y el valor nominal al que será reembolsado. El ECP se cotiza en el mercado secundario sobre una base de rendimiento, más que como un precio expresado como porcentaje del nominal.

6.6.1. Mecanismos de emisión

- *Subasta* (*tender panel*): Un grupo de agentes hace ofertas sobre el ECP. Estas ofertas son satisfechas según su coste-eficacia y ningún agente tiene la seguridad de que su oferta sea la ganadora antes de la emisión.

---

[2] Sobre expresiones más complejas consúltese la obra de WALMSLEY citada en la bibliografía y sobre la aplicación de un método estocástico para valorar a los FRNs consúltese el artículo de EL KAROUI, Nicole, y GEMAN, Hélyette, que aparece en la bibliografía

- *Intermediación financiera* (*dealership*): El emisor selecciona a uno o más *dealers* (suelen ser bancos de inversión) para que intenten mediante un sistema de *venta al mayor esfuerzo* (cobra una comisión por vender todos los títulos que pueda: *best effort selling*) colocar directamente a los inversores su emisión de ECP, en las condiciones marcadas por él.
- *Emisión directa*: El emisor realizará la función del intermediario financiero por sí mismo, vendiendo los pagarés directamente a los inversores (esto sólo suele ser hecho por grandes multinacionales).

6.6.2. Ventajas y limitaciones

- **Ventajas**

  – Los emisores pueden obtener fondos más baratos que con los créditos o préstamos bancarios.
  – Flexibilidad, puesto que el emisor puede diseñar el vencimiento del instrumento financiero de acuerdo con sus necesidades de fondos.
  – El inversor puede diversificar sus fuentes de financiación.
  – Un programa ECP es usualmente más barato que emitir *euronotas* (véase Punto 6.7) porque el emisor no tiene que pagar comisiones de aseguramiento.
  – Debido al amplio rango de vencimientos de los ECP, los inversores pueden encontrar un instrumento que se ajuste a sus requerimientos.
  – Como los pagarés son reembolsados en un tiempo inferior al año, los inversores sólo están expuestos a un riesgo de crédito a corto plazo, existiendo menos riesgo que en el caso de los FRNs.

Tabla 6.3. Ejemplo de ECP emitido por RENFE en 1986.

Emisor:	RENFE (garantía del Reino de España)
Importe:	315 millones de dólares
Plazo:	6 años
Tipo de interés:	Libor-6 meses menos 1/8%
Comisión de disponibilidad	0,025% por 1 a 3 años
	0,03% para más de tres años
Comisión de utilización:	0,0125%
Comisión de dirección:	0,05% del importe por una sóla vez
Director de la operación:	Manufacturers Hannover

- **Limitaciones**

  – Como los ECP no están asegurados, el emisor no puede garantizar que podrá colocar los pagarés a los inversores y conseguir los fondos requeridos.
  – Si el emisor desea amortizar los ECP sin realizar otra emisión de los mismos, para obtener los fondos necesarios, necesitará una línea de crédito o préstamo bancario, lo que puede resultar bastante caro.

– El alto valor nominal de los pagarés (100.000 $/título) hace al ECP poco atractivo para el inversor.

6.7. EURONOTAS (*EURONOTES*)

Las *euronotas* están *aseguradas* (*underwritten*) por uno, o más, bancos de inversión, lo que implica que el emisor recibirá su financiación si los inversores no adquieren el papel, puesto que los aseguradores lo comprarán o, en su defecto, extenderán una línea de crédito al prestatario.

Las euronotas se emiten, por lo general, en vencimientos fijos de uno, tres y seis meses; su valor nominal suele ser de 500.000 dólares, por lo que los inversores institucionales o profesionales suelen dominar dicho mercado. Las emisiones de euronotas se suelen realizar a través de una *subasta* (*tender panel*), tal y como se muestra en la Figura 6.4.

6.7.1. NIF (*Note Issuance Facility*)

Es el tipo de euronota más conocido y podemos definirlo como un compromiso legalmente vinculante, suscrito a medio plazo, en virtud del cual un prestatario puede emitir papel a corto plazo en nombre propio, pero en el que los bancos que desempeñan el papel de aseguradores (*underwriters*) se comprometen tanto a adquirir todos aquellos títulos-valores que el prestatario haya sido incapaz de colocar, como a la provisión de créditos *stand-by* (que es un acuerdo con uno o más bancos por el que éstos se comprometen a mantener una determinada cantidad de fondos disponible para el prestatario durante un cierto tiempo).

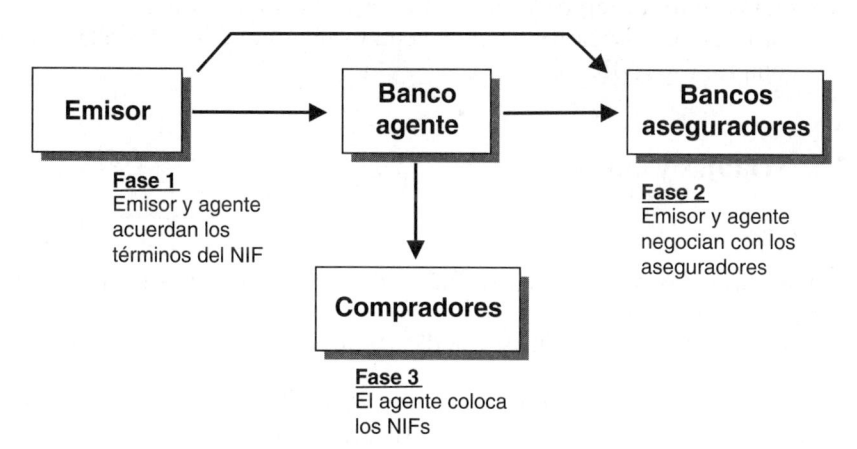

Figura 6.4. Procedimiento de la emisión de los NIFs: *Tender panel*.

El compromiso NIF se acuerda, habitualmente, para un plazo que oscila entre cinco y siete años, en el cual la financiación se instrumenta a través de emisiones sucesivas, que frecuentemente consisten en períodos de vencimiento de tres y seis meses.

En lugar de realizar un préstamo de dinero, como ocurre en el caso de los créditos sindicados, el responsable del acuerdo NIF proporciona la provisión de un mecanismo que le permite colocar pagarés y títulos en manos de otros inversores, en la medida en que existe demanda de fondos.

El riesgo crediticio a corto plazo es asumido por los tenedores de pagarés, quienes soportarán las pérdidas en caso de que el prestatario incumpla el compromiso con anterioridad a la fecha de vencimiento de los títulos. Por otro lado, el riesgo crediticio a largo plazo será para las instituciones financieras aseguradoras, quienes deberán afrontar el riesgo de prestar a un solicitante que haya perdido la confianza de los inversores.

6.7.2. Otros tipos de euronotas

Aparte de los NIFs los principales tipos de euronotas son:

a) RUF (*Revolving Underwriting Facility*). Es una variante del NIF que tiene la característica de que separa las funciones de aseguramiento de las de distribución. La emisión de pagarés está asegurada por un grupo de bancos, de tal manera que si la subasta fracasara los bancos aseguradores deberían adquirirlos.

b) SNIF (*Short term NIF*). Es un término utilizado para los NIFs con pagarés a corto plazo.

c) TRUF (*Transferable RUF*). Un RUF en el que el acuerdo de aseguramiento del mismo por parte de los bancos es transferible.

d) *Línea de crédito con diversas opciones* (*Multiple component facility*). Permite al prestatario la retirada de fondos a través de múltiples fórmulas, incluyendo anticipos o préstamos a corto plazo, líneas de crédito, aprobaciones bancarias, etc., habiendo sido incluidas todas ellas en los compromisos NIF.

6.7.3. Ventajas y limitaciones

- **Ventajas**
  - Las euronotas pueden ser una fuente de financiación más barata que los créditos bancarios.
  - Como las euronotas están aseguradas, el inversor tiene una garantía de que recibirá los fondos.
  - Al ser las euronotas emitidas a través de una subasta, el proceso competitivo de ofertas hará que el papel sea emitido al menor coste posible.
  - Debido al amplio rango de vencimientos de las euronotas, los inversores

pueden encontrar un instrumento financiero que se ajuste a sus requerimientos.
- Como los pagarés son reembolsados en un tiempo inferior al año, los inversores sólo están expuestos a un riesgo crediticio a corto plazo, existiendo menos riesgo que en el caso de los FRNs.

- **Limitaciones**
    - Las euronotas suelen ser más caras que los ECP debido a la necesidad de pagar unas comisiones a los bancos de inversión, que aseguran la operación.
    - Los vencimientos de las euronotas suelen hacer a éstas menos flexibles que el ECP.
    - La utilización de una subasta implica que el emisor puede no conocer el coste del préstamo hasta la fecha de emisión.

6.8. EL RIESGO DE INSOLVENCIA Y LA CALIFICACION DE LOS PRESTATARIOS

Cuando un prestatario decide acudir al mercado internacional deberá tener en cuenta que los prestamistas lo primero que van a analizar de él es el grado de riesgo de insolvencia que tiene. Esto es, el riesgo de que el prestatario o emisor no pague los intereses o el principal a que se había obligado en el contrato de emisión de los títulos. Este riesgo afecta al tipo de interés de los bonos, de hecho, a mayor riesgo mayor será el interés exigido por los inversores.

Dicho riesgo es valorado internacionalmente a través de una serie de empresas de *calificación* o *rating* independientes, las cuales puntúan la capacidad y probabilidad de pagar los intereses y el principal de la deuda de las compañías calificadas a través de una notación. Las tres más conocidas son Standard & Poor's, Moody's e IBCA (*Inter bank company analysis*). Standard & Poor's, en cuanto a las emisiones a largo plazo, difunde la calificación de 2.000 empresas americanas, de 8.000 municipios y Estados de la Federación así como más de 250 prestatarios no americanos; a corto plazo, califica a 1.300 emisores de papel comercial, de los que 150 no son americanos. Moody´s califica a unas 4.000 empresas. IBCA, es una compañía británica especializada en calificar entidades financieras. En la Tabla 6.4 se muestran otras agencias de calificación.

Las principales calificaciones aparecen en la Tabla 6.5, en la que podemos observar cómo los bonos son calificados como «inversión» o como «especulación»[3] (o «no inversión»), según que igualen o superen, o se encuentren por debajo de la calificación de Baa para Moody's o de BBB para S&P. Si se trata de valorar el riesgo de insolvencia a corto plazo (papel comercial hasta 360 días) S&P tiene las siguientes calificaciones de mejor a peor: A-1, A-2, A-3, B, C y D (estas dos últimas indican alta probabilidad de insolvencia).

---

[3] Estos son los denominados *bonos basura (junk bonds)*.

Tabla 6.4. Otras agencias de calificación.

País	Nombre	Entorno	Difusión
EE.UU.	Fitch Investors Service	Nacional	Internacional
	Duff & Phelps	Nacional	Nacional
	McCarthy	Nacional	
	Crisanti & Maffei	Bonos basura	Nacional
	Bankwatch	Bancos	Nacional
Europa	Eurorating	Europa	Internacional
	Agenc. d'Eval. Financière	Mercado París	Local
	Nordisk Rating	Suecia	Nacional
Japón	Japan Bond Research	Euroyen	Internacional
	Nippon Investors Service	Euroyen. Nacional	Internacional
	Japan Credit Rating	Euroyen	Interncional

Tabla 6.5. Los grados de calificación de *Moody's* y *Standard & Poor's*.

Moody's		Standard & Poor's		
Aaa	Calidad superior	AAA	La mejor calificación	**Inversión**
Aa	Alta calidad	AA	Calificación alta	
A	Superior al grado medio	A	Por encima de la media	
Baa	De grado medio	BBB	Calificación media	
Ba	Posee elementos especulativos	BB	Por debajo de la media	**No**
B	Le faltan características inversoras	B	Especulativa	**inversión**
Caa	Riesgo de impago	CCC-CC	Totalmente especulativa	
Ca	Muy especulativa. Casi seguro impago de intereses	C	En proceso de quiebra pero aún paga intereses	
C	El grado más bajo	DDD-DD	Impago, con calificación indicativa del valor de liquidación relativo.	

Para calificar a una empresa se estudia principalmente:

a) *El equipo directivo*: Historial de la empresa, situación actual y perspectivas futuras, así como el estudio de la trayectoria personal de cada componente del mismo.
b) *Posición en el mercado*: Dimensión de la empresa, antigüedad, cuota de mercado, líneas de productos y el sector en el que opera.
c) *Posición financiera*: Liquidez actual, acceso a la financiación, volumen de endeudamiento, comparación entre los vencimientos de sus inversiones y de sus deudas, acuerdos restrictivos (*covenants*) de su capacidad de endeudamiento o de venta de activos.
d) *Plan de actividades*: Comprobación de la adecuación de las políticas del grupo de gestión y juzgar su consistencia con respecto al tipo de mercado en el que opera y a su posición financiera.

Las calificaciones de las emisiones empresariales de deuda están asociadas, principalmente, con bajos apalancamientos financieros, pequeñas variaciones en los beneficios de la empresa a lo largo del tiempo, un mayor tamaño de la empresa, y la falta de deuda subordinada.

La obtención de una calificación por parte de una empresa le proporciona a ésta una serie de ventajas como, por ejemplo, el prestigio en la comunidad financiera internacional, lo que le facilitará unos menores costes financieros a la hora de emitir deuda y facilitará la liquidez de la misma desde el punto de vista de los inversores.

6.8.1. Los diferenciales de rendimiento y la prima de insolvencia

En la Figura 6.5 se muestra una tabla y una representación gráfica de los tipos de interés de las emisiones a largo plazo durante un par de meses de 1987 en los Estados Unidos, clasificados según las calificaciones del riesgo de impago. A la diferencia entre el rendimiento de dos bonos semejantes pero con distinta calificación se la denomina *diferencial de rendimiento* y es un concepto importante puesto que el diferencial entre dos categorías de riesgo nos proporciona una medida de la *prima de insolvencia*. Esta última es, en realidad, el diferencial de rendimiento entre un bono con una calificación determinada y uno sin riesgo. Por ejemplo, la prima de insolvencia de los bonos calificados como BBB era de 230 puntos básicos en febrero, habiéndose reducido a 200 puntos básicos en junio.

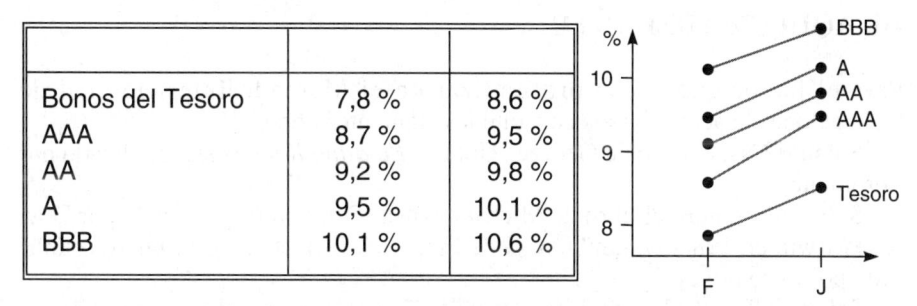

Bonos del Tesoro	7,8 %	8,6 %
AAA	8,7 %	9,5 %
AA	9,2 %	9,8 %
A	9,5 %	10,1 %
BBB	10,1 %	10,6 %

Figura 6.5. Tipos de interés de las obligaciones a largo plazo de los Estados Unidos, durante los meses de febrero y junio de 1987.

A través de la expresión matemática desarrollada por Gordon Pye se puede obtener el valor aproximado de la prima de insolvencia (d). Las variables que entran en juego son: la tasa de rendimiento esperada en caso de no existir riesgo de insolvencia (y); lo que se recibiría del principal del bono, valorado éste a precios de mercado, un año antes de que la empresa se declare en situación de insolvencia ($1 - \lambda$); la probabilidad de insolvencia de la empresa a lo largo de la vida del bono (p). El modelo de Pye será:

$$d = \frac{y + \lambda p}{1 - p} - y = \frac{p(y + \lambda)}{1 - p}$$

Así, por ejemplo, si tenemos un bono que prometiese un rendimiento del 10 % si estuviera catalogado como «muy seguro», pero al que se le supone una probabilidad de insolvencia del 5% a lo largo de su vida. En caso de insolvencia supondremos que cada bonista recibiría el 60% del precio de mercado de cada bono. Según estos datos la prima por insolvencia (d) sería:

$$[0,05 \times (0,1 + 0,4) / 0,95] = 0,0263 = 2,63\% = 263 \text{ puntos básicos}.$$

Concretando, la calificación del riesgo de insolvencia de cada emisión de deuda afecta a su rendimiento, puesto que a mejor calificación menor rendimiento del bono. Por supuesto, que todo lo dicho aquí sobre diferenciales de rendimiento aplicados al mercado americano se cumple exactamente en el mercado internacional dado que no es una cuestión localista sino teórica y que afecta a cualquier emisión de deuda sin especificar el país en el que se emite.

Los diferenciales de rendimiento varían con el tiempo, haciéndose más amplios en períodos de recesión, debido a que en este tipo de períodos el riesgo de insolvencia aumenta más que proporcionalmente para las empresas de peor calidad a causa de la reducción de sus flujos de tesorería, además de que los inversores son más adversos al riesgo en este tipo de coyunturas económicas. Todo lo contrario ocurre en períodos de crecimiento.

DE AQUI EN ADELANTE

Para el lector que desee profundizar en el Mercado Internacional de Obligaciones le aconsejamos consulte las siguientes obras:

Sobre FRNs, el libro de Georges UGEUX: *Floating Rate Notes,* publicado por Euromoney

Sobre eurobonos, el libro de Michael BOWE: *Eurobonds*, publicado por Dow Jones-Irwin en 1988. O, también, el de Frederick FISHER III: *Eurobonds,* publicado por Euromoney.

Sobre ECPs, el libro de Lucy HELLER: *Euro-Commercial Paper*, publicado por Euromoney.

Sobre emisiones e intrumentos financieros internacionales pueden consultarse:
COOPERS & LYBRAND: *A Guide to Financial Investments* y Euromoney.
WALMSLEY, Julian: *The New Financial Instruments*. John Wiley & Sons. 1988.

BIBLIOGRAFIA

ALEXANDER, Gordon, y SHARPE, William: *Investments*. Prentice Hall. Englewood Cliffs (NJ). 1990.
ARAGONÉS, José R.: *Economía Financiera Internacional*. Pirámide. Madrid. 1990.
BEAUFILS, Bernard, y otros: *La Banque et les Nouveaux Instruments Financiers*. La Revue Banque. Lyon. 1986.
BOWE, Michael: *Eurobonds*. Dow Jones-Irwin. Homewood (Ill.). 1988.
COOPERS & LYBRAND: *A Guide to Financial Investments*. Euromoney. Londres. 1987.

CORNELL, Bradford: «The Future of the Floating Rate Bonds». En STERN y CHEW (ed.): *The Revolution in Corporate Finance*. Blackwell. Oxford. 1987. Págs. 172-177
DICKINS, Paul (1989): «The Rating Game». *Corporate Finance*. Febrero. Págs. 44-46.
DICKINS, Paul (1989): «Yankee Bonds Dandy!». *Corporate Finance*. Marzo. Págs. 45-47.
EL KAROUI, Nicole, y GEMAN, Hélyette (1991): «Note worthy». *Risk*, vol 4, núm. 3. Marzo. Págs. 58-60
EUROMONEY: «Special IMF/World Bank issue». *Euromoney*. Septiembre. 1993.
FISHER III, Frederick: *Eurobonds*. Euromoney. Londres. 1987.
FRANCIS, Jack, y TAYLOR, Richard: *Theory and Problems of Investments*. McGraw Hill. Nueva York. 1992.
GOODHART, William: «Enter the Matador». *Global Investor*. Junio. 1990. Págs. 25-27
HELLER, Lucy: *Euro-Commercial Paper*. Euromoney. Londres. 1987.
IEE: «Nuevos productos financieros». *Rev. del Inst. de Estudios Económicos* núm. 2. Madrid. 1986.
JONES, Morven y PERRY, Simon: «How to hedge a reverse floater». *Corporate Finance*. Septiembre. 1990. Págs. 47-48
LÓPEZ PASCUAL, Joaquín: «El mercado de bonos matador». *Actualidad Financiera,* núm. 23. 1991. Págs. 410-419
LÓPEZ PASCUAL, Joaquín: «El rating: un indicador de referencia para el inversor particular susceptible de aplicación a otros productos financieros». *Actualidad Financiera* , núm. 25. Junio. 1993
LÓPEZ PASCUAL, Joaquín: «Las agencias de rating y el significado de sus calificaciones». *Actualidad Financiera,* núm. 38. Octubre. 1993.
PARTRIDGE-HICKS, Stephen, y HARTLAND-SWANN, Piers: *Synthetic Securities*. Euromoney. Londres. 1988.
PRETUS, Enrique: «El rating. Su aplicación en las entidades financieras». *Actualidad Financiera,* núm. 10. Marzo. 1993. Págs. 71-89.
SOLNIK, Bruno: *Inversiones Internacionales*. Addison-Wesley. Wilmington. 1993.
TABATONI, Pierre, y ROURE, Francine: *La Dynamique Financiere*. Les editions d'organisation. París. 1988.
THE ECONOMIST: *«Enter the dragons»*. The Economist. 9 de Octubre de 1993. Pág. 86.
UGEUX, Georges: *Floating Rate Notes*. Euromoney. Londres. 1985.
WALMSLEY, Julian: *The New Financial Instruments*. John Wiley & Sons. Nueva York. 1988.

EJERCICIOS

1. ¿Cuál es el valor de un bono de 10.000 pts. de valor nominal que paga un cupón anual del 8% durante los tres años de vida del mismo si su tasa de rendimiento es del 10%? Nota: Utilizar la fórmula de la AIBD y la del flujo de caja descontado.

2. Los bonos de HSS cuyo valor nominal es de 100.000 pts., que pagan un cupón anual del 8% y vencen dentro de 20 años, tienen un valor de mercado en la actualidad de 105.000 pts. ¿Cuál es su TIR hasta el vencimiento?

3. Determinar el precio actual de un bono cupón cero de 500.000 pts. de valor nominal cuya TIR es del 16% y que vence dentro de 10 años. ¿Cuál sería su TIR si su precio actual fuese de 200.000 pts.?

4. ¿Cuál es el valor actual de un bono de 10.000 pts. que paga un 8,5% de interés nominal anual a lo largo de los diez años que tiene de plazo si su TIR es del 9,5%? ¿Y cuál sería su valor actual si los cupones se pagaran semestralmente? Nota: Utilizar la fórmula de la AIBD y la del flujo de caja descontado.

5. ¿Cuál es el precio de adquisición de un bono que está pagando un cupón del 10% nominal anual en pagos semestrales si su TIR es del 12% y le quedan dos años y diez meses hasta su vencimiento? ¿Cuál es el valor del cupón corrido? Nota: Utilizar la fórmula de la AIBD y la del flujo de caja descontado.

6. Los bonos de LTDC tienen un cupón del 12% nominal anual pagadero por semestres vencidos con un valor nominal de 100.000 pts. y vencen dentro de 15 años, pero son amortizables anticipadamente a los seis años por un valor de 120.000 pts. Si el precio actual de cada bono es de 90.000 pts., determinar su TIR hasta el vencimiento en el caso de que se proceda a su amortización anticipada.

7. Usted dispone de la siguiente información sobre bonos en los EE.UU.:

Bonos	TIR
T-bonds a largo plazo	9,00 %
AAA bonds a largo plazo	10,00 %
BBB bonds a largo plazo	11,00 %

Suponiendo que los diferenciales de rendimiento siguientes sean los normales, especifique cómo podría un inversor beneficiarse de las disparidades observadas entre dichos diferenciales.

a) AAA bonds - T-bonds   = 150 puntos básicos.
b) BBB bonds - AAA bonds = 50 puntos básicos.

7
El mercado internacional de acciones

7.1. INTRODUCCION

Las acciones tienen, en principio, carácter nacional, no existiendo ninguna diferencia al considerar a dicho activo financiero desde el punto de vista nacional o internacional. La acción se negocia en mercados nacionales pero puede ser adquirida por un residente de un país distinto de la empresa emisora. A esta situación se puede llegar por dos vías:

- Por la *nacionalidad* del propietario. Las acciones en una Bolsa nacional pueden ser adquiridas por un residente en otro país y negociadas internacionalmente.
- *Físicamente*. Por la venta de la acción en un mercado extranjero.

En el primer caso es el comprador el que transpasa las fronteras, mientras que en el segundo lo hace la acción (por ejemplo, acciones de Telefónica vendidas en los mercados de Londres, Nueva York o Tokio). Las emisiones de *euroacciones* (emisiones de acciones a inversores europeos) pueden ser aseguradas por un sindicato bancario, negociándose los costes del aseguramiento de acuerdo a las circunstancias del emisor, pudiendo llegar a ser inferiores a los del propio mercado nacional.

Las acciones pueden ser emitidas y cotizar en el mercado de valores nacional y ser ofrecidas internacionalmente de una forma simultánea. En este caso el aseguramiento se realiza a través de un grupo de bancos de inversión de la misma forma que se hacía con las emisiones de eurobonos. Tales acciones pueden negociarse tanto en los *parqués* de las bolsas como por medio de los mercados de telecomunicaciones internacionales. Ni que decir tiene que una ventaja importante de este tipo de emisiones radica en el amplio rango de accionistas a los que se les pueden ofrecer los títulos, además de los, ya comentados, menores costes de aseguramiento de la operación.

Cuando una empresa decide cotizar en un mercado de valores de los Estados

Unidos y no pertenece a dicho país, el banco o bancos de inversión que organizan la operación de lanzamiento de sus acciones adquieren un número determinado de las mismas y seguidamente emitirán unos "recibos" que son los títulos sobre los que se realiza la cotización. Dichos recibos que se denominan ADRs (*American Depository Receipts*), pueden referirse a una acción depositada, a parte de la misma o a varias acciones. Este sistema de ADRs existe en varios mercados de valores extranjeros, no siendo privativo del norteamericano; sin ir más lejos, en España las acciones de empresas extranjeras no son tales sino recibos sobre unas acciones depositadas en un banco determinado.

7.2. PARTICULARIDADES: EL RENDIMIENTO

El mercado internacional de acciones se rige por los mismos criterios que los nacionales, por ello son valoradas con base en sus dos características esenciales: la *rentabilidad* y el *riesgo*. La diferencia surge a la hora de cuantificar esas dos características. El cálculo de la rentabilidad se hace restando del valor al final del período (P_t)[1], su valor inicial (P_0) y, por último, a dicha diferencia la dividiremos por el propio valor inicial para obtener la rentabilidad:

$$r = (P_t - P_0) / P_0$$

Pero lo normal en este tipo de acciones es que el valor se exprese en una moneda, mientras que el propietario las está valorando en otra distinta, lo que nos lleva a la necesidad de realizar una conversión de valores, a través del *tipo de cambio*. Para un inversor extranjero el valor final de una acción en el momento t, será igual a: $P_t \times T_t$ (donde T_t es el tipo de cambio en el momento del vencimiento). Por tanto, la valoración del rendimiento de un inversor extranjero, si consideramos el *tipo de cambio* en su forma *directa*, será:

$$r = \frac{P_t \times T_t - P_0 \times T_0}{P_0 \times T_0} = \frac{P_t}{P_0} \times \frac{T_t}{T_0} - 1$$

y si lo consideramos en su forma *indirecta*:

$$r = \frac{\dfrac{P_t}{T_t} - \dfrac{P_0}{T_0}}{\dfrac{P_0}{T_0}} = \frac{P_t}{P_0} \times \frac{T_0}{T_t} - 1$$

Una vez que el inversor ya ha obtenido el rendimiento de cada uno de los

---

[1] Donde incluiremos la cotización de la acción en ese momento más aquellas cantidades recibidas por su posesión (derechos de suscripción y dividendos).

títulos podrá pasar a calcular el rendimiento de su cartera. Este nos muestra la rentabilidad obtenida por término medio por cada unidad monetaria invertida en la cartera durante un determinado período de tiempo. Y vendrá dado por una media aritmética ponderada calculada de la siguiente forma:

$$R_P = X_1 r_1 + X_2 r_2 + \ldots + X_n r_n$$

donde las X_i indican la fracción del presupuesto de inversión destinada a la inversión i, y, como es lógico, su suma deberá ser igual a la unidad; n, es el número de valores; y r_i es el rendimiento del título i.

Pero, realmente, lo que le interesa al inversor no es el cálculo del rendimiento de un título o de una cartera *a posteriori* sino *a priori*, es decir, lo que pretenderá será obtener el *rendimiento esperado* [$E(r_i)$] de cualquier título. Esto lo hará de la misma forma que hemos visto para el cálculo del rendimiento *ex post* pero deberá suponer el valor de P_t y de T_t (lo que implica varios tipos de riesgo como veremos en el tercer epígrafe). En cuanto al rendimiento esperado de la cartera se calculará de forma semejante al *ex post*, es decir:

$$E(R_P) = X_1 E(r_1) + X_2 E(r_2) + \ldots + X_n E(r_n)$$

Veamos un ejemplo: Sea un acción de Argentaria de 1.000 pesetas, nominales, comprada al 120% por un inversor norteamericano (el tipo de cambio en ese instante es de 100 pts./$). El inversor tiene intención de vender su acción transcurrido un año, momento en el que se espera una cotización del 140% (tipo de cambio en dicho momento 110 pts./$). Se desea calcular el rendimiento de dicha inversión financiera.

– Coste de la acción en el mercado: $1.000 \times 120\% = 1.200$ pts.
– El inversor paga: 1.200 pts. ÷ 100 pts./$ = 12 dólares.
– Valor esperado de la acción al ser vendida: $1.000 \times 140\% = 1.400$ pts.
– El inversor espera recibir: 1.400 pts. ÷ 110 pts./$ = 12,73 dólares.
– Su ganancia bruta esperada será de: 12,73 $ – 12 $ = 0,7 dólares.
– Su rendimiento esperado será de: (12,73 - 12) ÷ 12 = 0,0583 = 5,83%.

7.3. PARTICULARIDADES: EL RIESGO

Ahora bien, esta rentabilidad calculada *a priori* es un valor estimativo realizado por el inversor, lo que implica la existencia de un *riesgo* al poder ser P_t distinto del previsto, así como por la variabilidad del *tipo de cambio* (denominada *riesgo de cambio*), que hará que su valor al final de la operación no coincida exactamente con el esperado. Todo lo cual nos lleva a decir que el riesgo implícito en las acciones internacionales es superior al de las nacionales. Si bien es cierto que el *riesgo de cambio* puede ser reducido en una gran medida a través del *contrato de venta de divisa a plazo*, pero no en su totalidad, al no conocer exactamente, ni la cantidad a cambiar al final de la operación (P_t), ni el tipo de cambio (T_t) en dicho momento.

7.3.1. El riesgo de cambio

La decisión de invertir internacionalmente se enfrenta a una serie de riesgos de nuevo cuño. Así, por ejemplo, la información en los mercados extranjeros puede ser más difícil de conseguir que la de los mercados nacionales o puede no estar disponible tan a menudo como quisiéramos. Por otra parte, en mercados más estrechos que el nuestro los costes de transacción y los problemas de liquidez serán mayores, ocurriendo lo contrario en aquellos mercados que sean más amplios. Es necesario tener en cuenta el *riesgo político*, es decir, la posibilidad de expropiación de activos, cambios en la política fiscal, existencia de control de cambios, y otras variaciones en el ambiente empresarial de un país.

Pero, además de lo anterior, es necesario considerar el *riesgo de cambio*, puesto que el rendimiento en pesetas de una inversión extranjera dependerá no sólo del rendimiento en la divisa extranjera sino de la evolución de su tipo de cambio con relación a la peseta.

Veamos un ejemplo. Supongamos que invertimos en Bonos del Tesoro británico que están pagando un 10% de interés anual en libras esterlinas. Este tipo de inversión carece de riesgo desde el punto de vista de un inversor británico pero no así si éste es extranjero. Supongamos que el tipo de cambio actual es de 200 pts./£ y que el inversor español comienza con un millón de pesetas. Esta cantidad equivale a 5.000 libras, que invertidas al 10% sin riesgo proporcionan después de un año 5.500 libras. El problema viene al repatriar la inversión puesto que el tipo de cambio ha podido variar. Así, por ejemplo, si éste es de 180 pts./£ recibiremos 990.000 pesetas, que equivalen a un rendimiento del –1%; si el tipo de cambio fuese de 210 pts./£ recibiríamos 1.155.000 pts., con un rendimiento del 15,5%. Esto se puede generalizar mediante la siguiente expresión:

$$1 + r_{esp} = (1 + r_{ext}) \times (T_t / T_0)$$

o también, sabiendo que $(1 + r_{tc}) = (T_t / T_0)$

$$1 + r_{esp} = (1 + r_{ext}) \times (1 + r_{tc})$$

operando obtendremos el rendimiento para un inversor nacional:

$$\boxed{r_{esp} = r_{ext} + r_{tc} + r_{ext} \times r_{tc}}$$

donde r_{esp} es el rendimiento que obtiene un inversor español en una operación de inversión en el extranjero, r_{ext} el rendimiento para un residente del país en el que se realiza la inversión, r_{tc} el rendimiento sobre el tipo de cambio, mientras que T_0 y T_t son los tipos de cambio directos desde el punto de vista del inversor español existentes al inicio y al final de la inversión. En realidad, el rendimiento en pesetas es igual al rendimiento en la moneda extranjera más el rendimiento obtenido en el tipo de cambio puesto que podemos despreciar el tercer sumando al ser muy pequeño:

$$r_{esp} = r_{ext} + r_{tc}$$

Por otra parte, el riesgo medido por la desviación típica de dicho rendimiento es igual a la raíz cuadrada de la suma de las varianzas del país extranjero y del tipo de cambio más el doble de la covarianza entre ambas.

$$\sigma_{esp} = (\sigma^2_{ext} + \sigma^2_{tc} + 2\sigma_{ext\,tc})^{1/2}$$

Para cubrir este riesgo se puede utilizar un contrato a plazo, como veremos a continuación, o un contrato de futuros (como se estudia en el Capítulo 11).

7.3.2. A través de un *contrato a plazo*

Esta operación de reducir el riesgo de cambio a través de un *contrato a plazo* (*forward contract*) se realiza de la siguiente forma (véase Capítulo 4, Epígrafe 3.1): En el momento de adquirir la acción (momento 0) se realiza un contrato de venta de divisas a plazo por una cantidad igual a C_F con un tipo pactado T_F, de tal manera que al finalizar el contrato obtendremos $C_F \times T_F$. Por lógica, esta cantidad deberá corresponderse, lo más aproximadamente posible, con lo que se obtendrá por la acción vendida.

Si suponemos que la cantidad que contratamos a plazo (C_F) es independiente de P_t, entonces la rentabilidad de acciones internacionales con seguro de cambio (r_{is}) será (T_F es el tipo de cambio del seguro de cambio):

$$r_{is} = \frac{C_F \times T_F + (P_t - C_F) \times T_t - P_0 \times T_0}{P_0 \times T_0}$$

La diferencia entre $P_t - C_F$ es un excedente que puede ser positivo o negativo, indica respectivamente lo que hay que vender o comprar en el momento t. El riesgo, por tanto, dependerá también de la cantidad que nos comprometamos a futuro. Supongamos lo que sería una actitud conservadora $C_F = P_0$, puesto que el inversor comprará si, como mínimo, al final obtiene la misma cantidad que la que invirtió al principio. Simplificando,

$$r_{is} = \frac{C_F}{P_0} \times \frac{T_F}{T_0} + \frac{P_t}{P_0} \times \frac{T_t}{T_0} - \frac{C_F}{P_0} \times \frac{T_t}{T_0} - 1$$

Veamos la diferencia entre esta rentabilidad y la obtenida sin contrato a plazo en su forma directa:

$$r_{is} - r = \frac{C_F}{P_0} \times \frac{T_F}{T_0} - \frac{C_F}{P_0} \times \frac{T_t}{T_0} = \frac{C_F}{P_0} \times \left[\frac{T_F}{T_0} - \frac{T_t}{T_0}\right]$$

Al comprometer a futuro una cantidad igual al valor inicial $C_F = P_0$:

$$r_{is} - r = \frac{T_F}{T_0} - \frac{T_t}{t_0} \gtrless 0$$

Analizando el resultado podemos llegar a la conclusión:

Si es > 0: $r_{is} > r$ ──→ $T_F > T_t$
Si es = 0: $r_{is} = r$ ──→ $T_F = T_t$
Si es < 0: $r_{is} < r$ ──→ $T_F < T_t$

7.3.3. A través de una cartera de acciones: la Teoría de Carteras de Harry Markowitz

Otra forma de reducir el riesgo es a través de la formación de una cartera de acciones de diferentes países. El riesgo de una cartera se medirá, a través de la varianza del rendimiento de la misma (σ_P^2), obviamente siempre calculado *a priori* puesto que si nos moviéramos en un ambiente de certeza no habría riesgo, de la siguiente forma (X_i es la ponderación de cada título):

$$\text{Min. } \sigma_P^2 = X_1^2\sigma_1^2 + X_2^2\sigma_2^2 + \ldots + X_n^2\sigma_n^2 + 2X_1X_2\sigma_{12} + 2X_1X_3\sigma_{13} + \ldots$$
$$\ldots + 2X_{n-1}X_n\sigma_{(n-1)n}$$

$$\text{Min. } \sigma_P^2 = \Sigma\Sigma X_iX_j\sigma_{ij}$$

donde σ_{ij} es la covarianza del título i con el título j. Recuerde que la covarianza es igual al producto de las desviaciones típicas multiplicado por el coeficiente de correlación entre ambos títulos. Al tomar acciones de distintos países se supone que las covarianzas de los títulos serán nulas o inferiores a las covarianzas entre los títulos de un mismo mercado de valores (la correlación será menor). Sin embargo, la menor correlación puede verse perjudicada por un mayor riesgo de los títulos. También podría suceder que la correlación no sea inferior si las economías de los países están muy ligadas entre sí; por ejemplo, podría suceder que si los títulos en los EE.UU. ascienden, también lo hagan temporalmente los de los demás países [2].

---

[2] La caída de 507 puntos de la Bolsa de Nueva York el 19 de octubre de 1987, arrastró a caídas estrepitosas al resto de las Bolsas mundiales.

Una vez que tenemos los valores del rendimiento y del riesgo de los diversos títulos que pueden componer la cartera deberemos buscar la combinación idónea de los mismos. Esto se puede conseguir a través de la denominada *Teoría de Selección de Carteras* (*Portfolio Selection Theory*) que fue desarrollada por Harry Markowitz (premio Nobel de 1990) durante la década de los cincuenta.

Según esta teoría, se trata de buscar primeramente cuáles son las carteras que proporcionan el mayor rendimiento para un riesgo dado y, al mismo, tiempo que soportan el mínimo riesgo para un rendimiento conocido. A estas carteras se las denomina *eficientes*. El conjunto de carteras eficientes se puede determinar resolviendo los programas cuadráticos y paramétricos, que se muestran en el cuadro de la Figura 7.1.

	Programa 1	Programa 2
Función objetivo	Máx $E_p = \sum_{1}^{n} X_i E_i$	Min $\sigma_p^2 = \sum_{1}^{n}\sum_{1}^{n} X_i X_j \sigma_{ij}$
Restricciones paramétricas	$\sigma_p^2 = \sum_{1}^{n}\sum_{1}^{n} X_i X_j \sigma_{ij} = V^*$	$E_p = \sum_{1}^{n} X_i E_i = E^*$
Restricciones presupuestarias	$\sum_{1}^{n} X_i = 1$	$\sum_{1}^{n} X_i = 1$
No negatividad	$\forall\, X_i \geq 0$	$\forall\, X_i \geq 0$

Figura 7.1. Programas cuadráticos y paramétricos de la Teoría de Selección de Carteras.

En dicha figura E^* y V^* son los parámetros que varían (de ahí el que la programación se denomine *paramétrica*), lo que implica ir dándole valores a ambas variables para que el programa nos diga en todo momento cuál es la mejor cartera para cada valor de ambas variables. Por tanto, el resultado de ambos programas será el conjunto de carteras eficientes, que tiene forma de curva cónca-

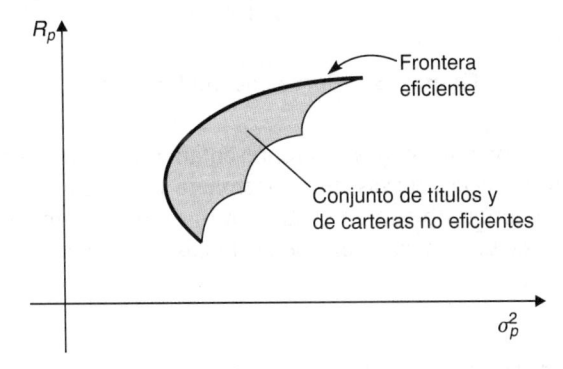

Figura 7.2. La frontera eficiente (conjunto de carteras que proporcionan el máximo rendimiento y soportan el mínimo riesgo).

va y que recibe el nombre de *frontera eficiente* (*efficient set*) por estar formada por la totalidad de las carteras eficientes (Figura 7.2). En la frontera eficiente, pues, están todas las carteras que proporcionan el máximo rendimiento con un riesgo mínimo.

Para determinar la cartera óptima de un inversor en particular, necesitaremos especificar sus *curvas de indiferencia* [3] entre el rendimiento y el riesgo asociado, cuya forma dependerá de su función de utilidad y ésta será, naturalmente, distinta para cada inversor. Por ejemplo, en la Figura 7.3, al inversor le será indiferente elegir entre el punto A o el punto B en la curva de indiferencia I_1, pues aunque B promete un mayor rendimiento que la cartera A su riesgo es superior al de esta última. Sin embargo, si tiene que elegir entre las carteras A y A' elegirá esta última, debido a que con el mismo riesgo obtiene un mayor rendimiento ($A' > A$).

En la figura de la derecha se observan las gráficas de las curvas de indiferencia de diferentes inversores: el *adverso* al riesgo, que es el caso más corriente (por cada unidad de riesgo adicional hay que prometerle un rendimiento marginal cada vez más grande); el *indiferente* (por cada unidad de riesgo adicional hay que prometerle el mismo rendimiento marginal); y, por último, el *propenso* al riesgo, que por un mínimo rendimiento marginal está dispuesto a correr cada vez mayores riesgos.

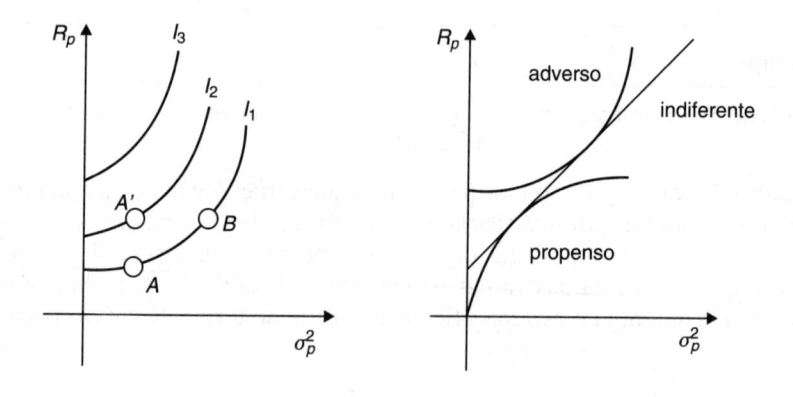

Figura 7.3. Curvas de indiferencia.

Si ahora superponemos el gráfico representativo de la frontera eficiente (la Figura 7.2) con el de las curvas de indiferencia de un inversor determinado (la Figura 7.3 izquierda) obtendremos la *cartera óptima* del mismo, que vendrá dada por el punto de tangencia de una de las líneas de indiferencia con la frontera eficiente (Figura 7.4).

---

[3] Las curvas de indiferencia son el lugar geométrico que describe todas las combinaciones posibles de las cantidades de dos bienes que le proporcionan al consumidor el mismo nivel de utilidad o satisfacción.

Sustituyendo ahora E_o y V_o en los correspondientes programas cuadráticos y paramétricos (Figura 7.1), obtendremos los valores de las proporciones en las que tenemos que distribuir el presupuesto de inversión para obtener la cartera óptima del inversor al que hemos hecho referencia anteriormente (no olvidemos

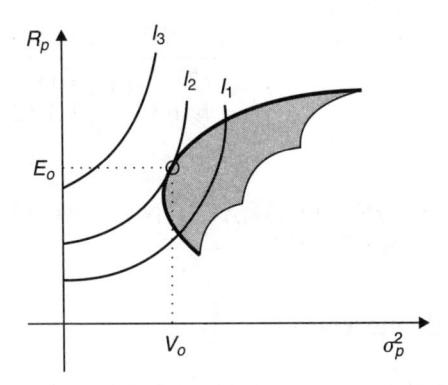

Figura 7.4. Determinación de la cartera óptima.

que la frontera eficiente es algo objetivo, mientras que las curvas de indiferencia son de tipo subjetivo).

Así, por ejemplo, supongamos que tenemos cinco empresas con los consiguientes rendimientos y riesgos asociados (supondremos que sus rendimientos son independientes entre sí, es decir, no hay correlación entre ellos):

	E_i	σ_i
Banco	10 %	2 %
Electricidad	20 %	11 %
Petróleo	12 %	4 %
Transportes	15 %	7 %
Industrial	18 %	8 %

Introduciendo estos datos en los programas cuadráticos y paramétricos vistos anteriormente, obtendremos los valores representativos de la frontera eficiente, once de los cuales figuran a continuación:

E_p	10,56	11,10	11,64	12,18	12,72	13,26	13,80	14,33	14,87	15,41
σ_p	1,74	1,68	1,70	1,80	1,97	2,20	2,46	2,74	3,05	3,37

Por último, supongamos que un inversor determinado desea saber cuál sería la composición de su cartera óptima en dos escenarios distintos: *a*) con un rendimiento esperado del 12%, y *b*) con un rendimiento esperado del 15%. Los resultados se muestran a continuación:

	X_i	X_i
Banco	58,50 %	14,08 %
Electricidad	5,07 %	15,66 %
Petróleo	19,37 %	26,50 %
Transportes	8,65 %	19,91 %
Industrial	8,40 %	23,86 %
	$E_p = 12\%$	$E_p = 15\%$
	$\sigma_p = 1,16\%$	$\sigma_p = 3,12\%$

7.4. EL MODELO DE VALORACION DE ACTIVOS FINANCIEROS (CAPM)

7.4.1. La cartera de mercado

En el modelo anterior todos los activos que integraban las carteras eficientes eran acciones, esto es, activos con riesgo. Además, si tuviésemos dos inversores A y B cada uno con una cartera eficiente no podríamos saber quién tiene la mejor cartera, porque ambas son similares. Supongamos ahora que los inversores pueden colocar su dinero en activos financieros libres de riesgo como, por ejemplo, en Bonos del Tesoro. Esto introduce un elemento distorsionante en nuestra teoría, puesto que nuestros inversores A y B podrán destinar parte de su presupuesto a invertirlo en dicho activo sin riesgo, manteniendo el resto en sus carteras óptimas respectivas. De tal manera que el rendimiento esperado (E_P) y el riesgo (σ_P) de la nueva cartera del inversor A, será:

$$E_P = (1-X) R_f + X E_A$$
$$\sigma_P = X \sigma_A$$

donde X indica la parte del presupuesto invertida en la cartera A y $(1-X)$ la parte invertida en títulos sin riesgo; E_A y σ_A muestran, respectivamente, el rendimiento y riesgo esperados de la cartera A. En la Figura 7.5 se muestran las líneas R_fA y R_fB, representativas de las posibles combinaciones entre las dos carteras óptimas y el título libre de riesgo.

El inversor B, que no estaba muy de acuerdo con el riesgo que le proporcionaba su cartera, decide invertir una parte de su presupuesto en Bonos del Tesoro y el resto lo deja en su cartera B. El resultado es la cartera denominada B' (Figura 7.5). Esta cartera tiene el mismo riesgo que la cartera del inversor A, pero da un mayor rendimiento, como se puede apreciar fácilmente en la figura. Antes de la introducción del activo sin riesgo A y B eran semejantes, ahora ya no. El inversor A observa cómo B, corriendo el mismo riesgo que él, consigue mayor rendimiento. Así que al introducir la posibilidad de invertir en títulos sin riesgo, desde un punto de vista objetivo, la cartera B, formada por títulos con riesgo, es preferible a la cartera A, que también está formada por títulos con riesgo.

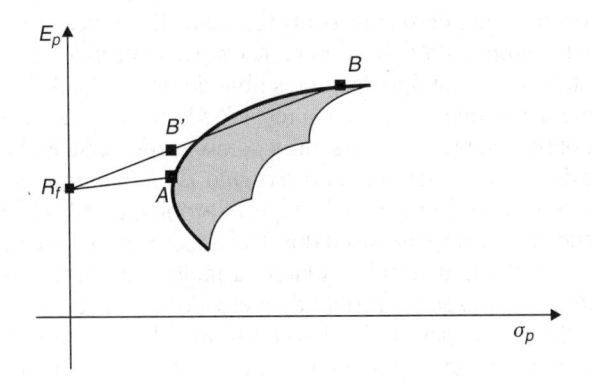

Figura. 7.5. La introducción del activo sin riesgo (R_f).

Ahora bien, en la frontera eficiente no sólo están las carteras A y B, sino que hay muchas más. Todas ellas son semejantes, desde un punto de vista objetivo, si no se introduce la posibilidad de invertir en activos sin riesgo. Pero cuando esto último ocurre, la historia cambia y unas carteras son mejores que otras al ser combinadas con dicho activo. Es fácil ver, en la Figura 7.5, que la combinación $R_f B$ está por encima de la combinación $R_f A$, lo que hace preferible a la cartera B. Pero hay carteras que al combinarse con R_f son preferibles a B, porque dicha combinación está por encima de $R_f B$. Y, de hecho, hay una cartera formada por títulos con riesgo que al combinarse con el activo sin riesgo proporciona la mejor combinación posible, la $R_f M$ (véase la Figura 7.6), donde M es el punto de tangencia con la *frontera eficiente*.

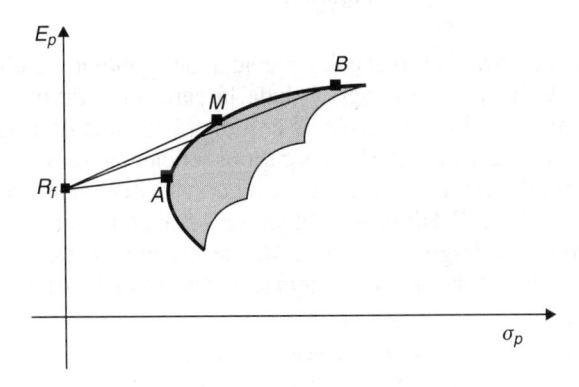

Figura 7.6.

Si suponemos que nos encontramos en un mercado eficiente[4], todos los inversores se darán cuenta inmediatamente de que la mejor cartera de títulos con riesgo es la M y, lógicamente, todos invertirán parte de su presupuesto en ella y el resto en el activo sin riesgo. Pero ¿qué ocurre con aquellos inversores que quieran obtener un mayor rendimiento del proporcionado por la propia cartera M?, pues que pedirán prestado dinero al tipo de interés libre de riesgo R_f. Así que todos los inversores saben que hay que invertir en la recta R_fMZ y cada uno de ellos elegirá su combinación óptima sobre la misma, tal y como puede verse en la Figura 7.7.

Aquí es donde surge el denominado *teorema de la separación* enunciado por el premio Nobel James Tobin, que dice que el problema de la elección de una cartera óptima puede descomponerse en dos decisiones separadas e independientes entre sí. Por un lado, la determinación de la mejor cartera formada exclusivamente por títulos con riesgo (la cartera de mercado) es una cuestión puramente técnica y será la misma para todos los inversores. La segunda decisión que implica elegir la combinación óptima entre títulos sin riesgo y dicha cartera de mercado dependerá de la preferencia personal de cada inversor.

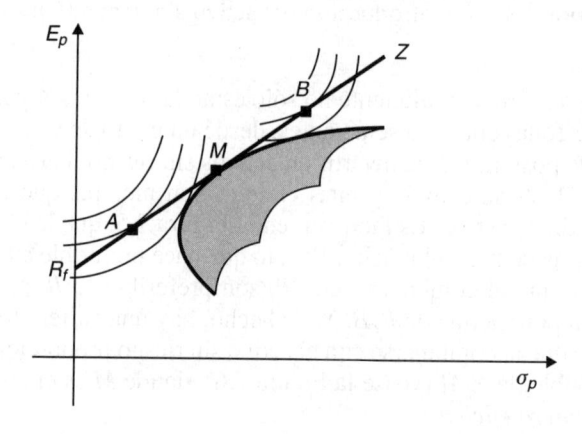

Figura. 7.7.

Resumiendo, todo inversor, dadas las predicciones sobre los títulos con riesgo, dado el tipo de interés sin riesgo y dada la capacidad de préstamo o endeudamiento sobre dicho tipo de interés, se enfrentará con una situación similar a la representada en la Figura 7.7. Todas las carteras eficientes se sitúan en la línea R_fMZ. La *frontera eficiente* de Markowitz se ha transformado en una línea recta.

Cada punto de la línea R_fMZ puede obtenerse: 1.º al endeudarse o al prestar, y 2.º al colocar fondos con riesgo en la cartera M, que se compone exclusivamente de títulos con riesgo. Esta cartera M es la combinación óptima de los títulos con riesgo.

---

[4] Los supuestos básicos para que esto se cumpla son: los inversores son diversificadores eficientes, el dinero puede invertirse o pedirse prestado al tipo libre de riesgo, los inversores tienen expectativas homogéneas, no hay impuestos ni costes de transacción y el mercado de capitales se encuentra en equilibrio.

Como todos los inversores tienen las mismas predicciones, todos se encontrarán ante el mismo diagrama mostrado en la Figura 7.7. Por tanto, todos los inversores están de acuerdo en lo referente a la combinación óptima de los títulos con riesgo. Pero no tendrán por qué elegir la misma cartera, puesto que unos prestarán dinero (punto A de la Figura 7.7) y otros lo pedirán prestado (punto B en Figura 7.7), aunque todos distribuirán el conjunto de sus fondos con riesgo de la misma forma. La composición de M indica la proporción de estos fondos invertida en cada uno de los títulos con riesgo.

En el equilibrio, la combinación óptima de los títulos con riesgo ha de incluir *todos* los títulos y la proporción de cada uno en dicha combinación será igual a la que representa su valor en el conjunto del mercado. Si M incluyese una cantidad negativa de algún título, como todos los inversores piensan lo mismo, todos ellos habrían pedido prestado dinero, pero ¿a quién? si nadie está dispuesto a prestarlo. Si un inversor compra un título determinado en mayor proporción que la que éste representa en el conjunto del mercado, como todos los inversores (que son el conjunto del mercado) opinan lo mismo, le será muy difícil adquirirlo pues los demás inversores no estarán dispuestos a deshacerse de él. Así que bajo las condiciones supuestas, la combinación óptima de los títulos con riesgo es la que existe en el mercado. La cartera M es, por tanto, la *cartera de mercado*, que podemos definirla como la combinación de todos los títulos con riesgo en la misma proporción que tienen en el mercado de valores. Dicha cartera no hace falta calcularla pues cualquier índice bursátil (como el Ibex-35, el Standard & Poor, o el FT100, por ejemplo) puede actuar como una pseudocartera de mercado al tener representados a los valores de mayor peso del mercado de valores.

Resumiendo, en el equilibrio todos los inversores adquieren la cartera M, que estará formada por el conjunto de todos los activos con riesgo del mercado en la misma proporción que se encuentran en dicho mercado. Si los inversores desean un mayor rendimiento que el ofrecido por el propio mercado deberán pedir prestado para poder desplazarse hacia la derecha de la línea R_fMZ (punto B); si, por el contrario, desean un menor riesgo deberán prestar con lo que se situarán a la izquierda de M (punto A). En todo caso su combinación óptima de cartera de mercado y activos sin riesgo vendrá dada por la curva de indiferencia que sea tangente a dicha recta.

7.4.2. La Recta del Mercado de Capitales (CML)

En el equilibrio cualquier inversor escogerá un punto situado en la línea R_fMZ de la Figura 7.7. Los inversores más conservadores prestarán parte de su dinero colocando el resto en la cartera de mercado M. Los más arriesgados pedirán prestado con objeto de colocar una cantidad mayor que la de sus fondos iniciales en la cartera de mercado. Pero todos ellos se situarán sobre dicha línea a la que se denomina *recta del mercado de capitales* (*capital market line*) o más comúnmente CML. Sólo las carteras eficientes se situarán en dicha recta, mientras que las restantes, o los títulos aisladamente considerados, lo harán por debajo de ella.

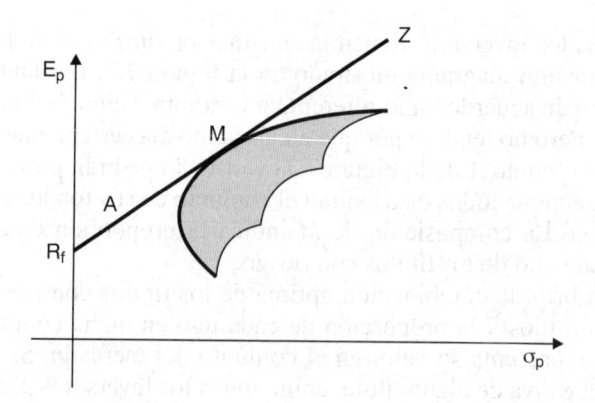

Figura 7.8. La recta del mercado de capitales (CML).

Características de la CML:

1.ª La ordenada en el origen (R_f) es el tipo de interés nominal. Es el precio de consumo inmediato o la recompensa por esperar, es decir, por no consumir ahora, sino más tarde, recibiremos un $R_f\%$ de interés. Se le suele conocer con el nombre de *precio del tiempo*.
2.ª La pendiente de la CML representa la relación entre la rentabilidad esperada (E_p) y el riesgo asociado (σ_p). Se la denomina comúnmente *precio del riesgo*.

La ecuación de la CML:

A partir de la Figura 7.8 podemos escribir la siguiente ecuación de la CML en función de la pendiente (r) y de la ordenada en el origen (R_f):

$$Ep = R_f + r\,\sigma_p$$

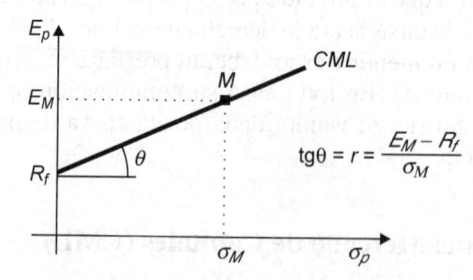

Figura 7.9. La pendiente de la CML.

El rendimiento esperado de la cartera de mercado será, según la CML:

$$E_M = R_f + r\,\sigma_M$$

de donde se deduce el valor de la pendiente r (véase la Figura 7.9):

$$r = \frac{E_M - R_f}{\sigma_M}$$

y sustituyendo el valor de *r* en la ecuación inicial de la CML obtendremos:

$$E_p = R_f + \frac{E_M - R_f}{\sigma_M} \sigma_p$$

Otra forma de llegar a la misma ecuación reside en la idea de que los inversores combinan la cartera de mercado, *M* con préstamos o endeudamientos al tipo de interés libre de riesgo (R_f). Luego el rendimiento esperado de dicha combinación será:

$$E_P = (1 - X) R_f + X E_M = R_f + [E_M - R_f] X$$

donde *X* es la parte del presupuesto total invertida en la cartera de mercado y 1− *X* la prestada (si *X* < 1) o debida (si *X* > 1) (véase la Figura 7.10). Por otra parte el riesgo de dicha combinación, medido por la desviación típica, será:

$$\sigma_p = X \sigma_M$$

si ahora despejamos *X* y sustituimos su valor en la ecuación anterior obtendremos la ecuación de la CML:

$$E_p = R_f + \frac{E_M - R_f}{\sigma_M} \sigma_p$$

La teoría del mercado de capitales se refiere a las ideas de la gente sobre las oportunidades existentes, por tanto, son estimaciones realizadas *a priori*, por dicha razón los resultados reales diferirán de los predichos. La cartera de mercado resulta ineficiente en la consideración *ex-post*, dado que si no fuese así y el futuro se pudiese predecir con certeza, los inversores no diversificarían y la cartera óptima sería aquella formada por el título de máxima rentabilidad. Es precisamente la falta de certeza lo que justifica la existencia de la *teoría de selección de carteras* y de la *teoría del mercado de capitales*.

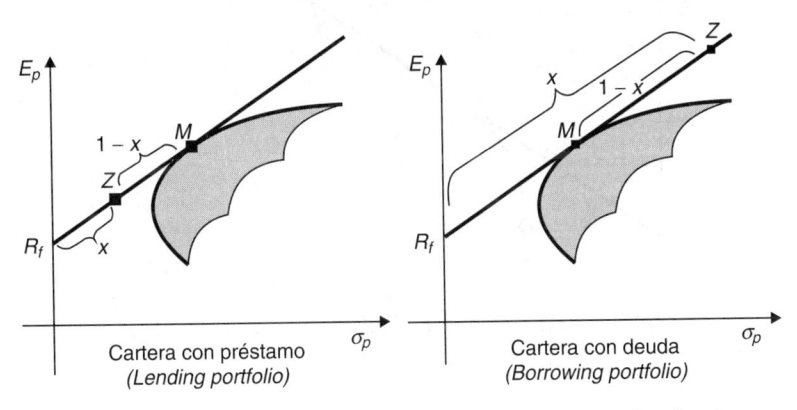

Figura 7.10. Carteras eficientes con préstamo y endeudamiento.

7.4.3. La recta del mercado de títulos (SML)

Por convenio, el riesgo de una cartera se mide por la desviación típica de su rentabilidad. En el equilibrio se da una relación simple entre la rentabilidad esperada y el riesgo de las carteras eficientes. Pero dicha relación no se cumple con las carteras ineficientes ni con los títulos aislados. Habrá, pues, que encontrar alguna otra medida del riesgo.

La Figura 7.11 muestra una situación típica de equilibrio donde el punto Z representa un título aislado, que se sitúa por debajo de la CML al ser la inversión en un título ineficiente. Supongamos que repartimos nuestra inversión entre la cartera de mercado M, y el título con riesgo Z. El rendimiento esperado y el riesgo de esta combinación será:

$$E_P = X E_Z + (1 - X) E_M$$
$$\sigma_P^2 = X^2 \sigma_Z^2 + (1 - X)^2 \sigma_M^2 + 2X(1 - X) \sigma_{ZM}$$

Cuanto más próximo esté el valor X a la unidad más cerca nos encontraremos del punto Z y cuanto más próximo a cero más invertiremos en la cartera de mercado. A continuación vamos a calcular el valor de la pendiente de la curva MZ en el punto M, puesto que presenta un interés especial. Comenzaremos calculando la desviación típica de la combinación anterior:

$$\sigma_P = [X^2 \sigma_Z^2 + (1 - X)^2 \sigma_M^2 + 2X(1 - X) \sigma_{ZM}]^{1/2}$$

derivando ahora parcialmente con respecto a X:

$$\delta\sigma_P/\delta X = [X(\sigma_Z^2 + \sigma_M^2 - 2\sigma_{ZM}) + \sigma_{ZM} - \sigma_M^2] / \sigma_P$$

derivando el rendimiento de la cartera con respecto a X:

$$\delta E_P/\delta X = E_Z - E_M$$

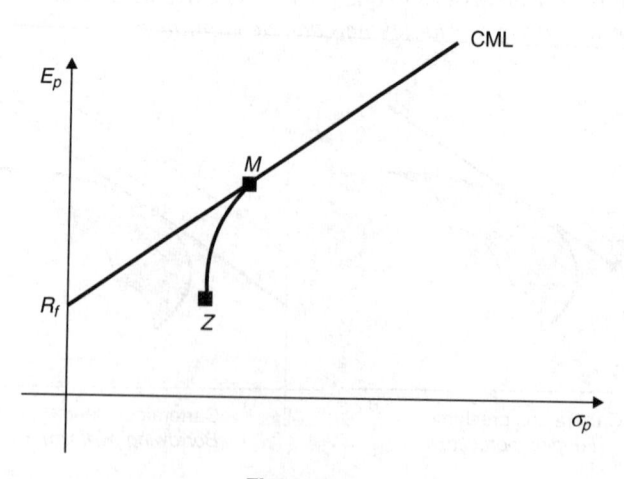

Figura 7.11.

calculando ahora la pendiente:

$$\frac{\partial E_P}{\partial \sigma_P} = \frac{\partial E_P/\partial X}{\partial \sigma_P/\partial X} = \frac{[E_Z - E_M]\,\sigma_P}{X[\sigma_Z^2 + \sigma_M^2 - 2\sigma_{ZM}] - \sigma_M^2 + \sigma_{ZM}}$$

En el punto M, ocurre que $X = 0$ y el riesgo de la cartera P coincide con el de la cartera de mercado ($\sigma_P = \sigma_M$) por lo que sustituiremos aquél por éste, con lo que tendremos:

$$\delta E_P/\delta \sigma_P = [(E_Z - E_M)\,\sigma_M]\,/\,[\sigma_{ZM} - \sigma_M^2]$$

la razón de la importancia de dicha pendiente estriba en que en el punto M, la combinación ZM ha de ser tangente a la CML cuando la situación es de equilibrio, por tanto, ambas pendientes serán idénticas:

$$\frac{[E_Z - E_M]\,\sigma_M}{\sigma_{ZM} - \sigma_M^2} = \frac{E_M - R_f}{\sigma_M}$$

y después de operar obtendremos la ecuación de la *recta del mercado de títulos (Securities Market Line - SML)*, que es la base del *modelo de valoración de activos financieros (Capital Assets Pricing Model* o CAPM) desarrollado por el premio Nobel William Sharpe y por John Lintner:

$$\boxed{E_Z = R_f + \frac{E_M - R_f}{\sigma_M^2}\,\sigma_{ZM}}$$

En el equilibrio todos los títulos y carteras (eficientes o no) se situarán en la SML (Figura 7.12). Una medida adecuada del riesgo de los títulos es la covarianza de sus rendimientos con el del mercado, representándose sobre la SML, que relaciona E_i con σ_{iM}. Así, que cuando un inversor considere añadir un nuevo título a su cartera deberá saber que el único riesgo por el que será premiado será la covarianza del rendimiento del título con el del mercado y no su riesgo total medido por la varianza o desviación típica. Esto se ve más claramente si sustituimos la ecuación de la SML, vista más arriba, por la siguiente en función del *coeficiente de volatilidad* β_i:

$$\boxed{E_i = R_f + [E_M - R_f]\,\beta_i}$$

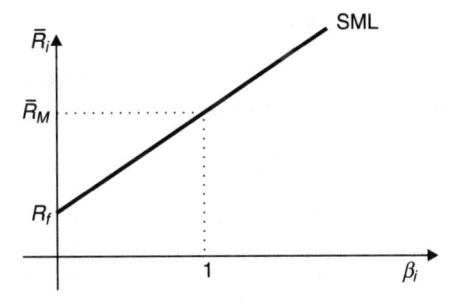

Figura 7.12. La recta del mercado de títulos (SML).

Dicho coeficiente β indica la volatilidad de la rentabilidad del título en relación a las variaciones de la rentabilidad del mercado. Aquellos títulos o carteras con una $\beta > 1$ tendrán un riesgo superior al de la cartera de mercado y se denominan *agresivos*; mientras que los que tengan la $\beta < 1$ tendrán un riesgo menor que la cartera de mercado y se les denomina *defensivos*. Así que la medida significativa del riesgo de un título es su volatilidad, es decir, su *riesgo sistemático*. Este concepto es suficientemente importante como para dedicarle el siguiente apartado.

La SML también sirve para calcular el rendimiento esperado de las carteras (tanto si son eficientes como si no lo son). Para ello basta con calcular la ßeta de la cartera a través de la media de las ßetas de cada título ponderadas por la parte del presupuesto invertido en las mismas, de esta manera tendríamos que la ßeta de la cartera es igual a:

$$\beta_P = X_1 \beta_1 + X_2 \beta_2 + ... + X_n \beta_n$$

y, por tanto, la ecuación de la SML para cualquier cartera quedará de la siguiente forma:

$$E_P = R_f + [E_M - R_f] \beta_P$$

Al disponer de la SML tenemos una herramienta capital que nos permite obtener el rendimiento esperado de un activo financiero (título individual o cartera de valores) en función de su riesgo sistemático. Así, por ejemplo, si la ßeta de Repsol fuese del 1,25 y la prima de riesgo del mercado de valores de Madrid $(E_M - R_f)$ es del 5%, sabemos que si el tipo de interés sin riesgo es del 10% el rendimiento anual esperado de las acciones de Repsol es del: 10% + 5% × 1,25 = 16,25%.

7.4.4. El modelo de mercado. Riesgos sistemático y específico

Sharpe desarrolló un modelo de regresión lineal denominado *modelo de mercado*, que relacionaba el rendimiento del mercado (variable independiente) y el rendimiento del título o cartera (variable dependiente); dicho modelo era el siguiente:

$$R_i = \alpha_i + \beta_i \times R_M + \varepsilon_i$$

donde R_i y R_M son los rendimientos del título i y del mercado, los cuales son conocidos puesto que se calculan *a posteriori* a través de las expresiones:

$$R_i = [P_{it} + D_{it} - P_{it-1}] / P_{it-1} \quad \text{y} \quad R_M = [I_t - I_{t-1}] / I_{t-1}$$

donde P_{it} es el precio en el momento t; D_{it} son los dividendos y cualquier otro flujo de caja que se reciba durante el período; y P_{it-1} es el precio en el momento inmediato anterior; lo mismo ocurre con I_t que es el valor de un índice bursátil en el momento t e I_{t-1} que es su valor en el momento anterior.

Una vez calculados los rendimientos del título y del mercado tendremos un par de series de valores representativas de cada uno de ellos, a través de las cuales calcularemos una regresión lineal mínimo cuadrática (véase Figura 7.13). Y de ella extraeremos los valores de alfa y beta. A la recta de regresión se la conoce como *línea característica del título*.

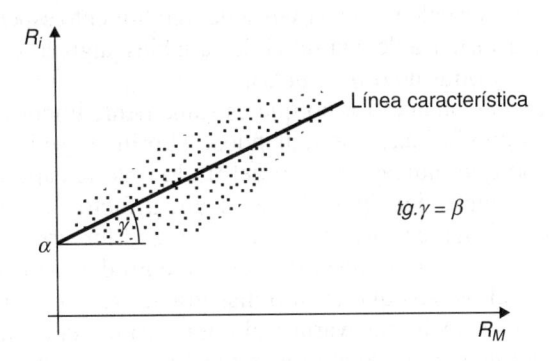

Figura 7.13. Línea característica del título o cartera

Alfa indica el rendimiento promedio del título cuando el rendimiento del mercado es nulo (esto es cuando el mercado no se mueve ni al alza ni a la baja). Mientras que *beta* indica la volatilidad del rendimiento del título con respecto a una variación del rendimiento del mercado, de ahí su nombre de *coeficiente de volatilidad*. Por otra parte, ε_i es el error que indica la perturbación aleatoria equilibradora del modelo estadístico.

Una vez que disponemos de los valores de *alfa* y de *beta*, podemos calcular el rendimiento esperado de un título para un período de tiempo futuro. Para ello aplicaremos la siguiente expresión [5]:

$$E_i = \alpha_i + \beta_i \times E_M$$

donde E_i y E_M indican el rendimiento esperado. Observe que en el modelo *ex post* los parámetros *alfa* y *beta* eran los valores a determinar a través de un modelo de regresión lineal. Mientras que en el modelo *ex ante*, ambos parámetros son conocidos al igual que el rendimiento esperado del mercado, mientras que el rendimiento esperado del título es la incógnita.

Beta es posible obtenerlo dividiendo la covarianza entre el rendimiento del título y el del mercado (σ_{iM}), entre la varianza del rendimiento del mercado (σ_M^2); y *alfa* por diferencia entre la ecuación anterior:

$$\beta i = \sigma_{iM} / \sigma_M^2$$
$$a_i = E_i - \beta i \times E_M$$

---

[5] Téngase en cuenta que $E(\varepsilon_i) = 0$.

Como usted bien sabe, cada vez que hablamos de rendimiento esperado debemos referirnos al riesgo que lleva implícita dicha esperanza. La expresión del riesgo es la siguiente:

$$\sigma_i^2 = \beta_i^2 \times \sigma_M^2 + \sigma_\varepsilon^2$$

esta expresión surge de calcular la varianza del rendimiento esperado de un título que es igual a la varianza de una suma de variables, algunas de las cuales son aleatorias (R_M, ε_i) y otras no (*alfa* y *beta*).

Observe la expresión anterior porque es sumamente importante; fíjese que a la derecha del signo "=" hay dos sumandos. Al primero se le denomina *riesgo sistemático*, porque indica el riesgo del título o de la cartera que depende única y exclusivamente del mercado, es decir, a factores comunes de tipo macroeconómico. Tenga en cuenta que la *beta* es diferente para cada activo financiero mientras que la varianza del rendimiento del mercado (σ_M^2) es la misma para todos ellos. Así que cuanto más grande sea la *beta* mayor será el riesgo sistemático, es decir, más variará el rendimiento del título cuando varíe el rendimiento del mercado. De ahí los *activos agresivos* que tienen una *beta* mayor que la del mercado (como usted recordará el mercado tiene una *beta* = 1, puesto que él varía al unísono consigo mismo), mientras que los *defensivos* tienen una *beta* más pequeña que la del mercado. Así, por ejemplo, las empresas constructoras suelen ser de tipo agresivo, mientras que los bancos suelen ser valores defensivos.

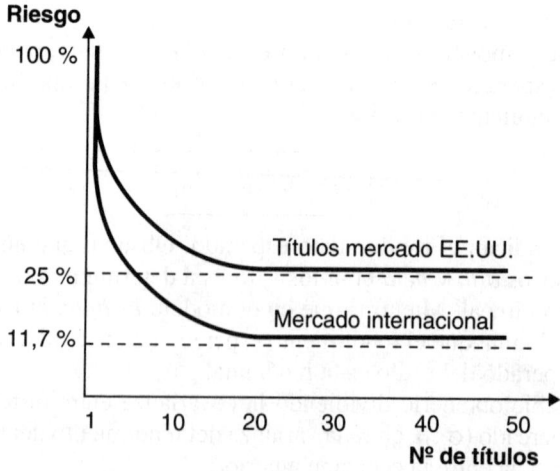

Figura 7.14. La diversificación internacional [6].

---

[6] Tomado de Bruno Solnik: *Inversiones Internacionales*. Addison Wesley Iberoamericana. Wilmington (Del.). 1993, que a su vez se basa en su trabajo «Why not diversify internationally rather than domestically?» *Financial Analyst Journal*. Julio-agosto 1974.

El otro sumando representa el *riesgo específico*, es decir, la parte del riesgo total del título que depende sólo de la propia empresa y no del mercado. Este riesgo es importante porque tiene la propiedad de ser diversificable y, prácticamente, anulable. Esto es, si usted en vez de invertir en un sólo título lo hace en varios, el riesgo específico de su cartera será cada vez más pequeño. Más aún, las *carteras eficientes* tienen un riesgo específico igual a cero.

Para anular el riesgo específico no hace falta adquirir la totalidad de las acciones cotizadas en un mercado (aunque desde el punto de vista teórico sí sería necesario), basta con adquirir entre 20-30 valores bien elegidos para que el riesgo específico de la cartera se considere prácticamente nulo. Así, la Figura 7.14 muestra la desviación típica de carteras igualmente ponderadas de varios tamaños como porcentaje de la desviación típica promedio de una cartera compuesta por un sólo título. Por ejemplo, un valor del 25% indica que la cartera diversificada tiene únicamente la cuarta parte de la desviación típica de un único título; en el caso del conjunto de los mercados de Estados Unidos ése es el riesgo que se alcanza con una cartera formada por 20 títulos, una mayor diversificación no reduce apreciablemente el riesgo salvo que introduzcamos en la cartera títulos provenientes de otros mercados internacionales en cuyo caso con 20 títulos podríamos reducir el riesgo hasta el 11,7% (estos riesgos no diversificables indican el riesgo sistemático tanto del mercado de los EE.UU. como del mercado mundial, respectivamente). Esta diversificación es posible gracias a que la correlación existente entre los principales mercados de valores mundiales es muy pequeña (inferior al 0,6 en casi todos los casos[7] como se aprecia en la Tabla 7.1), lo que no ocurre entre los títulos de un mismo mercado.

Teniendo en cuenta que el *riesgo específico* es posible eliminarlo con una buena diversificación realizada por el inversor, pero no así el sistemático, es importante que usted entienda que el rendimiento esperado de un título o de una cartera depende principalmente del riesgo sistemático. Esto es, ¡*el mercado sólo paga el riesgo sistemático de su inversión!*, por tanto si usted no elimina el *riesgo específico* estará corriendo un riesgo no remunerado, o lo que es lo mismo, totalmente gratuito. Vuelva a observar la expresión de la SML.

$$E_i = R_f + [E_M - R_f]\beta_i$$

y vea como la *ßeta* es la variable independiente del modelo, todo depende de ella, y ella es la base del *riesgo sistemático* ($\beta_i^2 \times \sigma_M^2$), puesto que la varianza del rendimiento del mercado (σ_M^2) es igual para todos los activos que coticen en el mercado, pero no así la *ßeta*.

Todo lo dicho hasta ahora para títulos aislados sirve exactamente para las carteras de valores sin más que sustituir en las ecuaciones de la SML y de la línea característica del título, los parámetros *alfa* y *beta* de una acción por los de una cartera. Para ello basta recordar que, como ya comentamos anteriormente, la *beta* (*alfa*) de una cartera es igual a la media ponderada de las *betas* (*alfas*) de los títulos que la componen.

---

[7] Téngase en cuenta que conforme avance la Unión Económica y Monetaria Europea las correlaciones de los países integrantes de la Unión Europea irán aumentando.

Así que si tenemos una cartera eficiente estaremos seguros de que no tiene riesgo específico sino sólo sistemático. De tal manera que si queremos cubrirnos del riesgo de una cartera eficiente sólo nos concentraremos en cubrir su riesgo sistemático. Esto podrá hacerse con los instrumentos financieros que iremos analizando a partir del capítulo siguiente (opciones, futuros, *swaps*, etc.).

Tabla 7.1. Correlaciones entre los rendimientos de las acciones de diversos países [8].

Cartera	Ale.	Bélg.	Din.	E.U.	Esp.	Fran.	GB	Hol.	Ita.	Jap.	Sui.
Mundo	0,54	0,62	0,47	0,86	0,41	0,61	0,67	0,74	0,42	0,63	0,68
Alemania	---	0,63	0,39	0,33	0,34	0,57	0,38	0,66	0,34	0,42	0,74
Bélgica		---	0,45	0,41	0,40	0,64	0,50	0,65	0,42	0,46	0,67
Dinamarca			---	0,33	0,30	0,35	0,35	0,45	0,26	0,39	0,44
EE.UU.				---	0,25	0,42	0,49	0,56	0,22	0,27	0,49
España					---	0,36	0,30	0,35	0,35	0,35	0,33
Francia						---	0,52	0,58	0,44	0,41	0,62
Gran Bretaña							---	0,62	0,34	0,35	0,55
Holanda								---	0,36	0,45	0,73
Italia									---	0,38	0,38
Japón										---	0,43
Suiza											---

7.4.5. La aplicación del CAPM a las carteras internacionales

En un mercado de tipo nacional, cuando se usa este modelo, se trata de ver si el valor correspondiente de un título está por encima o por debajo de la SML, es decir, si tiene una combinación de rentabilidad-riesgo en equilibrio (que se encuentre en la recta) o no (por encima o por debajo de la misma).

Ahora bien, el inversor internacional, qué toma este modelo como base para decidir si comprar o no una acción, se planteará qué recta tomar como normal. Es decir, qué mercado deberá tomar como referencia, puesto que no todos los mercados tienen que tener una misma proporcionalidad entre rentabilidad y riesgo. Las alternativas son:

- Su propio mercado nacional.
- El mercado donde adquiere sus acciones.
- El mercado internacional, considerado globalmente.

---

[8] Adaptado de Cambell R. Harvey: «The World Price of Covariance Risk». *Journal of Finance* 46 (marzo 1991). Págs. 111-158.

Obviamente, la segunda alternativa es rechazable debido a que a un inversor de tipo internacional no le proporciona ninguna referencia significativa. Sí podría tomar como referencia las operaciones en su propio país, como base de partida. O elaborar una hipotética recta del mercado internacional y tomarla como normal a efectos de comparación. Como se puede ver no existe una solución única para resolver dicho problema.

En la práctica:

- En el caso del mercado nacional, R_f será el interés sin riesgo de su propio mercado y R_M el interés de dicho mercado. Mientras que en el caso de la ßeta, como sabemos se calcula:

$$\beta_i = (\sigma_i \times \sigma_{MN} \times \rho_{iMN}) / \sigma_{MN}^2$$

son conocidas las desviaciones típicas del mercado nacional (σ_{MN}) y de cada título (σ_i), mientras que el coeficiente de correlación del título extranjero (ρ_{iMN}) con las variaciones de otros mercados, generalmente no se conoce, siendo lo más corriente el acudir a datos públicos (ya calculados); por lo general, el dato que se puede obtener es el de la correlación entre dos mercados extranjeros distintos y suele ser el que se toma como tal (véase la Tabla 7.1).

- En el caso del mercado internacional, R_f puede ser el activo sin riesgo del mercado nacional o una media de los rendimientos de los activos sin riesgo emitidos en el mercado internacional. Mientras que R_M es el rendimiento de una hipotética cartera formada por valores de diversos países, que suele estar ya calculada por las instituciones financieras que realizan este tipo de operaciones. El coeficiente de correlación con referencia al mercado internacional (ρ_{iMI}) y referido a las variaciones de esa hipotética cartera mundial, también es un dato. Por ejemplo, en la Tabla 7.2 se muestran los rendimientos, riesgos (desviaciones típicas), ßetas y alfas de una serie de mercados mundiales.

Tabla 7.2. Rendimientos de las acciones 1960-1980 (Fuente: Ibbotson, Carr y Robinson: "International Equity and Bond Returns". *Financial Analyst Journal*. Julio-agosto.1982).

	R_i	σ	Beta	Alfa
Alemania	10,10	19,90	0,45	2,41
Bélgica	10,10	13,80	0,45	2,44
Dinamarca	11,40	24,20	0,60	2,91
EE.UU.	10,20	17,70	1,08	-0,69
España	10,40	19,80	0,04	4,73
Francia	8,10	21,40	0,50	0,17
Gran Bretaña	14,70	33,60	1,47	1,76
Holanda	10,70	17,80	0,90	0,65
Italia	5,60	27,20	0,41	-1,92
Japón	19,00	31,40	0,81	9,49
Suiza	12,50	22,90	0,87	2,66

Sin embargo, la generalización del modelo CAPM al contexto internacional es algo más complicada de lo que parece a primera vista al estar sujeta a una serie de problemas como son:

a) Impuestos, costes de transacción y barreras a la movilidad del capital entre los países, que dificultan y hacen poco atractivo para el inversor la realización de una cartera de ámbito mundial.
b) Los inversores de diversos países ven el riesgo de cambio desde la perspectiva de sus diferentes monedas nacionales, por lo que no estarán de acuerdo en las características del riesgo de varios títulos y, además, no obtendrán idénticas fronteras eficientes.
c) Los inversores en diferentes países tienden a consumir distintos tipos de bienes ya sea porque tienen diferentes gustos, o por los costes de transacción, transporte, impuestos, etc. Esto hace que al variar los precios relativos de los bienes a lo largo del tiempo, el riesgo asociado a la inflación para los diversos inversores difiera según el país en el que se encuentren.

Por tanto, para poder aplicar el CAPM a un nivel internacional es necesario que se cumplan dos supuestos claramente irracionales: que los inversores de todo el mundo tengan idénticas cestas de bienes de consumo, y que los precios reales de éstos sean idénticos en todos los países (es decir, que la paridad del poder adquisitivo se mantenga constante). Si esto se cumpliese, los tipos de cambio serían simplemente el reflejo de los diferenciales de inflación entre dos países y el tipo de cambio, por tanto, sería un simple mecanismo de conversión contable sin importancia real.

Veámoslo de otra manera. Para Bruno Solnik en una situación de equilibrio, la estrategia óptima de inversión consiste en una combinación de dos carteras: una cartera con riesgo común a todos los inversores y una cartera individual de cobertura, utilizada para reducir los riesgos del poder adquisitivo que constituye la mejor cobertura contra la inflación. La cartera de mercados mundiales de activos con riesgo ya no es la mejor opción puesto que puede tener obligaciones y acciones que estén correlacionadas con los gastos de consumo del inversor. Por tanto, la relación de la valoración del CAPM tradicional se aplica a los valores cubiertos contra el riesgo cambiario.

■ Ejemplo:

Un inversor español que aplica este modelo para decidir si va a adquirir, o no, acciones de una empresa francesa, sabe que el rendimiento medio de las mismas es del 15% (después de incluir en su cálculo el *tipo de cambio*), con una desviación típica del 4%. Por otro lado, el tipo de interés libre de riesgo en España es del 10% y el rendimiento medio del mercado es del 13% con una desviación típica del 6%. La correlación entre los mercados de valores francés y español es del 0,4. ¿Le interesará adquirir esas acciones?

Deberemos averiguar qué rendimiento esperado proporcionaría en España un título con esas características, lo que sabremos a través de la SML:

$E_i = R_f + (E_M - R_f) \times \beta_i$

$E_i = 0,10 + (0,13 - 0,10) \times [(0,04 \times 0,06 \times 0,4) / 0,06^2] = 0,108 = 10,8\%$

Así que pudiendo obtener un 15% en el mercado francés por un título con unas características por las que obtendría sólo un 10,8% en el español, parece lógico optar por la compra. En la Figura 7.15 se muestra la comparación entre los dos rendimientos para el riesgo dado.

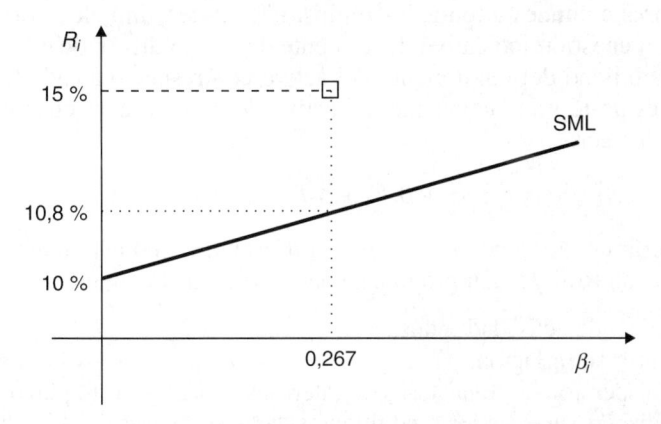

Figura 7.15. SML del mercado español en el ejemplo anterior.

7.5. LA TEORIA DE LA VALORACION POR ARBITRAJE (APT)

Al igual que el CAPM, la *teoría de la valoración por arbitraje* (APT o *arbitrage pricing theory*) es un modelo de equilibrio de cómo se determinan los precios de los activos financieros. Esta teoría desarrollada originalmente por Stephen Ross se basa en la idea de que en un mercado financiero competitivo el arbitraje asegurará [9] que los activos sin riesgo proporcionen el mismo rendimiento esperado. El modelo se basa en la idea de que los precios de los títulos se ajustan conforme los inversores construyen carteras de valores que persiguen la consecución de beneficios de arbitraje. Cuando ya no existan dichas oportunidades se alcanzará el equilibrio en los precios de los activos financieros.

La APT no comienza preguntándose cómo el inversor construye su cartera eficiente, tal y como lo hacía el CAPM, sino que parte de la suposición de que la rentabilidad de cada acción depende en parte de las influencias exógenas de una serie de factores macroeconómicos y, por otro lado, de una serie de perturbaciones específicas de cada empresa en particular, lo cual conduce a una teoría sobre

---

[9] Recuérdese que *arbitraje* es la operación consistente en comprar un activo determinado en el mercado en que se encuentre más barato y simultáneamente venderlo en el más caro. Con ello se consigue un beneficio sin riesgo.

cuáles deben ser los rendimientos en un mercado eficiente. Es decir, sugiere que el proceso de equilibrado del mercado es dirigido por los inversores en su búsqueda de oportunidades de arbitraje a través de dichos factores. El modelo no dice cuáles son dichos factores o por qué son económicamente relevantes sino que sólo nos dice que hay una relación entre los mismos y los rendimientos de los activos financieros. Tiene como principal ventaja que se puede aplicar a un subconjunto de inversiones, de tal manera que no es necesario considerar la totalidad de los activos financieros, como ocurría en el CAPM.

La tasa de rendimiento de un activo financiero (r_i) viene dada por la expresión matemática que se muestra seguidamente, en la que las F son los valores de los n factores comunes a todos los títulos, ε es un término aleatorio específico del título en cuestión indicativo de la fuente de riesgo diversificable, las β indican la sensibilidad del rendimiento del activo con respecto a cada factor y, por último, α es un término constante indicativo del rendimiento cuando todos los factores valen cero.

$$r_i = \alpha_i + \beta_1 F_1 + \beta_2 F_2 + ... + \beta_n F_n + \varepsilon_i$$

La teoría no nos dice qué factores conforman el modelo aunque el propio Ross junto con Roll y Chen proponen cuatro factores comunes:

a) El nivel de actividad industrial.
b) La tasa de inflación.
c) La dispersión entre las tasas de intereses a largo y corto plazo.
d) La dispersión entre los rendimientos de las empresas de alto y bajo riesgo.

Pero, por supuesto, puede haber más, por ejemplo, el precio del petróleo puede afectar a todos los valores de una forma directa o indirecta.

Para cada acción individual hay dos fuentes de riesgo. La primera es la que proviene de los efectos macroeconómicos que no pueden ser eliminados mediante la diversificación. La segunda es que el riesgo proviene de posibles sucesos que son específicos de cada empresa; este tipo de riesgo es eliminable a través de la diversificación. De esta manera, la prima por el riesgo esperado de una acción es afectada por el riesgo macroeconómico y no por el riesgo específico.

La APT manifiesta que la prima por el riesgo esperado ($E_i - R_f$) de una acción debe depender de la prima por el riesgo asociada con cada factor macroeconómico en particular y la sensibilidad de la rentabilidad del activo en relación a cada factor. O expresado de otra manera, el rendimiento esperado de un título cualquiera (E_i) es igual a:

$$E_i = \lambda_0 + \beta_1 \lambda_1 + \beta_2 \lambda_2 + ... + \beta_n \lambda_n$$

donde λ_0 es el rendimiento del activo sin riesgo y las demás λ muestran las primas de riesgo asociadas con cada factor en particular. La APT tendrá una utilidad para el inversor siempre que éste pueda: a) identificar un número razonable de factores macroeconómicos, b) medir la prima de riesgo esperada en cada factor y c) medir la sensibilidad del rendimiento del activo con relación a cada factor.

Desde el punto de vista de su aplicación a la inversión de ámbito internacional, los analistas financieros han clasificado los factores en tres grupos:

1.º Un conjunto de factores de tipo internacional que se pueden relacionar con una variable real como, por ejemplo, el crecimiento económico, una variable monetaria, la inflación, tipos de interés, coste energético, etc.
2.º Un conjunto de factores de ámbito interno que refleja la desviación de una nación de la trayectoria económica mundial. Por ejemplo, un factor del mercado nacional que afecte a todas las empresas locales conjuntamente, una desviación del crecimiento real mundial, una variación monetaria real de un país, etc.
3.º Un conjunto de factores común a compañías de la misma industria, independientemente del país en que se encuentren.

Veamos los factores que propone Bruno Solnik para una APT de ámbito internacional:

a) *Actividad económica mundial.* Afecta a todas las empresas del mundo en diferente grado. Así, las empresas de los EE.UU. estarán más afectadas al ser la principal economía mundial.
b) *Crecimiento interno real.* Es un factor específico de cada país que consiste en relacionar el crecimiento interno real con el crecimiento mundial.
c) *Movimientos monetarios.* Una empresa tendría una *beta* positiva o negativa con respecto a este factor dependiendo de su estructura de importaciones y exportaciones, y de la denominación de la moneda de su financiación.
d) *Condiciones globales de la industria.* Que es un factor específico a la industria a través de las fronteras nacionales.

Una vez definidos los factores pasaríamos a calcular un modelo de regresión multivariante a través del que obtendríamos las *betas* de cada factor. Calculadas éstas podríamos obtener el valor del rendimiento esperado de cada acción. Donde los mercados no son eficientes, esperaríamos encontrar valores con un rendimiento esperado que sea mayor que el título de equilibrio que proporciona la teoría. Estos son los títulos que deberemos incorporar a nuestra cartera.

7.6. LA GESTION DE LAS CARTERAS INTERNACIONALES

La estrategia obvia para un inversor que decide diversificar internacionalmente, pero que no desea averiguar cómo construir una cartera con títulos de otros países, debería consistir en adquirir un fondo basado en un índice internacional. Esto es, adquirirá una cartera de títulos internacionales ponderados según su valor. Por ejemplo, el índice internacional de Morgan Stanley para títulos no norteamericanos y que se conoce como EAFE (*Europe, Australia, Far East*) es tal vez el más famoso.

En todo caso, la racionalidad para mantener un índice internacional es menos defendible que para invertir en uno de ámbito nacional y ello es así, no sólo por lo comentado en el subepígrafe anterior, sino porque las contrastaciones realizadas al respecto parecen indicar que no hay ningún modelo de ámbito internacional que pueda predecir los rendimientos de los títulos individuales con ciertas garantías. Más aún, las predicciones de los existentes coinciden con las predicciones realizadas por los modelos de tipo nacional y el mero hecho de añadirle a estos últimos factores como el tipo de cambio, producción industrial, etc., no parece afectarles de una manera apreciable [10]. Es decir, los rendimientos de los títulos son explicados principalmente por los cambios habidos en su mercado nacional.

Por si fuera poco, los expertos no se ponen de acuerdo en cómo ponderar los índices de tipo internacional, habiendo quien propone utilizar el PNB o el PIB como ponderaciones en lugar de la capitalización de los mercados, porque ambos resultan ser una mejor medida de la importancia de la economía de un país en el ámbito mundial que el valor de sus acciones emitidas. Otros han argumentado que deberían utilizarse ponderaciones proporcionales al tamaño relativo de las importaciones realizadas de varios países porque, según ellos, el inversor que desee cubrir el precio de los bienes importados podría adquirir títulos de empresas extranjeras en proporción a los bienes importados de esos países. En resumen, hasta que no se desarrolle un modelo de equilibrio internacional explícito ninguna de las elecciones anteriores tiene una justificación económica.

Otro problema con el uso de la capitalización del mercado como forma de ponderar la cartera internacional, surge al tener en cuenta el *cruce de participaciones* (*cross-holdings*) que tiende a sobrevalorar el valor de mercado de las acciones emitidas. El cruce de participaciones hace referencia a las inversiones en acciones que unas empresas realizan en otras.

7.6.1. Asignación de activos

La gestión activa de carteras en un contexto internacional puede contemplarse como una extensión de la gestión de activos nacionales. En principio, se debería construir una frontera eficiente con una lista de activos de ámbito mundial y determinar la cartera óptima de cada inversor. Parece conveniente realizar lo que se denomina una *asignación de activos* (*asset allocation*), que consiste en agruparlos en varias categorías (por ejemplo, acciones, obligaciones, pagarés, etc.), debido a la complejidad del mercado internacional. Los resultados de la gestión de las carteras construidas por gerentes profesionales se enfoca sobre las fuentes de rendimientos potencialmente anormales como son:

1.º *La selección de divisas*, que mide la contribución a los resultados totales de la cartera de las fluctuaciones en el tipo de cambio con relación a la moneda utilizada por el inversor como base. Podríamos utilizar un índice como el EAFE a modo de comparación con la selección de las divisas

---

[10] Véase la investigación realizada por Bruno Solnik en *Inversiones Internacionales*. Addison-Wesley Iberoamericana. Wilmington (Del.) 1993. Pág. 153.

de una cartera durante un período de tiempo determinado. La selección de las divisas del EAFE se calcularía como la media de la apreciación de las divisas representadas en dicho índice «marco», ponderadas por la fracción de la cartera EAFE invertida en cada divisa.

2.º *La selección de los países*, que mide la contribución a los resultados totales de la cartera atribuible a la inversión en los mercados de valores mundiales que tengan unos mejores resultados. Puede medirse a través de la media de los rendimientos de un índice bursátil de cada país, ponderados por la parte de la inversión que se destina a cada nación.

3.º *La selección de los títulos* de cada país, puede medirse como la media ponderada de los rendimientos de las acciones que excede del rendimiento del índice del país en cuestión. El rendimiento se calcularía en la moneda local y las ponderaciones según lo invertido en cada país.

4.º *La selección entre los bonos a largo y corto plazo* de cada país puede medirse como el exceso de rendimiento derivado de la diferente ponderación entre bonos a largo y a corto plazo con relación a las ponderaciones de una cartera «marco».

Veamos un ejemplo de cómo medir la contribución de las decisiones tomadas por un gerente de una cartera internacional.

	Ponderación EAFE	Rdto. del Indice Bursátil	Variación de los tipos de cambio	Ponderación de la gerencia	Rdto. de la gerencia
Europa	0,30	10 %	10 %	0,40	8 %
Australia	0,10	7 %	-10 %	0,15	7 %
Oriente	0,60	12 %	30 %	0,45	18 %

Con arreglo a la «selección de divisas» compararemos los resultados según EAFE con los obtenidos por la gerencia y comprobaremos que en este caso la gerencia obtiene un peor resultado que la cartera de comparación:

EAFE = (0,30 × 10%) + (0,10 × (−10%)) + (0,60 × 30%) = 20%
Gerencia = (0,40 × 10%) + (0,15 × (−10%)) + (0,45 × 30%) = 16%

Si ahora pasamos a comparar ambas gestiones con respecto a la "selección de países" veremos que la gerencia obtiene una pérdida de 0,45% con relación a la cartera de comparación:

EAFE = (0,30 × 10%) + (0,10 × 7%) + (0,60 × 12%) = 10,9%
Gerencia = (0,40 × 10%) + (0,15 × 7%) + (0,45 × 12%) = 10,45%

En cuanto a la «selección de títulos» la comparación se hará restando los rendimientos de la cartera con los de EAFE y multiplicando el resultado por la ponderación de la cartera de la gerencia. Este cálculo se hará para cada mercado y el resultado total se obtendrá sumando los cálculos anteriores:

(8% − 10%) × 0,40 + (7% − 7%) × 0,15 + (18% − 12%) × 0,45 = 1,9%

DE AQUI EN ADELANTE

Sobre la Teoría de Selección de Carteras, el Modelo de Valoración de Activos Financieros (CAPM) y la Teoría de la Valoración por Arbitraje (APT) hay muchos textos de administración financiera o de análisis de inversiones financieras que los tratan con mayor o menor amplitud. Pero entre ellos recomendamos consultar:

> ALEXANDER, Gordon, y SHARPE, William: *Investments*. Prentice Hall. Englewood Cliffs (NJ). 1990.
> BODIE, Zvi; KANE, Alex, y MARCUS, Alan: *Investments*. Irwin. Homewood (Il.) 1993.
> BREALEY, Richard, y MYERS, Stewart: *Fundamentos de Financiación Empresarial*. McGraw Hill. Madrid. 1993.
> ELTON, Edwin, y GRUBER, Martin: *Modern Portfolio Theory and Investment Analysis*. John Wiley. Nueva York. 1991.
> HAUGEN, Robert: *Modern Investment Theory*. Prentice Hall. Englewood Cliffs (NJ). 1990.
> SUÁREZ, Andrés: *Decisiones Optimas de Inversión y Financiación en la Empresa*. Pirámide. Madrid. 1993.
> VAN HORNE, James: *Financial Management and Policy*. Prentice Hall Int. Englewood Cliffs (NJ). 1992.

Sobre el análisis de las inversiones en el ámbito internacional se recomienda utilizar el libro de Bruno Solnik: *Inversiones Internacionales*. Addison Wesley Iberoamericana. Wilmington (Del.). 1993.

BIBLIOGRAFIA

ALEXANDER, Gordon, y SHARPE, William: *Fundamentals of Investments*. Prentice Hall. Englewood Cliffs (NJ). 1990.
ALEXANDER, Gordon, y SHARPE, William: *Investments*. Prentice Hall. Englewood Cliffs (NJ). 1990
BREALEY, Richard, y MYERS, Stewart: *Fundamentos de Financiación Empresarial*. McGraw Hill. Madrid. 1993
BRIGHAM, Eugene, y GAPENSKI, Louis: *Financial Management*. The Dryden Press. Nueva York. 1988.
BODIE, Zvi; KANE, Alex, y MARCUS, Alan: *Investments*. Irwin. Homewood (Il.) 1993.
CELEBUSKI, Matthew; HILL, Joanne y KILGANNON, John: «Managing Currency Exposures in International Portfolios». *Financial Analysts Journal*. Enero-febrero 1990. Págs. 16-23.
COOPERS & LYBRAND: *A Guide to Financial Investments*. Euromoney. Londres. 1987.
ELTON, Edwin, y GRUBER, Martin: *Modern Portfolio Theory and Investment Analysis*. John Wiley. Nueva York. 1991.
FRANCIS, Jack: *Management of Investments*. McGraw-Hill. Nueva York. 1988.
FULLER, R., y FARRELL, J.: *Modern Investments and Security Analysis*. McGraw Hill. Singapur. 1987.
HAUGEN, Robert: *Modern Investment Theory*. Prentice Hall. Englewood Cliffs (NJ). 1990.
ROSS, Stephen: «The Arbitrage Theory of Capital Asset Pricing». *Journal of Economic Theory* núm. 13. Diciembre 1976. Págs. 341-360.
RUTTERFORD, Janette: *Introduction to Stock Exchange Investment*. MacMillan Press. Londres. 1983.
SHAPIRO, Alan: «International Capital Budgeting». En STERN y CHEW (ed.): *New Developments in International Finance*. Blackwell. Oxford. 1988. Págs. 165-180.

SHERRED, Katrina (ed.): *Equity Markets and Valuation Methods*. The Institute of Chartered Financial Analysis. San Francisco (Cal.). 1987.
SOLNIK, Bruno: *Inversiones Internacionales*. Addison Wesley Iberoamericana. Wilmington (Del.). 1993.
SUÁREZ SUÁREZ, Andrés: *Decisiones Optimas de Inversión y Financiación en la Empresa*. Pirámide. Madrid. 1993.
VAN HORNE, James: *Financial Management and Policy*. Prentice Hall Int. Englewood Cliffs (NJ). 1992.

EJERCICIOS

1. Ana González ha adquirido tal día como hoy 10 acciones de Volkswagen en la Bolsa de Frankfurt a un precio de 350 marcos cada una. El tipo de cambio dicho día es de 80 pesetas/marco. Ana ha pensado vender sus acciones dentro de 6 meses exactamente que es cuando espera recibir un dividendo de 20 marcos por acción y cuando, además, el precio de las acciones de la compañía automovilista debería alcanzar los 360 marcos después de aislar el efecto alcista de los dividendos. Para cubrirse del riesgo de cambio Ana ha vendido marcos a un plazo de 6 meses a un cambio de 81,5 pesetas/DM. Con estos datos se pide calcular cuál será el rendimiento esperado por Ana en este período y cuál será el rendimiento anual financieramente equivalente del mismo utilizando capitalización compuesta.

2. Un inversor español que aplica el modelo CAPM para decidir si va a adquirir, o no, acciones de una empresa británica, sabe que el rendimiento medio de las mismas es del 13% (después de incluir en su cálculo el tipo de cambio), con una desviación típica del 3,5%. Por otro lado, el tipo de interés libre de riesgo en España es del 10% y el rendimiento medio del mercado es del 12% con una desviación típica de 15%. La correlación entre los mercados de valores británico y español es del 0,3. ¿Le interesará adquirir esas acciones?

3. Calcular la contribución a los resultados totales de la selección que el gerente de una cartera hace en cuanto a las divisas, el país y los títulos con arreglo a la siguiente información:

	Ponderación EAFE	Rdto. del Indice Bursátil	Variación de los tipos de cambio	Ponderación de la gerencia	Rdto. de la gerencia
Europa	0,30	10 %	10 %	0,25	17 %
Australia	0,10	12 %	5 %	0,15	18 %
Oriente	0,60	28 %	30 %	0,60	22 %

4. Jorge Arbusto, planea invertir un millón de dólares en títulos a corto plazo del Tesoro norteamericano a 90 días. Jorge se plantea la posibilidad de realizar dicha inversión en títulos equivalentes de otros países, pero sólo si el riesgo de cambio se cubre a través de contratos de divisa a plazo [11].

---

[11] Basado en un ejercicio de examen para Chartered Financial Analyst expuesto en Bodie, Kane y Marcus: *Investments*. Irwin. 1993. Pág.: 883.

122 *Ingeniería Financiera*

  a) Calcular el valor en dólares de la inversión cubierta, al término de los 90 días para cada una de las dos inversiones equivalentes cuyos datos figuran a continuación:

  Tipos de interés equivalentes a 90 días: Japón = 7,6% ; Alemania = 8,6%.
  Tipos de cambio al contado = 133,05 yenes/$; 1,526 DM/$.
  Tipos de cambio a plazo de 90 días = 133,47 yenes/$; 1,5348 DM/$.

  b) Estime la tasa de interés implícita para la inversión a 90 días en deuda del Tesoro de los EE.UU.

5. Supongamos que la desviación típica de la cartera de mercado es el 20%, su rendimiento esperado es el 14% y el tipo libre de riesgo es el 9%. ¿Qué rendimiento puede esperar un inversor si coloca el 50% de su presupuesto en activos sin riesgo y el resto en la cartera de mercado?, y ¿cuál sería su riesgo? ¿Qué ocurriría si el inversor colocara el 125% de su presupuesto en la cartera de mercado?

6. Las tasas anuales de rendimiento de Producciones Ibiza y las del mercado de valores son las siguientes:

Año	P. Ibiza	Mercado
1990	–5%	–7%
1991	14%	15%
1992	10%	12%
1993	12%	14%
1994	17%	19%

  a) Determine el coeficiente Beta de Producciones Ibiza.
  b) ¿Qué porcentaje del riesgo total de Producciones Ibiza es sistemático?
  c) ¿Cuál es la expresión del «modelo de mercado» de dicha compañía?
  d) Si el tipo de interés sin riesgo es del 10% y el precio del riesgo del mercado es del 3%, diga cuál sería el rendimiento esperado de Ibiza si el mercado se encuentra en equilibrio.

7. Supongamos que aplicamos la APT con sólo tres factores y que el tipo de interés sin riesgo es del 6%. Hay dos compañías en las que usted tiene un interés especial, Factorías Alcorcón e Industrias Leocadio. Las lambdas de cada una de ellas, así como los coeficientes de volatilidad respectivos son los siguientes:

FACTOR	λ	β_{FA}	β_{IL}
1	0,09	0,5	0,7
2	–0,03	0,4	0,8
3	0,04	1,2	0,2

  Si usted deseara repartir su presupuesto de tal manera que el 70% fuese para Factorías Alcorcón y el resto para Industrias Leocadio, ¿cuál sería el rendimiento esperado? Y si lo repartiese por partes iguales ¿qué ocurriría con el rendimiento?

8. Determine la línea de valoración por arbitraje de equilibrio que es consistente con las dos siguientes carteras que se encuentran en equilibrio (aplicar la APT para un único factor):

$$\text{Cartera A} \longrightarrow E_A = 15\%; \quad \beta_A = 1{,}5$$
$$\text{Cartera B} \longrightarrow E_B = 10\%; \quad \beta_B = 0{,}5$$

9. Las compañías Abaco, Berro y Cerón tienen los siguientes rendimientos esperados: 16%, 14% y 20%, respectivamente. Sabiendo que el tipo libre de riesgo es del 7% y que los rendimientos esperados se han calculado según el modelo siguiente:

$$E_i = \lambda_0 + 0{,}12\, \beta_1 + 0{,}04\, \beta_2$$

siendo los coeficientes de volatilidad respectivos para cada factor y para cada empresa los siguientes: Abaco: 0,80 y 0,20; Berro: 0,10 y 1,10; Cerón: 1,20 y 0,40.

a) ¿Qué títulos están sobrevalorados o infravalorados según su rendimiento esperado?

b) Si usted es un arbitrajista ¿qué haría?

8
Opciones I: Introduccion

8.1. INTRODUCCION

Las *opciones* ofrecen a sus propietarios el derecho a comprar (*call options*) o vender (*put options*) acciones a un precio fijo en algún momento en el futuro, por lo general, en unos pocos meses.

Las opciones son similares a los contratos de *futuros* (véase Capítulo 11) con la diferencia de que un pequeño porcentaje del valor del título subyacente necesita ser pagado inicialmente. Este tipo de transacción puede llevar a grandes ganancias o pérdidas con relativamente pequeñas inversiones. Por ello, este tipo de inversión financiera atrae tanto a los especuladores.

La principal diferencia entre las opciones y los títulos clásicos (acciones y obligaciones), radica en que aquéllas no representan un derecho sobre el activo del emisor. Es decir, un accionista ordinario tiene derecho sobre una parte de los beneficios y de los activos de la compañía, mientras que el poseedor de una *opción de compra* (*call*) sólo tiene el derecho de comprar acciones en el futuro lo que representa sólo un derecho potencial sobre los activos de la empresa. Por otra parte, un accionista posee un título emitido por la compañía al haberla provisto de recursos financieros a cambio de unos ingresos futuros. El poseedor de una opción no tiene relación alguna con la empresa sobre cuyos títulos posee un derecho de compra o venta. Este tiene sencillamente un acuerdo con otra parte, el *vendedor de la opción* (*writer*, o emisor), que concierne a la posible adquisición o venta en el futuro de los títulos a un precio predeterminado. Ni el emisor de la opción, ni el posible comprador de la misma, tienen efecto alguno sobre la compañía o sobre sus posibilidades de emitir acciones.

Muchos contratos sobre opciones son compensados o cerrados antes de que la operación de compra o venta se ejerza. De esta manera se podrán emitir muchas más opciones de las que realmente serán ejercidas. En otras palabras, las acciones subyacentes raramente serán compradas o vendidas por el poseedor de la opción. Esto se debe a que el número de acciones sobre los que se pueden ejercer las opciones puede exceder al número de acciones actualmente emitidas.

Si todas las opciones se ejerciesen podría ocurrir que no hubiese suficientes acciones para ello. Debido a que sólo una pequeña fracción de las opciones se ejercen, el volumen de las opciones en existencia, puede ser más alto que el volumen de las acciones subyacentes.

Las opciones pueden llegar a no tener ningún valor si el precio de las acciones se ha movido en dirección contraria a las expectativas del adquirente en la fecha en la que expira la opción. Esta es otra diferencia en relación con las acciones ordinarias las cuales carecerán de valor cuando las deudas superen a los activos de la compañía. En contraste, una opción de compra o venta puede tener un valor nulo cualquiera que sea la solvencia de la compañía subyacente.

Las opciones también le dan al inversor la posibilidad de variar el riesgo de las acciones en ambas direcciones. Es decir, el inversor puede aumentar o disminuir el rendimiento y riesgo esperados operando con opciones. Por ejemplo, las compañías de seguros, tradicionalmente adversas al riesgo, son frecuentes vendedores o emisores (*writers*) de opciones de compra (*call*); al poseer acciones y, simultáneamente, emitir opciones de compra sobre ellas, pueden reducir su riesgo por debajo del que tendrían si sólo poseyesen acciones (esto se demuestra en el Epígrafe 9).

Por último, el emisor (vendedor) de la opción y el comprador de la misma no se conocen, actuando como intermediarios la *Cámara de Compensación* (*Clearing house*), los *brokers* y los *creadores de mercado* (véase Figura 8.1).

Figura 8.1. El papel de la Cámara de compensación.

8.2. EL MERCADO DE OPCIONES

El primer mercado de opciones de tipo moderno (en el siglo XVII ya existía en Londres un mercado organizado de opciones) surge en Chicago el 26 de abril de 1973 –*Chicago Board Options Exchange* (CBOE)– que en principio sólo admitía opciones de compra (*call*). El éxito de este mercado se debe a:

   a) La normalización de los precios y de las fechas de vencimiento. Los primeros debían terminar en 0, 2,5 o 5 dólares, mientras las segundas se agrupan en tres series mensuales (véase epígrafe siguiente). Y siempre en bloques de 100 acciones.
   b) La fungibilidad de las opciones, que facilita su negociación al eliminar el vínculo directo entre el emisor y el comprador, puesto que entre ambos deberá existir obligatoriamente un intermediario.
   c) Una sustancial reducción de los costes de las transacciones favorecida por la eficaz organización y amplitud del mercado.

América	Estados Unidos	*American Stock Exchange* *Chicago Board Options Exchange* *Chicago Mercantile Exchange* *Midamerica Commodity Exchange* *New York Stock Exchange (NYSE)* *Pacific Stock Exchange* *Philadelphia Stock Exchange*
	Canadá	*Montreal Exchange* *Toronto Futures Exchange*
Europa	G.B.	*London Int. Financial Futures and Options Exch. (LIFFE)*
	Fra.	*Marché d'Options Négociables de Paris (MONEP)*
	Esp.	*Mercado Español de Futuros Financieros (MEFF)*
	Hol.	*European Options Exchange*
	Suec.	*Stockholm Options Market* *Sweden Options and Futures Exchaange*
	Ale.	*Deutsche Terminbörse*
Oceanía	Aust.	*Sidney Futures Exchange*

Figura 8.2. Algunos de los principales Mercados de Opciones Financieras.

En cuanto a Europa, el moderno mercado de opciones londinense abre sus puertas en 1978, el mismo año que el de Amsterdam y desde 1982 la corporación de bancos suizos hace de soporte de un mercado de opciones. En todo caso, en la Figura 8.2 se muestran los principales mercados de opciones financieras. En España existe un mercado de opciones financieras desde 1989, que actualmente recibe el nombre de MEFF (Mercado Español de Futuros Financieros) y que se encuentra situado en Madrid (las opciones y futuros sobre títulos de renta variable) y en Barcelona (las opciones y futuros sobre renta fija y sobre divisas).

A las opciones existentes fuera del mercado oficial se las denomina *over the counter* (OTC) y son creadas a través de los auspicios de intermediarios financieros del tipo *broker* y *dealer* que, por lo general, suelen ser entidades bancarias.

8.3. DESCRIPCION DE LAS OPCIONES

La adquisición de una *opción de compra* (*call*) sobre un determinado título concede a su poseedor el derecho a comprarlo a un precio fijo, ya sea en una fecha futura predeterminada o antes de la misma. La fecha fijada, como límite para ejercer el derecho, es conocida como *fecha de expiración o vencimiento* (*expiration date*) y el precio al que se puede ejercer es el *precio de ejercicio, o de cierre* (*strike price*).

Por otra parte, una *opción de venta* (*put*) sobre un determinado título concede a su poseedor el derecho a venderlo a un precio fijo, ya sea en una fecha futura predeterminada o antes de la misma.

Emisor (recibe una prima) ⇨ Se **obliga** a entregar el activo subyacente, si se lo exige el comprador

Comprador (paga una prima) ⇨ Tiene el **derecho** a solicitar el activo subyacente al emisor.

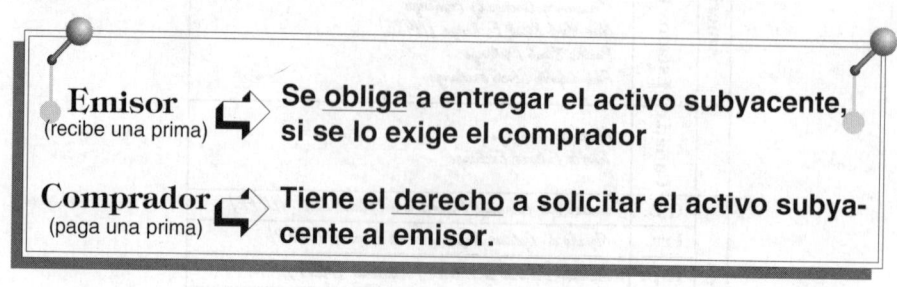

Figura 8.3. Derechos y obligaciones del emisor y del comprador de las opciones de compra.

Cuando se emite (vende) una opción de compra que no tiene su correspondiente acción subyacente, recibe el nombre de *opción al descubierto* (*naked*). Por ejemplo, si el vendedor de opciones piensa que las acciones van a bajar de valor, se podrá celebrar un contrato de opción de compra al descubierto (*call naked option*) sobre ellas; la ganancia neta será el propio precio de la opción, puesto que ni siquiera ha hecho falta que el vendedor de la opción de compra adquiriese las acciones. Ahora bien, si el precio aumentase y la opción fuera ejercida, éste se vería en la necesidad de adquirirlas (para cubrir su *posición corta:* falta de títulos) al precio de mercado de ese momento y venderlas al precio de ejercicio al poseedor de la opción, lo que le haría perder dinero. Este tipo de opciones, que implica un alto riesgo, se utiliza no sólo para ganar dinero sino también para desgravarse fiscalmente de las posibles pérdidas (véase Figura 8.3).

8.3.1. El vencimiento de las opciones

Aquellas opciones que pueden ser ejercidas sólo en el momento del vencimiento reciben el nombre de *opciones europeas*, pero si se pueden ejercer, además, antes de dicha fecha se denominan *opciones americanas*.

El poseedor de una opción, tanto si es de compra como de venta, puede optar por tres posibles decisiones:

a) Ejercer el derecho comprando o vendiendo los títulos que la opción le permite.
b) Dejar pasar la fecha de vencimiento sin ejercer su opción.
c) Venderla antes de su vencimiento en el mercado secundario de opciones.

En el mercado inglés (LIFFE) las opciones están creadas sobre un sistema rotatorio, en el que tienen nueve meses de vida y son creadas en intervalos trimestrales. Las opciones sobre las mismas acciones pueden ser creadas en cualquiera de las tres series mensuales siguientes, pero no en más de una:

Enero ——— Abril ——— Julio ——————— Octubre
Febrero ——— Mayo ——— Agosto ————— Noviembre
Marzo ——— Junio ——— Septiembre ——— Diciembre

En el mercado londinense, por ejemplo, las opciones sobre BP (British Petroleum) son creadas y ejercidas en la primera serie, mientras que las de Cadbury Schweppes pertenecen a la segunda y las del Barclays Bank lo son de la tercera. La fecha de vencimiento de las opciones en el LIFFE es el segundo miércoles del mes correspondiente.

Si nos referimos al mercado norteamericano, la fecha de vencimiento coincide con el sábado siguiente al tercer viernes del mes en el que se cumplen los nueve meses desde su emisión, así una opción emitida en el mes de enero tendrá su fecha de vencimiento el sábado siguiente al tercer viernes de octubre. Debido a las distorsiones que se producen en los mercados de valores sobre acciones al coincidir cuatro veces al año los vencimientos de las opciones sobre acciones con el de las opciones sobre índices (véase Capítulo 10) y con el de los contratos de futuros sobre índices, a dicho momento se le denomina *triple witching hour* («triple hora embrujada»).

Por lo que respecta al español MEFF, las opciones sobre acciones tienen la fecha de vencimiento el tercer viernes del mes correspondiente al mismo y los contratos vencerán cualquier mes del año si así lo decidiese MEFF, pero como mínimo vencerán el mes más próximo y los correspondientes a los dos meses siguientes del ciclo:

Marzo ——— Junio ——— Septiembre ——— Diciembre

TELEFONICA (1290)							12-III-93
OPCIONES DE COMPRA (Call)	PRIMAS AL CIERRE Demanda / Oferta		Ultimo cruzado	Máximo sesión	Mínimo sesión	Volumen contratos	Posición abierta
16 abr. 93	1.200	–	–	–	–	–	–	300
16 abr. 93	1.250	–	–	–	–	–	–	450
16 abr. 93	1.300	38	47	34	48	33	445	715
16 abr. 93	1.350	18	25	18	18	18	50	305
16 abr. 93	1.400	–	–	–	–	–	–	100
18 jun. 93	1.250	–	–	–	–	–	–	125
18 jun. 93	1.300	77	89	82	87	82	150	675
17 sep. 93	1.250	–	–	–	–	–	–	200
						TOTAL	645	2.870
OPCIONES DE VENTA(Put)								
16 abr. 93	1.200	–	–	–	–	–	–	200
16 abr. 93	1.250	22	29	26	26	25	75	525
16 abr. 93	1.300	40	51	46	51	40	310	460
18 jun. 93	1.250	32	42	–	–	–	–	55
18 jun. 93	1.300	–	–	–	–	–	–	50
17 sep. 93	1.250	–	–	–	–	–	–	150
						TOTAL	385	1.440

Figura 8.4. Cotización de Telefónica en MEFF-Renta Variable el día 12-III-93 (Fuente: *Expansión*).

En la Figura 8.4 se muestra un ejemplo de cotización de opciones sobre acciones (en concreto la Compañía Telefónica Nacional de España) en el MEFF-Renta Variable de Madrid. En la primera columna se observa la fecha de vencimiento del contrato. En la segunda aparece el precio de ejercicio. En la tercera y cuarta los últimos precios ofrecidos por los intermediarios financieros (por ejemplo, si queremos adquirir una opción de compra con vencimiento en abril y precio de ejercicio 1.300, deberemos pagar 47 pesetas/acción y si queremos venderla nos darán 38 pesetas/acción). El último precio cruzado, la cotización máxima y mínima a lo largo de la sesión aparecen a continuación. Por último, el número de contratos cruzados en el día y el total de contratos abiertos hasta esa fecha aparecen en las dos últimas columnas. Es necesario tener en cuenta que en MEFF cada contrato de opciones cubre 100 acciones.

8.3.2. El precio de ejercicio

Las opciones son creadas con un rango de precios de ejercicio, que incluye al menos, un precio inferior y otro superior al precio actual de la acción subyacente. Por ejemplo, en la Figura 8.5, si una acción de Rolls-Royce vale actualmente en el mercado de valores de Londres 129 peniques podríamos emitir, como mínimo, una opción sobre la misma a 120 peniques, y otra a 140 peniques Denominándose *in the money* a una opción cuyo precio de ejercicio es inferior al precio de mercado de la acción, en el momento de emitirla (los 120 peniques, por ejemplo) y si fuese superior *out of the money* (la de los 140 peniques). En el primer caso, la opción podría ser ejercida en el mismo momento de ser emitida si no fuese porque el precio de la misma (*prima* o *premium*) es algo superior a la posible ganancia. Cuando el precio de mercado de la acción es igual o muy cercano al de ejercicio de la opción se denomina *at the money* (vuelva a consultar la Figura 8.4 para ver este mismo abanico de valores en el MEFF).

```
Precios de ejercicio
   110      120      130      140      150
"in-the-money"    "at-the-     "out-of-the-money"
                   money"
```

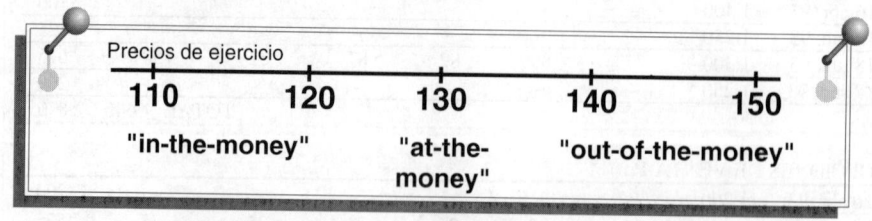

Figura 8.5. Los conceptos de *in-the-money, at-the-money* y *out-of-the-money* en la emisión de opciones de compra (precio de mercado = 129).

Como ya hemos señalado anteriormente, el contrato sobre opciones debe ser hecho en los casos americano y español sobre un total de 100 acciones subyacentes (mientras que el LIFFE londinense abarcará 1.000 acciones), como mínimo o con un múltiplo de las mismas, representando esta cantidad la unidad básica de medida de los mismos.

8.3.3. La garantía o *"margin"*

El comprador de una opción deseará asegurarse que el vendedor puede entregarle las acciones o el dinero (según que aquélla sea de compra o de venta) cuando así se lo requiera. Para ello y aunque la *Cámara* de compensación garantiza dicha entrega, al vendedor se le requiere que proporcione algún tipo de *garantía* (*margin*) con objeto de asegurar la realización de su obligación. Por ejemplo, en el caso del mercado suizo tanto al vendedor de opciones de compra, si se encuentra *al descubierto* (*naked*), como al vendedor de opciones de venta se les exige el 30% del valor de las acciones subyacentes en concepto de *respaldo*. El sistema de garantía mínimo del mercado de opciones de tipos de interés de la Bolsa de Londres, aplica a los emisores de opciones un depósito del 5% del valor de mercado del título, más o menos la cantidad por la que la opción se encuentre *in the money* o *out of the money*; dicha garantía se calcula diariamente. En el caso del MEFF se tienen en cuenta todos los contratos de una misma cartera para hallar el valor positivo o negativo de la misma en el peor de los supuestos simulados.

8.3.4. La liquidación

Como ejemplo utilizaremos el caso de la liquidación de opciones en el CBOE. A la hora de adquirir una opción, un intermediario (*broker*) actuando en representación de su cliente, envía la orden a un *floor broker* (agente encargado de ejecutar las ordenes en el *parqué*), que intentará casar la operación con otro *floor broker*, con un *order book official* (agente que tramita órdenes procedentes del público) o con un *dealer* (agente que puede operar por cuenta propia o ajena). Cerrado el acuerdo se informa a la *Cámara* para que realice la compensación de la operación. Un día después, el miembro de la *Cámara* que representa al comprador está obligado a pagar el precio de la opción.

En el momento en que el comprador desee ejecutar su derecho de compra, o venta, ordenará a su agente que lo notifique a la *Cámara*. Esta asigna la obligación de entrega, o compra, mediante un procedimiento aleatorio a otro agente que tenga clientes en disposición de satisfacer el derecho del comprador. Este último agente, siguiendo un método justo (aleatorio, FIFO, etc.), selecciona a uno de dichos clientes, el cual deberá entregar el título subyacente, si la opción es de compra, o el precio de ejercicio, si es de venta. En caso de fallo entra en acción el sistema de garantías de la *Cámara*.

8.4. OPCIONES DE COMPRA (*CALL OPTIONS*)

8.4.1. Punto de vista del comprador

Supongamos que un inversor desea adquirir una acción de Repsol porque piensa que su cotización va a subir, pero por algún motivo no puede, o no quiere, pagar las 980 pesetas que el mercado le demanda, en este caso podría adquirir una opción de compra (*call*) sobre la misma.

Al adquirir una opción de compra se podrá beneficiar de un aumento en el precio del activo subyacente sin haberlo comprado. Así que el inversor adquiere una opción de compra sobre una acción de Repsol con un precio de ejercicio de, por ejemplo, 1.000 pesetas. El precio de mercado de dicha opción (la *prima*) en ese momento es de 50 pesetas.

El poseedor de la opción de compra sobre Repsol (que tiene una *posición larga* en opciones de compra y *corta* en acciones) podrá decidir si ejerce o no la opción. Obviamente, la ejercerá cuando la cotización supere el precio de ejercicio. Por el contrario, si llegada la fecha de vencimiento de la opción, el precio de ejercicio sigue siendo superior a la cotización (situación *out of the money*) la opción no será ejercida, debido a que se puede adquirir el activo directamente en el mercado a un precio inferior al de la opción. Si la opción no se ejerce la pérdida máxima será de 50 pesetas.

Los comentarios posteriores se basan sobre el siguiente ejemplo hipotético: «Supongamos que el precio de una acción de Repsol, en el momento de emitir la opción, es de 980 pesetas en el mercado de valores madrileño. El precio de ejercicio (*strike price*) de la opción de compra europea elegida es de 1.000 pesetas. El comprador de la opción paga una prima de 50 pesetas. La transacción tiene lugar en enero y el contrato expira en junio".

Resumiendo:
Precio de la acción (S): 980 pesetas.
Precio de ejercicio de la opción de compra [E]: 1.000 pesetas.
Prima [c]: 50 pesetas.
Vencimiento del contrato: junio.

El inversor que adquiere una opción de compra sobre dicho activo adquiere el derecho a adquirirlo a un precio de ejercicio especificado (1.000 pts.), pero no tiene la obligación de ejercerlo, en la fecha de vencimiento. Por dicho derecho, él paga una prima (50 pesetas).

En la fecha de vencimiento del contrato el comprador se puede encontrar, por ejemplo, ante los siguientes casos (por razones de sencillez no se tienen en cuenta en los cálculos posteriores los costes de transacción, ni los impuestos, así como tampoco el valor temporal del dinero):

A] Si el precio de la acción es S =1.500 pesetas.

El inversor ejerce la opción adquiriendo la acción al precio de ejercicio de 1.000 pesetas., y revendiéndola seguidamente en el mercado al precio de 1.500 pesetas. Obteniendo los siguientes resultados:

Precio de compra	1.000 pts.
Prima	50 pts.
Coste total	1.050 pts.
Ingreso total	1.500 pts.
Beneficio de la operación:	450 pts.

B] Si el precio de la acción es $S = 1.020$ pesetas.

El inversor ejerce la opción al precio de ejercicio de 1.000 pesetas, y revende el activo al precio de mercado de 1.020 pesetas Obteniendo los siguientes resultados:

Precio de compra	1.000 pts.
Prima	50 pts.
Coste total	1.050 pts.
Ingreso total	1.020 pts.
Beneficio de la operación:	– 30 pts.

Claro que si no ejerciese la opción perdería el coste de la misma, es decir, 50 pesetas lo que sería, sin duda, peor.

C] Si el precio de la acción es de $S = 900$ pesetas.

El inversor no ejercería la opción y su pérdida sería el valor de la prima, es decir, 50 pesetas. Si la ejerce, la pérdida sería aún mayor (150 pts., es decir, 900 – 1.050).

En la Figura 8.6 se muestra la gráfica representativa del beneficio que puede obtenerse a través de una opción de compra y que numéricamente hemos analizado previamente. La principal atracción de esta operación es el alto apalancamiento que proporciona al inversor, puesto que se pueden obtener fuertes ganancias con pequeños desembolsos iniciales y, además, el riesgo está limitado a una cantidad fija: el precio de la opción (véase la tabla de la Figura 8.7).

En resumidas cuentas, la máxima pérdida, de la estrategia consistente en adquirir una opción de compra, queda limitada al pago de la prima (c). Mientras que el beneficio, que en teoría puede ser ilimitado, se calculará restándole al precio de mercado en la fecha de vencimiento el precio de ejercicio y la prima (Máx $[S – E; 0] – c$).

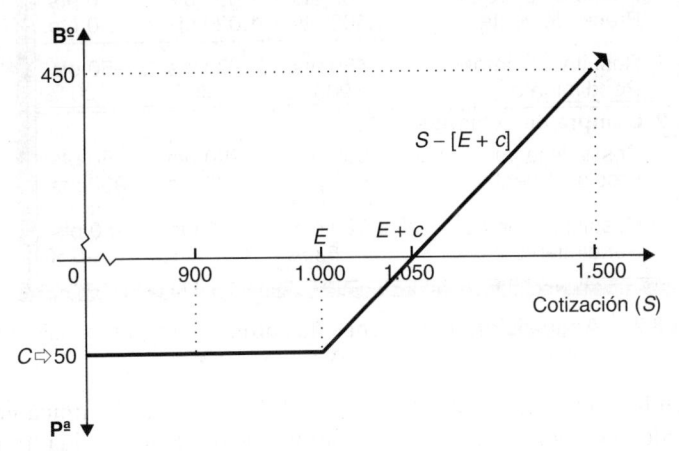

Figura 8.6. Gráfica del perfil del beneficio sobre una opción de compra.

En la Figura 8.7 se comparan las decisiones de ejercer, o no, la opción de compra de la acción a los tres precios indicados anteriormente o, por el contrario, adquirirla directamente al precio de mercado. Lo que nos indica las tres diferencias básicas entre ambas decisiones:

a) El desembolso inicial requerido de la inversión, a través de la compra de opciones, es inferior al de la compra de acciones (50 pts., es menor que 980 pts.).
b) El riesgo en términos monetarios absolutos es más pequeño en el caso de la opción (lo más que se puede perder es su precio, es decir, 50 pesetas; mientras que si el precio de la acción desciende por debajo de 930 pesetas, la pérdida sería mayor en el segundo caso).
c) El porcentaje de ganancia, o pérdida, dado por el rendimiento del período es mayor en el caso de la opción de compra, que en el de la adquisición de la acción, lo que nos indica que la inversión en opciones es más arriesgada que si fuese directamente en el activo subyacente. De aquí precisamente su alto apalancamiento (véase el 900% de rendimiento, que puede ser superado si el precio de venta fuese aún mayor y, por contra, el mayor rendimiento negativo será del 100%).

Hay que recordar que la opción de compra tiene un período de vida limitado, durante el que puede ser ejercida. Se incurre en una pérdida irreversible en la fecha de vencimiento si el valor del activo subyacente no se ha movido en dirección favorable. Por otra parte, una posición basada en la compra directa de la acción subyacente no implica la realización de pérdidas, y existe siempre la posibilidad de una subida de los precios.

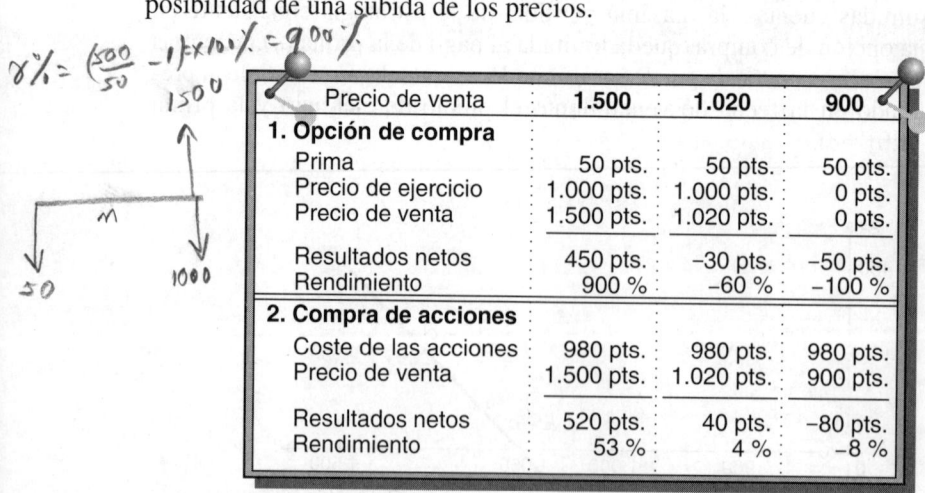

Precio de venta	1.500	1.020	900
1. Opción de compra			
Prima	50 pts.	50 pts.	50 pts.
Precio de ejercicio	1.000 pts.	1.000 pts.	0 pts.
Precio de venta	1.500 pts.	1.020 pts.	0 pts.
Resultados netos	450 pts.	−30 pts.	−50 pts.
Rendimiento	900 %	−60 %	−100 %
2. Compra de acciones			
Coste de las acciones	980 pts.	980 pts.	980 pts.
Precio de venta	1.500 pts.	1.020 pts.	900 pts.
Resultados netos	520 pts.	40 pts.	−80 pts.
Rendimiento	53 %	4 %	−8 %

Figura 8.7. Adquisición de opciones de compra *versus* adquisición de acciones.

También hay que hacer notar la necesidad de gestionar dinámicamente una opción debido al riesgo incorporado y al ser un instrumento de vida limitada. El poseedor de una opción no suele mantener su posición hasta la fecha de vencimiento, por lo que hay que estar preparado para entrar o salir del mercado cuando sea necesario.

8.4.2. Punto de vista del emisor

El inversor que emite, o vende, una opción de compra espera que la cotización de la acción subyacente se va a mantener estable, o va a tender a la baja, durante los próximos meses. Su único cobro será el valor de la prima, mientras que sus pagos dependerán de si el precio de ejercicio es inferior, o no, al de mercado en la fecha de cotización. Si el precio de mercado supera al de ejercicio (situación *in the money*), en dicha fecha, el propietario de la opción reclamará la acción a la que tiene derecho, lo que redundará en una pérdida (o menor ganancia) para el emisor. Si ocurre lo contrario, la opción no será ejercida y no habrá que entregar la acción.

Está claro que el emisor de una opción de compra se encuentra en una *posición corta* en ellas, pero puede estar en posición *larga* o *corta* en acciones, según que disponga, o no, de ellas. Si posee la acción subyacente y ésta le es reclamada por el propietario de la opción, no tendrá más que entregarla. Pero si no la posee (*posición corta*) deberá adquirirla en el mercado y después venderla a un precio inferior al comprador de la opción; cuando se emite una opción de compra sin estar respaldada por el activo subyacente se denomina *opción de compra al descubierto* (*naked call option*).

Así que el emisor de una opción de compra (*writer*) no puede determinar si la misma será ejercida o no. El asume un papel pasivo en espera de la decisión del comprador de la misma. Por todo lo cual, él recibe una prima (el precio de la opción), que mejora su rendimiento. Por otra parte, deberá estar preparado para entregar las acciones que le sean solicitadas por parte del poseedor de las opciones en el caso de que este último desee ejercer su derecho. Veamos a través del mismo ejemplo del epígrafe anterior, el caso de la emisión de una opción de compra al descubierto, en la fecha de vencimiento de la misma.

A] Si el precio de la acción es $S = 1.500$ pesetas.

El comprador ejerce la opción al precio de ejercicio de 1.000 pesetas. El vendedor de la opción obtendrá los siguientes resultados:

Precio de venta	1.000 pts.
Prima	50 pts.
Ingreso total	1.050 pts.
Precio de mercado de la acción	1.500 pts.
Resultado de la operación :	– 450 pts.

Así que si el vendedor no posee la acción perderá 450 pesetas. Obsérvese, que si la poseyese y la hubiese comprado el mismo día que emitió la opción le habría costado 980 pesetas, y en la fecha de vencimiento le habrían pagado por ella 1.000 pesetas, que sumadas a la prima, darían una ganancia para el emisor de 70 pesetas. Aunque, claro está, dejaría de ganar 450 pesetas más.

B] Si el precio de la acción es $S = 1.020$ pesetas.

El comprador ejerce la opción al precio de ejercicio de 1.000 pesetas. El vendedor de la opción obtendrá los siguientes resultados:

Precio de venta	1.000 pts.
Prima	50 pts.
Ingreso total	1.050 pts.
Precio de mercado de la acción	1.020 pts.
Resultado de la operación:	30 pts.

Si el emisor no posee la acción deberá comprarla a 1.020 pesetas y venderla a 1.000 pesetas, pero como en su día recibió una prima de 50 pesetas, su ganancia será de 30 pesetas (que es lo que pierde el comprador –véase el epígrafe anterior–). Ahora bien, si la poseyese habría obtenido una ganancia total de 70 pesetas, si la opción fuera ejercida, o de 40 pesetas, si no lo fuese, y el emisor vendiese dicha acción en el mercado. En este caso, el comprador debe ejercer el derecho para recuperar parte del precio pagado por la opción, como ya vimos en el epígrafe anterior. Por regla general, éste es el tipo de transacción más interesante para el emisor de opciones de compra (*call writer*) y suele ocurrir cuando el mercado permanece estable.

C] Si el precio de la acción es $S = 900$ pesetas.

El comprador no ejercerá la opción. El vendedor de la opción obtendrá los siguientes resultados, si posee el activo subyacente.

Precio inicial de la acción	980 pts.
Precio de mercado de la acción	900 pts.
Pérdida	80 pts.
Ingreso por la venta de la opción.	50 pts.
Resultado:	– 30 pts.

Así que si el vendedor de la opción desea vender sus acciones en el mercado, en conjunto obtendrá una pérdida final de 30 pesetas, en vez de una pérdida de 80 pesetas, si no hubiese emitido la opción pertinente. Así es como se protege del riesgo de pérdidas, teniendo activos (*posición larga*) y emitiendo, al mismo tiempo, opciones de compra sobre los mismos (*posición corta*); en cuyo caso el precio de estas últimas reducirán sus pérdidas en el caso de una caída del valor de aquéllos. Si no tuviese el activo subyacente, su ganancia sería de 50 pesetas, que es lo más que puede ganar, tanto si está al descubierto como si no.

En la Figura 8.8, se muestra la gráfica del resultado de una opción de compra antes de su vencimiento, desde el punto de vista del vendedor.

Como se puede apreciar en dicha figura la máxima ganancia del emisor vendrá dada por la prima de la opción (c). Mientras que la pérdida dependerá de la diferencia entre el precio de mercado el día del vencimiento y el precio de ejercicio (c – Máx [$S - E$;0]) siempre que dicha diferencia no sea negativa, pues, si así fuese, se tomaría un valor nulo para la misma dado que el beneficio máximo para el emisor de la opción es el valor de la prima. Pero si la máxima ganancia está limitada no ocurre lo mismo con las pérdidas que pueden ser ilimitadas, al menos en teoría.

Resumiendo, en esta posición la prima que recibe el emisor aumenta la rentabilidad de su inversión, además, en el caso de que los precios de la acción sub-

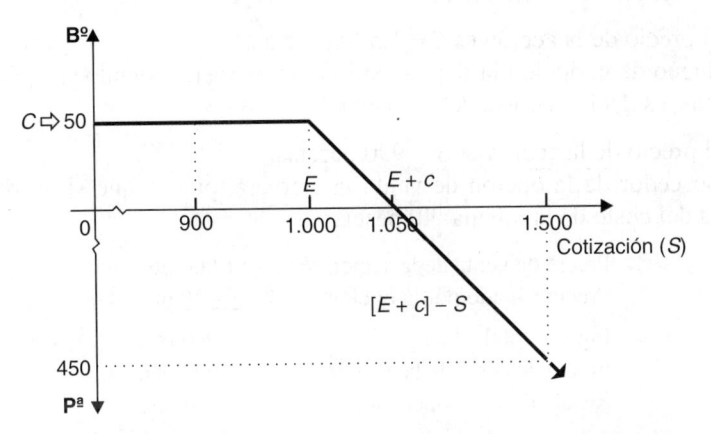

Figura 8.8. Gráfica del resultado sobre una opción de compra (según el emisor).

yacente suban, la prima reduce la pérdida que el vendedor de la opción hubiese tenido.

8.5. OPCIONES DE VENTA (*PUT OPTIONS*)

8.5.1. Punto de vista del comprador

Cuando se espera una bajada en los precios de las acciones, la adquisición de una opción de venta (*put*) puede aportar ingresos con un riesgo limitado. La compra de dicha opción sobre una acción subyacente asegura contra una caída inesperada de los precios de ésta, aunque también puede ser utilizada con fines especulativos, como puede ser la obtención de ingresos con un mercado a la baja.

Los comentarios posteriores se basan sobre el siguiente ejemplo hipotético: «Supongamos que el precio de una acción de Repsol, en el momento de emitir la opción, es de 980 pesetas en el mercado de valores madrileño. El precio de ejercicio (*strike price*) de la opción de venta europea elegida es de 1.000 pesetas. El comprador de la opción paga una prima de 40 pesetas. La transacción tiene lugar en enero y el contrato expira en junio».

Resumiendo:
Precio del activo [S]: 980 pesetas.
Precio de ejercicio de la opción de venta [E]: 1.000 pesetas.
Prima [p]: 40 pesetas.
Vencimiento del contrato: junio.

El comprador de una opción de venta tiene el derecho a vender la acción al precio de ejercicio (1.000 pts.) indicado en el contrato o dejar que la opción expire sin ejercerla, dependiendo de la evolución del mercado. Supondremos que el inversor no posee el activo subyacente, así que de interesarle venderlo, previamente deberá adquirirlo al precio de mercado y, seguidamente, se deshará de él a cambio del precio de ejercicio.

A] Si el precio de la acción es $S = 1.500$ pesetas.

El dueño de la opción la dejará expirar sin ejercerla, siendo sus pérdidas de 40 pesetas, es decir, el coste de la misma.

B] Si el precio de la acción es $S = 990$ pesetas.

El poseedor de la opción de venta la ejercerá, puesto que si no perderá la totalidad del coste de la misma: 40 pesetas.

Precio de venta de la acción (E)	1.000 pts.
Precio pagado por la opción	– 40 pts.
Ingreso total	960 pts.
Precio de coste de la acción	990 pts.
Resultado de la operación:	– 30 pts.

C] Si el precio de la acción es $S = 900$ pesetas.

El poseedor de la opción de venta la ejercerá, puesto que sino perderá la totalidad del coste de la misma: 40 pesetas.

Precio de venta de la acción (E)	1.000 pts.
Precio pagado por la opción	– 40 pts.
Ingreso total	960 pts.
Precio de coste de la acción	900 pts.
Resultado de la operación:	60 pts.

En la Figura 8.9 se muestra la gráfica representativa del beneficio que puede obtenerse a través de la posesión (compra) de una opción de venta y que numéricamente hemos analizado previamente (p indica el precio de la opción de venta).

En resumen, la máxima pérdida para el comprador de la opción de venta vendrá determinada por el coste de la misma (p). Mientras que los resultados de su

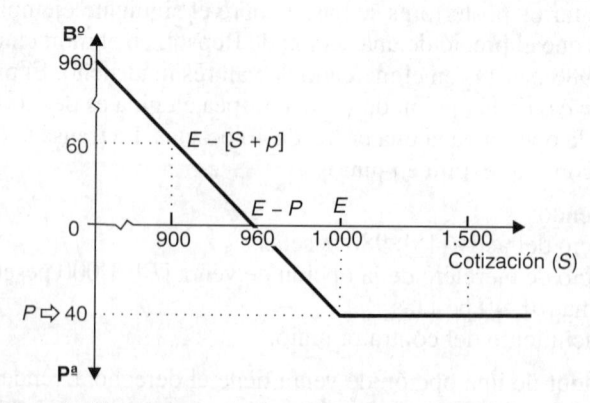

Figura 8.9. Gráfica del resultado sobre una opción de venta (según el comprador).

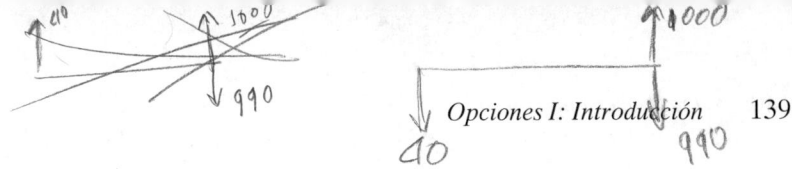

posición irán mejorando cuanto más descienda el precio de mercado de la acción subyacente (Máx [$E - S$;0] $- p$), hasta llegar a la máxima ganancia que se obtiene cuando la cotización sea nula ($E - p$).

8.5.2. Punto de vista del emisor

El emisor de una opción de venta cree que la tendencia del precio de la acción subyacente será neutra o ligeramente alcista y la emisión de este tipo de opción la ofrece la oportunidad de obtener un ingreso en forma de prima.

El vendedor o emisor de una opción de venta deberá adquirir la acción subyacente al precio de ejercicio estipulado (1.000 pts.), si el comprador de la opción la ejerce dentro del plazo al que tiene derecho. Por incurrir en este riesgo recibirá una prima (el precio de la opción de venta: 40 pts.).

A] Si el precio de la acción es S =1.500 pesetas.

La opción no será ejercida. La acción no le será entregada por el comprador de la opción y el emisor de ésta habrá ganado la prima de 40 pesetas.

B] Si el precio de la acción es S = 990 pesetas.

El propietario de la opción de venta la ejercerá, por lo que entregará al vendedor de la misma su acción al precio de ejercicio de 1.000 pesetas, lo que tendrá los siguientes resultados para el emisor de la misma:

Precio de compra de la acción (E)	1.000 pts.
Precio cobrado por la opción	$- 40$ pts.
Gasto total	960 pts.
Precio de mercado de la acción	990 pts.
Resultado de la operación:	30 pts.

C] Si el precio de la acción es S = 900 pts.

El comprador de la opción de venta la ejercerá, por lo que entregará al vendedor de la misma su acción al precio de ejercicio de 1.000 pesetas, lo que tendrá los siguientes resultados para el emisor de la misma:

Precio de compra de la acción (E)	1.000 pts.
Precio cobrado por la opción	$- 40$ pts.
Gasto total	960 pts.
Precio de mercado de la acción	900 pts.
Resultado de la operación:	$- 60$ pts.

En la Figura 8.10 se muestra la gráfica de las ganancias o pérdidas de una opción de venta ejercida antes de su fecha de vencimiento. La máxima ganancia para el vendedor de la opción de venta vendrá determinada por el coste de la misma (p). Mientras que los resultados de su posición irán empeorando cuanto más descienda el precio de mercado de la acción subyacente (p-Máx[$E - S$;0]), hasta llegar a la máxima pérdida que se obtendría en el hipotético caso de que la cotización sea nula.

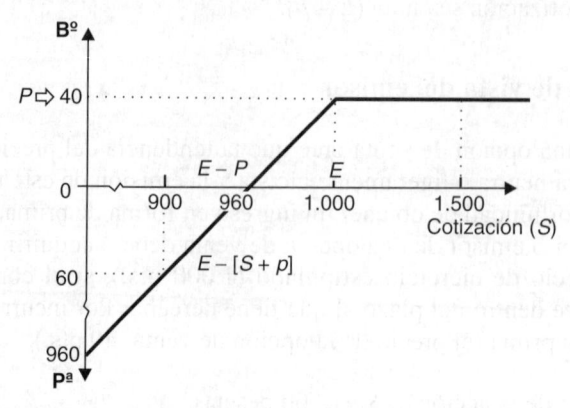

Figura 8.10. Gráfica del resultado sobre una opción de venta (según el emisor).

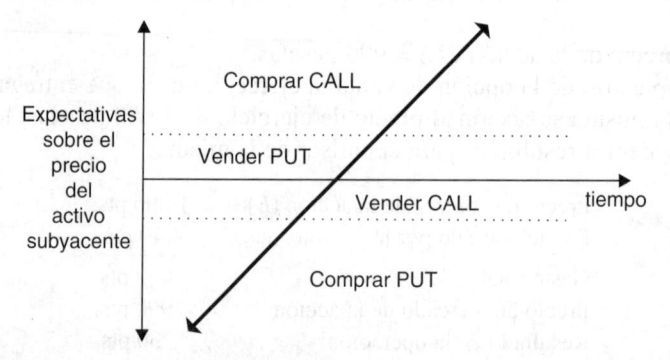

Figura 8.11. Resumen de las posiciones simples con opciones según las expectativas que tenga el inversor sobre el precio del activo subyacente.

En la Figura 8.11 se muestra un esquema de la utilización de las estrategias simples de las opciones financieras. Así, cuando se espera un fuerte ascenso del valor del activo subyacente se adquirirán opciones de compra y si se esperase un fuerte descenso del mismo se deberían adquirir opciones de venta. Si el valor del activo subyacente va a permanecer estable o ligeramente a la baja, se venderán opciones de compra; y si fuese ligeramente al alza se venderían opciones de venta.

8.6. ESTRATEGIAS SIMPLES SINTETICAS

En los dos epígrafes anteriores hemos analizado la utilización de las opciones financieras en lo que se denomina estrategias simples, es decir, vimos los perfiles de beneficios de la adquisición y emisión de las opciones de compra y de las de venta. En el epígrafe siguiente comenzaremos con el análisis de las estrategias complejas pero antes de ello es interesante observar cómo una estregia simple combinada con la compra o venta del activo subyacente proporciona un resultado idéntico al de otra estrategia simple distinta. A esto se le conoce como *opciones sintéticas*.

Comencemos analizando las primeras piezas claves de esta especie de juego de rompecabezas. Si tenemos en cuenta los flujos de caja proporcionados por las opciones de compra (*call*) en la fecha de su vencimiento (es decir, no consideraremos el pago de la prima por tener lugar ésta en un período anterior al de ejercicio de la opción), pero no en valor absoluto sino en términos relativos en comparación con el valor del activo subyacente. Esto es, si nos referimos a la adquisición de una opción de compra, ésta tendrá un valor nulo mientras el precio de ejercicio supere al valor de mercado del activo, pero si ocurre lo contrario por cada peseta que aumente el valor de la acción subyacente aumentará en la misma cantidad el valor de la opción de compra; así pues, podríamos resumir dicha estrategia como {0,1}, es decir, el valor de la opción no aumentará nada mientras el precio de la acción no supere el de ejercicio, creciendo en la misma cantidad que el activo subyacente cuando el precio de éste supere al de ejercicio; el valor de la opción se puede expresar como $c = 0 \times (S - E)$ cuando $S < E$ y $c = 1 \times (S - E)$ cuando $S > E$. En la Figura 8.12 se observan los perfiles del valor de la opción de compra tanto si se compra como si se vende (con lo que el esquema sería ahora {0, – 1}), el valor de la opción para el emisor sería igual a $c = 0 \times (S - E)$ cuando $S < E$ y $c = -1 \times (S - E)$ cuando $S > E$. (Figura 8.12).

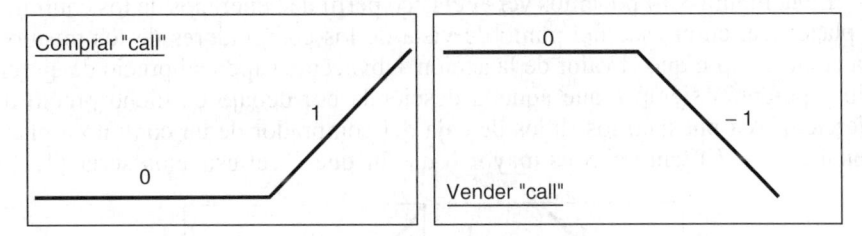

Figura 8.12. Perfiles de la opción de compra.

En la Figura 8.13 se ven los perfiles de las opciones de venta. Así, por ejemplo, en el caso de la adquisición de las mismas si el valor del activo subyacente es inferior al precio de ejercicio, el valor de la opción es igual a la diferencia entre ambos $(S - E)$ multiplicada por -1, esto es, cuanto más descienda el precio

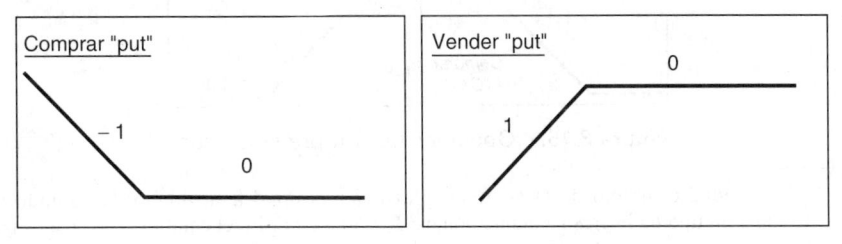

Figura 8.13. Perfiles de la opción de venta.

del activo más aumenta el de la opción; por el contrario, si el precio del activo rebasa el de ejercicio, la opción tomará un valor nulo. Por lo que su esquema sería {–1,0}, mientras que en el caso del emisor sería {1,0}, puesto que el valor de las pérdidas del emisor es igual a 1 × (S – E) cuando S < E y serán 0 × (S – E) cuando S > E.

Además de las estrategias anteriores, podemos tener en cuenta la posible utilización del activo o acción subyacente. Hay que tener en cuenta que dado que

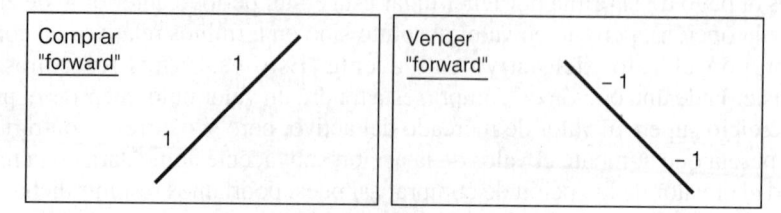

Figura 8.14. Perfiles del contrato a plazo.

hay que entregar una acción en una fecha futura determinada, el inversor podría pedir prestado el capital y comprar la acción al precio de contado o, de forma alternativa, podría contraer un *contrato a plazo* (*forward*) para la entrega del activo subyacente[1]. Para evitarnos la complicación de trabajar con préstamos o endeudamientos supondremos que el activo subyacente es en realidad un contrato a plazo en lugar de acciones propiamente dichas.

En la Figura 8.14 podemos ver el clásico perfil de beneficios de los contratos a plazo que, en el caso del punto de vista de los compradores de los mismos, ganarán siempre que el valor de la acción subyacente supere al precio de ejercicio y perderán siempre que aquélla descienda por debajo de dicho precio de ejercicio. Así pues, en los flujos de caja del comprador de un contrato a plazo son 1 × (S – E) tanto si S es mayor o menor que E (el esquema sería {1,1}).

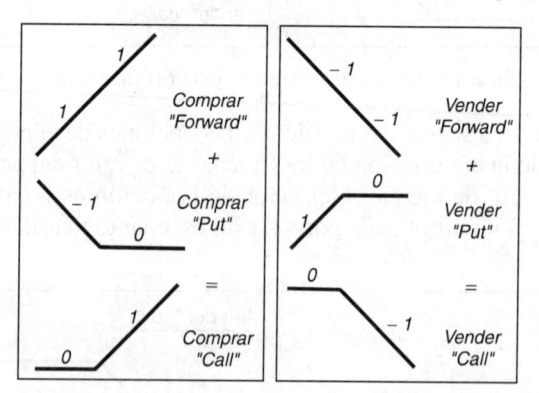

Figura 8.15. Opciones de compra sintéticas.

---

[1] En realidad el precio de la acción a plazo (F) es igual a su precio de contado (S) capitalizado a un tipo de interés r durante n años: $F = S(1 + r)^n$. En el equilibrio, los pagos para adquirir hoy una acción o realizar un contrato a plazo sobre ella son los mismos,

Desde el punto de vista de los vendedores de contratos a plazo la situación es claramente la contraria siendo los flujos de caja iguales a $-1 \times (S - E)$ sea cual sea el valor de la diferencia entre el precio de la acción y el de ejercicio de la opción (su perfil de pagos relativos sería $\{-1, -1\}$).

Tenemos tres instrumentos con los que podemos construir estrategias: opciones de compra, opciones de venta y contratos a plazo; pero con dos cualesquiera podemos fabricarnos el tercero. Así, por ejemplo, si queremos adquirir una opción de compra sintética cuyo perfil es $\{0,1\}$, podemos combinar la compra de un contrato a plazo (cuyo perfil es $\{1,1\}$) con la compra de una opción de venta (su perfil es $\{-1,0\}$), tal y como se muestra en la Figura 8.15. De forma similar la venta de un contrato a plazo y de una opción de venta proporciona una opción de compra emitida.

En la Figura 8.16 se puede observar la creación de opciones de venta sintéticas a través de la compra o venta de contratos a plazo y la venta o compra de opciones de compra. Dejaremos al lector, a modo de ejercicio, la construcción de contratos a plazo sintéticos a través de la combinación de opciones de compra y de venta.

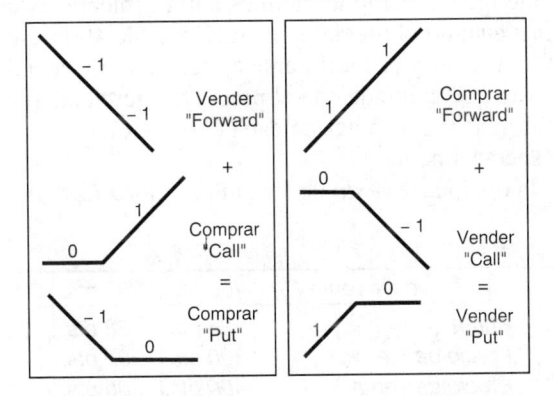

Figura 8.16. Opciones de venta sintéticas

Una vez que hemos analizado las estregias simples de utilización de las opciones así como la formación de opciones sintéticas, pasaremos a estudiar las estrategias complejas las cuáles pueden ser analizadas a través de los flujos de caja ya sea en términos absolutos o, tal y como acabamos de ver anteriormente, en relativos.

8.7. ESTRATEGIAS COMPLEJAS: *STRADDLE, STRIP* Y *STRAP*

8.7.1. *Straddle*

Consiste en la adquisición simultánea de una opción de compra y de otra de venta sobre la misma acción subyacente, que tendrán el mismo precio de ejercicio y la misma fecha de vencimiento. Por ejemplo, supongamos que adquirimos una opción de compra y otra de venta sobre una acción de Renault con un precio de ejercicio de 300 pesetas, y fecha de vencimiento en abril,

	E	CALLS Abr.	PUTS Abr.
Renault S = 318	300	38	23

Figura 8.17.

siendo su precio de mercado actual de 318 pesetas, mientras que el precio de mercado de ambos tipos de opciones es 38 y 23 pesetas respectivamente (véase Figura 8.17).

En la Figura 8.18 se muestran tres posibles precios de las acciones de Renault que pueden darse hasta el momento de la expiración del contrato y que son de 400, 300 y 200 pesetas, respectivamente. En dicha figura, a continuación se calculan las posibles estrategias a seguir con la opción de compra (*call*) de Renault, exactamente igual a como lo hicimos anteriormente, es decir, se ejerce la *opción de compra* cuando el precio de la acción es de 400 pesetas, no se ejerce cuando es de 200 pesetas, y es indiferente ejercerla, o no, cuando el precio es de 300 pesetas, puesto que coincide con el precio de ejercicio. Todo lo cual nos da unas posibles pérdidas y ganancias en cada caso de 62 pesetas, – 38 pesetas, y – 38 pesetas, respectivamente.

En cuanto a la *opción de venta* de Renault se ejercerá cuando el precio de

		400 pts.	300 pts.	200 pts.
	Precio de venta (S)	400 pts.	300 pts.	200 pts.
CALL	Prima	38 pts.	38 pts.	38 pts.
	Precio de ejercicio	300 pts.	300 pts.	0
	Precio de venta	400 pts.	300 pts.	0
	Resultados netos	62 pts.	–38 pts.	–38 pts.
PUT	Prima	23 pts.	23 pts.	23 pts.
	Precio de ejercicio	0	300 pts.	300 pts.
	Precio de compra	0	300 pts.	200 pts.
	Resultados netos	–23 pts.	–23 pts.	77 pts.
RESULTADO STRADDLE		39 pts.	–61 pts.	39 pts.

Figura 8.18. Ejemplo de un straddle.

mercado de las acciones sea inferior al precio de ejercicio, no se hará cuando ocurra lo contrario y será indiferente realizarla o no, si ambos coinciden. El resultado es, respectivamente para cada caso, de – 23 pesetas, – 23 pesetas, y 77 pe-setas.

Sumando ahora los resultados de ambas opciones obtenemos el resultado definitivo para el *straddle* en cada uno de los tres casos: 39 pesetas, – 61 pesetas, y 39 pesetas. Obsérvese cómo la máxima pérdida se obtiene cuando el precio de ejercicio coincide con el de mercado y resulta ser la suma del precio de la opción de compra y del de la de venta. Esto se muestra gráficamente en la Figura 8.19.

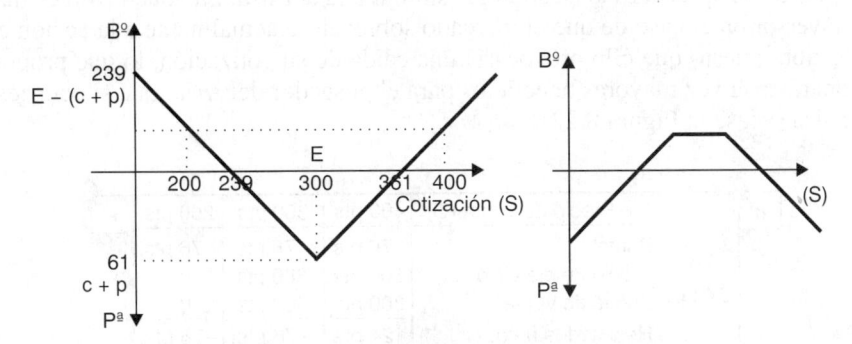

Figura 8.19. Gráfica del beneficio de la compra de un *straddle* y de la venta de un *strangle*.

Debido a que el poseedor de un *straddle* obtiene beneficios cuando el precio de la acción se mueve fuertemente al alza o a la baja, deberá ser una persona que opina que el mercado infravalora o supervalora el valor de una acción determinada en el momento actual. Si opinase justo lo contrario podría vender un *straddle*, lo que haría que la gráfica fuese justamente la contraria de la mostrada.

Si los precios de ejercicio de ambas opciones fuesen diferentes nos encontraríamos ante un *strangle*, que es una estrategia menos arriesgada y menos costosa que un *straddle*. Su gráfica es semejante a la de este último excepto que no acaba en forma de punta sino en forma de meseta (en la Figura 8.19 se observa la gráfica de la venta de un *strangle*).

		Precio de venta (S)	400 pts.	300 pts.	200 pts.
CALL	Prima		38 pts.	38 pts.	38 pts.
	Precio de ejercicio		300 pts.	300 pts.	0
	Precio de venta		400 pts.	300 pts.	0
	Resultados netos		62 pts.	-38 pts.	-38 pts.
2 PUTS	Prima		46 pts.	46 pts.	46 pts.
	Precio de ejercicio		0	600 pts.	600 pts.
	Precio de compra		0	600 pts.	400 pts.
	Resultados netos		-46 pts.	-46 pts.	154 pts.
	RESULTADO **STRIP**		16 pts.	-84 pts.	116 pts.

Figura 8.20. Ejemplo de un *strip*.

8.7.2. Strip

Consiste en la adquisición de dos opciones de venta y una opción de compra sobre el mismo título. Por ejemplo, si utilizamos los mismos datos del ejemplo anterior, obtendremos los resultados mostrados en la Figura 8.20.

Como se aprecia es una estrategia similar a la del *straddle*, que favorece más al inversor en el caso de que el mercado sobrevalore actualmente a la acción en cuestión, puesto que ello provocaría una caída de su cotización, lo que proporcionaría a su vez mayores beneficios para el poseedor del *strip*, que si ocurriese un alza (véase la Figura 8.22).

	Precio de venta (S)	400 pts.	300 pts.	200 pts.
2 CALLS	Prima	76 pts.	76 pts.	76 pts.
	Precio de ejercicio	600 pts.	600 pts.	0
	Precio de venta	800 pts.	600 pts.	0
	Resultados netos	124 pts.	−76 pts.	−76 pts.
PUT	Prima	23 pts.	23 pts.	23 pts.
	Precio de ejercicio	0	300 pts.	300 pts.
	Precio de compra	0	300 pts.	200 pts.
	Resultados netos	−23 pts.	−23 pts.	77 pts.
RESULTADO STRAP		101 pts.	−99 pts.	1 pts.

Figura 8.21. Ejemplo de *strap*.

8.7.3. Strap

Estrategia contraria a la del *strip*, que consiste en adquirir dos opciones de compra y una sola de venta sobre la misma acción. Utilizando los mismos datos que en los casos anteriores podemos apreciar los resultados de dicha estrategia en la Figura 8.21.

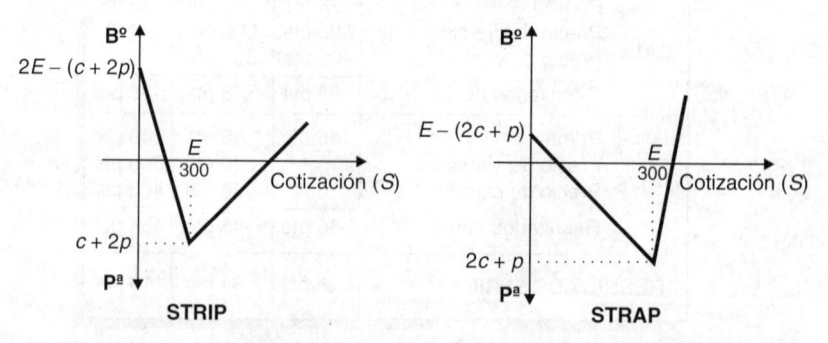

Figura 8.22. Gráfica del beneficio de un *strip* y un *strap*.

Aquí ocurre exactamente lo contrario que en el caso del *strip*, puesto que se obtiene una mayor ganancia cuando aumenta considerablemente el precio de la acción en comparación con lo obtenido si descendiese su cotización (véase Figura 8.22).

En la Figura 8.22, se muestran las gráficas de los beneficios, que se pueden obtener con las dos estrategias analizadas anteriormente. El inversor que se decante por un *strip* apuesta por un descenso del valor del activo subyacente, mientras que si prefiere un *strap* considera que la variación del valor del activo se producirá más hacia el alza que a la baja.

8.8. ESTRATEGIAS EN LA UTILIZACION DE LAS OPCIONES: LOS DIFERENCIALES O *SPREADS*

Son una combinación de dos o más posiciones con diferentes precios de ejercicio o con diferentes fechas de vencimiento.

8.8.1. Diferencial alcista

Uno de los más conocidos es el denominado *bull spread*, que podríamos traducir como *diferencial alcista* y que consiste en adquirir una opción de compra con un precio de ejercicio determinado y vender otra opción de compra con un precio de ejercicio superior. Por lo general, ambas tienen la misma fecha de vencimiento. Esta estrategia está indicada para quien piense que la acción tiene una ligera tendencia al alza.

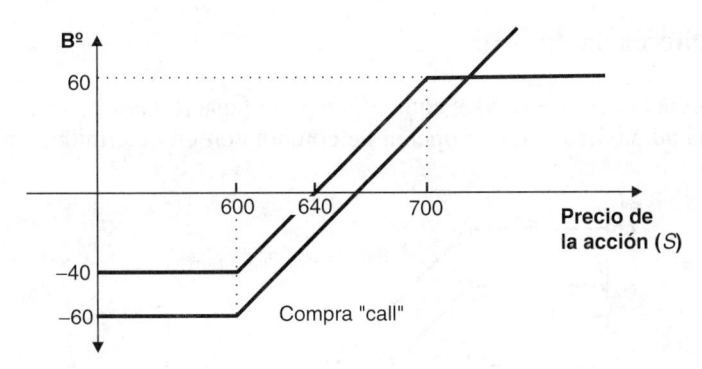

Figura 8.23. Esquema de un *diferencial alcista* comparado con el de una opción de compra.

El *diferencial alcista* es una alternativa a la adquisición de una opción de compra cuando las expectativas de mercado son sólo ligeramente positivas y se desea limitar el riesgo de pérdidas (obsérvese la Figura 8.23, donde se muestra la comparación de los beneficios de ambas estrategias). Una característica de esta

Cotización	< 600	625	650	675	> 700
Compra "call"					
Prima (60 pts.)	− 60	− 60	− 60	− 60	− 60
Precio de Ejercicio (600 pts.)	--	− 600	− 600	− 600	− 600
Precio de venta	--	+ 625	+ 650	+ 675	> 700
Vende "call"					
Prima (20 pts.)	+ 20	+ 20	+ 20	+ 20	+ 20
Precio de Ejercicio (700 pts.)	--	--	--	--	+ 700
Precio de compra	--	--	--	--	> 700
Spread alcista	− 40	− 15	+ 10	+ 35	+ 60

Figura 8.24. Ejemplo numérico de un *diferencial alcista*.

estrategia es que el riesgo se reduce en contrapartida a la reducción de la ganancia potencial.

Supongamos que una acción de BBV vale 640 pesetas y que la opción sobre la misma, con vencimiento en octubre y precio de ejercicio de 600 pesetas, tiene un coste de 60 pesetas; por otro lado, la opción con precio de ejercicio de 700 pesetas, vale 20 pesetas. En la Figura 8.23 se muestra el perfil del beneficio de esta operación. El máximo beneficio se consigue si el título alcanza a superar el precio de ejercicio más alto en el momento del vencimiento; la máxima pérdida si se encuentra por debajo del precio de ejercicio más pequeño. En la Figura 8.24 se analiza un ejemplo numérico.

8.8.2. Diferencial bajista

La estrategia opuesta se conoce como *diferencial bajista* (*bear spread*), que consiste en la adquisición de una opción de compra con un determinado precio de

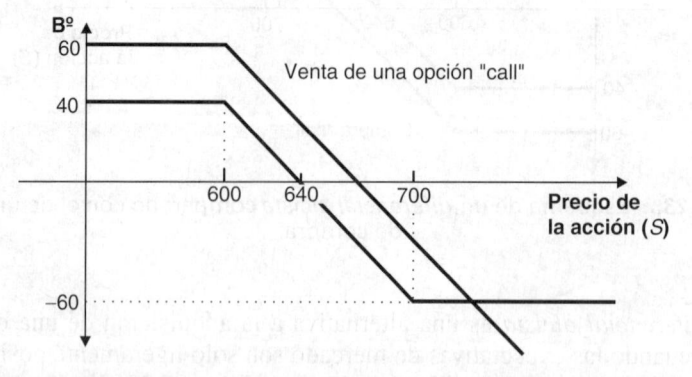

Figura 8.25. Esquema de un *diferencial bajista* comparado con la venta de una opción *call*.

Cotización	< 600	625	650	675	> 700
Compra "call"					
Prima (20 pts.)	− 20	− 20	− 20	− 20	− 20
Precio de Ejercicio (700 pts.)	--	--	--	--	− 700
Precio de venta	--	--	--	--	> 700
Vende "call"					
Prima (60 pts.)	+ 60	+ 60	+ 60	+ 60	+ 60
Precio de Ejercicio (600 pts.)	--	+ 600	+ 600	+ 600	+ 600
Precio de compra	--	− 625	− 650	− 675	> 700
Spread bajista	+ 40	+ 15	− 10	− 35	− 60

Figura 8.26. Ejemplo numérico de un *diferencial bajista*.

ejercicio al mismo tiempo que se vende otra con un precio de ejercicio inferior (Figura 8.26). Esta estrategia se puede emplear como alternativa a la compra de una opción de venta (*put*), cuando un inversor prevee una tendencia negativa del mercado. Esta posición proporciona una ganancia en un mercado en declive y, comparada con la adquisición de una opción de venta, implica un menor coste, a cambio de limitar la ganancia potencial. Por tanto, esta estrategia se recomienda para los inversores que esperen una cierta caída en las cotizaciones. En la Figura 8.25 se muestra este tipo de estrategia con los mismos datos que en el caso anterior y comparada con la venta de una opción de compra para que se pueda apreciar cómo, a cambio de una menor ganancia, se limitan las pérdidas en caso de que el valor del activo subyacente ascienda.

8.8.3. Diferencial mariposa

Una posición neutral es el denominado *diferencial mariposa (butterfly spread)*, que combina un *alcista* con un *bajista*. Suele ser utilizado por inversores que

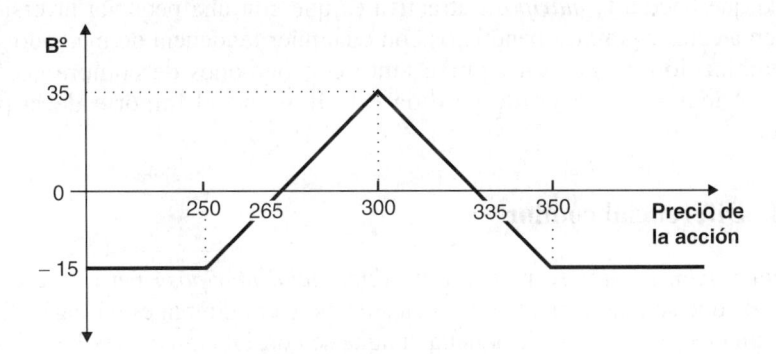

Figura 8.27. Esquema de un spread mariposa.

150 *Ingeniería Financiera*

Precio acción	200	250	265	280	300	320	335	350	400
Opción E = 250	−60	−60	−45	−30	−10	10	25	40	90
Opción E = 300	60	60	60	60	60	20	−10	−40	−140
Opción E = 350	−15	−15	−15	−15	−15	−15	−15	−15	35
Beneficio	−15	−15	0	15	35	15	0	−15	−15

Figura 8.28. Tabla de cobros y pagos de un *spread* mariposa.

creen que el precio de la acción no se moverá mucho de su precio de ejercicio. Por ejemplo, una acción cotizada en 300 pesetas tiene una opción de compra sobre la misma con vencimiento en abril y precio de ejercicio de 250 pesetas, valorada en 60 pesetas, mientras que si el precio de ejercicio es de 300 pesetas, su coste será de 30 pesetas, y si fuese de 350 pesetas, su prima sería de 15 pesetas.

El inversor compraría una opción de compra de 250 pesetas, de precio de ejercicio, vendería dos opciones con un precio de ejercicio de 300 pesetas, y compraría una de 350 pesetas. En la Figura 8.27 se observa el esquema de esta estrategia en su versión compradora, mientras que la tabla de cobros y pagos, según las diferentes cotizaciones de la acción, se pueden contemplar en la Figura 8.28.

Un *diferencial mariposa* puede ser difícil de establecer en la práctica. Puede resultar difícil completar la compra y venta de todas las opciones simultáneamente, cosa que también ocurre en el momento en que se quiere cerrar la operación. La pérdida máxima está limitada y es relativamente pequeña. Esto significa que la compra de una *mariposa* es una posición que se mantiene normalmente hasta la fecha de vencimiento.

Lo que hace a la *mariposa* atractiva es que con una pequeña inversión se pueden alcanzar grandes beneficios con cualquier tendencia de mercado y que la combinación puede conseguirse tanto con opciones de compra como de venta. Además, el riesgo de pérdida está limitado al importe de la prima pagada.

8.8.4. Diferencial cóndor

Un *diferencial cóndor* se parece a un *diferencial mariposa* pero difiere en el hecho de que se requieren cuatro precios de ejercicio diferentes en lugar de tres. Tiene un efecto similar al de aquélla aunque se consiguen menores beneficios, a cambio de permitir una mayor variación del precio del activo subyacente.

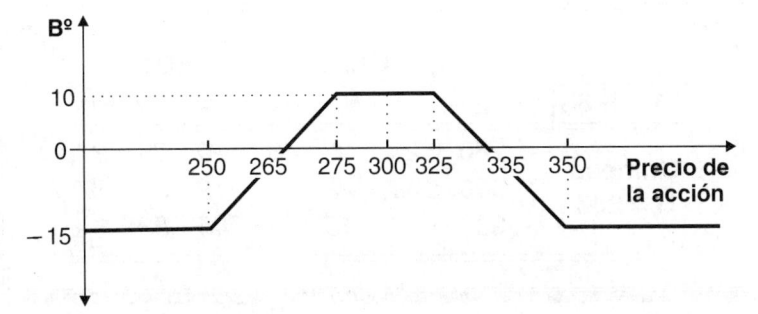

Figura 8.29. Esquema de la compra de un *diferencial cóndor*.

Precio acción	200	250	265	280	300	320	335	350	400
Opción E = 250	−60	−60	−45	−30	−10	10	25	40	90
Opción E = 275	35	35	35	30	10	−10	−25	−40	−90
Opción E = 325	25	25	25	25	25	25	15	0	−50
Opción E = 350	−15	−15	−15	−15	−15	−15	−15	−15	35
Beneficio	−15	−15	0	10	10	10	0	−15	−15

Figura 8.30. Tabla de cobros y pagos de la adquisición de un *diferencial cóndor*.

A modo de ejemplo veamos la siguiente estrategia seguida por un inversor:

a) Adquiere una opción de compra con un precio de ejercicio de 250 pesetas, lo que le cuesta 60 pesetas.
b) Emite una opción de compra con un precio de ejercicio de 275 pesetas, obteniendo un ingreso de 35 pesetas.
c) Emite una opción de compra con un precio de ejercicio de 325 pesetas, obteniendo un ingreso de 25 pesetas.
d) Adquiere una opción de compra de 350 pesetas, a un precio de 15 pesetas.

En la Figura 8.29 se observa el esquema de esta estrategia, que es muy parecida a la del *strangle* aunque con una limitación de las pérdidas (si se trata de un cóndor comprado) o de las ganancias (si es un cóndor vendido). Mientras que la tabla de cobros y pagos según las diferentes cotizaciones de la acción se puede contemplar en la Figura 8.30.

La expectativa que subyace para la realización de esta posición es que el precio del activo subyacente permanezca dentro de un cierto intervalo.

152 *Ingeniería Financiera*

21 - 1- 88	E	CALLS Feb.	May.	Jun.	PUTS Feb.	May.	Jun.
Guiness S = 288	280	23	33	43	10	23	27
	300	8	23	32	19	32	37
	330	4	15	-	45	53	-

Figura 8.31.

8.8.5. Diferencial temporal *(time spread)*

Este tipo de diferencial consiste en la venta de una opción y la adquisición simultánea de otra más lejana en el tiempo, ambas con el mismo precio de ejercicio. Es, pues, un *diferencial horizontal* (los casos analizados en el apartado anterior son *diferenciales verticales*). Su uso se basa en que el transcurso del tiempo erosionará el valor de la opción más cercana a su vencimiento más velozmente que la que se encuentra más lejos del mismo.

En efecto, en el supuesto de que el precio del valor subyacente no cambie, la

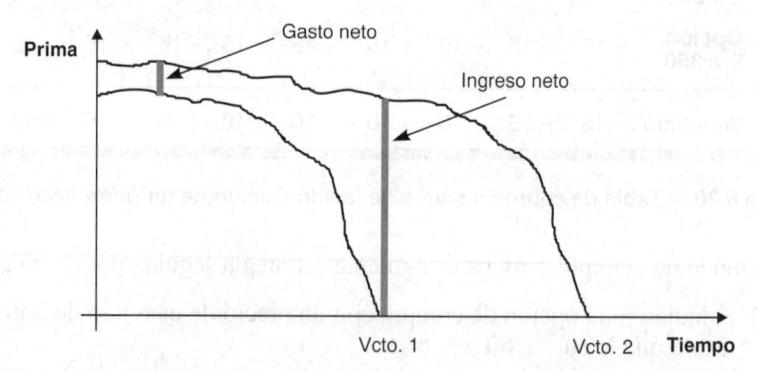

Figura 8.32. Esquema de un *diferencial temporal*.

diferencia de precios (*spread*) entre las dos opciones con diferentes fechas de vencimiento se incrementa con el paso del tiempo. Lo que es debido a que el valor extrínseco (*valor temporal*) de una opción próxima a su vencimiento, disminuye más rápidamente que el de otra más lejana en el tiempo (Figura 8.31).

Entonces, la diferencia de valor entre ellas se incrementa. Este fenómeno es aplicable sólo a las opciones con un precio de ejercicio cercano al precio diario de cierre, es decir, a las opciones *at the money*. En la Figura 8.32 se muestra cómo el valor temporal o extrínseco (que en este tipo de opciones coincide con la prima, puesto que no tienen valor intrínseco) disminuye para una opción *at the money* en un período de tiempo determinado. También se puede observar cómo el diferencial temporal entre las dos opciones *at the money* con diferentes fechas de vencimiento aumenta con el tiempo.

Cuando un inversor desee establecer esta posición deberá adquirir la opción con fecha de vencimiento 2 y vender la opción con fecha de vencimiento 1 (véase la Figura 8.32).

Así que la idea expresada en la Figura 8.32 es que adquiriremos una opción de compra con vencimiento en el momento 2, al mismo tiempo que emitimos otra con el mismo precio de ejercicio pero con vencimiento en 1. El resultado es un pequeño pago por nuestra parte. Llegado el momento 1, venderemos la opción que poseíamos, la cual vencía en el momento 2, con lo que obtendremos el ingreso mostrado en la Figura 8.32.

Entonces cuando un inversor venda un *diferencial temporal* se podrá beneficiar del hecho de que la diferencia de precios entre las dos opciones se incremente. El inversor intentará que las posiciones de apertura en la fecha de comienzo de la operación tengan una diferencia de primas lo más pequeña posible, mientras que en la fecha de cierre esta diferencia sea lo mayor posible.

Existen tres métodos de crear este tipo de diferencial, que dependen de las expectativas del mercado: *neutro*, *alcista o agresivo*, y *bajista* o defensivo. La elección entre ellos dependerá de si se eligen opciones *at the money*, *out of the money*, o *in the money*.

Un diferencial temporal ofrece la posibilidad de hacer substanciales beneficios en relación al capital invertido. Además, el riesgo de pérdida está limitado a la cantidad gastada originalmente para establecer el diferencial, más las comisiones de la operación. El inconveniente es que el intervalo temporal de beneficio es siempre relativamente pequeño y se requiere una precisión exacta en término de expectativas para alcanzar un resultado favorable.

Diferencial temporal alcista: En un diferencial alcista el inversor vende la opción de compra con vencimiento más próximo y adquiere otra con vencimiento a más largo plazo. Pero realiza todo esto cuando el valor de mercado del activo subyacente es algo inferior al precio de ejercicio de las opciones de compra (*out of the money*). Esta estrategia tiene el atractivo de unos beneficios potenciales elevados a cambio de un pequeño desembolso. Por supuesto, existe un riesgo implícito en la operación.

Ejemplo: El precio de mercado de un activo es 490 pesetas. El inversor emite una opción de compra sobre el mismo con un precio de ejercicio de 500, con vencimiento en abril, a un precio de 10 pesetas; y adquiere otra opción con el mismo precio de ejercicio y con vencimiento en julio por 15 pesetas.

El inversor espera que sucedan dos cosas. Por un lado, él desearía que la opción de abril venciera sin valor. Obsérvese que en este tipo de diferencial las opciones son del tipo *out of the money* y que, además, el inversor espera una subida del valor del activo para después de abril y no inmediatamente. Si todo esto sucede el inversor dispondrá de una opción de compra con vencimiento en julio a un coste neto de 5 pesetas, más las comisiones.

La segunda cosa que deberá ocurrir será que el precio del activo subyacente aumente antes de que venza la opción de julio. Téngase en cuenta que

154 *Ingeniería Financiera*

si dicho precio alcanza el valor 520 cuando venza esta última opción, la ganancia será de 20 pesetas, cuando se han invertido sólo 5 pesetas, (sin contar comisiones), lo que representa un rendimiento del 300% (ver Figura 8.33).

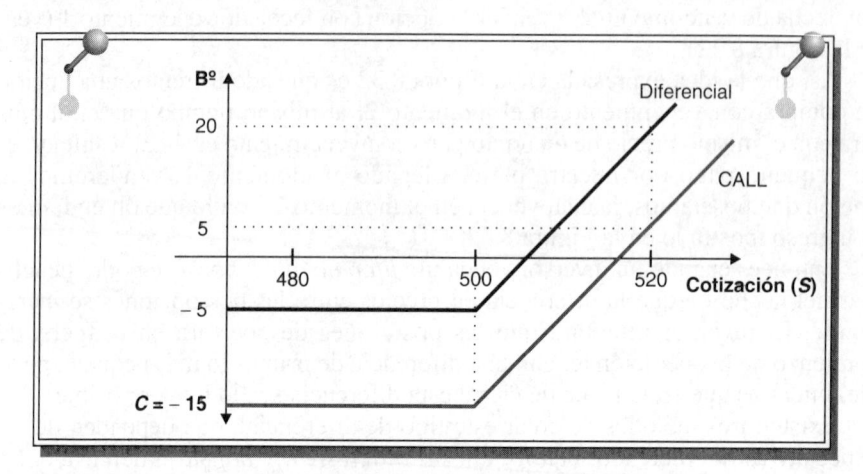

Figura 8.33. Esquema de un diferencial temporal alcista si la opción emitida ha vencido sin valor (prima: 10 pesetas).

La probabilidad de que se cumpla la primera condición (de que la opción de vencimiento más próximo venza sin valor alguno) es bastante grande, debido a que aunque el precio de mercado ascienda hay un margen de seguridad de 5 pesetas. Lo contrario ocurre con la segunda condición (que el precio de mercado supere al de ejercicio de la opción de vencimiento más lejano), donde la probabilidad es bastante más pequeña. Por eso se dice que esta estrategia proporciona una pequeña probabilidad de realizar un gran beneficio.

Diferencial temporal bajista: Cuando el inversor confía en un descenso del precio de mercado del activo subyacente realiza este tipo de diferencial. Es decir, en un diferencial bajista el inversor vende la opción de venta con vencimiento más próximo y adquiere otra con vencimiento más lejano. Pero realiza todo esto cuando el valor de mercado del activo subyacente es algo superior al precio de ejercicio de las opciones de venta (*in the money*).

Ejemplo: Con un activo cuyo valor de mercado es de 510 pesetas, un inversor emitiría una opción de venta de enero-500 por 10 pesetas, y adquiriría una abril-500 por 15 pesetas. Lo que espera es que el precio de mercado se mantenga por encima del de ejercicio hasta que venza la primera opción, lo que reduciría su coste neto a 5 pesetas, y ahora esperaría un descenso del mercado por debajo del precio de ejercicio de la opción de abril, lo que le reportaría una sustancial ganancia (véase la Figura 8.34).

Todo lo dicho para el caso anterior es aplicable a éste pero en vez de hablar de alza de precios hay que pensar en la bajada de los mismos y en opciones de venta.

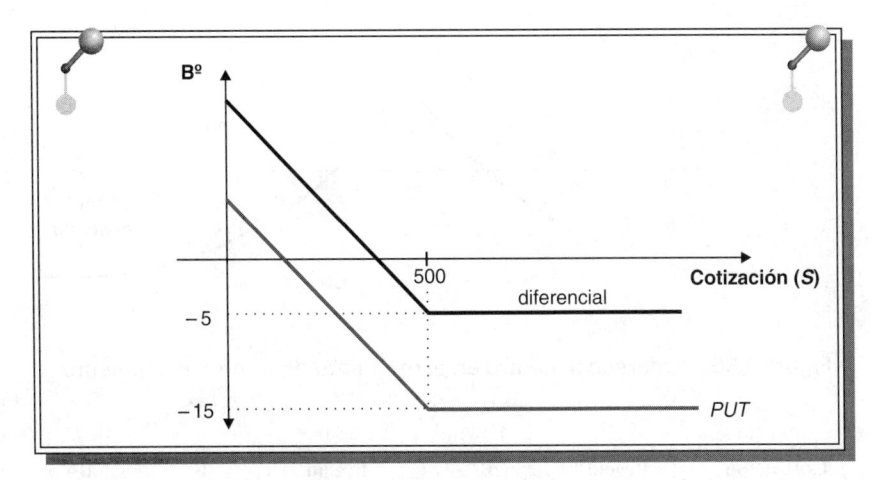

Figura 8.34. Esquema de un diferencial bajista si la opción emtida ha vencido sin valor (prima 10 pesetas).

Diferencial temporal neutro: Este diferencial se establece cuando el valor de mercado del activo subyacente se encuentra cerca del precio de ejercicio (zona *at the money*) de las opciones utilizadas. El estratega está interesado en vender tiempo y no en predecir la dirección del precio del activo subyacente. Si este último no varía, u oscila ligeramente, el diferencial neutro hasta la fecha de vencimiento más cercano obtendrá un beneficio. En un diferencial neutro, se debería tener inicialmente la intención de cerrar el diferencial en el momento en que venza la opción más cercana.

Si el valor del activo cambiase, el resultado del diferencial neutro sería menor que si hubiese permanecido estable. Si el valor del activo varía suficientemente, se incurrirá en una pérdida aunque ésta será limitada.

En la Figura 8.35 se muestra el perfil de los resultados de un ejemplo de dos opciones con precio de ejercicio igual a 50 y fechas de vencimiento en abril y julio, respectivamente. El rango ideal de variación del precio de mercado para obtener beneficios se encuentra entre 46 y 55, mientras que la máxima pérdida se encuentra por debajo de 40 y por encima de 60. En la tabla de la Figura 8.36 se muestra el cálculo estimado que da lugar a la figura anterior.

8.9. USO DE LAS OPCIONES PARA REDUCIR EL RIESGO

La combinación consistente en la adquisición de una acción y la venta de una opción de compra sobre la misma (emisión de una opción de compra cubierta: *covered call writing*), permite reducir el riesgo de posibles cambios futuros en la cotización de aquélla. Este tipo de cobertura se suele realizar por dos motivos fundamentales:

  a) Para aquellos inversores que quieren mantener su acción durante algún tiempo y piensan que el mercado podría tener una tendencia bajista.

156 Ingeniería Financiera

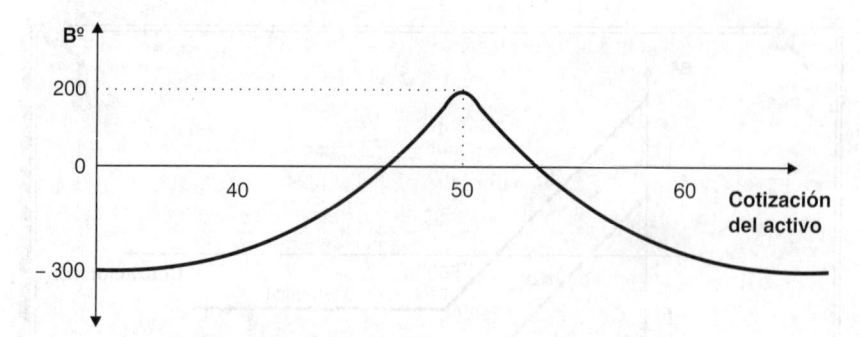

Figura 8.35. Diferencial neutro en el momento de primer vencimiento.

Cotización del activo	Precio abril-50	Bº abril-50	Precio julio-50	Bº julio-50	Bº Total
40	0	500	0,5	– 750	– 250
45	0	500	2,5	– 550	– 50
48	0	500	4	– 400	100
50	0	500	5	– 300	200
52	2	300	6	– 200	100
55	5	0	8	0	0
60	10	– 500	10,5	+ 250	– 250

Figura 8.36. Beneficio o pérdidas estimados en abril
(prima abril-50: 5 pesetas; prima julio-50: 8 pesetas; contrato: 100 opciones).

b) Hay inversores que piensan que hay un límite superior de la cotización de la acción, el cual se encuentra próximo al precio de ejercicio de su opción de compra y se contentarán con recibir una recompensa inmediata (la prima de la opción).

Para comprobarlo utilizaremos el siguiente ejemplo:

Precio de la acción de Repsol en la actualidad: 1.360 pesetas.
Precio de ejercicio de la opción de compra [E]: 1.400 pesetas.
Premio o precio de la opción [c]: 250 pesetas.
Fecha del contrato: febrero
Vencimiento del contrato: septiembre

Supongamos que la cotización de Repsol alcanza uno de los tres siguientes valores: 1.800 pesetas, 1.500 pesetas y 1.300 pesetas. En los dos primeros casos, el poseedor de la opción de compra ejercerá su derecho por lo que el precio de venta de la misma será de 1.400 pesetas, es decir, el precio de ejercicio que figura en el contrato de opción. En ambos casos el inversor, que sigue la estrategia que aquí estamos analizando, obtendrá un beneficio total de 290 pesetas, que se descompone en las 250 pesetas, del precio de la opción más las 40 pesetas, de ganancias de capital resultantes de vender la acción a 1.400 pesetas, cuando la había comprado a 1.360 pesetas. Ahora bien, en el tercer caso no se ejercerá la opción alcanzándose un beneficio de 190 pesetas, debido a la pérdida de 60 pesetas, al vender las acciones por debajo de su precio de compra. Obsérvese cómo por este procedimiento, lo más que se puede ganar son 290 pesetas, pero, a cambio, para perder dinero la cotización de la acción deberá caer por debajo de los 1.110 pesetas, (véase Figura 8.37).

Precio de venta (S)	1.800	1.500	1.300
1. Venta de la opción de compra			
Prima	250 pts.	250 pts.	250 pts.
2. Compra de la acción			
Coste de las acciones	1.360 pts.	1.360 pts.	1.360 pts.
Precio de venta	1.400 pts.	1.400 pts.	1.300 pts.
Resultados netos	40 pts.	40 pts.	– 60 pts.
RESULTADOS	290 pts.	290 pts.	190 pts.

Figura 8.37. Ejemplo de emisión de una opción de compra y adquisición de una acción.

En la Figura 8.38 se muestra la gráfica del beneficio de esta estrategia. En ella podemos apreciar cómo si sólo poseemos la acción, y no la opción, podemos ganar, o perder, más dinero que con la estrategia que acabamos de ver (el punto muerto se alcanza cuando $S = E + c$), de ahí que hayamos reducido el riesgo al vender una opción de compra sobre dicha acción.

La venta de opciones de compra cubiertas puede ser dividida en dos clases: *in the money* y *out of the money* (Figura 8.39). La primera es más conservadora y tiene, por tanto, menores expectativas de ganancia; mientras que la segunda, es

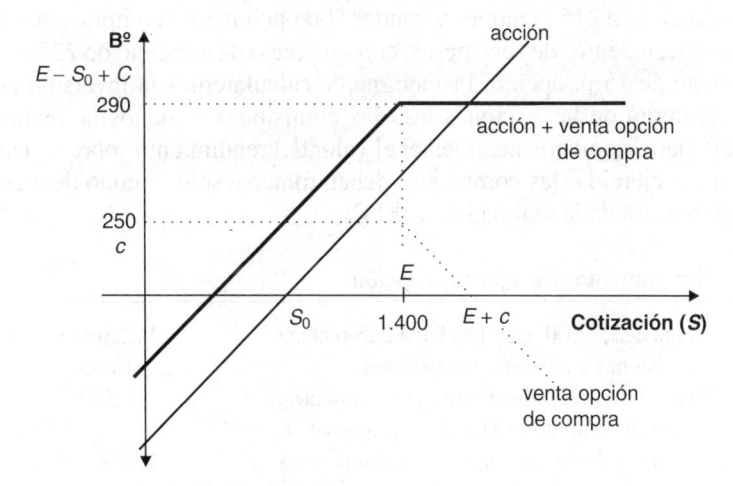

Figura 8.38. Gráfica del beneficio resultante de adquirir una acción y al mismo tiempo vender una opción de compra sobre la misma.

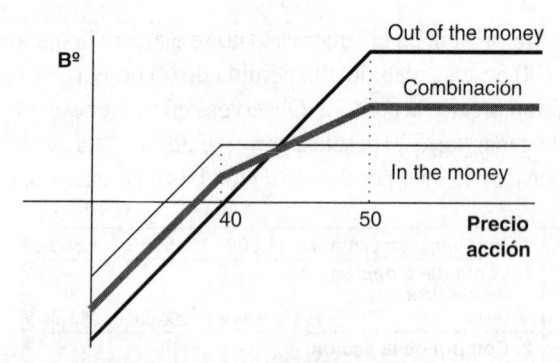

Figura 8.39. Esquema comparativo de emisión de opciones de compra cubiertas: *in the money, out of money* y su combinación.

más arriesgada y promete un mayor beneficio (es el caso analizado en los párrafos anteriores).

Existen tres componentes básicos de la emisión de opciones de compra cubiertas que deberían ser estudiados con detenimiento antes de poner en acción dicha estrategia:

a) El rendimiento, que se conseguiría sobre la inversión, si la acción fuese reclamada.
b) El rendimiento, que se lograría si la cotización de la acción subyacente permaneciese inalterable hasta el vencimiento de la opción.
c) El punto muerto, o umbral de rentabilidad a la baja, después de incluir todos los costes. Lo que permitirá calcular el porcentaje de protección a la baja que se conseguiría al vender la opción de compra.

Como ejemplo, supongamos que a un inversor se le ofrece la siguiente emisión de opciones de compra cubiertas: Adquirir 500 acciones de BP, en el mercado londinense, a 215 peniques y vender 500 opciones de compra sobre la misma, que vencen dentro de seis meses, con un precio de ejercicio de 225 peniques y a un coste de 15 p./opción. Primeramente calcularemos la inversión neta requerida (compra de las acciones más las comisiones y menos la venta de las opciones), para seguidamente obtener el valor del rendimiento sobre aquélla si la opción fuese ejercida (las comisiones deben tomarse sólo a modo de ejemplo y no como muestra de la realidad de LIFFE):

Rendimiento si se ejerce la opción	
Venta de las 500 acciones BP a 225 p./acc.	112.500 p.
Comisiones a aplicar a la operación	− 1.650 p.
Dividendos cobrados hasta el vencimiento	2.500 p.
Inversión neta (compra de las acciones − − venta de las opciones + comisiones)	− 101.900 p.
	11.450 p.

Así que el rendimiento será del 11,23% sobre la inversión neta. A continuación calcularemos el rendimiento si la cotización de la acción permaneciese inalterable (se supone que las acciones seguirán en poder del inversor si su cotización no varía y que se irán emitiendo nuevas opciones de compra cuando las anteriores venzan):

Rendimiento si la cotización permanece inalterable

Valor de las 500 acciones BP a 215 p./acc.	107.500 p.
Dividendos cobrados hasta el vencimiento	2.500 p.
Inversión neta (compra de las acciones –	
– venta de las opciones + comisiones)	– 101.900 p.
	8.100 p.
Rendimiento: 7,9%	

El próximo paso consiste en calcular el umbral de rentabilidad a la baja:

Umbral de rentabilidad a la baja

Inversión neta (compra de las acciones –	
– venta de las opciones + comisiones)	+ 101.900 p.
Dividendos cobrados hasta el vencimiento	– 2.500 p.
Coste real de las acciones	99.400 p.
Dividido por las 5400 acciones BP	500 acc.
Precio del punto muerto: 198,8 p./acc.	

Así que si las acciones fuesen mantenidas hasta el vencimiento de las opciones, su cotización estaría protegida hasta un valor de 198,8 peniques. Es decir, que estarían cubiertos 16,2 peniques (215 p.–198,8 p.), lo que representa un 7,5% del precio de adquisición de una acción de BP.

En contraste a la emisión de opciones de compra cubiertas, existe la emisión de opciones descubiertas, es decir, sin posesión de la acción subyacente. Esta estrategia tiene un limitado potencial de beneficios y teóricamente ilimitadas pérdidas. A cambio no hay que desembolsar ninguna cantidad de dinero a la hora de emitir una opción descubierta (Figura 8.40).

DE AQUI EN ADELANTE

Si el lector desea, una vez que ha leído este capítulo, ampliar sus conocimientos sobre las opciones sobre títulos, le aconsejamos consulte los siguientes trabajos, que han sido extraídos de la bibliografía, que figura seguidamente:

- Sobre las estrategias de utilización de las opciones recomendamos un «clásico» de este tipo de operaciones perteneciente a McMillan (1986): *Options as a Strategic Investment*. New York Institute of Finance. Nueva York.

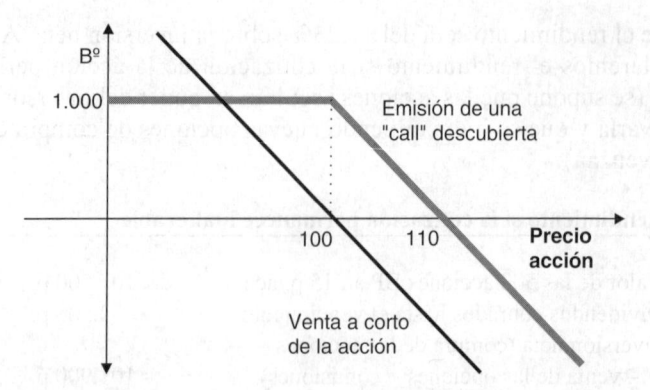

Figura 8.40. Emisión de una opción de compra descubierta.

- Sobre el modelo de valoración de opciones de BLACK y SCHOLES (1973) nada mejor que su propio artículo "The Pricing of Options and Corporate Liabilities". *Journal of Political Economy.* Mayo-junio, págs.: 637-659.
- Y sobre tratados generales acerca de las opciones se recomienda consultar:

CASANOVAS, Montserrat: *Opciones Financieras.* Pirámide. Madrid. 1994 (2.ª ed.).

CAVALLA, N. M.: *Handbook of Traded Options.* Macmillan. Londres.1989

COX, J., y Rubinstein, M.: *Options Markets.* Prentice Hall. Englewood Cliffs (NJ). 1985.

FERNÁNDEZ BLANCO, Matilde (ed.): *Opciones: Activos, Mercados y Valoración.* Instituto Español de Analistas de Inversiones. Madrid. 1991.

FERNÁNDEZ, Pablo: *Opciones y Valoración de Instrumentos Financieros.* Deusto. Bilbao. 1991

FITZGERALD, Desmond: *Financial Options.* Euromoney. Londres. 1987.

LAMOTHE, Prosper: *Opciones sobre Instrumentos Financieros.* McGraw Hill. Madrid. 1993.

BIBLIOGRAFIA

ALEXANDER, Gordon, y SHARPE, William: *Investments.* Prentice Hall. Englewood Cliffs (NJ). 1990.

BEAUFILS, Bernard, *et al.*: *La Banque et les Nouveaux Instruments Financiers.* La Revue BANQUE. Lyon. 1986.

BLACK, Fisher: «Living up to Model». *Risk.* núm. 3. Marzo. 1990. Págs. 11-13.

BLACK, Fisher; DERMAN, Emanuel, y TOY, William: «A One-Factor Model of Interest Rates and Its Application to Treasury Bond Options». *Financial Analysts Journal.* Enero-febrero. 1990. Págs. 33-39.

BLACK, Fisher, y SCHOLES, Myron: «The Pricing of Options and Corporate Liabilities». *Journal of Political Economy.* Mayo-junio. 1973. Págs. 637-659.

BREALEY, Richard, y MYERS, Stewart: *Fundamentos de Financiación Empresarial.* McGraw Hill. Madrid. 1994 (4.ª ed.).

CASANOVAS, Montserrat: *Opciones Financieras.* Pirámide. Madrid. 1994 (2ª. ed.).
CAVALLA, N. M.: *Handbook of Traded Options.* MacMillan. Londres.1989.
CENTELLES, Fernando: «Ventajas de un Mercado Organizado de Opciones». *Estrategia Financiera.* Marzo. 1990.
COOPERS & LYBRAND: *A Guide to Financial Investments.* Euromoney. Londres. 1987.
COURTADON, Georges, y MERRICK, John: «The Options Pricing Model and the Valuation of the Corporate Securities». En STERN y CHEW (Ed.): The *Revolution in Corporate Finance.* Basil Balckwell. Oxford. 1987. Págs.197-212.
COX, J., y RUBINSTEIN, M.: *Options Markets.* Prentice Hall. Englewood Cliffs (NJ). 1985.
DICKINS, Paul (1988): «Futures & Options: When the growing gets tough». *Corporate Finance Supplement.* Marzo. Londres. Págs.1-32.
EUROMONEY: «Futures and Options». *Euromoney Supplement.* Julio. Londres. 1989.
FERNÁNDEZ BLANCO, Matilde (ed.): *Opciones: Activos, Mercados y Valoración.* Instituto Español de Analistas de Inversiones. Madrid. 1991.
FERNÁNDEZ, Pablo: *Opciones y Valoración de Instrumentos Financieros.* Deusto. Bilbao. 1991.
FITZGERALD, Desmond: *Financial Options.* Euromoney. Londres. 1987.
FRANCIS, Jack: *Management of Investments.* McGraw-Hill. Nueva York. 1988.
GIL GARCÍA, Elena: «Relaciones básicas entre opciones financieras». *Actualidad Financiera,* núm. 38. 1990. Págs. 2297-2336.
GÓMEZ SALA, Juan, y MARHUENDA, Joaquín: «Los contratos de opciones negociables». *Actualidad Financiera,* núm. 30. Julio. 1988. Págs. 1447-1462.
HUL, John, y WHITE, Alan: «Root and Branch». *Risk,* núm. 8. Septiembre. 1990.
INVERSIÓN Y FINANZAS: «Alternativa para cubrir posiciones». *Inversión y Finanzas.* Abril. 1989. Págs. 16-22.
LAMOTHE, Prosper: *Opciones Financieras.* McGraw Hill. Madrid. 1993.
LEONG, Kenneth: «The Emperor's New Clothes». *Risk,* núm. 8. Septiembre. 1990.
MacWILLIANS, Katie, y IRELAND, Louise: «OTC Options Checklist». *Corporate Finance.* Agosto. 1988 Págs. 58-61.
McMILLAN, Lawrence: *Options as a Strategic Investment.* NewYork Institute of Finance. Nueva York. 1986.
OPTIONS DEVELOPMENT GROUP: *Introduction to Traded Options.* Scimitar Press. Londres. 1987
OPTIONS DEVELOPMENT GROUP: *Traded Put Options.* Scimitar Press. Londres. 1987.
PUTNAM, Bluford: «Managing Interest Rate Risk; An Introduction to Financial Futures and Options». En STERN y CHEW (Ed.): *The Revolution in Corporate Finance.* Basil Blackwell. Oxford. 1987 Págs. 239-251.
REDHEAD, Keith: *Introduction to Financial Futures and Options.* Woodhead-Faulkner. Londres. 1990.
ROA, Alfonso: «Guía Práctica de las Opciones (II)». *Estrategia Financiera.* Diciembre. 1990
RUTTERFORD, Janette: *Introduction to Stock Exchange Investment.* MacMillan Press. Londres. 1983.
RUTTIENS, Alain: «Classical Replica». *Risk.* Febrero. 1990.
SMITH, Courtney: *Option Strategies.* John Wiley. Nueva York. 1988.
SOLDEVILLA, Emilio: «Las Opciones Bursátiles». *Situación,* núm. 2. 1989. Págs. 5-73.
SWISS BANK CORPORATION: *Currency and Stock Options.* Zurich. 1984.
VALERO, Francisco: *Opciones en Instrumentos Financieros.* Ariel. Barcelona. 1988.
WALMSLEY, Julian: *The New Financial Instruments.* John Wiley & Sons. Nueva York. 1988.

EJERCICIOS

1. Una opción de compra sobre una acción de Endesa, que tiene un precio de ejercicio de 4.000 pesetas, se ejerce un día en que la acción de la compañía eléctrica cotiza en el mercado a 4.300 pesetas. Suponiendo que fuese una opción de tipo europeo calcule: *a*) el flujo de caja del propietario de la opción en la fecha de ejercicio; *b*) el beneficio de la operación si la prima pagada tres meses antes fue de 150 pesetas; *c*) el rendimiento de la operación; y *d*) calcule lo mismo que en los dos puntos anteriores pero teniendo en cuenta el precio del tiempo (tipo de interés libre de riesgo 10% anual).

2. Hace dos meses usted adquirió una opción de compra sobre el índice IBEX-35 con un precio de ejercicio de 2.500 pagando una prima de 10.000 pesetas. Hoy procede a ejercer su opción cuando el valor del índice es de 2.725 (1 tick = 100 pesetas). Calcule: *a*) el flujo de caja del propietario de la opción en la fecha de ejercicio; *b*) el beneficio de la operación; *c*) el rendimiento de la operación; y *d*) calcule lo mismo que en los dos puntos anteriores pero teniendo en cuenta el precio del tiempo (tipo de interés libre de riesgo 10% anual).

3. Una opción de venta sobre una acción de Telefónica, que tiene un precio de ejercicio de 1.350 pesetas, se ejerce un día en que la acción de la compañía cotiza en el mercado a 1.100 pesetas. Suponiendo que fuese una opción de tipo europeo calcule: *a*) el flujo de caja del propietario de la opción en la fecha de ejercicio; *b*) el beneficio de la operación si la prima pagada cuatro meses antes fue de 50 pesetas; *c*) el rendimiento de la operación; y *d*) calcule lo mismo que en los dos puntos anteriores pero teniendo en cuenta el precio del tiempo (tipo de interés libre de riesgo 10% anual).

4. Usted posee actualmente 100 acciones de Repsol y pretende realizar una emisión de opciones de compra europeas sobre las mismas. Si la prima de dichas opciones es de 120 pesetas con un precio de ejercicio de 2.000 pts./acción, determine su beneficio o pérdida bajo las siguientes condiciones en el momento de vencer la opción (ignore los costes de transacción y los impuestos): *a*) El precio del título es de 1.900 pesetas; *b*) el precio del título es de 2.100 pesetas; *c*) el precio de Repsol es de 2.300 pesetas.

5. Ana González está considerando la adquisición de 100 acciones del BBV a un precio de mercado de 1.000 pts./acción. Sin embargo, Ana tiene miedo de que el precio de BBV caiga durante los dos meses siguientes a su adquisición. El valor de mercado de una opción de venta «at-the money» sobre BBV con vencimiento dentro de tres meses es de 40 pesetas. ¿Qué beneficio o pérdida tendrá Ana si compra las acciones del BBV pagando 1.000 pesetas/título y transcurrido un mes el precio cae a 800 pesetas? Y ¿qué ocurriría si ella hubiese adquirido la opción de venta?

6. Hay rumores de que las acciones de Construcciones Perucho están siendo adquiridas de forma subrepticia por un posible tiburón financiero, motivo por el que el precio de sus acciones ha comenzado a subir. Si los rumores no se confirmasen es posible que el precio de las mismas cayese incluso por debajo del precio original. Para beneficiarse de esto Sara González ha establecido la siguiente posición *straddle* con las opciones de Construcciones Perucho:

a) Adquirió una opción de compra a tres meses con un precio de ejercicio de 4.000 pesetas por 200 pesetas, de prima.
b) Pagó una prima de 100 pesetas, por una opción de venta a tres meses con un precio de ejercicio de 4.000 pesetas.

Con arreglo a esta información y sabiendo que en este mercado hay que adquirir un mínimo de 100 opciones, determine: 1.º La posición final de Sara si el precio de Construcciones alcanza las 4.100 pesetas, al final de los tres meses; 2.º Lo mismo, pero si el precio cayese a 3.500 pesetas, al final de los tres meses al no confirmarse la adquisición hostil. Ignórense los costes de transacción y los impuestos.

7. Amalia Fernández ha establecido el siguiente *strangle* con las opciones sobre Repsol que vencen dentro de tres meses:

   a) Adquirió una opción de compra con un precio de ejercicio de 5.500 pesetas y una prima de 300 pesetas.
   b) Adquirió una opción de venta con un precio de ejercicio de 4.500 pesetas, y un precio de 50 pesetas.

   El precio actual de las acciones de Repsol es de 5.000 pesetas. Determine el resultado de la estrategia de Amalia en la fecha del vencimiento de las opciones si:

   a) El precio de las acciones de la empresa petrolera se mantiene idéntico al actual.
   b) El precio de las acciones de Repsol cae hasta las 3.500 pesetas.
   c) El precio de dichas acciones asciende hasta las 6.000 pesetas.

8. Considere la siguiente cartera de opciones. Usted emite una opción de compra con vencimiento en abril sobre Telefónica con un precio de ejercicio de 1.000 pesetas, por la que recibe una prima de 20 pesetas; y, al mismo tiempo, emite una opción de venta sobre dicha empresa con vencimiento en abril y precio de ejercicio 950 pesetas, recibiendo 70 pesetas, en concepto de prima de la opción.

   a) Represente gráficamente los flujos de caja de esta cartera en la fecha de vencimiento de las opciones como función del precio de las acciones de Telefónica.
   b) ¿Cuál será el resultado de la cartera si el precio de la acción subyacente se situase en 970 pesetas, en la fecha de vencimiento?, ¿qué ocurriría si el precio fuese de 1.150 pesetas?
   c) ¿Qué tipo de estrategia está realizando usted con esta cartera?, es decir, ¿qué piensa usted que ocurrirá con las acciones de Telefónica?

9. A la muerte de su abuela, hace ya varios años, Edesio Ureña recibió como parte de su herencia 2.000 acciones del Banco Bilbao Vizcaya (BBV). El precio de dichas acciones en aquel momento era de 7.500 pesetas por acción, lo que representaba el coste inicial de cada título de Edesio. Posteriormente en 1990, Edesio adquirió un apartamento para sus padres a un coste total de 16 millones de pesetas, pagables en su totalidad en marzo de 1991. Por ello Edesio pensó en vender sus acciones del BBV para financiar la adquisición del piso.

   Al final del año 1990, el precio de mercado de las acciones de BBV estaba alrededor de las 7.500 pesetas por acción con tendencia a la baja. Esto preocupaba a Edesio que pensó que las acciones podían caer fuertemente antes de proceder a su venta con lo que no tendría suficiente dinero para comprar el apartamento en marzo de 1991.

Edesio decidió visitar a tres analistas de inversiones que le aconsejasen sobre cómo desarrollar una estrategia que, al menos, protegiese el valor de su principal (unos 15 millones de pesetas). Idealmente, la estrategia debería poder aumentar el valor de su inversión hasta los 16 millones necesarios para sufragar el coste total del piso. Se discutieron cuatro alternativas:

a) Edesio pensaba que lo mejor sería vender ahora sus acciones BBV y reinvertir el dinero obtenido al 10% de interés nominal anual durante los tres meses que quedaban hasta marzo de 1991.

b) Inversiones Alvarez aconsejaba a Edesio que emitiera una opción de compra sobre BBV con vencimiento en marzo y precio de ejercicio de 8.000 pesetas Estas opciones valían 200 pesetas, en ese momento.

c) Blasco y Compañía, le sugirieron que adquiriese opciones de venta sobre BBV *at-the-money* con vencimiento en marzo de 1991. Su precio era de 200 pesetas.

d) Córdoba y Asociados le recomendaron mantener sus acciones, adquirir opciones de venta *at-the-money* sobre BBV con vencimiento en marzo, y financiar la compra vendiendo opciones de compra sobre BBV con vencimiento en marzo y con un precio de ejercicio de 8.000 pesetas.

Haciendo caso omiso de los costes de transacción, dividendos y garantías necesarias, clasifique las cuatro alternativas con arreglo a la posibilidad de cumplir los objetivos señalados anteriormente. Apoye sus explicaciones con los gráficos de los flujos de caja de cada una de ellas[2].

---

[2] Este ejercicio está inspirado en uno citado por Bodie, Kane y Marcus: *Investments*. Irwin. 1993, que fue utilizado en el examen de Chartered Financial Analysts.

9
Opciones II: Valoración

9.1. INTRODUCCION

Una vez que hemos visto en el capítulo anterior qué es una opción financiera, cómo son los mercados en los que cotiza y cuáles son sus estrategias simples y complejas, ha llegado el momento de que dediquemos parte de nuestro tiempo a analizar cómo se calcula su valor. Para ello comenzaremos con un sencillo ejemplo ilustrativo que nos permitirá darnos cuenta de las variables que afectan al valor de una opción.

Al oeste de Madrid está situado el *campus* de Somosaguas, donde se encuentra la Facultad de Económicas y Empresariales de la Universidad Complutense. Supongamos que un constructor me ofrece el derecho a comprar un apartamento cercano a dicho *campus*, cuya construcción terminará dentro de un año, por un precio de 25,5 millones de pesetas a pagar en el momento de la entrega del piso. Yo sé que el valor de mercado de un apartamento semejante en esa zona es en la actualidad de unos 25 millones de pesetas. Teniendo en cuenta que los tipos de interés anuales son del 12% y que alquilar un apartamento idéntico implica unos flujos de caja anuales actualizados de 1,2 millones de pesetas, ¿cuál sería el valor de la opción?

Primeramente, deberé estimar la probabilidad de que los precios de los apartamentos dentro de un año se sitúen por encima de los 25,5 millones de pesetas. Si esa probabilidad fuese nula la opción carecería de valor. Ahora bien, aun cuando yo espere que los precios de los apartamentos caigan por debajo de 25,5 millones dentro de un año, siempre habrá una pequeña probabilidad de que asciendan por encima de dicha cantidad. Cuanto mayor sea el plazo de ejercicio de la opción mayor será esa probabilidad. Voy a suponer dos casos: por un lado que el precio dentro de un año sea de 27 millones o que sea de 24 millones de pesetas.

Hay dos formas de que yo pueda garantizar que el apartamento será mío dentro de un año:

a) Podría adquirirlo ahora mismo a un coste de 25 millones de pesetas y alquilarlo durante un año, por lo que recibiré 1,2 millones de pesetas por anticipado. Con lo que el coste neto sería de 23,8 millones.

b) Podría pagar una prima de *c* pesetas por la opción para adquirir el apartamento dentro de un año por 25,5 millones de pesetas. Con objeto de asegurarme la posesión de dicha cantidad dentro de un año, podría invertir ahora 22.767.857 pesetas, al 12% de interés anual con lo que recibiré el precio de ejercicio de la opción dentro de un año.

Hoy		Dentro de un año	
		$S^* > E$	$S^* < E$
Alternativa A			
Compro apto. (S) −25.000.000	Vendo apartamento	27.000.000	24.000.000
Cobro alquiler (D) 1.200.000			
Coste total −23.800.000			
Alternativa B			
Adquiero opción (c) − c	Recupero inversión	25.500.000	25.500.000
Invierto el VA(E) −22.767.857	Compro apto.	−25.500.000	−
Coste total −(22.767.857 + c)	Vendo apto.	27.000.000	−

Figura 9.1.

En la Figura 9.1 se muestran ambas alternativas y es fácil darse cuenta de que si el precio del apartamento dentro de un año (S^*) es mayor que el precio de ejercicio de la opción (E), da igual cuál sea la alternativa elegida pues transcurrido un año el flujo de caja de ambas es el mismo, es decir, 27 millones de pesetas. Ahora bien, si el precio del apartamento se situase por debajo del precio de ejercicio (24 millones de pesetas, por ejemplo), la alternativa «*a*» recibiría un flujo de caja igual a S^* (24 millones) mientras que la «*b*» lo tendría igual a E (25,5 millones); por tanto, en este caso se recibiría un mayor flujo con la alternativa «*b*». Así pues, parece lógico suponer que esta última alternativa deberá tener un valor, al menos, igual o superior que la «*a*», puesto que los flujos de caja que produce también son iguales o superiores:

$$23.800.000 \leq 22.767.857 + c \quad \text{o también} \quad S - D \leq VA(E) + c$$

despejando el valor de la opción *c*, obtendremos:

$$c \geq (S - D) - VA(E)$$

De esta manera, en nuestro ejemplo sabemos que la opción de adquirir el apartamento deberá valer, como mínimo, 1.032.143 pesetas. A través de este ejemplo hemos podido comprobar cómo el valor de una opción depende de una serie de factores como son: el valor de mercado del activo, el precio de ejercicio, el tipo de interés, el tiempo hasta el vencimiento, la volatilidad del activo subyacente y los dividendos o intereses que proporcionará dicho activo. Dichos factores van a ser analizados en el epígrafe siguiente.

9.2. FACTORES QUE DETERMINAN EL PRECIO DE UNA OPCION

El precio de una opción (prima o *premium*) está determinado básicamente por seis factores:

1.º *El valor intrínseco de la acción subyacente.* Cuanto mayor sea su valor, mayor será el precio de la opción de compra suscrita sobre ese título (considerando constantes el precio de ejercicio y la fecha de expiración del contrato). En la Figura 9.2 se muestra el denominado diagrama de Bachelier, que nos muestra la relación entre el precio de la opción (*call*, en este caso) y el de la acción sobre la que fue emitida.

La línea *OM*, que forma un ángulo de 45° sobre cada eje, indica la igualdad entre los precios de la opción y de su acción [$c = S$] en el caso de que el precio de ejercicio sea igual a cero siendo, por tanto, el límite superior del precio de la opción. Esto es así porque si el precio de esta última fuese superior al de su acción, al inversor le resultaría más barato adquirir directamente la acción en el mercado.

La línea *OEI* marca el límite inferior del precio de la opción. Cuando el precio de la acción es nulo, o inferior al precio de ejercicio de la opción (*strike price*) –caso *out of the money*–, el menor valor que puede tomar la opción es cero. Y cuando el precio de la acción, S, supera al precio de ejercicio de la opción, E (*in the money*), el límite inferior de dicho valor vendrá dado por la recta *EI*, puesto que cualquier inversor puede ejercer la opción al precio de ejercicio (E) y vender la acción en el mercado obteniendo un ingreso de [$S - E$], que sería el precio mínimo a pagar por la opción. Esta es la razón de que al emitir una opción

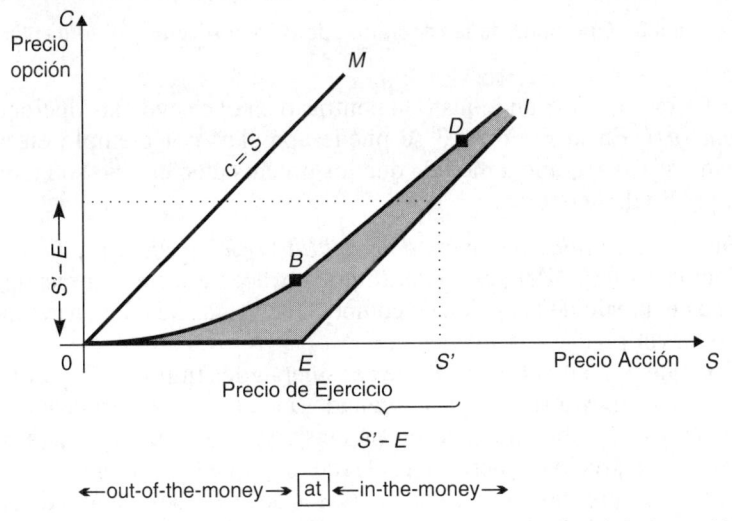

Figura 9.2. El precio de una opción de compra en relación al de la acción.

in the money no interese ejercerla en el momento, dado que el precio de la misma es, cuando menos, igual a la posible ganancia esperada, con lo que el beneficio sería nulo o negativo (véase el ejemplo mostrado en la Figura 9.2, para un precio de mercado hipotético $S´$).

Por lo general, el precio de la opción (c) sigue una línea similar a la *OBD*. En el punto *O*, el valor de la acción es nulo, lo mismo que el de la opción. En el tramo *OB*, cuando $S < E$ el precio de la opción toma un valor positivo y creciente debido a que el inversor espera que en el futuro el precio de la acción (S) en el mercado consiga superar al de ejercicio (E).

$$c = 0 \times \text{Prob}\,[S \leq E] + (S - E) \times \text{Prob}\,[S > E] = (S - E) \times \text{Prob}\,[S > E]$$

donde por pequeña que sea la probabilidad para el inversor de que S supere a E, el precio de la opción tomará un valor positivo. Así pues, la relación entre el valor de la opción de compra y el precio de mercado del activo subyacente es directa; lo contrario ocurre en el caso de las opciones de venta, puesto que cuanto más pequeño es el precio del activo más vale la opción.

2.º *El precio de ejercicio.* Cuanto más bajo sea el precio de ejercicio (E) mayor será el precio de la opción de compra (c), puesto que existirá una mayor probabilidad de que el precio de mercado de la acción acabe superando

21 - 1 - 88		CALLS			PUTS		
	E	Apr.	Jul.	Oct.	Apr.	Jul.	Oct.
Brit. Airwais $S = 164$	140	32	36	43	7	11	14
	160	18	24	31	13	20	22
	180	12	17	24	25	32	34

Figura 9.3. Opciones de las acciones de British Airways (Fuente: *Financial Times*).

al de ejercicio; ocurriendo justo lo contrario en el caso de las opciones de venta (*put -p-*). En la Figura 9.3 se puede apreciar, por ejemplo en el caso de British Airways, cómo a medida que los precios de ejercicio son menores crece el precio de la opción.

3.º *La volatilidad del mercado o del título en cuestión.* La magnitud de las oscilaciones diarias del precio del título subyacente influye directamente en el tamaño del precio de la opción de compra o de venta. De tal manera que a mayor riesgo mayor precio y viceversa.

Por ejemplo, en la Figura 9.4 se consideran dos títulos, el *A* y el *B*, donde el primero tiene mayor riesgo que el segundo (medido por la desviación típica de la distribución de probabilidad de sus precios). Si suponemos que estos títulos tienen el mismo precio de mercado esperado, *S*, y que las opciones de compra que pueden ser adquiridas sobre cada uno de los dos tienen un precio de ejercicio *E*, igual en ambas. Si *E* es mayor que *S*, en ambos casos (*out of the money*), el com-

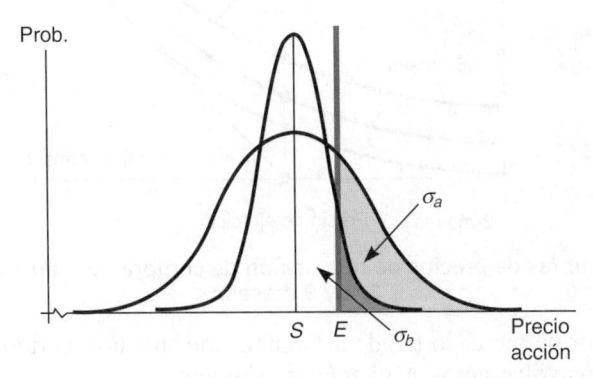

Figura 9.4. Efecto de la variabilidad del precio de una acción sobre el valor de una opción.

prador de la opción espera que antes de la expiración del contrato, los precios de mercado de ambas acciones (S_a, S_b) hayan superado el valor del precio de ejercicio (E). Esto es más probable en el caso de A que en el de B, al ser su variabilidad mayor que la de esta última (véase el área rayada). Así que al ser más fácil obtener beneficios con A que con B, el precio de la opción de compra de títulos A será superior al de la de los títulos B. Lo mismo se puede decir del caso de las opciones de venta (*put*).

4.º *El tiempo de vida de la opción.* El precio incluye un elemento temporal, que tiende a decrecer al aproximarse la fecha de expiración del contrato de la opción. Es decir, cuanto menos le quede de vida a la opción, menor será su valor, puesto que menos probabilidades tiene el precio de mercado de superar al de ejercicio (o de ser inferior al mismo, si nos referimos a las opciones de venta). Volvamos a observar el ejemplo mostrado en la Figura 9.3, en el que podemos ver cómo si la opción sobre British Airways vence en abril, vale menos que si lo hace en julio y ya no digamos si es en octubre.

Un corolario importante es que, por lo general, un inversor preferirá no ejercer una opción de compra antes de la fecha de expiración del contrato, debido a que, incluso, si el precio de mercado, S, supera al precio de ejercicio, E, aún hay tiempo para que aquél se incremente aún más. Asimismo, el poseedor de una opción conseguirá un mayor rendimiento vendiendo la misma antes que comprando la acción correspondiente y enajenándola seguidamente. Si en el caso de la Figura 9.3, nos dan 32 peniques por la opción, esto es preferible a comprar la acción por 140 y venderla en 164 (ganancia = 24 p.). La diferencia (8 p.) es conocida como el *valor del elemento temporal* de la opción, que refleja la ganancia potencial de un posterior aumento esperado en el precio de la acción, que puede tener lugar en el tiempo que resta hasta la expiración del contrato (véase la zona sombreada de la Figura 9.2). En la Figura 9.5 se muestra cómo conforme se aproxima la fecha de vencimiento de la

170 *Ingeniería Financiera*

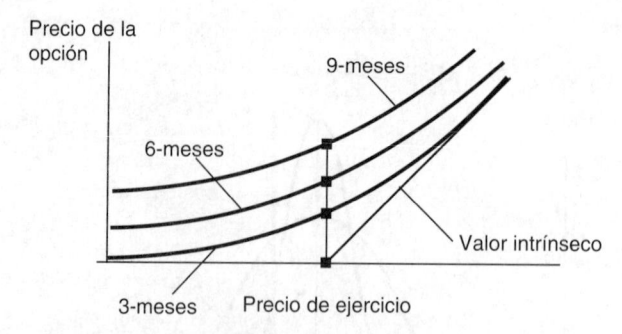

Figura 9.5. Curvas de precios de una opción de compra para un vencimiento a 3, 6 y 9 meses.

opción su valor de mercado tiende a fundirse con su valor teórico o intrínseco. Sobre este tema volveremos en el epígrafe siguiente.

5.º *El tipo de interés sin riesgo.* El valor de la opción depende de la tasa de descuento que se aplica en el mercado financiero a las inversiones financieras libres de riesgo (R_f). Esto es así porque al combinar la emisión de opciones de compra sobre acciones con la tenencia de las propias acciones es posible eliminar totalmente el riesgo de la inversión (esto ya se comentó en el capítulo anterior al hablar de las opciones sintéticas).

En realidad, la compra de una opción equivale, desde el punto de vista financiero, a la adquisición de una acción con parte del pago aplazado. El pago inicial vendrá dado por el coste de la opción (c), mientras que la parte aplazada será el valor actualizado del precio de ejercicio (E) al tipo de interés libre de riesgo R_f (tal y como observamos en el ejemplo del primer epígrafe). Así que el precio actual de la acción, S_0, deberá ser como máximo igual a:

$$S_0 = c + E / (1 + R_f)$$

de donde despejando el valor de la opción de compra, obtendremos una expresión que nos indica que cuanto más grande sea el valor del tipo de interés sin riesgo mayor será la prima de la opción de compra.

$$c = S_0 - E / (1 + R_f)$$

Pero aquí existe una contradicción, derivada del hecho de que S_0 no es neutral con respecto a R_f, puesto que como se sabe el precio actual de una acción es una función inversa del tipo de interés libre de riesgo (véase la expresión de la SML en el Capítulo 7). Esto es, si suponemos que el tipo libre de riesgo asciende, el valor actual de la acción tenderá a disminuir, con lo que el valor de la opción seguirá esta misma tendencia, con arreglo a lo explicado en el punto 1 de este mismo epígrafe, con lo que se llega a una conclusión contraria a lo expuesto anteriormente y mantenido por un gran número de autores. En realidad, la idea de que al ascender el tipo de interés el valor de la opción de compra asciende es cierta si suponemos la cláusula *ceteris paribus* para el resto de las variables de la ecuación, pero en este caso ello es imposible de hacer puesto que la variación del tipo de interés afecta tanto al precio del activo subyacente como al de la opción. Sería tanto como suponer que en una palanca uno de sus brazos permanece quieto mientras que el otro se mueve: semejante suposición es imposible de cumplir, pues lo mismo ocurre aquí con el tipo de interés.

En la Figura 9.2 se puede apreciar que en el punto D la línea representativa del valor de la opción se vuelve asintótica a la recta IE, lo que nos indica que cuanto mayor sea la diferencia $[S´ - E]$ más tenderá a aproximarse el precio de la opción, c, al valor actualizado de dicha diferencia. Puesto que cuanto mayor sea c, mayor será la probabilidad de que $S´ > E$ y menor la de que $S´ < E$.

6.º *Los dividendos.* Los dividendos repartidos por la acción subyacente también afectan al valor de la opción. Pues cuanto mayores sean los dividendos más bajo será el coste de la opción de compra (véase el ejemplo del primer epígrafe), puesto que se supone que al repartirse los dividendos el precio de mercado de la acción descenderá, o no subirá tanto como debiera, lo que puede retraer a los posibles adquirentes de las opciones de compra. Con la opción de venta ocurrirá justo lo contrario, puesto que si desciende el precio de mercado del activo subyacente ello redundará en un aumento del valor de la opción de venta.

En resumen, el precio de una opción de compra (c), depende principalmente de seis factores: $c = f(S, E, t, \sigma, R_f, D)$, siendo sus relaciones de la siguiente forma:

$$\frac{\delta c}{\delta S} > 0; \quad \frac{\delta c}{\delta E} < 0; \quad \frac{\delta c}{\delta t} > 0; \quad \frac{\delta c}{\delta \sigma} > 0; \quad \frac{\delta c}{\delta R_f} > 0; \quad \frac{\delta c}{\delta D} < 0$$

Mientras que para la opción de venta las relaciones serían:

$$\frac{\delta c}{\delta S} < 0; \quad \frac{\delta c}{\delta E} > 0; \quad \frac{\delta c}{\delta t} > 0; \quad \frac{\delta c}{\delta \sigma} > 0; \quad \frac{\delta c}{\delta R_f} < 0; \quad \frac{\delta c}{\delta D} > 0$$

9.3. LOS LIMITES DEL ARBITRAJE CON OPCIONES

En el epígrafe anterior hemos visto qué variables afectan al valor de las opciones así como en qué sentido influyen sobre el mismo. En este epígrafe vamos a seguir estudiando dichas influencias de una manera algo más profunda a través del estudio del arbitraje sobre opciones. Comenzaremos con el arbitraje sobre las opciones de compra, seguiremos estudiando el arbitraje sobre opciones de venta y finalizaremos con el estudio de la denominada *teoría de la paridad put-call*.

9.3.1. Límites del arbitraje sobre opciones de compra

Lo primero que tenemos que considerar es que una opción de compra (europea o americana) no puede valer menos de cero, puesto que la opción o tiene valor o no lo tiene, es decir, cuando se tiene el derecho a hacer algo se tiene o un valor positivo o no se tiene nada. Así pues:

$$c \geq 0$$

Una opción no puede valer más que su activo subyacente (S). Es lógico, pues si una opción sobre Telefónica valiese 500 pesetas, y las acciones de dicha compañía valen 400 pesetas, sería preferible adquirir estas últimas en vez de los títulos que dan derecho a adquirirlas:

$$c \leq S$$

Por otro lado, el valor de una opción de compra americana (C), que recordemos puede ser ejercida inmediatamente, es superior o igual a la diferencia entre el precio del activo subyacente (S) y el precio de ejercicio (E). Es decir, es mayor o igual que su valor intrínseco:

$$C \geq S - E$$

El cuarto punto que debemos considerar es que el valor de una opción de compra europea (c) es superior o igual al resultado de restarle al precio del activo subyacente (S) el valor actual del precio de ejercicio ($VA(E)$). Para demostrarlo supongamos que tenemos dos alternativas:

a) Adquirir una acción subyacente en la actualidad a un precio S.
b) Adquirir una opción de compra sobre dicha acción a un precio c y, al mismo tiempo, depositar suficiente dinero a un tipo libre de riesgo (R_f) para que al vencimiento de la opción se obtenga el precio de ejercicio (E); dicha cantidad de dinero será igual a $VA(E)$.

	Hoy		Vencimiento	
			$S^* < E$	$S^* \geq E$
Alternativa A				
Comprar acción (S)	$-S$	Vender acción	S^*	S^*
Alternativa B				
Adquirir opción (c)	$-c$	Rtdo. opción	0	$S^* - E$
Invertir el $VA(E)$	$-VA(E)$	Recibir	E	E

Figura 9.6.

En la Figura 9.6 se puede apreciar cómo si el precio de ejercicio supera al valor de la acción, la alternativa B es preferible a la A, pues sus flujos de caja totales son mayores ya que $E > S^*$. Mientras que si sucediese lo contrario, ambas alternativas tendrían los mismos flujos de caja (S^*). Por ello, la alternativa B deberá costar hoy más, o al menos igual, que la A:

$$c + VA(E) \geq S \longrightarrow c \geq S - VA(E)$$

Como resulta que: $S - VA(E) \geq S - E$, se puede deducir que el ejercicio inmediato de una opción de compra americana proporciona unos flujos de caja ($S - E$) inferiores al mínimo valor de una de tipo europeo no ejercida ($S - VA(E)$), de donde se puede concluir que el ejercer una opción de compra antes del vencimiento no crea ningún valor adicional. De aquí la frase «una opción de compra viva vale más que una muerta». Podemos resumir diciendo que, en ausencia de dividendos, una opción de compra europea viene a tener el mismo valor que una de tipo americano, lo cual implica que el método de valoración puede ser el mismo para ambos tipos de opciones de compra.

Podemos apreciar otros dos límites. El primero es que si el precio del activo subyacente es nulo el valor de la opción de compra también lo será. El segundo, es que si el precio del activo es muy alto en comparación con el precio de ejercicio (la opción es profundamente *in-the-money*), entonces el valor de la opción se aproxima mucho a su límite inferior ($S - VA(E)$); la razón es que la probabilidad de ejercer la opción es prácticamente del 100% y no existe ninguna incertidumbre que pueda conferirle un valor extra.

Estos dos límites nos pueden permitir situar dos puntos en el gráfico representativo de la relación entre el valor de la opción de compra y el precio de su activo subyacente que aparece en la Figura 9.7. El primer punto, «*x*», se encuentra en el origen, mientras que el segundo, «*y*», está situado casi encima de la recta representativa del límite inferior del valor de la opción $S - VA(E)$. Como se puede apreciar la derivada parcial en el origen del valor de la opción con relación al precio del activo ($\delta c/\delta S$) es aproximadamente cero, esto es, si el precio de la acción se mueve un poco el valor de la opción no lo hará, puesto que al ser una opción que se encuentra situada profundamente en la zona *out-of-the-money*, cualquier crecimiento unitario del precio del activo no tendrá ningún impacto sobre la probabilidad de obtener beneficios si se ejerce la opción en su vencimiento. En el punto «*y*» ocurre lo contrario al ser una opción claramente *in-the-money*, por lo que cualquier pequeño cambio en el

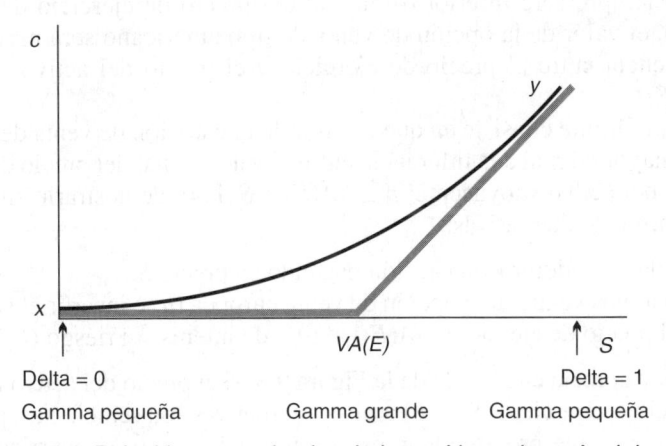

Figura 9.7. Relación entre el valor de la opción y el precio del activo subyacente. Delta y gamma de la opción.

precio del activo se refleja en una variación idéntica en el valor de la opción ($\delta c/\delta S = 1$).

La pendiente de dicha línea curva representativa del valor de la opción se denomina *delta* y es muy importante en términos de cobertura de las posiciones sobre opciones. Así, por ejemplo, si vendemos una opción de Repsol que, por ejemplo, tiene una delta = 0,5 sabemos que si el precio de la acción subyacente aumenta en una unidad el de la opción lo hará en 0,5. Así, si emitimos una opción de compra sobre 100 acciones de Repsol deberemos adquirir 0,5 × 100 = 50 acciones de la compañía petrolera para proteger nuestra posición de cualquier cambio en el precio de dichas acciones. La *delta*, cuyo valor oscila entre cero y uno, no es constante ya que varía continuamente por ello la cobertura establecida con base en ella sólo es efectiva para pequeñas alteraciones en el precio del activo subyacente. Así, si el precio de la acción de Repsol sube un poco, la *delta* puede valer 0,55, lo que haría necesario adquirir cinco acciones más para mantener la cobertura anterior (véase Epígrafe 6).

La tasa de variación de la *delta* se denomina *gamma*. De una manera informal diríamos que es el grado por el que la relación entre el precio de la opción y el de la acción no es lineal. Formalmente, se define como la segunda derivada parcial de *c* con respecto a S ($\delta^2 c/\delta S^2$). Cuando nos referimos al *riesgo de la gamma*, queremos decir que la cobertura deberá ser revisada continuamente. Tal y como se puede apreciar en la Figura 9.7 la *gamma* es más grande en la zona *at-the money*, por ser cuando una pequeña variación en el precio del activo provoca una alteración mayor en el valor de la *delta*, la *gamma* es más pequeña en las zonas *in* y *out of the money* (véase Epígrafe 6).

9.3.2. Límites del arbitraje sobre opciones de venta

Los primeros límites son parecidos a los que vimos para las opciones de compra. Así, la opción de venta tomará siempre un valor positivo o nulo ($p \geq 0$). Su valor siempre será inferior o igual al del precio de ejercicio de la opción ($p \leq E$). Y el valor de la opción de venta de tipo americano será mayor o igual a la diferencia entre el precio de ejercicio y el precio del activo subyacente ($P \geq E - S$).

El cuarto límite consiste en que el valor de una opción de venta de tipo europeo será mayor o igual a la diferencia entre el valor actual del precio de ejercicio y el valor del activo subyacente: $p \geq VA(E) - S$. Para demostrarlo supongamos que tenemos dos alternativas:

a) Podemos adquirir una acción pagando su precio *S*.
b) Podemos vender una opción de venta europea (***p***) e invertir el valor actual del precio de ejercicio ($VA(E)$) al tipo de interés sin riesgo (R_f).

Como se aprecia en la tabla de la Figura 9.8, si el precio del activo fuese inferior al precio de ejercicio ($S^* < E$) ambas alternativas son semejantes, puesto que el flujo de caja que proporcionan es el mismo: S^*. Pero, si ocurriese al revés $S^* \geq E$, entonces la alternativa *B* proporciona un flujo de caja (E) que es inferior

	Hoy	Vencimiento	
		$S^* < E$	$S^* \geq E$
Alternativa A			
Comprar acción (S)	–S	Vender acción $\quad S^*$	S^*
Alternativa B			
Vender opción (p)	p	Rtdo. opción $\quad -(E-S^*)$	0
Invertir el VA(E)	– VA(E)	Recibir $\qquad E$	E

Figura 9.8.

al proporcionado por la otra (S^*). Esto nos lleva a decir que la alternativa A deberá ser hoy igual o más cara que la B. Así:

$$S \geq VA(E) - p \longrightarrow p \geq VA(E) - S$$

Conclusión: Una opción de venta americana «vale más muerta que viva», es decir, vale más ejercida que vendida, debido a que el límite de que esté «viva» es más pequeño que el valor intrínseco («muerta») antes del vencimiento:

$$E - S \geq VA(E) - S \longrightarrow P \geq p$$

La diferencia entre las opciones de venta europeas y americanas es bastante importante puesto que, a diferencia de lo que ocurría con las opciones de compra, son necesarios dos modelos distintos para valorar ambos tipos de opciones. Si el precio del activo subyacente es bajo, el valor de la opción de venta americana se aproximará a $E - S$, al no haber incertidumbre que aumente su valor. Por el contrario, si el precio del activo es claramente alto, el valor de la opción de venta se aproximará a cero, puesto que casi no habrá posibilidad de ejercerla con beneficios. Estas dos situaciones se han denominado «x» e «y» en la Figura 9.9. La *delta* de las opciones de venta tomará un valor igual a -1 (cuando el precio del activo es muy bajo) hasta 0 (cuando dicho precio es bastante alto).

9.3.3. La relación entre los precios de las opciones de compra y de venta europeas: la paridad «*put-call*»

En este subepígrafe vamos a ver como hay una relación entre los precios de las opciones de compra y los de las de venta. Para ello supongamos dos alternativas:

a) Podemos adquirir una opción de compra europea (*c*).
b) Podemos comprar una acción subyacente (*S*), adquirir una opción de venta europea (*p*) y pedir prestado el valor actual del precio de ejercicio (VA(E)) al tipo de interés sin riesgo (R_f).

Como se aprecia en la tabla de la Figura 9.10 ambas alternativas son iguales.

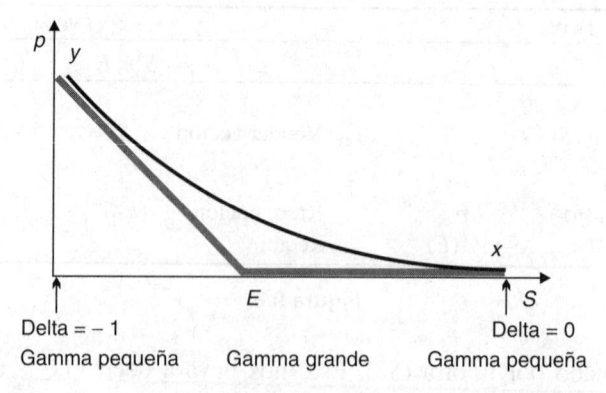

Figura 9.9. Relación entre el valor de la opción de venta y el precio del activo subyacente.

Así, si en la fecha del vencimiento $S^* < E$ el resultado en ambos casos es igual a 0, mientras que si ocurriese lo contrario el flujo de caja en dicho instante sería igual a $S^* - E$ para ambas alternativas. Por tanto, se puede decir que en la actualidad el precio de una opción de compra europea es igual a la suma del precio actual de las acción subyacente más el precio de una opción de venta menos el valor actual del precio de ejercicio:

$$c = S + p - VA(E)$$

o que en el caso de la opción de venta europea:

$$p = VA(E) - S + c$$

	Hoy		Vencimiento	
			$S^* < E$	$S^* \geq E$
Alternativa A				
Comprar "call" (c)	$-c$	Rtdo. opción	0	$S^* - E$
Alternativa B				
Comprar acción (S)	$-S$	Vender acción	S^*	S^*
Comprar "put" (p)	$-p$	Rtdo. opción	$E - S^*$	0
Pedir prestado	$VA(E)$	Devolver	$-E$	$-E$

Figura 9.10. Paridad put-call.

Como hemos visto anteriormente, la opción de venta americana (P) vale lo mismo o más que la europea (p), por tanto, se podría decir que:

$$P \geq c - S + VA(E) \quad \text{o que} \quad c \leq P + S - VA(E)$$

Por tanto, si tomamos un periódico financiero y calculamos el valor de la opción de venta de tipo americano en función del valor de la opción de compra americana (no se olvide que $c = C$), del valor de la acción subyacente y del valor actual del precio de ejercicio, observaremos cómo hay una disparidad entre el valor que acabamos de calcular y el valor de la cotización de dicha opción de venta en el mercado. Esa disparidad se debe no sólo a que $P \geq p$ sino que también influye la proximidad del pago de los dividendos esperados por parte de la empresa emisora de las acciones. Por ello la expresión anterior podría ser reescrita de la siguiente forma:

$$P \geq c - S + VA(D) + VA(E)$$

9.4. EL METODO BINOMIAL DE VALORACION DE OPCIONES

Cox, Ross y Rubinstein desarrollaron este método de valoración de opciones hacia 1979; tiene la ventaja de que es muy intuitivo y que utiliza una matemática muy sencilla. Para hacer más simple nuestra exposición vamos a suponer que no hay dividendos.

9.4.1. El método binomial para un período

Supongamos que el valor actual de una acción es de 100 pesetas, y que dentro de un período dicho título puede tomar un valor de 120 pesetas, o bien, haber descendido hasta las 90 pesetas. La probabilidad de que ocurra un resultado u otro no importa, sólo interesa el abanico de resultados posibles. Si adquirimos por c pesetas, una opción de compra europea sobre dicha acción con vencimiento dentro de un período y precio de ejercicio 100 pesetas, sabemos que podrá valer 20 pesetas, si la acción se sitúa en 120 pesetas, o bien cero pesetas si la cotización de la acción desciende a 90 pesetas (véase la Figura 9.11).

Existe una combinación consistente en adquirir un número determinado de acciones al mismo tiempo que se emite un número determinado de opciones de compra, tal que la cartera formada proporcionará los mismos flujos de caja tanto si el precio de la acción asciende como si cae. A dicha combinación la hemos denominado *delta* de la opción.

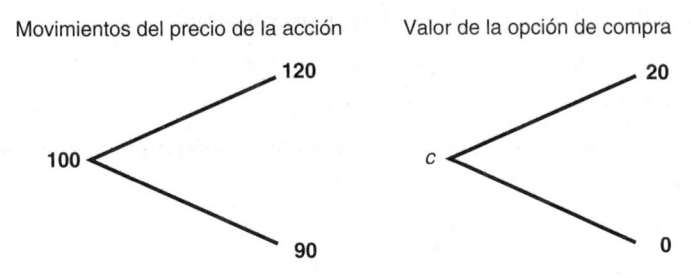

Figura 9.11. Precios de la acción y valores de la opción.

Así pues, si *h* es el número de acciones que compramos por cada opción emitida tendremos que si:

a) El valor de la acción dentro de un período es de 120 pesetas, el flujo de caja de la cartera será: $h \times 120 - 20$.
b) El valor de la acción dentro de un período es de 90 pesetas, el flujo de caja de la cartera será: $h \times 90 - 0$

De donde igualando ambos flujos de caja y despejando *h* obtendremos un valor igual a 2/3. Esto es, la cartera formada por 2/3 de una acción y la venta de una opción de compra sobre la misma no tiene ningún riesgo, por lo que proporcionará un interés libre de riesgo (R_f):

$$\text{Flujo de Caja} \div \text{Inversión} = 1 + R_f$$

De tal manera que si, por ejemplo, el precio de la acción fuese de 120 pesetas y el tipo libre de riesgo durante ese período fuese del 6%, tendríamos que el valor del flujo de caja sería: $2/3 \times 120 - 20 = 60$ pesetas, y el de la inversión: $2/3 \times 100 - c$. Así pues despejando *c* de la siguiente ecuación:

$$60 \div (2/3 \times 100 - c) = 1 + 0{,}06 \longrightarrow c = 10{,}0629$$

Si la opción valiese en el mercado 11 pesetas, deberíamos vender una opción de compra y adquirir 2/3 de una acción, con lo que, aunque el flujo de caja sería de 60 pesetas. (igual que antes, pues en su cálculo nada tiene que ver el precio de compra de la opción), obtendríamos un rendimiento superior al 6%:

$$60 \div (2/3 \times 100 - 11) = 1{,}078 \longrightarrow R_f = 7{,}8\%$$

Ahora que hemos visto cómo se cálcula el ratio de cobertura a través de un ejemplo numérico vamos a obtenerlo a través de una fórmula. Para ello llamaremos *S* al precio de la acción subyacente en la actualidad, *SU* será el precio de la acción dentro de un período si es alcista, pues si fuese bajista se le denominaría *SD* (donde *U* y *D* son los coeficientes por los que hay que multiplicar *S* para obtener el precio de la acción al final del período). Por otra parte, el precio de la opción de compra en la actualidad sería *c*, siendo c_u y c_d, respectivamente, para los casos en que el precio de la acción haya ascendido o haya bajado (véase la Figura 9.12).

El flujo de caja esperado al final del período será:

a) Si los precios suben: $h \times SU - c_u$.
b) Si los precios bajan: $h \times SD - c_d$

Igualando ambas ecuaciones y despejando *h*, obtendremos el valor del ratio de cobertura:

$$h = \frac{C_u - C_d}{S \times (U - D)}$$

Opciones II: Valoración

Movimientos del precio de la acción   Valor de la opción de compra

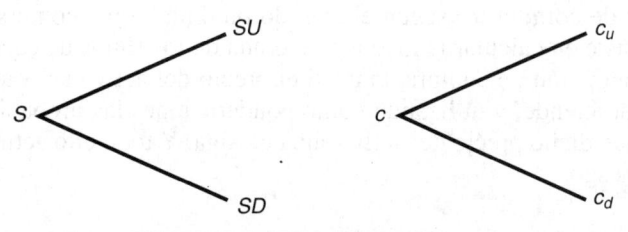

```
        SU                                    cᵤ
       /                                     /
      /                                     /
S ───<                                 c ──<
      \                                     \
       \                                     \
        SD                                    c_d
```

Figura 9.12. Precios de la acción y valores de la opción.

Así, por ejemplo, si sustituimos las variables por los valores que manejábamos en el caso anterior: $h = (20 - 0) \div [100 \times (1{,}2 - 0{,}9)] = 2/3$.

Si ahora pretendemos obtener una expresión que calcule el valor de la opción de compra (c) comenzaremos operando con la expresión de la rentabilidad obtenida a través de la relación existente entre el flujo de caja esperado y la inversión:

$$1 + R_f = (h \times SU - c_u) \div (h \times S - c)$$

operando obtendremos:

$$hS + hSR_f - c - cR_f = hSU - c_u$$
$$hS(1 + R_f - U) + c_u = c(1 + R_f)$$

sustituyendo ahora h por su valor y eliminando S del denominador y del numerador:

$$\frac{c_u - c_d}{(U - D)} (1 + R_f - U) + c_u = c(1 + R_f)$$

Ahora, haciendo un alto en nuestra demostración, vamos a denominar:

a) $m = (1 + R_f - D) \div (U - D)$.
b) $m - 1 = (1 + R_f - U) \div (U - D)$.

Estos valores representan la probabilidad implícita de ascenso (m) y de descenso ($1 - m$) del valor de la acción subyacente. Así, por ejemplo, si sustituimos en la ecuación de m las variables por los datos del ejemplo con el que venimos trabajando obtendremos dichas probabilidades:

$m = (1 + 0{,}06 - 0{,}9) \div (1{,}2 - 0{,}9) = 53{,}33\ \%$ de que ascienda.
$1 - m = 46{,}66\ \%$ de que descienda.

Por tanto, si ahora retomamos nuestra demostración y sustituimos parte de la ecuación anterior por el valor de $m - 1$, obtendremos:

$$(c_u - c_d)(m - 1) + c_u = c(1 + R_f)$$

ahora operando y despejando, obtendremos la expresión que calcula el valor de la opción de compra (*c*) según el método binomial, que, como se puede apreciar, consiste en calcular la media ponderada de los flujos de caja proporcionados por la opción de compra, tanto si el precio del activo subyacente asciende como si desciende, y utilizando como ponderaciones las probabilidades implícitas de que dicho precio del activo suba o caiga. Y todo ello actualizado al tipo libre de riesgo:

$$c = \frac{c_u m + c_d (1 - m)}{1 + R_f}$$

Concretando, el precio teórico de la opción de compra es igual al valor actual de la media ponderada de los flujos de caja que proporciona. Para demostrar que ésta es la ecuación que buscamos sustituiremos las variables por sus valores:

$$c = (20 \times 0{,}5333 + 0 \times 0{,}4666) \div (1{,}06) = 10{,}0629$$

9.4.2. El método binomial para dos períodos

Con objeto de obtener el valor de la opción de compra europea para varios períodos, primeramente vamos a aplicar el método binomial para un par de ellos. Así que, si seguimos utilizando los datos del ejemplo que venimos manejando y seguimos suponiendo que el coeficiente de crecimiento del precio de la acción es $U = 1{,}2$ y que el de decrecimiento sigue siendo $D = 0{,}9$ podremos ver cómo, transcurridos un par de períodos, la cotización de la acción ha podido ascender hasta un máximo de 144 pesetas, o bien acabar descendiendo hasta un mínimo de 81 pesetas, o tomar un valor intermedio de 108 pesetas. El valor de la opción de compra europea se calcula restando el precio de ejercicio (100 pts.) del valor de la acción, sabiendo que si el resultado es negativo el valor de la opción será cero. (Figura 9.13).

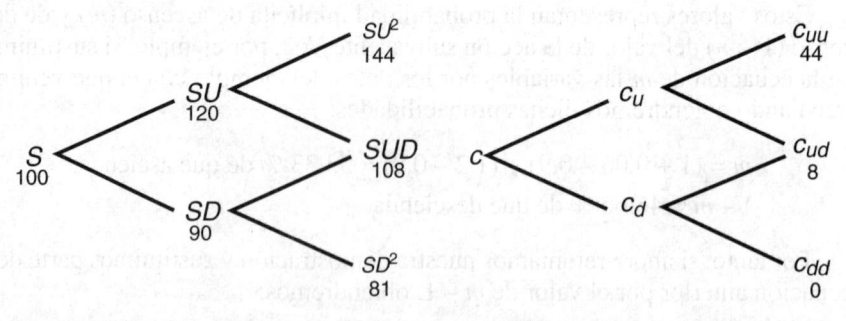

Figura 9.13. Precios de la acción y valores de la opción en el caso de dos períodos.

Primeramente deberemos calcular el valor de la opción de compra al final del primer período, tanto en el caso de ascenso de la cotización de la acción (c_u) como de descenso (c_d) en función de los posibles valores que pueda tomar la misma al final del segundo período. Para ello utilizaremos las expresiones matemáticas analizadas en el epígrafe anterior. Así, por ejemplo, tendremos:

$$c_u = \frac{c_{uu}m + c_{ud}(1-m)}{1+R_f} = \frac{44 \times 0{,}533 + 8 \times 0{,}466}{1{,}06} = 25{,}66 \text{ pts.}$$

$$c_d = \frac{c_{ud}m + c_{dd}(1-m)}{1+R_f} = \frac{8 \times 0{,}533 + 0 \times 0{,}466}{1{,}06} = 4{,}025 \text{ pts.}$$

Una vez que tenemos estos dos valores podemos calcular el precio teórico de la opción de compra europea a través de la misma expresión matemática:

$$c = \frac{c_u m + c_d (1-m)}{1+R_f} = \frac{25{,}66 \times 0{,}533 + 4{,}025 \times 0{,}466}{1{,}06} = 14{,}68 \text{ pts.}$$

Por tanto, el valor de la opción de compra para dos períodos es de 14,68 pesetas. Resumamos ahora todo el proceso: la valoración comienza con los flujos de caja del último período que son conocidos, luego se va retrocediendo hacia la izquierda hasta llegar al momento actual. El procedimiento es muy sencillo aunque algo tedioso cuando hay muchos períodos. Esto último es importante puesto que para obtener un valor realista de la opción necesitamos elegir U y D cuidadosamente y dividir el tiempo hasta el vencimiento en una multitud de pequeños subperíodos. Conforme vayamos aumentando el número de subperíodos y, por consiguiente, reduciendo el tiempo de los mismos pasaremos de considerar el tiempo como una variable discreta a considerarlo continua. En realidad, para unos resultados válidos el tiempo hasta el vencimiento debería ser dividido al menos en unos 50 subperíodos.

Por otro lado, los ratios de cobertura deberán ser recalculados para cada nudo del grafo cuando hay dos o más períodos de tiempo. Así, por ejemplo:

$$\text{Nudo } c_u \longrightarrow h = \frac{c_{uu} - c_{ud}}{S \times (U - D)} = \frac{44 - 8}{120 \times (1{,}2 - 0{,}9)} = 1$$

$$\text{Nudo } c_d \longrightarrow h = \frac{c_{ud} - c_{dd}}{S \times (U - D)} = \frac{8 - 0}{90 \times (1{,}2 - 0{,}9)} = 0{,}297$$

$$\text{Nudo } c \longrightarrow h = \frac{c_u - c_d}{S \times (U - D)} = \frac{25{,}66 - 4{,}025}{100 \times (1{,}2 - 0{,}9)} = 0{,}72$$

El ratio de cobertura del nudo c_u es igual a la unidad puesto que la opción de compra se encuentra claramente dentro de la zona *in the money* por lo que el flujo de caja será siempre positivo. Conforme el tiempo transcurre es necesario

182 Ingeniería Financiera

revisar el ratio de cobertura y si el tiempo hasta el vencimiento se divide en un gran número de subperíodos entonces el ratio de cobertura se puede utilizar para determinar la exposición al riesgo con bastante exactitud.

9.4.3. Ejercicio anticipado de la opción y precios de la opciones de venta

Ya vimos cómo el ejercicio anticipado de una opción americana no tiene valor si es de compra pero sí que lo tiene si la opción es de venta. En la Figura 9.14 se muestra el esquema de los posibles movimientos de la acción y del valor de la opción de venta en la fecha de vencimiento (para un precio de ejercicio igual a 100 pesetas). Para calcular el valor de la opción de venta en el momento actual actuaremos de la misma manera que en el caso de la opción de compra.

La cobertura se puede obtener vendiendo un número determinado de acciones y una opción de venta, simultáneamente. Sin embargo, para ser consistentes con la obtención del precio de las opciones de compra, supondremos que se adquirirán h_p acciones, donde h_p será el ratio de cobertura que tendrá signo negativo. Así pues:

a) Si el valor de la acción dentro de un período asciende, el valor del flujo de caja será $h_p SU - p_u$.

b) Si el valor de la acción dentro de un período desciende, el valor del flujo de caja será $h_p SD - p_d$.

Igualando ambas ecuaciones y despejando h_p, obtendremos el valor del ratio de cobertura:

$$h_p = \frac{p_u - p_d}{S \times (U - D)}$$

Así, por ejemplo, si sustituimos las variables por los valores que manejábamos en el caso anterior: $h_p = (0 - 10) \div [100 \times (1,2 - 0,9)] = -1/3$.

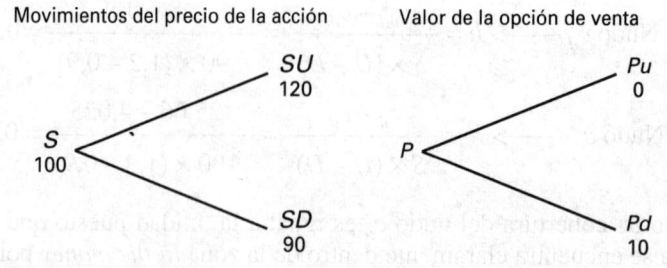

```
        Movimientos del precio de la acción          Valor de la opción de venta

                       SU                                        Pu
                       120                                       0
           S                                        P
          100
                       SD                                        Pd
                       90                                        10
```

Figura 9.14. Precios de la acción y valores de la opción de venta.

Si ahora repetimos los mismos desarrollos matemáticos que para las opciones de compra llegaremos a la expresión que nos da el valor de la opción de venta:

$$p = \frac{p_u m + p_d (1 - m)}{1 + R_f}$$

Sustituyendo los valores del ejemplo y sabiendo que m se calcula de la misma forma que en el caso de la opciones de compra, obtendremos:

$$p = (0 \times 0,5333 + 10 \times 0,4666) \div (1,06) = 4,4025 \text{ pts.}$$

Si ahora quisiéramos comprobar la paridad *put-call* no tendremos más que sustituir en las expresión:

$$p = C - S + VA(E) = 10,06295 - 100 + 100 \div 1,06 = 4,4025 \text{ pts.}$$

El esquema de la Figura 9.15 muestra el valor de la opción de venta de tipo europeo cuando hay dos períodos. El cálculo comienza por los valores de la derecha que son obtenidos a través de la conocida expresión Máx{E-S,0}, luego nos moveremos hacia la izquierda calculando los valores de las opciones de venta (p_u y p_d) para terminar con el cálculo de la opción de venta europea hoy ($p = 3,682$). Si calculásemos el valor de la opción de venta americana la cosa cambiaría puesto que $P_u = 0$ y $P_d = 10$, lo que proporciona un valor de $P = 4,4025$ pesetas. Con ello se comprueba cómo el valor de la opción de venta americana es superior al valor de la opción de venta europea (recuérdese que una opción de venta americana "vale más muerta que viva").

9.4.4. Fórmula binomial para muchos períodos y supuestos en los que se basa

Pensamos que no es éste el lugar de explicar la matemática que aplicada a una serie de períodos (basada en el triángulo de Pascal y en la combinatoria)

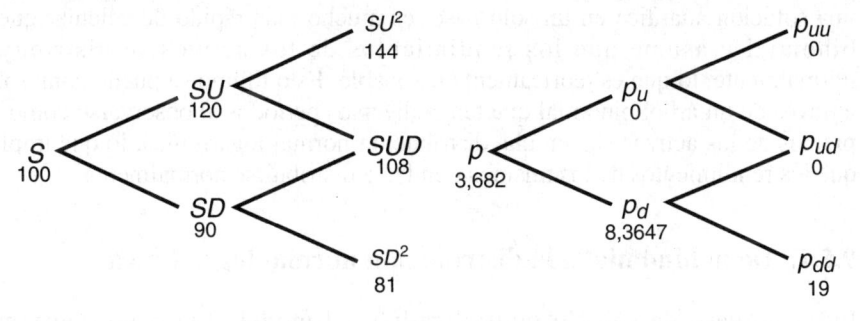

Figura 9.15. Precios de la acción y valores de la opción de venta de tipo europeo en el caso de dos períodos.

proporciona la expresión de la binomial para la valoración de las opciones de tipo europeo. Como curiosidad mostraremos la expresión de la misma:

$$c = \frac{1}{(1+R_f)^n} \sum_{k=0}^{n} \left[\binom{n}{k} m^k (1-m)^{n-k} \text{máx}\{(SU^k D^{n-k} - E), 0\} \right]$$

Casi todas las variables ya son conocidas a excepción de "*n*" que indica el número de pasos en los que se descompone el proceso binomial. En resumen, la expresión considera que la opción vale simplemente el valor actual de los flujos de caja esperados a lo largo de un árbol binomial con *n* pasos. En realidad este cálculo es de tipo discreto mientras que la conocida fórmula de Black y Scholes, que veremos en el próximo epígrafe, lidia con el tiempo en forma continua.

Por último, veamos las suposiciones en las que se basa el método binomial:

1.º La distribución de los precios de las acciones es una binomial multiplicativa.
2.º Los multiplicadores *U* y *D* (y, por ende, las varianzas de los rendimientos) son los mismos en todos los períodos.
3.º No hay costes de transacción, por lo que se puede establecer una cobertura sin riesgo para cada período entre la opción y el activo sin necesidad de realizar ningún coste irrecuperable.
4.º Los tipos de interés sin riesgo se suponen constantes.

Es importante recalcar que no es necesario asumir que los inversores tengan una determinada actitud hacia el riesgo. En realidad ellos deberían tener el mismo valor de la opción sin importar la cantidad de dinero que tengan, puesto que la opción tiene un valor "justo". Si el valor de la opción no coincide con éste, entonces se puede conseguir un beneficio sin riesgo.

9.5. EL MODELO DE BLACK Y SCHOLES

El modelo desarrollado por los profesores Fischer Black y Myron Scholes para valorar las opciones de tipo europeo es importante, no sólo por tener en cuenta la valoración del arbitraje (el método binomial ya lo hacía), sino por proporcionar una solución analítica en un sólo paso, es mucho más rápido de calcular que el binomial y asume que los rendimientos de los activos se distribuyen normalmente, lo que es teóricamente razonable. Esto último se puede comprobar a través de un árbol binomial que tenga diversos períodos al observarse cómo los precios de los activos siguen una distribución normal logarítmica, lo que implica que los rendimientos de los mismos tienden a distribuirse normalmente.

9.5.1. De la binomial a la distribución normal logarítmica

En el proceso de cálculo multiplicativo del modelo binomial podríamos suponer que el factor de descenso *D* es igual a la inversa del factor de ascenso U, lo que provocaría que los rendimientos del activo serían simétricos. Ahora bien, téngase en cuenta que para que esto suceda deberemos medir dicho rendimiento a través del logarítmo de la relación entre el precio en un momento determinado (S_t) y el del momento precedente (S_t-1). Esto es así, debido a que si, por ejemplo, el precio de una acción durante tres instantes de tiempo consecutivos vale 1.000, 1.200 y 1.000 pesetas, respectivamente, sus rendimientos serán del 20% (es decir, 200 ÷ 1.000) y del − 16,66% (es decir, − 200 ÷ 1.200), como se observa, el valor absoluto de ambas cantidades no es simétrico aunque el ascenso y descenso sea el mismo en pesetas, lo que cambia es la base sobre la que se calcula dicha variación. Sin embargo, si aplicamos el cálculo logarítmico obtendremos unos rendimientos de: Ln(1.200 ÷ 1.000) = 18,23% y Ln(1.000 ÷ 1.200) = − 18,23%, lo que sí los hace simétricos. Por tanto, los precios que se distribuyen según una normal logarítmica tendrán unos rendimientos distribuidos normalmente, que serán calculados según la expresión:

$$r_t = Ln\,(S_t \div S_{t-1})$$

En la Figura 9.16 podemos ver un ejemplo de un árbol binomial donde $U = 1,2$ y $D = 1/U = 0,833$, que se extiende a lo largo de seis períodos y que comienza con un valor de la acción de 1.000 pesetas. La amplitud de un árbol binomial dependerá del tamaño de U y del número de pasos en los que se descompone. El supuesto equivalente para un activo cuyos rendimientos se distribuyen según una normal, es que la varianza de los rendimientos es constante en cada período. Así, si la varianza del período es σ^2, la varianza para t años será $\sigma^2 t$. Mientras que la desviación típica será $\sigma \sqrt{t}$ a la que se le suele denominar *volatilidad* del activo.

					2.986
				2.488	
			2.073		2.073
		1.728		1.728	
	1.440		1.440		1.440
1.200		1.200		1.200	
1.000	1.000		1.000		1.000
833		833		833	
	694		694		694
		579		579	
			482		482
				402	
					335

Figura 9.16. Arbol binomial de seis períodos y distribución de los precios.

Si σ es la desviación típica de los rendimientos por período, t el número de años hasta el vencimiento y n el número de períodos en los que se subdivide t, el proceso binomial para el activo proporciona unos rendimientos normalmente distribuidos en el límite si:

$$U = e^{\sigma\sqrt{(t/n)}} \quad \text{y} \quad D = 1/U = e^{-\sigma\sqrt{(t/n)}}$$

Así, por ejemplo, si S = 1.000 pesetas.; $\sigma = 0,3$; $t = 0,5$ años; $R_f = 10\%$ y $n = 10$ iteraciones (cada subperíodo es igual a 0,05 años):

$$U = e^{0,3\sqrt{(0,5/10)}} = 1,06938 \quad \text{y} \quad D = 1/U = 0,93512$$

además, según las ecuaciones que vimos en el epígrafe anterior m = 0,5204 mientras que 1 − m = 0,4796.

Las distribuciones normal logarítmicas de los precios tienen una forma semejante a una campana asimétrica y podemos pensar que conforme el tiempo va transcurriendo la distribución se va ampliando, lo mismo que le ocurre al árbol binomial. Como se aprecia en la Figura 9.17 en la que se muestra una opción de compra *out-of-the-money*, comenzando en el momento cero cuando el precio de la acción subyacente es S, conforme el tiempo pasa la distribución se amplia hasta que una parte de ella supera, o no, al precio de ejercicio (E) en la fecha de vencimiento. En dicha fecha, los flujos de caja de la opción se representan por la zona sombreada que se encuentra por encima de E. El valor actual de la opción de compra según el método de Black y Scholes es sencillamente el valor actual de dicho área.

9.5.2. La fórmula de Black-Scholes

El modelo desarrollado por los profesores Fisher Black y Myron Scholes sigue los mismos supuestos que el modelo binomial pero, eso sí, considera que el

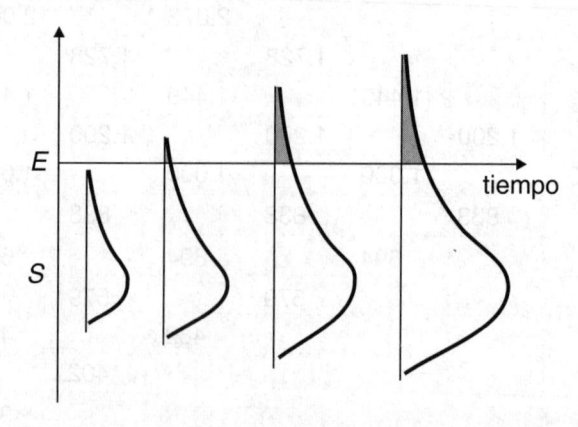

Figura 9.17. El valor de la opción aumenta conforme la distribución del precio aumenta al transcurrir el tiempo.

precio del activo se distribuye según una normal logarítmica para la que su varianza es proporcional al tiempo. Los supuestos de los que parte son los siguientes:

1. El precio del activo sigue una distribución normal logarítmica, por lo que los rendimientos se distribuyen normalmente.
2. El valor de los rendimientos es conocido y es directamente proporcional al paso del tiempo.
3. No hay costes de transacción, así que se puede establecer una cobertura sin riesgos entre el activo y la opción sin ningún coste.
4. Los tipos de interés son conocidos y constantes.
5. Durante el período de ejercicio, la acción subyacente no pagará dividendos.
6. Las opciones son de tipo europeo.

El modelo desarrollado por Black y Scholes, cuya fórmula de valoración de opciones europeas mostramos seguidamente[1], resuelve el problema fundamental de la valoración de las mismas que consiste en que dados el tiempo que falta hasta su vencimiento (t), el tipo libre de riesgo (R_f), el precio de ejecución de la opción (E) y la varianza de la tasa de rentabilidad instantánea (σ^2), habrá que determinar la relación existente entre el coste de la opción de compra europea (c) y el precio de la acción sobre la que recae (S_o). Disponiendo de un modelo que ofreciese tal relación, cada día se podría determinar qué opciones se encuentran infravaloradas y cuáles sobrevaloradas mediante la simple introducción, en la fórmula, del precio de la acción ese día.

$$c = S_o \times N(d_1) - E \times e^{-R_f t} \times N(d_2)$$

Donde $N(d_i)$ es la función de distribución de la variable aleatoria normal de media nula y desviación típica unitaria (probabilidad de que dicha variable sea menor o igual a d_i).

$$d_1 = \frac{\ln(S_o/E) + R_f t + \frac{1}{2}\sigma^2 t}{\sigma\sqrt{t}} \quad ; \quad d_2 = d_1 - \sigma\sqrt{t}$$

Para Black y Scholes un inversor racional nunca ejercería una opción de compra antes de su caducidad y, por tanto, el valor de la opción de compra americana coincidirá con la europea. Por otra parte, dado que la opción de venta americana incorpora sobre la europea la ventaja de poder ser ejercida en cualquier momento del período, su valor superará a la correspondiente europea, proporcionando la valoración de esta última un límite mínimo para

---

[1] No es éste el lugar donde mostrar cómo surge la expresión de Black y Scholes. Los lectores interesados pueden consultar las obras recomendadas en la sección «De aquí en adelante», puesto que todas ellas muestran de forma completa o aproximada el desarrollo matemático de la misma.

aquélla. Este límite mínimo se calcularía a través de la relación de paridad, obteniéndose el siguiente valor para una opción de venta europea (donde e^{-Rft} es el factor de descuento continuo):

$$p = c - S_o + VA(E)$$
$$p = [S_o \times N(d_1) - E \times e^{-Rft} \times N(d_2)] - S_o + E \times e^{-Rft}$$
$$p = S_o \times [N(d_1) - 1] - E \times e^{-Rft} \times [N(d_2) - 1]$$

Como se puede apreciar la expresión de Black y Scholes aplica una ponderación de $N(d_1)$ a S_o y otra de $N(d_2)$ a $E \times e^{-Rft}$. Si la ecuación se rellena dando valores por encima del límite inferior, entonces $N(d_1)$ deberá ser mayor que $N(d_2)$.

Ejemplo:

El precio actual de una acción (S_0) es de 1.000 pesetas.
El precio de ejercicio (E) es de 1.100 pesetas.
La tasa libre de riesgo (R_f) es del 10%.
El tiempo hasta el vencimiento (t) es de 0,5 años.
La varianza (σ^2) es del 0,09.
Calcular el valor de la opción de compra (c).

Sustituyendo estos valores en las ecuaciones representativas de d_1 y d_2, obtendremos:

$$d_1 = -0,10753 \longrightarrow N(d_1) = 0,457185$$
$$d_2 = -0,31966 \longrightarrow N(d_2) = 0,374613$$

Y sustituyendo en la ecuación de Black y Scholes:

$$c = 1.000 \times 0,457185 - 1.100 \times e^{-0,5 \times 0,10} \times 0,374613$$
$$c = 65,21 \text{ pts.}$$

Si el valor de la opción de compra en el mercado es inferior a 65,21 pesetas, la adquiriríamos y si fuese superior la venderíamos. Por otra parte, si calculásemos el valor de la opción de venta europea obtendríamos un valor de $p = 111,56$ pesetas.

En aquellos mercados con un alto grado de eficiencia se utiliza este modelo para hallar la varianza de una acción cualquiera (σ_i^2) como medida de su riesgo total. Para ello se supone que el valor intrínseco de la opción coincide con el de mercado y se trata entonces de averiguar que valor de σ^2 hace que se cumpla la ecuación de Black y Scholes (esto se realiza por tanteo usando un ordenador).

9.6. LA SENSIBILIDAD DEL PRECIO DE LA OPCION

A continuación vamos a analizar de qué manera ciertas variables exógenas afectan al precio de las opciones; para ello se estudiarán una serie de índices o coeficientes representativos de dichas relaciones y que nos servirán para establecer coberturas de riesgo en las carteras con opciones.

9.6.1. El coeficiente DELTA

Este coeficiente, al que ya hicimos referencia en el tercer epígrafe, lo podemos definir como la variación producida en el precio de la opción por una unidad de cambio en el precio de la acción subyacente. Expresado en forma discreta tendríamos:

$$\text{DELTA} = \frac{\Delta \text{ precio de la opción}}{\Delta \text{ precio de la acción}} = \frac{\Delta c}{\Delta s}$$

Mientras que en forma continua la delta de las opciones de compra y de venta sería igual a la derivada parcial del precio de la opción con relación al del título subyacente:

$$\Delta_c = \frac{\partial c}{\partial S} = N(d_1) \qquad \Delta_p = \frac{\partial p}{\partial S} = N(d_1) - 1$$

Así, en el ejemplo anterior la *delta* de la opción de compra era igual a 0,457185, lo que indica que si el precio de la acción aumenta (o desciende) en una peseta el precio de la opción lo hará en algo más de 45 céntimos. En el caso de la opción de venta su *delta* sería de: 0,457185 − 1 = − 0,542815 que indicaría que ante un ascenso (descenso) del precio de la acción en una peseta el valor de la opción de venta descendería (aumentaría) en unos 54 céntimos. También se puede definir la *delta* de la opción como la probabilidad de ejercer la misma, así podríamos decir que existe el 45,7% de probabilidad de ejercer la opción de compra anterior.

Las *deltas*, a las que se conoce también como ratios de cobertura, indican el número de acciones necesario para cubrir una posición en opciones. Por ejemplo, supongamos que usted ha vendido una opción de compra y otra de venta (es decir, ha vendido un *straddle*) idénticas a las del ejemplo del epígrafe anterior y si cada opción es sobre 100 acciones entonces usted deberá adquirir: 100 × [− 0,457185 − (− 0,542815)] = 8,56 acciones.

En la Figura 9.18 puede apreciarse la gráfica representativa de la *delta* de una opción de compra en función del precio de esta última y de su activo subyacente. El valor de la *delta* se mantiene nulo mientras la opción se encuentre profundamente dentro de la zona *out of the money*, puesto que cualquier pequeña variación en el precio del subyacente no va a producir ningún beneficio adicional para el propietario de la opción de compra. Ahora bien, conforme se aproxime la opción a la zona *at the money* el precio de la opción comenzará a moverse al alza

190 *Ingeniería Financiera*

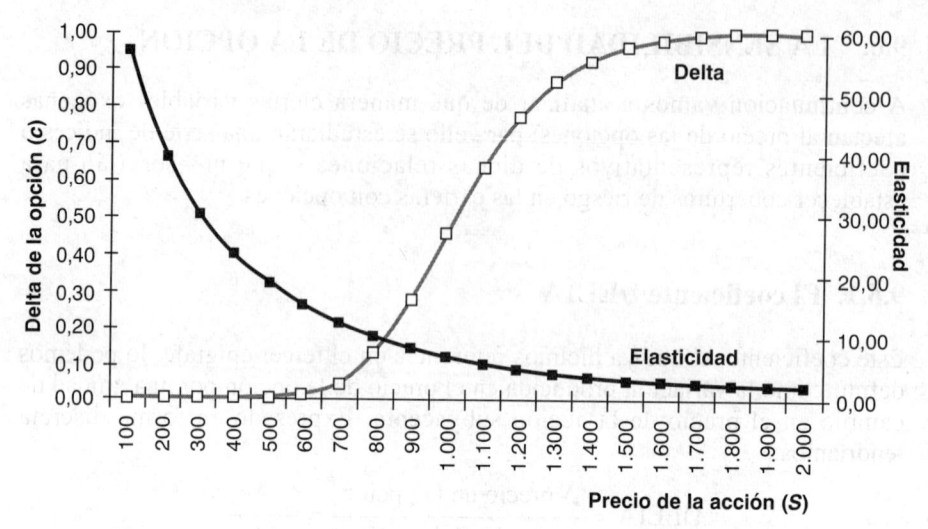

Figura 9.18. La *delta* y la elasticidad de una opción de compra [$E = 1.100$; $t = 0,50$; $\sigma = 30\%$; $R_f = 10\%$].

y cuanto más penetre la opción en el terreno *in the money*, su precio se moverá de acuerdo con el de la acción correspondiente. En este último caso, cuando el precio de esta última aumenta, la *delta* tiende a la unidad, es decir, el valor de la opción de compra varía peseta a peseta con el de su acción subyacente.

Si medimos el porcentaje de variación del precio de la opción cuando el precio del activo subyacente varía un 1%, obtendremos la *elasticidad* de la misma. En forma matemática podríamos expresarla así:

$$\text{Elasticidad} = \frac{\partial c}{\partial S} \times \frac{S}{c}$$

La elasticidad es una medida del apalancamiento obtenido con una opción. En la Figura 9.18 se observa la elasticidad de la opción del ejemplo anterior, donde se puede apreciar cómo en el límite los valores máximo y mínimo de la misma son, respectivamente, infinito (opción profundamente *out of the money*) y cero (opción profundamente *in the money*).

Con relación a la elasticidad surge el concepto de *beta de la opción*. Como parece evidente, tiene mucho que ver con el famoso *coeficiente de volatilidad* (ßeta [2]) de las acciones que medía la sensibilidad del rendimiento de una acción con relación al rendimiento del mercado. Pues bien, la *beta de la opción* es una medida del riesgo y es igual a:

ßeta de la opción = ßeta de la acción × Elasticidad de la opción

---

[2] Véase el Capítulo 7.

Por último, sólo nos queda decir que la *delta* crece conforme aumente la volatilidad del activo subyacente si se encuentra en la zona *out-of-the-money*, decreciendo en la *in-the-money*, tal y como se puede observar en la Figura 9.19 en la que aparece reflejada la misma gráfica de la Figura 9.18 pero para cuatro diferentes desviaciones típicas del activo subyacente.

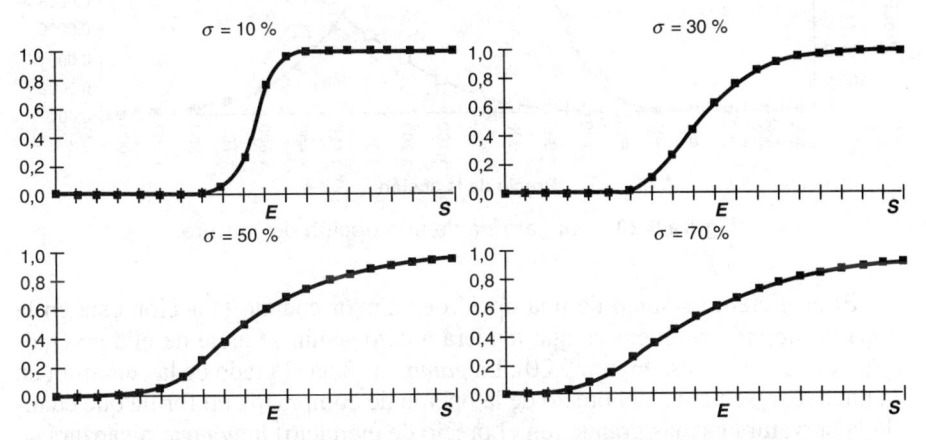

Figura 9.19. La delta de la opción para cuatro distintas volatilidades del activo subyacente.

9.6.2. El coeficiente GAMMA

Mide el efecto que la inestabilidad del mercado produce en el valor de *delta*. Así que la *gamma* de una opción mide la tasa de cambio de la *delta* cuando el precio de la acción varía una unidad. Matemáticamente se puede definir como la segunda derivada del precio de la opción con respecto al precio del activo subyacente:

$$\text{Gamma} = \frac{\Delta \text{Delta}}{\Delta S} \longrightarrow \gamma = \frac{\partial^2 c}{\partial S^2} = \frac{N'(d_1)}{S\sigma\sqrt{t}} = \frac{\frac{1}{\sqrt{2\pi}} e^{-[0,5 d_1^2]}}{S\sigma\sqrt{t}}$$

Es, pues, una medida de la sensibilidad de la *delta*, es decir, es la *delta* de la *delta*. Desde un punto de vista conceptual, si esta última representa la velocidad, *gamma* representa la aceleración. Veamos un ejemplo: supongamos una volatilidad del 30%, un tipo de interés sin riesgo del 10%, un tiempo de vencimiento de 180 días y un precio de ejercicio de 1.100 pesetas. Según lo anterior el valor de la opción de compra será de 65,21 pesetas, si el precio de la acción es de 1.000 pesetas. La *delta* tomará un valor de 0,457185 y la *gamma*[3] de 0,00187. Lo que implica que si el precio de la acción ascendiese a 1.001 pesetas, la delta se incrementaría en 0,00187, alcanzando un valor de 0,45905.

Figura 9.20. La gamma de una opción de compra.

El coeficiente *gamma* de una opción es mayor cuando la acción está en la zona *at the money*, mientras que tenderá a cero según se aleje de ella en cualquier dirección (véase Figura 9.20). La *gamma* refleja el grado de la curvatura en la línea representativa del precio de la opción de compra, de tal forma que cuando la curvatura es más grande (en el precio de ejercicio) la *gamma* alcanzará su valor máximo (en el gráfico se muestra la línea representativa del valor intrínseco de la prima de la opción calculada según la expresión de Black-Scholes, para el ejemplo que venimos utilizando). Por el contrario, cuando no hay curvatura el valor del coeficiente es nulo.

La *gamma* es afectada por la volatilidad y por el plazo hasta el vencimiento de la opción. En el primer caso, cuanto mayor sea la volatilidad menor será *gamma* si la opción es del tipo *at-the-money*, pudiendo aumentar inicialmente la *gamma* de los otros dos tipos de opciones para luego descender. En cuanto al tiempo, si la opción es *at-the-money* y la fecha de vencimiento se aproxima, la *gamma* aumentará fuertemente, mientras que en las opciones *in* y *out of the money*, desciende hacia cero.

Concluyendo, en palabras del profesor Lamothe, «la *gamma* nos proporciona la medida del riesgo específico asumido en nuestras posiciones en opciones, ya que la *delta* nos mide el riesgo de posición en términos del subyacente».

9.6.3. El coeficiente THETA

Como sabemos, el precio de la opción depende directamente del tiempo que resta para el vencimiento de la misma. Cuanto más tiempo quede, más vale la opción, así que la prima de la opción descenderá con el paso del tiempo debido a la proximidad de la fecha de vencimiento de la misma (siempre que las demás variables per-

---

[3] Tanto la *delta* como la *gamma* se pueden expresar en porcentaje. Así, tendríamos una *delta* de 45,7% (o 45,7) y una *gamma* de 0,18% (o 0,18 *deltas* o, simplemente, 0,18).

manezcan constantes). El coeficiente *theta* muestra la variación en el precio de una opción como consecuencia de una variación en el tiempo que resta para su vencimiento. Es, pues, una medida del deterioro temporal. Matemáticamente, es la derivada parcial del precio de la opción con respecto al tiempo hasta el vencimiento:

$$\text{Theta} = \frac{\Delta c}{\Delta t} \longrightarrow \theta = \frac{\partial c}{\partial t} = \frac{S\sigma}{2\sqrt{t}} N'(d_1) + Ee^{-R_f t} R_f N(d_2)$$

En la mayoría de los casos el coeficiente *theta* es positivo aunque puede tomar un valor negativo cuando faltando muy poco para la fecha de ejercicio se trata de una opción de venta europea muy *in-the-money*, o cuando se trata de opciones europeas tanto de compra como de venta sobre futuros también en la zona *in-the-money*, lo que es debido a que los contratos de futuros alteran su valor con el transcurso del tiempo a causa del descenso en el coste de mantenimiento de los mismos, que está implícito en su precio. Una opción sobre liquidez no debería tener un *theta* negativa [4].

Las opciones que son del tipo *in-the-money* verán su precio descender en forma lineal conforme se acorte el tiempo hasta el vencimiento, lo que es debido a que tienen un pequeño valor temporal y a que, seguramente, la opción permanecerá en dicha zona. Para las opciones *at-the-money* la tasa de reducción del precio aumenta conforme descienda el tiempo; este tipo de opciones son muy sensibles puesto que conforme se aproximen al final de su vida pueden girar tanto a la zona *in-the-money* como a la *out-of-the-money*. Si la opción pertenece a este último tipo, la tasa de reducción del precio se va reduciendo cuanto menos le quede de vida; ello es así debido a que la proximidad de la fecha de vencimiento reduce la posibilidad de que el pequeño valor temporal de la opción afecte a su precio (que, por otra parte, será casi nulo).

9.6.4. El coeficiente RHO

Este coeficiente indica la sensibilidad del precio de la opción debida a los cambios del tipo de interés libre de riesgo. Es decir, mide la cobertura de la opción con respecto a dicho tipo de interés. Mientras que *rho* es positivo para las opciones sobre acciones, resulta ser negativo para otro tipo de activos como es el caso de las opciones sobre futuros, o de las propias acciones, por ejemplo. Matemáticamente, *rho* se calcularía obteniendo la derivada parcial del precio de la opción con relación al tipo de interés:

$$\text{RHO} = \frac{\Delta c}{\Delta R_f} \longrightarrow \rho = \frac{\partial c}{\partial R_f} = t \, Ee^{-R_f t} N(d_2)$$

---

[4] Bastantes operadores en opciones suelen «cambiar el signo» de la *thetas* en orden a reflejar el efecto negativo del transcurso del tiempo. Esto hace que las *thetas* negativas aparezcan en las posiciones compradoras de opciones y que las positivas lo hagan en las vendedoras.

Rho es la menos importante de las variables que inciden sobre el valor de la opción. En la Figura 9.21 se muestra la relación entre el valor de la opción y el tipo de interés, y en ella se puede apreciar cómo las alteraciones del tipo de interés sólo afectan ligeramente al precio de la opción. Además, hay que tener en cuenta que en el cálculo de *rho* se supone que al variar el tipo de interés el precio de la acción subyacente se mantiene constante, lo que no es cierto sino que descendería de valor impulsando a la baja al precio de la opción.

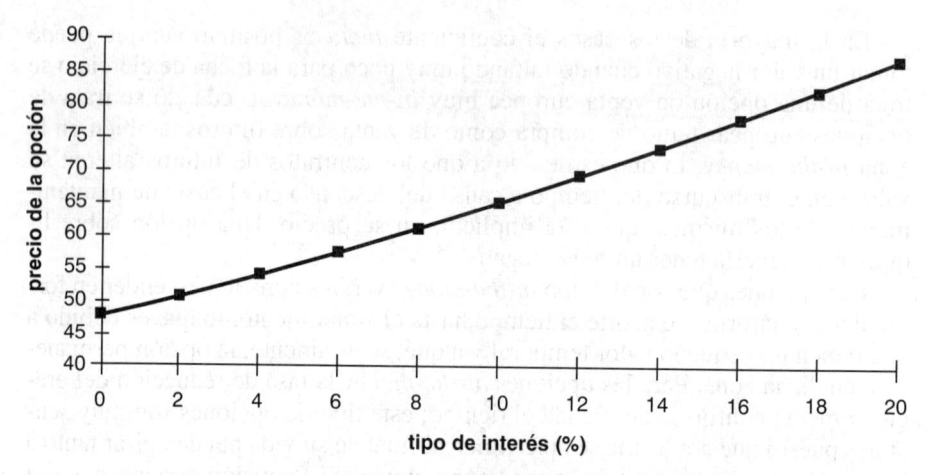

Figura 21. La *rho* de una opción de compra.

Siguiendo con el razonamiento anterior podemos decir que *rho* se compone de dos partes. La primera de ellas es un reflejo directo del efecto del tipo de interés libre de riesgo en el precio del título subyacente ($\partial S/\partial R_f$) y de éste sobre el valor de la opción, relación que es expresada mediante la *delta* de la opción ($\partial c/\partial S$). El segundo componente proviene del impacto de los tipos de interés sobre el coste de mantener la posición. Las opciones son instrumentos apalancados, que dan el derecho sobre un activo siempre que el inversor tenga la financiación suficiente para conseguirlo. Así que, lo mismo que en los contratos de futuros (véanse Capítulos 11 y 12), el precio de la opción incluirá un coste de mantenimiento implícito. La prima de la opción será tanto mayor cuanto más grandes sean el tipo de interés y el coste de mantener la posición. Esto se puede escribir de la siguiente forma:

$$\rho = \frac{\partial S}{\partial R_f} \times \frac{\partial c}{\partial S} + \frac{\partial c}{\partial R_f} = \frac{\partial S}{\partial R_f} \times delta + \frac{\partial c}{\partial R_f}$$

Donde el primer término pondera la sensibilidad del precio del título subyacente con respecto al tipo de interés, por la *delta* de la opción. El segundo término tiene en cuenta los cambios en el precio de la opción causado por la alteración del coste de mantener la posición.

9.6.5. El coeficiente VEGA

Este coeficiente, también denominado *kappa* u *omega*, indica el cambio en el precio de una opción con respecto a una variación producida en la volatilidad de la acción. Expresada en forma matemática *vega* es la derivada parcial del precio de la opción con relación a la volatilidad del activo subyacente.

$$\text{VEGA} = \frac{\Delta c}{\Delta \sigma} \longrightarrow \upsilon = \frac{\partial c}{\partial \sigma} = S\sqrt{t}\, N'(d_1)$$

Así por ejemplo, si la vega de una opción cuyo precio es 4,25 pesetas, resultase ser 0,5 ello querría decir que un aumento de un 1 % de la volatilidad provocaría que el valor de la opción fuera de 4,75 pesetas. El coeficiente *vega* es positivo puesto que todo aumento de la volatilidad del subyacente hace aumentar el valor de la opción ya sea ésta de compra o de venta. Esto es así porque una mayor volatilidad lleva a una probabilidad más alta de oscilaciones en el precio de la acción subyacente, lo que hace aumentar el valor de la opción.

Vega alcanza su valor máximo en la zona *at the money*, cayendo cuando la opción se aleja de dicha zona en cualquier dirección. En términos monetarios absolutos, el precio de la opción es menos sensible cuando se encuentra en las zonas *in y out of the money*; sin embargo, en términos porcentuales esto no será así. En la Figura 9.22 se muestra la relación entre el precio de la opción de compra y la volatilidad del ejemplo que venimos manejando (recuérdese que la opción era *out-of-the-money* por ello si la volatilidad es nula el valor de la opción será cero puesto que $S < E$).

Se dice que un inversor tiene una posición larga en volatilidad cuando tiene una posición *vega* positiva, porque si la volatilidad de la acción aumenta, también lo hará el valor de su posición. Lógicamente, tendrá una posición corta cuando el valor del coeficiente sea negativo. En el primer caso se tratará de una cartera de opciones de tipo comprador, siendo de tipo vendedor la cartera con *vega* negativa.

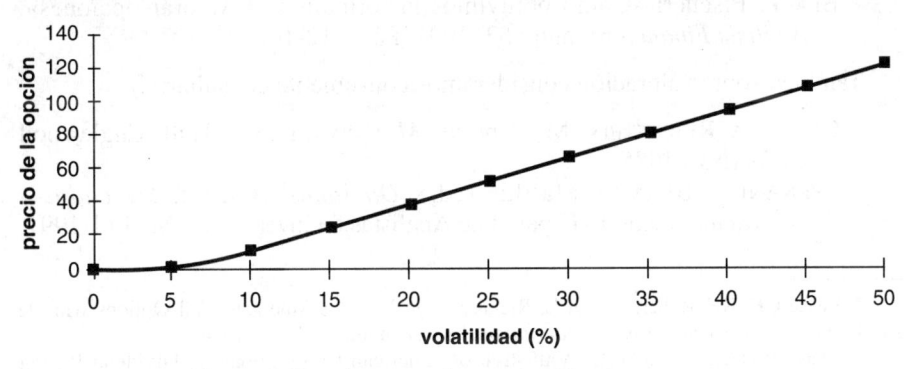

Figura 9.22. La *vega* de una opción de compra.

9.7. EVIDENCIA EMPIRICA DE LA EXPRESION DE BLACK Y SCHOLES

Han existido bastantes tests que intentan averiguar hasta qué punto es fiable la expresión de Black y Scholes sobre la valoración de opciones. La mayor parte de los mismos han demostrado que dicha expresión calcula con bastante exactitud los precios intrínsecos de las opciones. Pero también se han observado ciertas deficiencias, por ejemplo [5], el modelo tiende a infravalorar a las opciones de compra que son profundamente *in-the-money* mientras sobrevalora a las que son muy *out-of-the-money*. La razón de que ocurra esto parece tener que ver con que el modelo es incapaz de valorar bien las opciones de tipo americano que, recordemos, pueden ser ejercidas en cualquier instante antes de la fecha de vencimiento. Sobre todo en el caso de las opciones de tipo americano que se ejercen antes de la fecha del anuncio del reparto de dividendos de las acciones subyacentes.

Otros autores [6] han examinado los resultados obtenidos por dicha expresión en relación con los obtenidos por otros modelos más complejos que lidian con el problema del ejercicio anticipado de la opción. Parece deducirse que el modelo de Black y Scholes no valora completamente bien las opciones sobre acciones que tienen altas tasas de reparto de dividendos.

DE AQUI EN ADELANTE

Los autores recomendamos la lectura del libro de Gordon Gemmill: *Options Pricing: An International Perspective,* McGraw Hill. Londres. 1993, por ser muy claro y explicar, con relativa sencillez, las complicaciones de la valoración de opciones. De hecho gran parte de este capítulo se ha basado en el mismo.

Sobre la fórmula de Black y Scholes nada mejor que sus famosos artículos que, además, pueden ser consultados en español:

BLACK, Fischer, y SCHOLES, Myron: «Valoración de Opciones y de Pasivos de una Empresa». *Análisis Financiero.* núm., 53. 1991. Págs. 18-27.

BLACK, Fischer: «Cómo obtuvimos la fórmula para valorar opciones». *Análisis Financiero,* núm. 53. 1991. Págs: 12-16.

También sobre valoración consideramos conveniente consultar:

COX, J., y RUBINSTEIN, M.: *Options Markets.* Prentice Hall. Englewood Cliffs (NJ). 1985.

FERNÁNDEZ BLANCO, Matilde (ed.): *Opciones: Activos, Mercados y Valoración.* Instituto Español de Analistas de Inversiones. Madrid. 1991.

---

[5] Véase GESKE, Robert y ROLL, Richard: «On Valuing American Call Options with de Black-Scholes European Formula». *Journal of Finance,* núm. 39. Junio. 1984.

[6] Véase WHALEY, Robert: «Valuation of American Call Options on Dividend-Paying Stocks: Empirical Tests». *Journal of Financial Economics,* núm. 10. 1982.

FERNÁNDEZ, Pablo: *Opciones y Valoración de Instrumentos Financieros.* Deusto. Bilbao. 1991.
FITZGERALD, Desmond: *Financial Options.* Euromoney. Londres. 1987.
LAMOTHE, Prosper: *Opciones sobre Instrumentos Financieros.* McGraw Hill. Madrid. 1993.

BIBLIOGRAFIA

ALEXANDER Gordon, y SHARPE, William: *Investments.* Prentice Hall. Englewood Cliffs (NJ). 1990.
BLACK, Fischer: «Cómo obtuvimos la fórmula para valorar opciones». *Análisis Financiero.* número. 53. 1991. Págs. 12-16.
BLACK, Fisher, y SCHOLES, Myron: «The Pricing of Options and Corporate Liabilities». *Journal of Political Economy*, núm. 81. Mayo-junio 1973. Págs. 637-659. Existe traducción en castellano: «Valoración de Opciones y de Pasivos de una Empresa». *Análisis Financiero,* núm. 53. 1991. Págs. 18-27.
BODIE, Zvi; KANE, Alex, y MARCUS, Alan: *Investments.* Irwin. Homewood (Ill.). 1993.
BOOKSTABER, Richard: *Option Pricing and Strategies in Investing.* Addison Wesley. Reading (Mass). 1981.
BOOKSTABER, Richard y CLAKER, Roger: «Problemas para valorar la rentabilidad de carteras con opciones». *Análisis Financiero,* núm. 53. 1991. Págs. 36-51.
COX, J.; ROSS, S., y RUBINSTEIN, M.: «Options pricing: a simplified approach». *Journal of Financial Economics,* núm. 7. 1979. Págs. 229-263.
COX, J., y RUBINSTEIN, M.: *Options Markets.* Prentice Hall. Englewood Cliffs (NJ). 1985.
DEHAPIOT, Tanguy y MANCHET, Stéphane: «Mode de volatilité aléatoire et prix des options». *Finance,* vol. 10 núm. 2. 1989. Págs. 7-25.
ECKL, S., ROBINSON, J., y THOMAS, D.: *Financial Engineering.* Basil Blackwell. Oxford. 1990.
FERNÁNDEZ BLANCO, Matilde (ed.): Opciones: *Activos, Mercados y Valoración.* Instituto Español de Analistas de Inversiones. Madrid. 1991.
FERNÁNDEZ, Pablo: *Opciones y Valoración de Instrumentos Financieros.* Deusto. Bilbao. 1991.
FERNÁNDEZ, Pablo: «Utilización de la fórmula de Black y Scholes». *Análisis Financiero,* núm. 53. 1991. Págs. 28-35
FERNÁNDEZ, Pablo: «Valoración y ejercicio anticipado de la put americana». *Análisis Financiero,* núm. 53. 1991. Págs. 66-70.
FITZGERALD, Desmond: *Financial Options.* Euromoney. Londres. 1987.
FRANCIS, Jack y TAYLOR, Richard: *Theory and Problems of Investments.* McGraw Hill. Nueva York. 1992.
GEMMILL, Gordon: *Options Pricing.* McGraw Hill. Londres. 1993.
HEATH, D., y JARROW, R.: «Ex-dividend stock price behaviour and arbitrage opportunities». *Journal of Business,* núm. 61. 1988. Págs. 95-108.
KOLB, R.: Options. *An Introduction.* Kolb Publishing. Miami. 1991.
LAMOTHE, Prosper: *Opciones sobre Instrumentos Financieros.* McGraw Hill. Madrid. 1993.
MERTON, Robert: «Theory of Rational Option Pricing». *Bell Journal of Economics and Management Science,* núm. 4. 1973. Págs. 141-183.
NATEMBERG, S.: *Option Volatility and Pricing Strategies.* Probus. Chicago. 1988.

EJERCICIOS

1. Un inversor emite una opción de compra europea con vencimiento dentro de tres meses sobre Iberdrola con un precio de ejercicio de 4.000 pesetas El precio actual de las acciones de la compañía eléctrica es, también, de 4.000 pesetas Sabiendo que la desviación típica de los rendimientos de la acción es del 50%, que el activo sin riesgo es del 10%, calcúlese el precio intrínseco de la opción a través de la expresión de Black y Scholes. Calcúlese también el coeficiente *delta* en dicho instante explicando qué significa el valor obtenido.

2. Un inversor ha adquirido una opción de compra europea sobre Repsol. Calcúlese su valor según la expresión de Black y Scholes sabiendo que el precio de ejercicio es de 3.000 pesetas, el precio del título subyacente es de 3.250 pesetas, la desviación típica de los rendimientos es del 52%, la tasa libre de riesgo es del 10% y el tiempo hasta el vencimiento es de tres meses. Obténgase también el valor del coeficiente *delta*. Si, además, supiéramos que el precio de mercado de la opción es de 275 pesetas, ¿qué debería hacer el inversor para ganar dinero?

3. Una opción de venta y otra de compra, ambas de tipo europeo, vencen dentro de tres meses y ambas tienen un precio de ejercicio de 2.500 pesetas. Sabiendo que la tasa libre de riesgo es del 12% se desea determinar, a través de la paridad *put-call*: *a*) el precio de la opción de venta si la opción de compra valiese 400 pesetas y el precio de mercado del subyacente fuese de 2.250 pesetas; *b*) el precio de la opción de compra si la de venta tomase un valor de 500 pesetas, y el precio del activo subyacente fuese de 2.000 pesetas.

4. A través de la paridad *put-call* calcúlese el valor teórico de la opción de venta europea que tuviese el mismo precio de ejercicio y el mismo vencimiento que las opciones de compra de los ejercicios 1 y 2 anteriores.

5. Calcular el valor de una opción de venta europea a través de un proceso binomial de dos fases sabiendo que el precio actual de la acción subyacente es de 1.000 pesetas, el precio de ejercicio es de 1.100 pesetas, y la tasa libre de riesgo alcanza a ser del 10 %. Los coeficientes de ascenso y descenso son, respectivamente, de 1,3 y de 0,8. Obténgase, de paso, el valor del ratio de cobertura de la opción de venta.

6. Calcular el valor de la opción de compra europea con un precio de ejercicio de 1.100 pesetas, y con los mismos datos del ejercicio anterior a través del modelo binomial y después compruébese que se cumple la *paridad put-call*.

7. Usted está considerando la venta de una opción de compra europea [7] con un precio de ejercicio de 1.000 pesetas y un año de vencimiento. El título subyacente, que no reparte dividendos, tiene un precio actual de 1.000 pesetas y usted considera que tiene una probabilidad del 50% de aumentar a 1.200 pesetas, y otra probabilidad idéntica de descender a 800 pesetas El tipo libre de riesgo es del 10%:

   a) Describa los pasos específicos implicados en la aplicación del modelo binomial de valoración de opciones con objeto de calcular el valor de la opción de compra.
   b) Compare el modelo binomial al modelo de Black y Scholes.

8. Considere un aumento de la volatilidad del título del ejercicio anterior de tal mane-

---

[7] Este ejercicio está inspirado en uno citado por Bodie, Kaney Marcus: *Investments*. Irwin 1993, que fue utilizado en el examen de Chartered Financial Analysts.

ra que el precio de la acción pueda ascender hasta 1.300 pesetas, o descender hasta 700 pesetas. Muestre que el valor de la opción de compra europea es superior al indicado en dicho ejercicio.

9. El ratio de cobertura de una opción de compra europea *at-the-money* sobre Repsol es 0,45 mientras que el ratio de cobertura de una opción de venta europea *at-the-money* sobre dicha compañía es de – 0,55. ¿Cuál sería el ratio de cobertura de la posición *straddle* compradora *at-the-money* sobre Repsol? y ¿cuál sería el ratio de cobertura si la posición fuese un *strip* o un *strap*?

10. Tenemos tres opciones de venta europeas sobre un mismo título subyacente. Una tiene un coeficiente *delta* igual a – 0,9 otra lo tiene igual a – 0,5 y la tercera igual a – 0,1. Sabiendo que los precios de ejercicio sobre los que se emitieron son de 1.000 pesetas, 1.100 pesetas, y 1.200 pesetas, asígnense cada una de las *deltas* al precio de ejercicio al que correspondan.

Apéndice A: Modelo de Hoja de Cálculo (Excel) para la resolución del modelo de Black y Scholes

Esta es la muestra de la pantalla de Excel[8], en la que se pueden apreciar las letras del alfabeto indicativas de las columnas y los números indicativos de las filas (éstos se han colocado a la derecha). Ambos son necesarios para programar bien el modelo:

A	B	C	D	E	F	N.º Fila
VALORACION DE OPCIONES						1
FORMULA DE BLACK & SCHOLES						2
						3
						4
DATOS DE ENTRADA						5
Precio de la acción (S):		1000		PRECIO DE LA OPCION		6
Precio de ejercicio (E):		1100				7
Interés libre de riesgo –%		10		«CALL» —>	65,21	8
Tiempo hasta vcto. (años):		0,5				9
Desviación típica (%):		30		«PUT» —>	111,56	10
						11
						12
						13
						14
CALCULOS INTERMEDIOS						15
a =	– 0,0453102					16
b =	0,21213203					17
D1	– 0,1075282					18
D2	– 0,3196603					19
N(D1) =	0,45718492	<——	DELTA			20
N(D2) =	0,37461301					21
c =	– 0,3953281					22
C =	65,2077047					23
						24
						25
«– D1»	0,10752822					26
«– D2»	0,31966025					27
K1 =	1,0255443					28
K2 =	1,07996808					29
«– K1» =	0,97569729					30
«– K2» =	0,9310582					31
						32
N(D1) =	0,45718417					33
N(– D1) =	0,45718492					34
N(D2) =	0,37460156					35
N(– D2) =	0,37460156					36

---

[8] La formulación de Excel es muy similar a la del Lotus 1-2-3, por lo que prácticamente no hace falta hacer arreglos especiales si se quiere programar en esta última.

A continuación se muestran las fórmulas tal y como deberán programarse en la hoja Excel:

CALCULOS INTERMEDIOS	
a =	= LN(C6/C7) + (C8*C9/100)
b =	= C10*RAIZ(C9)/100
D1 =	= (B16/B17) + (B17/2)
D2 =	= B18 – B17
N(D1) =	= SI(B18 > 0;B33;B34)
N(D2) =	= SI(B19 > 0;B35;B36)
c =	= (B16*B20) – B21
C =	= C6*B20 – C7*EXP(– C8*C9/100)*B21
«– D1» =	= – B18
«– D2» =	= – B19
K1 =	= 1/(1 + (0,2316419*B18))
K2 =	= 1/(1 + (0,2316419*B19))
«– K1» =	= 1/(1 + (0,2316419*B26))
«– K2» =	= 1/(1 + (0,2316419*B27))

CELDA B33:
N(D1) = 1 – ((1/RAIZ(2*PI())/EXP((B18^2)/2))*((0,31938153*B28) – (0,356563782*((B28)^2)) + (1,781477937*((B28)^3)) – (1,821255978*((B28)^4)) + (1,330274429*((B28)^5))))

CELDA B34:
N(-D1) = ((1/RAIZ(2*PI())/EXP((B26*B26)/2))*((0,31938153*B30) – (0,356563782*((B30)^2)) + (1,781477937*((B30)^3)) – (1,821255978*((B30)^4)) + (1,330274429*((B30)^5))))

CELDA B35:
N(D2) = 1 – ((1/RAIZ(2*PI())/EXP((B19^2)/2))*((0,31938153*B29)– (0,356563782*((B29)^2)) + (1,781477937*((B29)^3)) – (1,821255978*((B29)^4)) + (1,330274429*((B29)^5))))

CELDA B36:
N(-D2) = ((1/RAIZ(2*PI())/EXP((B27^2)/2))*((0,31938153*B31) – (0,356563782*((B31)^2)) + (1,781477937*((B31)^3)) – (1,821255978*((B31)^4)) + (1,330274429*((B31)^5))))

CELDA F8:
= B23

CELDA F10:
= C6*(B20-1) – C7*EXP(– C8*C9/100)*(B21 – 1)

10
Opciones III: Otros tipos de Opciones

En los dos capítulos anteriores hemos visto de forma introductoria qué son las opciones financieras y cómo se valoran. En ellos utilizamos como ejemplo las opciones sobre acciones, mientras que en éste vamos a estudiar otros tipos de opciones como los que atañen a las divisas, a los tipos de interés, a los índices bursátiles y a las opciones exóticas.

10.1. OPCIONES SOBRE DIVISAS

La función más importante de cualquier opción negociada es la de hacer que el inversor se beneficie, o se proteja, del riesgo inherente en cualquier tipo de inversión.

Por tanto, las opciones sobre divisas son un instrumento para transferir el riesgo de cambio desde aquellos agentes que desean protegerse, y por ello pagan un precio, a aquellos otros que están dispuestos a asumirlo. Una opción sobre una divisa, da a su propietario el derecho a adquirir (*call*) o a vender (*put*) una cantidad fija de dicha divisa a un tipo de cambio predeterminado (el *precio de ejercicio*), a cambio de pagar una *prima* sobre dicho derecho. Como es lógico el tratamiento de este tipo de opciones es similar al de las opciones sobre acciones, puesto que lo único que cambia es el activo subyacente.

Los inversores, entre otros, se ven necesitados de una herramienta que les proteja contra los movimientos adversos de los tipos de cambio. Esto es así, porque cualquiera que posea una cartera formada por títulos de empresas internacionales se encuentra expuesto, no sólo al riesgo sistemático de los títulos que operan en su mercado de valores local, sino también a las fluctuaciones de los tipos de cambio. En cualquier caso existe una creciente necesidad de un vehículo que facilite la gestión del riesgo de los tipos de cambio. Las opciones sobre divisas ayudan a paliar esta necesidad posibilitando que un amplio rango de inversores y de hombres de negocios limiten su exposición al riesgo de movimientos adversos en dichos tipos de cambio, o se beneficien de los movimientos favorables de los mismos.

Veamos un ejemplo: Un contratista español, que deberá pagar en una fecha futura una cierta cantidad en dólares americanos para comprar una serie de materiales, podría adquirir una opción de compra sobre dicha divisa con objeto de proteger el poder adquisitivo de sus pesetas; mientras que una empresa americana que pretenda invertir en títulos españoles podría adquirir una opción de venta para asegurar la adquisición de pesetas a un tipo ventajoso.

El efecto de la variaciones en los tipos de cambio de las dos monedas se puede resumir de la siguiente forma:

a) Si la peseta se deprecia en relación al dólar, el precio de la opción de compra de dólares aumentará, decreciendo el de la opción de venta.

b) Si la peseta se aprecia en relación al dólar, el precio de la opción de compra de dólares disminuirá, ascendiendo el de la opción de venta.

El valor de una opción sobre una divisa depende de la relación entre la divisa subyacente y de la que se toma para valorar el contrato (pesetas y dólares, respectivamente, en los ejemplos anteriores). El precio de una opción tiende a cambiar como resultado del movimiento del tipo de cambio de ambas monedas. Así, por ejemplo, aunque la peseta se mantenga estable frente a las demás divisas, el precio de la opción en pesetas del dólar reaccionará a las fluctuaciones del tipo de cambio peseta-dólar. Dichas fluctuaciones podrán ser debidas a una acción directa de los gobiernos implicados, al aumento o disminución de los tipos de interés, al comportamiento de la balanza de pagos, el comportamiento de la economía de ambos países, o a la reducción o aumento de su deuda pública. Ni que decir tiene que el inversor deberá mantenerse al tanto de las variaciones que puedan sufrir todos estos factores puesto que ello incidirá en su inversión en opciones sobre divisas.

Tabla 10.1. Opciones en divisas negociadas en la Bolsa de Filadelfia

Contrato	Tamaño	Vencimiento	Liquidación	Cotización
Libra	12.500 £	Marzo, junio, sept. dic. y meses consecutivos	Sábado siguiente al tercer viernes del mes	Dólares EE UU por cada divisa
Dólar canadiense	50.000 $Can.	Idem	Idem	Idem
Marco alemán	62.500 DM	Idem	Idem	Idem
Franco Suizo	62.500 FrS	Idem	Idem	Idem
Franco Francés	125.000 FF.	Idem	Idem	Idem
ECU	62.500 ECUs	Idem	Idem	Idem
Yen	6.250.000 ¥	Idem	Idem	Idem
Dólar australiano	50.000 $Aus.	Idem	Idem	Idem

En la actualidad los principales mercados de opciones sobre divisas son: Filadelfia (véase Tabla 10.1), Chicago, Londres, Amsterdam, Montreal y Vancouver. Los dos primeros concentran el 85 % del volumen total de contratación, siendo las principales divisas cotizadas contra el dólar, el marco y el yen; luego a bastante distancia se cotiza la libra esterlina, el franco suizo, el franco francés, el ecu, el dólar canadiense, el dólar australiano, etc.

10.1.1. Las características del contrato

A los efectos de estudiar un típico contrato de opciones sobre divisas vamos a analizar los existentes en la Bolsa Internacional de Londres: El Dólar/Libra (US$/£) y el Dólar/Marco (US$/DM).

US$/£ ——>
Tamaño del contrato: 12.500 libras.
Precios de ejercicio: US$ y centavos por cada libra esterlina;
    intervalos de 5 centavos.
Cotización de las primas: Centavos de $US por cada libra;
    la oscilación mínima del precio será 0,05 centavos
    (valor del contrato $ 6,25).
Clave mnemotécnica: YBP.

US$/DM ——>
Tamaño del contrato: 62.500 DM.
Precios de ejercicio: US$ y centavos por cada marco alemán;
    intervalos de 1 centavo.
Cotización de las primas: Centavos de $US por cada marco;
    la oscilación mínima del precio será 0,01 centavos
    (valor del contrato $ 6,25).
Clave mnemotécnica: YDM.

Las fechas de vencimiento de los contratos son en marzo, junio, septiembre, diciembre más dos de los tres meses más cercanos. Así que se negocian simultáneamente seis fechas. El momento de la entrega será el tercer día hábil siguiente al envío de la notificación del ejercicio de la opción. El método de entrega: las libras, o marcos, son entregados a un banco inglés, o alemán, propuesto por la ICCH (*International Commodities Clearing House*), contra el pago del precio de ejercicio, en dólares y centavos americanos, a un banco de Nueva York propuesto por la ICCH.

El pago de la prima se realizará durante el día siguiente al de la adquisición de la opción. La comisión (incluyendo la parte correspondiente a la Cámara de compensación) será negociable. La garantía diaria, que será sobre las posiciones emitidas, se establece en el 8 % del valor en dólares americanos del contrato más o menos la cantidad por la que el contrato se encuentra en la zona *in* o *out of the money*; las reducciones del margen pueden ser exigidas para contrarrestar las posiciones de compra. En todo caso, el margen mínimo es de 250 dólares por contrato. La posición límite es de 10.000 contratos de cualquier clase. La cuota de ejercicio es de 20 libras por transacción ejercida más 30 peniques por contrato hasta un máximo de 240 libras por serie y día.

10.1.2. Factores que condicionan el precio de la opción

Como ya vimos en los dos capítulos anteriores el precio de las opciones depende de ciertas variables que en el caso de las opciones sobre divisas son las siguientes:

1.º *Relación entre el tipo de cambio de contado y el precio de ejercicio de la opción*. Cuanto mayor sea la diferencia entre el tipo de cambio al contado (S) y el precio de ejercicio de la opción (E), mayor será el valor intrínseco de la opción de compra y mayor la prima que se deberá pagar por ella. Por el contrario, la prima de una opción de venta asciende cuando el tipo de cambio al contado desciende. Así, por ejemplo, si el tipo de cambio de ejercicio es 120 pts./$ y el dólar tiende a apreciarse (o la peseta a depreciarse) hasta valer 130 pts./$ la *opción de compra* aumentará su valor de mercado, puesto que el propietario de la opción puede adquirir un dólar pagando 120 pesetas, y revender el mismo en el mercado de contado con lo que obtendría 130 pesetas; el beneficio sería de 10 pesetas. Por otra parte si el dólar se depreciase hasta 110 pts./$ el propietario de la *opción de venta* podría vender su dólar a cambio de 120 pesetas y con ellas adquirir en el mercado de contado 1,09 $; el beneficio sería de 0,09 $.

2.º *La volatilidad del tipo de cambio al contado*. La volatilidad es una medida del movimiento esperado en el precio del activo subyacente durante un cierto período de tiempo. Si la volatilidad del tipo de cambio se duplicase, se podría esperar una desviación en el tipo del doble de la originalmente supuesta. Lo que quiere decir que una opción que se encontrase en la zona *at the money*, podría adquirir un valor intrínseco del doble del supuesto al principio. Resumiendo, el precio de una opción *at the money* tiende a aumentar casi en línea con la volatilidad anticipada del tipo de cambio de contado subyacente.

3.º *El tiempo de vida de la opción*. La prima también es afectada por el tiempo que le queda de vida a la opción antes de su vencimiento. Cuanto mayor sea éste, mayor será la posibilidad de alteraciones en el tipo de cambio antes del vencimiento; dicha probabilidad se refleja en el precio de la opción.

4.º *Los tipos de interés*. Los tipos de interés a corto plazo sobre las monedas nacional y extranjera juegan un importante papel en la valoración de los contratos de opción. En las opciones en divisas la diferencia entre el precio de ejercicio y el precio a pagar en el futuro para adquirir la divisa se conoce de antemano, cuando dicha diferencia se calcula sobre el precio de la divisa a plazo. Como este último está a su vez condicionado por los tipos de interés de las dos monedas que se intercambian, su evolución condiciona la ganancia en términos de certeza que proporcionaría el ejercicio de la opción, y por tanto, su precio.

Esta misma relación se puede apreciar si consideramos que, a diferencia de otros tipos de opciones, las de divisas se pueden confrontar con dos posibles operaciones tendentes a la obtención de una determinada divisa en el futuro:

a) Se puede adquirir la divisa al contado y colocarla al tipo de interés de su mercado hasta el momento futuro en que vaya a ser empleada.

b) La moneda nacional es colocada en su mercado hasta que llegue el momento de su intercambio que es asegurado por un contrato a plazo.

El mercado ajustará los valores a los tipos de interés de manera que el coste de las dos alternativas sea similar. A su vez este coste marcará el límite máximo de la prima de la opción.

10.1.3. La utilización de las opciones sobre divisas

La adquisición de opciones es una estrategia intrínsecamente más conservadora que su emisión. Ahora bien, el riesgo asociado a esta última no es tan grande como en un principio pudiera parecer, y ello se debe a:

 a) Las posiciones pueden estar cubiertas al disponer de la divisa subyacente.
 b) El ejercicio de la opción es improbable a menos que el valor temporal de la opción sea desproporcionalmente pequeño en relación al valor teórico de la misma.
 c) El precio de la opción es dictado por la contraposición de la oferta y la demanda en el mercado y cualquier anomalía en la valoración del mismo es corregida automáticamente.
 d) Cualquier posición abierta en opciones negociadas puede cerrarse si el riesgo aumenta peligrosamente.

El grado de riesgo que se corre al adquirir o emitir opciones depende de la sensibilidad de la prima a los cambios en el tipo de cambio subyacente (coeficiente *delta*) y en la volatilidad del mismo. La variación porcentual en el valor de la prima de una opción próxima a su vencimiento, con relación a su tipo de cambio subyacente o a su volatilidad, es mayor que si su vencimiento está mucho más lejano.

Entre las principales utilizaciones de las opciones en divisas podemos destacar:

 a) La adquisición de opciones de compra para cubrirse del posible aumento en el valor de una divisa. Por ejemplo, un inversor español mantiene una cartera denominada en libras esterlinas y pretende protegerse de una posible caída de la divisa británica a través de la adquisición de opciones de compra de pesetas. Por ejemplo, si tenemos una cartera valorada en un millón de libras esterlinas y el tipo actual de contado es de 200 pts./£ querrá decir que el valor en pesetas de la cartera es de 200 millones. Si suponemos que el tipo de cambio va a pasar a ser de 190 pts./£ (con lo que la cartera valdría 190 millones de pesetas), podríamos adquirir en Londres opciones de compra de pesetas a un precio de ejercicio de 0,005 £/pts. y si la libra se deprecia la opción podría tomar un valor de mercado de 0,0053 £/pts., con lo que ganaremos alrededor de 0,0003 libras por cada peseta. Como la cartera vale 190 millones de pesetas, ello equivale a unas 57.000 libras, que al nuevo tipo de cambio resultan ser 10,83 millones de pesetas que sirven para cubrir la pérdida de 10 millones de pesetas en el valor de la cartera (nótese que se ha hecho abstracción del coste de la opción).

b) La adquisición de opciones de venta para protegerse contra una caída en el valor de una divisa. Por ejemplo, una empresa norteamericana, que exporta a Gran Bretaña y recibe los pagos en libras, podría adquirir opciones de venta con objeto de protegerse de una caída de la divisa británica.

c) La emisión de opciones cubiertas. Un inversor que posea la divisa subyacente puede emitir opciones de compra contra la misma y obligarse a venderla a un precio predeterminado a cambio de recibir un ingreso inmediato representado por la prima. Se recomienda utilizar esta estrategia si se confía en que el mercado permanecerá estable y si se desea, o se tiene, que salir de una posición descubierta y se usa la emisión de opciones para recibir una prima a modo de amortiguador contra un movimiento adverso de la divisa. Por ejemplo, un inversor americano, que invierte 10 millones de libras en Gran Bretaña y planea liquidar su inversión pasados doce meses, para cubrirse del riesgo de ascenso del dólar emite una opción de compra *at-the-money* consiguiendo el máximo valor temporal. El precio de ejercicio (que coincidirá con el tipo a plazo –*forward*– a un año y no con el de contado – *spot* –) es de 1,6715 $/£ para 12 meses, al que se asocia una prima del 4,28 % o 0,0716 $/£. En la Tabla 10.2 se muestra que el punto muerto contra una posición descubierta se encuentra en 1,7431 $/£ prima incluida. Por encima de dicha cantidad al inversor no le interesaría cubrir su posición, claro que ello implica un riesgo bastante alto.

Tabla 10.2. Acciones y resultados de la emisión de una opción cubierta

Tipo de cambio de contado en el vencimiento	Acción	Resultados
1,6000 $/£ $ sube	La opción expira sin valor	Se consigue la prima
1,7150 $/£ $ se mantiene	Se ejerce la opción. Se venden £, se compran $ a 1,6175 $/£	Cobertura en 1,6715 $/£, se consigue la prima
1,8000 $/£ $ baja	Se ejerce la opción. Se venden £, se compran $ a 1,6715 $/£	Cobertura en 1,6715$/£, se consigue la prima

10.1.4. Opciones sobre divisas "versus" contratos a plazo. El cálculo del punto muerto

Las opciones sobre divisas presentan la ventaja de la flexibilidad de cara a otros instrumentos financieros de cobertura del riesgo como, por ejemplo, los contratos a plazo (véase Capítulo 4). Su ventaja se basa en que el contrato a plazo (*forward contract*) es un acuerdo fijo e inviolable para recibir o entregar una divisa a un precio específico, por dicha razón cuando el riesgo de variabilidad de la divisa es suficientemente grande interesa tener el «derecho» a comprarla o venderla, más que la «obligación» a hacerlo.

Las reglas básicas para el uso apropiado de las opciones y de los contratos a plazo para propósitos de cobertura pueden ser resumidas como sigue (siempre que el resto de las variables implicadas permanezcan constantes):

a) Cuando la cantidad de los pagos en una divisa sea conocida compre el contrato a plazo sobre ella, pero si fuese desconocida adquiera una opción de compra sobre la misma.

b) Si los cobros en una determinada divisa son conocidos venda un contrato a plazo sobre la misma, pero si fuese desconocida adquiera una opción de venta sobre dicha divisa.

c) Cuando los flujos de caja de una divisa son sólo parcialmente conocidos utilice un contrato a plazo para cubrir la parte conocida y una opción para cubrir el valor máximo de la parte desconocida.

Para poder comparar las prestaciones de una cobertura mediante opciones con respecto a otro sistema distinto se realiza el *análisis del punto muerto,* es decir, se intenta averiguar a partir de qué tipo de cambio sería mejor un sistema u otro. Veámoslo a través de un caso:

Una empresa española va a pagar dentro de tres meses una factura por un millón de dólares a un proveedor extranjero. El tipo de cambio actual es de 118 pts./$ y dado el riesgo de cambio al que está expuesto, desea cubrir su posición. Su alternativa de cobertura es:

a) Comprar a tres meses un contrato a plazo de un millón de dólares a un tipo de cambio de 120 pts./$.

b) Adquirir una opción de compra por un millón de dólares con un precio de ejercicio de 120 pts./$, lo que le cuesta 2 millones de pesetas (prima).

El día del vencimiento, en caso de haber utilizado la primera alternativa, deberá adquirir los dólares al cambio prefijado de 120 pts./$, con lo que el coste asciende a 120 millones de pesetas. Si ese día el tipo de contado es de 115 pts./$, el coste de oportunidad asciende a cinco millones de pesetas. Ahora bien, si utiliza la cobertura mediante opciones, no ejercería la opción con lo que su coste ascendería a 117 millones de pesetas (115 más 2 de la prima), lo que representa un ahorro de tres millones en relación a la primera alternativa.

Por lo general, la cobertura sistemática del riesgo de cambio con opciones frente a la que utiliza los contratos a plazo, produce mejores resultados en épocas de fuerte inestabilidad cambiaria, siempre y cuando las opciones se adquieran a un precio correcto. Para ello es muy interesante calcular el punto muerto de la opción, es decir, el tipo de cambio vigente en la fecha de ejercicio a partir del que la opción genera beneficios si se ejerce.

Denominaremos: *PM* al punto muerto, *PE* al precio de ejercicio, *C* a la prima de la opción de compra, *N* al nominal del contrato, *k* al coste anual de financiar la prima (lo que equivale al coste de oportunidad de inmovilizar los fondos en dicha prima), o el coste del endeudamiento necesario para pagarla, y *n* al número de días que transcurren desde la adquisición de la opción hasta su vencimiento. El punto muerto para una opción de compra será, pues:

$$PM = PE \times \left[1 + \frac{C \times \left(1 + \frac{k \times n}{360}\right)}{N \times PE} \right]$$

y si calculamos el de una opción de venta (P es el valor de la prima):

$$PM = PE \times \left[1 - \frac{P \times \left(1 + \frac{k \times n}{360}\right)}{N \times PE} \right]$$

En nuestro ejemplo, el punto muerto de la adquisición de la opción de compra se alcanza (suponiendo un $k = 10\ \%$):

$$PM = 120 \times \left[1 + \frac{2.000.000 \times \left(1 + \frac{0,10 \times 90}{360}\right)}{1.000.000 \times 120} \right] = 122,05 \text{ pts./\$}$$

Si no tuviésemos en cuenta el coste de financiar la prima el valor del punto muerto sería de 122 pts./\$. Como se aprecia, la diferencia es muy pequeña, y ésta es la razón por la que no lo hemos tenido en cuenta en los ejemplos propuestos a lo largo de este capítulo.

10.1.5. La valoración de las opciones sobre divisas

El valor de una opción europea sobre divisas puede ser mostrado utilizando una fórmula derivada de la de Black y Scholes (véase capítulo 9) y que se debe a Garman y Kohlhagen, quienes realmente aplicaron a las opciones sobre divisas la fórmula de Merton para valorar opciones sobre acciones que pagan dividendos continuos, puesto que una divisa viene a ser como una acción de este tipo. Si tomamos el tipo de interés de la divisa extranjera (R_e) y el tipo de interés de la moneda nacional (R_d), podemos escribir el modelo de la siguiente forma:

$$C = S \times e^{-R_e t} \times N(d_1) - E \times e^{-R_d t} \times N(d_2)$$

donde $N(d_1)$ y $N(d_2)$ tienen la misma interpretación que en el modelo de Black y Scholes, con la excepción de que en lugar de S aparece el término $S \times e^{-R_e t}$:

$$d_1 = \frac{ln\,(S/E) + \left[R_d - R_e + \frac{1}{2}\sigma^2\right] t}{\sigma\sqrt{t}} \; ; d_2 = d_1 - \sigma\sqrt{t}$$

Al considerar la divisa como activo subyacente, S es el tipo de cambio de contado de la divisa que va a ser adquirida expresado en moneda doméstica por unidad monetaria extranjera; E es el precio de ejercicio en moneda doméstica por unidad monetaria extranjera; t, es el tiempo para el vencimiento; R_e, el tipo de interés sin riesgo extranjero; R_d, el tipo de interés sin riesgo doméstico; *sigma*, es la volatilidad anual del tipo de contado.

La ecuación anterior se puede expresar de forma equivalente en términos del tipo de cambio a plazo F, en lugar de utilizar el tipo al contado S, y para ello utilizaremos la relación de la paridad de los tipos de interés que pudimos estudiar en el Capítulo 4. El tipo de cambio a plazo expresado en forma discreta es igual a:

$$F = S \times [(1 + R_d) / (1 + R_e)]^t$$

expresado en forma continua quedaría así:

$$F = S \times e^{(R_d - R_e)t}$$

si ahora despejamos S y lo sustituimos en la fórmula de la valoración de opciones obtendremos:

$$C = F \times e^{-(R_d - R_e)t} \times e^{-R_e t} \times N(d_1) - E \times e^{-R_d t} \times N(d_2)$$

y operando, obtendremos que el valor de la opción de compra es igual a:

$$\boxed{C = [F \times N(d_1) - E \times N(d_2)] \times e^{-R_d t}}$$

donde d_1 y d_2 son iguales a:

$$d_1 = \frac{ln\,(F/E) + \frac{1}{2}\sigma^2\,t}{\sigma\sqrt{t}} \; ; d_2 = d_1 - \sigma\sqrt{t}$$

Por otra parte el coeficiente *delta* (Δ) de la opción es la derivada de la prima (C) con la relación al tipo de contado (S), es decir:

$$\Delta = \delta C/\delta S = e^{-R_e t} \times N(d_1)$$

Como ejemplo, en la tabla siguiente se muestran las cifras del modelo de valoración de opciones de Garman–Kohlhagen para el caso de un tipo de cambio de contado de 1,20 $/£, una volatilidad del 15 % anual, un tipo de interés sin riesgo americano del 10 % y uno británico del 12 %.

CALL	90-días	180-días	270-días
110	10.00	10.01	10.23
115	6.00	6.78	7.31
120	3.22	4.29	5.01
125	1.48	2.53	3.28
130	0.59	1.39	2.06

PUT	90-días	180-días	270-días
110	0.58	1.56	2.47
115	1.69	3.10	4.20
120	3.79	5.37	6.54
125	6.93	8.37	9.47
130	10.91	12.00	12,90

10.1.6. Arbitraje con opciones en divisas[1]

Tres son los tipos de arbitraje que se pueden realizar con opciones en divisas, los cuales garantizan el cumplimiento de las relaciones de equilibrio entre el valor de la opción y el de su tipo de cambio subyacente.

1.º *Arbitraje entre las opciones y el mercado de divisas al contado.* Se deriva del hecho evidente de que el derecho a adquirir una divisa en términos de otra debe ser igual al de vender esta última en términos de la primera. Así debe cumplirse la siguiente relación de equilibrio:

$$C(E) = S \times [E \times P(1/E)]$$

donde S es el tipo de cambio al contado expresado en forma directa (por ejemplo, pts./$); $C(E)$ es la prima, en pesetas, de una opción de compra con vencimiento en t de una unidad monetaria de divisa extranjera al tipo de cambio E, expresado en forma directa; $P(1/E)$ es la prima de una opción de venta de una peseta por $1/E$ unidades de la divisa extranjera, a un plazo t (obsérvese que el tipo de cambio está expresado en forma indirecta).

Si los arbitrajistas detectaran que la igualdad anterior no se cumple, sabrían que hay oportunidad de conseguir un beneficio sin riesgo. Así, por ejemplo, si en el mercado de Madrid S = 120 pts./$ y el valor de la opción de compra a tres meses con un precio de ejercicio de 120 pts./$ es C = 3,5 pesetas, mientras que en Londres el precio de la opción de venta a tres meses con el mismo precio de ejercicio es igual a 0,0264 $ por cada 120 pesetas (o 0,00022 $/pts.). La relación anterior sería:

$$3,5 > 120 \times 120 \times 0,00022 = 3,168$$

---

[1] Para la elaboración de este subepígrafe se ha realizado una síntesis de la parte de arbitraje de opciones en divisas que aparece en el libro de Prosper Lamothe: *Opciones Financieras*, editado por McGraw Hill.

El arbitraje se realizaría vendiendo las opciones de compra en Madrid por un millón de dólares y adquiriendo opciones de venta en Londres por 120 millones de pesetas (puesto que el tipo de cambio es de 120 pts./$). La ganancia sería de 0,332 pesetas por cada dólar, es decir, 332.000 pesetas. Por otro lado, el arbitraje para opciones de venta tendría una expresión similar:

$$P(E) = S \times [E \times C(1/E)]$$

2.º *Arbitraje derivado de la paridad put–call.* Como recordaremos dicha paridad hace referencia a la equivalencia de posiciones en la compra o venta de opciones de venta con la adquisición o emisión de opciones de compra y posiciones en el activo subyacente de las respectivas opciones. Para opciones europeas en divisas dicha paridad se define según la siguiente igualdad:

$$P(E) = C(E) - S \times (1 + R_e)^{-t} + E \times (1 + R_d)^{-t}$$

operando convenientemente y suponiendo que $t = 1$, obtendremos:

$$[C(E) - P(E)] \times (1 + R_d) = S \times [(1 + R_d) / (1 + R_e)] - E$$

por otra parte, si se verifica la paridad de los tipos de interés (donde F es el tipo de cambio a plazo dentro de un período) obtendremos una expresión que nos relaciona el tipo de cambio a plazo con las primas de las opciones de compra y de venta para el mismo precio de ejercicio:

$$[C(E) - P(E)] \times (1 + R_d) = F - E \qquad [1]$$

Ahora bien, si no se verificase dicha paridad de los tipos de interés las relaciones anteriores serían sustituidas por la siguiente:

$$[C(E) - P(E)] \times (1 + R_d) = \text{Máx} \, [F, S \times (1 + R_d) / (1 + R_f)] - E$$

Si la paridad *put–call* no se verificase siendo menor el primer término que el segundo, los arbitrajistas comprarían la diferencia de primas al tipo R_d. Además, venderían a plazo el importe nominal en divisas de las opciones obteniendo un beneficio igual a:

$$F - E - [C(E) - P(E)] \times (1 + R_d)$$

Veamos un ejemplo: si para un precio de ejercicio de 110 pesetas, $C = 14$ pesetas, $P = 10$ pesetas, el tipo a plazo $F = 116$ pesetas, el tipo de interés de la moneda española a tres meses es del 10 % y el tipo de interés del dólar a dicho plazo es del 5 %. El beneficio obtenido será igual a:

$$116 - 110 - [14 - 10] \times (1 + 0{,}10 \times 90 / 360) = 6 - 4{,}1 = 1{,}90 \text{ pts.}$$

3.º *Relaciones de arbitraje entre opciones en divisas.* Si la relación [1] anterior la utilizamos para dos precios de ejercicios distintos (E_1, E_2), obtendremos dos ecuaciones distintas. Operando entre ellas llegamos a la siguiente expresión final:

$$[C(E_1) - P(E_1)] - [C(E_2) - P(E_2)] = (E_2 - E_1) / (1 + R_d)$$

que nos muestra la relación de equilibrio entre opciones europeas de compra y venta para dos tipos de cambio de ejercicio diferentes. El incumplimiento de esta relación da lugar al denominado arbitraje *boxspread*.

10.2. OPCIONES SOBRE INDICES

La principal diferencia entre las opciones sobre títulos y las que operan sobre un índice bursátil radica en que estas últimas han sido especialmente diseñadas para que el inversor pueda beneficiarse, o protegerse, de las oscilaciones generales en los precios que tienen lugar en el mercado de valores, más que los que afectan a cada título en particular. Cualquier inversor que haya tenido la experiencia de acertar acerca del comportamiento general del mercado, al mismo tiempo que erraba acerca del comportamiento de los títulos en los que había invertido, apreciará el significado de las opciones sobre índices (véase Tabla 10.3).

Para el inversor, los movimientos en el precio de las acciones pueden ser vistos como una buena oportunidad de obtener un beneficio, o como un riesgo adicional. Puesto que no importa si tiene objetivos a corto o a largo plazo, un mercado volátil puede alterar la estrategia que pretende llevar a cabo. Por ejemplo, si el inversor tiene la costumbre de adquirir acciones para mantenerlas durante un largo período de tiempo, puede interesarle tener en cuenta las oportunidades que surjan de las fluctuaciones en los precios de las acciones a corto plazo. Las opciones sobre índices proporcionan un nuevo camino para aumentar las ganancias y reducir el riesgo de una inversión en el mercado.

Las opciones sobre títulos ofrecen un considerable grado de protección contra los riesgos *sistemático* (el que se debe a la variabilidad del mercado como un todo) y *no sistemático* (el que se debe a la variabilidad del precio de mercado de la empresa individualmente considerada) de un título individual, así como un amplio abanico de oportunidades para expresar cualquier opinión que se pueda mantener sobre la empresa en cuestión.

Sin embargo, este tipo de opciones sólo involucran a un pequeño número de grandes empresas y un inversor podría encontrarse con que no hay ninguna opción cotizada en bolsa que refleje adecuadamente el riesgo de otras acciones que él tiene en su cartera. Aún más, las opciones sobre títulos son de poca ayuda para el inversor, que ha decidido observar el curso más probable a seguir por el mercado pero no está seguro acerca de los títulos individuales que mejor se ajustarán a dicha tendencia. Para llenar este hueco han sido diseñadas las opciones sobre índices. Resumiendo, su importancia se debe a tres factores:

- Hacen posible que los inversores puedan protegerse del riesgo de mercado de sus inversiones.

- Son especialmente valiosas para los inversores que poseen acciones sobre las que no existen opciones en el mercado.
- Están perfectamente adaptadas a las necesidades del inversor que tenga una idea clara de la dirección en la que se moverá el mercado, pero que duda a la hora de seleccionar los títulos individuales de su cartera.

Las opciones sobre índices se diferencian de las opciones sobre títulos en que:

a) El activo subyacente de la opción no es tal, sino una cartera de activos, precisamente aquellos que componen el índice y en la proporción precisa para reproducirlo. Claro que obtener una cartera de valores que sea idéntica a la composición del índice no es nada fácil. Todo lo cual hace que las posibilidades de arbitraje entre la opción y su activo subyacente sean limitadas e imperfectas puesto que este último no existe como tal en el mercado. De lo que se deduce la imposibilidad de realizar emisiones cubiertas de estas opciones.

Tabla 10.3. Algunos de los principales índices bursátiles sobre los que se emiten opciones

Nación	Indice	Bolsa	Valor del punto	Títulos
EE UU	S&P 100	CBOE	100 USD	100
EE UU	S&P 500	CBOE	100 USD	500
EE UU	XMI	AMEX	100 USD	20
Reino Unido	FTSE-100	LIFFE	10 £	100
Francia	CAC-40	MONEP	200 FF	40
Alemania	DAX	DTB	10 DM	30
España	IBEX-35	MEFF	100 pts.	35
Holanda	Dutch	EOE	200 Fl	
Suiza	SMI	SOFFEX	50 FS	
Japón	Nikkei 225	Osaka	1.000 ¥	225
Japón	Topix	Tokio	10.000 ¥	1.120

b) La liquidación de las opciones sobre índices se realiza con efectivo. Siendo la cuantía a abonar la diferencia sobre el índice al cierre en la fecha de ejercicio y el precio fijado para éste. Lo que quiere decir que el inversor, que decide ejercer la opción, no conoce la cuantía que va a recibir, ya que ésta no se conoce hasta el momento del cierre del mercado.

10.2.1. Especificaciones de las opciones sobre índices

Lógicamente cada mercado de valores, que posea un índice sobre el que se puedan negociar opciones, tiene unas especificaciones sobre las mismas, que deberán ser cumplidas por todos aquellos que emitan o compren opciones de compra o de venta sobre el Indice. A modo de ejemplo vamos a ver aquí las condiciones que deben reunir las opciones sobre el índice FT–SE 100 de la *International*

Stock Exchange de Londres y el índice IBEX–35 del Mercado Español de Futuros Financieros (Tabla 10.4).

1. *El contrato*: FT: cada contrato representa un valor teórico de £ 10 multiplicado por el valor del Indice. IBEX: cada contrato vale 100 pesetas por el valor del índice.
2. *El precio de ejercicio*: FT: situado en intervalos de 25 puntos del índice (por ejemplo, 1.025, 1.050, 1.075) siempre que éste se encuentre por debajo del valor 1.700 pues a partir de aquí los intervalos son de 50 puntos. IBEX: en puntos enteros del índice terminados en 100 o en 50.
3. *Fechas de expiración*: FT: las opciones sobre índices tienen una vida máxima de cuatro meses. En cualquier momento las opciones negociadas están disponibles con uno, dos, tres o cuatro meses para la expiración. La expiración se produce el último día hábil del mes. IBEX: vida máxima de tres meses, la expiración se produce el tercer viernes del mes del vencimiento.
3. *Primas*: FT: debido a que cada contrato representa un valor de £10 multiplicado por el valor del índice, puede descomponerse en 1.000 unidades de un penique multiplicado por el valor de dicho índice. La prima de la opción se cotiza en peniques (su valor real es 1.000 veces mayor). IBEX: en puntos enteros del índice, con una fluctuación mínima de un punto.

Por ejemplo, si una opción del FT–100 se cotiza en el mercado con una prima de 35 p, el coste de un contrato sería de £ 350 (1.000 × 35 p.). Si una opción del IBEX se cotiza a 47, el coste del contrato sería igual a 4.700 pesetas.

5. *Liquidación*: Cuando un contrato de este tipo es ejercido, el propietario del mismo tiene derecho a recibir del emisor, que le asignen, una suma de dinero equivalente al valor intrínseco de la opción (la diferencia entre el

Tabla 10.4. Opciones de compra sobre el IBEX con vencimiento el 15 de octubre de 1993 en el MEFF
(valor el día 21 de septiembre de 1993: 3.170,12)

Opciones de compra	Primas Demandas	Primas Oferta	Ultimo cruzado	Máximo sesión	Mínimo sesión	Contratos	Posición abierta
15-oct-93 3.100	120	-	144	144	144	20	1.600
15-oct-93 3.150	91	115	91	115	91	15	4.000
15-oct-93 3.200	67	75	67	90	67	695	11.458
15-oct-93 3.250	49	61	54	58	54	460	2.745
15-oct-93 3.300	30	44	41	41	36	725	3.875
15-oct-93 3.350	17	22	22	26	22	230	3.685
15-oct-93 3.400	11	19	15	17	15	690	4.960

valor actual del índice y el precio de ejercicio). FT: las liquidaciones tienen lugar en el segundo día hábil siguiente a la fecha de ejercicio. IBEX: tienen lugar el tercer día hábil siguiente a la fecha de ejercicio (lo mismo que la liquidación de las primas y de las comisiones)

Por ejemplo, si el índice FT–100 se mantiene en 1.620 y es ejercida una opción de compra cuyo precio de ejercicio es de 1.550, su poseedor recibirá 700 £ [10£ × (índice – precio de ejercicio)] mediante un cheque emitido por el emisor de la opción. De forma semejante se calcularía el beneficio en el IBEX.

6. *Garantía*: FT: la garantía requerida de los emisores de opciones sobre el índice se calcula sobre la base del 7,5% del valor del índice en el momento del cierre del mercado de opciones, más o menos la cantidad por la que una opción está in o *out-of-the-money*, con una garantía mínima del 2% del valor subyacente. Las garantias se calculan diariamente. IBEX: son variables en función de la cartera.

El emisor de un contrato de opción de compra con precio de ejercicio 1.675, cuando el valor del Indice es de 1.650, deberá presentar una garantía de 987,50 £, es decir: (7,5 % × 1.650 – 25 puntos *out-of-the-money*) × £ 10.

10.2.2. La cobertura de carteras de valores

Las opciones sobre índices se pueden utilizar para especular o para protegerse del riesgo sistemático de una cartera. Sin embargo, es mucho más eficaz hacer esto último a través de los futuros sobre índices (véase el Capítulo 11) puesto que las coberturas mediante opciones necesitan ser ajustadas continuamente. Además, el coberturista en opciones está expuesto a cualquier variación de la volatilidad que haría aumentar o disminuir el precio de las opciones, lo cual no ocurre en los contratos de futuros. A pesar de todo hay inversores que utilizan las opciones sobre índices como instrumento de cobertura así que veamos cómo funciona ésta.

Para calcular el número de opciones necesario para realizar la cobertura deberemos dividir el valor de mercado de la cartera de títulos entre el valor de mercado del índice sobre el que se emite la opción, y a este resultado multiplicarle por la *βeta* de la cartera:

$$\text{N° de contratos} = \frac{\text{Valor de mercado de la cartera}}{\text{Valor de mercado del Indice}} \times \text{βeta de la cartera}$$

Veamos un ejemplo. Supongamos una cartera formada por los tres tipos de títulos que se muestran a continuación:

Títulos	Precio	Cantidad	Beta	Valor Mercado
Telefónica	1.530 pts.	10.000	0,5	15.300.000 pts.
Repsol	3.655 pts.	25.000	0,88	91.375.000 pts.
BBV	3.495 pts.	15.000	1,05	52.425.000 pts.
				159.100.000 pts.

La *βeta* de esta cartera será la media ponderada de las *βetas* de cada uno de los títulos:

$$\beta eta = (0{,}5 \times 15{,}3 + 0{,}88 \times 91{,}375 + 1{,}05 \times 52{,}425) / 159{,}1 = 0{,}9$$

Consideremos, primeramente, una cobertura de la cartera mostrada anteriormente a base de la compra de opciones de venta. Para ello utilizaremos opciones de venta *at-the-money* (3.150) valoradas en 61 pesetas:

$$N^{\underline{o}} \text{ de contratos} = [159.100.000 \times 0{,}9] / [100 \text{ pts.} \times 3.170] \approx 452$$

Siendo el coste de la cobertura para tres meses:

$$452 \times 100 \text{ pts.} \times 61 = 2.757.200 \text{ pts.}$$

es decir, un 1,7 % del valor de la cartera. La visión que el inversor tenga del mercado determinará si este coste es aceptable para retener alguno de los beneficios de las oscilaciones del mercado que le sean favorables. Si, por ejemplo, transcurrido un mes el índice descendiese un 5 % situándose en 3.011,5 y la cartera cayese un 4,5 % alcanzando un valor igual a 151.940.500 pesetas, lo que representaría una pérdida de 7.159.500 pesetas. Claro que el precio de mercado de las opciones de venta que poseemos podría ser, por ejemplo, de 155 pesetas, y si las vendemos obtendremos unos ingresos de:

$$155 \text{ pts.} \times 100 \text{ pts.} \times 452 \text{ opciones} = 7.006.000 \text{ pts.}$$

El resultado final será de una pérdida de 153.500 pesetas, a la que hay que añadir el coste de las opciones. En todo caso, la pérdida total es menor que la que tendría de no haber cubierto su cartera. Otra alternativa sería adquirir 452 opciones de venta de 3.150 y, al mismo tiempo, vender 452 opciones de compra del mismo precio de ejercicio:

$$\text{Coste neto: } 452 \times 100 \text{ pts} \times [61 \text{ pts.} - 91 \text{ pts.}] = -1.356.000 \text{ pts.}$$

El punto importante sobre la cobertura de una cartera con opciones sobre índices es que el gerente de la misma conserva su riesgo no sistemático. Es decir, este tipo de cobertura le permite gestionar el rendimiento de una cartera de títulos. Veámoslo, utilizando el último tipo de cobertura. Si el índice cayese un 5 %, es decir, se situase en 3.011,5, la prima de una opción de compra de 3.150 descendería hasta 20 pesetas, mientras que la de venta del mismo precio de ejercicio alcanzaría las 155 pesetas. El valor de la cartera, sin embargo, sólo desciende un 4,5 % (es decir, 151.940.500 pts.). Así que el beneficio de la posición sería:

$$[(155 - 61) \times 100 \text{ pts.} - (20 - 91) \times 100 \text{ pts.}] \times 452 = 7.458.000 \text{ pts.}$$

lo que hace que la posición neta total alcance un valor de 159.398.500 pesetas, es decir, lo que representa un beneficio de 298.500 pesetas, sobre la posición inicial. Pero si el valor de la cartera hubiese caído más que el propio índice la posición neta total daría una pérdida.

10.2.3. La valoración de las opciones sobre índices

Como un índice es meramente la suma de sus componentes, su valor caerá después de la fecha de reparto de los dividendos de las acciones que lo componen. Si un índice bursátil está compuesto por un pequeño número de acciones (por ejemplo, 30 o 40), el pago de dividendos afecta claramente al valor del índice; si, por el contrario, el índice está compuesto por muchas acciones al repartirse dividendos con mucha mayor frecuencia es más pequeño el impacto de los mismos en el valor de aquél. En todo caso, muchos índices son ajustados con respecto a los dividendos para eliminar su efecto[2].

Si los dividendos componen una serie alisada es improbable que el ejercicio anticipado de las opciones de compra proporcione un valor adicional. Por dicho motivo, el modelo más sencillo de valoración de las opciones sobre índices procede del diseñado por Black y Scholes y es el denominado «modelo del dividendo proporcional de Merton». Este modelo se puede aplicar tanto a opciones sobre acciones como a opciones sobre índices, en el primer caso se aplica a opciones europeas en las que el título subyacente paga dividendos que se suponen se van a pagar continuamente con un rendimiento constante vía dividendos.

Lo racional de esto último radica en que el índice incorpora muchas acciones y, claro está, acciones diferentes pagarán dividendos diferentes en momentos distintos, por ello parece válido asumir el pago de un dividendo continuo y constante. Aunque si la mayoría de las empresas, cuyas acciones componen el índice, decidiesen pagar sus dividendos por las mismas fechas, se acabarían produciendo fuertes variaciones en la rentabilidad de los dividendos sobre el índice en diferentes momentos del tiempo.

Con arreglo a lo anterior el modelo de Merton es:

$$C = S \times e^{-\delta t} \times N(d_1) - E \times e^{-R_f t} \times N(d_2)$$

donde δ es el rendimiento constante sobre los dividendos y las demás variables son las mismas que vimos en el modelo de Black y Scholes (véase el Capítulo 9), excepto que se ha sustituido S por $S \times e^{-\delta t}$.

A pesar de todo existen sustanciales diferencias entre la valoración de opciones basada en dividendos continuos y la que se basa en los dividendos actuales. Para índices bursátiles de pocas acciones[3] la diferencia puede ser del 5,4 % en opciones *at the money* y del 15,2 % para *out of the money*. La solución puede ser utilizar la expresión binomial que estudiamos en el capítulo anterior y que se puede utilizar para dividendos discretos.

---

[2] El índice IBEX-35 no se ajusta por dividendos.
[3] Datos obtenidos del trabajo de Brenner, Courtadon y Subramanyam: «The valuation of index options». Joint AMMEX/SOFFEX Seminar. Zurich. 1987. Citado por Gemmill.

Los costes de transacción ejercen un impacto mayor en los precios de las opciones sobre índices que sobre los de las opciones sobre acciones. Los modelos de valoración se basan en el arbitraje entre el activo subyacente y las opciones, pero es difícil en la mayoría de los mercados negociar simultáneamente sobre todas las acciones que componen un índice. Normalmente, los creadores del mercado de opciones no cubren sus posiciones en carteras de acciones si no con futuros sobre índices para los que los costes de transacción son muy bajos. La consecuencia es que los futuros y las opciones sobre índices se mueven al unísono dentro de un equilibrio de arbitraje aunque a veces pueden vagar en una zona difusa sin arbitraje en relación al índice subyacente. Teniendo en cuenta los dividendos discretos, la relación de equilibrio entre el precio de contado y el del futuro es igual a:

$$S_t = \frac{F_n}{(1+r)^{n-t}} + \sum_{t+1}^{n} \frac{D_j}{(1+r)^j}$$

donde S es el precio de contado, F es el precio del futuro, t es el tiempo de contado, n es el tiempo hasta el vencimiento, D es el dividendo, r es la tasa de interés y j indica el momento en que se espera recibir el dividendo.

10.3. OPCIONES SOBRE FUTUROS DE TIPOS DE INTERES

En términos generales podríamos decir que una opción sobre tipos de interés es un contrato que da derecho a su propietario a invertir (o a endeudarse) a un determinado tipo de interés (precio de ejercicio) durante un período prefijado. Es necesario hacer constar la dificultad de definir qué se entiende por una opción de compra o de venta en este tipo de opciones aunque, por lo general, la adquisición de una opción de compra protege de una caída de los tipos de interés (si el precio de ejercicio es el 10 % querrá decir que si ejercemos la opción, durante un cierto período de tiempo recibiremos dicho tipo de interés que será superior al vigente en el mercado), mientras que la posesión de una opción de venta protege de un alza de los mismos (si ejercemos la opción, durante un cierto período pagaremos su precio de ejercicio que siempre será menor que el tipo de interés vigente en el mercado).

Los tipos de interés se dividen en corto y largo plazo. A los primeros, que se consideran con un plazo igual o inferior a un año, también se les conoce como los tipos del mercado de dinero (por ejemplo, Letras del Tesoro, préstamos interbancarios, etc.). Los tipos de interés a largo plazo se encuentran implícitos en el precio de los bonos u obligaciones emitidos por los gobiernos. Existen contratos de opciones sobre ambas clases de tipos de interés pero en este capítulo vamos a centrarnos en las opciones que hacen referencia a los tipos de interés a largo plazo dejando para un capítulo posterior (el 16) el tratamiento del corto plazo.

Las opciones sobre tipos de interés han surgido en los mismos mercados en los que se negocian los futuros sobre bonos como un complemento para éstos. De ahí que el activo subyacente de la opción no suela ser el bono u obligación, estrictamente hablando, sino el contrato de futuro sobre el mismo. El éxito de las opciones basadas en futuros sobre bonos, más bien que sobre los propios títulos de deuda, ha sido el resultado de tres factores:

1. Los futuros son más antiguos que las opciones y han desarrollado un sistema de entrega de los bonos en el vencimiento del contrato bastante fiable. Es fácil para el emisor de una opción ejercida realizar la entrega (o la adquisición) del contrato de futuros en un mercado líquido.
2. Los futuros y las opciones se negocian en el mismo parqué, lo que reduce costes y facilita el flujo de información.
3. Suele ser más fácil determinar un precio justo aproximado para las opciones sobre futuros que para las opciones sobre bonos.

Entre los contratos de opciones sobre futuros de interés a largo plazo más conocidos mencionaremos a los siguientes: El de los bonos del Tesoro de EE.UU. que se cotiza en el CBOT y que es el más extendido del mundo; el del

Tabla 10.5. Cotización del bono nocional español a 10 años en el MEFF el 21 de septiembre. 1993. (Precio del futuro subyacente: 99,14).

	OPCIONES DE COMPRA				OPCIONES DE VENTA			
	ALTO	BAJO	ULTIMO	VOLUM	ALTO	BAJO	ULTIMO	VOLUM
Dic.9750	0	0	245	0	776	76	85	200
Dic.9800	0	0	215	0	100	90	103	200
Dic.9850	165	165	186	0	135	135	124	200
Dic.9900	0	0	160	200	135	135	147	100
Dic.9950	0	0	137	0	0	0	172	0
Dic.10000	102	100	116	800	0	0	200	0
Dic.10050	89	86	97	2000	0	0	220	0
Dic.10100	0	0	81	500	0	0	262	0
Dic.10150	0	0	86	0	0	0	297	0

bono a 10 años del gobierno francés que se cotiza en el MATIF; los bonos de los gobiernos alemán (el *bund*) y británico (*gilt*) que se cotizan en el LIFFE; y, el bono a 10 años del Tesoro español que se cotiza en el MEFF.

Veamos las características de la opción sobre el futuro del bono a 10 años español que se negocia en el Mercado Español de Futuros Financieros (MEFF): El instrumento subyacente es un contrato de futuros sobre el bono a 10 años (éste tiene un nominal de 10 millones de pesetas y paga un 9 % anual); la opción es de tipo americano; las fechas de vencimiento se encuentran en los dos meses más próximos del ciclo formado por marzo, junio, septiembre y diciembre; la fecha de vencimiento es el primer miércoles del mes de la entrega del futuro subyacente (dos semanas antes de la fecha de vencimiento del propio contrato de futuros); la cotización es un múltiplo de 1.000 pesetas; y la garantía se calcula teniendo en cuenta la cartera formada por futuros y opciones.

En la Tabla 10.5 se muestra un ejemplo de cotización del bono nocional[4] español donde se aprecia que en el mes de diciembre vencen los contratos de opciones con distintos precios de ejercicio. Un precio de ejercicio de 10.000 implica un nominal nocional de 10 millones de pesetas puesto que la cotización está expresada en múltiplos de 1.000 pesetas. Figuran, también, la cotización más baja del día, la más alta, la última habida y el volumen de contratos. Por ejemplo, el último precio pagado por una opción de compra cuyo precio de ejercicio es de 10 millones de pesetas resultó ser de 116.000 pesetas, mientras que el último precio pagado por una opción de venta de dicho precio de ejercicio fue de 200.000 pesetas.

10.3.1. La utilización de las opciones sobre futuros como cobertura

Siguiendo con el ejemplo anterior, podemos ver cómo un inversor que adquiera la opción de compra sobre el contrato de futuros del bono con precio de ejercicio de 10 millones, tiene derecho a que se le entregue un contrato de futuros sobre el dicho bono. Después de vencer este último, dicho inversor dispondrá de un bono real que está pagando un 9 % de interés (puesto que el precio de ejercicio coincide con el nominal nocional del bono que, recordemos, paga un cupón anual del 9%). Si, por ejemplo, el precio de ejercicio fuese de 9,5 millones, el tipo de interés recibido sin tener en cuenta el coste de la prima ni los costes de transacción se obtendría de despejar r en la siguiente ecuación:

$$9.500.000 = \frac{900.000}{(1+r)} + \frac{900.000}{(1+r)^2} + \frac{900.000}{(1+r)^3} + \ldots + \frac{900.000}{(1+r)^9} + \frac{10.900.000}{(1+r)^{10}}$$

el resultado sería un 9,8 % (si hubiésemos tenido en cuenta la prima pagada 116.000 pesetas, que se sumaría el precio de ejercicio en la ecuación anterior el rendimiento obtenido sería del 9,6 %). Así, que si esperamos una caída de los tipos de interés lo mejor será adquirir opciones de compra sobre los contratos de futuros del bono nocional que nos permitirá protegernos del menor rendimiento esperado de nuestras inversiones en renta fija.

El gestor de una cartera de renta fija comprará opciones de venta para protegerse contra una caída en el precio de los bonos que posee en dicha cartera, puesto que si se produjese un aumento del rendimiento de los bonos querría decir que el precio de mercado de los mismos caería. Y esto último es lo que no desea que ocurra cualquier gestor de carteras de renta fija.

Como es lógico, para estudiar perfectamente la cobertura mediante opciones sobre futuros es necesario calcular el número de contratos necesarios

---

[4] Nocional significa teórico, pues el bono español tiene un valor nominal teórico de 10 millones de pesetas, cuando en la realidad dicho nominal puede ser de 10.000 pesetas. Como los valores nominales reales podrían variar en cada emisión, en los mercados de futuros sobre bonos se trabaja con nominales teóricos.

para adquirir o emitir. Ello implica la utilización del concepto de *duración*; pues bien, tanto este concepto como el cálculo de dicha cobertura a través de los contratos de futuros se estudia en el Capítulo 12, por ello aconsejamos al lector que acuda al mismo para aprender a obtener el número de contratos de futuros necesario que, lógicamente, coincidirá con el número de contratos de opciones sobre los mismos.

10.3.2 La valoración de las opciones sobre futuros de tipos de interés

La expresión para el cálculo del valor teórico de las opciones sobre futuros se basa en el modelo de Black:

$$C = F \times N(d_1) - E \times N(d_2)$$

donde F es el tipo a plazo y las demás variables son las que ya conocemos por el modelo de Black y Scholes. Esta expresión deberá utilizarse si en el mercado de opciones sobre futuros existe un sistema de garantías semejante al del mercado de futuros. Dichas garantías afectan a los precios de las opciones puesto que bajo este sistema el comprador de una opción sólo debe pagar un depósito. De tal manera que cada día se calcula quién pierde o gana en la posición. A este proceso, que como veremos en el capítulo siguiente, se le denomina "ajuste al mercado" (*marking to market*) y calcula el valor de mercado de la posición de ambas partes. El depósito es propiedad del comprador, de tal manera que éste no paga nada en el momento de adquirir la opción. Esto está muy bien para el comprador pero el vendedor necesita ser compensado por no haber recibido la prima en su momento, por lo que se cargará al comprador el valor capitalizado de la prima. El modelo de Black hace la aproximación de que la prima se paga al final del período. Si, por el contrario, no existiera el sistema de garantías anteriormente comentado deberíamos utilizar la expresión anterior multiplicada por $e^{-R_f t}$.

10.4. OPCIONES EXOTICAS

10.4.1. Opciones asiáticas

La *opción asiática* se diferencia del contrato de opción clásico en que el precio del activo subyacente se calcula como promedio de los precios alcanzados por el mismo a lo largo de un período determinado. Así, por ejemplo, podríamos adquirir una opción asiática de compra sobre dólares al precio de ejercicio de 1,50 DM con una vida de tres meses y cuya prima es de 0,10 DM. La opción tendrá un valor positivo si el tipo de cambio medio a lo largo del período supera al precio de ejercicio.

Claramente un precio promedio es menos volátil que las series de precios utilizadas para obtenerlo, por ello, este tipo de opciones tienen un menor valor que las opciones tradicionales. Siguiendo un razonamiento parecido, cuanto más frecuente se calcule el promedio, más baja será la volatilidad (por ejemplo, un promedio diario tendrá una volatilidad inferior que uno semanal y, por tanto, un valor de la opción menor). Por lo general, se utiliza el promedio diario para calcular el valor del activo subyacente, extendiéndose el período de cálculo desde la fecha de emisión de la opción hasta la de su vencimiento. El valor intrínseco de la opción se calcula de la siguiente forma:

$$\text{Máx } [0, \bar{S} - E] \text{ para las opciones de compra.}$$
$$\text{Máx } [0, E - \bar{S}] \text{ para las opciones de venta.}$$

La finalidad fundamental de este tipo de opciones es reducir las posibilidades de manipulación del precio del subyacente en la fecha de vencimiento. También resultan muy útiles para aquellos inversores que realizan compras o ventas sobre un mismo activo en un horizonte temporal determinado. Frente a la alternativa de comprar *n* opciones con distintos vencimientos, resulta más barato comprar una opción asiática con vencimiento al final del período, logrando un nivel similar de cobertura de riesgos.

En cuanto a la valoración de este tipo de opciones se puede utilizar el método binomial, el método Monte Carlo o la aproximación a través de la media geométrica desarrollado por Kemna y Vorst, quienes derivaron el valor de la opción de compra como el valor actual de la media geométrica de los pagos esperados. En realidad su modelo es una variación del de Black y Scholes.

10.4.2 Opciones *lookback*

Las opciones de compra de tipo *lookback* proporcionan a su propietario el derecho a adquirir una cantidad fija del activo subyacente al mínimo precio alcanzado sobre la vida de la opción. Mientras que el propietario de una opción *lookback* de venta tiene el derecho a vender el activo subyacente al máximo precio alcanzado durante la vida de la opción. Estas opciones pueden ser de tipo europeo o americano. Como es lógico, debido a que el propietario de la opción *lookback* siempre obtiene el mejor resultado posible (de hecho son siempre opciones *in the money*), el coste de la misma es mucho más alto que el de una opción tradicional (puede llegar a ser el doble que ésta y cuatro veces el de la opción asiática). Analíticamente los valores intrínsecos de las opciones en la fecha del vencimiento son:

$$\text{Opciones de compra} \longrightarrow \text{Máx } [0, S_n - \text{Min } [S_0, S_1, ..., S_n]]$$
$$\text{Opciones de venta} \longrightarrow \text{Máx } [0, \text{Max } [S_0, S_1, ..., S_n] - S_n]$$

Un ejemplo de utilización de este tipo de opciones podría ser el del gerente de un fondo español que quisiera traducir sus beneficios en moneda extranjera de dólares a pesetas. Al gerente le encantaría conseguir el mejor tipo de cambio del período considerado.

A continuación se muestra el modelo de valoración de este tipo de opciones que ha sido desarrollado por Garman y que está basado en el de Black y Scholes. En el modelo, referido éste a opciones *lookback* sobre divisas, S representa el tipo de cambio de contado, L es el tipo de cambio mínimo, t es el tiempo hasta el vencimiento de la opción, σ es la volatilidad de S, r es el tipo de interés de la moneda doméstica, R es el tipo de interés de la divisa, δ es el diferencial de los tipos de interés (= $r - R$), $t = 2\delta/\sigma^2$, N es la función de distribución normal y acumulativa:

$$V = \left(\frac{S}{\tau}\right)\left[e^{-rt}\left(\frac{S}{L}\right)^{-\tau} N\left(y_1 + 2\delta\sqrt{\frac{t}{\sigma}}\right) - e^{-Rt} N(y_1)\right]$$

por otra parte $y_1 = [-Ln(S/L) - (\delta + \sigma^2/2)t] / \sigma\sqrt{t}$

10.4.3. Opciones compuestas

Las denominadas opciones compuestas hacen referencia a las opciones sobre opciones que pueden ser de cuatro formas distintas:

a) Opción de compra de una opción de compra.
b) Opción de compra de una opción de venta.
c) Opción de venta de una opción de compra.
d) Opción de venta de una opción de venta.

Este tipo de opciones se utiliza en los mercados de divisas para cubrir riesgos condicionales de cambio como puede ser el riesgo de cambio derivado de la posible obtención de un contrato de suministro en el extranjero. Así, por ejemplo, una compañía española oferta el servicio de limpiezas en una ciudad británica y antes de saber si ganará el concurso sabe que tiene un riesgo de cambio condicionado a la obtención del mismo. Para cubrir ese riesgo podría adquirir una opción de compra sobre una opción de venta de libras esterlinas, de tal forma que si la libra se depreciara y a dicha empresa la pagasen en dicha divisa la cantidad de pesetas recibida sería inferior a la calculada, lo que sería contrarrestado por la opción de venta sobre las mismas.

Si denominamos por c y p los valores respectivos de las opciones de compra y de venta subyacentes así como por e la prima de ejercicio de las opciones de compra y venta compuestas, obtendremos sus valores intrínsecos expresados a través de las siguientes ecuaciones:

Opción de compra sobre:
        opción de compra: Máx $(0, c - e)$
        opción de venta: Máx $(0, p - e)$

Opción de venta sobre:
    opción de compra: Máx $(0, e - c)$
    opción de venta: Máx $(0, e - p)$

10.4.4. Otros tipos de opciones

Las *opciones condicionales* (u "opciones con barrera") son aquellas cuya vigencia depende de un determinado suceso, generalmente ligado a la evolución de los precios del activo subyacente. Pueden ser de muchas clases (*up-and-out-put; up-and-in-put; down-and-out-call; down-and-in-call;* y *barrera discontinua*) pero todas ellas consisten en que el propietario de la opción podrá ejercerla (*in*) siempre que el valor del activo subyacente supere un valor predeterminado, tanto por arriba (*up*) como por abajo (*down*); o, por el contrario, no podrá ejercerla (*out*) si supera dicho valor; o, incluso, ser una mezcla de ambos casos (*discontinua*).

Opciones multiíndices: sus pagos están determinados por el comportamiento de dos o más índices. Por ejemplo, una opción de compra multiíndice *at-the-money* de un año sobre los índices FT-SE 100 británico y sobre el CAC-40 francés, pagará lo mismo que la mejor de las dos opciones de compra sobre cada uno de los índices por separado.

Opciones diferidas: son opciones que pueden ser adquiridas antes de que sus "vidas" comiencen realmente. Un inversor podría, por ejemplo, decidir pagar por una opción diferida para aprovecharse del valor de mercado actual de una opción que él sabe que va a necesitar en el futuro.

Opciones digitales: denominadas así por tener un funcionamiento similar al de los circuitos binarios lógicos, es decir, si el precio del activo supera el precio de ejercicio de la opción de compra su propietario recibirá una cantidad predeterminada, en caso contrario, nada. En la opción de venta ocurrirá lo contrario. Es decir, es un "todo o nada".

Superacciones: (*supershares*) el propietario de este tipo de opción recibiría en la fecha de su expiración un pago prefijado si el precio del activo subyacente coincidiese casi exactamente con el precio de ejercicio (*at-the-money*), si esto no sucediera, no se recibiría nada. Por ejemplo, si el precio de ejercicio es de 100, sólo se recibirá la ganancia, si en la fecha de expiración, el activo vale entre 99,5 y 100,5.

Opción atlántica o bermuda: una opción que puede ser ejercida en una serie de fechas determinadas. Se encuentra «a caballo» entre las opciones europeas y las opciones americanas.

DE AQUI EN ADELANTE

Sobre el uso de las opciones sobre divisas recomendamos el libro de William SUTTON: *The Currency Options Handbook,* editado por Woodhead-Faulkner. También puede consultarse el libro de Gordon GEMMILL: *Options Pricing,* editado por McGraw Hill, el de Prosper LAMOTHE: *Opciones Financieras*, también editado por McGraw Hill o el de Pablo FERNÁNDEZ: *Opciones y Valoración de Instrumentos Financieros,* editado por Deusto.

Sobre el modelo de valoración de opciones sobre divisas de GARMAN y KOHLHAGEN, su propio artículo: "Foreign currency option values". *Journal of International Money and Finance.* 1983. Págs. 231-237.

Sobre las opciones sobre índices puede consultarse el libro de BARENBLAT y MEALER: *Stock Index Options,* publicado por Probus.

Acerca de las opciones sobre futuros puede consultarse el libro de AUGROS, *Les Options sur Taux d'Intérêt,* editado por Economica. Así como el de LABUSZEWSKI y NYHOFF: *Trading Options on Futures,* editado por John Wiley.

Por último, sobre las opciones exóticas lo mejor es consultar los libros ya comentados de GEMMILL y de LAMOTHE así como los artículos que aparecen en la bibliografía sobre cada una de ellas.

BIBLIOGRAFIA

ALEXANDER, Gordon, y SHARPE, William: *Investments.* Prentice Hall. Englewood Cliffs (NJ). 1990
AUGROS, Jean: *Les Options sur Taux d'Intérêt.* Economica. París. 1989
BAILEY, W., Y STULZ, R.: «The pricing of stock index options in a general equilibrium model». *Journal of Financial of Quantitative Analysis,* núm. 24. 1989. Págs. 1-12
BARENBLAT, J., y MEALER, D.: *Stock Index Options.* Probus. Chicago. 1992
BELIN, Eugene: «Hedging a foreign currency portfolio». *Global Investor.* Septiembre. 1988. Págs. 61-65.
BIGER, N., y HULL, J.: «The valuation of currency options». *Financial Management,* núm. 12. 1983. Págs. 24-28.
BLACK, Fischer, y JONES, R.: «Simplifying Portfolio Insurance». *Journal of Portfolio Management,* núm. 14. 1987. Págs. 48-51.
BLACK, Fischer, y SCHOLES, Myron: «The Pricing of Options and Corporate Liabilities». *Journal of Political Economy.* Mayo-junio. 1973. Págs. 637-659.
BOOKSTABER, R., y LANGSAM, J.: «Portfolio Insurance Trading Rules». *Journal of Futures Markets,* núm. 8. 1988. Págs. 15-32.
BRENAN, R., y SOLANSKI, R.: «Optimal Portfolio Insurance». *Journal of Financial and Quantitative Analysis,* 16. 1981. Págs. 279-300.
BRENNER, M., COURTADON, G. y SUBRAMANYAM, M.: «The valuation of index options». *Joint AMEX/SOFFEX Seminar.* Zurich. 1987.
CARVERHILL, A., y CLEWLOW, L.: «Valuing average rate options». *Risk,* núm. 3. 1990. Págs. 25-29.
COOPERS & LYBRAND: *A Guide to Financial Investments.* Euromoney. Londres. 1987.
COX, J., y RUBINSTEIN, M.: *Options Markets.* Prentice Hall. Englewood Cliffs (NJ). 1985.
DESARBRES, Sébastien, y DELOUYA, Michel: «Les lookback options sur devises». *La Revue Banque,* núm. 508. Septiembre. 1990. Págs. 844-848.
ECKL, S.; ROBINSON, J., y THOMAS, D.: *Financial Engineering.* Basil Blackwell. Londres. 1990.
EVNINE, J., y RUDD, A.: «Index options: the early evidence». *Journal of Finance.* Julio. 1985. Págs. 743-756
FERNÁNDEZ BLANCO, Matilde (ed.): *Opciones: Activos, Mercados y Valoración.* Instituto Español de Analistas de Inversiones. Madrid. 1991.
FITZGERALD, Desmond: *Financial Options.* Euromoney . Londres. 1983.
GARMAN,M., y KOHLHAGEN,S.: «Foreign currency option values». *Journal of International Money and Finance.* 1983. Págs. 231-237.
GARMAN, M.: «Recollection in tranquillity». *Risk,* núm. 2. 1989. Págs. 16-19.

GEMMILL, Gordon: «A primer on the pricing of options on currencies and short-term interest rates». *Investment Analyst*, núm. 81. 1986. Págs. 16-22.
GEMMILL, Gordon: *Options Pricing*. McGraw Hill. Londres. 1993.
GIDDY, Ian: «The Foreign Exchange Option as a Hedging Tool» STERN y CHEW (Ed.): *New Developments in International Finance*. Oxford. 1988. Págs. 83-94.
GÓMEZ SALA, Juan, y MARHUENDA, Joaquín: «Cobertura del riesgo de cambio en el mercado español de opciones sobre divisas». *Análisis Financiero* núm. 46. Nov. 1988. Págs. 23-33.
HULL, J., y WWHITE, A.: «The princing of options on assets with stochastic volatilities». *Journal of Finance*, núm. 42. 1987. Págs. 281-300.
INVERSIÓN Y FINANZAS: «Alternativas para cubrir posiciones». *Inversión y Finanzas*. Abril. 1989. Págs. 16-22.
KEMNA, A., y VORST, T.: «A pricing method for options based on average asset values». *Journal of Banking and Finance*, núm. 14. 1990. Págs. 113-129.
LABUZEWSKI, John y NYHOFF, John: *Trading Options on Futures: Markets, Methods, Strategies, and Tactics*. John Wiley. Nueva York. 1988.
LAMOTHE, Prosper: *Opciones Financieras*. McGraw Hill. Madrid. 1993.
MAINS, Norman: «Using Eurodollar Futures and Options». *Institute Financial Futures and Options* (Drexel Burnham Lambert). 9 de junio de 1986.
MARGRABE, W.: «The value of an option to exchange one asset for another». *Journal of Finance*, núm. 33. 1978. Págs. 177-186.
MCMILLAN, Lawrence: *Options as a Strategic Investment*. New York Institute of Finance. Nueva York. 1986.
OPTIONS DEVELOPMENT GROUP: *The Currency Options*. Scimitar Press. Londres. 1987.
OPTIONS DEVELOPMENT GROUP: *The Index Options*. Scimitar Press. Londres. 1987.
PEROLD, A., y SHARPE, William: «Dynamic Strategies for Asset Allocation». *Financial Analysts Journal*. Enero-febrero. 1988. Págs. 16-27.
REDHEAD, Keith y HUGHES, Steward: *Financial Risk Management*. Gower Pub. Aldershot (GB). 1988.
RUBINSTEIN, N.: «One for another». *Risk*, núm. 4. 1991. Págs. 30-32.
SUTTON, William: *The Currency Options Handbook*. Woodhead-Faulkner. Cambridge (UK). 1988.
SWISS BANK CORPORATION: *Currency and Stock Options*. Zurich. 1984.
VAN ROY, Eric: «Foreign Currency Options». *Revue de la Banque*. Abril. 1989. Págs.: 283-289.

EJERCICIOS

1. Una empresa española que exporta a Japón y que espera recibir los cobros valorados en 1.000 millones de yenes dentro de tres meses, decide optar por adquirir opciones de venta de yenes ante las expectativas de una bajada del precio de éstos. Sabiendo que el precio de ejercicio de las opciones es de 1,2 pts./¥ y que el precio de las opciones es de 24 millones de pesetas, calcular el valor del punto muerto de la opción sabiendo que el coste del dinero de financiar la adquisición de la prima es del 12 % nominal anual.

2. En el mercado de Londres el tipo de cambio de contado del dólar es igual a 1,36 $/£ y el valor de una opción de compra *at-the-money* a tres meses sobre dicho tipo de cambio subyacente y con un precio de ejercicio de 1,35 $/£ es igual a 5 peniques. Por otra parte en Filadelfia el precio de la opción de venta a tres meses con un precio de ejercicio idéntico al anterior tiene un valor de 0,025$. ¿Existen oportunidades de arbitraje entre ambos mercados sobre las opciones $/£? y si así fuese ¿qué habría que hacer para obtener un beneficio?

3. Sabiendo que el precio de ejercicio de una opción de compra *at the money* es de 80 pts./DM, que el precio de mercado de dicha opción es de 2 pesetas, que el tipo de interés de la peseta a tres meses es del 10 %, mientras que el del marco es del 7,5 %, calcular el tipo a plazo que correspondería a los datos anteriores (suponer que se cumple la paridad de los tipos de interés) y obtener, seguidamente, el precio que debería tener la opción de venta a tres meses del mismo precio de ejercicio para que no exista posibilidad de arbitraje.

4. Calcular el beneficio que se puede obtener a través de operaciones de arbitraje en opciones en divisas dados los siguientes datos: precio de ejercicio 20 pts./FF; precio de la opción de compra 0,5 pesetas; precio de la opción de venta 0,4 pesetas; tipo de interés de la peseta a tres meses 10%; tipo de interés del franco francés a tres meses 8,5%; tipo de cambio a plazo 20,25 pts./FF.

5. Con arreglo a los datos mostrados seguidamente especifique cuál es el número de contratos de opciones sobre índices que deberá adquirir para realizar una cobertura completa de la cartera que componen los títulos mostrados. Sabiendo que el valor de mercado del índice Ibex-35 es de 3.227 y que el coste de la opción de venta *at-the-money* sobre dicho índice con un precio de ejercicio de 3.200 es de 79.

Títulos	Precio	Cantidad	Beta	Valor Mercado
Telefónica	1.600 pts.	10.000	0,9	
Repsol	3.700 pts.	15.000	1,2	
BBV	3.400 pts.	35.000	1,05	

6. ¿Cuál sería el tipo de interés recibido en el caso de ejercer una opción de compra sobre el bono nocional español a 10 años en el MEFF cuyo precio de ejercicio es de 10.150 y el valor de la opción es de 86?

7. Una opción de compra asiática que tenía un precio de ejercicio de 500 pesetas acaba de ser ejecutada por el comprador de la misma. Se desea saber cuánto ha ganado su propietario sabiendo que pagó por ella 12 pesetas y que los precios del activo subyacente han sido a lo largo de los díez días en que estuvo en su poder los siguientes:

490, 501, 514, 503, 520, 525, 519, 527, 531 y 535

8. ¿Cuál sería la ganancia obtenida por el comprador del ejemplo anterior si la opción de compra hubiese sido del tipo *lookback* y su coste inicial fuese de 30 pesetas?

11
Futuros Financieros

11.1. EL CONTRATO DE FUTUROS FINANCIEROS

Imagine una empresa importadora española que dentro de tres meses deba pagar diez millones de dólares en concepto de pago de una mercancía adquirida en la actualidad a una empresa norteamericana. El cambio actual de un dólar es de 100 pesetas. Pero, ¿cuál será el cambio dentro de tres meses? La empresa española estaría de acuerdo en mantener el tipo de cambio actual, pues es bastante ventajoso, pero las fluctuaciones de los mercados de divisas, casi con toda seguridad, harán que el precio del dólar haya variado para dicha fecha. Una de las opciones que tiene la empresa importadora es la de realizar un *contrato a plazo* (véase Capítulo 4), otra es la de realizar un *contrato de futuros financieros*.

Cuando se habla de *futuros financieros* se hace referencia, principalmente, a los *futuros sobre divisas* y a los *futuros sobre tipos de interés* (otro ejemplo pueden ser los *futuros sobre índices* bursátiles). Los contratos de futuros cubren dos propósitos básicos:

a) Permiten a los inversores cubrir el riesgo de los movimientos de precios adversos en el mercado de dinero.
b) Permiten a los especuladores respaldar sus previsiones con un alto grado de apalancamiento.

Cuanto más volátil sea el precio del instrumento financiero subyacente (divisas, intereses, etc.), mayor será la demanda de cobertura del mismo. Precisamente, este aumento del riesgo ha desarrollado los mercados de futuros financieros, que permiten a los inversores cubrir sus posiciones en el mercado de dinero de las variaciones en los tipos de interés, en los tipos de cambio y en el riesgo sistemático del mercado de valores; mientras que a los especuladores les permite operar en activos financieros muy volátiles.

En los contratos de futuros financieros, el precio del activo financiero se determina en el momento de su realización, pero el dinero es intercambiado por dicho activo en una fecha futura determinada. El contrato de futuros es obligatorio cumplirlo por ambas partes, a diferencia del de opciones que no lo era nada más que para el vendedor a requerimiento del comprador, si éste lo deseaba. Así que, legalmente, el vendedor de un contrato de futuros está obligado a entregar el activo financiero de que se trate y el comprador está obligado a aceptar dicha entrega.

11.1.1. Características de los mercados de futuros financieros

Su principal característica es la *normalización* de los contratos sobre activos financieros, lo que implica que los contratos negociados corresponden todos a la misma cantidad y tipo, así como al mismo rango de fechas futuras. Por ejemplo, el contrato de futuros sobre ECUs en LIFFE (*London International Financial Futures and Options Exchange*) tiene un valor nominal de un millón de ECUs y vence los meses de marzo, junio, septiembre y diciembre. Esto implica que los inversores que deseen cubrirse por una cantidad diferente o a un plazo distinto, sólo podrán utilizar el mercado de futuros para una cobertura parcial y asumirán un cierto grado de riesgo residual. Este sacrificio de la elección del plazo desea-

Tabla 11.1. Diferencias entre los contratos a plazo y los contratos de futuros

Contrato de Futuros	Contrato a plazo
1. Estandarizados.	1. No estandarizados.
2. A través de la cámara de compensación.	2. Privado entre dos partes.
3. Posibilidad de abandonar una posición antes del vencimiento del contrato.	3. Imposibilidad de abandonar la posición antes del vcto., sin la autorización de la contraparte.
4. Para abandonar una posición basta con la operación contraria.	4. El contrato se anula en la fecha de vcto.
5. Existencia de un mercado secundario.	5. No hay mercado secundario.
6. Poca importancia de la entrega física.	6. La entrega física esencial.
7. No hay riesgo de impago de la contraparte.	7. Existe riesgo de impago de la contraparte.
8. Los inversores deben depositar una garantía.	8. No existe garantía. Los pagos se realizan en la fecha de vencimiento.

do y de la cantidad que mejor responda a sus previsiones a cambio de una mayor liquidez es lo que hace que los *contratos a plazo* (véase Tabla 11.1) no desaparezcan sino que sean complementarios a los de futuros.

Ahora bien, aun cuando el intercambio de bienes y dinero sucediera obligatoriamente en el futuro, cada una de las partes deberá depositar una cantidad en concepto de garantía de que llevará a cabo su obligación. De esta manera cualquier inversor puede participar en el mercado sin que sea necesario obtener información alguna sobre su solvencia. Básicamente, el mecanismo de garantía es muy sencillo: en un mercado en que la variación máxima de las cotizaciones es del x %, se exigirá del inversor una garantía, o depósito, equivalente al 2 x %.

Este será el nivel mínimo de garantía exigido y de no obtenerse la posición del inversor será liquidada en ese momento para hacer frente a sus pérdidas. Las ganancias y pérdidas se obtienen como márgenes diarios, lo cual tiene una influencia sobre la liquidez del inversor. A este proceso de ajuste diario se le conoce como *mark to market*, que podríamos traducir como *ajuste al mercado*.

Resumiendo, las principales características de un mercado de futuros financieros suelen ser:

a) Se suelen contratar a «viva voz» en un parqué determinado. En algunos casos la contratación se hace a través de terminales de ordenador.

b) Los contratos están normalizados y se realizan en una serie de fechas determinadas para unas cantidades de activos financieros predeterminadas.

c) Los títulos subyacentes (divisas, bonos, etc.) son entregados a través de una *cámara de compensación*, la cual garantiza el cumplimiento de los contratos realizados entre sus miembros.

d) La entrega del instrumento financiero subyacente en la fecha del vencimiento del contrato de futuros suele ser bastante rara, por lo general; suelen ser liquidados antes de dicha fecha.

e) Para un determinado contrato de futuros financieros la liquidez deberá ser alta, o el contrato desaparecerá.

f) Los costes de transacción en un mercado «viva voz» suelen ser bajos.

En cualquier publicación especializada sobre mercados financieros (*The Wall Street Journal, The Financial Times, Expansión, Cinco Días*, etc.) aparecerán siempre los siguientes datos (Tabla 11.2):

- El *precio de apertura* (*open price*), al que se hizo la primera transacción
- Los precios, más *alto*, más *bajo* y el de *cierre* del día.
- El *precio de liquidación* (*settlement*), que es un precio representativo (media del más alto y el más bajo, por ejemplo) durante el período en que el mercado está cerrado. Puede coincidir con el *precio de cierre*.
- El *volumen abierto* (*open interest*), es decir, el número de contratos pendientes durante el día.

Tabla 11.2. Tabla de cotizaciones del Bono Nocional a 10 años en el MEFF (fecha: 22-IX-93. Nota: 1 tick = 1.000 pts. Tamaño del contrato: 10 millones de pts.)

Vcto.	Cotizaciones					TIR		Volumen	
	Ant.	Alto	Bajo	Cierre	Var.	Cierre	Var.	Negoc.	Abierto
Dic.93	99,14	99,09	98,16	98,83	– 0,31	9,19	0,05	38.550	72.321
Mar.94	99,04	98,90	98,60	98,90	– 0,14	9,18	0,02	80	2.929
Jun.94	101,25			101,25		8,80			50

11.1.2. Los usuarios del mercado de futuros financieros

Las dos clases principales de usuarios de los mercados financieros son los *coberturistas* (buscan la cobertura de alguna operación en la que están implicados) y los *especuladores* (toman posiciones en la esperanza de obtener una ganancia futura al moverse los precios en el sentido que ellos esperan).

Los *coberturistas* pretenden reducir el riesgo de los movimientos adversos en los tipos de interés futuros, o en los precios de las divisas, que afectarían a sus inversiones en el mercado de dinero, por ello toman una posición en el mercado de futuros que les permita protegerse de dichas variaciones. Por ejemplo, si usted ha adquirido Bonos del Tesoro al 13 % y quiere protegerse de un alza de los tipos de interés, puesto que ello haría que el precio de dicha emisión descendiese haciendo que su inversión perdiese valor, podría vender futuros financieros sobre la emisión anterior, lo que contrarrestaría la posible pérdida si los tipos de interés ascendiesen. Es decir, lo que perdería en el mercado de dinero sería limitado e, incluso, anulado por la ganancia en el mercado de futuros. Entre los coberturistas que operan en el mercado de futuros podemos señalar:

a) Detallistas: Para fijar los tipos de interés de cara a un posible excedente estacional de tesorería.

b) Empresas: Para proteger los tipos de interés en el caso de un posible excedente temporal de tesorería, y fijar el tipo de los préstamos de una emisión planeada de *commercial paper*.

c) Fondos de pensiones: Para proteger el rendimiento de una inversión planeada en bonos del Tesoro o de Deuda Pública, así como aislar una cartera de títulos de posibles descensos del mercado.

d) Exportadores: Con objeto de proteger el tipo de cambio de los pagos para los embarques esperados.

e) Bancos de inversión: Para vender una gran cantidad de activos a corto plazo, que no parece probable que el mercado de dinero acabe absorbiendo a los precios actuales.

f) Bancos hipotecarios: Para proteger sus bonos hipotecarios contra movimientos adversos en los tipos de las hipotecas.

Por otra parte, los *especuladores* buscan situarse apropiadamente para beneficiarse de los movimientos en los tipos de interés, en los precios de las divisas o en los precios de las acciones. Este tipo de negociadores abarca tres áreas:

a) *Arbitraje*: Beneficiarse de los desequilibrios entre las valoraciones realizadas por el mercado de dinero y las realizadas por el mercado de futuros. Las operaciones de arbitraje carecen de riesgo (por ello no son propiamente una operación especulativa aunque los especuladores operen también en ella).

b) *Diferencial*: Observan la diferente evolución de los precios de diversos futuros financieros e intentan beneficiarse de ella.

c) *Especulación*: Toman una posición en el mercado de futuros apostando sobre una tendencia determinada en el precio de un instrumento financiero concreto.

Ambos tipos de operadores son necesarios para garantizar la eficiencia del mercado de futuros (y la de cualquier mercado financiero en general). Los especuladores proporcionan liquidez al mercado, lo que permite a los coberturistas comprar o vender futuros sin importarles el volumen de los contratos.

11.1.3. Consecuencias de la creación de un mercado de futuros financieros

La razón de ser de un mercado de futuros financieros es la posibilidad que confiere a los inversores de transferir el *riesgo de los tipos de interés* a otros agentes. Este consiste en la posibilidad de variación de los tipos de interés de tal manera que perjudiquen la inversión realizada; cuanto más dure dicha inversión mayor será dicho riesgo. Así, por ejemplo, la adquisición de un bono del Tesoro a 3 años es menos arriesgada que la adquisición de una Obligación del Tesoro a 10 años, puesto que es más fácil que el tipo de interés del mercado varíe más veces a lo largo de diez años, que lo haga a lo largo de tres. Por tanto, la creación de un mercado de futuros financieros tenderá a disminuir la segmentación del mercado de renta fija, que viene reflejada por el deseo de un tipo de inversores de operar a corto plazo, mientras que otros lo hacen a largo.

Como ya dijimos en el apartado anterior, los especuladores actuarán cuando las variaciones de los precios no se ajusten a las expectativas del conjunto de los inversores, lo que hará que los precios tiendan a situarse donde deberían estar según dichas expectativas, lo que restablecerá el equilibrio en el mercado. Los especuladores estarán continuamente buscando nueva información relevante sobre los precios de los activos financieros que les permita obtener una ganancia. Por esta razón, se considera que la creación de un mercado de futuros desarrolla dicha actividad de búsqueda y de producción de toda la información relevante para la determinación de los precios de los contratos de futuros. Si los precios reflejan una mejor información, la asignación de los recursos, y en particular del capital entre las inversiones a corto y a largo plazo, mejorará.

El aspecto negativo de la creación de un mercado de futuros financieros es su carácter potencialmente desestabilizador del mercado al contado correspondiente. Ello es debido a las siguientes causas:

1.º La posibilidad de cubrir el riesgo puede afectar al comportamiento de los agentes que, anteriormente a la creación del mercado, tenían una actitud más prudente. Esto es, si el mercado no existe, los gestores de carteras de renta fija procurarán tener diferentes emisiones con distintas combinaciones de rentabilidad y riesgo con objeto de inmunizarlas lo más posible de las variaciones de los tipos de interés. Pero si el mercado existe, podrán tener títulos de alto rendimiento y riesgo puesto que este último lo cubrirán a través del mercado de futuros financieros.

2.º Existen técnicas de gestión de carteras que pueden generar la inestabilidad en los mercados de futuros y al contado. Ellas consisten en tener una mayor cobertura de una cartera cuando el mercado baja y, al contrario, una menor cobertura al ascender el mercado. Todo esto implica la venta de futuros cuando el mercado cae (reforzando así la cobertura), o su adquisición cuando el mercado asciende (debilitación de la cobertura). Claro que si cuando el mercado cae, encima se vende más de lo normal para reforzar la cobertura, el mercado acelerará su caída, es decir, se producirá un «efecto bola de nieve»[1].

11.2. LA CAMARA DE COMPENSACION (*CLEARING HOUSE*)

Todo mercado de futuros tiene una Cámara de compensación asociada, que hace de «comprador del vendedor» y del «vendedor del comprador». La Cámara es responsable ante cada uno de los agentes y tiene una posición neta nula al haber comprado exactamente el número de contratos vendidos. El número de contratos que se negocian en un mercado refleja el número de inversores que han efectuado operaciones en un sentido o en el otro. Al número de contratos existentes en un momento dado se le denomina *volumen abierto* (*open interest*) y es una medida del volumen de actividad en dicho mercado (Figura 11.1).

Veamos su funcionamiento a través de un ejemplo. Para ello supongamos que Luis decide adquirir un contrato de futuros de 500.000 dólares a cambio de

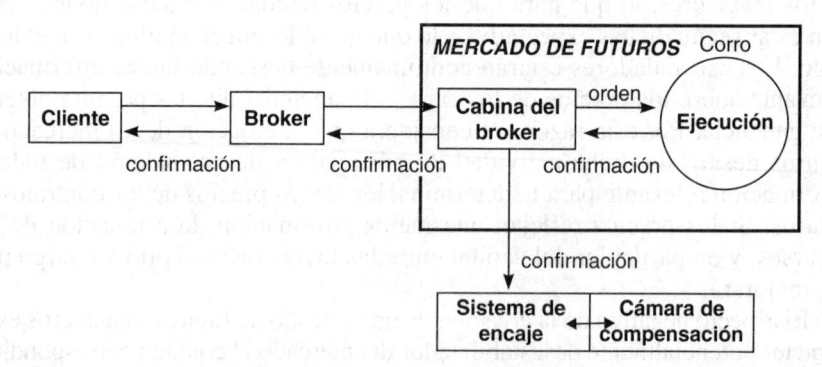

Figura 11.1. Flujo de órdenes en una operación de futuros financieros.

---

[1] Esto fue lo que se produjo el lunes 19 de octubre de 1987 cuando la Bolsa de acciones de Wall Street cayó 507 puntos, arrastrada por la caída del mercado de futuros financieros del sábado 17. Dicho día era una «triple hora embrujada», momento en el que coincide el cierre de los mercados de opciones y futuros de varios mercados americanos, lo que aceleró aún más el descalabro bursátil.

entregarle a la vendedora, Ana, 60 millones de pesetas dentro de seis meses, esto es, en el mes de junio (Figura 11.2a).

La Cámara aparece inmediatamente separando en dos partes la transacción (Figura 11.2b). Ahora ella tiene la obligación de entregar los dólares a Luis y aceptar la entrega de la moneda española por parte de Ana. En este momento hay un *volumen abierto* (*open interest*) de 500.000 dólares de junio, dado que existe un contrato para entregarlos y, por supuesto, para adquirirlos.

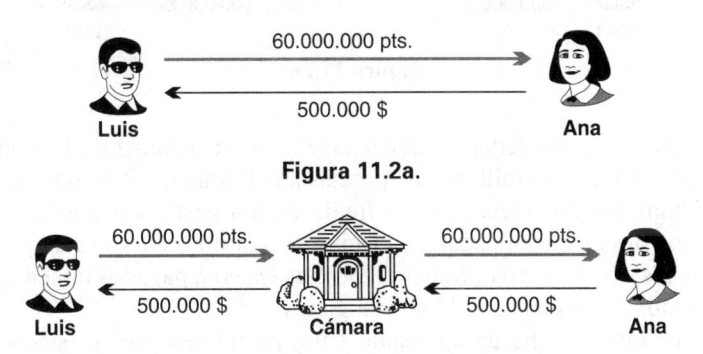

Figura 11.2a.

Figura 11.2b. Realización del contrato de futuros.

Supongamos, que después de transcurridos unos días, Luis encuentra un comprador, Juan, el cual le paga por los dólares que recibirá en junio 65 millones de pesetas (Juan está comprando la divisa americana a un tipo de cambio de 130 pts./$), lo que representa un beneficio de 5 millones. Desde luego, Luis podría esperar a junio para comprarle los dólares a Ana y vendérselos inmediatamente a Juan, con lo que obtendría su ganancia (Figura 11.2c).

Al realizar Luis esta *operación contraria* (*reversing trade*) con Juan, hace entrar en acción a la Cámara (Figura. 11.2d), la cual se interpone entre ambos.

Figura 11.2c.

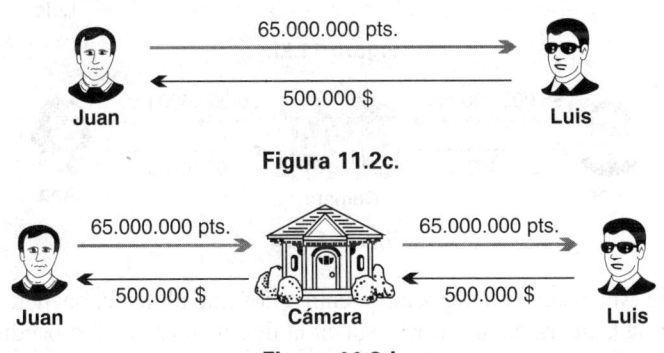

Figura 11.2d.

Ahora es cuando se observan los beneficios de una Cámara de compensación, con su posibilidad de separar a las partes y de despersonalizar los acuerdos entre ellas. En la Figura 11.2e se observa la situación hasta este momento.

En teoría, Luis recibirá medio millón de dólares en junio por parte de la

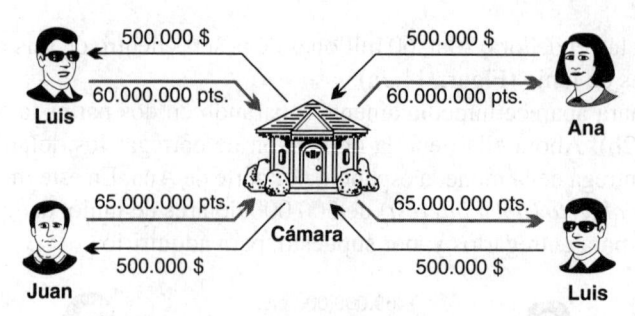

Figura 11.2e.

Cámara, los cuales procederá a devolvérselos inmediatamente. Por otro lado, Luis pagará en junio 60 millones de pesetas a la Cámara, recibiendo inmediatamente 65 millones de pesetas. Con el fin de ahorrar gastos la Cámara compensa la operación directamente pagando a Luis cinco millones de pesetas y se olvida de los dólares. Estos cinco millones de pesetas le serán pagados inmediatamente y no en junio, como parecería lógico (Figura 11.2f).

Una vez que Luis ha desaparecido entre bastidores con su beneficio bien sujeto, Ana sigue obligada a entregarle los dólares a la Cámara a cambio de 60 millones de pesetas, y ésta, a su vez, a pasárselas a Juan a cambio de 65 millones de pesetas (Figura 11.2g).

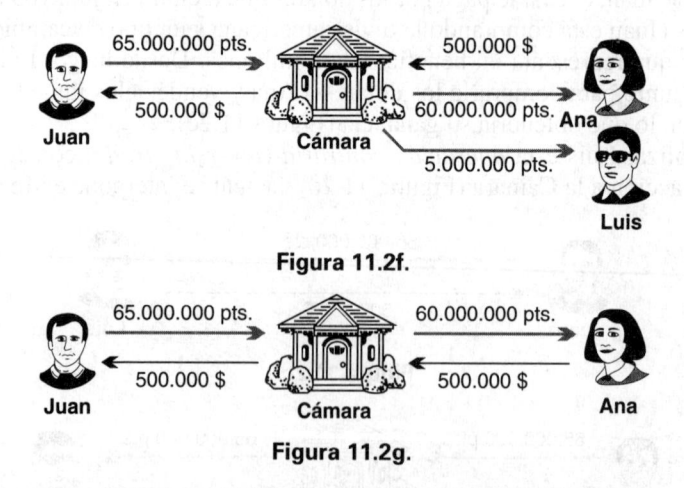

Figura 11.2f.

Figura 11.2g.

Aunque Ana y Juan no negociaron entre ellos inicialmente, pueden ser emparejados por la Cámara en la forma vista en la figura anterior. El procedimiento se simplifica por la regla de que cada posición es ajustada al mercado (*marked to market*), es decir, el día anterior Ana tenía un contrato para entregar dólares en junio a 60 millones de pesetas, pero hoy ha sido reemplazado por un contrato semejante a razón de 65 millones de pesetas. Dado que este contrato mejora al anterior, Ana deberá pagar, inmediatamente, la diferencia a la Cámara (5 millones de pesetas, cantidad idéntica a la que la Cámara había pagado a Luis) (Figura 11.2h).

Futuros Financieros 239

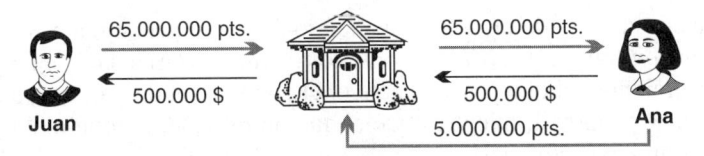

Figura 11.2h.

En efecto, un *contrato de futuros* es un *contrato a plazo*, que es liquidado cada día y reemplazado con un nuevo contrato, con un precio de entrega idéntico al precio de liquidación del día anterior. Este proceso de liquidación diaria asegura que la Cámara de compensación esté nivelada en todo momento. Sólo los *brokers* pertenecen a la misma y son sus cuentas las que son liquidadas al final de cada día. Cada *broker* actúa, a su vez, como cámara de compensación para sus propios clientes.

Supongamos ahora que al día siguiente Ana y Juan deciden evitar la entrega de los dólares en junio, para lo cual negocian entre ellos en sentido contrario y, nuevamente, la Cámara de compensación hace acto de presencia (Figura 11.2i).

Figura 11.2i. Operación contraria por parte de Ana y Juan.

Se ha producido un cierre de las operaciones, reduciéndose el *volumen abierto* en medio millón de dólares. El resultado final ha sido que Luis ha ganado 5 millones de pesetas al apreciarse el dólar en el contrato de futuros; Ana ha perdido dicha cantidad de dinero pues había vendido sus dólares a cambio de 60 millones de pesetas pero ahora valen más y, por tanto, al hacer la operación contraria debe pagar 65 millones de pesetas por la misma cantidad de dólares: total cinco millones de pesetas de pérdidas. Juan se queda como estaba.

A lo largo de las figuras anteriores se ha pretendido desmenuzar el proceso de compra y venta de contratos de futuros. Ahora bien, el lector deberá comprender que Luis, Ana y Juan nunca negociarán directamente entre sí, de hecho ni siquiera sabrán que existen, puesto que ellos sólo negocian con la Cámara a través de sus *brokers*.

11.3. CARACTERISTICAS DE LOS CONTRATOS DE FUTUROS

11.3.1. Posiciones

Un inversor que compra un contrato de futuros en dólares en junio, dispone de una *posición larga* (*long position*) y se dice que tiene un contrato *largo* de futuros en dólares en junio (Luis y Juan, en el ejemplo anterior). Una posición abierta creada por la venta de un activo financiero futuro se denomina *posición corta* (*short position*) pues está *corto* de contratos de futuros (Ana, en el ejemplo anterior). Resumiendo, el que posee el activo, el contrato, el dinero, etc., tendrá una *posición larga* sobre él; mientras que el que no lo tiene, porque lo ha vendido, dispone de una *posición corta*.

Como sabemos, el precio de liquidación de cada contrato es alterado diariamente por el sistema de ajuste al mercado, de tal forma que cuando aquél aumenta, los inversores que tengan posiciones largas obtendrán beneficios en la misma cuantía que dicho incremento, mientras que los que tengan posiciones cortas, tendrán pérdidas. Si el precio de liquidación desciende la situación es justo la inversa (Figura 11.3).

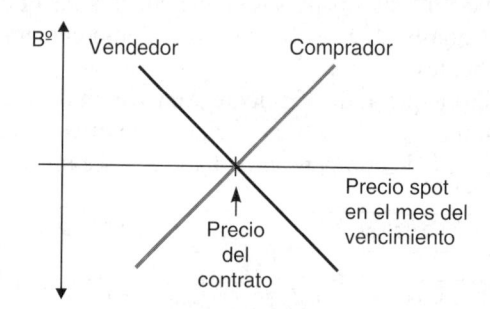

Figura 11.3. Valor de las posiciones en un contrato de futuros.

Para explicar lo anterior veamos un claro ejemplo de especulación con *posición corta*: Miguel decide vender un contrato de un millón de ecus a entregar dentro de seis meses, a cambio de 1,3 millones de dólares; como él no tiene ecus se dice que tiene una *posición corta* (tanto en el activo, puesto que actualmente carece de ecus, como en el contrato de futuros, puesto que lo acaba de vender).

Pasados los seis meses el tipo de cambio del ecu ha caído hasta 1,2 dólares/ecu. En ese momento Miguel deberá comprar los ecus a 1,2 $/ecu y, a continuación, entregárselos al comprador a 1,3 $/ecu, tal y como indica el contrato. Resultando de todo ello un beneficio de 0,1 $/ecu para Miguel (total: 100.000 dólares). Así que cuando el precio de liquidación desciende, los que tienen *posición corta* (también se dice de ellos que juegan *a la baja*) obtienen ganancias, pero si asciende se verán sometidos a pérdidas. Con el fin de simplificar, en este ejemplo hemos omitido toda referencia a la Cámara de compensación, la cual iría pagando día a día los beneficios diarios obtenidos por Miguel, siempre que el precio fuese descendiendo, o cobrándole las pérdidas si el mismo aumentara (proceso de *ajuste al mercado*).

11.3.2. Cobertura del riesgo

Empresas, exportadores, fondos de pensiones, bancos de inversión, etc., fuertemente expuestos a posibles oscilaciones en el precio de los instrumentos financieros, desearán pagar a otros para controlar en alguna medida, o en su totalidad, el riesgo asociado; por ello reciben el nombre de *coberturistas* (*hedgers*). Esos «otros» reciben el nombre de *especuladores* (*speculators* o *traders*). Ahora bien, esto no siempre es así y los coberturistas pueden negociar, para protegerse del riesgo, tanto con especuladores como con otros coberturistas. Al mismo tiempo, los especuladores también operan con otros especuladores.

El típico coberturista es aquella persona forzada a mantener un gran inventario de activos financieros, que por alguna razón no puede vender hasta una fecha posterior. Con objeto de «fijar el precio» tal persona puede vender un contrato de futuros financieros sobre el mismo. Esto recibe el nombre de *cobertura corta* (*short hedging*), puesto que el coberturista está *largo* (posee) en el activo financiero y *corto* (ha vendido) en el contrato de futuros financieros. Mientras el valor del inventario actual se mueva conjuntamente con el precio del contrato de futuros, proporcionará una cobertura; cuando el activo financiero sea vendido, la cobertura puede ser eliminada a través de una *operación contraria*. Cualquier ganancia en el activo, debida a un aumento de su precio, será contrarrestada por una pérdida comparable en el contrato de futuros y viceversa (véase en la Figura 11.4 cómo la combinación de ambas variables –figura de la izquierda– da como resultado un precio uniforme –figura de la derecha).

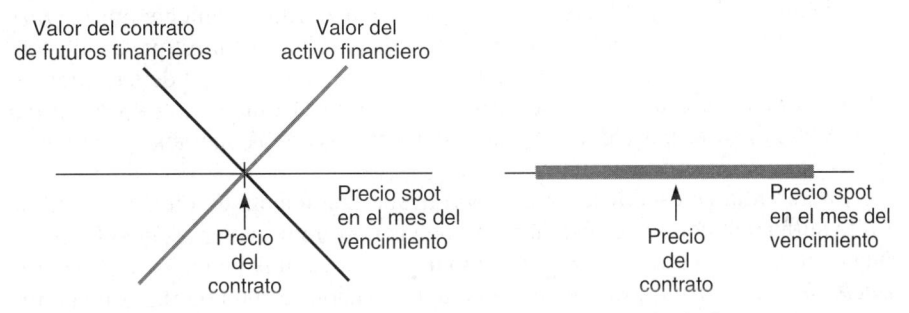

Figura 11.4. Cobertura del riesgo con un contrato de futuros.

Ejemplo:

Cotización actual de los futuros a 3 meses: 25.000 £ a 1,20 $/£

HJK Ltd., posee 2.500.000 £ que adquirió a un tipo de cambio de 1,10 $/£ (= 2.750.000 $).

HJK Ltd., decide cubrirse vendiendo futuros sobre divisas.

2.500.000 £ ÷ 25.000 £ = 100 contratos de futuros.

HJK Ltd., vende 100 contratos de futuros a 1,20 $/£.

Pasados tres meses el tipo de cambio cae a 1,00 $/£ (=2.500.000 $).

Pérdida en dinero 1,00 – 1,10 = – 0,10 $/£ (= – 250.000 $).

Los futuros a 3 meses caen a 1,10 $/£.

Beneficio en futuros 1,20 – 1,10 = 0,10 $/£ (= 250.000 $).

Las pérdidas y las ganancias se contrarrestan.

También puede ocurrir que una empresa puede necesitar asegurarse en el futuro un tipo de interés, o de cambio, determinado necesario para su negocio, así que con objeto de «fijar el precio» puede adquirir un contrato de futuros financieros sobre el mismo (*posición larga*), lo que da lugar a lo que se denomina una *cobertura larga* (*long hedging*). Si asumimos que el precio del futuro se mueve conjuntamente con el del activo financiero, la *posición corta* en el activo puede ser contrarrestada por la *posición larga* en el mercado de futuros. Cuando se adquiera el activo financiero deseado la protección contra el riesgo puede ser eliminada a través de una *operación contraria*. Cualquier ganancia obtenida sobre el activo, debida a una caída del precio, se verá contrarrestada por una pérdida en el contrato de futuros y viceversa (el gráfico sería el mismo de la Figura 11.4).

La disponibilidad de los contratos de futuros sobre instrumentos financieros posibilita a las instituciones financieras protegerse de alguna manera contra el riesgo asociado a sus negocios. Los que poseen carteras de títulos pueden tomar posiciones en futuros sobre índices de acciones para contrarrestar gran parte del *riesgo sistemático* (debido al mercado) de sus carteras.

11.3.3. La garantía (*margin*)

La *garantía* (*margin*) se crea debido a la necesidad de garantizar que las personas con posiciones sobre futuros cumplan con sus obligaciones llegado el momento.

El cálculo de las pérdidas y ganancias se realiza rutinariamente por los *brokers* a través de las *cuentas de mercancías* (*commodity accounts*, que en los contratos de futuros financieros se denominan *cuentas de efectivo*) de sus clientes. El saldo neto de esta cuenta se obtiene sumando el dinero líquido o similar (bonos del Tesoro, por ejemplo), más las ganancias de las operaciones abiertas, menos las pérdidas de las mismas.

La garantía se establece para asegurar que una cuenta de efectivo tiene un saldo suficiente con relación al tamaño de las posiciones abiertas, de tal manera que la probabilidad de alcanzar un saldo negativo sea muy pequeña. La *garantía inicial* (*initial margin*), que se asigna a una posición recién abierta, oscila entre el 5-10 % del valor del contrato. La *garantía de mantenimiento* (*maintenance margin*), por debajo del cual no se permite que caiga el saldo de la cuenta sin tomar medidas correctoras, suele ser del 75-80 % de la garantía inicial. Cuando dicho saldo cae por debajo de la garantía de mantenimiento, los clientes reciben una *reclamación de garantía* (*margin call*), de tal manera que si el cliente no pone dinero adicional para cubrir lo que falta, el *broker* comenzará a cerrarle posiciones hasta que el saldo alcance los niveles estipulados (véase Figura 11.5).

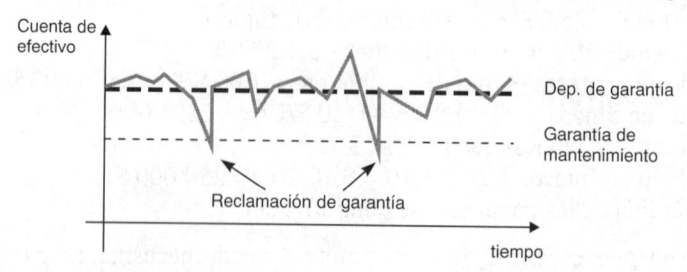

Figura 11.5. Depósito de garantía, garantía de mantenimiento y reclamación de garantía.

Por ejemplo, en el Mercado Español de Futuros Financieros, MEFF, para el caso del bono teórico a diez años, el depósito en garantía mínimo por cada posición individual abierta es del 4 % del valor nominal (diez millones de pesetas), es decir, 400.000 pesetas. Si se realizase una operación *straddle* (es decir, adquirir un contrato con plazo a junio y vender otro idéntico con plazo a septiembre) al tener menor riesgo sólo se le exige una garantía del 1,6% del nominal, es decir, 160.000 pesetas. En el MATIF (*Marché à Terme d'Instruments Financiers*) francés se suele exigir un 4 % como depósito de garantía habitual, mientras que para las operaciones *spread*, sólo se exige el 2 %.

11.3.3.1. Ejemplo

Cuando un inversor compra tres contratos de eurodólares en el *Chicago Mercantile Exchange* (CME) en marzo al precio de 90,50 la garantía inicial que está obligado a constituir es de 2.000 dólares/contrato, es decir, 6.000 dólares en total, y la garantía de mantenimiento es de 1.500 dólares/contrato (el 75 % de la inicial), lo que hace un total de 4.500 dólares.

Si el precio del contrato descendiese hasta situarse en 90,20, resultaría una pérdida para el inversor de 750 dólares/contrato (25 $/p.b. × 30 p.b.), 2.250 dólares en total. La cuenta de efectivo del inversor descendería hasta situarse en 3.750 dólares, mil dólares por debajo de la garantía de mantenimiento, por lo que el inversor deberá realizar un depósito complementario hasta alcanzar el nivel de garantía inicial. Para ello podrá podrá optar entre:

  a) Depositar 2.250 dólares, con lo que su cuenta de efectivo volverá a su nivel inicial.
  b) Liquidar parte de su posición. En este caso parece lo apropiado liquidar un contrato, de esta manera su margen inicial descendería a 4.000 dólares y su garantía de mantenimiento a 3.000 dólares.

11.3.4. Volumen abierto (*open interest*)

En todo momento, el *volumen abierto* es igual a la cantidad que están obligados a entregar aquellos inversores que tienen posiciones cortas. La cual coincidirá con la cantidad que están obligados a aceptar y pagar los inversores que tienen posiciones largas.

En realidad, pocos contratos de futuros financieros (menos del 10 %) terminan con la entrega del instrumento financiero implicado en la fecha de vencimiento, pero el hecho de que dicha entrega sea una posibilidad, hace que el valor del contrato (*future price*) difiera sólo ligeramente, o nada, del precio de contado del activo financiero (*spot price*), en dicha fecha.

Pocos compradores desearán poseer el instrumento financiero ofertado en el contrato de futuros: la mayoría preferirán liquidar el contrato realizando una *operación contraria* (recomprando exactamente el mismo número de contratos vendidos, o vendiendo el mismo número de los que adquirieron) poco antes de la fecha de vencimiento del mismo. Ahora bien, si se llega a la fecha de vencimiento del contrato será necesario explicar cómo se realiza la cesión del activo subyacente. Esta puede hacerse de tres formas distintas:

1. Si no existe un activo entregable la liquidación de la posición se hará mediante la devolución del depósito de *garantía inicial* neto de las pérdidas o aumentado en las ganancias de la última sesión.
2. Si existe una activo entregable, éste será vendido por el vendedor a la *Cámara de compensación,* quien a su vez lo venderá al comprador al precio que resulta de la cotización del mercado de futuros al cierre del mismo. La Cámara se encargará de pagar al vendedor del contrato el dinero entregado a cambio del activo por parte del comprador.
3. Si existen varios activos entregables, el vendedor elegirá cuál de ellos entregará a la Cámara de compensación, y ésta se los traspasará al comprador, por lo que éste podría encontrarse con un activo que no es el mismo que había comprado. Claro que la existencia de varios activos entregables hace que sea necesario definir una serie de reglas que fijen el valor de cada uno de ellos en la liquidación por cesión.

11.3.4.1. Ejemplo: MEFF

Puesto que el bono teórico, o nocional, es un instrumento ficticio, no es utilizable cuando un contrato llega a su vencimiento y ha de recurrirse a la entrega física de un activo. Para ello se escoge un título entregable que deberá estar incluido en la «relación de valores entregables», publicada por MEFFSA (véase la Tabla 11.3). Dichos valores tienen el mismo valor nominal (10.000 pesetas.) pero distintos cupones y vencimientos. Esto implica el establecimiento de un sistema de comparación entre ellos, lo que se hace a través del denominado *factor de conversión* (*FC*), que ajusta las diferencias entre dichos títulos con relación al cupón normalizado del bono teórico. Dichos factores, que se obtienen a través de la fórmula establecida en el Reglamento de MEFFSA, que se muestra seguidamente, son calculados y publicados por el mercado de futuros financieros (véase la Tabla 11.3):

$$FC = \frac{1}{N} \times \left[\sum_{j=1}^{n} \frac{Q_j}{(1+r)^{t_j/360}} - CC \right]$$

donde N, indica el nominal del bono entregable; Q_j, el flujo de caja del período j; r, la tasa de rendimiento hasta el vencimiento; t_j, número de días existentes entre la fecha de entrega y las de cobro de cupones; CC, es el cupón corrido (parte del cupón a la que no se tiene derecho). Como se aprecia, dicha fórmula calcula el valor actual de los flujos de caja que aún debe proporcionar el bono hasta la fecha de su vencimiento, menos el cupón corrido. Si a todo ello lo dividimos por el valor nominal obtendremos el factor de conversión.

Tabla 11.3. Bonos entregables y sus factores de conversión en el MEFF a 10 de diciembre de 1990 (Fuente: MEFFSA)

| Cupón | Vencimiento | Factores de conversión ||||
		mar./91	jun./91	sept./91	dic./91
12,00 % (89)	18/abr./92	1,0195620	N.E.	N.E.	N.E.
12,40 % (89)	25/ene./93	1,0390085	1,0338800	1,0287816	1,0239104
12,50 % (89)	25/oct./92	1,0355130	1,0301763	1,0249294	N.E.
13,75 % (90)	25/oct./93	1,0641715	1,0579751	1,0500736	1,0428193
13,80 % (90)	25/sept./93	1,0734955	1,0671652	1,0615264	1,0535487
13,70 % (90)	25/oct./93	N.E.	1,0671884	1,0615041	1,0545843
13,65 % (90)	15/mar./94	N.E.	1,0762672	1,0697152	1,0638376

La cuantía que el comprador del contrato deberá pagar al vendedor del mismo (supuesta la entrega de un valor) se obtiene mediante el producto de la cotización del bono teórico (P) por el factor de conversión del bono entregable (FC) y por el valor nominal del bono teórico dividido por 100 (100.000 pesetas) y añadiendo al resultado el cupón corrido (CC) correspondiente a la fecha de entrega:

$$\text{Importe a pagar} = P \times FC \times 100.000 + CC$$

A continuación deberemos elegir cuál de los bonos entregables deberá ser cedido al comprador. Para ello deberemos encontrar el denominado bono *entregable más económico* (*cheapest to deliver*), lo que supone comparar el precio de adquisición en el mercado al contado de renta fija (P_0) con la cuantía que percibirá por su venta en el mercado de futuros (esto se hará para la totalidad de los títulos entregables):

$$[P \times FC] - P_0$$

El valor que proporcione una mayor ganancia, o una menor pérdida, será el elegido. Es este título el que introduce una conexión entre el mercado de futuros y el de renta fija y, además, será utilizado especialmente por los arbitrajistas por razones obvias.

11.4. LA PARIDAD ENTRE EL PRECIO DEL FUTURO Y EL DE CONTADO

Como sabemos, los contratos de futuros se pueden utilizar para cubrir posibles alteraciones en el valor del activo subyacente. Si dicha cobertura es perfecta, la cartera formada por el activo y el futuro no tendrá riesgo, es decir, la posición así conformada proporcionará un tipo de interés idéntico al de las inversiones libres de riesgo. De otra forma surgirían oportunidades de arbitraje que al ser aprovechadas acabarían por poner las cosas en su sitio. Pues bien, esta propiedad se puede utilizar para establecer una relación teórica entre el precio del contrato de futuros y el precio del activo subyacente. Esta relación teórica para el caso de los futuros sobre índices bursátiles se expresa así:

$$R_f = [F_0 + D - S_0] / S_0$$

donde R_f es el tipo de interés sin riesgo; F_0 es el precio actual del contrato de futuros; D, es el dividendo total recibido en la cartera (o el cupón total en el caso de los futuros sobre tipos de interés); y S_0 es el precio actual del activo subyacente. Partiendo de la base de que los dividendos son bastante predecibles sobre todo para períodos cortos, podremos concluir que cualquier incertidumbre es pequeña en comparación con la de los precios de las acciones, con lo que el modelo anterior refleja suficientemente bien la realidad. Así que despejando el precio del futuro y sustituyendo el valor de D por $S_0 \times d$, donde esta última variable indica el rendimiento sobre el dividendo del activo subyacente, obtendremos:

$$F_0 = S_0 \times (1 + R_f) - D = S_0 \times (1 + R_f - d)$$

A esta relación se la conoce como la paridad entre los precios de contado y de futuro, que proporciona la correcta relación teórica entre ambos precios. Si la paridad no fuese respetada daría lugar a unas oportunidades de arbitraje que producirían un beneficio sin riesgo que no requeriría ninguna inversión inicial. La estrategia de arbitraje se puede representar más generalmente de la siguiente forma:

Acción	Flujo de caja inicial	Flujo de caja en 1 año
1. Pedir prestado S_0	S_0	$-S_0 \times (1 + R_f)$
2. Comprar activo por S_0	$-S_0$	$S_1 + D$
3. Vender futuros	0	$F_0 - S_1$
TOTAL	0	$F_0 - S_0 \times (1 + R_f) + D$

La relación de paridad también se conoce como la *relación del coste de mantenimiento*, porque afirma que el precio del contrato de futuros viene determinado por el coste relativo de adquirir un activo con entrega diferida en el mercado de futuros *versus* la adquisición del mismo en el mercado de contado con entrega inmediata y su mantenimiento en el inventario hasta el final del período. Por otro lado, la relación de paridad puede generalizarse para t períodos:

$$F_0 = S_0 \times (1 + R_f - d)^t$$

11.5. LA BASE

Para un coberturista que tenga una posición en el instrumento financiero y una posición opuesta de igual magnitud en un contrato de futuros, la diferencia entre el precio del *futuro* y el precio de *contado* del activo financiero correspondiente es crucial. Dicha diferencia se denomina *base* (*basis*):

Futuros Financieros 247

$$\text{base} = \text{precio del } \textit{futuro} - \text{precio de } \textit{contado}$$

cuando se habla de «precio del futuro» nos referimos al precio ajustado por el factor de conversión puesto que estamos hablando de un bono entregable y no de uno teórico.

Cuando la curva de rendimientos de los activos financieros tiene forma ascendente, es decir, cuando los rendimientos de las emisiones a largo plazo son mayores que los de las emisiones a corto plazo, el precio en el mercado de futuros de un activo financiero será menor que el precio de contado del mismo (recuérdese que a un mayor rendimiento le corresponde un menor precio de mercado, así que si una emisión a largo plazo tiene mayor rendimiento es porque tiene un precio más bajo), lo que hace que la base sea negativa. Por el contrario, si la curva de rendimientos es descendente (los tipos a corto superan a los tipos a largo), la base tomará un valor positivo. En la Figura 11.6 se puede observar cómo existen dos pequeños períodos donde la base es negativa.

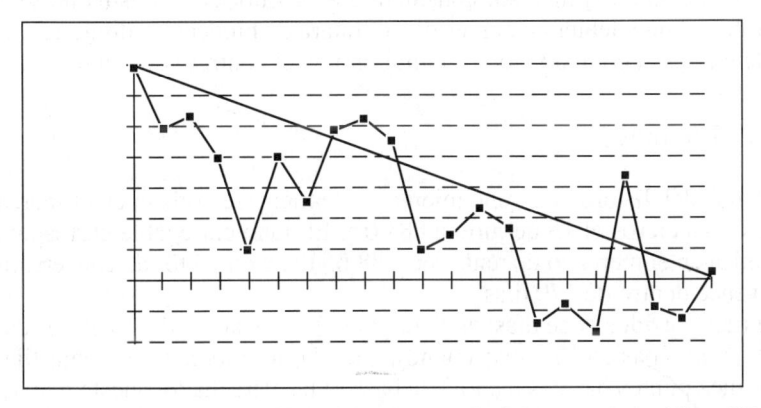

Figura 11.6. Evolución de la *base* del contrato de futuros sobre el Ibex-35 entre el 15 de marzo de 1993 y la fecha de vencimiento del mismo, el 16 de abril de 1993 (la diagonal indica la convergencia teórica uniforme de la base a lo largo de los 21 días del período).

Por otro lado, y como se observa en la Figura 11.6, la base, que varía con el tiempo, converge hacia cero conforme se aproxima la fecha de vencimiento del contrato de futuros debido a que en dicho momento tanto el precio del futuro como el del activo deberán coincidir. De hecho dicha convergencia no es uniforme (si así fuese coincidiría con la diagonal dibujada en la Figura 11.6) y se puede demostrar que la base es proporcional a la diferencia entre los tipos al contado y a futuro, así como a la vida que le queda al contrato.

El concepto de *base* es importante pues se relaciona con el denominado *riesgo de base*. Si nosotros adquirimos hoy un contrato, la *base* tendrá un cierto valor que podremos observar fácilmente. Si pensáramos venderlo antes de su fecha de vencimiento (lo que suele ser lo normal) tendremos dudas sobre el valor que tomará la *base* en el futuro, puesto que aunque sabemos que en dicha fecha de vencimiento será nula, hasta ese momento su valor será bastante errático. Si el vencimiento del contrato de futuros coincide con el vencimiento de la posición a cubrir no hay riesgo y la cobertura será perfecta, pero si ello no ocurriese y los vencimientos fuesen distintos entonces existirá un riesgo ligado a la convergencia de la *base*.

Quien haya cubierto completamente su posición sobre el instrumento financiero, habrá cambiado el *riesgo del precio* (oscilación de éste) por el *riesgo de la base* (variabilidad de ésta, es decir, el riesgo de que el precio del futuro y el precio de contado no se muevan al unísono). Esto es, sólo permanecerá la incertidumbre sobre la diferencia entre los dos precios señalados.

- Para los bonos dependerá de la diferencia en los vencimientos, calidad de la inversión, etc.
- Para las carteras de títulos e índices de títulos, dependerá de las diferencias en las sensibilidades con respecto a varios factores de rendimiento.

Se denomina *adquirir la base* a la operación consistente en adquirir un instrumento financiero y su futuro correspondiente. La especulación sobre la base se justifica cuando el inversor considera que el valor de la misma no se corresponde con el que debiera tener, es decir, tratará de predecir la diferencia entre el tipo de interés al contado y el tipo implícito en el contrato de futuros.

11.5.1. Ejemplo:

Los bonos del Tesoro con vencimiento en septiembre cotizan en el mercado de futuros financieros el 15 de julio a 88,40 [2]. El bono entregable correspondiente que cotiza en el mercado de renta fija a 88,65 tiene un factor de conversión igual a 1 y vence dentro de 170 días.

Si transcurridos doce días, el 27 de julio, la cotización del futuro es de 88,35 (cinco puntos básicos menos) mientras que la del mercado de renta fija es de 88,55 (diez puntos básicos menos), la base se ha estrechado, puesto que ha pasado de 25 puntos básicos a 20 p.b. en sólo doce días.

Si usted, el día 15, adquirió un contrato de futuros debió pagar 88,40; si, además, vendió un bono del Tesoro en el mercado de renta fija, recibió 88,65. Así que de momento usted ha ganado 8.865 − 8.840 = 25 p.b.

Si transcurridos 12 días, usted vende el futuro con lo que cierra el volumen abierto a un precio de 88,35 y, al mismo tiempo, recompra el bono en el mercado de renta fija a un precio de 88,55 habrá perdido: 8.835 − 8.855 = − 20 p.b. Pero el resultado global de ambas operaciones es de una ganancia de 5 puntos básicos en doce días.

Ahora bien, hay que tener en cuenta que el valor de la *base* el día del vencimiento del contrato de futuros es prácticamente nulo (a esto se le conoce como

---

[2] Si se tratase de la cotización de un activo financiero a corto plazo se indicaría «al descuento», esto es, si la cotización fuese del 90,10 % el tipo de interés anual es el 9,90 %, puesto que si se resta 100 − 9,90 se obtiene 90,10. Lo que indica que el tipo de interés se le paga anticipadamente por lo que usted sólo invierte 90,10 y recibe dentro de un año 100. La cotización de los activos financieros a largo plazo, como ocurre en nuestro ejemplo, es más parecida a la del mercado de renta fija.

convergencia de la base), lo que implica que la base va decreciendo constantemente tal y como muestra la Figura 11.7 izquierda. El problema consiste en si, en el momento en que realizamos la operación, la *base* ha decrecido más o menos de lo esperado, pues ahí es donde se debe especular. En la figura de la derecha se observa el valor real de la base comparado con el esperado, siendo precisamente esas diferencias que aparecen entre ambos valores las que busca el especulador (un caso real puede verse en la Figura 11.6).

Los cambios en el valor de la *base* corresponden a modificaciones en el tipo de interés de contado y en el tipo de interés implícito en el mercado de futuros, por lo que siempre que ambas variaciones sean idénticas el valor de la base permanecerá inalterado. Dicho riesgo de alteraciones en el valor de la *base* se mide por la posibilidad de que la pendiente de la curva de los tipos implícitos en los contratos de futuros varíe (Figura 11.7).

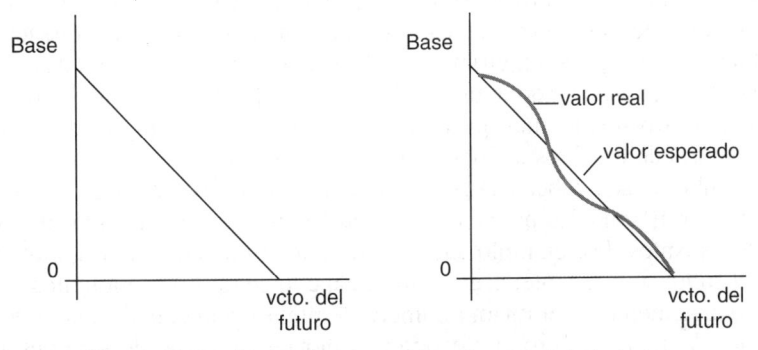

Figura 11.7. Los valores esperando y real de la base.

Resumiendo, usted ha ganado cinco puntos básicos, pero ahora deberá comprobar si esa ganancia es justo la que debería obtener con arreglo al descenso esperado del valor de la base o si, por el contrario, usted ha ganado más o menos de lo que debería. O dicho de otro modo, usted deberá saber en todo momento cuáles son los valores esperados y real de la base, y si no coinciden operar en consecuencia con objeto de obtener una ganancia, siempre que ésta no sea tan pequeña que pueda ser anulada por los costes de transacción.

11.6. DIFERENCIALES (*SPREADS*)

Se dice que un inversor especula sobre el *diferencial* (*spread*) cuando toma conjuntamente una posición larga en un contrato de futuros financieros y una posición corta en otro contrato sobre el mismo activo financiero, pero con distinta fecha de vencimiento. La persona que hace esto está especulando sobre los cambios que pueden ocurrir en la diferencia entre los precios de los dos contratos, una diferencia que constituye la *base* para esta particular cobertura.

Como un coberturista, un *spreader* reduce o elimina el riesgo asociado con el movimiento general de los precios, tomando en su lugar el riesgo asociado con los cambios en las *diferencias* de los precios.

Existen dos tipos de diferenciales:

El *diferencial alcista* (*bull spread*) consiste en la adquisición del contrato de futuros con un vencimiento más lejano y en la venta del que tiene el vencimiento más cercano. Un inversor adquirirá este diferencial cuando prevea un aumento del diferencial, esto es, cuando el precio del contrato de futuros de menor plazo va a aumentar relativamente más que el de mayor plazo. Supongamos que el precio del Mibor-90 con vencimiento en marzo es de 90 (tipo de rendimiento del 10 %), mientras que el de vencimiento en junio está a 89,75 (tipo de rendimiento del 10,25 %). Si usted vende un futuro sobre bonos a 90 y los compra a 89,75 estará especulando sobre el *diferencial*, a la espera de que se mantenga una estructura temporal de los tipos de interés alcista[3].

El *diferencial bajista* (*bear spread*) consiste en la adquisición del contrato de futuros con vencimiento más cercano y en la venta del que tiene el vencimiento más lejano. Un inversor adquirirá este diferencial cuando prevea un descenso del *diferencial*, esto es, cuando el precio del contrato de futuros de menor plazo va a disminuir relativamente más que el de mayor plazo, lo que implicará una estructura temporal de los tipos de interés de corte descendente.

En ambos casos deberá tenerse en cuenta que las expectativas de los inversores no se refieren a los precios de los activos financieros sino a las diferencias entre los mismos. Por ejemplo, en el caso de los títulos de renta fija un cambio de nivel en los tipos de interés en el que cada uno de los tipos implícitos se incremente exactamente en el mismo número de puntos porcentuales, no afectará el valor del *diferencial*. Pero sí afectará al valor de cada uno de los contratos de futuros.

Así que la expectativa de un incremento en la pendiente de la curva de rendimientos implica la anticipación de un *diferencial alcista* sobre contratos de futuros a corto plazo, debido a que el valor del *diferencial* es neutro con respecto a los cambios habidos en los tipos de interés pero no con relación a los cambios en la curva de rendimientos. Si, por el contrario, se espera una reducción de la pendiente de la curva de rendimiento nos encontraremos ante la anticipación de un *diferencial bajista*.

Podemos definir la relación de paridad básica para los diferenciales basándonos en la relación de paridad de los precios contado-futuro que vimos en el punto 4:

$$F_{t2} = F_{t1} \times (1 + R_f - d)^{(t2 - t1)}$$

donde F_{t1} y F_{t2} indican, respectivamente, el precio actual de los contratos de futuros que vencen en el momento 1 y en el momento 2; d, es el rendimiento sobre dividendos del activo subyacente; y R_f es el tipo sin riesgo.

---

[3] Sobre el análisis de la estructura temporal de los tipos de interés véase: MASCAREÑAS, Juan: «La Estructura Temporal de los Tipos de Interés». *Actualidad Financiera*, núm. 18. 1991.

Es necesario que el lector comprenda que en todo lo referente a la especulación sobre la *base* y sobre los *diferenciales* es necesario conocer a fondo todo el proceso del cálculo del rendimiento y del precio de contado esperados de los títulos de renta fija, del precio de las divisas y de los precios de las acciones, todo lo cual escapa del objetivo de este libro[4].

Otro tipo de *diferencial* distinto del anterior se da entre dos contratos de futuros que, teniendo el mismo vencimiento, se refieren a activos financieros distintos. Es denominado *interspread*.

11.7. CLASES DE FUTUROS FINANCIEROS

11.7.1. Futuros sobre índices bursátiles

Son contratos de futuros cuyo precio varía con el movimiento de una cesta de acciones subordinada a un índice bursátil conocido. El instrumento "subyacente" no tiene una existencia física, por lo que en la fecha de liquidación del contrato no existirá ningún tipo de entrega física, de tal manera que cualquier contrato que no haya sido cerrado antes de dicha fecha será liquidado con dinero (a esto se le denomina *liquidación por diferencias*). De esta manera el inversor que posea una posición larga tendrá un beneficio (o pérdida) igual a $S_t - F_0$, donde S_t indica el valor de mercado del índice subyacente el día del vencimiento del contrato y F_0 el valor del contrato de futuros el día que se adquirió. Por otro lado, el inversor que tuviese la posición corta obtendrá unos resultados idénticos pero de signo contrario al anterior.

La cantidad de dinero total recibida por el ganador y entregada por el perdedor es igual a multiplicar la diferencia entre el valor del índice en el momento del cierre del último día del contrato y el precio del contrato de futuros el día de su adquisición ($S_t - F_0$), por un *coeficiente multiplicador* estipulado en cada mercado de valores.

Si el índice está por encima del precio de los futuros, aquellos que posean posiciones *cortas* pagarán a los que tengan posiciones *largas*, y viceversa. Es decir, hablando en teoría, aquellos que compraron un contrato de futuros financieros sobre un índice bursátil determinado (*posición larga*), recibirían dicho índice al precio fijado en el contrato y lo venderían, seguidamente, al precio de mercado, con lo que ganarían una cantidad de dinero, que coincide exactamente con la que perderían los que vendieron el contrato (*posición corta*), si el precio de mercado del índice supera al precio del futuro, puesto que de no ser así, ocurriría justo lo contrario.

Por supuesto, en la práctica, nadie «entrega» a nadie el índice bursátil (éste es algo intangible y, por tanto, no susceptible de posesión), siendo la *Cámara de Compensación* la que se encarga diariamente de ajustar al mercado todos los

---

[4] Sobre todo lo relacionado con el cálculo del rendimiento de los títulos de renta fija puede consultarse: MASCAREÑAS, Juan: «La Gestión de Carteras de Renta Fija (I): El cálculo del Rendimiento». *Actualidad Financiera*, núm. 19, mayo 1991.

Tabla 11.4. Algunos de los más conocidos futuros sobre índices bursátiles

INDICE	BOLSA	TITULOS	MULT.
Standard & Poor's 500	CME	500	500 $
NYSE índice compuesto	NYFE	1.500	100 $
Major Market Index	CBOT	20	250 $
Financial Times/SE 100	LIFFE	100	25 £
CAC-40	MATIF	40	200 FF
IBEX-35	MEFF	35	100 pts.
Nikkei 225	Osaka	225	1.000 ¥
Topix	Tokio	1.120	10.000 ¥

contratos, haciendo que paguen los que van perdiendo y que cobren los que van ganando, hasta que venza el contrato, o éste sea anulado (véase Tabla 11.4).

Este tipo de contrato de futuros se suele utilizar para cubrir el riesgo de una cartera de títulos; ahora bien, para que dicha cobertura funcione perfectamente, la cartera de títulos deberá tener las mismas acciones, y en las mismas proporciones, que el índice bursátil elegido. Cuanto mayor sea el número de acciones en la cesta que componen la cartera, mayor será la probabilidad de que los valores se muevan en línea con el índice.

Piénsese, por ejemplo, en una cartera formada por los cien títulos del índice londinense FT-SE 100 y con sus mismas ponderaciones. De tal manera que si usted tiene los cien títulos, lo que hará será vender un contrato de futuros sobre el índice (*posición corta*). Si llegado el vencimiento, el precio del índice ha superado al del futuro, usted deberá pagar la diferencia, la cual habrá sido contrarrestada con la ganancia obtenida por la subida del valor de sus cien títulos. Si, por el contrario, usted gana con el contrato de futuros, su beneficio será contrarrestado por la pérdida obtenida al caer el valor de sus títulos. En resumen, usted habrá asegurado el valor de su cartera.

Así que, un inversor que posea una, o más, acciones puede cubrir una gran parte del *riesgo sistemático* asociado tomando una posición corta en contratos de futuros sobre índices. O si tiene una posición *corta* en acciones puede cubrirse de dicho riesgo comprando ese mismo tipo de contrato de futuros.

Se denomina *arbitraje sobre índices* a la estrategia inversora que pretende aprovecharse de las divergencias entre el precio actual del contrato de futuros y su precio teórico según la relación de paridad. En pura teoría este arbitraje es muy sencillo. Si el precio del futuro es demasiado alto, tomaremos una posición corta sobre los futuros y larga sobre el activo; y si el precio del futuro fuese demasiado bajo se tomarían las posiciones contrarias.

Ahora bien, el arbitraje sobre índices no es tan fácil de realizar en la práctica, fundamentalmente, por dos razones: *a)* los elevados costes de transacción de adquirir (o vender) todos los títulos que integran el índice reducirían bastante el beneficio del arbitraje, y *b)* es realmente complicado comprar o vender simultáneamente todos los títulos de un índice bursátil, y cualquier fallo en la ejecución de dicha estrategia puede destruir la efectividad de un plan para explotar temporalmente las discrepancias entre los precios.

Debido a que los arbitrajistas necesitan operar con carteras de títulos rápida y simultáneamente en el caso de que quieran explotar las disparidades entre el precio de contado del índice y el precio del futuro, se han desarrollado unos programas informáticos especiales (*program trading*) a través de los que es posible realizar un proceso de arbitraje entre ambas variables, al poder identificar aquellas operaciones que resulten ventajosas para el inversor; vendiendo o comprando los títulos que componen el índice, en el mismo momento en que se realiza el contrato de futuros.

Este tipo de programas informáticos son ampliamente utilizados en los mercados financieros norteamericanos debido a que al existir mínimas diferencias entre los precios, será necesario comprar grandes cantidades de acciones lo que implica que las órdenes respectivas sean dadas a través de un ordenador. Ahora bien, debido a las grandes cantidades negociadas suelen existir grandes volatilidades en los precios de las acciones en el momento de la fecha de vencimiento de los contratos de futuros y opciones (es la denominada *triple witching hour* [5]). Este aumento de la volatilidad los días de vencimiento de los contratos viene producida precisamente por la explotación de las oportunidades de arbitraje a través de los *program tradings*.

11.7.1.1. Relación entre los precios de contado y de futuro

Cuando se adquiere un futuro financiero al final se acabará disponiendo del mismo título, que se hubiese conseguido de comprarlo en el mercado de contado. Sin embargo, hay dos diferencias: *a*) no se realiza ningún pago anticipado por el título, lo que permite obtener un rendimiento sobre el precio de adquisición, y *b*) se pierden los dividendos o intereses pagaderos en el ínterin. Esto nos dice que la relación entre los precios de contado y de futuro es la conocida expresión de la paridad:

$$F_0 = S_0 \times (1 + R_f - d)^t$$

Donde F_0 es el precio del futuro; R_f es el tipo de interés libre de riesgo; S_0 es el valor de mercado del índice; y d indica el valor esperado del rendimiento sobre dividendos. Supongamos que existe un contrato de futuros financieros, a seis meses, sobre un índice bursátil, que está valorado en 320,53 cuando el valor actual del índice es de 314. El tipo de interés sin riesgo anual es del 8,2 % y el

---

[5] La «triple hora embrujada» se produce durante cuatro viernes al año, fecha en la que coinciden los vencimientos simultáneos de los contratos de futuros sobre el índice S&P 500, los contratos de opciones sobre dicho índice, y los contratos de opciones sobre títulos individuales. Por otro lado, la «doble hora embrujada» se refiere al vencimiento simultáneo de las opciones sobre el índice S&P 100 y los contratos de opciones y futuros del Major Market Index.

dividendo medio proporcionado por los títulos que componen el índice bursátil es del 4 % anual sobre el precio del índice. ¿Son consistentes estos números?

$$S_0 \times (1 + R_f - d)^t = 314 \times (1 + 0{,}082 - 0{,}04)^{0,5} = 320{,}53$$

Ambos precios mantienen la relación de paridad.

11.7.1.2. El índice Ibex-35

El Mercado Español de Futuros Financieros (MEFF) ha diseñado un índice de acciones que incorpora a las 35 compañías más líquidas entre las que cotizan en el mercado continuo español[6], con el objetivo de que refleje adecuadamente la evolución del mercado bursátil y sirva de referencia para la negociación de contratos de futuros sobre el mismo. Por ello se ha optado por un índice subyacente formado por pocos valores y fuertemente correlacionado con el mercado de acciones (el 97,8 % con respecto a la Bolsa de Madrid).

La idea básica que subyace en dicho índice es la de facilitar fluidamente el proceso de arbitraje entre el mercado de acciones y el de futuros, así como entre los distintos vencimientos de los contratos de futuros, lo que garantizará la formación eficiente del precio de forma permanente y, por tanto, ayudará a la composición de coberturas adecuadas. Por tanto, actuará como activo subyacente de futuros y opciones, además de ser el índice oficial del mercado continuo español.

Sus características técnicas son: su fecha base es el 29 de diciembre de 1989, fecha en la que toma un valor base de 3.000; se revisa cada seis meses para mantener la característica de liquidez de todos sus componentes. La ponderación de los títulos que componen el índice se realiza mediante la capitalización bursátil de los mismos, que se recalcula todos los meses de enero y julio. La fórmula empleada es la de Laspeyres (capitalización total del índice el día en cuestión, t, dividida por la capitalización el día del último reajuste):

$$I_t = I_{t-1} \times \sum (P_{it} \times Q_{it-1}) / \sum (P_{it-1} \times Q_{it-1})$$

El índice se ajusta con relación a los derechos de suscripción, los desdoblamientos de nominal, las ampliaciones de capital y la emisión de bonos convertibles, pero no se ajusta con relación a los dividendos. Estos ajustes pretenden reflejar más fielmente la evolución de los precios aislándoles de los efectos producidos por determinadas operaciones financieras.

En cuanto al contrato de futuros sobre el índice Ibex-35 podemos señalar como principales características del mismo (véase Tabla 11.5):

– El multiplicador es de 100 pesetas.
– El nominal es: Ibex × multiplicador.

---

[6] Las acciones que cotizan en el mercado continuo lo hacen a través del CATS (*Computer Assisted Trading System*).

- Los vencimientos son mensuales, negociándose los tres meses más próximos.
- La fecha de vencimiento es el tercer viernes del mes.
- La fecha de liquidación es el tercer día hábil posterior a la de vencimiento.
- Cotización: en puntos enteros del índice.
- La fluctuación mínima de la cotización es un punto del índice.
- Liquidación diaria de pérdidas y ganancias; antes del inicio de la sesión del día hábil posterior a la fecha de contratación.
- Precio de liquidación diaria: la media aritmética entre el mejor precio de compra y de venta al cierre del mercado.
- Garantías: variables, según el riesgo global de la cartera de opciones y futuros.

Tabla 11.5. Cotización del futuro sobre el Ibex-35 en el MEFF el día 22 de septiembre 1993

Futuros	Precios al cierre Demanda	Oferta	Ultimo cruzado	Máx. sesión	Mín. sesión	Volúm. contrat.	Posición abierta	Liquid. diaria
15/X/93	3.130	3.131	3.131	3.164	3.116	59.519	184.808	3.130,5
19/XI/93	3.154	3.163	3.156	3.177	3.145	1.300	570	3.158,5
17/XII/93	3.175	3.176	3.188	3.196	3.170	50	16.202	3.175,5
Total						**60.899**	**201.580**	

11.7.2. Futuros sobre tipos de interés

Este tipo de futuros financieros se utiliza, por lo general, para compensar futuras variaciones en los tipos de interés, estando el valor del contrato en función de los tipos imperantes. Por ejemplo, si un depósito en eurodólares a tres meses proporciona un rendimiento del 9 %, un contrato de futuros sobre el mismo, en LIFFE, será valorado en 91 (se entiende «91 por ciento» y se calcula restándole a 100 el rendimiento del título subyacente, es decir, 100 − 9). Si el tipo de interés fuese del 12% el contrato sería valorado en 88 (100 − 12). Como se aprecia este método de valoración preserva la ya comentada relación inversa entre precios y tipos de interés. La mayoría de estos contratos se liquidan en dinero cuando no se pueda hacer entrega del título o depósito en cuestión (véase Tabla 11.7).

Veamos un ejemplo de cobertura de riesgo: La compañía Riesgosa ha tomado un depósito en eurodólares a tres meses, por valor de un millón de dólares, que deberá renovar (*roll over*) el último día de junio. El tipo de interés de dicho préstamo es del 8 %. Si el último día de marzo la empresa determina que los tipos de interés probablemente van a aumentar en un futuro cercano, puede vender un contrato de futuros en Eurodólares a tres meses, cuyo valor es de 92 (reflejando un tipo de interés del 8 %).

A 30 de junio el tipo de interés de contado (*spot*) de esa clase de depósitos en Eurodólares es del 10%, lo cual permite a Riesgosa la recompra del contrato de futuros a un precio de 90 (100 – 10). El resultado es claro, con esta última operación la empresa gana un 2%, es decir, 5.000 dólares (se calculan así: 1.000.000 dólares × [92 % – 90 %]/4) durante ese trimestre. Cantidad que sirve para reducir el coste del préstamo, que a finales de junio es de 25.000 dólares (1.000.000 dólares × 10%/4) y dejarlo en 20.000 dólares. Dicho 2% es precisamente la diferencia entre el precio de los futuros y el precio de contado en la fecha de vencimiento (véase Tabla 11.6).

Tabla 11.6. Ejemplo de cobertura de riesgo empleando los futuros financieros

Fechas	Mercado de dinero	Mercado de futuros
31 de marzo	Teme alzas en el tipo de interés al renovar el préstamo	**Vende** un contrato de futuros a 92.000 (tipo: 8 %). Vcto.: julio.
31 de junio	Renueva el crédito al 10 %. Δ Coste: 2 % (5.000 $/trimestre).	**Recompra:** futuros a 90.000 (tipo 10 %). Beneficio: 2 % (5.000 $/trimestre).

Como es lógico, si la empresa se equivoca y el tipo de interés fuese del 6 % en el momento de renovar el préstamo (30 de junio), el precio del contrato de futuros sería de 94, con lo cual perdería un 2 % en la operación de futuros financieros, pérdida que sería contrarrestada por el ahorro del 2 % en el interés de contado de los Eurodólares a tres meses.

Es decir, un contrato de futuros sobre tipos de interés consiste en un compromiso de dar o tomar una cantidad normalizada, en una fecha futura determinada, de un activo financiero que posee un vencimiento prefijado, que producirá un tipo de interés determinado en el mercado a la fecha de conclusión del contrato. Sus ventajas más significativas son:

a) Asegurar el tipo de interés para una inversión futura.
b) Corrección de situaciones de desequilibrio entre activos y pasivos a tipos de interés distintos.
c) Actúa en la cobertura de una cartera de renta fija.
d) Cubre una emisión de bonos o pagarés y, en su caso, la concesión de un crédito respecto al coste del endeudamiento al fijar el tipo de interés.

El operador en este tipo de contrato no proyecta realmente mantenerlo hasta su vencimiento. En el 95 % de los casos, su intención está en la realización de un diferencial a una fecha futura, compensando el contrato comprado o vendido inicialmente con una operación en sentido contrario, efectuada al precio del contrato en esta fecha.

Tabla 11.7. Algunos de los más conocidos contratos de futuros financieros sobre títulos o depósitos de renta fija[7]

TITULO	BOLSA
15 años + US Treasury Bonds	CBOT
12 años GNMA	CBOT
2, 4, 6, 10 años US Treasury Bonds	CBOT
US CDs a 3 meses	CME
90 días US Treasury Bill	CME
Depósitos Eurodólar a 3 meses	CME/LIFFE
Long gilt future (20 + años)	LIFFE
Mibor-90	MEFF
Bono nacional a 10 años	MEFF

El valor de mercado de un futuro (F_0) sobre tipos de interés a largo plazo viene dado por la siguiente expresión:

$$F_0 = \sum [(i \times N) \times (1+k)^{-t}] + N \times (1+k)^{-n}$$

donde i, indica el tipo de interés del cupón; N, es el valor nominal nocional; k, es el tipo de interés a largo plazo cotizado en el mercado; t, es cada uno de los períodos a lo largo de los cuáles se extiende la emisión ($t = 1...n$); y n, es el vencimiento del nocional.

Así, por ejemplo, en el MEFF si el tipo de interés es el 9,5 % el valor del contrato será (donde $t = 1...10$).

$$F_0 = \sum [(0,09 \times 10.000.000) \times (1+0,095)^{-t}] + 10.000.000 \times (1+0,095)^{-10}$$
$$F_0 = 9.686.060 \text{ pts. (un 96,86 \%)}$$

Por otra parte, la liquidación puede hacerse mediante diferencias o a través de la entrega de títulos. En el primer caso vendría dada por la diferencia entre las cotizaciones en porcentaje del contrato en el momento de la compra del mismo y en el momento de la liquidación. Al resultado lo multiplicaremos por el nominal nocional dividido por 100. Si el resultado es positivo los vendedores ganan, en caso contrario los que ganan son los compradores. En el caso de la entrega del activo se seguirían los mismos pasos que vimos en el Epígrafe 11.3.4.1 anterior. Por otro lado, en la Tabla 11.2 se puede ver un ejemplo de cotización del bono nocional a 10 años en el MEFF.

---

[7] Un GNMA es un bono hipotecario (*Government National Mortgage Association*). Son muy útiles para cubrirse de riesgos si se opera en el mercado hipotecario.

11.7.3. Futuros sobre divisas

Este tipo de contrato permite comprar o vender una cantidad normalizada de una moneda extranjera. El tipo de cambio subyacente será casi idéntico al tipo a plazo. Las principales monedas sobre las que se realizan los contratos de futuros son: dólares, francos franceses, marcos, francos suizos, yens, florines, ecus y dólares canadienses; los principales mercados son el CME y el LIFFE (véase Tabla 11.8). El volumen del contrato es, por lo general, mucho más pequeño que el tamaño normal de un contrato de cambio a plazo.

Entre las aplicaciones de este tipo de contratos señalaremos las siguientes:

a) Cobertura del riesgo de cambio en operaciones Export-Import.
b) Establecimiento de medidas correctoras en situaciones de desequilibrio entre activos y pasivos en divisas.
c) Cobertura del riesgo de cambio en operaciones de cartera.
d) Operaciones de carácter especulativo, debido a su alto apalancamiento. Menos del 1% de los contratos llegan al intercambio real de divisas.

Tabla 11.8. Principales contratos de futuros sobre divisas que se pueden realizar en el LIFFE

	Divisa contra Dólar USA			
	Libras	Marcos	Franco suizo	Yens
Contrato	£ 25.000	DM 125.000	Fr. S. 125.000	¥ 12.500.000
Vencimiento	En los meses de marzo, junio, septiembre y diciembre el tercer miércoles de cada mes de la entrega			
Cotización	US$/£	US$/DM	US$/Fr.S.	US$/¥
Mínimo movimiento del precio	0,01cts./£	0,01cts./DM	0,01cts./Fr. S.	0,01cts./¥
Valor del tick	$ 2,50	$ 12,50	$ 12,50	$ 12,50
Garantía inicial	$ 1.000	$ 1.000	$ 1.000	$ 1.000

11.7.3.1. La relación entre los precios de futuro y de contado en los futuros sobre divisas

En los mercados de valores que funcionan eficientemente, existe una relación entre el tipo de cambio de contado y el tipo de cambio a futuro. Si esta relación a la que conocemos como *paridad de los tipos de interés* es violada, los arbitrajistas conseguirán realizar beneficios sin riesgo en los mercados de cambio sin necesidad de realizar ningún desembolso inicial. Y, lógicamente, sus acciones harán que el mercado se sitúe en equilibrio con respecto a dicha paridad.

Para ver su funcionamiento elegiremos dos divisas: el dólar de los EE UU y el marco alemán. Denominaremos E_0 a los marcos necesarios para adquirir un dólar en la actualidad (es el tipo de cambio al contado DM/$); siendo F_0 el precio a futuro del dólar, es decir, el número de marcos que actualmente es necesario emplear para adquirir un dólar en un momento futuro t. Por último, i_{EU} e i_A indican, respectivamente, el tipo de interés nominal sin riesgo de los EE UU y de Alemania.

El teorema de la paridad de los tipos de interés muestra la relación anterior de la siguiente forma:

$$F_0 = E_0 \times [(1 + i_A) / (1 + i_{EU})]^t$$

Así, por ejemplo, si el tipo de interés nominal en los Estados Unidos es del 6 % y en Alemania del 7,25 %, mientras que el tipo de cambio actual es de 1,6875DM/$, el tipo de cambio a futuro es igual dentro de un año:

$$F_0 = 1,6875 \times [(1 + 0,0725) / (1 + 0,06)] = 1,7074 \text{ DM/\$}$$

Veamos la lógica que se encuentra detrás de este resultado. Si el tipo de interés nominal alemán es superior al americano, la cantidad de dinero invertida en Alemania crecerá más rápido que la invertida en el país americano. Si ello es así, ¿qué haría que los inversores no acudiesen al mercado germano? Casi con toda seguridad el que la divisa alemana se depreciaría con relación al dólar, de tal manera que aunque las inversiones en marcos creciesen más rápido que las inversiones en dólares aquéllas cada vez valdrían menos conforme el tiempo fuese transcurriendo. Tal efecto contrarrestaría exactamente la ventaja de unos tipos de interés alemanes superiores, tal y como puede observarse al ver cómo la depreciación del marco implícita en el ratio F_0/E_0 compensa exactamente la diferencia entre ambos tipos de interés nominales.

Precisamente, debido a la enorme facilidad para operar a través de las redes informáticas el mercado de futuros sobre divisas se ha extendido a gran velocidad a lo largo y ancho del planeta. Esto ha provocado la realización de grandes operaciones de arbitraje entre los precios de contado de las divisas y sus precios futuros al no coincidir éstos con los valores estimados por el mercado. Estas operaciones se realizan mediante la compra o venta de futuros, en un momento determinado, realizando la operación contraria al mercado de contado.

Así, por ejemplo, supongamos que el tipo de cambio a futuro es de 1,7000 DM/$. La estrategia a seguir para lograr un beneficio sin riesgo sería la siguiente:

Acción	Flujo de caja inicial	FC dentro de un año (DM)
1. Pedir prestado 1 $ en los EE UU. Convertirlo a marcos.	1,6875 DM	$-E_1 \times 1,06$
2. Prestar 1,6875 DM en Alemania.	$-$ 1,6875 DM	$1,6875 \times 1,0725$
3. Adquiere a futuro 1,06 dólares a un precio de 1,7 DM/$.	0 DM	$1,06 \times (E_1 - 1,7)$
TOTAL	0 DM	0,00784 DM

el resultado se puede expresar en forma generalizada como:

$$E_0 \times (1 + i_A) - F_0 \times (1 + i_{EU})$$

En la Tabla 11.9 se observa la cotización de los futuros sobre marcos alemanes en función del dólar en el International Monetary Market de Chicago.

Tabla 11.9. Cotización del contrato de futuro sobre el marco alemán en el IMM

Deutsche Mark (IMM)
DM 125,000 $ per DM

	Latest	High	Low	Prev
Dec.	0,6161	0,6174	0,6125	0,6155
Mar.	0,6122	0,6125	0,6095	0,6116
Jun.	–	–	–	0,6086
Sep.	–	–	–	–

DE AQUI EN ADELANTE

El objetivo de este capítulo ha sido introducirle en el mundo de los futuros financieros de tal manera que pueda entender mejor el siguiente que está dedicado al uso de los mismos como instrumento de cobertura de los riesgos a los que se ve sometido el activo financiero subyacente. Ahora bien, los futuros financieros también se pueden utilizar para especular, para realizar arbitrajes, o simplemente, para investigar sobre las relaciones entre las diversas variables que conforman los precios de los futuros. Para el lector que desee una visión general sobre los futuros financieros puede consultar los siguientes:

ADELL, Ramón y KETTERER, Joan: *La Gestión de Tesorería con Futuros Financieros*. Gestió 2000. Barcelona. 1991.
BORRELL, Máximo y ROA, Alfonso: *Los Mercados de Futuros Financieros*. Barcelona. Ariel. 1990.
DAIGLER, Robert: *Managing Risk with Financial Futures*. Probus. Chicago (Ill.) 1993
LABUSZEWSKI, John y NYHOFF, John: *Trading Financial Futures: Markets, Methods, Strategies and Tactics*. John Wiley. Nueva York. 1988.
SCHWARZ, E., Hill, J., y SCHNEEWEIS, T.: *Financial Futures*. Dow Jones-Irwin Homewood (Ill.). 1986.

En el caso particular de los futuros sobre índices bursátiles se recomienda consultar:

LOOSIGIAN, Allan: *Stock Index Futures. Buying and Selling the Market Averages*. Addison-Wesley Pub. Reading (Mass.). 1985.

Una interesante obra sobre la negociación de los contratos de futuros en general es la de:

FINK, Robert, y FEDUNIAK, Robert: *Futures Trading. Concepts and Strategies*. New York Institute of Finance. Nueva York. 1988.

Sobre los futuros sobre productos físicos puede consultarse el magnífico libro de Luis COSTA y Montserrat FONT: *Commodities. Mercados Financieros sobre Materias Primas*, editado por ESIC. Madrid. 1993.

BIBLIOGRAFIA

ADELL RAMÓN, Ramón: «Los mercados de futuros financieros: El análisis de la evolución de la base». *Actualidad Financiera* núm. 36, octubre 1989. Págs. 2.400-2.414.
ADELL, Ramón y KETTERER, Joan: *La Gestión de Tesorería con Futuros Financieros*. Gestió 2000. Barcelona. 1991.
ALEXANDER, Gordon y SHARPE, William: *Investments*. Prentice Hall. Englewood Cliffs (NJ). 1990.
ANTL, Boris (ed.): *Management of Interest Rate Risk*. Euromoney. Londres. 1988.
BARALLAT, Luis: «Futuros: La predicción de los tipos de interés». *Estrategia Financiera*. Enero. 1989. Págs.: 39-45.
BARALLAT, Luis: «Los contratos de futuros como gestión del riesgo de interés (1)». *Estrategia Financiera*. Diciembre 1988. Págs. 9-15.
BARALLAT, Luis: «Los contratos de futuros como gestión del riesgo de interés (2)». *Estrategia Financiera*. Enero. 1989. Págs. 39-45.
BEAUFILS, Bernard y otros: *La Banque et les Nouveaux Instruments Financiers*. La Revue BANQUE. Lyon. 1986
BODIE, Zvi; KANE, Alex y MARCUS, Alan: *Investments*. Irwin. Homewood (Mas.) 1993.
BORRELL, Máximo y ROA, Alfonso: *Los Mercados de Futuros Financieros*. Barcelona. Ariel. 1990.
COLEMAN, Thomas (1989): «Comment utiliser le future sur le T-Bond». *La Revue Banque*, núm. 494. Mayo. 1989. Págs. 513-516.
COSTA, Luis y FONT, Montserrat: *Nuevos Instrumentos Financieros*. ESIC. Madrid. 1993.
COSTA, Luis y FONT, Montserrat: *Commodities. Mercados Financieros sobre Materias Primas*. ESIC. Madrid. 1993.

DAIGLER, Robert: *Managing Risk with Financial Futures.* Probus. Chicago (Ill.) 1993
DICKINS, Paul: «Futures & Options: when the growing gets tough». *Corporate Finance Supplement.* Marzo. 1988. Págs. 1-32.
EUROMONEY: «Futures & Options». *Euromoney Supplement.* Julio. 1989.
FINK, Robert y FEDUNIAK, Robert: *Futures Trading. Concepts and Strategies.* New York Institute of Finance. Nueva York. 1988.
FITZGERALD, Desmond: *Financial Futures.* Euromoney. Londres. 1988.
FRANCIS, Jack: *Management of Investments.* McGraw Hill. Nueva York. 1988.
FREIXAS, Xavier: *Futuros Financieros.* Alianza. Madrid. 1990.
GUP, Benton y BROOKS, Robert: *Interest Rate Risk.* Probus. Chicago (Ill.). 1993.
HARDWICK, Julien: «Future Futures». *Global Investor.* Julio/Agosto. 1990. Págs. 36-39.
HAUGEN, Robert: *Modern Investment Theory.* Prentice Hall. Englewood Cliffs (NJ). 1990.
HULL, John: *Options, Futures and other derivative securities.* Prentice Hall. Englewood Cliffs (NJ). 1988.
IEE: «Nuevos Productos Financieros». *Revista del Instituto de Estudios Económicos,* núm. 2. 1986.
LA CLAVIERE, Bertrand: «Se prtéger contre une remontée des taux d'interest III. Swaps et Futures». *La Revue Banque,* núm 492. Marzo. 1989. Págs.: 301-310.
LABUSZEWSKI, John y NYHOFF, John: *Trading Financial Futures: Markets, Methods, Strategies and Tactics.* John Wiley. Nueva York. 1988.
LAMOTHE, Prosper: «Síntesis de los Contratos de Futuros sobre Indices Bursátiles». *Estrategia Financiera,* núm. 56. Octubre. 1990. Págs. 22-25.
LOFTON, Todd: *Getting Started in Futures.* John Wiley & Sons. Nueva York. 1989.
LOOSIGIAN, Allan: *Stock Index Futures. Buying and Selling the Market Averages.* Addison-Wesley Pub. Reading (Mass.). 1985.
MAINS, Norman: «Using Eurodollar Futures and Options». *Institutional Financial Futures and Options* (Drexel). 9 de junio. 1986.
MASCAREÑAS, Juan: «La Estructura Temporal de los Tipos de Interés». *Actualidad Financiera,* núm. 19. Mayo, 1991.
MASCAREÑAS, Juan: «La Gestión de las Carteras de Renta Fija (I): El Cálculo del Rendimiento». *Actualidad Financiera,* núm. 20. Mayo, 1991.
MISKOVIC, Maureen: *Futures and Options: A Practical Guide for Institutional Investors.* Longman. Londres. 1989.
PUTMAN, Bluford: «Managing Interest Rate Risk: An Introduction to Financial Futures and Options». En STERN y CHEW (ed.): *The Revolution in Corporate Finance.* Basil Blckwell. Oxford. 1987. Págs.: 239-251.
REDHEAD, Keith: *Introduction to Financial Futures and Options.* Woodhead-Faulkner. Londres. 1990.
ROA, Alfonso: «Funcionamiento del contrato Mibor a 90 días». *Estrategia Financiera,* núm. 56. Octubre. 1990. Págs.: 16-21.
SCHWARZ, E., HILL, J., y SCHNEEWEIS,T.: *Financial Futures.* Dow Jones-Irwin Homewood (Ill.). 1986.
SOLNIK, Bruno: *Inversiones Internacionales.* Addison-Wesley Iberoamericana. Wilmington (Del.) 1993.
UGARTE, Josu: «Futuros y Opciones Financieras». Boletín de Estudios Económicos, núm. 132. Diciembre 1987. Págs.: 523-551.
VALIN, Gérard, y Le ROY, Hervé: «L'Assurance des "Futures" sur Indices et des Options Négociables: Espoirs et Paradoxes». *La Revue Banque,* núm. 491. Febrero. 1989. Págs.: 117-122.
VAN HORNE, James: *Financial Market Rates & Flows.* Prentice Hall. Englewood Cliffs (NJ). 1990.
VARLET, Didier: «Où vont les Bourses de Futures et d'Options Américaines?». *La Revue Banque,* núm. 494. Mayo. 1989. Págs.: 507-520.
WALMSLEY, Julian: *The New Financial Instruments.* John Wiley. Nueva York. 1988.

EJERCICIOS

1. Un hipotético contrato de futuros sobre un activo subyacente cuyo precio de mercado es de 18.000 pesetas., y que no paga dividendos, tiene su vencimiento dentro de un año. Si el tipo de interés de las Letras del Tesoro fuese del 9 %, ¿cuál sería su precio?

    Y ¿qué ocurriría con su precio si el vencimiento del futuro tuviese lugar dentro de tres años? Por último, calcule el precio del contrato de futuros para un vencimiento dentro de tres años y un tipo de interés sin riesgo del 11 % anual.

2. Supongamos que el valor del Ibex-35 es de 3.500. Si las Letras del Tesoro tienen actualmente una tasa del 9 % y el rendimiento esperado sobre el dividendo del Ibex-35 es del 5 %, ¿cuál sería el precio del futuro con un año de vencimiento?

3. El LIFFE ha introducido un nuevo tipo de contrato de futuros sobre las acciones de Beat Co., una empresa que no suele pagar dividendos. Cada contrato implica la adquisición de 1.000 acciones con un año de vencimiento. El tipo de interés sin riesgo británico es del 7 % anual:

    a) Si la acción de Beat se vende a 70 libras por acción, ¿cuál debería ser el precio del futuro?

    b) Si el precio de mercado de Beat cae un 3 %, ¿cuál sería el cambio en el precio del futuro y cuál sería la alteración en la cuenta de efectivo del inversor?

4. David está gestionando una cartera de 600 millones de pesetas en acciones y cree que el mercado va a caer dentro de los próximos tres meses. El resultado de ello será una caída del valor de la cartera. Por otra parte, David observa que el precio del futuro sobre el Ibex-35 a tres meses tiene un valor de 3.500.

    a) ¿Qué debería hacer David para cubrir su posición?

    b) Si pasados tres meses la cartera toma un valor de 480 millones de pesetas, ¿cuál sería el valor final de la posición de David si estuviera completamente cubierta?. Suponga que el Ibex-35 cae simultáneamente a 2.800. Ignore los costes de transacción.

5. Considere el contrato de futuros emitido sobre el índice S&P 500 que vence dentro de seis meses. El tipo de interés es el 5 % durante un período de seis meses y el valor futuro de los dividendos que se esperan recibir durante dicho período es de ocho dólares. El valor actual del índice es de 427,5. Suponiendo que puede emitir futuros sobre el índice S&P.

    a) Si la tasa de rendimiento esperada del mercado es del 10 % semestral. ¿Cuál es el valor esperado del índice dentro de seis meses?

    b) ¿Cuál es el precio teórico sin arbitraje para un contrato de futuros sobre el índice S&P dentro de seis meses?

    c) Si el precio del futuro es de 424. ¿Existe alguna oportunidad de arbitraje y si es así cómo la explotaría?

6. Usted gestiona una cartera de acciones valorada en 500 millones de pesetas y piensa que el mercado va caer temporalmente, por lo que cree que debería trasladar su inversión a bonos del Estado, pero no le gusta tener que pagar los costes de tran-

sacción de liquidar y reestablecer la posición en acciones. Por ello decide cubrirse utilizando contratos de futuros sobre el índice Ibex-35.

a) ¿Cómo debería usted organizar su posición en los contratos de futuros?

b) Si su inversión en acciones está materializada en un fondo de inversión que replica el índice, ¿cuántos contratos sobre el Ibex-35 deberá usted realizar? El índice vale hoy 4.000 y el multiplicador es de 100 pesetas.

a) ¿Cuál debería ser la respuesta de la pregunta anterior si la ßeta de su cartera es 0,6?

7. El precio de contado de la libra esterlina es actualmente de 1,60 $/£. Si el tipo de interés sin riesgo a un año es de 4 % en los Estados Unidos y de un 7 % en Gran Bretaña, ¿cuál debe ser el precio del futuro de las libras en el momento de su entrega dentro de un año? Además, ¿cómo podríamos beneficiarnos realizando una operación de arbitraje si el precio del futuro fuese de 1,57 $/£?

8. Con arreglo a la siguiente información: tipo de interés sin riesgo a un año en los Estados Unidos: 6,5 %; tipo de interés sin riesgo a un año en España: 9 %; tipo de cambio actual: 130 pts./$; tipo de cambio futuro: 135 pts./$. ¿Dónde pediría prestado y dónde invertiría su dinero?, ¿cómo podría usted hacer arbitraje?

9. Complete las cifras que faltan en el siguiente cuadro de cotizaciones del bono nocional español a 10 años en el MEFF:

	Cotizaciones					TIR
Vcto.	Ant.	Alto	Bajo	Cierre	Var.	Cierre
Dic.93	98,85	99,70	90,77	99,25	0,40	?
Mar.94	98,35	99,55	99,25	99,33	0,98	?
Jun.94	100,95	102,1	100	101,05	0,10	?

12
Futuros Financieros II: La cobertura del riesgo

12.1. CONCEPTO DE COBERTURA

Los futuros financieros ofrecen un medio de cubrirse del riesgo de alteraciones inesperadas en el precio de un activo financiero, debido a que permiten la adquisición, o venta, futura del mismo a un precio fijado en la actualidad. Por ello, la cobertura de dicho riesgo justifica por sí misma la existencia de los mercados de futuros.

Se entiende por *cobertura* la adquisición, o venta, de una posición en un mercado de futuros como sustituto temporal para la venta, o adquisición, de un título en el mercado de dinero. Por ejemplo, el futuro inversor puede desear cubrirse asegurándose el tipo de interés implícito de los contratos de futuros, por lo que comprará futuros, mientras que el tesorero, que sabe que necesitará fondos y desea cubrirse, lo hará ocupando la posición simétrica en el mercado al ser vendedor de futuros.

Se dice que una cobertura es *líquida* (*cash hedge*) cuando implica cubrir una posición existente en el mercado de dinero. Por ejemplo, si hemos adquirido diez millones de pesetas en Bonos del Tesoro y queremos mantener su rendimiento. Mientras que se denomina *cobertura anticipada* (*anticipatory hedge*) cuando acarrea la cobertura de una posición de dinero que no se mantiene en la actualidad pero se espera poseer en el futuro; por ejemplo, si vamos a contraer un préstamo dentro de seis meses y queremos asegurarnos de que el tipo de interés del mismo se parezca al actual.

Cuando es posible realizar un contrato de futuros sobre el activo financiero que poseemos se puede realizar una *cobertura directa*. Pero cuando resulta imposible realizar un contrato de futuros sobre un activo financiero específico deberemos fabricarnos una *cobertura cruzada* (*cross-hedge*) a base de utilizar contratos de futuros sobre otros activos financieros semejantes (éste suele ser el caso más común en operaciones sobre títulos de renta fija, pero es menos común en operaciones sobre las principales divisas).

Una forma de valorar la viabilidad de una cobertura es identificar la correlación estadística entre el activo financiero y el activo futuro sobre el que se opera. Si la correlación es alta, la cobertura puede ser realizada con confianza. Si es baja, la cobertura se puede realizar con mucha precaución y con una vigilancia constante de la misma durante su desarrollo.

En una cobertura, el riesgo es reducido de tal manera que las ganancias (pérdidas) de una posición de futuros contrarrestan a las pérdidas (ganancias) de una posición al contado. De esta manera la cobertura tiene el efecto de cambiar el riesgo de posibles variaciones en el precio de contado del activo por el riesgo de cambio entre los precios de contado y futuro. Es decir, la cobertura al eliminar parte, o la totalidad, del riesgo de la operación, también elimina en gran parte la posibilidad de realizar ganancias. Como se aprecia en la Figura 12.1, la posición cubierta tiene un menor rendimiento (Rc) que la descubierta (Rd) pero, a cambio, tiene menor riesgo.

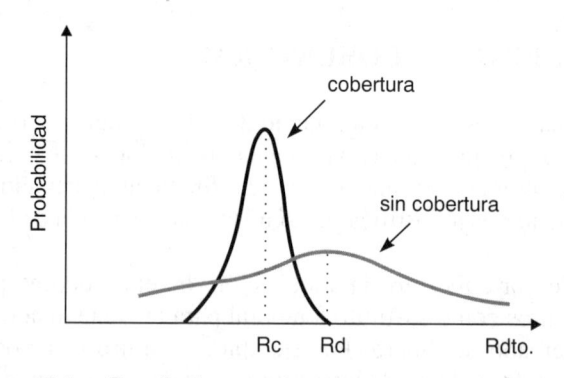

Figura 12.1. Rendimiento y riesgo con cobertura y sin ella.

La protección contra las variaciones del rendimiento de un título de renta fija o del precio de una divisa puede hacerse de varias formas como, por ejemplo, utilizando técnicas como la *inmunización* o los *contratos a plazo*, respectivamente para ambos casos. Ahora bien, la cobertura a través de la utilización de los mercados de futuros es interesante debido a su bajo coste y a la liquidez de dichos mercados. Por otro lado, la mayor normalización de los activos contratados a futuro en dichos mercados, hace realmente difícil que el inversor desee cubrirse para la fecha que corresponde a un contrato de futuros y en el activo subyacente en que éste se define, por ello la cobertura no suele ser perfecta y el inversor asumirá un riesgo residual. El deberá decidir si está dispuesto a correr dicho riesgo o si no, en cuyo caso deberá cubrir su posición de otra forma distinta.

12.2. LA COBERTURA Y LA BASE

Los coberturistas deberán tener presente la relación existente entre el valor de un activo financiero que está siendo protegido y el precio al que su futuro correspondiente se está negociando. La cobertura estará mejor realizada cuanto mayor sca la similitud entre el comportamiento del precio del activo y el del precio del futuro, de ahí que ya, en el epígrafe anterior, hayamos hecho referencia a la correlación entre ambos. Otra forma de ver dicha relación es a través del estudio de la *base*, que como sabemos (véase el Epígrafe 5 del Capítulo 11) es la diferencia entre el precio del futuro y el precio de contado del activo.

El precio de un contrato de futuros debería ser igual al precio actual del activo entregable menos cualquier diferencia entre los ingresos producidos por dicho activo entregable y el coste del dinero invertido en su adquisición. Recordemos que el precio del futuro está multiplicado por el *factor de conversión*, lo que permite comparar directamente el precio del activo y del futuro.

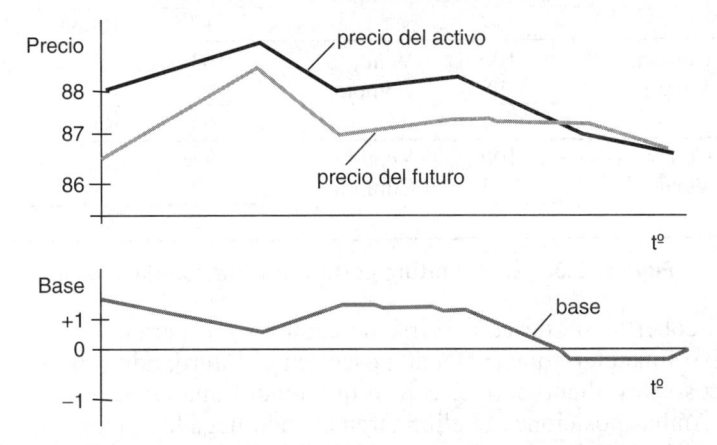

Figura 12.2. La base como diferencia entre el precio del activo y el del futuro correspondiente.

En la Figura 12.2 se muestra cómo el valor de la base no es constante a lo largo del tiempo de vida de la cobertura. En una cobertura directa ambos precios deberían converger en la fecha de entrega debido al descenso del *coste de mantenimiento* (diferencia entre el coste de financiar un activo financiero y el rendimiento a que su posesión da lugar–*cost of carry*) y al proceso de arbitraje que mantiene alineados ambos precios.

Cualquier cambio inesperado en la relación de los precios del activo y del futuro o en el coste de mantenimiento afecta al valor de la base haciéndole variar y produciendo lo que se conoce como *riesgo de la base*. De esta manera la variación del precio de una posición cubierta debe ser menor que la del precio del activo financiero por sí sólo. La cobertura se consigue, pues, sustituyendo el mayor riesgo del activo por el menor riesgo de la base.

El objetivo de una cobertura consiste en la construcción de una posición en futuros que contrarreste lo mejor posible una posición en una activo financiero. Es decir, que cualquier variación en el precio del activo sea controlada por una variación de sentido opuesto en el precio del futuro.

Una *cobertura corta* (*short hedge*) consiste en el mantenimiento de una posición corta en futuros y larga en el activo financiero con objeto de protegerse contra posibles descensos del precio de este último. Posteriormente, los coberturistas desearán vender el activo y recomprar los futuros, con lo que cerrarán ambas posiciones. Si la base se amplia a lo largo del período que dura la cobertura, es decir, si el precio del activo asciende (o desciende) más rápido que el del futuro, el coberturista obtendrá una ganancia neta. Así puede verse en el ejemplo de la Figura 12.3, dónde cuando la base se amplia (de – 3 a + 1), el coberturista gana, mientras que pierde cuando desciende (de + 3 a + 1).

ACTIVO		FUTURO		BASE	
Compra	100	Vende	97		+3
Vende	93	Compra	90		+3
	–7		+7	Rtdo.:	0
Compra	100	Vende	103		–3
Vende	98	Compra	97		+1
	–2		+6	Rtdo.:	+4
Compra	100	Vende	97		+3
Vende	93	Compra	92		+1
	–7		+5	Rtdo.:	-2

Figura 12.3. La cobertura corta y la variación de la base.

Si el coberturista desea cubrirse de cambios inesperados en el precio de una activo financiero que pretende poseer en el futuro, adquirirá un contrato de futuros sobre dicho activo, con lo que tendrá una *cobertura larga* (*long hedge*). Ambas posiciones se eliminarán cuando llegado el momento venda el futuro y adquiera el activo. Para este tipo de cobertura cualquier descenso en el valor de la base, redunda en una ganancia para el coberturista tal y como se aprecia en la Figura 12.4. Efectivamente, cuando la base disminuye (de + 3 a – 1) se consigue una ganancia, mientras que cuando se amplía (de + 3 a + 5) se realizan pérdidas.

Resumiendo, el problema central redunda en la forma de la estructura temporal de los tipos de interés[1]. Cuando ésta tiene forma creciente (que es lo corriente), los rendimientos a largo plazo superan a los rendimientos a corto plazo. Así que si usted reduce el vencimiento de su inversión a largo plazo, estará reduciendo el rendimiento esperado. Por otra parte, si la curva fuese decreciente y las tasas a corto plazo superasen a las tasas a largo plazo, acortar el plazo de la inversión redundará en un aumento del rendimiento esperado. Esta forma de la estructura temporal de los tipos de interés determinará que los futuros tengan menores o mayores niveles, es decir, que la base sea, respectivamente, positiva o negativa (véase Figura 12.5).

---

[1] Véase MASCAREÑAS, Juan: «La Estructura Temporal de los Tipos de Interés». *Actualidad Financiera*, núm. 18. Abril 1991.

ACTIVO		FUTURO		BASE	
Precio	93	Compra	90		+3
Compra	100	Vende	97		+3
	−7		+7	Rtdo.:	**0**
Precio	93	Compra	90		+3
Compra	95	Vende	96		−1
	−2		+6	Rtdo.:	**+4**
Precio	93	Compra	90		+3
Compra	100	Vende	95		+5
	−7		+5	Rtdo.:	**−2**

Figura 12.4. La cobertura larga y la variación de la base.

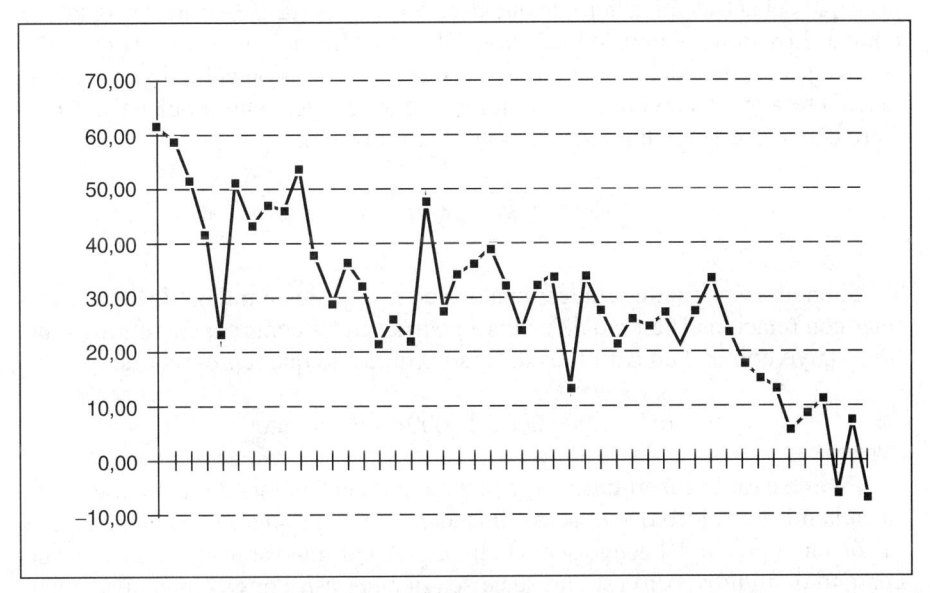

Figura 12.5. La base del contrato de futuros sobre el Ibex-35 desde el 15-III-93 hasta la fecha de vencimiento, el 21-V-93.

12.3. LA DETERMINACION DEL RATIO DE COBERTURA

Suponiendo que haya una correlación suficientemente alta entre el activo financiero y el futuro correspondiente, el próximo paso consistirá en cuantificar la relación esperada entre ambos. Esto es, cuánto variará el precio del activo financiero dada una variación determinada del precio del futuro correspondiente. A esta relación se la denomina *ratio de cobertura* (*hedge ratio*), el cual identifica la relación esperada entre las variaciones de los precios del activo y del futuro; además, puede ser utilizado directamente para identificar el número de contratos de futuros que deben ser vendidos (comprados) para cubrir una determinada posición larga (corta) en activos financieros:

$$\text{N.º de contratos de futuros} = \frac{\text{Valor nominal del activo}}{\text{Valor nominal del futuro}} \times RC$$

El ratio de cobertura (*RC*) que buscamos es aquel que minimiza la variabilidad de la posición cubierta y por ello también es conocido como el *ratio de cobertura de mínimo riesgo*. Seguidamente pasaremos a estudiar una serie de métodos de cálculo de dicho ratio.

12.3.1. El modelo simple

En el caso más simple, el valor principal del contrato de futuros coincide con el principal del activo financiero, lo que hace que el ratio de cobertura sea igual a la unidad. Los movimientos en el valor del activo financiero se espera que sean paralelos a los del contrato de futuros. Así que la expresión del ratio de cobertura (*RC*) será igual a dividir el valor nominal que se quiere cubrir del activo financiero (*Ac*) entre el nominal del contrato de futuros (*F*):

$$\boxed{RC = Ac/F}$$

Si un inversor quiere proteger una posición larga de un millón de libras esterlinas con relación al cambio dólar/libra podría vender contratos de futuros sobre libras cuyo nominal en LIFFE es de 25.000 libras, lo que representaría:

$$RC = 1.000.000 / 25.000 = 40 \text{ contratos}$$

En este caso la cobertura es muy sencilla pues el contrato de futuros se expresa en la misma unidad que el activo financiero, lo que implica que cualquier alteración en el precio del activo será contrapesada por una variación en el valor del contrato de futuros, pero esto no suele ser siempre así. Por ejemplo, si se quiere proteger una emisión de títulos de renta fija a través del uso de alguno de entre una serie de contratos de futuros sobre tipos de interés, la cosa no resulta nada fácil pues dichos títulos no sólo varían con respecto al valor nominal cubierto, sino también con respecto al vencimiento de la emisión, al cupón, al riesgo de crédito, etc. Es decir, este modelo ignora las posibles diferencias entre el activo financiero y el futuro entregable, lo que puede llevar a variaciones descompensadas entre los precios de ambos.

12.3.2. El modelo del factor de conversión

Este modelo parte del supuesto de que el activo financiero a cubrir difiere del futuro a entregar. Por ejemplo, en los primeros días del mes de mayo de 1990 un inversor planificaba el colocar 47,5 millones de pesetas en bonos del

Tesoro al 13,75 % recién emitidos pero, habida cuenta de que el dinero para dicha inversión lo tendría disponible para comienzos de septiembre, debería esperar cuatro meses para acometer su proyecto y como deseaba asegurarse dicho tipo de interés decidió adquirir un contrato de futuros que venciese en septiembre de aquel año. El número de contratos que adquirió en el MEFF fue de:

$$RC = [Ac/F] \times FC$$

$$RC = [47,500.000 / 10,000.000] \times 1,0768445 = 5,115 = > 5 \text{ contratos}$$

el *factor de conversión* de los bonos a entregar en septiembre se encontraba publicado por MEFFSA. Dicho factor se utiliza para compensar las diferencias entre los movimientos de los precios del activo y del futuro entregable. Este modelo supone que tanto el precio del activo financiero como el del futuro ajustado están afectados de la misma forma por variaciones en el tipo de interés a pesar de las diferencias en los cupones o en el vencimiento, es decir, asume una estructura temporal de los tipos de interés plana.

12.3.3. El modelo basado en el valor del punto básico

Hasta ahora hemos discutido la cobertura de un activo financiero que representaba el *activo entregable más económico*. Pero, por lo general, la situación más común es aquélla en que un inversor adverso al riesgo quiere proteger un título que varía en términos de cupón o vencimiento con respecto al entregable más económico y que, seguramente, será imposible de entregar.

En este caso o cuando se quiere hacer una cobertura cruzada, el *modelo del punto básico* se ajusta a los movimientos relativos de los precios del instrumento financiero que quiere ser protegido y del contrato de futuros. El objetivo perseguido consiste en hacer coincidir el cambio en el precio del activo a cubrir con el del precio en el contrato de futuros:

$$Ac \times Cc = [F \times Cf] \times RC$$

donde Ac indica el valor nominal de los activos a cubrir; Cc el cambio producido en el precio de dichos activos; F es el valor del contrato de futuros; Cf el cambio en el precio del contrato de futuros, y RC el ratio de cobertura.

Un punto básico (pb) representa el cambio en pesetas en el valor nominal de un bono de 10.000.000 pesetas, en respuesta a una variación de un punto básico en el rendimiento (recuerde, un punto básico = 0,01 %). Si estuviésemos en cualquier otro mercado de futuros, deberíamos conocer cuál es el nominal de los bonos cotizados en dichos mercados. Por ejemplo: en el CBOT es de 100.000 dólares, en el LIFFE de 50.000 libras, en el MATIF de 5.000.000 de francos.

Para ver cómo podemos utilizar el valor de los puntos básicos, despejaremos el valor del ratio de cobertura, en la expresión anterior, con lo que obtendremos:

$$RC = [Ac \times Cc] / [F \times Cf]$$

Ahora bien, el cambio en el precio de los contratos de futuros (Cf) es igual a dividir el cambio en el precio del activo entregable más económico (Ce) entre el *factor de conversión* (FC). Esto es así debido a que el precio de los futuros tiene una mayor correlación con el activo entregable más económico que con el resto de los activos financieros, por ello el factor de conversión se puede calcular dividiendo el precio de éste entre aquél:

$$Cf = Ce / FC$$

sustituyendo y recolocando los términos:

$$RC = \frac{Ac \times Cc}{\frac{F \times Ce}{Fc}} = \frac{Ac \times Fc \times Cc}{F \times Ce} = \frac{Ac}{F} \times Fc \times \frac{Cc}{Ce}$$

Como se puede observar, los dos primeros factores reflejan el ratio de cobertura según el *modelo del factor de conversión*, mientras que el último indica la relación existente entre el cambio en el precio del activo a cubrir (Cc) y el del activo entregable más económico (Ce). Esta última relación puede ser sustituida por la relación existente entre el valor de los puntos básicos del activo financiero (VPBc) y el valor de los puntos básicos del activo entregable (VPBe). Con lo que la ecuación definitiva del ratio de cobertura quedaría de la siguiente forma:

$$\boxed{RC = \frac{Ac}{F} \times Fc \times \frac{VPBc}{VPBe}}$$

Un coberturista deberá, primeramente, identificar la cantidad del activo financiero que quiere proteger con relación al tamaño del contrato de futuros. Seguidamente, deberá identificar el factor de conversión del activo entregable más económico. Por último, valorará el cambio esperado en el precio del activo cubierto con relación al cambio producido en el precio del activo entregable más económico.

Ejemplo: El 1 de enero de 1987, los T-Bonds, que pagaban un 7,25 % de interés anual con vencimiento en el año 2016, cotizaban a 101, lo que equivalía a un rendimiento hasta el vencimiento del 7,17 %. El valor de un punto básico era de 123,35 dólares por cada 100.000 dólares de valor nominal. Lo que quería decir que si el rendimiento del bono variaba un 0,01 %, el precio variaría en dirección opuesta alrededor de 1/8 de punto.

En esa misma fecha, el activo entregable más económico contra el contrato de futuros sobre T-Bonds era una emisión del 12,5 % de interés anual que vencía en agosto del 2014. El valor del punto básico era de 145,01 dólares mientras que el factor de conversión para la entrega de este título en junio de 1987 era de 1,4662. Supongamos que pretendemos cubrir un nominal de un millón de dólares americanos. El número de contratos del ratio de cobertura sería:

$$RC = (1.000.000 / 100.000) \times 1,4622 \times (123,35 / 145,01) = 12,44 => 13$$

Es preciso tener en cuenta que el valor del punto básico de un título de renta fija varía constantemente a lo largo del tiempo y como respuesta a alteraciones del rendimiento de dichos títulos. Conforme la fecha de vencimiento de la emisión se aproxime, el valor del punto básico tiende a descender. Si el rendimiento hasta el vencimiento crece (decrece) el valor del punto básico tiende a decrecer (crecer). Como se puede observar éste es un concepto dinámico, lo que obliga al coberturista a vigilar continuamente sus posiciones y a ajustar el ratio de cobertura cada vez que la relación entre los valores de los puntos básicos cambie sustancialmente.

12.3.4. El modelo de regresión

En la moderna teoría de valoración de carteras de valores, las decisiones se toman sobre la base de correr el mínimo riesgo para cada posible nivel de rendimiento. Si aplicamos esta idea al proceso de cobertura estaremos persiguiendo la minimización del riesgo, es decir, trataremos de encontrar el valor de la posición en futuros que reduce la variabilidad de los cambios del precio de la posición cubierta a su más bajo nivel. El ratio de cobertura que minimiza el riesgo de los cambios en el precio es igual a:

$$\boxed{RC = \sigma_{AF} / \sigma^2_F = \sigma_A \times \rho_{AF} / \sigma_F}$$

donde σ_{AF} es la covarianza entre los cambios de los precios del activo y del futuro correspondiente; σ^2_F es la varianza de las alteraciones en el precio del futuro; σ_A es la desviación típica de las variaciones en el precio del activo; y ρ_{AF} es el coeficiente de correlación entre ambos precios. En realidad, el ratio de cobertura no es más que la pendiente de la recta de regresión que se muestra en la Figura 12.6. Este coeficiente de regresión muestra cuánto varía el precio del activo financiero con relación a una variación unitaria en el precio del futuro correspondiente.

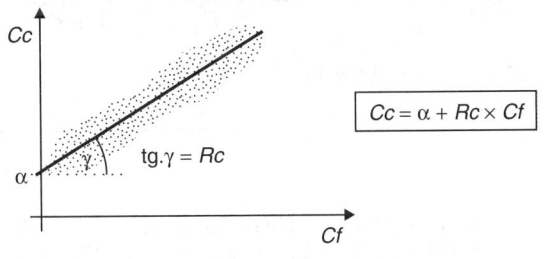

Figura 12.6. El ratio de cobertura según el modelo de regresión.

En la ecuación de la recta de regresión, la variable independiente es la variación habida en el precio del futuro (*Cf*), mientras que la variable dependiente es la variación correspondiente en el precio del activo financiero cubierto (*Cc*). El ratio de cobertura es, por tanto, un coeficiente de volatilidad semejante a la ßeta del modelo de mercado de W. Sharpe.

El ratio de cobertura aumentará cuanto mayor sea la correlación entre el valor de la posición al contado y el precio de los contratos de futuros. Por otra parte, descenderá cuanto mayor sea la desviación típica del precio de los futuros respecto a la desviación típica del valor de la posición al contado. La efectividad de la cobertura vendrá dada por el coeficiente de determinación del precio del activo con relación al del futuro. Como se sabe, el *coeficiente de determinación* es igual al cuadrado del de correlación (ρ^2), mientras que el riesgo residual será igual a 1-ρ^2.

Este modelo supone constante la relación entre los cambios en ambos tipos de precios, es decir, beta y alfa son constantes. Esto no es muy realista para los títulos de renta fija, tal y como ya se dijo al final del apartado anterior, puesto que los cambios en el precio del título dependen del tiempo que le reste de vida al mismo. Ello nos hace entrar en un nuevo modelo del ratio de cobertura a través del concepto de *duración*.

12.3.5. El modelo basado en la *duración* del activo

El concepto de *duración*[2] fue desarrollado por Frederick Macaulay en 1938 y hace referencia al vencimiento promedio de la corriente de flujos de caja de un título de renta fija. La *duración* se obtiene calculando la media ponderada de los vencimientos de cada flujo implicado en el mismo. Las ponderaciones para cada período de tiempo t son iguales al valor actual de los flujos de caja en cada período de tiempo (intereses o principal multiplicados por sus factores de descuento respectivos) dividido por el valor actual del bono. La expresión matemática de la *duración*, en forma discreta, es:

$$D = \frac{\sum_{t=1}^{n} \frac{t \times Q_t}{(1+r)^t}}{\sum_{t=1}^{n} \frac{Q_t}{(1+r)^t}} = \frac{1}{P_0} \times \sum_{t=1}^{n} \frac{t \times Q_t}{(1+r)^t}$$

---

[2] Sobre el concepto de *duración*, su relación con la *convexidad* y su aplicabilidad a la gestión de carteras formadas por títulos de renta fija, véase: MASCAREÑAS, Juan: «La gestión de Carteras de Renta Fija: Duración y Convexidad». *Actualidad Financiera*, núm. 20,. mayo 1991.

donde P_0 representa el precio de mercado del bono en la actualidad; Q_t es el flujo de caja del período t (cupón más principal); r es la tasa de rendimiento hasta el vencimiento; n es el número de años hasta el vencimiento; y P el valor de reembolso del bono (generalmente su valor nominal).

Supongamos un bono de nominal 10.000 pesetas, con un plazo de vencimiento situado en cinco años, que paga un 12 % de interés anual al final de cada año y se le estima un rendimiento anual del 14,5 % hasta su vencimiento. En la Tabla 12.1, se muestra el cálculo de la *duración* del bono.

Tabla 12.1. El cálculo de la *duración* de Macaulay

Períodos	Flujos de caja	Factor de dcto.	Valor Actual	V.A × n
1	1.200	0,873	1.047,60	1.047,60
2	1.200	0,763	915,60	1.831,20
3	1.200	0,666	799,20	2.397,60
4	1.200	0,582	698,40	2.793,60
5	11.200	0,508	5.689,60	28.448,00
			$P_0 =$ **9.150,40**	36.518,00

Si ahora dividimos 36.518 entre 9.150,4 obtendremos el valor de la *duración*: 3,99 años. Como se aprecia hay una diferencia de 1,01 años con relación a la vida de la emisión, que es debida a que parte de los flujos de tesorería se reciben antes del vencimiento de la misma. Una fórmula simplificada del cálculo de la *duración* se muestra a continuación (donde, r es el rendimiento de la emisión, c es el tipo de interés del cupón y n el número de períodos que quedan hasta el vencimiento; es necesario poner todos estos valores en términos anuales o semestrales según que la emisión pague los cupones anualmente o semestralmente):

$$D = \frac{1+r}{r} - \frac{n \times (c-r) + (1+r)}{c \times (1+r)^n - (c-r)}$$

así que sustituyendo las variables anteriores por los valores del ejemplo anterior obtendremos un valor de 3,99:

$$D = \frac{1+0,145}{0,145} - \frac{5 \times (0,12 - 0,145) + (1+0,145)}{0,12 \times (1+0,145)^5 - (0,12 - 0,145)}$$

Cuando hacemos referencia a la *volatilidad* de los bonos nos estamos refiriendo a la sensibilidad de su precio de mercado con relación a los cambios que se produzcan en el tipo de interés. Así que la podemos definir como la variación que se produce en el precio del bono con respecto a un incremento de cien puntos básicos (1 %) sobre el rendimiento hasta el vencimiento del mismo.

Para conectar los conceptos de *volatilidad* y *duración* deberemos echar mano de la denominada *duración modificada* (D^*), que se obtendrá haciendo:

$$D^* = D / (1 + r/m)$$

donde *D* representa la *duración* de Macaulay; *r* el tipo de rendimiento anual hasta el vencimiento; y *m* el número de veces que se paga un cupón por año (si es semestral, *m* = 2, si trimestral, *m* = 4, etc.).

La *duración modificada* es un concepto que se puede aplicar a la cobertura de un activo financiero mediante un contrato de futuros desde el momento en que mide el cambio porcentual en el precio del activo con relación a un incremento unitario en el tipo de interés del mercado, mientras que el valor de un punto básico proporciona una medida del cambio en el precio del activo (en pesetas) con relación a un 0,01 de cambio porcentual en el rendimiento del mismo. Así que:

$$VPBc \approx D^*c \times Pc$$
$$VPBe \approx D^*e \times Pe$$

donde *Pc* es el precio de mercado del activo financiero cubierto y *Pe* el precio de mercado del activo entregable más económico. Si ahora sustituimos en la ecuación que calculaba el ratio de cobertura en función del valor de un punto básico, obtendremos:

$$RC = \frac{Ac}{F} \times Fc \times \frac{VPBc}{VPBe} = \frac{Ac}{F} \times Fc \times \frac{D^*c \times Pc}{D^*e \times Pe}$$

Siguiendo con el ejemplo que analizamos en el Apartado 12.3.3, el día del análisis, el bono entregable más económico que se estaba cotizando a 148,53 tenía una *duración modificada* de 9,74 años, siendo su factor de conversión de 1,4662. La *duración modificada* del bono a proteger era de 11,97 años, y cotizaba a 101. El ratio de cobertura para un millón de dólares sería de:

$$RC = \frac{1.000.000}{100.000} \times 1,4662 \times \frac{11,97 \times 101}{9,74 \times 148,53} = 12,25 => 13 \text{ cont.}$$

Entre los supuestos implícitos que este modelo del cálculo del ratio de cobertura tiene podemos destacar:

a) Hay muchas definiciones alternativas de *duración*.
b) El modelo dependerá de la medida de la *duración* utilizada y de la exactitud de la estimación de la volatilidad del rendimiento.

12.4. LA COBERTURA DE LOS TIPOS DE INTERES A CORTO PLAZO

El riesgo de tipo de interés a corto plazo puede afectar a una serie de decisiones financieras como, por ejemplo:

a) Una cartera de valores que incluya una parte de sus activos financieros con vencimientos a corto plazo, ya sea como política de diversificación, por la necesidad de mantener cierta liquidez, por imperativo legal, etc.

b) Los activos financieros con interés variable (sujeto al Libor, Mibor, etc.) son, desde el punto de vista de los flujos de caja, equivalentes a los de más corto plazo. La diferencia entre las dos formas de financiación estriba en el riesgo de crédito que es invariable en la financiación a largo plazo, cuando puede modificarse en el proceso de financiación a corto plazo y en el riesgo de liquidez.

c) Los flujos de caja futuros que deberán ser invertidos a corto plazo conllevan un riesgo de tipo de interés. Lo cual no es fundamentalmente distinto del de una operación de reinversión del producto de una inversión corto plazo.

La estrategia a seguir en la cobertura de los tipos de interés a corto plazo (pagarés del Tesoro, pagarés de empresas, eurodólares, etc.) no coincide exactamente con la que se debía seguir en los tipos de interés a largo plazo (bonos del Tesoro, obligaciones de empresas, eurobonos, etc.). Es cierto que los movimientos del precio de un activo financiero que provea un interés a corto plazo pueden ser medidos con relación a algún estándar como los contratos de futuros sobre T-Bill, o eurodólares en el CBOT, o los del Mibor-90 en MEFF. Pero también es verdad que dichos activos financieros pueden ser reinvertidos continuamente (*roll over*), tales técnicas conocidas como *strips* y *stacks* se refieren exclusivamente a los contratos de futuros sobre este tipo de activos.

12.4.1. El valor del punto básico

Lo mismo que hicimos en el Apartado 3.3, al comparar el valor del punto básico de los activos financieros a largo plazo con relación al valor del punto básico del activo entregable más económico, podemos utilizar el mismo modelo aplicado a los activos financieros a corto plazo.

El valor del punto básico (VPB) es una función lineal del valor nominal del título y del número de días hasta el vencimiento. El mínimo tamaño del *tick* (variación mínima de la cotización) en contratos de futuros sobre T-bill y eurodólares es igual a un punto básico, o 25 $ en el CME; o en el caso del Mibor-90, de 250 pesetas, que corresponde a un punto básico en el MEFF:

$$(0,01/100) \times (90/360) \times 10.000.000 = 250 \text{ pts.}$$

esto permite fijar un estándar sobre el que comparar los activos financieros a proteger. Por ejemplo, el VPB de un contrato Mibor-30 de diez millones de pesetas es de 83,3 pesetas, el de un contrato semejante sobre el Mibor-180 es de 500 pesetas., etc. Por otra parte, si tenemos un contrato Mibor-90 de un millón de pesetas, su VPB será de 25 pesetas, si el nominal es de 50 millones su VPB será cinco veces mayor, 1.250 pesetas.

Así que:

$$\text{VPB} = [N / 10.000.000] \times [d/90] \times 250 \text{ pts.}$$

donde N indica el valor nominal del activo financiero a corto plazo cubierto y d

el número de días hasta su vencimiento. En la Tabla 12.2 se muestra un ejemplo de cobertura para diferentes nominales y vencimientos en el MEFF.

Tabla 12.2. Ejemplos del cálculo del VPB en el MEFF para el Mibor-90

N	d	VPB	Contratos
100.000.000	110	3.056	12,2
500.000.000	30	4.167	16,7
350.000.000	250	24.306	97,2
750.000.000	70	14.583	58,3

Es necesario tener muy en cuenta que la cobertura de un activo financiero a corto plazo es muy dinámica, esto es, que continuamente hay que ir alterándola conforme se acerca la fecha de vencimiento puesto que el número necesario de contratos va decreciendo conforme ella se aproxime, tal y como se muestra en la Tabla 12.3. En ella se ha supuesto una posición corta consistente en vender 100 millones de pesetas del contrato Mibor-90. Como se puede apreciar, conforme los días hasta el vencimiento del contrato se aproximan, es necesario ir recomprando contratos para equilibrar el nuevo ratio de cobertura.

Tabla 12.3. La cobertura dinámica de un contrato de futuros sobre un activo financiero a corto plazo

d	VPB	Posición	Operación
90	2.500	10 contratos	vender 10 contr.
81	2.250	9 contratos	recomprar 1 contr.
72	2.000	8 contratos	recomprar 1 contr.
63	1.750	7 contratos	recomprar 1 contr.
54	1.500	6 contratos	recomprar 1 contr.
45	1.250	5 contratos	recomprar 1 contr.
36	1.000	4 contratos	recomprar 1 contr.
27	750	3 contratos	recomprar 1 contr.
18	500	2 contratos	recomprar 1 contr.
9	250	1 contrato	recomprar 1 contr.
0	0	0 contratos	recomprar 1 contr.

12.4.2. La cobertura *strip*

A través de este tipo de cobertura es posible utilizar los contratos de futuros sobre instrumentos financieros a corto plazo para cubrir una operación financiera a largo plazo. Un *strip* se puede adquirir o vender sin más que comprar o vender contratos de futuros sobre tipos de interés a corto plazo en cada una de las series de sucesivos contratos mensuales. A través de la utilización de un *strip* se creará una situación donde la cobertura se autoliquidará conforme el VPB del activo financiero decrezca.

Veamos un ejemplo en el mercado de eurodólares. Nos encontramos en junio de 1994 y acabamos de firmar un préstamo de 20 millones de dólares que vencerá en junio de 1995, el tipo de interés de dicho préstamo es flotante y coincide con el Libor-12 meses. Esta tasa se cambia continuamente cada tres meses, lo que coincide con el vencimiento de los contratos de futuros sobre eurodólares.

El tipo de interés pagado durante los primeros tres meses (junio 1994 a septiembre 1994) ya ha sido establecido y no necesita ser cubierto. Así que deberemos cubrir los nueve meses restantes. El VPB de un préstamo que tiene un nominal de 20 millones de dólares cuyo plazo es de nueve meses, es de 1.500 dólares lo que equivale a 60 contratos de futuros (1.500 $/25 $). Así que una cobertura *strip* puede crearse vendiendo veinte contratos de futuros en cada uno de los tres ciclos trimestrales siguientes hasta completar los 60 contratos.

Transacción inicial en junio de 1994	VPB
Vender 20 contratos de futuros con vcto. en septiembre.1994	500 $
Vender 20 contratos de futuros con vcto. en diciembre 1994	500 $
Vender 20 contratos de futuros con vcto. en marzo 1995	500 $
60	**1.500 $**

Debido a que esta cobertura se va deshaciendo ella misma conforme transcurre el tiempo siempre cubre la exposición al riesgo del préstamo subyacente tal y como la mide el VPB. Así que supongamos que en diciembre de 1994 los tipos de interés aumentan 15 puntos básicos, lo cual implica un coste adicional de 15.000 dólares en los seis meses restantes:

$$20.000.000 \ \$ \times (0,15/100) \times 180/360 = 15.000 \ \$$$

lo cual coincide con un descenso esperado de 15 puntos básicos en los 40 contratos de futuros mantenidos hasta esa fecha. El VPB en ese momento es de:

$$(20.000.000 \ \$ \ /1.000.000 \ \$) \times 25 \ \$ \times (180/90) = 1.000 \ \$$$

lo que quiere decir que 15 p.b. valen 15.000 de dólares, que contrarrestan al mayor coste anterior.

Otro ejemplo puede ser el problema que se plantea a un gestor de un fondo de pensiones que sabe que dispondrá de nuevos fondos que deberá invertir. El problema sería idéntico para el tesorero de una empresa que sabe que obtendrá flujos de tesorería en el futuro.

Supongamos que el 10 de enero de 1995 el gestor de la cartera sabe que va a invertir en el Mibor-90 las cantidades siguientes, que componen la reinversión del producto de la inversión anterior y de una parte de nuevas inversiones:

a) El 1 de marzo de 1995, 300 millones de pesetas.
b) El 1 de junio de 1995, 400 millones de pesetas.
c) El 1 de septiembre de 1995, 700 millones de pesetas.

d) El 1 de diciembre de 1995, 1.200 millones de pesetas.
e) El 1 de marzo de 1996, 1.300 millones de pesetas.

La cobertura ideal con los contratos de futuros consiste en comprar 30, 40, 70, 120 y 130 contratos de futuros sobre el Mibor-90 con vencimientos en marzo, junio, septiembre, diciembre y marzo, respectivamente. Una cobertura *strip* consiste, precisamente, en esta operación de adquisición o venta de contratos de futuros para los sucesivos vencimientos.

Otro caso sería el consistente en que una empresa acude el día 20 de junio a un banco para solicitar un préstamo de 100 millones de pesetas por el plazo de un año. Se pagarán intereses trimestralmente y al cabo de un año el principal será devuelto. El banco ofrece un tipo variable, que es revisable cada trimestre y que coincide con el Mibor-90 más 50 puntos básicos (Mibor-90 + 0,5 %) en concepto de cobertura del coste del préstamo y del riesgo de crédito del prestatario.

La empresa podrá utilizar el Mibor-90 para protegerse del riesgo de tipo de interés, es decir, para convertir el préstamo variable en un préstamo sintético a tipo fijo. Si la empresa no se protege del riesgo de interés sus pagos serán los siguientes:

20 de sept.: 100.000.000 × (Mibor-90 del 20/VI + 0,5 %) / 4
20 de dic.:   100.000.000 × (Mibor-90 del 20/ IX + 0,5 %) / 4
20 de marzo: 100.000.000 × (Mibor-90 del 20/ XII + 0,5 %) / 4
20 de junio: 100.000.000 × (Mibor-90 del 20/III + 0,5 %) / 4 +100.000.000

A partir del segundo trimestre hace su aparición el riesgo de interés, puesto que en el primero ya se conoce con certeza el valor del tipo interés (Mibor-90 del 20/VI + 0,5 %). Para cubrir este riesgo podemos acometer una cobertura *strip* consistente en vender 10 contratos de futuros sobre el Mibor-90 en las siguientes fechas:

- [junio] Vender 10 contr., con vencimiento el 20/IX (cubre el segundo trimestre).
- [septiembre] Vender 10 contr., con vencimiento el 20/XII (cubre el tercer trimestre).
- [diciembre] Vender 10 contr., con vencimiento el 20/III (cubre el cuarto trimestre).

Supongamos que en el mes de junio el Mibor-90 era del 10 % anual y que, además, se vendieron 10 contratos de futuros sobre dicho tipo de interés con vencimiento el 20 de septiembre (su precio de venta es de 100 – 10 = 90). El pago que debe realizar la empresa dicho 20 de septiembre sería de:

$$100.000.000 \times (0,10 + 0,005)/4 = 2.625.000 \text{ pts.}$$

Si en dicha fecha el Mibor-90 ascendiese al 10,5 %, al recomprar los futuros vendidos en junio deberíamos pagar (100 – 10,5 = 89,5), por lo que habríamos ganado 50 puntos básicos por cada contrato, o 500 p.b., en total y como el VPB es de 250 pesetas, habríamos obtenido una ganancia de 500 × 250 = 125.000 pesetas, que contrarrestarán el aumento de los intereses que la empresa deberá pagar el 20 de diciembre, los cuales son de:

$$100.000.000 \times (0,105 + 0,005)/4 = 2.750.000 \text{ pts.}$$

12.4.3. La cobertura *stack*

Una cobertura *strip* permite cubrir con bastante precisión un riesgo que se extiende a lo largo de un período determinado de tiempo. Como ella misma se va deshaciendo sola, necesita muy poca gestión. Además, suele necesitar pocas transacciones y comisiones asociadas, con lo que la posibilidad de cometer errores es menor. Ahora bien, esta estrategia sólo funciona si los futuros están disponibles con una amplia gama de vencimientos para que puedan coincidir con los de los diferentes activos financieros a ser protegidos.

Pero dicha estrategia *strip* puede frustrarse si los contratos de futuros con plazos suficientemente grandes (por ejemplo, más de tres años) fueran poco líquidos, lo que dificultaría bastante la ejecución de cualquier orden de compra o venta a un precio razonable en los meses sucesivos. Por ejemplo, si en los contratos de futuros con vencimientos más alejados, el tipo garantizado de los futuros es demasiado bajo con relación al tipo implícito al contado, o si el diferencial entre el precio de oferta y el precio de demanda es demasiado elevado, situaciones que reflejan la ausencia de liquidez, la cobertura puede tomar otras formas que implicarán un mayor riesgo. Aquí es donde entra en juego la cobertura denominada *stack*.

Una cobertura *stack* implica encajar la exposición al riesgo del mercado de dinero (medido en términos de VPB) con una posición en el mes más próximo, la cual será transvasada al siguiente mes cuando el contrato más próximo venza. Veámoslo a través del primer ejemplo mostrado en el apartado anterior. La operación inicial será en el mes de junio:

junio $\rightarrow$ vender 60 contratos con vencimiento en septiembre. VPB = 1.500 $

Posteriormente, en el mes de septiembre de 1994, recomprará los 60 contratos y, simultáneamente, procederá a vender 40 contratos con vencimiento en diciembre de 1994 y con un VPB de 1.000 dólares.

Más adelante, en el mes de diciembre, recomprará los 40 contratos y procederá a vender los 20 con vencimiento en marzo 1995 y con un VPB de 500 dólares. Por último, en marzo recomprará estos últimos 20 contratos con lo que cerrará la operación.

Con este tipo de sistema de cobertura el inversor mantiene permanentemente una posición en futuros, cuyas variaciones contrarrestan el riesgo asociado con el préstamo de tipo variables. Por ejemplo, si en diciembre los tipos de interés ascendiesen unos 20 puntos básicos implicaría un aumento de los costes financieros de 20.000 dólares:

$$20.000.000 \$ \times (0{,}20/100) \times 180/360 = 20.000 \$$$

Lo que se contrarresta con el descenso de 20 puntos básicos en los 40 contratos de futuros que vencen en dicho mes:

$$(20.000.000 \$ / 1.000.000 \$) \times 25 \$ \times (90/90) \times 40 \text{ contr.} = 20.000 \$$$

Resumiendo, el *strip* suele ser más favorable que el *stack*, siempre que exista suficiente liquidez. Esto hace que muchos coberturistas prefieran disfrutar los beneficios de un *strip* extendiendo sus posiciones tan lejos como la liquidez lo permita, y cuando esto ocurra cambiarán su cobertura a una de tipo *stack* con lo que resultará una combinación *strip-stack*.

12.5. LA MEDIDA DEL COMPORTAMIENTO DE LA COBERTURA

El objetivo principal de la cobertura a través de los futuros financieros es la reducción del riesgo. La medida inicial de la efectividad de una cobertura viene dada por la reducción proporcional de la varianza de los cambios del precio del título desprotegido en relación a la varianza de los mismos cuando está cubierto.

El método tradicional para valorar el grado de cobertura consiste en medir la varianza de la *base* con relación a la varianza del precio del activo financiero. Téngase en cuenta que una *cobertura larga* consiste fundamentalmente en invertir en la *base* más que en el activo financiero (mientras que la *cobertura corta* consiste, realmente, en la venta a corto de la *base*), y la exposición al riesgo se reduce de tal manera que la varianza de la *base* es inferior a la del precio del activo financiero:

$$\sigma^2(\text{base}) < \sigma^2(AF)$$

La medida apropiada de la efectividad de la cobertura sería, entonces, la reducción proporcional en la varianza del precio del activo financiero a causa de la cobertura:

$$Ec = [\sigma^2(AF) - \sigma^2(\text{base})] / \sigma^2(AF) = 1 - [\sigma^2(\text{base}) / \sigma^2(AF)]$$

Esta medida asume, sin embargo, que el ratio de cobertura (RC) es igual a la unidad, esto es, que la posición en contratos de futuros es idéntica a la que existe en el activo financiero. Como esto no suele ser lo normal, la ecuación anterior deberá ser ajustada para el ratio de cobertura que exista en cada operación:

$$Ec = 1 - [\sigma^2(\text{base}) \times RC / \sigma^2(AF)]$$

Como el coberturista suele estar interesado, principalmente, en la variación en el valor de sus posiciones combinadas de futuros y de activos (Δ *base*) con relación a las variaciones del precio de un activo desprotegido (Cc), esta ecuación anterior puede representarse también de la siguiente forma:

$$Ec = 1 - [\sigma^2(\text{base}) \times RC / \sigma^2(Cc)]$$

Para el modelo del ratio de cobertura basado en el análisis de la regresión, el coeficiente de determinación (ρ^2), es una estimación de la reducción porcentual en la variabilidad de los cambios en el precio del activo financiero por mantener la posición en futuros financieros.

En todo caso a la hora de observar la medida del comportamiento de la cobertura deberemos tener en cuenta que:

Primero: Los cambios en el precio y las desviaciones típicas no reflejan el *depósito* o *garantía de variación* (*variation margin*) que debe ser ingresado durante la cobertura. La garantía de variación es una característica única de los futuros que se basa en el hecho de que las variaciones en los precios de los contratos deben ser liquidadas diariamente en dinero. Lo que implica que los beneficios resultantes de una caída en los precios de los futuros deben ser realizados y reinvertidos inmediatamente y que cualquier pérdida en la que se incurra por el ascenso de dichos precios debe ser ingresada en dinero en una cuenta especialmente dedicada al depósito de variación.

Segundo: Cuando se mide el comportamiento de la cobertura debe recordarse que la *base* no es necesariamente constante, de hecho converge hacia cero según se aproxima la fecha de liquidación del contrato de futuros pero, además, está sujeta a alteraciones de la oferta y demanda de los precios del activo y del futuro, así como a variaciones estacionales (véase la Figura 12.5).

12.6. LAS IMPERFECCIONES DE LA COBERTURA: EL RIESGO RESIDUAL

Como ya se dijo más arriba, la consecución de una cobertura perfecta es muy difícil debido a que, por lo general, la compra o venta de un activo financiero determinado no se corresponderá de forma exacta con la cantidad especificada de los contratos de futuros (dicho activo no tendrá la misma fecha de vencimiento, ni la misma sensibilidad a los tipos de interés, por ejemplo), lo que dará lugar a que la cobertura sea mayor de lo debido o, por el contrario, que sea insuficiente. Por otro lado, la *base* no es constante a lo largo del tiempo sino que converge hacia cero conforme el contrato de futuros se aproxime a su fecha de vencimiento, lo que implica que, o bien el precio del futuro se mueve más rápidamente que el del activo financiero o, por el contrario, es éste el que lo hace con mayor velocidad que el otro. Concretando, la imperfección de la cobertura da lugar a lo que se denomina el *riesgo residual*, que es el riesgo que corre una posición en el activo financiero que ha sido protegida imperfectamente. Dicho riesgo residual se subdivide en una serie de riesgos que pasaremos a analizar seguidamente

12.6.1. El riesgo de la base

Como ya hemos visto en el Epígrafe 12.2, los precios del activo financiero subyacente y el del contrato de futuros están relacionados a través de la *base*, la cual no es más que la diferencia entre el precio del futuro y el del activo financiero. Pues bien, existe una fuerte incertidumbre en cómo variará el valor de la base cuando no coincida el vencimiento del activo financiero con el del contrato de futuros. Es cierto que se sabe que la *base* converge hacia cero, es decir, que en la fecha de vencimiento del contrato de futuros, el precio de éste deberá coincidir con el precio de mercado del activo financiero, pero dicha convergencia o sigue una pauta prefijada, es decir, es lineal, o es impredecible; y, además, si no conocemos cuál va a ser el precio del activo financiero en dicho momento (aunque se pueda estimar) cómo vamos a conocer hacia dónde tiende el precio del futuro.

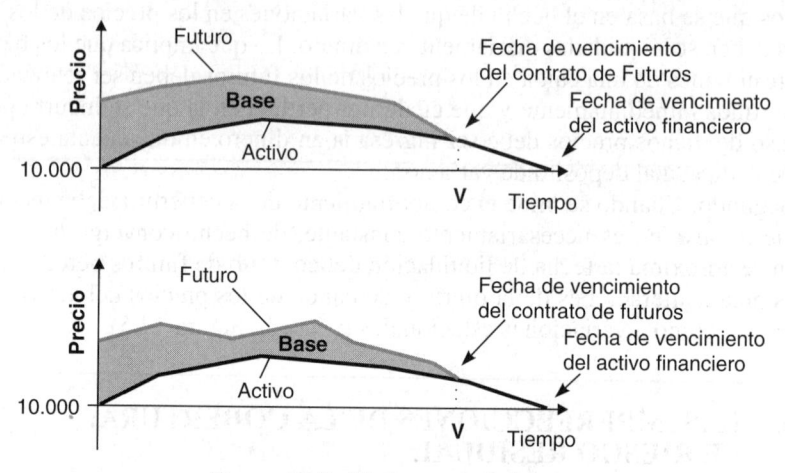

Figura 12.7. El riesgo de la base.

En la Figura 12.7. se puede apreciar en qué consiste el *riesgo de la base*. En la primera figura aparece una *base* que desciende de valor linealmente hasta tomar un valor igual a cero en la fecha de vencimiento, momento en el que el precio del futuro y el del activo financiero coinciden (en dicha figura se ha supuesto que el bono es emitido a 10.000 pesetas y que su precio se incrementa durante parte de su vida, porque los tipos de interés del mercado han descendido, para más adelante descender hacia su precio de reembolso: 10.000 pts.). Lo que ocurre es que las cosas no son tan bonitas como en dicha figura y, lo más probable, es que se produzca algo parecido a lo mostrado en la segunda figura. En ella, la *base* desciende, asciende y vuelve a descender de valor con arreglo a las diferentes expectativas de los inversores en el mercado de futuros y a los procesos de arbitraje.

Es, pues, conveniente seguir atentamente la evolución de la *base* a lo largo de la vida del contrato con objeto de anticipar los fenómenos favorables o no y, eventualmente, avanzar o retardar el desenlace del contrato. En todo caso, es importante tener presente que el *riesgo de la base* es, en principio, de segundo orden con relación al *riesgo de los tipos de interés* propiamente dicho, y que la mejor manera de reducir aquél riesgo es conseguir que el vencimiento del activo se aproxime a la fecha de vencimiento del contrato de futuros, lo más posible.

12.6.2. El riesgo de correlación

Surge del hecho de que el instrumento de cobertura (el bono nocional, por ejemplo) no tiene la misma sensibilidad respecto a las variaciones del tipo de interés del mercado, que el activo financiero a proteger. Esto se debe a la dificultad de encontrar un instrumento financiero que se negocie en el mercado de futuros que sea idéntico al activo financiero cuyo riesgo deseamos cubrir. Por dicha razón, la mayoría de las coberturas de activos financieros suelen ser *coberturas cruzadas* por la dificultad de establecer *coberturas directas*.

En la *cobertura cruzada* es primordial prestar atención al ajuste de los vencimientos entre el activo financiero y el del contrato de futuros. Por ejemplo, un fondo de pensiones español que para cubrir una determinada cartera de renta fija cuyo vencimiento promedio es de diez años, podría utilizar el bono nocional a 10 años del MEFF. Los cambios en la estructura temporal de los tipos de interés provocarán efectos distintos en los bonos a diez años y el bono entregable más económico, que incidirán en la eficiencia de la cobertura. Por otra parte, es importante fijarse en el grado de liquidez del activo financiero, puesto que si éste se negocia en un mercado de poca liquidez se producirá una mayor variación en los precios y, por ende, en el valor de la *base*. Concretando, este riesgo se puede reducir eligiendo un número adecuado de contratos para la cobertura.

12.6.3. El riesgo de liquidez

Surge cuando en la fecha de vencimiento del contrato de futuros es imposible encontrar en el mercado financiero de contado un activo financiero entregable al comprador del futuro. Esto se puede deber a lo que se denomina en los mercados de futuros físicos un *corner*, esto es, un proceso de acaparamiento que vacía el mercado de un determinado producto o que eleva el precio del mismo a cotas prohibitivas (*squeeze*). En los mercados de físicos si el contrato es de soja, y ésta es imposible de adquirir, no se la puede sustituir por arroz, o trigo. En los mercados de futuros financieros los títulos son bastante intercambiables, o sustituibles, unos por otros debido, entre otras cosas, a los procesos de arbitraje. En todo caso, las Cámaras de compensación tienden cada vez más a reservarse la posibilidad de exigir la entrega en moneda local y no en activos financieros, realizando una liquidación por diferencias, en caso de que se produzca dicho efecto.

12.6.4. El riesgo de insolvencia

Surge cuando la contraparte incumple su obligación financiera. Este riesgo está muy limitado debido a la existencia del *depósito de garantía* exigido por la Cámara de compensación, así como el proceso diario de *ajuste al mercado* (*mark to market*) por el cual a ambas partes se les liquida cada día sus pérdidas o beneficios.

12.6.5. El riesgo de redondeo

Proviene del hecho que el número teórico de contratos a comprar no será normalmente un número entero, tal y como pudimos ver en el epígrafe dedicado al cálculo del ratio de cobertura.

12.7. EJEMPLO

Una empresa española tiene una cartera de títulos de renta fija formada por:

a) 300.000 bonos del Tesoro con cuatro años de vida, de nominal 10.000 pesetas, con un cupón anual del 11 %, y con un precio de mercado de 9.405 pts./título lo que proporciona un rendimiento del 13 %. Su *duración* es de 3,425 años.

b) 200.000 obligaciones del Tesoro con una vida de 10 años, al 11,5 % de interés anual (cupón anual), 10.000 pesetas de valor nominal, con un precio de mercado de 9.857 pesetas, que corresponde a una TIR del 11,75 %. Su *duración* es de 6,405 años.

El valor de mercado de la cartera es de:

$$300.000 \times 9.405 + 200.000 \times 9.857 = 4.792.900.000 \text{ pts.}$$

su rendimiento medio es de:

$$13\% \times (300.000 \times 9.405 / 4.792.900.000) + 11,75\% \times (200.000 \times 9.857 / 4.792.900.000) = 13\% \times 0,59 + 11,75\% \times 0,41 = 12,485\%$$

su *duración* media es de:

$$D = 3,425 \times 0,59 + 6,405 \times 0,41 = 4,647 \text{ años}$$

siendo su *duración modificada*, es decir, la medida de su riesgo de:

$$D^* = D/(1+r) = 4,647 / 1,12485 = 4,13 \text{ años} = 4,13\%$$

es decir, si los tipos suben un 1 %, el valor de mercado de la cartera caerá: 4,13 % × × 4.792.900.000 = 197.946.770 pts.

Ahora deberemos calcular la *duración modificada* del bono nocional a tres años (tipo de interés: 7 % pagadero anualmente) a partir de la *duración* de Macaulay para un rendimiento del 12,485 %. Aplicando las expresiones vistas en el Epígrafe 12.3.5 obtendremos un valor de la *duración* de 2,79 años.

$$D^* = 2,79 / 1,12485 = 2,48 \text{ años} = 2,48\%$$

es decir, si los tipos suben un 1 %, el valor de mercado del bono nocional descenderá: 2,48 % × 10.000.000 = 248.000 pesetas.

La expresión simplificada del ratio de cobertura sería, suponiendo que el *factor de conversión* fuese igual a la unidad:

$$RC = (4.792.900.000 \times 4,13) / (10.000.000 \times 2,48) = 798,2 \text{ contratos}$$

Así que la empresa deberá vender 799 contratos de futuros sobre el bono nocional en el MEFF. De tal manera que si el tipo de interés subiese un punto la pérdida en la cartera de renta fija era de 197.946.770 pesetas, mientras que la ganancia en el mercado de futuros sería de 799 × 248.000 pesetas = 198.152.000 pesetas, lo que contrarrestaría el movimiento adverso en el mercado de renta fija.

DE AQUI EN ADELANTE

Sobre la cobertura de riesgos a través de la utilización de los futuros financieros se recomienda consultar, entre otras, las siguientes obras:

> BORREL, Máximo, y ROA, Alfonso: *Los Mercados de Futuros Financieros.* Barcelona. Ariel. 1990.
> GUP, Benton, y BROOKS, Robert: *Interest Rate Risk Management.* Probus. Chicago (Ill.). 1993.
> LABUSZEWSKI, John, y NYHOFF, John: *Trading Financial Futures: Markets, Methods, Strategies and Tactics.* John Wiley. Nueva York. 1988.
> SCHWARZ, E.; HILL, J., y SCHNEEWIES,T.: *Financial Futures.* Dow Jones-Irwin Homewood (Ill.). 1986.

BIBLIOGRAFIA

ANTL, Boris (ed.): *Management of Interest Rate Risk.* Euromoney. Londres. 1988.
ARELLANO, Ignacio: «Cómo hacer frente a los riesgos de futuros financieros». *Estrategia Financiera,* núm. 48, 1990. págs. 51-56 y núm. 49, págs. 53-64.
BORREL, Máximo, y ROA, Alfonso: *Los Mercados de Futuros Financieros.* Barcelona. Ariel. 1990.
COSTA, Luis, y FONT, Montserrat: *Nuevos Instrumentos Financieros para el Empresario Europeo.* ESIC. Madrid. 1993.
FITZGERALD, Desmond: *Financial Futures.* Euromoney. Londres. 1983.
FREIXAS, Xavier: *Futuros Financieros.* Alianza. Madrid. 1990.
GUP, Benton, y BROOKS, Robert: *Interest Rate Risk Management.* Probus. Chicago (Ill.). 1993.
LA CLAVIERE, Bertrand: «Se protéger contre une remontée des taux d'intéret (III): Swaps et Futures». *La Revue Banque,* núm. 492. Marzo. 1989. Págs. 301-310.
LABUSZEWSKI, John, y NYHOFF, John: *Trading Financial Futures: Markets, Methods, Strategies and Tactics.* John Wiley. Nueva York. 1988.
LORD, Timothy, y LEE, Vivian: «Briefing». *Euromoney.* 1989. Págs. 86-88.
MAINS, Norman: «Using Eurodollar Futures and Options». *Institutional Financial Futures and Options* (Drexel). 9 de junio de 1986.
MARTIN, José L.: «La Cobertura de los Riesgos de Tipo de Interés Mediante el Mercado de Futuros». *Actualidad Financiera,* núm. 12. 1989. Págs. 859-871.
MASCAREÑAS, Juan: «La Estructura Temporal de los Tipos de Interés». *Actualidad Financiera,* núm. 18. Mayo 1991.
MASCAREÑAS, Juan: «La Gestión de Carteras de Renta Fija (II): Duración y Convexidad». *Actualidad Financiera,* núm. 20. Mayo 1991.
MEFF: *Mibor-90.* MEFFSA. Barcelona. 1990.
MISKOVIC, Maureen: *Futures and Options: A Practical Guide for Institutional Investors.* Longman. Londres. 1989.
ROMBACH, Edward: «Not so Perfect». *Risk,* vol 3, núm. 9. Octubre 1990.
ROTHSTEIN, N.: *The Handbook of Financial Futures.* McGraw Hill. Illinois. 1988.
SCHWARZ, E.; HILL, J., y SCHNEEWEIS,T.: *Financial Futures.* Dow Jones-Irwin Homewood (Ill.). 1986.
VAN HORNE, James: *Financial Market Rates & Flows.* Prentice Hall. Englewood Cliffs (NJ). 1990.

EJERCICIOS

1. JF Inversiones es un banco de inversión que se ha hecho cargo del lanzamiento de una emisión de bonos cupón cero a 15 años con un valor nominal de 10.000 millones de pesetas y un valor de mercado actual de 2.313,77 millones (que equivale a un rendimiento anual del 10,25 %). JF debe mantener los bonos durante unos pocos días antes de su entrega al público, lo que le expondrá a un riesgo de interés. JF desea cubrir su posición utilizando contratos de futuros sobre el bono nocional a 10 años. El valor actual del contrato de futuros es de 103,21 % sobre un valor nominal nocional de 10 millones de pesetas y el contrato será liquidado utilizando una obligación del Estado a 10 años con un cupón anual del 9,5 %. El contrato vence dentro de unos pocos días, así que el precio del futuro y el de la obligación son prácticamente idénticos. Compruebe que el rendimiento de la obligación es del 9 % anual. Suponiendo que la estructura de tipos de interés es plana y que los bonos cupón cero seguirán proporcionando un rendimiento del 1,25 % anual superior a las obligaciones del Estado, incluso si varían los tipos de interés, ¿qué ratio de cobertura deberá utilizar JF para cubrir sus bonos de posibles alteraciones en los tipos de interés durante los próximos días?

2. Una compañía española desea saber cuántos contratos de futuros sobre el bono nocional a 10 años (nominal 10 millones de pesetas y cupón 9 % de interés anual) deberá vender para cubrir una cartera de renta fija formada por:

    a) 250.000 bonos del Tesoro con tres años de vida, nominal de 10.000 pesetas, cupón anual del 10,50 %, con un precio de mercado de 10.251 pesetas (TIR = 9,5 %).

    b) 350.000 Obligaciones del Estado de 8 años de vida, al 11 % de interés nominal anual, con un precio de mercado de 10.533,5 pesetas (TIR = 10 %).

    Calcule el valor de mercado de la cartera, así como las duraciones modificadas de ambos títulos, de la cartera y del título nocional. Por último, obtenga el número de contratos de futuros necesarios para cubrirla suponiendo un factor de conversión igual a 1,075.

3. Usted dispone de la información mostrada seguidamente[3]:

Emisión	Precio	TIR	Durac. Modif.
T-Bonds EE UU 11,75% vcto. 15-XI-2014	100	11,75%	7,6 años
Futuros sobre T-Bonds a largo plazo EE UU vcto. Dic. 1994	63,33	11,85%	8,0 años
Bonos de la empresa XYZ al 12,5% vcto. 1-VI-2005 (deuda calificada AAA)	93	13,50%	7,2 años
Volatilidad de los bonos AAA con relación a los T-Bonds: 1,25 veces la de los T-Bonds			
Suposición: No hay garantías, ni costes de transacción, ni impuestos			
El contrato de futuros sobre T-Bonds a largo tiene un valor nominal de 100.000$			

---

[3] Basado en un caso propuesto para examen de Chartered Financial Accounts. Véase Kane, Bodie y Marcus. *Investiments*. Irwin 1993.

Situación A: Un gerente de una cartera de renta fija que mantiene una posición en T-Bonds de los EE UU con un cupón del 11,75% con vencimiento el día 15 de noviembre del 2014 y que están valorados en 20 millones de dólares, espera que exista un crecimiento económico e inflacionista superior a las expectativas del mercado para el próximo futuro. Las rigideces institucionales evitan que cualquier bono existente en la cartera sea vendido en el mercado de dinero.

Situación B: El tesorero de la empresa XYZ está convencido de que los tipos de interés tenderán a descender en el próximo futuro. El cree que es un buen momento para adquirir los bonos emitidos en el mercado dado que ahora cotizan por debajo de la par. Está preparado para adquirir en el mercado los bonos de la empresa XYZ con un valor nominal de 20 millones de dólares, que pagan un cupón del 13,5 % y cuya fecha de vencimiento es el día 1 de junio del 2005. Una posición valorada en 20 millones de dólares de valor nominal cotiza actualmente al 93 %. Por desgracia, el gerente debe obtener la aprobación del Consejo de Administración para tal adquisición, lo que puede llevar dos meses. La aprobación del Consejo en este caso es sólo una formalidad.

Para cada una de estas dos situaciones, esboce y calcule cómo el riesgo de interés puede cubrirse utilizando contratos de futuros sobre T-Bonds a largo plazo. Muestre todos los cálculos, incluyendo el número total de contratos de futuros utilizados.

13
Permuta financiera I: *Swap* de intereses

13.1. INTRODUCCION

El *swap*, o permuta financiera, es un producto financiero utilizado con objeto de reducir el coste y el riesgo de la financiación de la empresa, o para superar las barreras de los mercados financieros. Podrá existir en el momento en que cada una de las dos partes integrantes de dicho acuerdo, pueda acceder a un mercado determinado (de divisas o de intereses, por ejemplo) en mejores condiciones, comparativamente hablando, que la otra. Esta ventaja comparativa es, entonces repartida entre las partes e intermediarios de la operación con objeto de reducir sus costes financieros. Ambas partes acudirán a los mercados donde obtengan ventaja y estarán de acuerdo en cambiar (*swap*) los pagos y cobros entre ellas, lo que permitirá obtener un mejor resultado que si las dos partes hubiesen acudido directamente al mercado deseado.

Concretando, un *swap* es una transacción financiera en la que dos partes contractuales acuerdan intercambiar flujos monetarios en el tiempo. Su objetivo consiste en mitigar las oscilaciones de las monedas y de los tipos de interés. Su razón de existir radica en la inadecuación, tanto de la clase de financiación buscada por un determinado prestatario, como de las condiciones de los mercados que le son accesibles.

Las técnicas de intercambio que proporcionan las operaciones *swap* permiten a dos o más partes intercambiar el beneficio de las respectivas ventajas que cada una de ellas puede obtener sobre los diferentes mercados. Para ello deberá cumplirse una doble regla básica: las partes deben tener interés directo o indirecto en intercambiar la estructura de sus deudas y, al mismo tiempo, cada parte deberá obtener gracias al *swap* un coste de su obligación más bajo.

El crecimiento del mercado de *swaps* se ha debido a la multitud de diferencias estructurales e institucionales entre los diferentes mercados financieros existentes, entre las que podemos citar:

a) La mayor o menor accesibilidad a la financiación mediante una divisa determinada.

b) La dificultad de obtener fondos a tipos de interés fijo, que contrasta con la facilidad de obtenerlos a tipo variable.
c) La disponibilidad de créditos en una divisa determinada, que contrasta con la dificultad de los mismos en otro tipo de divisas.
d) La necesidad de evitar «colas» en mercados en donde el flujo de nuevas emisiones tiende a agotarlo.
e) La existencia de falta de liquidez para prestatarios primarios en un determinado mercado.
f) La imposibilidad de obtención de vencimientos a más largo plazo en ciertos mercados.

Todo lo cual se puede resumir en los siguientes tres puntos:

1.º La creciente globalización de los diferentes mercados de capitales ha hecho que los *swaps* de divisas puedan ser utilizados cada vez más para enlazarlos entre sí.
2.º La aparición del *swap* de intereses ha significado una transformación de la gestión de los activos y de las deudas a medio y largo plazo.
3.º El intensivo uso que de esta técnica realiza el Banco Mundial ha ayudado a implantarla más rápidamente de lo que se había pensado inicialmente.

Las empresas utilizan los acuerdos de permuta financiera debido a una serie de razones entre las que destacaremos:

a) La reestructuración de los costes de financiación o de los ingresos financieros, en su caso (*swap* de activos).
b) La reestructuración de la deuda sin necesidad de recurrir a nueva financiación bancaria
c) La reducción de los tipos de interés, o la fijación del mismo cuando se prevé que los tipos tienden a subir.
d) Para conseguir financiación a tipos de interés fijos cuando ello no sería posible de otra manera. Bancos pequeños, poco conocidos, pero con un aceptable nivel de crédito pueden utilizar este mercado.
e) Los operadores del mercado de *swaps* lo utilizan para tomar posiciones y especular sobre el posible comportamiento de los tipos de interés o de las divisas.

En la Figura 13.1 se aprecia la gran importancia que los *swaps* de intereses tienen dentro de la totalidad de las permutas financieras, donde se aprecia que el volumen total de los *swaps* realizados en 1992 se podía cifrar en casi tres billones de dólares con un nominal vivo hasta la fecha que supera dicha cantidad. En comparación con dichas cifras es mucho menor el volumen de los *swaps* de divisas o del resto de tipos de *swaps*. Del *swap* de tipos de interés trata este capítulo; en el siguiente haremos referencia al resto de las permutas financieras.

Permuta financiera I: Swap de intereses 293

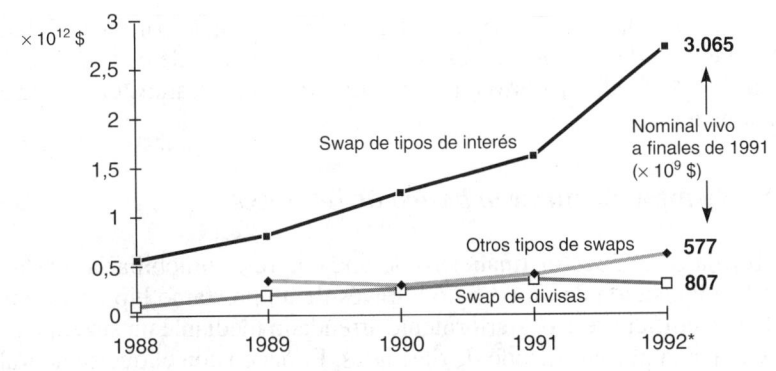

Figura 13.1. Volumen de los *swaps* realizados entre 1988 y 1992 (Fuente: *The Economist*) [*estimado].

13.2. *SWAP* DE TIPOS DE INTERES

El *swap* de tipos de interés (*interest rate swap*) es un contrato financiero entre dos partes, que desean un intercambio de intereses derivados de pagos o cobros de obligaciones, que se encuentran en activo, a diferentes bases (tipo fijo o flotante), sin existir transmisión del principal y operando en la misma moneda. Cada uno paga los intereses de la deuda del otro, excluyendo del acuerdo la amortización del principal, que no cambia de mano. Resumiendo, lo importante de este tipo de *swap,* al que se le conoce como *coupon swap* o, más comúnmente, como *swap básico* o *plain vanilla*, son cuatro cosas:

1.º Intercambio de intereses sobre deudas
2.º Los intereses tienen diferentes bases, por ejemplo, unos tendrán el tipo *fijo* y otros *flotante* o *variable.*
3.º No existe intercambio del principal de las deudas
4.º Se opera en la misma moneda

Su objetivo es el de optimizar el coste en términos de tipo de interés, colocando los recursos financieros con base en las diferencias de calidad crediticia (*ratings*) de los intervinientes en cada uno de los mercados y en la mejor explotación de las imperfecciones de los mismos.

Los *swaps* de intereses pueden clasificarse, por lo general, en dos categorías:

a) *Swaps fijo/flotante.* Constituyen la mayoría de estos acuerdos de permuta financiera y consisten en que una parte paga los intereses calculados según un tipo de interés fijo, a cambio de recibir los intereses variables que su contraparte le hace, calculados a través de una tasa flotante.

b) *Swaps flotante/flotante.* Cada parte realiza pagos variables de intereses a la otra calculados según diferentes tipos flotantes (por ejemplo, en dólares calculados según el Libor[1] y el tipo preferencial americano).

---

[1] Libor: *London InterBank Offered Rate,* o tipo de interés ofrecido en el mercado interbancario de Londres. Si fuese en Madrid se denominaría Mibor.

En su forma clásica, el *swap* de intereses fue diseñado para beneficiarse de un arbitraje entre las calificaciones del mercado de bonos de tipo de interés fijo y el mercado de crédito a corto plazo con tipo flotante. Veamos un par de ejemplos del mismo.

13.2.1. Ejemplo de un *swap básico* de intereses

Jorge Tejada es el director financiero de una empresa inmobiliaria y está estudiando la adquisición de un edificio a través de un préstamo hipotecario a diez años. Dicho edificio será posteriormente arrendado mediante un sistema *leasing* a otra compañía por un período de diez años. El banco con el que suele trabajar Jorge está en condiciones de prestarle el dinero para la hipoteca a un tipo de interés flotante (Mibor más 0,50 %) pero en ese momento no puede concederle un tipo fijo que es lo que Jorge querría para hacer coincidir los cobros del *leasing* con los pagos del préstamo. Como solución, el banco le aconseja entrar en un acuerdo *swap* de tipos de interés.

Jorge consulta con varios operadores de *swaps* que le ofrecen diversos precios como pagador[2], por ejemplo, el 10%, el 10,01 % y el 10,0125 %. Jorge, lógicamente, elige aquel operador que le solicita pagar el menor tipo de interés fijo: el 10%. A cambio él recibirá el tipo flotante Mibor que le servirá para hacer frente a una gran parte del tipo flotante que su banco le cobra por la hipoteca. Con esta operación Jorge ha conseguido un tipo fijo sintético; por ello aquellas empresas que tengan acceso al mercado de *swaps* y que necesitan financiación, deberían comparar el tipo fijo ofrecido por las instituciones financieras con el tipo fijo sintético que ellos pueden conseguir realizando un *swap* fijo-flotante. El tipo fijo sintético de Jorge es del 10,50 % (véase la Figura 13.2).

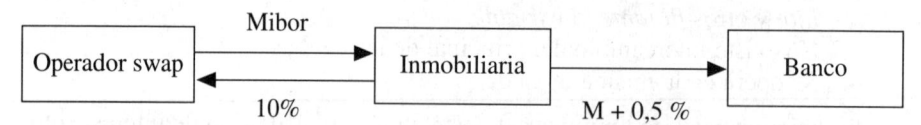

```
                    Mibor
 ┌─────────────┐ ──────────► ┌─────────────┐ ──────────► ┌─────────┐
 │ Operador swap│            │ Inmobiliaria│            │  Banco  │
 └─────────────┘ ◄────────── └─────────────┘            └─────────┘
                    10%                        M + 0,5 %
```

Figura 13.2. Diagrama del *swap* de la empresa inmobiliaria.

13.2.2. Otro ejemplo de *swap básico* de tipos de interés

El banco A está calificado como un prestatario del tipo AAA, por lo que podría conseguir una financiación al 10 % de interés fijo. Sin embargo, el banco desea endeudarse a un tipo flotante para poder así contrarrestar las oscilaciones de los préstamos con tipo flotante por él concedidos. Mientras que el banco podría obtener fondos a un tipo Libor a seis meses más el 0,25 %.

Por otro lado la empresa B, que está calificada BBB, está en disposición de

---

[2] En los *swaps* de tipos de interés se denomina «pagador» a la contraparte que paga el tipo de interés fijo (y recibe flotante) y «receptor» a la que recibe el tipo fijo (y paga flotante).

conseguir financiación con tipo flotante Libor a seis meses más el 0,75 %. Pero lo que realmente desea es endeudarse a un tipo fijo, lo que le permitirá conocer con seguridad sus costes financieros; claro que, debido a su baja calificación, el mejor tipo de interés que podría conseguir sería del 11,50 %.

En la Tabla 13.1 se muestran las diferencias entre los mercados del tipo de interés fijo y flotante. Como se puede observar, el banco consigue una financiación 150 puntos básicos[3] más barata que la empresa en el mercado de tipos fijos y, al mismo tiempo, también conseguiría una financiación más barata en el mercado de tipos flotantes (50 pb). Así que si el banco y la empresa deciden realizar un *swap* podrán conseguir un *ahorro neto total* de 100 puntos básicos (150 pb – 50 pb) si el banco se endeuda a tipo fijo. Así pues, el ahorro neto total se calcula restando ambas diferencias cuando favorecen a la misma contraparte y sumándolas cuando favorezcan a cada una de las dos (por ejemplo, si en el mercado de tipos flotantes la empresa tuviera una financiación de 50 pb más barata que el banco, el ahorro neto total del *swap* sería de 150 pb + 50 pb = 200 pb).

Veamos cómo se realizaría esta operación *swap* (véase Figura 13.3) según los términos del acuerdo, que de una forma resumida indica lo siguiente:

Tabla 13.1. El ahorro neto total será de 100 puntos básicos

	Banco A	Empresa B	Diferencia
Tipo fijo	10 %	11,50 %	1,50 %
Tipo flotante	LIBOR + 0,25 %	LIBOR + 0,75 %	0,50 %
	Ahorro Neto Total		1,00 %

a) El banco A emitirá Eurobonos al 10 % de interés por valor de 100 millones de dólares. Bajo las condiciones del contrato *swap*, él pagará los intereses sobre el Libor de los 100 millones de dólares al banco de inversión que hace de intermediario financiero y recibirá, a cambio, el 10,30 % fijo. Es importante tener en cuenta que el banco deberá acudir al mercado de tipos fijos y no al tipos flotantes porque es en dicho mercado donde obtiene la mayor ventaja con respecto a la empresa.

b) La empresa B solicitará un préstamo de 100 millones de dólares en el euromercado a un sindicato bancario al que pagará intereses con un tipo Libor + 0,75 %. Bajo las condiciones del *swap*, acabará pagando el 10,40 % fijo al banco de inversión, a cambio de recibir intereses flotantes sobre el Libor.

---

[3] Recuérdese que 1 punto básico es igual al 0,01 % o al 0,0001.

296 Ingeniería Financiera

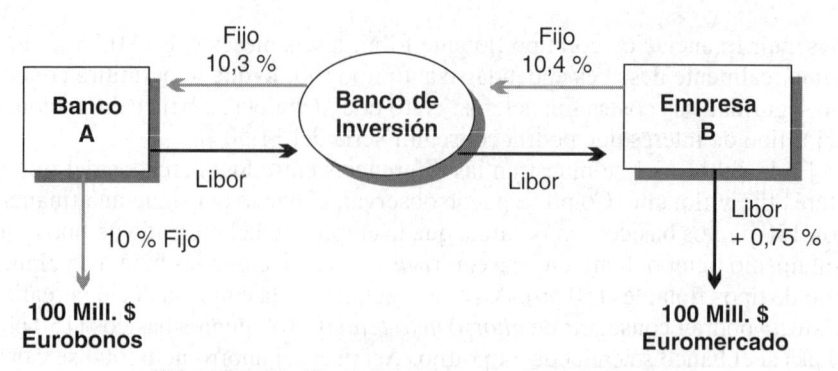

```
                    Fijo              Fijo
                   10,3 %            10,4 %
   ┌────────┐  ←──────────  ╭─────────────╮  ←──────────  ┌────────┐
   │ Banco  │               │  Banco de   │               │Empresa │
   │   A    │               │  Inversión  │               │   B    │
   └────────┘  ──────────→  ╰─────────────╯  ──────────→  └────────┘
                   Libor                        Libor
                                                                Libor
        10 % Fijo                                              + 0,75 %
           ↓                                                      ↓
      100 Mill. $                                            100 Mill. $
       Eurobonos                                            Euromercado
```

Figura 13.3.   Un *swap básico* de tipos de interés.

Los ahorros para cada parte serán los siguientes:

Banco A

Cobros por el acuerdo *swap*	10,30 %
Pagos por el acuerdo *swap*	LIBOR
Pagos por intereses fijos de los Eurobonos	10,00 %
Coste efectivo del endeudamiento	LIBOR–0,30 %
Coste de conseguir su propio tipo flotante	LIBOR+0,25 %
Ahorro conseguido a través del *swap*	0,55 %

Empresa B

Cobros por el acuerdo *swap*	LIBOR
Pagos por el acuerdo *swap*	10,40 %
Pagos por intereses flotantes al eurocrédito	LIBOR+0,75 %
Coste efectivo del endeudamiento	11,15 %
Coste de conseguir su propio tipo fijo	11,50 %
Ahorro conseguido a través del *swap*	0,35 %

Como se puede ver, el ahorro conjunto es de 90 puntos básicos (900.000 dólares). Los 10 puntos básicos restantes (100.000 dólares) se los lleva el banco de inversión, al recibir un tipo fijo del 10,40 % de la empresa *B* y entregarle sólo el 10,30 % al banco *A*.

Así que resumiendo, el banco *A*, que deseaba pagar un tipo flotante (lo que le costaría, si lo hiciese por su cuenta, un Libor + 0,25 %), acaba pagando un Libor – 0,30 %, lo que representa un ahorro de 55 pb. Mientras que la empresa *B*, que deseaba pagar un tipo fijo (lo que le costaría un 11,50 %, si lo hiciese directamente), termina pagando un 11,15 %, con un ahorro de 35 pb.

Este ejemplo intenta mostrar el funcionamiento interno de las permutas financieras con objeto de hacer más fácil su comprensión. Ahora bien, es necesario darse cuenta de que en realidad es difícil que ambas contrapartes se conozcan entre sí. De hecho, sólo las conoce el intermediario financiero que se coloca entre ambas. Así, la empresa B pedirá a una serie de operadores de *swaps* que le den precios como *pagador* fijo y elegirá aquel que le proporcione el más barato: el 10,40 %. Por otro lado el banco A solicitará precios con objeto de ser el *receptor* fijo y elegirá aquel intermediario que le proporcione el mayor de ellos: el 10,30 %. Pero, en realidad, la mecánica de pensamiento seguida por los directivos financieros de ambas empresas es la mostrada anteriormente. Por todo ello ha llegado la hora de estudiar los mecanismos que componen una operación *swap*.

13.3. LOS MECANISMOS DE UN *SWAP* DE INTERESES

13.3.1. La cotización de los *swaps*

Como un *swap* se compone de dos partes se hace necesario definir un método de cotización claro y rápido, que haga innecesario precisar las características de ambas partes cada vez que varía dicha cotización. Por ello, surgen una serie de principios de cotización adoptados en el mercado que son los siguientes:

a) *Swap* de intereses fijo/flotante: La cotización se efectúa siempre indicando el tipo de interés de la parte fija, mientras que la parte variable se supone igual al Libor-6 meses de la divisa en que se opere, sin márgenes de ningún tipo (Libor *flat*). Una excepción atañe a la cotización en dólares, donde el tipo fijo se cotiza con base en el rendimiento de los bonos del Tesoro americanos, que tengan el mismo plazo de vencimiento que el *swap*, más un diferencial. En algunas divisas la tasa variable no es el Libor sino el interbancario del país emisor de la moneda (por ejemplo, en España se utiliza el Mibor).

IRSWAPS			T-BOND	SWAP SPREAD	SWAP COST
1Y		1Y	7.50	T + 28/34	7 . 78/84
2Y	13.90-05	2Y	7.64	T + 47/54	8 . 11/18
3Y	13.75-95	3Y	7.75	T + 65/70	8 . 40/45
4Y		4Y	7.78	T + 68/76	8 . 46/54
5Y	13.50-70	5Y	7.90	T + 70/78	8 . 60/68
6Y					
7Y	13.25-50				
	A / 360		Peseta	Dólar	
	VS.MIBOR				

Figura 13.4. Diversas formas de cotización de los *swaps*.

b) *Swap* de intereses flotante/flotante: Estos acuerdos pueden ser de formas bastante distintas, según las divisas y los tipos de referencia, por ello no existe una norma de cotización. Aunque ésta suele efectuarse indicando un diferencial sobre una de las dos partes. Por ejemplo, Libor contra Mibor + 25 pb.

En la Figura 13.4 se observa que el precio de los *swaps* viene dado mediante el sistema *bid/offer* como en cualquier otro mercado, es decir, un precio pagador y un precio receptor. Así, por ejemplo, 13.90-05 indica que el intermediario está dispuesto a pagar 13,90 % fijo al *receptor* a cambio de recibir el Mibor o, por el contrario, recibir 14,05 % del *pagador* a cambio de entregarle el Mibor.

Debido a la fuerte competencia existente en los *swaps* de intereses de las principales monedas el diferencial entre el precio pagador y el receptor es muy pequeño (6 u 8 puntos básicos). Mientras que en las otras monedas se pueden alcanzar diferenciales de 25 pb, e incluso de 50 pb. Ya que hablamos de diferenciales es necesario hacer constar que, por lo general, cuanto más corto sea el plazo de tiempo del *swap*, más pequeño es el diferencial (esto puede no ser verdad cuando la estructura temporal de los tipos de interés es descendente). También parece deducirse que los diferenciales suelen estar inversamente relacionados con los tipos de interés, esto es, si estos últimos suben los diferenciales tienden a reducirse y viceversa. Pero, en todo caso, los diferenciales están sujetos a la ley de la oferta y la demanda.

13.3.2. Las características de los *swaps*

Todo acuerdo *swap* lleva incorporado un gran número de características que necesitan ser perfectamente definidas para su puesta en práctica. Veamos algunas de ellas (véase Figura 13.5):

- a) *El nombre de la contraparte*. Esta información es esencial para la valoración del riesgo y la utilización de las líneas de crédito sobre las contrapartes.
- b) *El montante del swap* o «principal teórico». Indica la cantidad que con tal carácter se fije en cada acuerdo de permuta financiera de intereses.
- c) *El tipo fijo*. Será el que con tal caracter se fije en cada acuerdo. Se expresará de diversas formas según los diferentes mercados y divisas. Por ejemplo:
  - Base anual «money market». Implica un pago anual de intereses y un descuento de los días exactos del período sobre la base de un año de 365 o 366 días (se suele utilizar en los *swaps* en dólares y en pesetas). Ello implicará transformar los tipos de interés de un año de 360 días a otro de 365 (véase en la Figura 13.4 la indicación «A/360» que indica la necesidad de dividir los días exactos entre 360).
  - Base anual «bond basis». Implica un pago anual de intereses y un descuento de los días sobre la base de un año de 12 meses de 30 días/mes (se suele utilizar en los *swaps* en marcos, francos suizos y ecus).
  - Base semianual «bond basis». Implica un pago semestral de intereses y un descuento de días sobre la base de un año de 360 días. Los rendimientos del Tesoro americano están expresados en esta base, lo mismo que la cotización de la tasa de los *swaps* en dólares.
  - Base semianual exacta/365 (366 si el año es bisiesto). El pago de los cupones se realiza semestralmente y los días son descontados por su

número exacto dividido por 365 (la libra esterlina y el yen se cotizan en esta base).

d) *El tipo flotante*. Se trata de definir la referencia que será utilizada para la determinación de los intereses de la parte variable. El tipo flotante más extendido en el Libor-6 meses. En el caso español es el Mibor-6 meses.

e) *La fecha de liquidación*. Se entenderá cada uno de los días que con tal carácter se indiquen en cada acuerdo. Las fechas de liquidación coincidirán con las respectivas fechas de vencimiento de los períodos de tipo variable, tanto para el importe fijo como para el variable. En todas las fechas de liquidación, a excepción de la última se fijará el tipo de interés variable aplicable durante el siguiente período de interés. Si alguna fecha de liquidación no fuese día hábil se entenderá trasladada al día hábil inmediatamente siguiente.

f) *El contrato jurídico* bajo el que se rige el acuerdo *swap*. Puede ser el SWAPCEMM[4], el ISDA u otro semejante.

PLAZO	2-5 AÑOS
LIQUIDACION	
PERIODO	3-6 MESES
REFERENCIA	MIBOR (PAGINA FRRF)
PAGO	FIN PERIODO DE LIQUIDACION
PRINCIPAL NOCIONAL	CONSTANTE
COMIENZO PRIMER PERIODO	UN DIA DESPUES DEL ACUERDO
TIPO A LARGO PLAZO	MERCADO
BASE COTIZACION	ANUAL MONEY-MARKET
CONTRATO	SWAPCEEM-ISDA

Figura 13.5. Características más comunes de los *swaps* en España.

Por lo general, en todo contrato *swap* figura un intermediario financiero que suele ser un banco de inversión, que se sitúa entre las dos partes contratantes. De hecho, cada uno de los lados de la operación de permuta financiera realiza un contrato por separado y no tienen porqué conocerse entre sí. Normalmente, los detalles del contrato son asumidos verbalmente por teléfono[5] y posteriormente confirmados por telefax o télex (véase Figura 13.6). Hecho esto, se suele firmar un contrato *swap* más extenso, que cubre todos los aspectos de la permuta financiera incluyendo detalles de los métodos de pago y de una posible cancelación anticipada del mismo. La mayoría de los bancos que operan como intermediarios suelen disponer de un documento «marco» de contrato *swap*, que permite ser rellenado con el mismo cliente bajo los términos del acuerdo «marco» rápidamente y con pocos problemas (los más típicos son el ISDA a nivel internacional y el SWAPCEMM en el caso español).

---

[4] Véase el Apéndice B.
[5] No se olvide que los teléfonos de los operadores están conectados con unas grabadoras que archivan las negociaciones realizadas entre el operador y sus clientes. Dichas cintas sirven como prueba documental cuando hay discrepancias entre cliente y operador.

> Tenemos el gusto de confirmarle los detalles del contrato realizado en el día de hoy entre el Banco ABC y ustedes:
>
> | | |
> |---|---|
> | Fecha del contrato: | 28 de julio de 1986 |
> | Tipo: | Swap de intereses |
> | Pagador del tipo fijo: | XYZ S.A. |
> | Pagador del tipo flotante: | Banco ABC-Londres |
> | Fecha de comienzo: | 28 de julio de 1986 |
> | Fecha de vencimiento: | 28 de julio de 1989 |
> | Principal teórico: | 5 millones de libras |
> | Tipo fijo: | A 10,2 % |
> | Tipo flotante: | Libor a 6-meses |
> | Base de pago: | |
> | Tipo fijo: | Real/365 |
> | Tipo flotante: | Real/365 |
> | Fijación del Libor: | Pantalla LIBD de REUTERS |
> | Fechas del pago fijo: | 28 julio y 28 enero de cada año |
> | Fechas del pago flotante: | 28 julio y 28 enero de cada año |
> | Detalles del pago: | Detalle de las cuentas |
> | Documentación: | Sujeto al acuerdo «marco» de 1 de marzo de 1986 |

Figura 13.6. Ejemplo de confirmación de un *swap* de intereses por telefax.

13.3.3. Introducción a la valoración de un *swap* de intereses

El precio de un *swap* se compone de tres elementos fundamentales: los tipos de interés futuros, los costes de transacción y el riesgo crediticio de la operación.

En cuanto a los *tipos de interés futuros*, deberemos tener en cuenta que como una serie de obligaciones para realizar pagos variables es intercambiada por otra para realizar pagos fijos, los *swaps* equivalen a intercambiar una serie de contratos de futuros sobre tipos de interés, en los que el *pagador* fijo tiene una *posición larga* (si los tipos de contado caen, él pierde, y si suben, gana). Cada una de estas series de contratos de futuros expira en cada fecha en la que el acuerdo *swap* obliga a intercambiar los pagos. Por ello, el valor inicial de una permuta financiera refleja el precio de los contratos de futuros equivalentes. Así que el tipo de interés futuro que forma parte del precio del *swap* no vendrá determinado ni por el intermediario ni por el mercado de *swaps*, sino por la competencia con otros instrumentos financieros del mercado de crédito (bonos, futuros, etc.)[6].

Los *costes de transacción* vendrán reflejados en el diferencial pagador/

---
[6] Véase en el Apéndice A el procedimiento de cálculo de los tipos a plazo implícitos a través de los bonos cupón-cero y de la estructura temporal de los tipos de interés.

receptor (*bid/offer spread*) para una transacción libre de riesgo, más algunas comisiones. El principal determinante de dicho diferencial es la liquidez (a mayor liquidez menor diferencial), de tal manera que no es determinado por el *creador de mercado* (*market maker*) sino por la competencia del propio mercado. Así que el diferencial pagador/receptor es un precio determinado por el mercado que refleja el coste de las actividades de creación de mercados.

La prima por el *riesgo crediticio* es determinada por el riesgo de crédito específico del intermediario y de las contrapartes. Deberá, por tanto, reflejar una compensación apropiada por la probabilidad de impago. Como veremos en el Epígrafe 13.4, en un *swap* el riesgo del intermediario es la diferencia entre los flujos de caja netos en cada fecha de liquidación. Ahora bien, el riesgo crediticio asignado a un contrato *swap* depende de la exposición del intermediario y de si el *swap* se ha concebido como una forma de cobertura o de especulación.

Las variadas aplicaciones de los *swaps* y las diferentes técnicas de cobertura usadas para cubrir posiciones han aumentado las diferencias en el valor percibido de dichas transacciones. En el corazón de este arbitraje se encuentra la diferencia de la valoración realizada por los bancos y por las empresas. A menudo la única oportunidad significativa de arbitraje surge del ambiente impositivo o legal.

Pero los costes anteriores, aunque son los más importantes, no son los únicos que aparecen en un contrato de permuta financiera, por ello en la Tabla 13.2 se muestra un ejemplo de todos los costes implicados en un típico *swap* de intereses del mercado americano de 100 millones de dólares y con un vencimiento dentro de 10 años. En el ejemplo se muestra el coste de un comienzo inmediato del mismo y el de un diferimiento de un año.

El Punto 1 se refiere al tipo de interés proporcionado por los bonos del Tesoro de EE UU que tienen el mismo vencimiento que el *swap*, tipo que se utiliza como base del coste de la permuta. El Punto 2 muestra la comisión del *swap* si comienza inmediatamente. En el caso de aplazamiento de un año habría que sumarle la comisión del Punto 3, que indica lo que la contraparte le está cargando por tener que continuar con la transacción durante el período en que no se paga el tipo fijo. Todos estos conceptos componen el tipo de interés del *swap*.

En el Punto 4 se muestra que la tasa flotante que el prestatario paga al suministrador de los fondos es generalmente un Libor desde 30 días a un año, mientras que recibe de la contraparte un tipo flotante Libor desde 30 días a seis meses; ambas no tienen por qué coincidir aunque aquí se supone que sí lo hacen. La institución financiera cargará un diferencial sobre el Libor o comisión de crédito por el préstamo del Libor o por otros motivos crediticios (véase Punto 5). Las comisiones legales, de concesión del préstamo y del intermediario financiero figuran en el Punto 6. Por último, los honorarios de las agencias de calificación (*rating*) y otros costes de emisión se representan en el Punto 7.

Tabla 13.2. Los costes de una transacción *swap* (Fuente: *Corporate Finance* y *Macquire Thomas*)

	Inmediato	Diferido
1. Tipo del tesoro	8,25 %	8,25 %
2. Comisión del *swap*	0,95	0,95
3. Prima por diferimiento	–	0,25
Tipo del *swap*	9,20 %	9,45 %
4. Pago flotante	7,00	7,00
Cobro flotante	(7,00)	(7,00)
5. Diferencial del crédito	0,55	0,55
Tipo de los pagos	9,75 %	10,00 %
6. Comisión del préstamo	0,08	0,08
Comisión legal	0,06	0,06
Banco de inversión	0,08	0,08
7. Coste de la emisión	0,03	0,03
Coste total	10,00 %	10,25 %

13.4. EL RIESGO EN LAS OPERACIONES *SWAP*

Una gran cantidad de empresas contemplan los contratos *swaps* como la cumbre de su riesgo financiero, puesto que a menudo son las transacciones cuyo riesgo financiero se extiende a un mayor plazo. Dicho riesgo vendrá determinado por la pérdida que podría sufrir una parte por impago de su contraparte o por defecto del acuerdo de permuta. Con arreglo a esto existen tres categorías de riesgo:

- a) *Riesgo de crédito*: Probabilidad de incumplimiento por la contraparte de los términos del acuerdo *swap*.
- b) *Riesgo de mercado o sistemático*: Se debe a la incertidumbre que acompaña a los movimientos de los tipos de interés. A mayor plazo del vencimiento del *swap*, mayor riesgo.
- c) *Riesgo de desacuerdo*: Se refiere a las dificultades asociadas a que ciertos términos de planteamiento del contrato *swap* estén equivocados.

Es necesario comprender que las pérdidas (o ganancias) en el caso de incumplimiento de un contrato *swap* dependerán de la dirección seguida por los tipos de interés. Un incremento de éstos impulsará al alza el valor del *swap* para el *pagador* fijo (Figura 13.7), al mismo tiempo que reduce su valor para el pagador variable. Así que un incumplimiento de los pagos redundará en una pérdida para el *pagador* fijo, puesto que al entrar en un nuevo acuerdo *swap* sustitutorio, el nuevo tipo fijo sería mayor que el que hasta ahora estaba pagando.

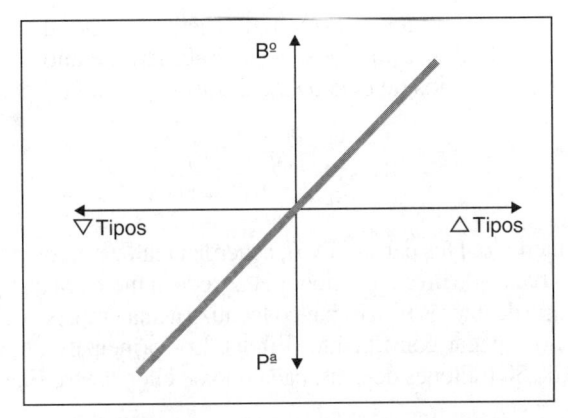

Figura 13.7. Perfil de los beneficios de un *swap* de intereses desde el punto de vista de la institución que paga fijo y recibe flotante.

Si los tipos de interés caen, es el pagador variable el que se enfrentará a una pérdida si el *pagador* fijo (para el que el valor del acuerdo se está depreciando) incumple sus pagos. Dicha pérdida vendrá reflejada por la necesidad de entrar en un *swap* sustitutorio en el que el nuevo pagador fijo le entregará un tipo de interés fijo más pequeño del que cobraba en el acuerdo anterior.

Cuanto mayor sea el valor del principal y mayor el plazo del acuerdo de permuta financiera mayores serán las pérdidas. Además, es necesario tener en cuenta que en el momento de iniciar el contrato *swap*, lo más normal es que el tipo fijo supere al tipo flotante, lo que hace que el *pagador* fijo tenga inicialmente unos flujos de caja negativos.

13.4.1. El riesgo asumido por un intermediario en un *swap* de interés

En caso de impago de una de las partes el banco de inversión, que hace de intermediario en la operación, dejará de hacer sus pagos a la parte morosa, al mismo tiempo que inicia acciones legales contra ella por incumplimiento de contrato. En dicho caso, el riesgo del banco consistirá en el coste de entrar en un nuevo acuerdo *swap* sustitutorio. Dicho coste vendrá determinado por el diferencial entre el tipo de interés contractual, asumido inicialmente, y el tipo fijo de mercado en el momento del desacuerdo. Por otro lado, los pagos a interés flotante no tienen riesgo porque el intermediario siempre puede pedir prestado a dicho tipo de interés con objeto de realizar los pagos flotantes al *pagador* fijo.

El riesgo del banco en un momento determinado de la vida del *swap* es la diferencia entre el tipo de interés fijo del *swap* y el tipo fijo de mercado al mismo vencimiento. Así que el *swap* es valorado mediante la comparación de los flujos de caja fijos con relación a los flujos de otro *swap* idéntico al anterior en cuanto al plazo que resta hasta el vencimiento, pero que va en la dirección opuesta. Esto es, el *swap* es valorado con respecto a su precio de venta. El riesgo se valora en la moneda utilizada en la transacción, multiplicando el diferencial de intereses por el montante principal y actualizando al tipo de interés de mercado (i) las cantidades resultantes (n es el número de años hasta el cierre de la operación y FC los flujos de caja desde el momento del desacuerdo):

$$\text{Riesgo} = \sum^{n} \frac{FC_j}{(1+i)^j}$$

Veamos un ejemplo: Dos partes, A y B, acuerdan realizar un *swap* de intereses por mediación de un banco de inversión, donde A accede al mercado de tipo flotante pero desea pagar un tipo de interés fijo. El banco localiza a una empresa B, que desea obtener un interés fijo y pagar con flotante (Libor). Los principales, cuyos intereses se transfieren, son de 50 millones de ecus, cada uno de ellos (véase Figura 13.8).

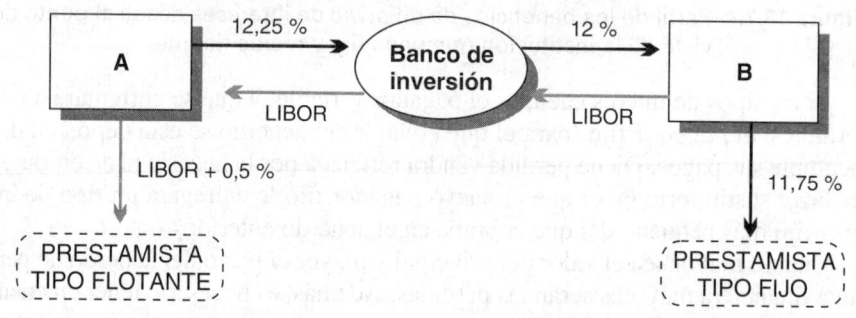

Figura 13.8. Esquema de la intermediación de un banco de inversión en un *swap* de tipos de interés.

Si A incumpliese su parte del trato, el banco tendría que seguir pagando el 12 % fijo a la empresa B a cambio de lo cual recibiría el tipo Libor. Por ello, la entidad bancaria tendría que pedir prestados 50 millones al tipo flotante Libor (los intereses variables de este préstamo se pagarían con los cupones flotantes pagados por la empresa B al banco, por ello en esta parte de la operación, el banco ni gana ni pierde) e invertir los fondos al tipo corriente de mercado por la restante vida del *swap*. La diferencia entre el tipo fijo del *swap* y el tipo de interés fijo de mercado determinará la ganancia o pérdida del banco (Figura 13.9).

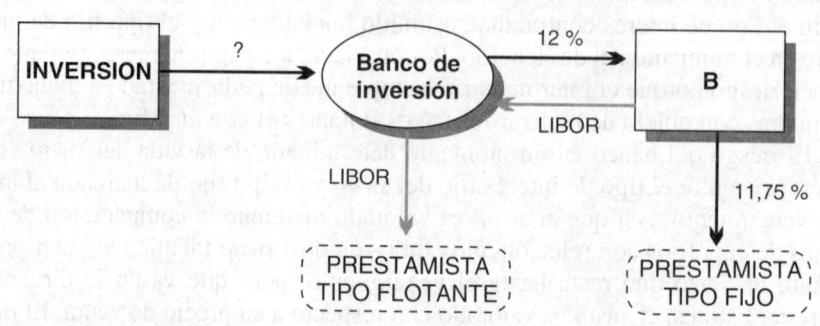

Figura 13.9. El riesgo de crédito por insolvencia del pagador fijo de un *swap*.

Si suponemos una banda de fluctuación del tipo de interés corriente del 7 %-15 % durante los tres años que dura el *swap*, la máxima pérdida para el banco sería de 6,561 millones de ecus (si suponemos que el tipo de interés fijo corriente en el momento de fallar *A* es del 7 %). Esta cantidad debería aportarla el banco a los 50 millones de ecus colocados en el mercado de interés flotante para poder continuar pagando a *B* un interés fijo del 12 %. En la Tabla 13.3 se muestra el sistema de cálculo seguido:

Tabla 13.3. Valoración del riesgo en un *swap* de interés
(cifras en millones de ecus)

Año	Pagos a B	Cobros 7%-15%		FC 7%-15%		Riesgo 7%-15%	
1	6	3,5	7,5	– 2,5	1,5	– 6,561	3,425
2	6	3,5	7,5	– 2,5	1,5	– 4,520	2,438
3	6	3,5	7,5	– 2,5	1,5	– 2,336	1,304

Cada año deberá pagar a *B* el 12 % de 50 millones de ecus, es decir, 6 millones. Por otro lado, recibirá un mínimo de 3,5 millones por su inversión al 7 % de interés fijo corriente o un máximo de 7,5 millones si dicho interés fuese del 15 %. Los flujos de caja se calculan restando lo que recibe menos lo que paga a *B*. Por último, el riesgo se calcula actualizando los flujos de caja al tipo de interés corriente. Así, por ejemplo, cuando quedan dos años para el final del *swap* si *A* se declara insolvente y el tipo de interés es del 7 %, el valor actual del riesgo será:

$$VA(riesgo) = -2{,}5 \times (1{,}07)^{-1} - 2{,}5 \times (1{,}07)^{-2} = -4{,}520 \text{ mill. ecus}$$

Si fuese la contraparte *B* la que incumpliese sus pagos, el banco debería pedir prestado 50 millones de ecus al tipo fijo corriente por el resto de la vida del *swap* e invertirlos a tipo flotante. Con estos últimos pagaría el tipo Libor a la empresa *A*, y ganaría o perdería si el tipo corriente fuese, respectivamente, inferior o superior al tipo fijo pagado por *B*. El riesgo sería el mismo pero del signo contrario que el calculado en la Tabla 13.3 (si hacemos exclusión de la comisión recibida por el banco).

Con arreglo a lo anterior se puede concluir que:

a) El valor del riesgo en las operaciones *swap* decrece con el tiempo. Aunque cuanto mayor sea el horizonte temporal del acuerdo mayor será la probabilidad de impago.
b) El intermediario financiero realiza una ganancia o pérdida al vencimiento, dependiendo de qué parte incumple el pago, del período de impago y del nivel del tipo de interés en esa fecha.
c) Los riesgos *positivos* (si se pierde) o *negativos* (si se gana) sobre contrapartes distintas por parte de un mismo banco de inversión no se compen-

san, debiendo valorar los riesgos negativos con un valor nulo. Así, son los riesgos positivos los que indican el riesgo de crédito.

d) El riesgo crediticio de un *swap* de interés se estima entre el 3-4 % anual del principal, dependiendo del tipo de interés pronosticado y del vencimiento del *swap*.

En varios países (Estados Unidos y Gran Bretaña, entre ellos) el riesgo de crédito se mide a través de la denominada «cantidad equivalente de crédito» de las operaciones de permuta financiera, que se calcula sumando: 1.º, el valor ajustado al mercado del contrato en el día del cálculo; y 2.º una estimación de la futura exposición potencial del crédito.

13.4.2. El cálculo del coste esperado de reemplazamiento

Ahora bien, no basta con los cálculos anteriores para tener una idea del verdadero valor del riesgo de la permuta financiera, puesto que la pérdida se ha obtenido a través del cálculo de lo que costaría entrar en un nuevo acuerdo; dejando de lado el valor de los costes de transacción y de las tasas asociadas con el reemplazamiento de un *swap* por otro. Es decir, sólo se han tenido en cuenta los riesgos de crédito y de mercado, cuando existen riesgos de tipo contable, legales, de transacción etc., que afectan al mismo. Los participantes en las permutas financieras procuran diversificar sus carteras de *swaps* en un intento de cubrirse de dichos riesgos.

Por todo ello, existe un modelo más perfeccionado que el anterior que pretende tener en cuenta todos los riesgos implicados en un acuerdo de permuta financiera incluidos los riesgos de permutas entre compañías de países distintos. Así pues, el *coste esperado de reemplazamiento* (CER), será igual a:

$$CER = P_c \times [CEVAS + TCRE + P_{lp} \times CLRP]$$

donde CEVAS indica los cambios esperados en el valor actual del *swap*, que estima el valor de éste bajo un rango de posibles valores de los tipos de interés futuros para cada período durante la madurez del *swap*. Los tipos de descuento utilizados para calcular el valor actual de los flujos de caja reflejan el rendimiento de los bonos del Tesoro cupón-cero que tengan una madurez similar[7]. Este tipo de cálculo es el que analizamos en el apartado anterior.

TCRE indica las tasas y otros costes de reemplazamiento esperados; CLRP, muestra los costes legales, de regulaciones y de problemas en otro país. P_c, es la probabilidad de impago debida al riesgo de crédito, y P_{lp}, es la probabilidad de riesgos legales, regulatorios y de país. Ambas pueden basarse en los rendimientos del mercado y en los juicios existentes, que reflejen la solvencia de la contraparte, la historia legal local de los acuerdos de permuta financiera y, si el

---

[7] Sobre la valoración de los *swaps* a través de los tipos de interés a plazo, implícitos en los bonos cupón cero, véase el Apéndice A.

swap es internacional, la historia de los acuerdos con el otro país y su riesgo-país. P_c puede basarse también en el diferencial de crédito que la contraparte paga sobre los bonos y otros instrumentos de deuda como una medida de su potencial riesgo de impago. Estas probabilidades reflejan, naturalmente, los supuestos sobre la dirección que seguirán los tipos de interés futuros, sobre todo, debido a que los impagos de la permuta suelen tener lugar cuando dichos tipos se mueven adversamente.

13.5. VENTAJAS Y LIMITACIONES

13.5.1. Ventajas

a) Cada una de las partes puede obtener el perfil de intereses requerido para reducir su coste.
b) Permite una gestión activa de las responsabilidades de la empresa al permitir alterar el perfil de los intereses de las deudas.
c) Si los tipos de interés se mueven favorablemente puede ser posible terminar o vender el *swap* por una buena suma de dinero.
d) Flexibilidad: El vencimiento del *swap* es fijado por el prestamista y no por el banco de inversión.
e) Libertad de elección: El prestamista no necesita realizar la permuta con la institución prestataria. Debido a que el *swap* y el préstamo son independientes, pudiendo elegir el mejor tipo de interés, o la mejor estructura del *swap*, de cualquier otro banco.
f) Posibilidad de reversión: Un *swap* puede ser desmontado haciendo otro en sentido contrario, si cambia la perspectiva acerca de los tipos de interés. De esta manera un gerente de tesorería puede realizar una cobertura de los tipos de interés sobre una base continuada sin depender del plazo del préstamo.
g) Este tipo de permuta financiera proporciona una excelente cobertura contra las oscilaciones de los tipos de interés y, además, la protección que suministran es más barata que la de los contratos de futuros y se extiende a lo largo de un plazo mayor.

13.5.2. Limitaciones

a) Si no existe un intermediario financiero las partes están expuestas a un riesgo crediticio difícil de controlar. Cuando dicho intermediario existe, es él el que corre con dicho riesgo.
b) Puede ser imposible, o muy caro, el finalizar el *swap* si las condiciones del mercado cambian. Si tiene unas fechas de pago «extrañas» puede ser más caro, o difícil, el finalizarlo.
e) Los costes de calcular y realizar los pagos del *swap*.

13.6. LA CANCELACION DE UN *SWAP* DE INTERESES

Si anteriormente hemos visto el riesgo que corría el intermediario en el caso de incumplimiento de una de las dos contrapartes del contrato *swap*, aquí vamos a analizar el caso de que una de ellas decida salirse del *swap* y, como veremos, utilizaremos el mismo método de valoración que en dicha situación anterior. La decisión que debe tomar un usuario de un *swap* a la hora de pagar, por ejemplo, un tipo de interés fijo a través de una transacción *swap* de cinco años de plazo, implica valorar los pros y los contras de introducirse en un nuevo *swap* de intereses flotante-fijo (de signo contrario al anterior, con el objeto de anularlo), o de vender su posición a otra institución o, incluso, de cancelar directamente su posición actual.

La cancelación directa de un *swap* tiene tres ventajas principales:

a) Puede reducir el riesgo del crédito de las contrapartes, especialmente cuando se anula un *swap in-the-money* (*swap* en el que la contraparte en cuestión recibe más de lo que paga).
b) Su precio puede ser más competitivo que el entrar en un nuevo acuerdo *swap* de signo opuesto al actual, debido a la reducción del riesgo crediticio.
c) Puede recortar los costes administrativos.

En todo caso, a la hora de cancelar un acuerdo *swap* es necesario valorarlo a través de la comparación con otro *swap* de características semejantes pero de signo contrario. Es decir, se trata de comparar el tipo fijo del *swap* que se quiere abandonar con el tipo fijo corriente de mercado que se podría conseguir de realizar ahora mismo un *swap* de signo contrario. A este método se le denomina *ajuste al mercado* (*mark to market*).

Es importante tener en cuenta que la negociación de la anulación de un *swap* se centra sobre el valor de la cancelación del mismo en una fecha determinada. Este valor representa la cuota pagada a la contraparte del *swap* en la zona *in-the-money* de la transacción *swap*. Obviamente, el que ambas partes estén de acuerdo en el tipo de descuento no quiere decir que lo estén en el valor de cancelación.

13.6.1. Un ejemplo

La empresa Lorca hace un año entró en un acuerdo de permuta financiera de diez años pagando un tipo fijo del 12,5 % contra la recepción de un tipo flotante Mibor a seis meses. Lorca quiere valorar su *swap* con relación al mercado y para ello procederá a compararlo con un *swap* de nueve años de plazo en el que dicha empresa recibirá un tipo fijo a cambio de pagar Mibor a seis meses. El tipo fijo de mercado para un *swap* de este tipo y plazo en dicho instante es del 11,5 %. Así que si comparamos los flujos de caja de ambos acuerdos de permuta financiera obtendremos:

Swap original: Paga el 12,5 %
Recibe Mibor
Swap de comparación: Recibe el 11,5 %
Paga Mibor
Total: Paga el 1 %

Así que dado que los flujos de caja de tipo flotante se anulan entre sí, la empresa Lorca recibiría un tipo fijo del 11,5 % que casi cubriría el 12,5 % que debe pagar en su acuerdo original. Resumiendo existiría un 1 % que la empresa no podría cubrir durante los nueve años que le quedan al acuerdo *swap*. Así que si el nominal del acuerdo *swap* fuese de 1.000 millones de pesetas, Lorca se vería obligada a pagar 10 millones anuales durante el resto de la vida del mismo (nueve años), lo que sería un claro ejemplo de *swap out-of-the-money* desde el punto de vista de Lorca. Para obtener el valor del acuerdo con respecto a la empresa deberemos actualizar los flujos de caja de 10 millones de pesetas anuales al tipo de interés fijo actual para un *swap* de nueve años de plazo.

Se utilizan dos métodos a la hora de descontar los flujos fijos de una permuta financiera: el método de la tasa interna de retorno y el del cupón-cero. El primero consiste en descontar simplemente los flujos fijos al tipo fijo de mercado, el día de la valoración, de un *swap* del mismo plazo que el que se analiza. El segundo es más difícil de usar y consiste en descontar, separadamente, cada flujo de caja a un tipo de descuento cupón-cero determinado a lo largo de la curva de rendimientos; este método, se analiza con detenimiento en el Apéndice A. Los tipos cupón-cero miden con mayor precisión y exactitud el valor de los flujos de caja irregulares. Ambos métodos divergirán tanto más cuanto mayor sea el horizonte temporal del *swap* y cuanto más irregulares sean sus flujos de caja.

Volviendo a nuestro ejemplo, y aplicando el primer método veríamos que el valor actual del *swap* sería igual a actualizar los nueve flujos de caja de 10 millones de pesetas aplicando el tipo de interés de mercado para un *swap* de nueve años de plazo (el 11,5 %). Utilizando una calculadora financiera obtendríamos que el valor del acuerdo es igual a 54.310.644 pesetas. En el caso de Lorca dicho valor sería negativo, esto es, ésta es la cantidad que debería pagar por cancelar el *swap*.

13.6.2. La cancelación del acuerdo

La cancelación de un acuerdo de permuta financiera se realiza calculando su valor ajustado al mercado y entonces cobrando o pagando a la otra parte su valor. Así, en el caso de Lorca esta empresa debería pagar algo más de 54 millones de pesetas a su contraparte por abandonar el acuerdo. Es necesario entender que la cancelación no es una ciencia exacta puesto que en las instituciones implicadas pueden aplicar diversos sistemas de cálculo, o diversos márgenes e, incluso, diferentes curvas de rendimientos. Es por esto por lo que conviene preguntar a varios intermediarios su valoración para un caso particular de cancelación del acuerdo aunque, por lo general, será el banco de inversión que actuó en su día como intermediario el que en la mayoría de las ocasiones proporcionará el precio más ventajoso.

En el ejemplo anterior hemos supuesto que quedaban nueve años exactos para que el *swap* venciera y, claro está, esto no suele ser lo normal, sino que el cálculo suele hacerse cuando no quedan períodos anuales o semestrales exactos para finalizarlo. Esto implica la existencia de *cupones corridos*, que pueden o no ser incluidos en el precio del acuerdo de permuta. Lo más lógico parece no incluirlos en el precio para una vez de acuerdo en el mismo proceder a su inclusión.

13.6.3. Alternativa a la cancelación: la asignación

Si el hecho de cancelar un *swap* plantease mayores dificultades de las previstas hay otras alternativas a entrar en un nuevo acuerdo *swap*. Por ejemplo, en lugar de cancelarlo con un banco, éste puede asignarse (venderse) a otra institución financiera. La mayoría de los *swaps* son asignables, sujetos a ciertas condiciones. Y su asignabilidad puede ser confirmada comprobando la documentación del mismo.

Curiosamente, hay muchas entidades financieras que prefieren mejorar el precio de cancelación del acuerdo antes que verse envueltas en una asignación. Por ello, si la entidad bancaria que actúa de contraparte nuestra es susceptible de aceptar asignaciones deberemos preguntarle si acepta que en nuestro lugar aparezca una nueva institución. La entidad bancaria podría negarse debido a que la posible nueva contraparte no tiene una relación con ella, carece de una línea de crédito, o simplemente por otros motivos. Incluso, si la *calificación* de la empresa asignada es inferior a la de la nuestra, el banco de inversión podría revisar el precio del *swap* de cara a aceptarle en nuestro lugar.

Lógicamente, si nuestra empresa tuviera una posición *in the money* y quisiéramos asignarla a otra empresa, esta última deberá pagarnos el valor del acuerdo. Por el contrario, si tuviéramos una posición *out of the money* deberíamos pagar el valor del *swap* a la empresa asignada a cambio de que ocupe nuestro lugar. El valor real de estos pagos no suele ser comunicado a la contraparte restante. Dichos pagos, además, suelen tener en cuenta el cupón corrido sobre el período actual del acuerdo de permuta financiera, aunque esto se realiza después de fijar el precio de la asignación del *swap*.

La cancelación de un *swap* tiende a ser parte de las obligaciones del proceso de gestión de la empresa. A menudo pueden existir formas más efectivas de gestionar una cartera de deuda y controlar su riesgo que realizando *swaps* o cancelaciones de los mismos, por ejemplo, a través de la utilización de las *swapciones*. Todas esas consideraciones y otras muchas persiguen la maximización del valor de la cartera.

13.7. LA *SWAPCION*

El desarrollo de este producto derivado ha sido realmente sorprendente desde su creación en 1988. La *swapción* es una opción sobre un *swap*, en la que una de las partes recibirá una prima por estar de acuerdo en realizar un *swap* si se produce alguna contingencia. Permite a las empresas protegerse contra movimientos adversos en los tipos de interés, al mismo tiempo que se benefician cuando éstos se mueven favorablemente al darles la posibilidad de realizar una permuta financiera durante un período determinado en una fecha prefijada. Es decir, el comprador de la *swapción* tiene el derecho a realizar un *swap* de tipos de interés a un tipo especificado en una fecha futura predeterminada. Son similares a los *caps* y a los *floors* (véase el Capítulo 16), pero menos flexibles, puesto que el tipo de interés para pedir prestado o endeudarse en el futuro se mantendrá fijo una vez que la *swapción* haya sido realizada, lo que no ocurre con los otros dos instrumentos financieros citados; a cambio, la *swapción* es más barata que éstos sea cual sea el nivel de cobertura.

Como sabemos, en toda permuta financiera hay dos partes: *a*) el *pagador* fijo que recibe flotante y *b*) el *receptor* fijo que paga flotante. Esto requiere que el comprador de una *swapción* tenga muy claro en cual de las dos partes se va a encontrar para evitar cualquier tipo de confusión si ella es ejercida. El comprador de una *swapción receptora* (*receiver swaption*) tiene el derecho a recibir fijo y pagar flotante. El comprador de una *swapción pagadora* (*payer swaption*) pagará, si lo desea, fijo y recibirá flotante. El ejercer o no la *swapción* dependerá de las variaciones de los tipos de interés. Además, es interesante darse cuenta de que no es tan importante conocer si la opción sobre el *swap* es de compra o de venta, sino qué derechos se adquieren al poseer la opción; por ejemplo, quiero comprar una *swapción* que me proporcione el derecho a pagar fijo durante siete años al 7 % anual siendo la fecha de ejercicio dentro de seis meses, o bien deseo vender una *swapción* que le proporcione a usted el derecho a pagarme fijo al 7,5 % de interés durante cuatro años, siendo la fecha de ejercicio dentro de seis meses.

13.7.1. Características de la *swapción*

Las *swapciones* se definen a través de una serie de características como son:

a) El subyacente: Es el *swap* tal y como fue definido en el acuerdo de la *swapción*.
b) La fecha de ejercicio: Indica el límite del período de tiempo en el que el comprador de la *swapción* puede ejercer su derecho. Transcurrida la misma, el adquirente decaerá en su derecho a ejercer la opción.
c) La fecha de liquidación: Suele ser un par de días hábiles después de la fecha de ejercicio de la opción sobre la permuta financiera
d) El precio de ejercicio: Es el tipo de interés fijo que será pagado o recibido si se ejerce la *swapción*.
e) La prima: Es el precio de la *swapción*, que suele cotizarse en puntos básicos. Por ejemplo, un precio de 50 puntos básicos equivale a pagar cinco millones de pesetas sobre un nominal de 1.000 millones.

De la misma forma que vimos en el Capítulo 8 como las opciones podían ser de tipo europeo o americano, la misma clasificación se le puede aplicar a la *swapción*. Así, una de tipo americano permite ejercerla en cualquier instante a lo largo de la vida de la opción. Mientras que una tipo europeo sólo podrá ejercerse en la fecha de ejercicio de la *swapción* (una variación de esta última que se utiliza alguna vez es la denominada *swapción* tipo *bermuda*, que consiste en la posibilidad de ejercer la opción en una serie de fechas preestablecidas). La más utilizada suele ser la de tipo europeo. Desde el punto de vista del coste, a igualdad del resto de los parámetros, suelen coincidir o ser ligeramente más cara la de tipo americano.

Las *swapciones* no se negocian en mercados organizados sino en OTCs (si prosperan los futuros sobre *swaps* que comenzaron a realizarse en 1992, puede que se lleguen a crear mercados organizados de derivados sobre permutas financieras). La valoración de las *swapciones* se realiza a través de modelos inspirados en el de Black y Scholes acerca de las opciones sobre acciones, o utilizando modelos de simulación del tipo Monte Carlo. Lo mismo que las opciones clásicas, el valor de las *swapciones* se descompone en valor intrínseco y en valor temporal. Normalmente, la diferencia en los precios de las *swapciones* de dos instituciones se debe a que sus volatilidades son distintas.

13.7.2. El uso de las *swapciones*

Este tipo de producto financiero puede ser utilizado para conseguir diversos objetivos; veamos algunos de sus usos más frecuentes:

1. La generación de liquidez. Aunque no es muy utilizado, hay empresas que emiten *swapciones* para generar liquidez. La mayoría lo suelen hacer dentro de una estrategia de gestión de los tipos de interés. Así, por ejemplo, supongamos que esperamos una caída de los tipos de interés en los próximos tres meses, la cual será seguida por un rápido ascenso de los mismos. Podríamos emitir una *swapción receptora* con un año de vencimiento que proporcionaría el tipo fijo de mercado actual (precio de ejercicio) al adquirente de la misma si la ejerciese. Si las previsiones se cumplen, cuando llegue el momento de ejercer la opción su propietario podría recibir mayores tipos de interés si no la ejerce (recuerde, esperamos que éstos superen al precio de ejercicio, por lo que si ejerciese la opción debería pagarnos más de lo que nosotros le entregamos), por lo que nosotros mantendríamos la prima de la *swapción*. Este tipo de operaciones se suelen hacer con opciones de tipo europeo puesto que las *swapciones* pueden encontrarse en la zona *in the money* al comienzo del período e interesa que se ejerzan cuanto más tarde mejor. Por otro lado una *swapción* que se extienda más allá de un año genera un riesgo muy alto para el emisor de la misma. Si, por el contrario, hubiésemos supuesto que los tipos de interés van a continuar descendiendo, sería aconsejable haber emitido una *swapción pagadora* que da a su propietario el derecho a pagar fijo al tipo de interés de ejercicio de la opción.

2. La negociación de *swapciones*. Es muy similar a la emisión de las mismas. Aunque es una operación infrecuente se aconseja que de hacerla se realice con *swapciones in the money*, puesto que si no resultan muy caras de adquirir en términos relativos dado que sólo adquiriríamos el precio del tiempo (caso de las *out of the money*).

3. La reducción de los tipos de interés. Se podría utilizar una *swapción* con objeto de reducir los tipos de interés de un *swap* existente. Una de las aplicaciones más populares de este tipo de permuta financiera implica a una empresa que vende una opción para desmontar una provisión sobre una emisión de deuda amortizable antes de tiempo. Es decir, ha realizado una venta de una *swapción receptora*.

Veamos un ejemplo: La empresa ABC decide emitir un empréstito por 100 millones de pesetas, cuya madurez es de 10 años y a un tipo de interés fijo del 6,70 %. El principal se amortizará integramente en el último año, ahora bien, la empresa ABC tiene la posibilidad de amortizar anticipadamente la emisión al final del quinto año. Así que cada año pagará 6,7 millones de pesetas a los obligacionistas y al finalizar el quinto año se planteará si amortizar o no el empréstito. Esto dependerá de que los tipos de interés a cinco años, en ese momento, sean o no inferiores al 6,70 %; si lo son, ABC podría pedir prestado 100 millones de pesetas al Mibor-6 meses y amortizar el principal, con lo que seguiría debiendo 100 millones pero ahora le costarían más baratos; si, por el contrario, los tipos son superiores al 6,70 %, no haría nada y seguiría pagando ese tipo de interés.

Expuesto lo anterior, ABC decide vender una opción de compra sobre un *swap* de intereses con un plazo de cinco años, a contar desde el final del quinto año de la emisión del empréstito, y con un precio de ejercicio de 6,70 %. El comprador es el Banco de inversión HJK, que le pagará una prima equivalente a 33 puntos básicos anuales durante los últimos cinco años. Si al finalizar el quinto año los tipos de interés son inferiores al 6,70 %, la empresa acometerá su amortización anticipada y, al mismo tiempo, HJK ejercerá la opción de realizar el *swap*. En la Figura 13.10, se muestra esta permuta financiera.

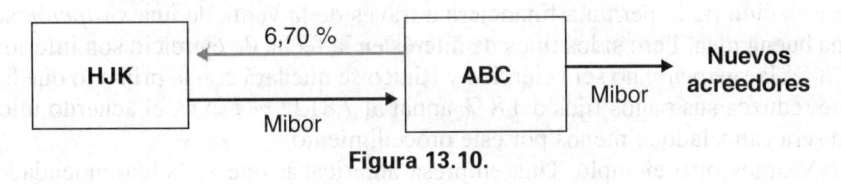

```
              6,70 %
   ┌─────┐ ◄──────── ┌─────┐           Nuevos
   │ HJK │           │ ABC │  Mibor──► acreedores
   └─────┘ ────────► └─────┘
              Mibor
```

Figura 13.10.

Con lo que la empresa pagará Mibor a los nuevos acreedores, recibe Mibor del Banco HJK y paga a este último el 6,70%. Así que el coste de la empresa ABC será de:

$$- \text{Mibor} + \text{Mibor} - 6{,}70\,\% + 0{,}33\,\% = -6{,}37\,\%$$

lo que resulta más barato que el 6,70 % durante los próximos cinco años. Si, por el contrario, los tipos de interés son superiores al 6,70 %, HJK no ejercerá la *swapción* y ABC no realizará la amortización anticipada del empréstito pero su coste será el mismo que en el caso anterior: 6,70 % que paga de intereses menos el 0,33 % anual que recibe como prima de la opción, es decir, el 6,37 % durante los próximos cinco años.

4. La cancelación de un *swap*. Con objeto de proceder a la cancelación de una permuta financiera es posible vender una *swapción*. Con ello se puede conseguir una entrada de liquidez adicional, cosa que no ocurriría con una simple cancelación de la permuta financiera.

La empresa Rialco actúa como *pagador* fijo en una acuerdo de permuta en el que paga el 8 % fijo. El acuerdo tiene una vida restante de cinco años y en estos momentos el valor de mercado del tipo de interés fijo para las permutas a cinco años es también del 8 %. Como Rialco espera que los tipos de interés en el futuro oscilen ligeramente alrededor de la cifra anteriormente dicha, decide vender una *swapción* al mismo operador de *swap* con el que tenía el acuerdo original. El período de ejercicio de la *swapción* durará un año y Rialco recibirá 75 puntos básicos por su emisión (esto equivale a 18,78 puntos básicos anuales durante los próximos cinco años[8]). Si dicha *swapción pagadora* de tipo europeo fuese ejercida en la fecha de ejercicio, Rialco recibiría un 8 % fijo de parte del propio operador de *swap* al que está ahora entregando un 8 %, con lo que ambas permutas financieras se cancelarían entre sí. Como se aprecia es importante que este tipo de *swapciones* se diseñen para que ambos *swaps* se anulen entre sí (véase la Figura 13.11).

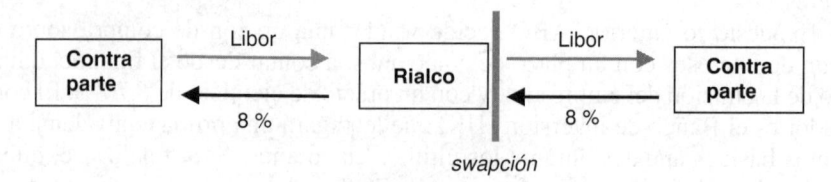

Figura 13.11.

Si Rialco está en lo cierto sobre el comportamiento de los tipos de interés la cancelación de la permuta financiera a través de la venta de una *swapción* será una buena idea. Pero si los tipos de interés en la fecha de ejercicio son inferiores al 8 %, la *swapción* no será ejercida y Rialco se quedará con la prima lo que hará que reduzca sus pagos fijos del 8 % anual al 7,8122 % eso sí, el acuerdo inicial no será cancelado al menos por este procedimiento.

Veamos otro ejemplo. Una empresa americana, que se había endeudado a corto plazo por valor de 500 millones de dólares en papel comercial, quería protegerse contra, e incluso beneficiarse de, un alza de los tipos de interés futuros. La empresa renovaba su papel comercial cada treinta días, siendo el coste de su deuda de tipo variable según el valor del índice de la Reserva Federal para el papel comercial calificado como AA.

La compañía entró en un *swap* de dos años de vida con un banco de inversión

---

[8] Este valor se obtiene de despejar X en la siguiente ecuación: $75 = Xa_{5/0,08}$. Donde este último símbolo indica el valor actual de una renta unitaria postpagable de cinco años y al 8 % de interés.

por un valor de 200 millones de dólares de su deuda a corto. En el *swap*, la empresa recibía el tipo flotante del índice de la Reserva Federal y pagaba un tipo fijo del 8,35 % anual. Esta tasa era 15 puntos básicos inferior al 8,50 % que el mercado cobraba para los *swaps* sobre papel comercial.

Al final de los tres meses, el banco tenía la opción de entrar en un segundo *swap* con la misma fecha de madurez del anterior, y por el que la entidad bancaria pagaría a la empresa el tipo fijo del 8,60 % a cambio de recibir el tipo flotante del índice de la Reserva Federal. Si esta segunda permuta era realizada revocaría la primera, colocando a la empresa en su original obligación de pagar a tipo flotante pero a un menor coste.

Si transcurridos los tres primeros meses, se observaba que los tipos de interés de los *swaps* a 21 meses se elevaban por encima del 8,60 %, el banco realizaría el segundo *swap*. La empresa recibiría un tipo fijo del 8,60 % y pagaría flotante. Con lo que los flujos de caja de ambos *swaps* se cancelarían, dejando a la empresa con un diferencial a su favor de 25 puntos básicos (8,60%–8,35 %). El coste para la empresa durante los tres primeros meses sería del 8,35%, mientras que para los restantes 21 sería del tipo variable menos 25 pb.

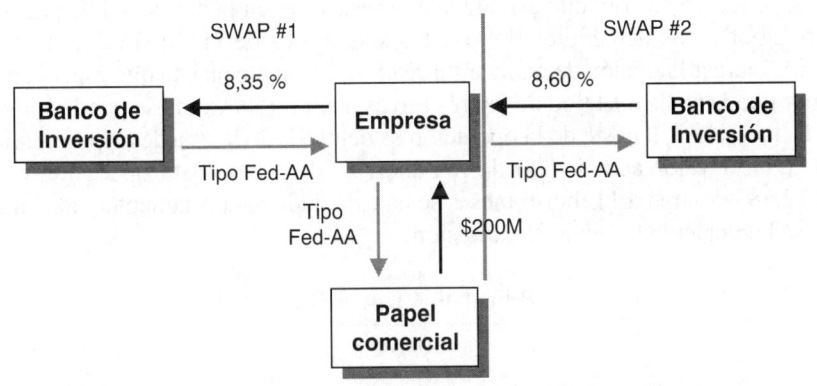

Figura 13.12. Ejemplo de una *swapción* revocadora de un *swap*.

Si, por el contrario, los tipos de los *swaps* a 21 meses se mantuviesen por debajo del 8,60 %, el banco no ejercería la *swapción*, con lo que el coste para la empresa seguiría siendo de 8,35 % hasta el final de los dos años, lo que representaba un ahorro de 15 p.b., sobre el coste promedio del mercado de *swaps* al comienzo de la transacción.

5. La entrada en un *swap*. Una empresa que ha realizado una emisión de bonos con tipo de interés flotante puede adquirir una opción para realizar un *swap* fijo/flotante durante un determinado período de tiempo, es decir, dicha empresa adquirirá una *swapción pagadora*, que ejercerá si los tipos flotantes tienden al alza.

En la Tabla 13.4 se muestra un ejemplo numérico de lo comentado en el párrafo anterior. Una empresa emite un empréstito por 100 millones de dólares con un plazo de cinco años y, al mismo tiempo, adquiere una *swapción* por la que paga una prima de 2.150.000 dólares (215 puntos básicos). El tipo de interés

Tabla 13.4. Ejemplo de una swapción

Fecha	Tipo pagado%	Principal	Prima	Interés	Flujo de caja	Libor% I	Interés	Ahorro coste
31-V-88	7,98	100.000.000	-2.150.000		97.850.000	7,98		-2150000
30-XI-88	9,50			-4.000.932	-4.000.932	8,58	4.000932	0
31-V-89	9,50			-4.736.986	-4.736.986	9,27	4.280.007	-456.979
30-XI-89	9,50			-4.763.014	-4.763.014	9,33	4.647.351	-115.663
31-V-90	9,50			-4.736.986	-4.736.986	10,28	4.652.656	-84.330
30-XI-90	9,50			-4.763.014	-4.763.014	10,55	5.156.532	393.518
31-V-91	9,50			-4.736.986	-4.736.986	10,99	5.259.083	522.097
30-XI-91	9,50			-4.736.014	-4.736.014	11,60	5.509.402	746.388
31-V-92	9,50			-4.736.986	-4.736.986	12,45	5.818.351	1.055.338
30-XI-92	9,50			-4.736.014	-4.736.014	13,02	6.239.760	1.476.474
31-V-93	9,50	-100.000.000		-4.736.986	-104.736.986	13,72	6.490.556	1.753.569
				T.I.R.=	9,87%		V.A.N =	1.312.583

de la obligación es flotante así que la empresa se ve en la necesidad de pagar un tipo Libor a sus acreedores. Pero a los seis meses de la emisión, la empresa decide ejercer la opción de realizar un *swap* fijo/flotante puesto que espera que el Libor tienda al alza. El tipo de interés fijo es del 9,50 %. Como se puede apreciar en la Tabla 13.4 el coste de la operación es del 9,87 % (la tasa de retorno), mientras que el valor actualizado de los ahorros al realizar esta operación es de 1.312.583 dólares. El Libor-6 meses se ha calculado aleatoriamente y los intereses se han calculado según la expresión:

$$\frac{\text{Principal} \times \text{Tipo} \times \text{Días}}{36.500}$$

6. La gestión del riesgo de interés. Subtren es una empresa española que acude al concurso público para la adjudicación de la construcción de un tramo de vía férrea en Argentina. Pero Subtren no está segura de ganar, pues hay otras tres compañías que también han acudido a dicho concurso. Si Subtren logra la adjudicación deberá endeudarse en 100 millones de dólares pero no desea pagar más de un 8 % de interés. Por desgracia, las expectativas generales son que los tipos de interés van a subir, por ello el banco se niega a cobrar un tipo fijo a Subtren y está dispuesto a cobrarle un tipo flotante Libor más 60 puntos básicos por prestarle el dinero. Aún sin saber si Subtren sería elegida, su director decidió adquirir una *swapción pagadora* a tres meses. Ella le daba a la compañía española el derecho a entrar en un *swap* de cinco años en la que pagaría un 7,15 % de interés fijo (véase la Figura 13.13). La *swapción* le costaba a Subtren 50 puntos básicos, que equivalían a unos 12 pb. anuales con lo que la tasa efectiva de la permuta sería de 7,27 %. A esto hay que añadir los 60 pb., de margen sobre el préstamo, en total la operación cuesta un 7,87 % al año.

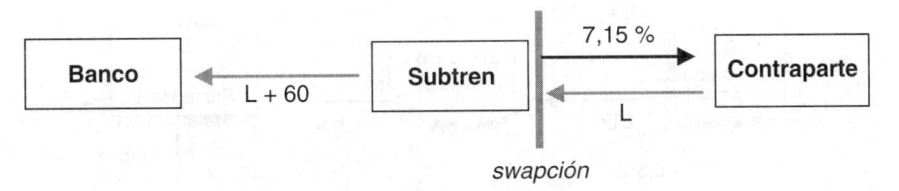

```
  Banco  ←── L+60 ──  Subtren  ── 7,15 % ──→  Contraparte
                              ←──── L ────
                         swapción
```
Figura 13.13.

Si Subtren se hace con el contrato y los tipos de interés ascienden ejecutará la opción para realizar la permuta financiera con lo que pagará un 7,87 % fijo. Si los tipos de interés descendiesen, no ejecutará la opción con lo que pagará un tipo flotante 12 puntos básicos más caro que el préstamo bancario, es decir, Libor más 72 pb., lo que es un pequeño precio por asegurar el éxito del proyecto.

Si no consiguiese la adjudicación y los tipos tienden a subir, aún podría conseguir algo de dinero a través de la venta de la *swapción* si aún no ha vencido, o bien ejercer su derecho y entrar en un acuerdo de permuta financiera para, seguidamente, intentar cancelarlo. Si los tipos no ascendiesen entonces sus pérdidas ascenderían a 12 puntos básicos anuales (120.000 dólares).

13.8. OTRAS CLASES DE *SWAPS* SOBRE TIPOS DE INTERÉS

Existe una gran variedad de productos financieros basados sobre la permuta financiera clásica, que pretenden beneficiarse de las discrepancias existentes entre el mercado de renta fija y el de *swaps*. Cada producto financiero pretende conseguir un beneficio específico en un negocio determinado de ahí que su éxito dependa de lo extendida que se encuentre dicha operación. Por tanto, algunos son más bien raros (si no han desaparecido a la hora de que usted lea estas lineas), otros están en auge y algunos otros, que aquí no se mencionan obviamente, aún no han visto la luz. Veamos algunos ejemplos de pura *ingeniería financiera* aplicada a las permutas financieras.

13.8.1. *Basis rate swap*

Es un acuerdo *swap* entre dos partes que se endeudan en el mercado de tipo flotante pero con los tipos de interés basados en distintos índices de referencia como, por ejemplo, el LIBOR a seis meses y el preferencial (*prime rate*) norteamericano (véase Figura 13.14). Su objetivo es eliminar el riesgo de endeudarse con tipos flotantes referenciados en diferentes bases[9]. Un *basis rate swap* es equivalente a emparejar dos simples *swaps* de tipo de interés, de tal manera que los flujos son convertidos de flotante a fijo y, luego, de fijo a flotante utilizando una base diferente.

---

[9] A esto se le denomina *riesgo de base* (*basis risk*) y se refiere al riesgo de que el instrumento de cobertura utilizado no se mueva en la misma dirección y en la misma magnitud que el instrumento al que protege.

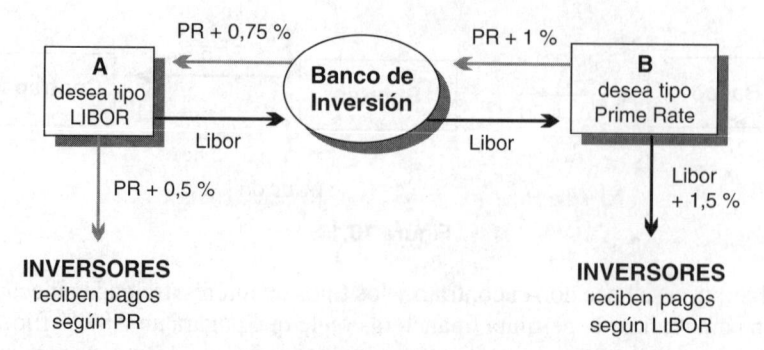

```
                PR + 0,75 %              PR + 1 %
   ┌─────────┐ ←──────────  ╭─────────╮ ←──────── ┌─────────┐
   │    A    │              │ Banco de │           │    B    │
   │desea tipo│              │Inversión │           │desea tipo│
   │  LIBOR  │ ──────────→  ╰─────────╯ ────────→  │Prime Rate│
   └─────────┘    Libor                   Libor    └─────────┘
        │                                               │
        │ PR + 0,5 %                                    │ Libor
        ▼                                               ▼ + 1,5 %
   INVERSORES                                      INVERSORES
   reciben pagos                                   reciben pagos
   según PR                                        según LIBOR
```

Figura 13.14. Ejemplo de *basis rate swap*.

13.8.2. *Swap* cupón cero

Como sabemos, en los bonos *cupón cero* los intereses sólo se reciben en la fecha de vencimiento del bono, esto es, a lo largo de la vida del bono no se realiza el pago de ningún cupón. De la misma forma, en este tipo de acuerdo, se intercambian pagos flotantes por pagos fijos, pero estos últimos sólo se entregaran en la fecha de vencimiento del *swap*. En concreto, permite a una de las partes que esté en disposición de emitir deuda barata del tipo cupón cero permutarla en una deuda flotante convencional. Ahora bien, este *swap* expone a dicha parte a un riesgo crediticio mayor con respecto a su contraparte que si efectuase un clásico *swap* básico de tipos de interés. Esto se debe al riesgo de reinversión y al hecho de que el tipo de interés fijo no se recibe hasta el momento del vencimiento.

Veamos un ejemplo: una compañía poseía en su cartera de renta fija unos bonos cupón cero que pagaban un interés equivalente al 9,5 % anual. El director de dicha empresa esperaba que los tipos de interés aumentasen, por ello pensó que lo mejor sería vender los bonos que tenía de dicha emisión y reinvertir el dinero en otra que pagase tipos flotantes. La idea no era mala si no fuese porque no era fácil deshacerse de los bonos debido a su falta de liquidez. Por ello decidió entrar en un *swap cupón cero* como pagador fijo, y de esta manera (véase la Figura 13.15) conseguía recibir un tipo flotante a cambio de pagar algo menos de lo que recibía como propietario del bono.

```
   ┌─────────┐   9,5 %                    8,5 %      ┌─────────┐
   │ Cupón   │ ─────────→ ┌─────────┐ ──────────→   │ Contra- │
   │ cero    │            │ Empresa │                │ parte   │
   └─────────┘            └─────────┘ ←──────────   └─────────┘
                                          Libor
   En el momento del vencimiento
```

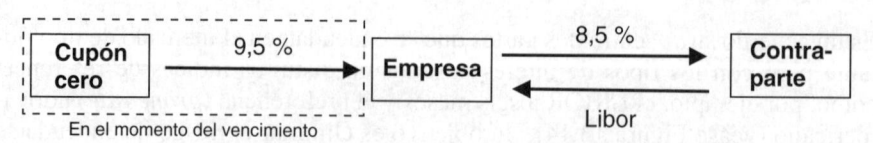

Figura 13.15. *Swap* cupón cero.

13.8.3. *Floor-ceiling swap*

Supongamos que una empresa que debe realizar pagos con tipo flotante quisiera limitarlos. Para ello estaría dispuesta a renunciar a las posibles ganancias, que obtendría si los tipos de interés descendiesen, a cambio de evitar parte de las pérdidas si éstos ascendiesen (véase en la Figura 13.16a, el perfil de los flujos de caja de un típico *swap básico*, desde el punto de vista de la empresa que paga en flotante y cobra en fijo).

Así que el contrato podría ser algo así como: «Mientras el tipo de interés no supere los 200 puntos básicos (es decir, el 2 %) ni descienda más allá de los 100 puntos básicos (el 1 %), la empresa pagará un tipo flotante y recibirá a cambio un tipo fijo; pero si dichos límites son rebasados, los cobros y pagos se realizarán a un tipo fijo». En la Figura 13.16b se muestran los flujos de caja de este tipo de permuta denominado *floating floor-ceiling swap*.

Ahora bien, el contrato también podría haber sido redactado en la siguiente forma: «Mientras el tipo de interés se mantenga dentro de los límites marcados por 200 puntos básicos, por arriba y por debajo del tipo actual, la empresa cobrará y pagará a un tipo fijo, pero de no ser así y ser rebasados dichos límites la empresa pagará en flotante y cobrará en fijo». A esto se le denomina un *fixed floor-ceiling swap* y el perfil de sus flujos de caja puede verse en la Figura 13.16c.

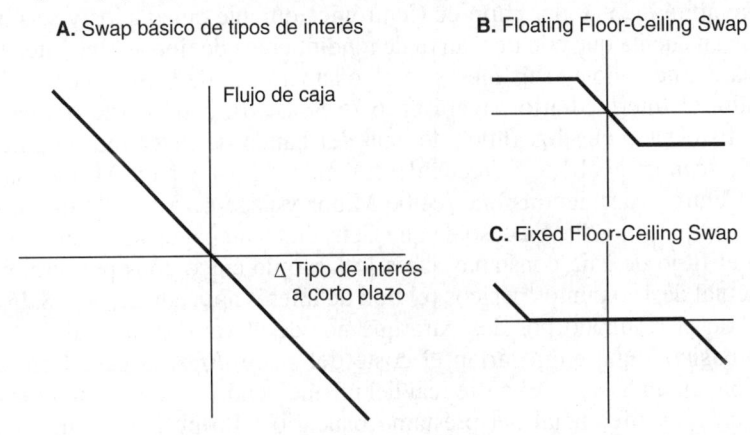

Figura 13.16. Perfil de los flujos de caja de diferentes *swaps* de interés según la empresa que paga en flotante y recibe en fijo.

13.8.4. Otros tipos

A) *Swap diferido*

Muchas compañías conocen sus principales necesidades financieras con bastante antelación a la fecha en que se van a producir. Por ejemplo, en el caso de una gran adquisición, de una financiación estacional, o de la refinanciación de la actual deuda. Así que en ciertas situaciones se hace conveniente realizar una permuta financiera pero no en el momento actual sino en un momento posterior; a ese tipo de permuta financiera se la conoce como *swap diferido* (*forward start swap* o *deferred swap*). En un *swap* de intereses normal, si el Libor es calculado hoy, el pago de intereses se hará a dicho Libor dentro de seis meses a partir de hoy. En un *swap diferido* tanto el cálculo de Libor como su pago se hacen dentro de seis meses a partir de hoy. Para compensar este mayor riesgo el usuario final suele ser compensado con de 10 a 25 puntos básicos por la institución que realiza la permuta financiera.

Veamos un ejemplo: Jorge Arce es el director financiero de Centrónica, empresa que estaba planteándose la adquisición de Relesa dentro de seis meses por un valor de 10.000 millones de pesetas; ambas empresas operan en el ramo de la electrónica. Con objeto de financiar dicha operación el banco le ofrece cobrarle un tipo Mibor + 100 pb., a pesar de que Jorge estaba interesado en una financiación con tipo fijo. Por ello analiza la posibilidad de entrar en un *swap* de intereses a cinco años cuyo tipo fijo según el mercado es actualmente del 8,25 %. Pero Jorge realmente necesita hacer dicha operación dentro de seis meses y no ahora; además, piensa que dadas las condiciones económicas los tipos de interés tienden a ascender, lo que encarecería la operación. En definitiva, necesita realizar un *swap diferido*.

En la Figura 13.17 se muestra el diagrama de este acuerdo desde el punto de vista del banco de inversión. En la primera transacción del acuerdo el intermediario recibirá 8,25 % por parte de Centrónica durante cinco años y seis meses (téngase en cuenta que con una curva de rendimientos de tipo ascendente, el tipo *swap* para cinco años y seis meses es algo superior al de sólo cinco años). Por otro lado, el intermediario pagará un 6,75 % a otra contraparte durante seis meses. Esto hace que los flujos de caja del banco de inversión durante este semestre sean igual al 1,5 % (recuérdese: recibe 8,25 % y paga Mibor con relación a Centrónica, mientras que recibe Mibor y paga 6,75 % a la otra contraparte). Así que su riesgo en caso de que Centrónica no pague se calcularía obteniendo el flujo de caja constante que a lo largo de cinco años proporciona un valor actual de 150 puntos básicos (el tipo de interés aplicado sería el 8,25 %) y dividiendo el resultado por dos para que nos dé el valor semestral. Total: 19 puntos básicos, que engrosarían el coste del *swap diferido* para Centrónica situándolo en un 8,44 %. El coste real del mismo vendría dado al añadirle a esta última cifra el diferencial del préstamo bancario (100 pb), es decir, un coste anual del 9,44 %.

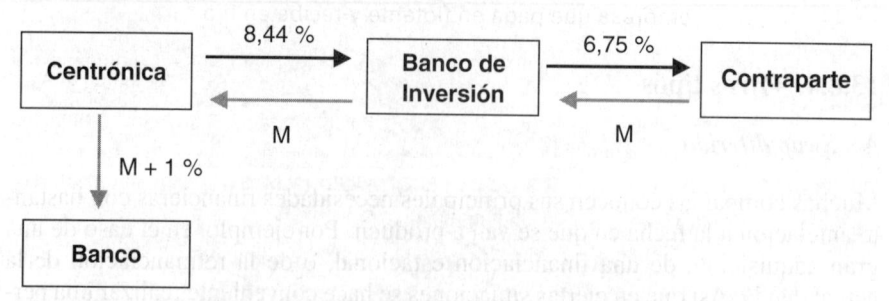

Figura 13.17. Ejemplo de un *swap diferido*.

B) *Swap warrants*

Es aquel que permite permutar parte de la deuda contraída (pero no toda, aquí radica la diferencia) de tal manera que por un lado se paga un interés fijo sobre una parte de la misma y, por otro, uno flotante sobre el resto; este tipo de *swap* puede ir acompañado de una opción sobre la parte no permutada.

Veamos un ejemplo: Una empresa está pagando el 10 % fijo sobre 100 millones de pesetas de un empréstito y desea permutarlo a un tipo variable Mibor. Si no está demasiado encantada con el tipo actual del mercado de *swaps* y piensa que no va a cambiar mucho la situación en el próximo año, podría permutar 60 millones (o algo menos de la cantidad total) con un banco, y continuar pagando intereses fijos por los otros 40 millones. Ahora bien, sobre los 60 millones el banco le ofrecerá una serie de ahorros sobre el tipo de mercado; la empresa recibirá el 10,15 % fijo y pagará Mibor, lo que se traduce en un Mibor menos 15 puntos básicos. A cambio el banco dispondrá de una opción para aumentar el principal teórico del *swap* al incluir los 40 millones restantes, si así lo desease (lo que hará si lo tipos ascienden, en caso contrario la opción no será ejercida).

C) *Swaps amortizativos*

Imagínese una empresa a la que se la ha concedido un préstamo de 1.250 millones de pesetas que implica unas cuotas de amortización de 250 millones cada año. Su banco le ha ofrecido un tipo fijo del 10,5 %, pero su director financiero cree que sería mejor endeudarse a tipo flotante pues está convencido que los tipos tenderán a bajar. Por ello recomienda entrar en cinco acuerdos *swap* de 250 millones de pesetas, cada uno; el primero duraría un año, dos el segundo, y así sucesivamente con los restantes. Los tipos *swaps* existentes en el mercado son los mostrados en la tercera columna de la Tabla 13.5.

Tabla 13.5.

Principal	Tiempo	Tipo *swap*	Tipo ptmo.	Tipo efectivo
250 millones	1 año	9,50 %	10,5 %	Mibor + 100 pb
250 millones	2 años	9,75 %	10,5 %	Mibor + 75 pb
250 millones	3 años	10,00 %	10,5 %	Mibor + 50 pb
250 millones	4 años	10,25 %	10,5 %	Mibor + 25 pb
250 millones	5 años	10,50 %	10,5 %	Mibor

Conforme vayan transcurriendo los años se irán amortizando las diferentes partes del préstamo original al mismo tiempo que se van cancelando los acuerdos *swaps* respectivos. En dicha Tabla 13.5 figuran también los tipos efectivos cuyo promedio ponderado en cuanto al tipo fijo recibido por la empresa de nuestro ejemplo es el 10,17 %, mientras que con respecto al tipo flotante pagado por la misma es de Mibor + 33 pb.

D) *Swaps crecientes*

El problema contrario al *swap amortizativo* sería el del *swap creciente* (*accreting swap* o *step up swap*) que se utiliza por aquellas compañías cuyo endeudamiento va aumentando de tamaño. Por ejemplo, el endeudamiento de las compañías constructoras que va creciendo a medida que crecen las etapas de la construcción, o el aumento de los préstamos con objeto de cubrir los gastos de explotación o nuevas inversiones; todos ellos pueden ser conocidos con suficiente antelación como para planificar una serie de acuerdos *swap*. En realidad, su funcionamiento es idéntico al *swap diferido*, puesto que consiste en realizar una serie de los mismos.

E) *Spread-lock*

Como ya hemos visto a la hora de calcular el valor del *swap*, el tipo de interés fijo se compone básicamente de dos partes: el rendimiento de las emisiones del Tesoro y el diferencial sobre el *swap*. Cuando hay una gran demanda de pagadores fijos el diferencial del *swap* tiende a ascender, mientras que desciende cuando hay una gran demanda de cobradores fijos. En realidad, la correlación entre el tamaño del diferencial y las variaciones de los rendimientos del Tesoro es negativa, así si este último asciende, aquél se reduce y viceversa.

El objetivo de un *spread-lock* es inmovilizar el diferencial sobre el rendimiento de las emisiones del Tesoro durante un tiempo predeterminado, para un usuario final que espera realizar un *swap* durante el mismo (por lo general, no más lejos de dos años en el futuro). Es un acuerdo a futuro sobre una cantidad teórica que va a ser permutada. Se suele realizar cuando se piensa que los diferenciales tienden a aumentar pero no se está seguro de cuando se va a realizar el *swap*.

Supongamos que usted planea realizar una emisión de bonos a tipo flotante en los próximos seis meses y, seguidamente, realizará un *swap* con objeto de pagar un tipo fijo. Como usted piensa que los tipos de interés van a caer antes de que pueda realizar la emisión, también habrá calculado que el diferencial del *swap* aumentará al existir un incremento de la demanda de pagadores fijos. Por tanto, usted podría realizar un *spread-lock* para asegurar el diferencial actual al que se podrán garantizar los pagos durante los próximos seis meses. Cuando el rendimiento de las emisiones del Tesoro haya descendido suficientemente, usted podrá emitir sus bonos y realizar el *swap* con objeto de pagar intereses fijos a los bajos tipos del Tesoro más el diferencial acordado previamente.

El caso contrario sería si usted fuese a emitir dentro de seis meses bonos a tipo fijo para, seguidamente, permutarlos por pagos flotantes. Si usted espera un alza de los tipos de interés, considerará que el diferencial de los *swaps* se va a reducir, con lo que al entrar en el *swap* usted recibirá pagos fijos con un valor menor que el que desearía, por ello realizará actualmente un *spread-lock* con objeto de fijar el diferencial actual.

F) Opciones sobre el diferencial del *swap* (*options on swap spreads*)

Tiene el mismo objetivo que el caso anterior, pero como todas las opciones, puede ser ejercida, o no, por su poseedor. Si se piensa realizar un *swap* en los próximos meses pero no se está seguro del todo, este tipo de operación es la indicada. Su valor dependerá de dos factores: el precio de ejercicio del diferencial y el período de tiempo. En todo caso suele ser caro aunque no tanto como el anterior (la principal razón de ello es la iliquidez del mercado en estos dos tipos de operaciones).

G) *Swap rate lock*

Un *swap rate lock* permite al usuario asegurar el tipo fijo del *swap* al que él pagará o recibirá en una fecha futura. Un *swap rate lock* que permitiese a un usuario pagar un tipo fijo sería útil para un emisor que deseara realizar pagos en un *swap* a realizar en una fecha futura y que, a su vez, está preocupado porque los rendimientos del Tesoro, o el diferencial del *swap*, puedan ascender en el futuro.

H) Otras modalidades

1. *Swap cancelable* (*callable swap*): Acuerdo de permuta financiera que lleva implícita una opción que proporciona el derecho a cancelarlo anticipadamente.
2. *Swap combinado* (*blended rate swap*): Consiste en un acuerdo de permuta financiera que resulta de la combinación de diferentes tipos de interés.
3. *Swap de intereses extendido* (*escalating rate swap*): *Swap* cuyo tipo fijo va aumentando cada ciertos períodos de tiempo a una tasa predeterminada.
4. *Swap al descubierto* (*naked swap*): Son aquellas permutas financieras que no se crean para cubrir un préstamo preexistente, sino para jugar con los tipos de interés o con los diferenciales.
5. *Roller coaster swap*: En el que las contrapartes van asumiendo alternativamente los pagos fijos y los flotantes en cada subperíodo del mismo. Por ejemplo, un semestre usted paga fijo y el siguiente usted recibe fijo, volviendo a repetirse dicha secuencia en los años posteriores.
6. *Swap reversible* (*reversible swap*): Es la combinación de un *swap* con una *swapción* por el doble del nominal del *swap* original. Si se decide revertir el acuerdo, la primera *swapción* cancela el *swap* original y la segunda le crea a usted un *swap* idéntico al original pero de sentido contrario.
7. *Swap contingente* (*contingent swap*): Un *swap* que se activa si ocurre un suceso determinado. El ejemplo más típico es la *swapción*.

DE AQUI EN ADELANTE

El lector que desee profundizar en alguno de los temas expuestos en este capítulo puede consultar los artículos y libros citados en la bibliografía que aparece a continuación. En especial le recomendamos el libro editado por Boris Antl: *Swap Finance Service*, que está publicado por Euromoney y del que continuamente se realizan nuevas ediciones y ampliaciones. Así como el libro de Michel ANASTASSIADES y Philippe PARANT: *Les Swaps*, Eska, París, 1990, sobre todo en lo concerniente al tema de la valoración de las permutas financieras. También se recomienda consultar el libro de Mary LUDWIG: *Understanding Interest Rate Swap*. McGraw Hill, Nueva York, 1992, que es un libro que describe muy bien la operatoria de las permutas financieras y todos los productos de ingeniería financiera basados en las mismas.

Sobre los nuevos productos derivados del *swap* de intereses que continuamente aparecen en el mercado se recomienda leer los artículos publicados al efecto en las revistas *Corporate Finance* (publicada mensualmente por *Euromoney*) y *Risk*. Algunos de los cuales figuran en la bibliografía.

BIBLIOGRAFIA

AGGARWALL, Raj: «True cost of default». *Corporate Finance*. Febrero 1991. Págs. 12-13.
ANASTASSIADES, Michel, y PARANT, Philippe: *Les Swaps*. Eska. París. 1990.
ANTL, Boris (ed.): *Swap Finance Service*. Euromoney. Londres. 1987.
ARAGONÉS, José: «Swaps, Caps, Floors y Swaptions». *Actualidad Financiera*, núm. 8. Febrero 1989. Págs. 551-558.
BALL, Colin, y IRELAND, Louise: «Swap unwinds: what are they worth?». *Corporate Finance*. Enero 1989. Págs. 15-17.
BARDWELL, Tim, y IRELAND, Louise: «SWAPS: Checklist». *Corporate Finance*. Mayo 1988. Págs. 21-25.
BRADY, Simón: «When the swap meets the option». *Euromoney Special Supplement*. Abril 1989. Págs. 26-43.
CHEW, Lillian: «Strip Mining». *Risk*, vol. 4, núm. 2. Febrero 1991.
COOPER, Ron: «They're teaching the old swap new tricks». *Euromoney*. Abril 1989. Págs. 43-54.
COOPERS & LYBRAND: *A Guide to Financial Investments*. Euromoney. Londres. 1987.
DAS, Satayajit: «Swap strategies in the new climate». *Corporate Finance*. Agosto. 1989. Págs. 12-13.
DÍEZ DE CASTRO, Luis, y MASCAREÑAS, Juan: «Operaciones de permuta financiera: Swaps». *Actualidad Financiera*, núm. 30. Julio 1989. Págs. 1973-2012.
FONT VILALTA, Montserrat: «Nuevas técnicas financieras: Operaciones SWAP». *Esic-Market* (enero-marzo). 1987. Págs. 151-175.
HARDWICK, Julien: «Swaps: asset or liability for the fund manager». *Global Investor*. Octubre 1990. Págs. 33-38.
HENDERSON, Schuyler: «Should swap termination payments be one-way or two-way?». *International Financial Law Review*. Octubre 1990. Págs. 27-32.
IRELAND, Louise: «Call of the swaption market». *Corporate Finance*. Julio 1988. Págs. 38-41.
IRELAND, Louise: «Counting on your counterparty». *Corporate Finance*. Marzo 1989. Págs. 31-35
IRELAND, Louise: «Spread-locks: safe combinations». *Corporate Finance*. Julio 1989. Págs. 11-13
LEHMAN BROTHERS: «Guide to Swaps and Derivative Products». *Euromoney Supplement*. Noviembre 1990. Págs. 43-46.
LUDWIG, Mary: *Understanding Interest Rate Swap*. McGraw Hill. Nueva York. 1993.
MOUY, Stéphane: «Contrat Cadre de Swap et Ratio de Solvabilité». *La Revue Banque* núm. 499. Noviembre 1989. Págs. 1048-1053.
PARTIDGE-HICKS, Stephen, y HARTLAND-SWANN, Piers: *Synthetic Securities*. Euromoney. Londres. 1988.
ROBINSON, Nick: «The merely cosmetic value of reset swaps». *Corporate Finance*. Septiembre 1988. Págs. 16-18.
RODRÍGUEZ TAMAYO, Pedro: «Swaps» . *Boletín de Estudios Económicos,* núm. 132. Diciembre 1987. Págs. 499-521.

SHANAHAN, Terence: «Locking up the Treasury». *Risk*, vol. 3, núm. 2 Febrero 1990.
SHANAHAN, Terence: «Horses for Courses». *Risk*, vol. 3, núm. 3. Marzo 1990. Págs: 62-64.
SHIRREF, David: «Dealing with Default». *Risk*, vol. 4, núm. 3. Marzo 1991. Págs. 19-23..
SMITH, David: «By the bootstraps». *Risk*, vol 3, núm. 4. Junio 1990. Págs. 40-42.
WALMSLEY, Julian: *The New Financial Instruments*. John Wiley & Sons. Nueva York. 1988.

EJERCICIOS

1. La empresa AVICORSA desea emitir un empréstito de 500 millones de pesetas para financiar una serie de proyectos de inversión que está planeando. Si lanza la emisión en el mercado de renta fija el tipo de interés que deberá pagar es del 12%, mientras que si paga cupones variables éstos deberán proporcionar el tipo Mibor más cien puntos básicos.

   Por otro lado, el Banco Asturleonés Hipotecario (BAH) necesita endeudarse en una cantidad similar, sabiendo que si lo hace en el mercado de renta fija deberá pagar un tipo del 10%, mientras que si lo hace con tipo flotante bastará con que pague el Mibor.

   Sabiendo que AVICORSA quiere endeudarse al tipo fijo, mientras que BAH desea hacer lo propio pero a tipo variable, cuáles serían los ahorros máximos y mínimos para ambas instituciones (el banco de inversión cobrará 5 puntos básicos por la operación que serán pagados por la empresa AVICORSA).

   Por otra parte, qué ocurriría si AVICORSA deseara endeudarse a tipo variable, ¿sería posible la permuta? Y si aparece en escena la Caja de Argamasilla que podría endeudarse a un tipo fijo del 12 % o al Mibor más 50 puntos básicos, pero que realmente desea endeudarse a tipo fijo, ¿sería posible la permuta?

2. Un lunes por la mañana el Credit Suisse, banco de primer orden situado en Zurich, que trabaja en el mercado internacional con una calificación AAA, está buscando 10 millones de dólares para cubrir una posición corta que le ha sido comunicada por sus tesoreros. Su equipo internacional ha recabado la situación del mercado y somete a la consideración de su Jefe de Depósitos las siguientes ofertas:

   a) Podemos tomar dólares a tipo fijo durante el período de seis meses al 7,375%.

   b) Hay también un banco dispuesto a prestarme los 10 millones de dólares a tipo flotante revisable trimestralmente. En este caso pagaríamos el Libor.

   «¿Todo el Libor?», pregunta escandalizado el Jefe. «¿Ni un octavo de rebaja?, pues –decide– tomad los fondos al 7,375% por seis meses, aunque me parece una estafa».

   En unos instantes, Credit Suisse de Zurich ha tomado un depósito de 10 millones de dólares al tipo fijo del 7,375% por seis meses. «Estamos listos –se dice el Jefe– nos hacía falta haberlos tomado a flotante. Estoy seguro que los tipos bajarán el mes que viene y nos quedaremos pillados».

   Un escenario similar se produce en el cuartel general en Estocolmo de la naviera Albatros. Necesita financiación para su próximo envío de repuestos a Estados Unidos, concretamente unos 10 millones de dólares. Puesto en contacto con su banco, el Skanska, éste le comunica que podría prestarle dólares a tipo fijo en las condiciones habituales, es decir, un 0,5 % sobre el coste del banco, más el 0,25 % de comisiones. Como Skanska tiene en ese momento una oferta para tomar a 7,625 %, le exige a su cliente un 8,375 %. Por otra parte, le comenta, podría prestarle los dólares a tipo flotante a un coste de medio punto sobre el Libor, sin gastos. Dado que la ventaja comparativa es evidente, Albatros decide financiarse a tipo flotante Libor más 0,5 % revisable trimestralmente.

Poco más tarde, el Jefe de Contabilidad de Albatros sufre una lipotimia. «¿Tipo flotante? –aúlla antes de desmayarse– eso es imposible para nosotros. ¿Alguno de ustedes ha pensado qué ocurriría si subiesen los tipos?, ¡iríamos a la calle!».

A través de sus contactos mañaneros, usted recibe la información de la operación que ya ha realizado Albatros. ¿Hay alguna solución? (medita).

Usted, que para eso le pagan, pone a trabajar su cerebro, habitualmente relajado, y descubre, tras hacer algunos números, que puede hacer las siguientes cosas (y ¡todas de una sola vez!):

- Solucionar el problema de Albatros. Cambiará su deuda flotante por una deuda a tipo fijo y, además, sin necesidad de facilitarle financiación usted mismo (esto cargaría demasiado las líneas de Albatros y, además, usted no tiene ningún interés en prestarle dinero a una naviera sueca). Para que la operación salga redonda usted le va a proporcionar fondos a Albatros 1/8 más baratos que el tipo ofrecido por el Skanska Bank.
- Terminar con el dolor de cabeza del Jefe de Depósitos del Credit Suisse. El pobre tiene tomados fondos a tipo fijo y piensa que los tipos tenderán a descender. Ya que el Libor a secas le parece excesivo para su categoría, usted le ofrece permutar su deuda por una al Libor – 0,25 %. ¡Y sin que figure como una operación añadida al balance! (él siempre se lo agradecerá).
- Por otra parte, usted tiene una deuda con su propio Banco (le pagan a fin de mes ¿recuerda?) y decide que su mediación en esta operación vale 6.250 dólares (ya es bastante, ¿no cree?, y sin moverse de la silla).

Al cabo de un rato, su inmediato superior, que ha oído rumores sobre la operación que usted ha hecho le llama pidiéndole explicaciones. «Es usted un joven brillante. Pero tengo una duda. ¿Cómo lo ha hecho?». Y usted que, además de hacer buenas operaciones, sabe explicárselas incluso a su superior, lo hace. (Considere los seis meses como 180 días.)

3. La compañía de seguros DELTA se está planteando la disyuntiva de: a) adquirir los bonos emitidos por Telefónica que pagan un tipo de interés fijo del 14 % pagadero por semestres vencidos y cuyo vencimiento es a diez años; o b) comprar los bonos emitidos por Banesto al Mibor + 15 pb pagadero por semestres vencidos durante diez años. En ambos casos la cantidad de dinero empleada en la compra de cualquiera de los dos títulos es de 300 millones de pesetas.

La adquisición de ambos títulos será financiada mediante una emisión de obligaciones por un montante de 300 millones que pagará un cupón del 13% fijo, pagadero por semestres vencidos.

Por otro lado, tenemos a la empresa AGROSA que tiene emitidas unas obligaciones que pagan un cupón variable igual al Mibor y que previendo un futuro ascenso de los tipos de interés desearía pagar un cupón fijo; para ello necesitaría entrar en un acuerdo *swap* fijo-flotante, sabiendo que si deseara refinanciar la emisión que tiene emitida a un tipo fijo el mercado le exigiría pagar un cupón anual del 14,50 %.

A usted le encargan analizar la posible operación de permuta financiera entre dichas compañías por lo que cobrará una comisión de 12,5 pb, que pagaría la empresa AGROSA.

4. Hace unos pocos años Positrónica, empresa líder en el sector de fabricación de máquinas electromagnéticas, estaba interesada en realizar un acuerdo *swap* de tipos de interés, por el que ella pagaría un tipo fijo a lo largo de tres años a cambio de recibir flotante. Puesta al habla con su banco de inversión, Bankibérica, éste le comunicó que existía una contraparte que estaba dispuesta a darle el tipo Mibor a cambio de recibir un cupón fijo del 14 %.

Positrónica estaba a favor de la operación pero necesitaba saber cuál era el margen de maniobra de que disponía, si es que había alguno. Para ello, su contacto en Bankibérica le proporcionó el precio de los bonos cupón cero para los próximos tres años (valor nominal 10.000 pesetas).

1 año	9.000
2 años	8.000
3 años	7.000

Estudie esta operación y comente cuál cree que fue la conclusión a la que llegó Positrónica.

5. Hace un año ROBSA entró en un acuerdo *swap*, que se extendía a lo largo de cinco años, por el que aceptaba pagar el tipo Mibor a cambio de lo que recibiría un tipo fijo del 10%. El principal nocional del acuerdo era variable, según el siguiente cuadro en el que se muestran las cantidades para los próximos cuatro años (cifras en millones de pesetas):

Año 1	Año 2	Año 3	Año 4
1.000	200	700	1.600

En estos momentos el banco de inversión de ROBSA le comunica a ésta que su contraparte, una empresa con la máxima calificación de solvencia, desea salirse del *swap*.

Sabiendo que los tipos de interés implícitos en los bonos del Tesoro españoles son en la actualidad

1 año	7,5 %
2 años	8,0 %
3 años	8,5 %
4 años	9,0%

¿Cuánto debe pagar la contraparte para que ROBSA acepte la transacción?

Apéndice A: El cálculo del valor de un contrato *swap*

Una permuta financiera es esencialmente un intercambio de flujos de liquidez. Para que dicho intercambio sea valorado equitativamente el valor actual de ambas corrientes de flujos de caja deberá coincidir. Esto hace que la clave de la valoración de los *swaps* sea especificar el valor de dichos flujos para, seguidamente, actualizarlos a una tasa de descuento apropiada que defina el valor temporal del dinero. Con relación a esto último utilizaremos la curva de rendimientos de los bonos cupón cero[10], lo que nos permitirá gestionar una cartera (*swaps*, cobertura, dinero, etc.) como si se tratase de una serie de flujos de caja. A continuación iremos mostrando los pasos que hay que seguir para valorar un *swap*. Para mayor facilidad los acompañaremos de un ejemplo consistente en la realización de un *swap* de intereses fijo-flotante que tiene las siguientes características:

- Principal: 1.000 millones de pesetas.
- Plazo: 3 años.
- Tipo fijo recibido: 10 % (días reales/360).
- Tipo flotante pagado: Mibor 6 meses (días reales/360).
- Tipo del Mibor inicial: 9,20 %.
- Fecha de inicio: 1 de julio de 1994.
- Fecha del cálculo del valor del *swap*: 1 de octubre de 1994.

Los tipos de interés vigentes el día de la valoración del acuerdo son los mostrados en la Tabla 13.A.1 (días reales/360):

Tabla 13.A.1.

Tipo a 1 mes	9,00 %	Tipo a 1 año:	10,00 %
Tipo a 3 meses:	9,40 %	Tipo a 2 años:	10,20 %
Tipo a 6 meses:	9,70 %	Tipo a 3 años:	10,40 %

En la Tabla 13.A.2 se muestran los flujos de caja de las dos partes del acuerdo *swap* según el momento en que deben realizarse los pagos. Así el pagador fijo deberá entregar una cantidad superior a los 101 millones de pesetas los días 1° de julio, mientras que el pagador flotante lo hará cada semestre. El cálculo de los intereses fijos se ha realizado de la siguiente forma, por ejemplo, para el día 1 de julio de 1996 (los días reales son 366 puesto que 1996 es un año bisiesto):

Intereses = 1.000.000.000 × 10 % × (366 ÷ 360) = 101.666.667 pts.

Tabla 13.A.2.

VENCIMIENTOS	TIPO FIJO	TIPO FLOTANTE	DIAS
1 julio 94	–	–	–
1 enero 95		47022222	184
1 julio 95	101388889	Mibor	365
1 enero 96	–	Mibor	549
1 julio 96	101666667	Mibor	731
1 enero 97	–	Mibor	915
1 julio 97	101388889	Mibor	1096

---

[10] No es el único método puesto que también se encuentra el de la tasa de rendimiento que vimos en el capítulo, el método del coste de reemplazamiento, o el de la determinación de los tipos de interés flotantes. El lector interesado en ellos puede consultar el libro de Anasstasiades y Parant que se cita en la bibliografía.

De igual manera, los pagos flotantes del 1 de enero de 1995 se han calculado así:

Intereses = 1.000.000.000 × 9,20 % × (184 ÷ 360) = 47.022.222 pts.

En la columna de la derecha de dicha tabla se muestran los días reales a partir del 1 de julio de 1994, por si fuese necesario para el cálculo de los intereses.

Centrándonos en el método de cálculo basado en los bonos cupón cero, diremos que éste considera al acuerdo de permuta financiera como un grupo de flujos, positivos y negativos, tomados individualmente y dispuestos en el tiempo de una cierta manera. De tal manera que la valoración de dicho acuerdo se realizará obteniendo el valor de cada flujo individualmente considerado, lo que hace que el valor de mercado del *swap* no sea más que el valor actualizado de cada flujo componente del mismo. Para el caso de la rama variable se admite que los cupones futuros se han calculado a los tipos de mercado del momento, por lo que su valor actual es nulo y el valor del lado flotante será pues el valor del cupón en curso con el reembolso del principal teórico en el momento del pago de dicho cupón. En la Tabla 13.A.3 se observan los flujos realmente considerados.

Tabla 13.A.3

VENCIMIENTOS	TIPO FIJO	TIPO FLOTANTE
1 octubre 94	–	–
1 enero 95	–	1047022222
1 julio 95	101388889	
1 enero 96	–	
1 julio 96	101666667	
1 enero 97	–	
1 julio 97	1101388889	

1. El cálculo de los tipos cupón cero

Basándonos en la Tabla 13.A.2 donde tenemos los tipos de interés para varios períodos pero calculados en base a un año de 360 días y no a los días reales, procederemos a obtener el valor del tipo de interés de mercado para los días reales (a éste le denominaremos «tipo actuarial»). Así, por ejemplo, para el tipo de interés actuarial a 1 mes, el valor sería:

$$\text{Tipo actuarial a 1 mes} = \left[1 + \frac{0,09}{12} \times \frac{365}{360}\right]^{12} - 1 = 9,5164\ \%$$

$$\text{Tipo actuarial a 3 meses} = \left[1 + \frac{0,094}{4} \times \frac{365}{360}\right]^{4} - 1 = 9,8766\ \%$$

$$\text{Tipo actuarial a 6 meses} = \left[1 + \frac{0,097}{2} \times \frac{365}{360}\right]^{2} - 1 = 10,0765\ \%$$

Es decir, primero se calcula el tipo de interés mensual corregido para los días reales y luego, tras añadirle la unidad, se eleva a 12 para obtener el tipo de interés anual. Este se obtiene después de restarle la unidad al resultado. De igual manera calcularíamos los tipos a 3 y a 6 meses sin más que sustituir en la operación anterior, además del tipo de mercado en cuestión, el número 12 por 4 y por 2, respectivamente, para el cálculo del tipo trimestral y del semestral.

Los otros tres tipos de interés actuariales son mucho más sencillos de calcular, puesto que no es más que una simple regla de tres, así, por ejemplo, para el tipo actuarial a un año:

Tipo actuarial a 1 año = 10,00 % × (365 ÷ 360) = 10,1388 %
Tipo actuarial a 2 años = 10,20 % × (365 ÷ 360) = 10,3416 %
Tipo actuarial a 3 años = 10,40 % × (365 ÷ 360) = 10,5444 %

Los tipos cupón cero[11] de los períodos inferiores o iguales al año coinciden con los tipos actuariales que acabamos de calcular. Mientras que el tipo cupón cero a dos años ($_0r_2$) se calcula según la expresión siguiente, en la que se supone que emitimos un bono normal de valor nominal 100 y cuyos flujos de caja coinciden con el tipo de interés actuarial a dos años (además de incluir el valor nominal en el último flujo). Al primer flujo se le descuenta al tipo cupón cero a un año (10,1388 %), mientras que al segundo se le descuenta al tipo cupón cero a dos años, que es el que pretendemos calcular.

$$100 = \frac{10,3416}{1,101388} + \frac{110,3416}{(1 + {_0r_2})^2} \longrightarrow {_0r_2} = 10,3521\ \%$$

Dicha cifra indica que el tipo de interés de un bono cupón cero que se extienda a lo largo de dos años es de un 10,3521 % nominal anual. Por último, el tipo cupón cero a tres años ($_0r_3$) se calcula de forma semejante al anterior.

$$100 = \frac{10,5444}{1,101388} + \frac{10,5444}{1,103521^2} + \frac{110,5444}{(1 + {_0r_3})^3} \longrightarrow {_0r_3} = 10,5737\ \%$$

En la Tabla 13.A.4 se muestra el resumen de los cálculos sobre los tipos de interés realizados hasta el momento.

Con el fin de determinar los tipos cupón cero correspondientes a las fechas efectivas

Tabla 13.A.4

	TIPO		
	REAL/360	ACTUARIAL	CUPON CERO
Tipo a 1 mes	9,00 %	9,5164 %	9,5164 %
Tipo a 3 meses	9,40 %	9,8766 %	9,8766 %
Tipo a 6 meses	9,70 %	10,0765 %	10,0765 %
Tipo a 1 año	10,00 %	10,1388 %	10,1388 %
Tipo a 2 años	10,20 %	10,3416 %	10,3521 %
Tipo a 3 años	10,40 %	10,5444 %	10,5737 %

---

[12] Sobre la estructura temporal de los tipos de interés y los métodos de cálculo de los tipos de interés a plazo implícito de los bonos cupón cero puede consultarse MASCAREÑAS, Juan: «La Estructura Temporal de los Tipos de Interés». *Actualidad Financiera*. Mayo 1991.

de los flujos de caja utilizaremos unas sencillas interpolaciones lineales[12] cuyos resultados se muestran en la Tabla 13.A.5, en la que tambien se muestran los días reales a partir de la fecha de la valoración del *swap* (el 1 de octubre de 1994) y el coeficiente de actualización calculado en función de dichos tipos cupón cero y de los días transcurridos.

Así, por ejemplo, para el día 1 de julio de 1995, el tipo cupón cero se obtiene según la expresión siguiente (en el numerador figuran los tipos cupón cero y en el denominador los meses correspondientes):

$$\frac{10{,}1388\ \% - 10{,}0765\ \%}{12 - 6} = \frac{X - 10{,}0765\ \%}{9 - 6} \longrightarrow X = 10{,}1076\ \%$$

En cuanto a su coeficiente de actualización se obtiene mediante la expresión siguiente:

$$(1 + 0{,}101076)^{-(273/365)} = 0{,}93051$$

Tabla 13.A.5

VENCIMIENTOS	TIPOS CUPON-CERO	DIAS REALES	COEFICIENTE DE ACTUALIZACION
1 octubre 94	–	–	–
1 enero 95	9,8766 %	92	0,97654
1 julio 95	10,1076 %	273	0,93051
1 enero 96	10,1921 %	457	0,88557
1 julio 96	10,2987 %	639	0,84231
1 enero 97	10,4075 %	823	0,79992
1 julio 97	10,5183 %	1004	0,75950

2. El cálculo del valor de mercado del *swap*

Ahora ya podemos calcular el valor de la rama fija del acuerdo de permuta financiera sin más que actualizando los flujos de caja que aparecían en la Tabla 13.A.3:

Valor rama fija = (101.388.889 × 0,93051) + (101.666.667 × 0,84231) +
+(1.101.388.889 × 0,7595) = 1.016.483.087 pts.

Valor rama flotante = 1.047.022.222 × 0,97654 = 1.022.459.081 pts.

Así que para el receptor fijo (o pagador flotante) el *swap* tiene un valor negativo igual a la diferencia entre las dos ramas anteriores: –5.975.994 pts.

---

[12] Bien es verdad que lo mejor sería utilizar la expresión de la curva de regresión polinomial que mejor se ajuste a los tipos de interés anteriores en función del tiempo hasta el vencimiento, pero debido a lo laborioso del proceso utilizaremos la interpolación lineal simple para obtenerlos.

Apéndice B: Contrato marco de permuta financiera de intereses en pesetas «SWAPCEMM»

Exposición

El presente Contrato marco ha sido elaborado por la Comisión de Estudio del Mercado Monetario (CEMM) con objeto de normalizar los acuerdos de permuta financiera de intereses (fijo contra variable) denominados en pesetas, operativa, que en fechas recientes está cobrando creciente importancia en el mercado español.

La CEMM estima que la citada normalización favorecerá el desarrollo de un nuevo instrumento que facilita mediante una permuta mercantil, el intercambio de los flujos de intereses derivados de operaciones financieras a tipo de interés fijo y a tipo de interés variable, respectivamente.

La CEMM no se responsabiliza de la idoneidad de los términos y condiciones contenidas en el presente contrato marco, ni de las consecuencias que pudieran derivarse de los acuerdos singulares de permuta financiera que se concierten al amparo del mismo.

Las entidades que pacten acuerdos de permuta financiera de intereses (fijo contra variable) denominados en pesetas, acogiéndose a las estipulaciones contenidas en este contrato marco, se comprometen a que dichos acuerdos singulares se rijan por las mencionadas estipulaciones.

Por consiguiente, todos los acuerdos a que se refiere este contrato marco se entenderán sobre las bases y definiciones aquí establecidas.

Cualquier variación de los términos y condiciones contenidos en este contrato marco debe ser explícita y claramente convenida en el momento en que se pacte el acuerdo singular, y especificado en los correspondientes documentos de confirmación.

Las partes contratantes, reconociéndose capacidad recíproca, pactan para regular este contrato, jurídicamente vinculante las siguientes:

Especificaciones

Primera. Definiciones

A efectos del presente Contrato marco y de cada uno de los Acuerdos singulares que a su amparo se celebren, los términos que a continuación se indican tendrán la siguiente significación:

(A) Por «Permuta financiera de intereses en pesetas» (fijo contra variable) se entenderá un acuerdo entre dos partes para intercambiar flujos de pagos en concepto de intereses derivados de operaciones a tipo de interés fijo y a tipos de interés variable, respectivamente, sobre un importe principal teórico y durante un período de tiempo determinado.

(B) Por «Acuerdos» se entenderá cada uno de los Acuerdos singulares de permuta financiera que se celebren al amparo del presente Contrato.

(C) Por «Día hábil» se entenderá cualquier día de la semana en los que puedan realizarse transacciones en el Mercado Interbancario de Madrid. Los sábados se consideran días inhábiles.

(D) Por «Fecha de entrada en vigor» se entenderá la que en cada acuerdo se señale con tal carácter.

La fecha de entrada en vigor coincidirá con la fecha de fijación del tipo variable aplicable durante el primer período de interés.

(E) Por «Fecha(s) de liquidación» se entenderá cada uno de los días que con tal carácter se indiquen en cada Acuerdo.

Las fechas de liquidación coincidirán con las respectivas fechas de vencimiento de los períodos de tipo variable, tanto para el importe fijo como para el variable.

En todas las fechas de liquidación, a excepción de la última se fijará el tipo de interés variable aplicable durante el siguiente período de interés.

Si alguna fecha de liquidación no fuese día hábil se entenderá trasladada al día hábil inmediatamente siguiente.

(F) Por «Fecha de resolución» se entenderá la fecha a partir de la cual surte efecto la declaración de resolución de un Acuerdo por una de las partes.

(G) Por «Cantidad fija» se entenderá la que resulte del producto del principal teórico, por el tipo fijo anual equivalente para el período del tipo de interés variable, y por una fracción cuyo numerador será el número de días del período de tiempo comprendido entre la fecha de entrada en vigor o de última liquidación (inclusive) y la siguiente fecha de liquidación (exclusive) y cuyo denominador será 360.

(H) Por «Cantidad variable» se entenderá la que resulte del producto del principal teórico, por el tipo variable aplicable al período de interés que finalice en dicha fecha de liquidación, y por una fracción cuyo numerador será el número de días del período de tiempo comprendido entre la fecha de entrada en vigor o de última liquidación (inclusive) y la siguiente fecha de liquidación (exclusive) y cuyo denominador será 360.

(I) Por «Pagador fijo» se entenderá la parte que con este carácter se designe en cada Acuerdo.

(J) Por «Pagador variable» se entenderá la parte que con este carácter se designe en cada Acuerdo.

(K) Por «Parte requirente» se entenderá aquella parte a la que le corresponde el derecho de resolver un Acuerdo, denominándose a la otra «Parte requerida»

(L) Por «Período contractual» se entenderá el período de tiempo comprendido entre la fecha de inicio y la fecha de vencimiento de cada Acuerdo.

(M) Por «Período de interés» se entenderá el período de tiempo comprendido entre una fecha de liquidación (inclusive) y la siguiente fecha de liquidación (exclusive). El primer período de interés comenzará en la fecha de entrada en vigor del contrato de que se trate (inclusive) y terminará en la primera fecha de liquidación (exclusive).

(N) Por «Referencia de liquidación SWAPCEMM» se entenderá aquel sistema o procedimiento que permite determinar el tipo para liquidación. Dicho tipo de interés será el que se publique en las pantallas electrónicas para liquidación de «swaps de intereses» (fijo contra variable) denominados en pesetas, de las agencias REUTER y/o TELERATE, siendo el resultante de aplicar las mismas para su determinación, la cual figura en el Anexo 1 de este Contrato.

Si por cualquier circunstancia las pantallas mencionadas en el párrafo anterior no estuvieran disponibles en la fecha de inicio del período contemplado, el tipo para liquidación se determinará de acuerdo con las mismas especificaciones contenidas en el citado Anexo 1, salvo en lo referente a la inserción electrónica de las cotizaciones y la posterior publicación en pantalla electrónica de los tipos para liquidación, que serán sustituidas por medios de comunicación y difusión alternativos como son el teléfono, télex, telefax, etc.

(O) Por «Tipo para liquidación» se entenderá el tipo de interés obtenido de la referencia de liquidación SWAPCEMM, en la fecha de inicio y para el período contemplado.

(P) Por «Principal teórico» se entenderá la cantidad que con tal carácter se fije en cada Acuerdo.

(Q) Por «Tipo fijo» se entenderá el con tal carácter se fije en cada acuerdo.

(R) Por «Tipo variable» para cada período de interés variable, se entenderá el tipo para liquidación correspondiente al período de tiempo que comprende dicho período de interés.

Segunda. Acuerdos singulares

2.1. Con sujeción a los términos de este Contrato marco podrán concertarse, Acuerdos de Permuta Financiera de Intereses, por télex o telefax confirmado por escrito, de acuerdo con el modelo del Anexo 2, de este Contrato.

2.2. Salvo pacto expreso en contrario, los Acuerdos singulares que se concierten al amparo de este Contrato marco, se ajustarán a lo dispuesto en las estipulaciones del mismo que se entenderán incorporadas como contenido propio de cada Acuerdo singular.

2.3. Cada Acuerdo deberá determinar necesariamente los siguientes conceptos a los efectos de las definiciones previstas en la Estipulación Primera anterior:

– Fecha de entrada en vigor.
– Fecha(s) de liquidación.
– Fecha de vencimiento.
– Pagador fijo.
– Pagador variable.
– Principal teórico.
– Tipo fijo.
– Importe fijo correspondiente a cada período de interés variable.
– Referencia de liquidación.

Tercera. Pagos y determinación de importes variables

3.1. En cada fecha de liquidación:

a) el pagador fijo pagará al pagador variable la cantidad en que, en su caso, el importe fijo exceda del importe variable, o

b) el pagador variable pagará al pagador fijo la cantidad en que, en su caso, el importe variable exceda del importe fijo, o

c) en el supuesto de que el importe fijo y el importe variable sean iguales, ninguna de las partes estará obligada a efectuar pago alguno a la otra.

3.2. Antes de las 15:00 horas de la fecha de liquidación (o fecha de entrada en vigor cuando se trate del primer período de interés) ambas partes se confirmarán por cruce de télex o telefax:

– El tipo variable aplicable durante el período de interés que comienza en dicha fecha.
– El importe variable correspondiente a la fecha de liquidación siguiente.

En caso de discrepancia se estará a lo dispuesto en el apartado de la definición «Tipo para la liquidación».

Si una de las partes omitiera la notificación, se estará a la determinación efectuada en la notificación de la otra.

Cuarta. Declaraciones y garantías

4.1. Cada parte que interviene en un acuerdo de permuta financiera de tipos de interés declara y garantiza a la otra que:

a) Las partes son entendidas legalmente constituídas y con capacidad plena para desarrollar las actividades mercantiles de su objeto social.

b) El presente Contrato y los Acuerdos que a su amparo se celebren no vulneran los Estatutos o contratos que vinculen a cualquiera de las partes contratantes.

c) Tienen pleno poder y competencia para comprometerse o comprometer a la Sociedad que representan en el acuerdo de permuta financiera de tipos de interés y para ejercitar los derechos y cumplir las obligaciones que se deriven de este acuerdo, habiéndose obtenido todas las autorizaciones y consentimientos necesarios para comprometerse, asegurando el pleno vigor de los mismos.

d) Que las obligaciones que asumen en el acuerdo de permuta financiera de tipos de interés son obligaciones reales válidas y vinculantes de acuerdo con sus términos, y se asumen con el fin de facilitar la posibilidad de protegerse del riesgo de intereses en que incurren en el curso normal de sus operaciones.

e) No tienen conocimiento de estar incursos en alguno de los supuestos de Resolución previstos en la Estipulación sexta posterior.

4.2. La parte que incurra en alguna causa de Resolución prevista en la Estipulación Sexta posterior se obliga a ponerlo inmediatamente en conocimiento de la otra parte.

Quinta. Disposiciones generales respecto a pagos

5.1. Los pagos que deban realizarse en virtud de cada Acuerdo se entenderán netos y libres de cualquier clase de impuestos o retenciones o deducción de o a cuenta de ningún tipo de impuesto que, si existiese, se asumirá por la parte que hubiese de realizar el pago. Si legalmente fuese obligatorio repercutir el impuesto a la parte que reciba el pago, la cantidad resultante se incrementará de tal forma que efectuada la retención o el pago del impuesto, la parte que reciba el pago obtenga el importe neto que hubiese recibido de no ser aplicado impuesto o retención alguna.

5.2. Los pagos se realizarán antes de las 12:00 horas del día correspondiente a cada fecha de liquidación en las cuentas corrientes abiertas en el Banco de España en Madrid, sin necesidad de previo requerimiento, debiendo confirmarse el ingreso por télex o telefax antes de las 12:00 horas del mismo día.

Sexta. Causas de resolución

6.1. Causas de resolución imputables a una de las Partes:

6.1.1.
Los Acuerdos singulares amparados por este Contrato podrán resolverse por cualquiera de las siguientes causas (en adelante «Causas de Resolución»):

a) El incumplimiento por alguna de las partes de cualquiera de las obligaciones asumidas en los Acuerdos que se celebren al amparo del presente Contrato.

b) Solicitud de declaración de quiebra, suspensión de pagos o cese de las actividades mercantiles propias el objeto social de alguna de las partes.

c) Incumplimiento de alguna obligación de importancia a su cargo o el embargo de activos o cualquier otro supuesto que refleje notoriamente la disminución de la solvencia de alguna de las partes.

Se entenderá obligación de importancia una cantidad igual o superior al cinco por ciento (5 %) de los recursos propios de la Entidad de que se trate publicados en su última memoria anual.

d) Sanción por infracción muy grave, sustitución de órganos de administración o dirección, o intervención de alguna de las partes.

6.1.2.
Cualquiera de las partes podrá declarar la resolución del Acuerdo de que se trate, si se produjera, respecto a la otra parte, alguna de las causas previstas en el Apartado 6.1.1, y si dicha causa de resolución sigue existiendo, y sin haberse subsanado en el momento en el que surta efectos dicha declaración. Tal declaración deberá realizarse por escrito y surtirá efectos a partir de la fecha en que en ella se indique, que deberá ser hábil y estar comprendida entre el quinto y el vigésimo día posteriores a la entrega de la declaración de resolución.

6.2. Causas de Resolución por cambio de circunstancias económicas de la operación:

Cualquier Acuerdo singular podrá resolverse cuando, por nuevas disposiciones legales o reglamentarias, o por distinta interpretación judicial o administrativa de las actualmente vigentes, se impusieran a las operaciones objeto de cada Acuerdo nuevos impuestos, tributos o retenciones o requerimientos de coeficientes, depósitos obligatorios, etc., o se incrementaran los actuales existentes, de forma que las prestaciones de alguna o de ambas partes de este Acuerdo aumentaran en su onerosidad. A los efectos de este apartado las Partes entienden que las disposiciones legales vigentes al día de hoy no imponen obligación alguna de retención a cuenta del Impuesto de Sociedades en relación con los pagos a que se refiere la Estipulación Quinta, que están, asimismo, exentos del Impuesto sobre el Valor Añadido.

De producirse esta causa de resolución, la Parte obligada a soportar el Impuesto o Retención, Coeficientes, etc., podrá declarar la resolución del Acuerdo de que se trate, siempre que dicha causa de resolución siga existiendo, y sin tener posibilidad de remediarse, en el momento en que surta efectos la resolución. La declaración deberá realizarse por escrito y surtirá efectos a partir de la fecha de resolución que en ella se indique, que deberá ser día hábil y estar comprendida entre el quinto y el vigésimo día posteriores a la entrega de la declaración de resolución.

6.3. Una vez se haya procedido a la resolución del Acuerdo de que se trate conforme a lo establecido en esta Estipulación, ninguna de las Partes estará obligada a efectuar pago alguno a la otra, salvo los establecidos en las Estipulaciones octava, novena y décima.

Séptima. Obligaciones de pago sometidas a condición

Si en el momento en que una de las Partes tuviera obligación de efectuar un pago, conforme al Acuerdo de que se trate, la otra Parte hubiera incurrido en cualquiera de las causas de Resolución que se relacionan en el Apartado 6.1 de la Estipulación sexta que antecede, sin que dicha causa se hubiera subsanado, tal obligación de pago estará condicionada a que la parte requerida haya realizado el pago de la totalidad de los importes adeudados y pagaderos por ella en dicha fecha, así como a que la Causa de resolución se haya subsanado o que haya mediado una renuncia expresa de la Parte requirente al ejercicio del derecho de resolver. Se entenderá que tales obligaciones de pago están sometidas a esta condición aunque no haya mediado por la Parte Requirente declaración de resolución o, habiendo mediado declaración, aún no haya transcurrido el plazo previsto para que surta efectos tal declaración, y siempre que la Parte requirente no haya renunciado expresamente, y por escrito, a su derecho de declarar la resolución del Acuerdo de que se trate.

Octava. Cantidad exigible al pagador variable si éste incurriera en alguna de las causas de resolución previstas en el Apartado 6.1

8.1. Si el Pagador Variable incurriera en alguna de las Causas de resolución y el Pagador fijo declarase la resolución del Acuerdo de que se trate conforme a lo previsto en el apartado 6.1, el Pagador fijo tendrá derecho a exigir del Pagador variable, en la Fecha de resolución, una cantidad que se determinará de la siguiente forma:

I) Se SUMARAN:

a) Todos los importes no satisfechos que hayan vencido y fuesen pagaderos al Pagador fijo de acuerdo con el Acuerdo de que se trate, hasta la última fecha de liquidación anterior a, o que coincida con, la Fecha de resolución, junto con el interés sobre cada uno de tales importes calculado al Tipo de Interés indemnizatorio y desde la fecha de vencimiento del citado importe hasta la Fecha de resolución.

b) La parte proporcional de aquella Cantidad variable que hubiera correspondido pagaren la siguiente Fecha de liquidación posterior a la Fecha de resolución, hallándose dicha proporción en base a los días transcurridos desde la última fecha de liquidación anterior a la Fecha de resolución hasta la propia Fecha de resolución, en relación con el número total de días del Período de Interés dentro del cual está comprendida la Fecha de resolución.

c) Un importe igual a la suma del Valor actual de los intereses que el Pagador fijo pagaría por un Préstamo sustitutivo a interés fijo que se obtuviese a partir de la Fecha de resolución.

Por «Préstamo sustitutivo a tipo fijo» se entiende, un préstamo, por un importe igual al Principal teórico, tomado por el Pagador fijo en la Fecha de resolución, que venciese en la última Fecha de liquidación del acuerdo de que se trate, y devengase un tipo de interés pagadero anualmente igual al que resulte de añadir un 0,5 % anual a la rentabilidad de una inversión en Deuda pública del Estado Español, con una duración similar al período comprendido desde la Fecha de resolución hasta la última Fecha de liquidación del Acuerdo de que se trate, según el procedimiento que se describe en el Anexo 3.

Por «Valor actual» de cualquier importe se entiende ese importe descontado sobre una base anual a su valor presente en la Fecha de resolución, realizando tal descuento al tipo de rentabilidad de Deuda pública del Estado Español mencionado en el párrafo anterior sin añadir ningún diferencial.

II) De la suma total de lo obtenido conforme a lo establecido en **(I)** anterior se RESTARA:

a) Cualquier cantidad no satisfecha que haya vencido y fuese pagadera por el Pagador fijo de acuerdo con el Acuerdo de que se trate, hasta la última fecha de liquidación anterior a, o que coincide con, la Fecha de resolución, junto con el interés sobre cada una de tales cantidades calculado al Tipo de interés indemnizatorio y desde la fecha de vencimiento de dicha cantidad hasta la Fecha de resolución.

b) La parte proporcional de aquella Cantidad variable que hubiera correspondido pagar en la siguiente Fecha de liquidación posterior a la Fecha de resolución, hallándose dicha proporción en base a los días transcurridos desde la última fecha de liquidación anterior a la Fecha de resolución hasta la propia Fecha de resolución, en relación con el número total de días del Período de Interés dentro del cual está comprendida la Fecha de resolución.

c) Un importe igual a la suma del Valor actual de las cantidades fijas que el Pagador fijo habría efectuado bajo el Acuerdo de que se trate para el período que comenzase en la Fecha de resolución y finalizase en la última Fecha de liquidación estipulada en el Acuerdo de que se trate.

Asimismo, el Pagador fijo tendrá derecho a exigir del Pagador variable intereses sobre el importe neto determinado de acuerdo con los anteriores Apartados (I) y (II), calculado a Tipo de interés indemnizatorio, desde la Fecha de resolución hasta que dicho importe sea abonado.

8.2. A efectos de lo previsto en los apartados anteriores se hace constar expresamente, que el pago que corresponda realizar en función de dichos apartados se entenderá sin perjuicio del derecho de la Parte requirente a ser indemnizada de cualesquiera otros daños, gastos o perjuicios que hubiese sufrido con motivo del incumplimiento de la Parte requerida.

Novena. Cantidad exigible al Pagador fijo si éste incurriera en alguna de las Causas de resolución previstas en el Apartado 6.1

9.1. Si el Pagador Fijo incurriera en alguna de las Causas de resolución y el Pagador variable declarase la resolución del Acuerdo de que se trate conforme a lo previsto en el Apartado 6.1, el Pagador variable tendrá derecho a exigir al Pagador fijo, en la Fecha de resolución, una cantidad que se determinará de la siguiente forma:

I) Se SUMARAN:

a) Todos los importes no satisfechos que hayan vencido y fuesen pagaderos al Pagador variable de acuerdo con el Acuerdo de que se trate, hasta la última fecha de liquidación anterior a, o que coincida con, la Fecha de resolución, junto con el interés sobre cada uno de tales importes calculado al Tipo de interés indemnizatorio y desde la fecha de vencimiento del citado importe hasta la Fecha de resolución.

b) La parte proporcional de aquella Cantidad fija que hubiera correspondido pagaren la siguiente Fecha de liquidación posterior a la Fecha de resolución, hallándose dicha proporción en base a los días transcurridos desde la última fecha de liquidación anterior a la Fecha de resolución hasta la propia Fecha de resolución, en relación con el número total de días del Período de interés dentro del cual está comprendida la Fecha de resolución.

c) Un importe igual a la suma del Valor actual de las cantidades fijas que el Pagador variable habría recibido de acuerdo con el Acuerdo de que se trate para el período que comenzase en la Fecha de resolución y finalizase en la última Fecha de liquidación estipulada en el Acuerdo de que se trate.

II) De la suma total de lo obtenido en (I) anterior se RESTARA:

a) Cualquier cantidad no satisfecha que haya vencido y fuese pagadera por el Pagador variable de acuerdo con el Acuerdo de que se trate, hasta la última fecha de liquidación anterior a, o que coincide con, la Fecha de resolución, junto con el interés sobre cada una de tales cantidades calculado al Tipo de interés indemnizatorio y desde la fecha de vencimiento de dicha cantidad hasta la Fecha de resolución.

b) La parte proporcional de aquella Cantidad fija que hubiera correspondido pagar en la siguiente Fecha de liquidación posterior a la Fecha de resolución, hallándose dicha proporción en base a los días transcurridos desde la última fecha de liquidación anterior a la Fecha de resolución hasta la propia Fecha de resolución, en relación con el número total de días del Período de interés dentro del cual está comprendida la Fecha de resolución.

c) Un importe igual a la suma del Valor actual de los intereses que el Pagador variable recibiría de una Inversión Sustitutiva de renta fija después de la Fecha de resolución.

Por «Inversión Sustitutiva de renta fija» se entiende una hipotética inversión en Deuda pública del Estado Español por un importe igual al Principal teórico, realizada por el Pagador variable en la Fecha de resolución, con vencimiento en la última Fecha de liquidación del Acuerdo de que se trate, o lo más cercano posible a dicha fecha, y generando intereses desde la Fecha de resolución a un tipo igual al tipo de rentabilidad para una inversión en Deuda pública del Estado Español, según la media aritmética de las cotizaciones que, a las 9,30 horas de la mañana de la Fecha de resolución, ofrezcan para vender dicha Deuda en el mercado secundario según el procedimiento que se describe en el Anexo 3.

Por «Valor actual» de cualquier importe se entiende ese importe descontado sobre una base anual a su valor presente en la Fecha de resolución, realizando tal descuento al tipo de rentabilidad de Deuda pública del Estado Español mencionado en el párrafo anterior sin añadir ningún diferencial.

Asimismo, el Pagador variable tendrá derecho a exigir del Pagador fijo intereses sobre el importe neto determinado de acuerdo con los anteriores apartados I) y II), calculado a Tipo de interés indemnizatorio, desde la Fecha de resolución hasta que dicho importe sea abonado.

9.2. A efectos de lo previsto en los apartados anteriores se hace constar expresamente, que el pago que corresponda realizar en función de dichos apartados se entenderá sin perjuicio del derecho de la Parte requirente a ser indemnizada de cualesquiera otros daños, gastos o perjuicios que hubiese sufrido con motivo del incumplimiento de la Parte requerida.

Decima. Cantidades exigibles en caso de Resolución del Acuerdo conforme al Apartado 6.2 de la Estipulación sexta

En el caso de Resolución del Acuerdo de que se trate de conformidad con el Apartado 6.2, de la Estipulación sexta que antecede, se efectuarán los dos cálculos requeridos por la Estipulación octava y novena, y del importe calculado de acuerdo con la Estipulación octava, ya sea éste positivo o negativo, se restará el importe calculado de acuerdo con la Estipulación novena, ya sea éste positivo o negativo, dividiéndose por dos la diferencia (a esta cantidad resultante se le denominará «Diferencia prorrateada»). Si la Diferencia prorrateada es positiva, el Pagador fijo tendrá derecho a exigir al Pagador variable, en la Fecha de resolución, dicha Diferencia prorrateada, y si es negativa, el Pagador variable tendrá derecho a exigir del Pagador fijo, en la Fecha de resolución, dicha Diferencia prorrateada. La parte con derecho a recibir el pago de la otra, de conformidad con la Estipulación décima, tendrá, asimismo, derecho a exigir de la otra el interés sobre la Diferencia prorrateada, calculado al Tipo de interés indemnizatorio, desde la Fecha de resolución hasta que se abone la Diferencia prorrateada.

Undécima. Tipo de interés indemnizatorio y compensaciones

11.1. Cualquier cantidad adeudada en virtud de cada Acuerdo cuyo pago no se efectuará en la fecha debida devengará un interés indemnizatorio a un tipo anual computado día a día sobre la base de un año de 360 días, incrementando en un 2% el tipo diario según publicación del Banco de España como media de las operaciones realizadas el día hábil anterior.

Los intereses indemnizatorios se devengarán día a día en base a un año de 360 días, en tanto continúen impagadas las cantidades debidas, liquidándose y pagándose mensualmente y en aquella fecha en que cese el incumplimiento. A tal fin, y a los efectos del Artículo 317 del Código de Comercio, podrá la Parte Requirente capitalizar mensualmente los intereses devengados y no satisfechos, que devengarán nuevos intereses al Tipo de interés indemnizatorio. A su vez, los intereses indemnizatorios devengados y no satisfechos se capitalizarán, también mensualmente, devengando igualmente intereses al tipo indemnizatorio señalado.

11.2. Lo dispuesto en el Apartado 11.1, se entenderá sin perjuicio de que ambas Partes se comprometen y facultan para que puedan compensarse cualquier cantidad adeudada por la otra Parte en virtud del Acuerdo de que se trate con los saldos, depósitos de toda clase de cuentas, en cualquier divisa, que la Parte requerida mantenga en la Parte requirente, o en cualquiera de sus Agencias o Sucursales, facultando expresamente e irrevocablemente a la Parte requirente para que, sin previo aviso, pueda reducir o cancelar los saldos para pagar la deuda, abonando y transpasando la cantidad necesaria a la Parte requirente y reteniendo o realizando valores u otra clase de títulos o derechos o depósitos que la Parte requerida tenga o tuviese en lo sucesivo en la Parte requirente.

11.3. Sin perjuicio de lo dispuesto en 11.2, queda expresamente pactado que en cualquiera de los supuestos de resolución de alguno de los Acuerdos celebrados al amparo de este Contrato, la Parte requirente deberá compensar las cantidades que adeudara con las que sean debidas en virtud de cualquiera de dichos Acuerdos, hayan sido objeto o no de Resolución.

Decimosegunda. Gastos, impuestos y comisiones

12.1. Los impuestos que graven el otorgamiento de este Contrato y el de los Acuerdos singulares que a su amparo se celebren serán a cargo de ambas partes por mitad.

12.2. Cada parte se hará cargo de sus propios gastos con motivo de la preparación y del otorgamiento de los Acuerdos singulares que al amparo de este Contrato marco se celebren.

Decimotercera. Confirmaciones y notificaciones

Todas las confirmaciones y notificaciones que hayan de efectuarse en virtud del presente Contrato y de los Acuerdos singulares que a su amparo se celebren, podrán efectuarse también por télex o telefax, pactándose estos sistemas de comunicación a efectos del Artículo 51 del Código de Comercio y se enviarán tanto por estos medios como por cualquier otro por escrito admitido en derecho, a los Departamentos de Tesorería de las Entidades contratantes.

Decimocuarta. Cesión de los acuerdos singulares

14.1. Los derechos y/u obligaciones, así como la posición contractual de cada una de las partes no podrán ser cedidas o transferidas a un tercero sin el previo consentimiento escrito de la otra parte.

14.2. El presente Contrato marco y los Acuerdos singulares que a su amparo se celebren serán vinculantes para las partes, así como para sus respectivos sucesores y cesionarios.

Decimoquinta. Ley aplicable y fuero

15.1. Las partes acuerdan someterse para todas las cuestiones derivadas del presente contrato y de los acuerdos singulares que a su amparo se celebren a los órganos arbitrales que, en cada caso, sean competentes según la naturaleza de las entidades implicadas.

15.2. Sin perjuicio de lo dispuesto en el párrafo anterior, y para cuando no sea posible resolver las cuestiones planteadas conforme se prevé en dicho párrafo, las partes, con renuncia a su propio fuero, se someten, para la resolución de tales cuestiones, a los Juzgados y Tribunales de Madrid.

15.3. A los efectos legales pertinentes, las partes hacen constar expresamente que la función de determinación del tipo para liquidación en el supuesto previsto en el Apartado N de la Estipulación Primera de la definición de Tipo de liquidación se acoge a lo previsto en los Artículos 1.447 y 1.448 del Código Civil.

ANEXO 1: Normas para la determinación de tipos de interés de liquidación «SWAP» a través de pantalla electrónica

1. El grupo formado por aquellas Entidades representativas en el mercado de depósitos, y elegidas por el procedimiento arbitrado por la Comisión de Estudio del Mercado Monetario, cotizará diariamente los tipos de interés de depósito a plazo por meses de uno a doce, ambos inclusive.

2. El mencionado grupo cotizante estará compuesto por dos subgrupos (A y B), con el mismo número de Entidades cada uno, que cotizará de la forma siguiente:

- Subgrupo A : Tipos de interés de oferta de 1 a 6 meses, y de demanda de 7 a 12 meses.
- Subgrupo B: Tipos de interés de demanda de 1 a 6 meses, y de oferta de 7 a 12 meses.

3. Las Entidades mencionadas, se obligan a cotizar diariamente y en la forma especificada en el punto anterior, los doce plazos citados.

4. Cada una de las Entidades que integren dicho grupo cotizante, insertará en las pantallas electrónicas las doce cotizaciones mencionadas, antes de las 9,30 horas de cada día hábil.

5. Cada Entidad cotizante podrá efectuar antes de las 9,30 horas cuantas inserciones estime oportuno.

6. El ordenador reflejará automáticamente la hora y minutos de la última inserción de cada Entidad cotizante.

7. Cada tipo de interés se cotizará con uno o dos enteros y tres decimales, siendo el último, cero o cinco.

8. Las citadas pantallas electrónicas serán públicas no más tarde del momento de la publicación de los tipos de interés medios.

9. A partir de las 9,30 horas y antes de las 9,45 h., un ordenador del sistema electrónico de cotización, calculará el tipo medio para cada uno de los doce plazos citados siguiendo las reglas siguientes:

a) Eliminación en todos los plazos de las Entidades que aparezcan en pantalla con una hora cero en sus cotizaciones.

b) Eliminación en todos los plazos de las Entidades que aparezcan en pantalla con una hora posterior a las 9,30 horas en sus cotizaciones.

c) Eliminación en todos los plazos de las Entidades que hayan dejado de cotizar en algún plazo.

d) Cumplidas las tres premisas anteriores y tras las eliminaciones correspondientes, en su caso, se procedería a la eliminación del tipo más alto de oferta y del tipo más bajo de demanda para cada plazo.

e) Cuando en el tipo más alto y/o más bajo coincidan tres o más Entidades no se eliminará ninguna de las coincidentes.

f) Una vez efectuadas las mencionadas depuraciones, se obtiene un conjunto de tipos intermedios que sirve de base para el cálculo del tipo medio para cada plazo mediante media aritmética del total de precios de oferta y de demanda correspondientes.

g) Para el cálculo del tipo medio se trunca en la diezmilésima inclusive con la equidistancia al alza, por lo que dicho tipo medio se expresará mediante sus correspondientes enteros y tres decimales.

h) A partir de las 9,30 horas y antes de las 9,45, se harán públicos en la pantalla correspondiente, los tipos medios de cada uno de los doce plazos citados.

10. Los tipos de interés medios así obtenidos y publicados en circuito abierto para todas las Entidades, serán los de liquidación para los contratos de permuta financiera de tipos de interés (fijo contra variable) denominados en pesetas («SWAP») cuya fecha de inicio sea coincidente con la fecha de dicha publicación.

ANEXO 2. Ejemplo de confirmación de un SWAP

A: .... de B: ....

Les confirmamos el siguiente acuerdo de permuta financiera de intereses núm............... pactado entre ambas entidades de acuerdo con los términos y condiciones del Contrato marco SWAPCEMM de fecha..................:

FECHA DE ENTRADA EN VIGOR:
FECHA(S) DE LIQUIDACION:
FECHA DE VENCIMIENTO:
PAGADOR FIJO:
PAGADOR VARIABLE:
PRINCIPAL TEORICO:
TIPO FIJO:
IMPORTE FIJO:
REFERENCIA DE LIQUIDACION:

Términos y condiciones distintas a las SWAPCEMM en su caso:

—
—
—

etcétera.

ANEXO 3. Normas para la determinación de la rentabilidad de una inversión en Deuda Pública del Estado Español

La rentabilidad será la que figure publicada, para la Emisión con una vida similar al período comprendido entre la fecha de Resolución y la última Fecha de liquidación del acuerdo de que se trate, en el Boletín editado por la Central de Anotaciones el día siguiente al de la fecha de Resolución del Acuerdo.

Si por cualquier circunstancia la referencia para determinar dicha Rentabilidad según el párrafo anterior, no estuviera disponible en la Fecha de Resolución, se acudirá mediante télex o telefax a todos y cada uno de los Creadores de Mercado solicitando cotización, antes de las 10 horas, para la Emisión utilizada como referencia.

Con dichas cotizaciones se realizará una media aritmética, eliminado la cotización más alta y más baja a no ser que coincidan en alguna de ellas más de una Entidad, que servirá como Rentabilidad de Referencia.

14
Permuta financiera II: *Swap* de divisas y *swap* de activos

14.1. INTRODUCCION

Aunque pueda parecer lo contrario, el *swap* de divisas es mucho más viejo que el *swap* de intereses, que vimos en el capítulo anterior, puesto que su nacimiento se sitúa en Gran Bretaña en la década de los sesenta y su objetivo era y, sigue siendo, sortear los problemas de control de cambios.

14.1.1. El préstamo paralelo

Antes de la aparición de este instrumento existía lo que se denominaba el *préstamo paralelo*. Esta técnica, que era bastante semejante al *swap* de divisas, implicaba a dos empresas que se hacían mutuamente préstamos de cantidades equivalentes en dos monedas distintas y con el mismo vencimiento.

Veamos un ejemplo. Supongamos que Repsol S.A. en España puede necesitar dólares para sus empresas filiales americanas y, al mismo tiempo, tiene exceso de pesetas. Por otro lado, General Motors en los EE UU tiene exceso de dólares pero necesita pesetas para sus operaciones en España. En la Figura 14.1 se

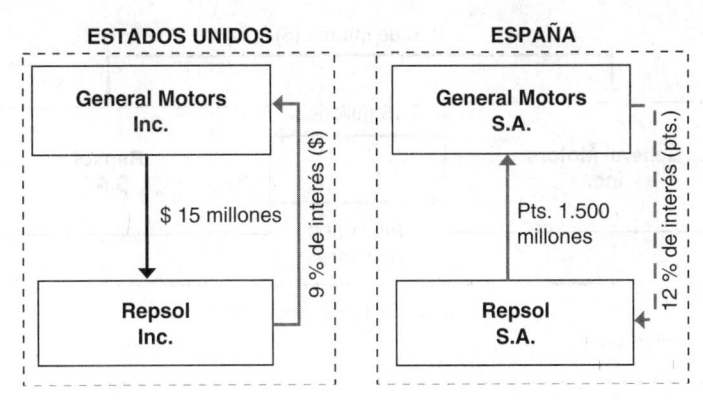

Figura 14.1. Ejemplo de un préstamo paralelo.

muestra un préstamo de 15 millones de dólares a Repsol Inc., por General Motors, y un préstamo de 1.500 millones de pesetas de Repsol S.A. a General Motors España S.A. El interés del 12 % es pagado por GM España S.A., a Repsol S.A., y el 9 % por Repsol Inc., a General Motors.

Pero los préstamos paralelos presentaban algunos problemas técnicos, en particular los relativos a que si una de las partes dejaba de realizar sus pagos la otra no quedaba liberada de sus obligaciones contractuales al estar ambas operaciones separadas desde un punto de vista jurídico; y, además, que dichos préstamos paralelos aparecían en los balances consolidados de cada grupo por partida doble: como préstamo a terceros y como una deuda contraída por una filial, lo que deterioraba los ratios de cada grupo según las condiciones del endeudamiento. Esta y otras razones dieron lugar al nacimiento del *back to back* y del *swap* de divisas.

El préstamo *back to back*, es una transacción por la que dos entidades con sedes centrales en diferentes países acuerdan prestarse mutuamente principales equivalentes, según los tipos de cambio vigentes, de sus respectivas divisas. Cada parte recibe intereses de su contraparte como pago del préstamo realizado con base en los tipos de interés vigentes para cada divisa. Los principales de cada divisa son intercambiados al principio y al vencimiento del préstamo, al tipo de cambio de contado vigente al comienzo del mismo.

En la Figura 14.2 se muestra un ejemplo de este último tipo de préstamo con los mismos actores que en el del préstamo paralelo. Ahora directamente Repsol presta 1.500 millones de pesetas a General Motors Inc., con un 12 % de interés pagadero en la moneda española y, por otro lado, la compañía americana presta a la petrolera española 15 millones de dólares al 9 % de interés, pagaderos en dólares.

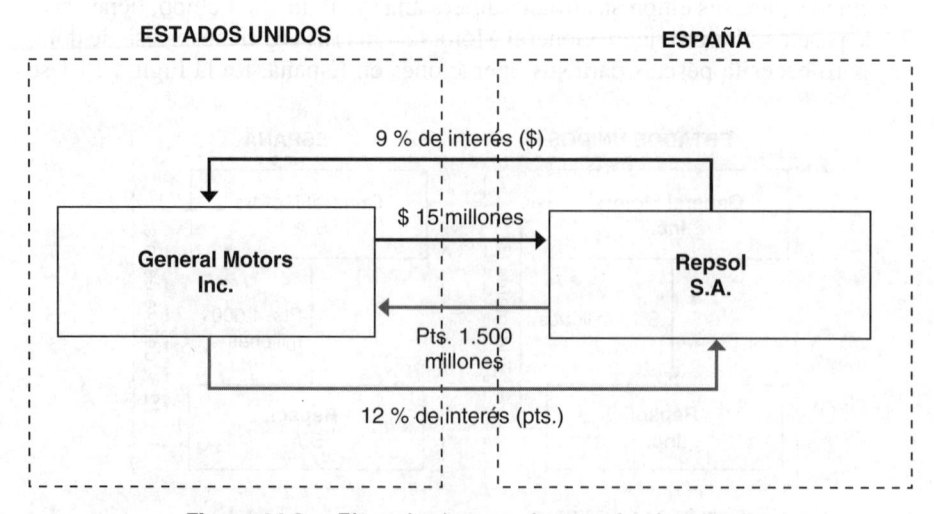

Figura 14.2. Ejemplo de un préstamo *back to back*.

Con respecto al *préstamo paralelo* tenían la ventaja de simplificar la redacción de los contratos, así como de hacer aparecer el carácter de simultaneidad y reciprocidad de las obligaciones de cada una de las partes (lo que se traducía en una claúsula de compensación de las obligaciones). Nótese la similitud de este tipo de operación con la del contrato a plazo que se descompone, como el *back to back*, en una operación de cambio al contado aumentada en una suma que representaba el diferencial de intereses entre ambas monedas.

Sin embargo, el *back to back* todavía no permitía hacer desaparecer las anotaciones en los balances de las sociedades implicadas. Este objetivo sólo se consiguió cuando, en lugar de proceder a dos préstamos simultáneos, ambas compañías realizaron una operación de cambio al contado, con el acuerdo de deshacer la transacción inicial en las mismas condiciones en una fecha futura. A esto se le denominó *swap de divisas*.

14.2. *SWAP* DE DIVISAS (*CURRENCY SWAP*)

Es un contrato financiero entre dos partes que desean intercambiar su principal, en diferentes monedas, por un período de tiempo acordado. En la fecha de vencimiento, los principales son intercambiados al tipo original de contado. Durante el período del acuerdo, las partes pagan sus intereses recíprocos (si los intereses son fijos recibe el nombre de *swap de divisas básico* o en inglés, *plain vanilla currency swap*, que es el caso más general).

Es importante señalar que el tipo de cambio utilizado en todo momento durante la vida del acuerdo *swap* es el que existía al comienzo del mismo. Este tipo de *swap* en el que se transfiere el principal aprovechando las ventajas relativas de que dispone cada prestatario en el mercado primario en el que emite, consta de las siguientes características:

- No hay nacimiento de fondos.
- Rompe las barreras de entrada en los mercados internacionales.
- Involucra a partes cuyo principal es de la misma cuantía.
- El coste del servicio resulta menor que sin la operación *swap*.
- Tiene forma contractual, que obliga al pago de los intereses recíprocos.
- Retienen la liquidez de la obligación.
- Se suele realizar a través de intermediarios.

Este tipo de *swap*, que ya se venía realizando desde 1976, saltó a la fama cuando en 1981 IBM solicitó dólares americanos a cambio de francos suizos y marcos alemanes; el Banco Mundial realizó una emisión de obligaciones en dólares y los permutó por las monedas europeas antedichas. A partir de ese momento el auge de este tipo de operación financiera fue mucho mayor aunque sin llegar al volumen de operaciones y de cantidades permutadas en los *swaps* de intereses tal y como vimos en la Figura 13.1 del Capítulo 13. Pero como ya dijimos anteriormente, sus orígenes datan de mediados de la década de los sesenta y hasta nuestros días no ha parado de evolucionar, tal y como puede observarse en la Figura 14.3.

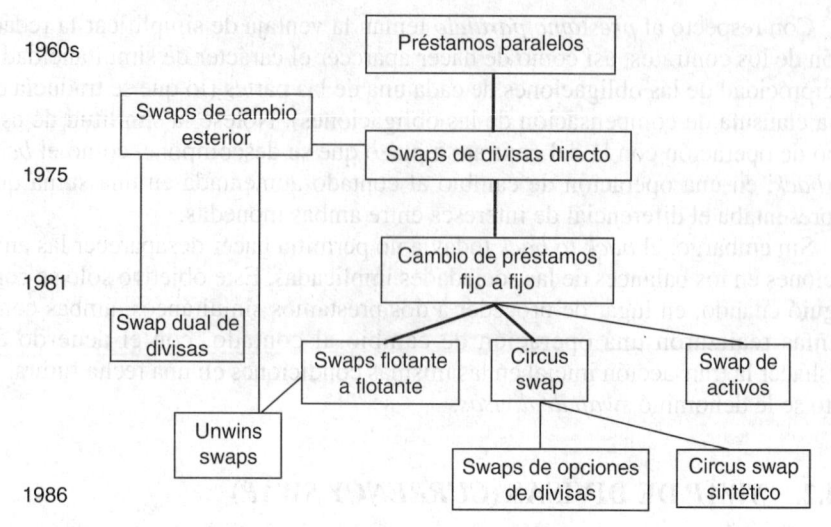

Figura 14.3. Evolución histórica de los *swaps* de divisas (Fuente: Boris Antl).

14.3. EJEMPLOS DE *SWAPS* DE DIVISAS

14.3.1. *Swap* de divisas fijo-flotante

Este es el tipo de *swap* de divisas más extendido y cotizado. Supongamos que una empresa suiza pide prestado 100 millones de francos suizos por cinco años al 6 % de interés pagadero por anualidades vencidas. Por otro lado, una compañía americana pide prestados 50 millones de dólares (que a un tipo de cambio de 2 FrS/$ es el equivalente en dólares a los cien millones de francos suizos) por cinco años al Libor + 50 pb., pagadero por semestres vencidos. La empresa europea entregará los francos suizos a la compañía americana a cambio de los dólares obtenidos por ésta (véase la Figura 14.4).

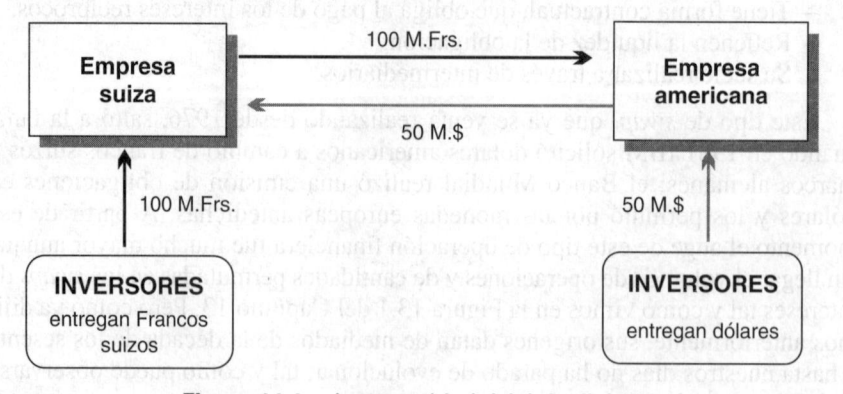

Figura 14.4. Intercambio inicial de divisas.

Además, la empresa suiza estaría dispuesta a hacer frente al servicio de la deuda de su contraparte, lo mismo que ésta haría lo propio con la de aquélla. Así, la empresa americana pagará los intereses del préstamo de la empresa suiza (6 %), mientras que la compañía europea sólo pagará el Libor-6 meses puesto que, como se recordará del capítulo anterior, en los *swaps fijo-flotante* la contraparte que paga flotante sólo paga el Libor. En la Figura 14.5 se muestra el esquema de dichos pagos.

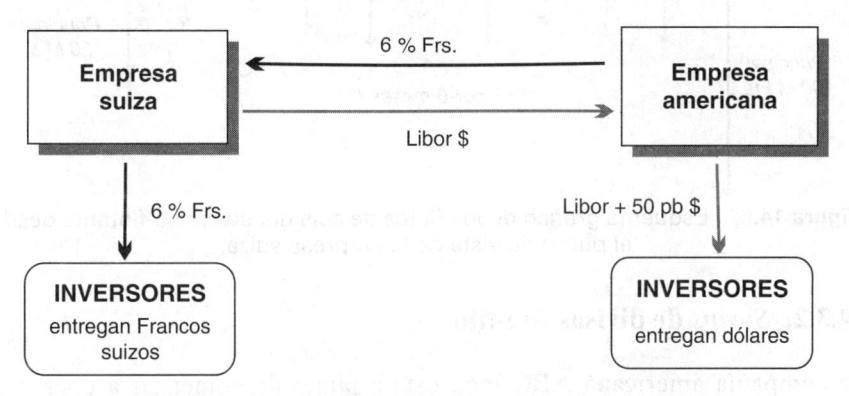

Figura 14.5. Pagos periódicos del contrato *swap*.

Cuando transcurran los cinco años ambas sociedades volverán a intercambiarse los principales de sus deudas, con lo que el esquema gráfico sería el inverso del de la Figura 14.4.

En la Figura 14.6 se muestra un esquema gráfico de los flujos de caja habidos a lo largo de los cinco años en los que se extiende el acuerdo *swap*. A los prestamistas suizos hay que pagarles el 6 % de interés sobre 100 millones de francos suizos anualmente, es decir, 6 millones de francos suizos. Mientras que a los inversores americanos hay que pagarles el Libor-6 meses más un margen de 50 puntos básicos al final de cada semestre, es decir:

$$(\text{Libor} + 0.50) \times 50,000.000\$ \times \text{días}/360$$

la compañía americana deberá pagar el 6 % de interés sobre el principal en francos suizos (6 millones de francos suizos) más los 50 puntos básicos del margen de su préstamo en dólares (250.000 dólares). La empresa suiza sólo pagará el tipo Libor-6 meses.

La cotización de este tipo de *swaps* en el mercado se efectúa indicando el valor del tipo fijo al mismo tiempo que se supone que el tipo variable es el Libor *flat* a 6 meses en dólares. Esta cotización será más cara que la equivalente de un *swap de intereses* fijo-flotante, debido a una menor liquidez del mercado y a un mayor riesgo de contrapartida. Si el tipo flotante utilizado no fuese el Libor en dólares, la cotización podría ser más cara debido a la menor liquidez del mercado de esa divisa.

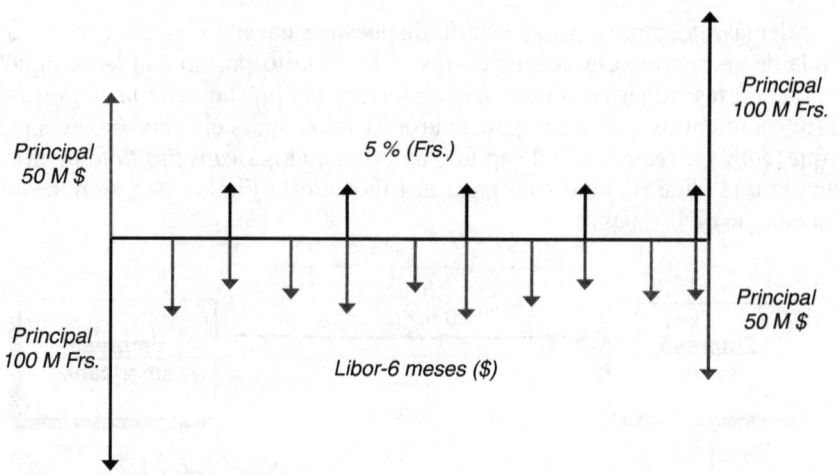

Figura 14.6. Esquema gráfico de los flujos de caja del *swap* fijo-flotante desde el punto de vista de la empresa suiza.

14.3.2. *Swaps* de divisas fijo-fijo

La compañía americana ABC Inc., está a punto de comenzar a operar en Alemania. Ella es suficientemente bien conocida en los mercados de deuda americanos pero no así en los alemanes, es decir, tiene facilidad de conseguir financiación en dólares pero no en marcos. Esto último se traduce en que puede conseguir una financiación más barata en la moneda norteamericana que en la germana.

Si la empresa ABC Inc., o su banco de inversión, logran encontrar una sociedad alemana, la XYZ GmbH, que se encuentre en una situación idéntica pero opuesta a la suya, es decir, que desee financiar a una filial suya, que opera en los EE UU, pero que no sea conocida en los mercados de crédito americanos. Entonces, a través de un *swap*, ambas partes pueden obtener financiación en la divisa deseada a un coste inferior al que soportarían de acudir directamente a los mercados respectivos. Los pasos a seguir serían los siguientes:

a) ABC Inc., puede emitir 100 millones de dólares en bonos, al 7,50 % y con una madurez de 10 años, en el mercado americano. También podría emitir 200 millones de marcos en el mercado de eurobonos al 4,25 %.

b) XYZ GmbH puede emitir bonos a 10 años por 200 millones de marcos en el euromercado al 3,75 %. Por otro lado, podría emitir bonos por 100 millones de dólares al 8,20 %.

c) ABC Inc., realizará una emisión de bonos en el mercado americano, mientras que XYZ GmbH, realizará la suya en el alemán. Las dos partes estarán de acuerdo en permutar los ingresos de estas emisiones y realizar pagos periódicos que reflejen la obligación de pago de los intereses en divisas de la contraparte a los poseedores de los bonos. Al transcurrir los diez años, cuando los bonos hayan sido amortizados, las partes volverán a permutar los principales (véase Figura 14.7).

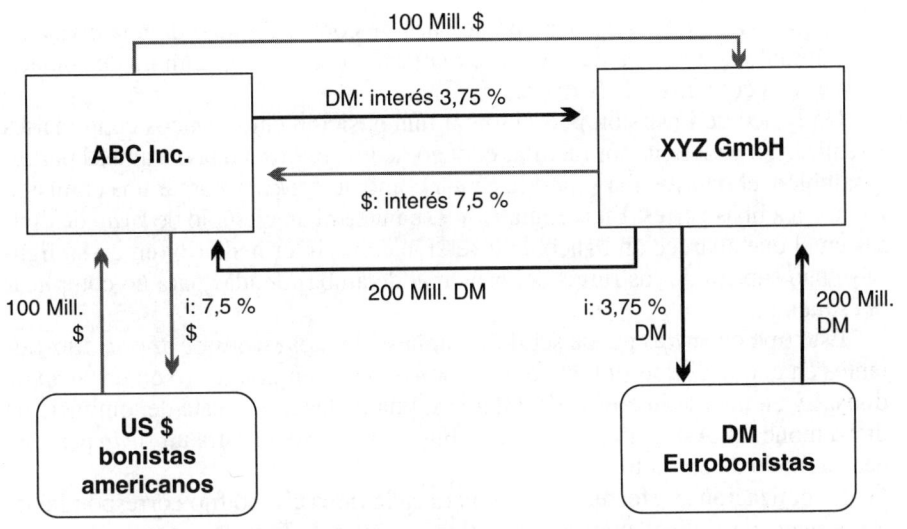

Permuta financiera II: Swap de divisas y swap de activos 351

Figura 14.7. Ejemplo de *swap* de divisas.

El ahorro obtenido por ABC Inc. es la diferencia entre los intereses pagados en marcos a través del *swap* y los que debería haber pagado si hubiese realizado su propia emisión en el euromercado de marcos, es decir, 4,25 % – – 3,75 % = 0,50 % anualmente. De la misma forma el ahorro de XYZ GmbH será 8,20 % – 7,50 % = 0,70 % anualmente. Sería posible ajustar los tipos de interés de tal manera que ambas partes obtuviesen el mismo ahorro, o que la empresa más fuerte, ABC, lo obtuviese superior. En la Figura 14.8 se muestra el esquema de los flujos de caja de este *swap* tal y como lo contemplaría la empresa alemana.

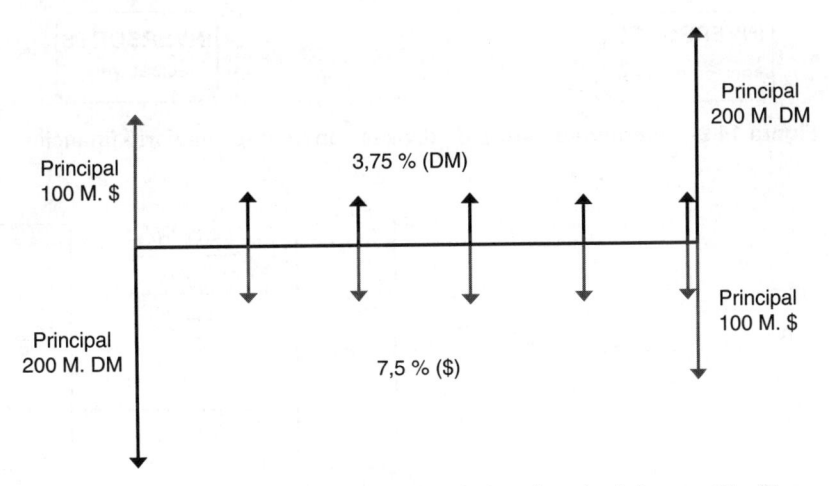

Figura 14.8. Esquema gráfico de los flujos de caja del *swap* fijo-fijo desde el punto de vista de la empresa alemana.

No se olvide que todas las operaciones de convertibilidad de una divisa en otra, durante la duración del *swap*, se realizan con el tipo de cambio de contado existente al comienzo de la operación.

Un banco de inversión podría tomar una posición entre las dos contrapartes y realizar un beneficio por facilitar el pago de los fondos a una o a ambas partes. O también, el intermediario podría actuar como un *broker* y cargar una comisión a una o a ambas partes. En la Figura 14.9 se muestra un ejemplo de *swap* de divisas en el que aparece un banco de inversión como intermediario (en dicha figura se han suprimido los flujos del principal de ambas deudas para no complicar el esquema).

Este tipo de *swaps* puede ser descompuesto en dos *swaps de divisas* fijo-flotantes en el que el tipo flotante es el Libor-6 meses en dólares (o en un *swap* de divisas y en uno de intereses en dólares si una de las ramas está denominada en dicha moneda). Así, por ejemplo, en la Figura 14.10 se muestra un *swap* pesetas-ecus a modo de ejemplo.

La cotización se efectuará dando para cada rama el tipo fijo correspondiente a un *swap de divisas* contra Libor *flat* en dólares. Esta descomposición del *swap* fijo-fijo en dos fijo-flotantes de tipo estándar es la base de la cobertura

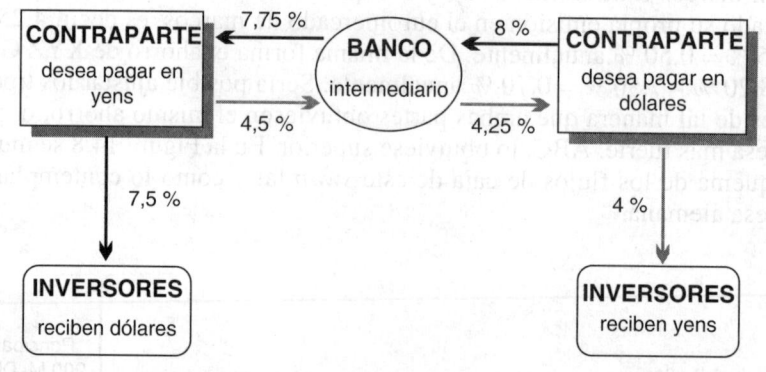

Figura 14.9. Ejemplo de *swap* de divisas con un intermediario financiero.

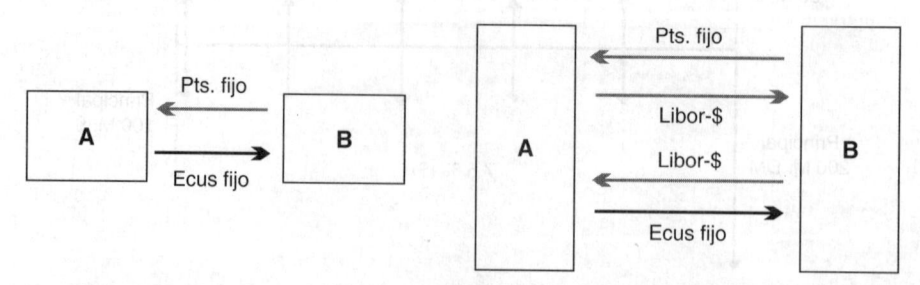

Figura 14.10. El *swap* de divisas fijo-fijo descompuesto en dos *swaps* fijo-flotantes

de todos los montajes financieros complejos. De forma inversa, la realización de tales montajes se parece a un verdadero juego de construcción que consiste en asociar varios *swaps* simples con varias contrapartes que se compensen entre sí hasta lograr la estructura del *swap* deseado. Concretando, pura ingeniería financiera.

14.3.3. *Swaps* de divisas flotante-flotante

Este tipo de permuta financiera es muy parecido al *swap* fijo-flotante, con la única diferencia de que todos los pagos por intereses son flotantes y suelen estar referidos al mismo índice (Libor, por lo general) y a las mismas fechas de intercambio de los pagos.

En pura teoría, este tipo de permuta no debería existir puesto que no es más que una serie de contratos de cambio a un plazo de seis meses que tienen la característica de ser renovables. Sin embargo, en la práctica resultan ser una alternativa superior a un contrato de cambio a plazo, debido a que evita el diferencial comprador/vendedor en cada fecha de renovación y el efecto en los flujos de caja de la diferencia entre el tipo a plazo contratado y el tipo de contado de la fecha de renovación. También evita el agotamiento de las líneas de cambio en divisas con un banco.

Como ejemplo, podemos volver al mismo del apartado anterior con la única, pero importante diferencia, de que tanto la empresa americana ABC Inc., como la alemana XYZ GmbH se han endeudado en sus respectivas monedas al tipo flotante Libor-6 meses, con lo que tendríamos un esquema del tipo mostrado en la Figura 14.11.

Una de las cosas más obvias acerca de este tipo de *swap* es que los intercambios de los principales tanto en el momento inicial como en el final tendrán

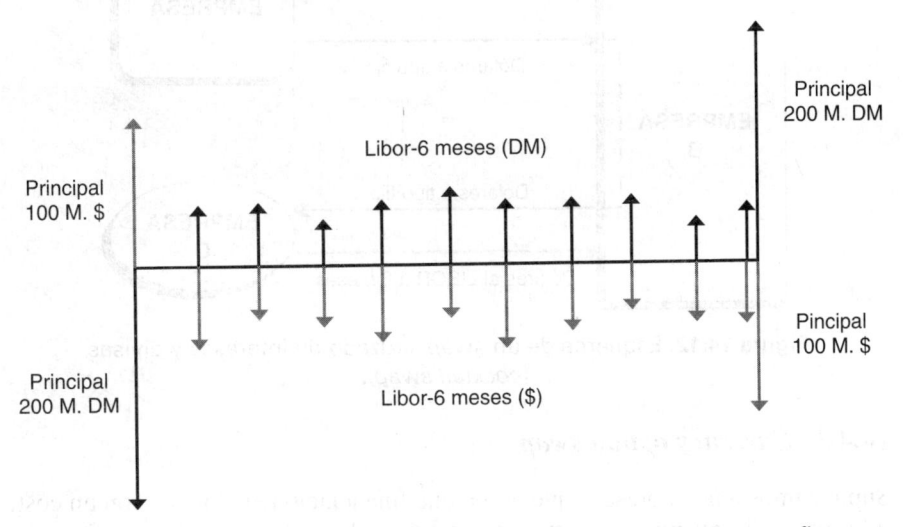

Figura 14.11. Esquema gráfico de los flujos de caja del *swap* flotante-flotante desde el punto de vista de la empresa alemana.

lugar al mismo tipo de cambio. A esto se le conoce como un intercambio de principales del tipo *par-forward*. Los tipos de cambio implicados en los flujos de caja flotantes a lo largo de la vida del *swap* son una función del tipo de contado original y del nivel relativo del Libor para ambas monedas, pero inicialmente son desconocidos. Este tipo de permuta es idéntico a un pareja de préstamos *back to back* flotantes.

Debido a que estos acuerdos pueden ser de formas bastante distintas, según las divisas y los tipos de referencia, no existe una norma de cotización. Aunque ésta suele efectuarse indicando un diferencial sobre una de las dos partes. Por ejemplo, Libor contra Mibor + 25 pb.

14.4. OTRAS CLASES DE *SWAPS* DE DIVISAS

14.4.1. *Cocktail swap*

También denominado «*swap* cruzado de intereses y divisas» (*cross currency coupon swap*), combina un *swap* de divisas con uno de intereses, lo cual implica el intercambio de pagos en diferentes divisas y basados en tipos de interés distintos como, por ejemplo, desde uno flotante hasta otro fijo.

Algunos intermediarios ejecutan estos acuerdos como una única transacción, mientras que otros separan en el intercambio el componente *divisa* del componente *tipo de interés*. Típicamente, este tipo de *swap* se refiere al intercambio de pagos a tipo fijo en cualquier divisa –salvo el dólar–, a pagos en dólares a tipos flotantes (Figura 14.12).

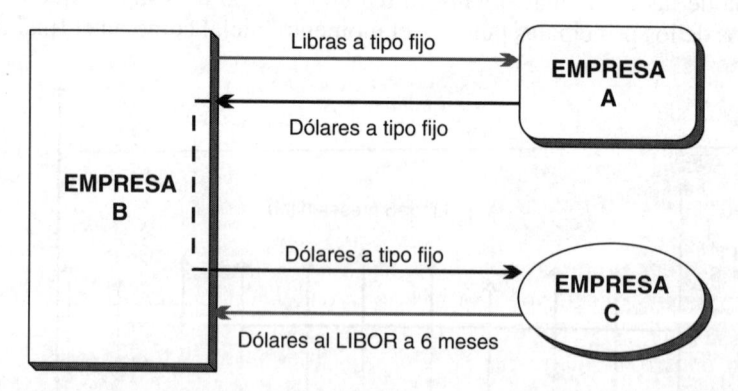

Figura 14.12. Esquema de un *swap* cruzado de intereses y divisas (*cocktail swap*).

14.4.2. *Currency option swap*

Supongamos una empresa A que desea una financiación en dólares con un coste inferior al Libor y, por otra parte, una empresa B que desea cambiar su financiación en dólares a tipo flotante por financiación en ECUs a tipo fijo.

La empresa A emitió FRNs en dólares con *warrants*, que permitían a los inversores durante un año el cambiar los FRNs en dólares por bonos con interés fijo en ECUs al tipo de cambio de la emisión. Al mismo tiempo A entró en un *currency option swap* con la empresa B. Esta última se comprometía a entregar bonos con interés fijo en ECUs, a su contraparte A, a cambio de recibir de ésta una financiación en dólares al Libor. El *swap* sólo se llevaba a cabo si los warrants eran ejercidos y, por tanto, la cantidad permutada dependía de la cantidad de los mismos que se ejerciesen.

Debido a que los *warrants* daban a los inversores una cobertura contra la caída del dólar y de los tipos de interés en ECUs, aquéllos pagaron una buena prima por ellos. La financiación que inicialmente consiguió A a través de esta emisión, cuando fue repartida con B, permitió unos tipos de interés muy atractivos para ambas partes. En la Figura 14.13 se muestra un esquema de esta operación.

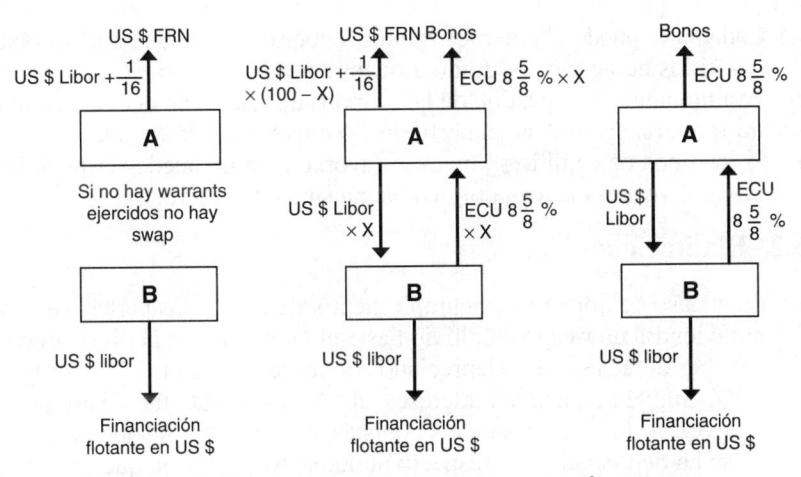

Figura 14.13. Esquema de un *currency options swap*.

14.4.3. *Swap* con vencimientos asimétricos

Puede darse el caso de que las fechas de liquidación de los flujos de caja de un *swap* no sean las mismas para ambas contrapartes. Por ejemplo, una puede pagar trimestralmente mientras que la otra lo hace anualmente. Los *cero-swap*, por ejemplo, consisten en que una de las partes no realiza ningún pago hasta que se alcanza la fecha de vencimiento. O los *swaps a medida*, en los que los pagos de una de las partes varían tanto en la cantidad como en la duración de su liquidación.

14.4.4. *Swaps* de divisas dual

En este tipo de permutas financieras (*dual currency swap*) el principal se expresa en una divisa pero los cupones se denominan en otra distinta. Ciertos inversores, japoneses principalmente, han sido atraídos por las obligaciones que pagan cupones superiores a los que ellos podrían obtener sobre las emisiones en yenes. Sin embargo, estos gestores de fondos no desean correr riesgos de cambio, por ello el mercado ha creado obligaciones emitidas en yenes, reembolsables en la misma moneda pero que pagan cupones anuales en una divisa con tipos de interés más elevados (por ejemplo, el dólar australiano).

14.4.5. *Swap* del principal

Es una transacción donde hay ajustes periódicos del principal entre las partes, que se basan sobre dos tipos de cambio distintos.

14.5. VENTAJAS Y LIMITACIONES

14.5.1. Ventajas

  a) Cada parte puede obtener los fondos requeridos de una forma más barata que si los hubiese conseguido directamente.
  b) Permite una activa gestión de las responsabilidades de la empresa al permitir alterar fácilmente el perfil de los intereses de las deudas.
  c) Si los tipos de cambio se mueven favorablemente puede ser posible terminar o vender el *swap* por una buena suma de dinero.

14.5.2. Limitaciones

  a) En el caso de impago, o incumplimiento, de una de las partes, su contraparte tendrá un riesgo crediticio hasta el punto de que la divisa que haya sido permutada se haya depreciado con respecto a la otra. Por ejemplo, si XYZ GmbH no paga los intereses en dólares a ABC Inc., para que ésta, a su vez, se los transmita a los bonistas americanos y si, además, el marco se ha depreciado con respecto al dólar, ABC tendría que continuar el servicio de su deuda americana sin contar con los activos en marcos, que se han depreciado en valor. Este riesgo puede reducirse utilizando como intermediario un banco de inversión.
  b) Puede ser imposible, o muy caro, el finalizar el *swap* si las condiciones del mercado cambian.
  c) Los costes de calcular y realizar los pagos del *swap*.
  d) La necesidad de financiar la devolución del principal en el vencimiento del *swap*.

14.6. LA VALORACION DE UN *SWAP* DE DIVISAS

Las permutas financieras de divisas incluyen un elemento nuevo con relación a las de los tipos de interés cuya valoración ajustada al mercado vimos en el capítulo anterior; nos estamos refiriendo a la evolución del tipo de cambio. Veamos un ejemplo consistente en la realización de un *swap* de divisas peseta-marco del tipo fijo-flotante que tiene las siguientes características:

- Principal: 1.000 millones de pesetas y 12,5 millones de marcos.
- Plazo: 3 años.
- Tipo fijo recibido: 10 % (días reales/360).
- Tipo flotante pagado: Libor 6 meses en marcos (días reales/360).
- Tipo del Libor inicial: 7 %.
- Fecha de inicio: 1 de julio de 1994.
- Fecha del cálculo del valor del *swap*: 1 de octubre de 1994.

Los tipos de interés de la peseta vigentes el día de la valoración del acuerdo son los mostrados en la Tabla 14.1 (días reales/360), mientras que en la Tabla 14.2 (días reales/360, menos los tipos a 2 y 3 años que son «bond basis») se muestran los del marco. El tipo de cambio vigente el día de la valoración es de 81 pts./DM.

Tabla 14.1. Tipos de interés de la peseta.

Tipo a 1 mes:	9,00 %	Tipo a 1 año:	10,00 %
Tipo a 3 meses:	9,40 %	Tipo a 2 años:	10,20 %
Tipo a 6 meses:	9,70 %	Tipo a 3 años:	10,40 %

Tabla 14.2. Tipos de interés del marco.

Tipo a 1 mes:	6,00 %	Tipo a 1 año:	7,00 %
Tipo a 3 meses:	6,40 %	Tipo a 2 años:	7,20 %
Tipo a 6 meses:	6,70 %	Tipo a 3 años:	7,40 %

En la Tabla 14.3 se muestran los flujos de caja que restan por intercambiarse en este acuerdo *swap*. Así, por ejemplo, el cálculo de los intereses flotantes se ha realizado a través de la expresión:

$$12.500.000 \times (0,07/2) \times (183/180) = 444.792 \text{ DM}$$

Tabla 14.3. Flujos de caja del *swap* (tipo fijo: pesetas; tipo flotante: marcos)

Vencimiento	Tipo fijo	Tipo flotante
1 octubre 94	–	–
1 enero 95	–	444.792
1 julio 95	101388889	LIBOR DM
1 enero 96	–	LIBOR DM
1 julio 96	101666667	LIBOR DM
1 enero 97	–	LIBOR DM
1 julio 97	1101388889	12.500.000 + L

Según se vio en el Apéndice A del Capítulo 13, el valor de la parte fija del acuerdo es de 1.016.483.087 pesetas. En cuanto a la parte flotante su valor se obtiene sumando el principal más el primer cupón y actualizándolo un trimestre:

F = (12.500.000 + 444.792) / [1 + (0,064 × 92/360)] = 12.736.480 DM

Como el tipo de cambio el día de la valoración es de 81 pts./DM, el valor en pesetas de la misma es de 1.031.654.880 pesetas., lo que hace que el valor de mercado del *swap* desde el punto de vista del receptor fijo sea igual a:

VMS = 1.016.483.087 pts. – 1.031.654.880 pts. = – 15.171.793 pts.

Como se puede observar el método de valoración de un *swap* de divisas es muy parecido al de los *swaps* de intereses, con la única diferencia de la conversión de las divisas.

14.7. *SWAP* DE ACTIVOS (*ASSET SWAPS*)

Tanto en el capítulo anterior como en lo que llevamos de éste hemos analizado la permuta financiera de los intereses de las deudas de una empresa; ahora bien, los *swaps* también se pueden utilizar para permutar activos. Por ejemplo, un inversor que posea bonos de otra compañía con un tipo de interés fijo puede realizar un *swap* buscando convertir sus flujos de caja en instrumentos financieros de tipo flotante (Figura 14.14).

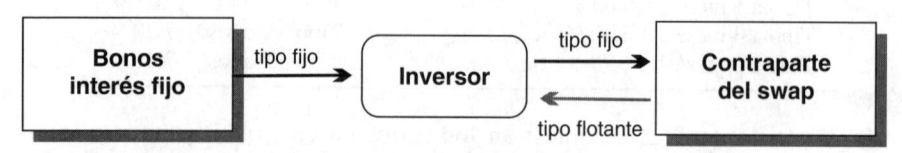

Figura 14.14. Esquema de un *swap* de activos fijo/flotante.

Uno de los escenarios típicos de utilización de este tipo de permuta financiera se da cuando el inversor utiliza unos bonos con tipo de interés fijo que tiene en su cartera y que están infravalorados en el mercado (en cuanto a su cupón y a su estatus crediticio), con objeto de convertirlo en un bono con cupones flotantes (un FRN, *floating rate note*, véase Capítulo 6) de alto rendimiento. Por ejemplo, esto ocurrirá cuando el inversor disponga de una gran cantidad de bonos emitidos y le sea difícil deshacerse de ellos sin reducir su precio de venta (debido a una saturación de la demanda). Si, además, se espera que los tipos de interés asciendan con la consiguiente caída en la cotización de dichos bonos, es lógico que los inversores pretendan cubrirse del riesgo de pérdida de valor de los bonos. En estas circunstancias un *swap* de activos puede crear un FRN con un significativo rendimiento superior al de los FRNs normales, de tal manera que si los tipos aumentasen el rendimiento superará al de los bonos de tipo fijo.

Así que un *swap* basado en un activo subyacente permite al gestor de la cartera expresar su punto de vista sobre la dirección de los tipos de interés sin tener que liquidar dicho activo. De tal manera que si se espera un aumento de los tipos de interés, se tienen las siguientes opciones: *a*) vender los bonos, lo que puede ser

Permuta financiera II: Swap de divisas y swap de activos 359

difícil debido a su volumen; *b*) reducir sus vencimientos; *c*) vender contratos de futuros; o *d*) entrar en un *swap* de activos del tipo mostrado en la Figura 14.14.

Si, por el contrario, lo que se espera es una bajada de los tipos de interés, el propietario de los bonos con tipos flotantes experimentará un descenso en sus rendimientos cuando los tipos caigan. Para evitarlo podría entrar en un *swap* de activos del tipo mostrado en la Figura 14.15, en el que el inversor, que recibe Libor+25 pb., está dispuesto a pagar Libor (algo menos puesto que espera un descenso de los tipos de interés) a cambio de recibir el 12 % fijo, con lo que acaba obteniendo un tipo fijo del 12,25 %.

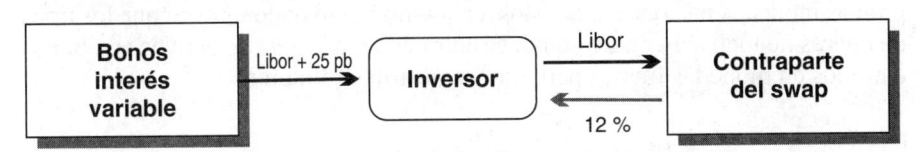

Figura 14.15. *Swaps* de activos flotante/fijo.

También es posible la realización de un *swap* de activos en divisas cuando una empresa que está buscando invertir en activos financieros de su país, que le proporcionen un determinado rendimiento, no localiza una inversión semejante. Así que a través de la adquisición de un activo financiero en otra divisa y realizando un *swap* podría conseguir su objetivo.

Por ejemplo, un inversor suizo que busca conseguir un rendimiento del 5 % en francos suizos no encuentra un inversión directa en los mismos que se aceptable. Sin embargo, si invirtiese en dólares conseguiría un 11 %. Por otro lado, una empresa americana con acceso a la financiación en dólares a un coste del 10,75 % desea endeudarse en francos suizos. El mejor coste que puede conseguir en la divisa europea sería del 5,25 %. En la Figura 14.16 se muestran los flujos de los cupones que conforman el *swap*.

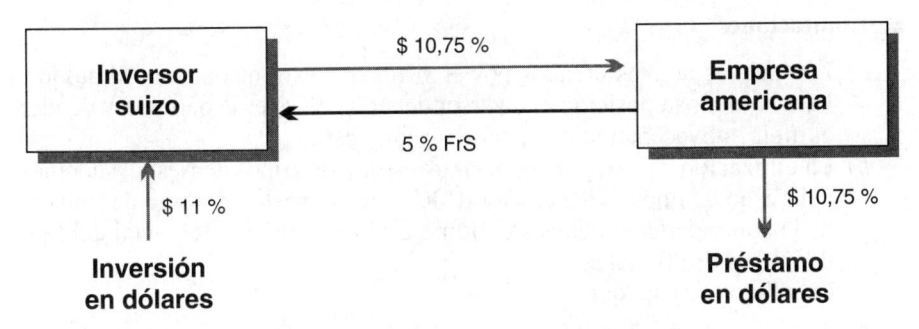

Figura 14.16. *Swap* de activos en divisas.

Como se aprecia el resultado es que el inversor suizo invierte en dólares al 11 % de interés, mientras que la empresa americana pide prestado en dólares al 10,75 %. El inversor suizo pasa sus dólares (pero no todos, sólo el 10,75 %) a la empresa americana para que ésta pueda pagar el préstamo a cambio de que se endeude en francos suizos y, por tanto, le pague un 5 % de interés en dicha moneda. Los suizos acaban recibiendo un 5,25 %.

Otro típico *swap* de activos en divisas es el caso de las emisiones realizadas por algunos países de la Comunidad Europea (Italia, España, etc.) de bonos denominados en ECUs a un tipo de interés fijo y que posibilitan la permuta de dicha divisa por dólares u otra divisa fuerte a un tipo Libor, tal y como se muestra en la Figura 14.17. El emisor de los bonos en ECUs (gobiernos o empresas) recibirá una financiación más barata que si los emitiera en la moneda nacional. Mientras que los inversores, que suelen ser residentes en países con monedas fuertes, conseguirán unos rendimientos mejores que los de las emisiones en sus propias monedas nacionales. Si éstos, en un momento dado, prevén que los tipos de interés tienden a ascender entonces entrarán en un *swap* de activos con bonos emitidos en monedas fuertes pero que paguen tipos flotantes.

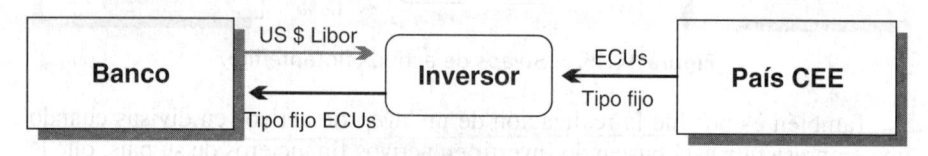

Figura 14.17.

14.7.1. Ventajas y limitaciones

■ **Ventajas:**

a) Los altos rendimientos de los *swaps* de activos son atractivos para los inversores.

b) Ofrecen unos medios de cobertura de las carteras de valores formadas por bonos u obligaciones en relación con la incertidumbre que acompaña a los movimientos de los tipos de interés.

■ **Limitaciones**

a) Los nuevos activos creados por el *swap* son extremadamente ilíquidos. Para liquidar su posición el inversor debería deshacer la permuta y vender el título subyacente, lo que puede ser muy caro.

b) La utilización del *swap* expone al inversor a dos tipos de riesgos: además del riesgo de impago del emisor de los títulos, existe un riesgo de impago de la contraparte, aunque este último está limitado al diferencial del tipo de interés fijo/flotante.

c) Más flujos de caja que administrar

14.7.2. *Swap* de activos sintético

Bajo este nombre se denominan a los *swaps* de activos, que son diseñados y lanzados al mercado por bancos de inversión y no realizados por los propios inversores como sucedía en el caso general.

En la Figura 14.18 se muestra lo que sería el esquema de la operación que vimos en la Figura 14.14 pero a través de un banco de inversión. Este último adquirirá los bonos y entonces permutará los intereses con un tipo fijo en unos con tipo flotante, ya sea directamente a través de una contraparte, o utilizando su propio almacén de *swaps*. Los bonos serán vendidos entonces a los inversores con el nuevo tipo de interés flotante. Aunque el banco de inversión posee la titularidad de los cupones con tipo fijo de interés, el inversor tiene la titularidad del principal.

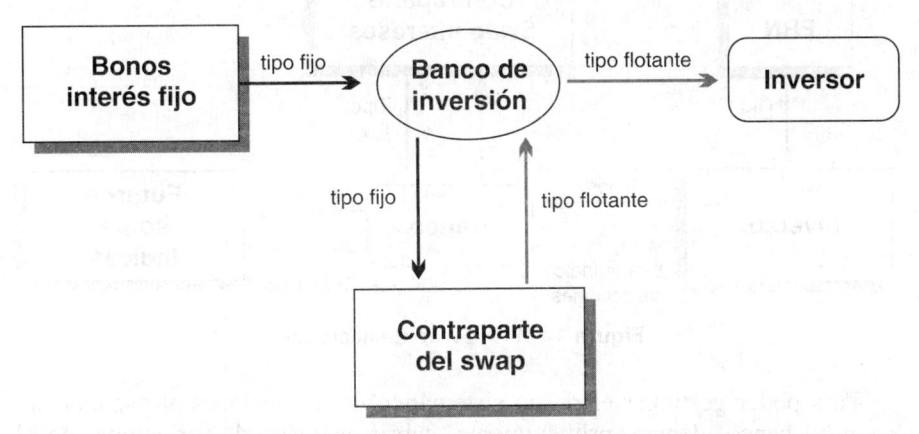

Figura 14.18. Esquema de un *swap* de activos sintético.

14.8. *SWAPS* DE ACCIONES (*EQUITY SWAPS*)

Los *swaps* de acciones, también conocidos como *swaps acción-índice*, son *swaps* de activos que permiten a un inversor cambiar un rendimiento en tipo de interés flotante (Libor, generalmente) por uno basado en el comportamiento de un índice bursátil. La permuta suele ser neutral desde el punto de vista de la divisa utilizada, debido a que el Libor es denominado en la divisa del país al que pertenece el índice en cuestión. Los países que más operan en este tipo de contrato son: Japón, Estados Unidos, Gran Bretaña, Francia y Alemania.

Como alternativa a los futuros sobre índices bursátiles (véase Capítulo 11), los *swaps* de acciones tienen la gran ventaja de estar libres del riesgo de la base, además de que tampoco tienen que ser renovados continuamente como las opciones y futuros sobre índices, los cuales son más líquidos en el corto plazo (tres y seis meses). Por lo general, su horizonte temporal es de un año aunque pueden extenderse a mayor plazo. Otra de sus ventajas es que no hace falta pagar ninguna prima.

En este sentido, este tipo de permutas cumplen una función similar en relación al mercado de acciones a la que efectúan las permutas financieras de tipos de interés con relación al mercado de tipos de interés.

En teoría, es posible para un flujo de caja asociado a unas acciones, estar basado en el flujo de dividendos proporcionado por las acciones que conforman el índice y en la fecha de vencimiento de la permuta se realizaría una liquidación que reflejaría el impacto de la variación global del índice (si ha ascendido o ha caído). Pero, en la práctica, la mayoría de los tratos suelen implicar el intercambio de un flujo de caja Libor por otro basado en la apreciación o depreciación del índice sobre el período en el que se extiende el Libor (tres o seis meses) y así hasta que transcurra la totalidad del período para el que se contrató el *swap*. Los contratos se liquidan por diferencias.

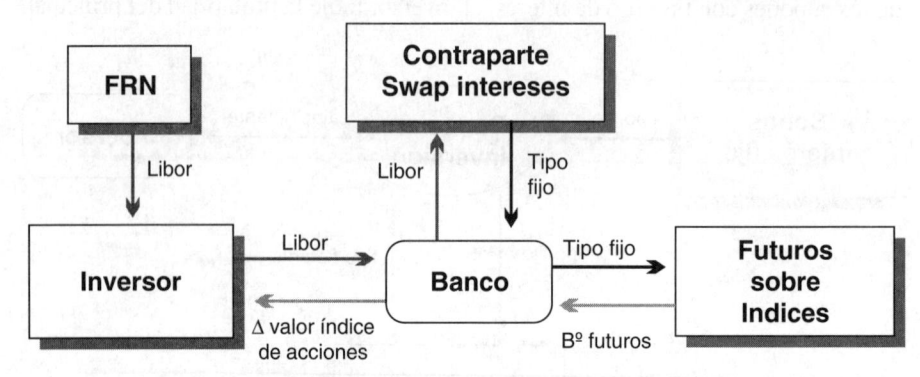

Figura 14.19. *Swap* de acciones.

Para poder gestionar el riesgo sistemático de las acciones el pagador del *swap* (el banco) deberá, primeramente, cubrir el riesgo de variaciones en el Libor, lo que hará pagando un tipo de interés flotante en un *swap* de tipos de interés (véase la Figura 14.19). Con los ingresos fijos provenientes de su contraparte en este último *swap* puede hacer frente al riesgo existente en el contrato de futuros o, incluso, conseguir un beneficio en el mercado a plazo de índices bursátiles que ha crecido alrededor de otros productos derivados de las acciones y que se negocian en mercados *over-the-counter*.

Otra modalidad más sencilla consiste en que el banco toma el depósito de un inversor y con parte de ese dinero adquiere un bono cupón cero con objeto de garantizar la devolución del principal de la inversión cuando llegue el momento, y utiliza alguno de los fondos restantes para adquirir una opción que protegerá el rendimiento del índice.

DE AQUI EN ADELANTE

Para profundizar en el conocimiento de los *swaps* de divisas se recomienda utilizar fundamentalmente:

ANTL, Boris (ed.) (1987): *Swap Finance Service*. Euromoney. Londres.
DAS, Satyajit (1989): *Swap Financing*. IFR Publishing. Londres.

Para estar al tanto de lo último aparecido sobre *swaps* de divisas y *swaps* de activos se pueden consultar las revistas *Risk, Corporate Finance, Global Investor, Euromoney* e *IFR*.

BIBLIOGRAFIA

ANASTASSIADES, Michel, y PARANT, Philippe: *Les swaps*. Eska. París. 1990.
ANTL, Boris (ed.): *Swap Finance Service*. Euromoney. Londres. 1987.
BARDWELL, Tim ,y IRELAND, Louise: «SWAPS: Checlist». *Corporate Finance*. Mayo. 1988. Págs. 21-25.
BEAUFILS, Bernard, y otros: *La Banque et les Nouveaux Instruments Financiers*. La Revue Banque. Lyon. 1986
COOPER, Ron: «They're teaching the old swap new tricks». *Euromoney*. Abril 1989. Págs. 43-54.
COOPERS & LYBRAND: A Guide to Financial Investments. *Euromoney*. Londres. 1987.
COSTA, Luis, y FONT, Montserrat: *Nuevos Instrumentos Financieros*. Esic. Madrid. 1993.
DAS, Satyajit: Swap Financing. *IFR Publishing*. Londres. 1989
DÍEZ DE CASTRO, Luis y MASCAREÑAS, Juan: «Operaciones de permuta financiera: Swaps». *Actualidad Financiera*, núm. 30. Julio. 1989. Págs. 1973-2012.
FONT, Montserrat: «Nuevas técnicas financieras: Operaciones SWAP». *Esic-Market* (enero-marzo). 1987. Págs. 151-175.
IEE: «Nuevos productos financieros». *Rev. del Inst. de Estudios Económicos,* núm. 2. Madrid. 1986.
IRELAND, Louise: «Counting on your counterparty». *Corporate Finance*. Marzo 1989. Págs. 31-35.
IRELAND, Louise: «Hedging down to the fundamentals». *Corporate Finance*. Octubre 1989. Págs. 11-15.
METCALFE, Richard: «Out of the shadows». *Risk,* vol 3. núm. 9. Octubre 1990. Págs. 40-42.
PARTRIDGE-HICKS, Stephen, y HARTLAND-SWANN, Piers: *Synthetic Securities*. Euromoney. Londres. 1988.
RODRÍGUEZ TAMAYO, Pedro: «Swaps». *Boletín de Estudios Económicos,* núm. 132. Diciembre 1987. Págs. 499-521.
SHANAHAN, Terry, y DURRANT, Jim: «Driving Factors». *Risk*, vol. 3. núm. 10. Noviembre 1990. Págs. 14-18.
SHIRREFF, David: «Not so sexy». *Risk*, vol. 3. núm. 6. Junio 1990. Págs: 26-29.
SMITH, Clifford; SMITHSON, Charles, y WAKEMAN, L.: «The Evolving Market for Swaps». STERN y CHEW (Ed.): *The Revolution in Corporate Finance* . Oxford. 1987. Págs. 252-264.
WALMSLEY, Julian: *The New Financial Instruments*. John Wiley & Sons. Nueva York. 1988.

EJERCICIOS

1. Supongamos que una empresa española pide prestado 1.000 millones de pesetas por cinco años al 10 % de interés pagadero por anualidades vencidas. Por otro lado, una compañía norteamericana pide prestados 10 millones de dólares por cinco años al Libor + 25 pb., pagadero por semestres vencidos (tipo de cambio existente en el momento de la operación 100 pesetas = 1 $). Hágase un esquema de la permuta financiera que ambas compañías podrían hacer si la empresa española quisiese dólares y su contraparte necesitase pesetas.

2. La compañía anglo-española Lionheart está a punto de comenzar a operar en Japón. Ella es suficientemente bien conocida en los mercados de deuda europeos pero no así en los japoneses, es decir, tiene facilidad de conseguir financiación en libras, pesetas o ecus pero no en yenes. Lo que implica que puede conseguir una financiación más barata en las monedas europeas que en la japonesa. Así, por ejemplo, puede emitir 100 millones de ecus al 7 % y un vencimiento a diez años en el mercado europeo; o bien, emitir una cantidad equivalente en yenes (tipo de cambio 120 ¥ = 1 Ecu) al 4 %.

    Por otra parte, la compañía Shogun-Cho necesitaría disponer de una financiación en ECUs con objeto de suministrar fondos a sus filiales europeas, pero si realiza una emisión en dicha moneda compuesta le saldrá más caro que realizarla en Japón en yenes. Esto es así porque una emisión de 12.000 millones de yenes a diez años en Japón le supondría un coste del 3 %, mientras que emitir 100 millones de ecus a diez años en los mercados europeos le costaría un 7,5 %.

Reflejar mediante un esquema cómo podría realizarse el *swap* haciendo abstracción de la existencia de un intermediario.

3. Complete el esquema del ejercicio anterior sabiendo que la compañía japonesa desea permutar sus ecus a tipo fijo por libras esterlinas a tipo flotante. Para ello, encuentra un compañía británica que puede conseguir financiación en libras al Libor-6 meses más 20 pb., con un principal equivalente (tipo de cambio: 150 ¥ = 1£).

4. Vuelva a ver el Ejercicio 2 y suponga que la empresa japonesa emite sus bonos en yenes pero del tipo cupón cero. ¿Cuáles serían los flujos de caja del *swap* del Ejercicio 2 durante los diez años que dura el acuerdo?

5. Calcule el valor del *swap* de divisas peseta-marco del tipo fijo-flotante que tiene las siguientes características:

   – Principal: 2.000 millones de pesetas y 25 millones de marcos.
   – Plazo: 4 años.
   – Tipo fijo recibido: 11 % (días reales/360).
   – Tipo flotante pagado: Libor 6 meses en marcos (días reales/360).
   – Tipo del Libor inicial: 7,5 %.
   – Fecha de inicio: 1 de julio de 1994.
   – Fecha del cálculo del valor del *swap*: 1 de octubre de 1994.

   Los tipos de interés de la peseta vigentes el día de la valoración del acuerdo son los mostrados en la Tabla 14.1 (días reales/360), mientras que la Tabla 14.2 (días reales/360, menos los tipos a 2 y 3 años que son «bond basis») se muestran los del marco. El tipo de cambio vigente el día de la valoración es de 78 pts./DM.

Tabla 14.4. Tipos de interés de la peseta

Tipo a 1 mes:	9,20 %	Tipo a 1 año:	10,10 %
Tipo a 3 meses:	9,50 %	Tipo a 2 años:	10,30 %
Tipo a 6 meses:	9,80 %	Tipo a 3 años:	10,50 %
		Tipo a 4 años:	10,70 %

Tabla 14.5. Tipos de interés del marco

Tipo a 1 mes:	6,40 %	Tipo a 1 año:	7,30 %
Tipo a 3 meses:	6,70 %	Tipo a 2 años:	7,50 %
Tipo a 6 meses:	7,00 %	Tipo a 3 años:	7,70 %
		Tipo a 4 años:	7,90 %

15
Permuta financiera III: La deuda externa y los *swaps* deuda/capital [1]

15.1. LA DEUDA EXTERNA Y LA FINANCIACION INTERNACIONAL

El comienzo de la crisis de la deuda externa puede fecharse en 1982 y ha ocupado gran parte de la literatura económica durante los años ochenta. Se trataba de analizar las causas, efectos e implicaciones de este problema sobre las relaciones y la organización económica internacional, en los aspectos reales, monetarios y financieros.

Con el objeto de paliar las consecuencias del referido problema, tanto para las economías de los países deudores como de los países acreedores se han diseñado distintos procedimientos que pueden agruparse en dos grandes bloques:

– Operaciones de renegociación, refinanciación y reestructuración.
– Operaciones de salvamento.

A continuación, se analiza el contenido de estos procedimientos, en la medida que establecen el marco general de las actuales técnicas de reprogramación de la deuda, así como del menú de opciones existente.

15.1.1. Operaciones de renegociación, refinanciación y reestructuración

En este renglón se incluye la prórroga de créditos bancarios ya concedidos a corto plazo por otros a medio plazo, y la reestructuración de créditos ya impagados, ampliando el plazo de vencimiento. Tambien se refinancian vencimientos origi-

---

[1] Este capítulo ha sido realizado por la Doctora Sara González Fernández, profesora Titular de Economía Internacional y Organización Económica Internacional de la Universidad Complutense de Madrid.

nados por créditos oficiales o por créditos a la exportación asegurados por los gobiernos de los países acreedores o entidades aseguradoras oficiales. En estas negociaciones se suelen refinanciar tambien los intereses.

Las operaciones de reestructuración están vinculadas a la realización de un proceso de ajuste por parte del país deudor, a instancias del Fondo Monetario Internacional (FMI). Estos programas de ajuste suelen estar apoyados por la financiación del FMI, que define objetivos cifrados (*targets*) y condicionamientos.

Las renegociaciones de la deuda se desarrollan en dos ámbitos distintos:

a) Renegociación de la deuda multilateral oficial: Se suele realizar bajo la supervisión del Club de París, que se reúne a petición del país que desea reescalonar su deuda, y que debe presentar un informe detallado de su situación económica y una evaluación de la cantidad y naturaleza del alivio de la deuda que considera necesario.

La renegociación conduce normalmente a la reprogramación de los pagos de capital e intereses correspondientes a préstamos a medio y largo plazo, y de cuantías atrasadas, quedando excluida la deuda a corto plazo o deudas que ya han sido reescalonadas.

b) Renegociación con la Banca comercial: Se renegocia la deuda contraída en condiciones de mercado con el sector bancario internacional privado, y para ello, se constituyen Comisiones de Negociación o grupos, como por ejemplo, el Club de Londres.

Los acuerdos se suelen referir a obligaciones del sector público a medio plazo en los países deudores, que están cubiertas por garantías oficiales. En algunas ocasiones se incluye tambien la deuda a largo plazo y los servicios de la deuda.

15.1.2. Operaciones de salvamento

Este concepto agrupa un conjunto de propuestas heterogéneas, que pueden ser complementarias y adoptarse de forma simultánea a operaciones de refinanciación o reestructuración. Incluyen operaciones a largo plazo y a corto plazo. Entre las primeras se consideran la creación de un mercado secundario en el que los bancos acreedores puedan intercambiar sus activos, la transformación de la deuda pendiente, en bonos a largo plazo a tipos de interés inferiores a los de mercado, la conversión de parte de la deuda pendiente en participaciones de empresas públicas estratégicas, etc.

En las operaciones a corto plazo se incluyen: un cambio en la tasa de referencia, sustituyendo el tipo preferencial (*prime rate*) por la Libor corregida por unos márgenes, la aceptación del pago de intereses de deuda pendiente con vencimiento a corto plazo a través de especies, la conversión de parte de la deuda nominada en dólares por otras divisas, disminución de las comisiones pagadas por la renegociación de la deuda contraída con los bancos, etc.

15.2. TECNICAS DE REPROGRAMACION DE LA DEUDA EXTERNA

15.2.1. Reducción del principal. Recursos *set aside*

Durante los últimos años, los acuerdos de reestructuración de la deuda han incluido de forma casi general operaciones de recompra y de conversión de la misma. Ello ha sido operativamente posible por el crecimiento que ha experimentado el mercado secundario de deuda de países en desarrollo, y que facilita la posibilidad de llegar a un acuerdo sobre su valoración.

El mercado secundario de deuda empezó a funcionar en 1982, y el volumen total de préstamos objeto de negociación ha pasado de 6.000 millones de dólares en 1985 a más de 60.000 millones de dólares en 1989. No obstante, es preciso señalar aquí que se observa una elevada concentración en lo que respecta a los países endeudados. Así, en 1988 y 1989 las transacciones correspondientes a las obligaciones de Argentina, Brasil, Chile y Méjico supusieron aproximadamente el 85 % del total de operaciones de conversión de la deuda externa.

En lo que respecta a la tipología de operaciones de conversión realizadas a través del mercado secundario, se pueden referir las siguientes modalidades básicas:

- Recompras de deuda.
- Conversiones de deuda.
- Sustituciones de deuda.
- Conversiones de préstamos.
- Ventas en efectivo.

Desde un principio, los principales agentes de la mayoría de las transacciones realizadas en el mercado secundario fueron los tenedores originales o bancos comerciales. Su grado de participación depende de su capacidad de absorber pérdidas, y de la evaluación de solvencia de los países en desarrollo. La capacidad de absorber pérdidas (C) es el resultado de la acción de diversas variables:

$$C = f(R, z, t, r, k)$$

donde R es la rentabilidad general del banco; z es la proporción que representan los préstamos a los países en desarrollo en la cartera bancaria; t es el régimen normativo y tributario; r es el nivel de las reservas para pérdidas en concepto de préstamos, y k indica la consideración sobre la suficiencia de capital.

Después de 1984, cuando se empezaron a diseñar programas oficiales de conversión de la deuda, muchos de los países deudores (Argentina, Bolivia, Brasil, Chile, Filipinas y Méjico, principalmente) procedieron a la compra de su propia deuda en el mercado secundario, con un descuento, mediante pago de efectivo a sus acreedores. Cuando los países no disponen de fondos la operación es financiada por Organismos Internacionales (por ejemplo, el Fondo Monetario Internacional). Aunque el grado de descuento varía temporalmente, y existen sensibles diferencias entre países, el precio en el mercado secundario de obligaciones de países en desarrollo ha experimentado un notable descenso, de forma que pasó del 70 % del valor nominal a principios de 1986 al 45 % del valor nominal a principios de 1988.

Teniendo en cuenta las distintas modalidades negociadas en los mercados secundarios, en 1988 la distribución presentó el siguiente perfil: el 42 % en *swaps deuda/capital*, el 45 % en conversiones no oficiales y bonos de salida, y el 13 % en recompras de deuda oficial y conversiones a deuda interna.

La cuantía de reducción de deuda bruta es, aproximadamente, lo que indica el precio del mercado observado después de que sean anunciados el alcance y términos de la recompra. La reducción neta de la deuda se calcula teniendo en cuenta el nuevo endeudamiento en que incurre el país para financiar la recompra.

A título de ejemplo, señalamos algunas de las operaciones realizadas: Así, Bolivia recompró en enero de 1988 el 40 % de su deuda comercial (335 millones de dólares), con un descuento promedio del 89 %, y Chile en noviembre de 1988 recompró 299 millones de dólares de su deuda comercial, con un descuento próximo al 44 %.

Por medio de este procedimiento se transforman los préstamos en capital o en deuda interna, de forma que los derechos de conversión de deuda se conceden directamente, inscritos en un acuerdo de reestructuración, o a través de licitaciones especiales. En esta categoría se incorporan los *swaps deuda-capital*. En el próximo epígrafe los estudiaremos detenidamente.

15.3. *SWAPS* DE DEUDA EXTERNA

Los fuertes costes financieros a los que deben hacer frente los países en vías de desarrollo, que poseen una elevada deuda externa, hacen muy difícil confiar en que puedan amortizarla a no muy largo plazo incluso aunque dichos países consiguieran aumentar fuertemente sus excedentes financieros.

Por otro lado, la banca comercial acreedora es la que ha soportado y soporta una gran parte de dicha deuda externa, que aparece en sus balances por su valor nominal, aunque de todos es conocido que el verdadero valor de dichos préstamos ha descendido en el mercado secundario muy por debajo de su valor nominal, lo que permite adquirir préstamos concedidos a dichos países a unos precios muy rebajados.

A continuación pasaremos a describir la naturaleza de los contratos de permuta financiera (*swaps*) en dicho mercado secundario, con objeto de explicar las beneficios que proporcionan a los participantes en los mismos así como alguno de sus inconvenientes.

15.3.1. El *swap* deuda/capital

En la segunda parte de la década de los ochenta surgieron en los países en vías de desarrollo (Iberoamérica, fundamentalmente) una serie de programas tendentes a transformar parte de la deuda contraída con el mundo occidental en activos pertenecientes a las empresas extranjeras acreedoras. Por lo que el *swap deuda/capital (debt/equity swap)* permite a un banco, empresa multinacional u otro inversor, tomar parte de la deuda externa en dólares y entregársela al banco central de un país deudor, a cambio de lo cual le será pagada dicha deuda en moneda local, que podrá invertir en dicho país.

No hay que olvidar que si la compañía acreedora (bancos, por lo general) decidiese vender sus derechos en el mercado secundario recibiría por ellos mucho menos de lo que valía en términos nominales. Por otro lado, las empresas ven este tipo de permuta como un incentivo a las inversiones.

En la práctica cada país formula su propio programa, con sus propias regulaciones e, incluso, clausurándolo a voluntad.

El procedimiento seguido se compone de los siguientes pasos:

1.º Uno o más bancos acuden al mercado secundario para vender con descuento a una serie de *brokers* especializados (Bankers Trust, Citicorp o Shearson Lehman, por ejemplo) préstamos realizados a empresas públicas de un país endeudado.
2.º Un inversor, por lo general una empresa multinacional, adquiere el paquete de préstamos a su precio en dólares en el mercado secundario pagando una comisión al *broker*.
3.º El inversor presenta el paquete de préstamos en el banco central del país deudor, el cual adquiere el mismo pagando en moneda local ya sea a su valor nominal o, más comúnmente, con un pequeño descuento o comisión.
4.º El inversor utiliza la divisa local para adquirir nuevas inversiones o expandir alguna ya existente, en el país en cuestión.

Además del intermediario (*broker*) todas las partes salen beneficiadas. El banco consigue eliminar de su balance un préstamo incobrable así como verá reducida su exposición al riesgo en un país deudor; además, con el dinero recibido por la venta del préstamo podrá colocarlo en inversiones más seguras y rentables. A cambio, eso sí, tendrá que sufrir una pérdida inicial consistente en la rebaja del precio del préstamo que el mercado le obligará a realizar si quiere deshacerse del mismo, aunque dicha pérdida puede ser desgravable fiscalmente, con lo que no será tan grande como pueda parecer.

El inversor, cuanto mayor sea el descuento del préstamo en el mercado secundario, menor será la comisión que le cobrará el banco central del país deudor al canjear el préstamo por moneda local, más favorable será el tipo de cambio ofrecido por dicha entidad, y menores serán las restricciones para la repatriación del capital y de los beneficios de las nuevas inversiones propuestas, lo que a su vez aumentará los incentivos para que el inversor se incorpore a dicha transacción.

El país deudor verá reducida su carga de deuda externa pero no de sus obligaciones con respecto a la misma. Sin embargo, los pagos en dólares estarán ahora unidos a la rentabilidad de las inversiones y no a los tipos de interés determinados en los mercados financieros internacionales. Las nuevas inversiones estimularán el crecimiento económico, crearán empleo, aumentarán las exportaciones, etc. Se introducirá un nuevo estilo de dirección en las empresas así como nuevas tecnologías. Se alimentará un proceso privatizador de las empresas públicas y de la venta de grandes empresas privadas mal dirigidas.

En la Figura 15.1 se muestra la mecánica de este tipo de *swap*, a través de un ejemplo situado en México:

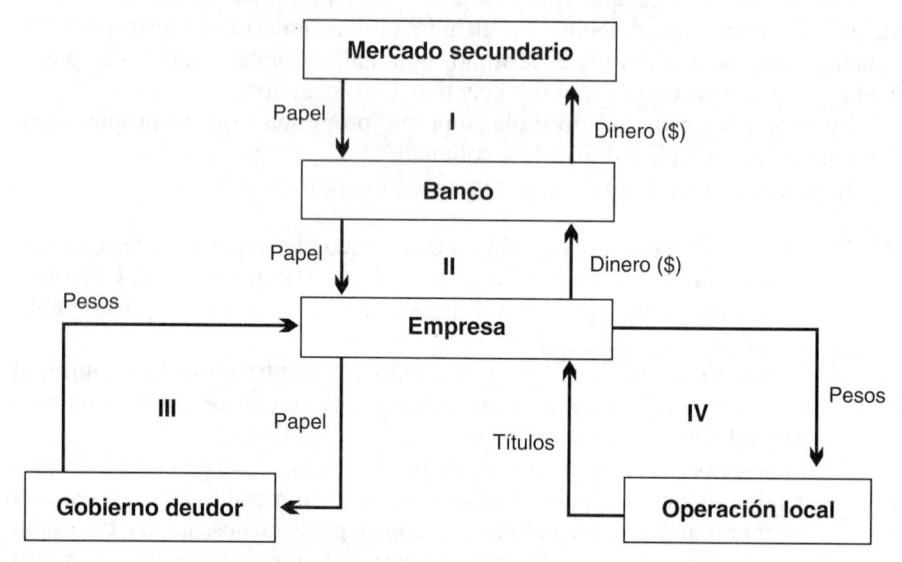

Figura 15.1. La mecánica de un *swap* deuda/capital
(Fuente: Manufacturers Hanover Trust Co.)

I. El banco comienza adquiriendo, por ejemplo, un millón de dólares de deuda mejicana en el mercado secundario con un fuerte descuento, el 50 %, con lo que el coste real es de 500.000 dólares.
II. El banco transfiere esa deuda de un millón de dólares a una empresa interesada en invertir en México. El coste es de 500.000 dólares.
III. La empresa acude al banco central de México donde convierte la deuda de un millón de dólares en moneda local al tipo de cambio oficial (por ejemplo, 10 pesos = 1 dólar) menos un 5% en concepto de comisiones. Así que la empresa recibe 9,5 millones de pesos mejicanos.
IV. La empresa invierte los 9,5 millones de pesos (que le costaron 500.000 dólares) en un proyecto local, a cambio de lo cual recibe acciones del mismo.

Algunas veces el banco acreedor acomete directamente una inversión en el país deudor, puenteando al mercado secundario y ahorrándose así la comisión del *broker*. Por ejemplo, en marzo de 1987, American Express permutó cien millones de dólares de sus préstamos mejicanos a cambio de una parte de las acciones de un proyecto para construir hoteles en varias ciudades de dicha nación.

Otras veces un grupo de bancos acreedores forma un «fondo mutuo» con parte de los préstamos concedidos a un mismo país deudor. El gerente del fondo negocia con el gobierno del país en cuestión, los términos de la conversión del mismo en una sociedad de cartera que posea las acciones de una serie de empresas locales. Por ejemplo, el Philippine Capital Fund de Shearson Lehman, con un capital de 250 millones de dólares.

De todas maneras, los problemas para llevar a cabo con éxito los *swaps* de deuda/capital son considerables. Hay problemas con la inflación, la privatización, la obtención barata de activos nacionales por parte de inversores extranjeros y, por último, muchos programas no llegan muy lejos. Además, en muchas ocasiones las estafas al gobierno del país deudor están a la orden del día.

15.3.2 El *swap* deuda/moneda local

Cuando un importante grupo de residentes de un país deudor tiene grandes cantidades de dinero acumuladas e invertidas en el exterior del mismo, principalmente en países política y económicamente más seguros y rentables, los intereses y el principal de tales cantidades de dinero no son repatriados sino que se reinvierten en dichas localizaciones, lo que no permite ayudar al servicio de la deuda externa contraída por su propio Estado.

Los *swaps* deuda/moneda local son diseñados para atraer a dichos capitales emigrados proporcionando una amnistía a sus propietarios que, legal o ilegalmente, habían trasladado fondos más allá de las fronteras de su nación, sin hacer preguntas sobre la evasión de impuestos o sobre los medios de que se valieron para el traslado de dichos capitales.

Este tipo de permuta implica que el residente adquiera parte de la deuda externa de su país en el mercado secundario, con un descuento, utilizando los fondos que posee en el extranjero en divisas fuertes. Una vez realizado esto, la parte de deuda comprada la entregará al banco central de su nación, a cambio de lo cual recibirá su valor en moneda local o en deuda pública doméstica. Por ejemplo, los chilenos que realizan este tipo de permuta reciben deuda pública a largo plazo indiciada. A través de este *swap* los países transforman parte de su deuda externa en interna.

15.3.3. El *swap* deuda/deuda

Consiste en un cambio de la propiedad de un préstamo concedido a un país en vías de desarrollo. Tal transacción puede ocurrir entre acreedores externos, o entre un acreedor externo y otro interno.

Parece lógico que los bancos sean reacios a gestionar la deuda externa de los países en vías de desarrollo y, de hecho, algunos bancos pequeños han vendido con descuento, los préstamos que les habían concedido, provisionando las pérdidas incurridas con cargo a los beneficios típicos de su gestión. Pero los grandes bancos, que poseen un volumen significativo de deuda, no pueden hacer esto debido a que un intento de deshacerse de su préstamos presionaría aún más fuertemente a la baja el precio de los mismos y podría ocurrir que no tuviesen beneficios suficientes para contrarrestar las fuertes pérdidas en que incurrirían.

Para evitar este problema algunos bancos han optado por permutar su deuda con otros bancos y de esta forma:

a) Consolidar su exposición al riesgo en unos pocos países donde ellos tienen intereses estratégicos.
b) Reducir la exposición al riesgo en aquellos países en los que no parece detectarse una expectativa de mejoría en sus problemas financieros.
c) Minimizar la administración de su deuda.

Otros bancos han permutado deuda con objeto de diversificar sus carteras, evitando así estar sobrexpuestos con relación a uno o dos deudores problemáticos.

Como ejemplo de este tipo de permuta señalaremos el ocurrido en 1983 cuando el Bankers Trust permutó 100 millones de dólares de deuda externa brasileña más 90 millones de dólares en dinero por 190 millones de dólares de deuda externa mejicana con Banco Real de Brasil. La entidad bancaria norteamericana quería reducir su exposición en Brasil a cambio de pasar a ser acreedor de un país teóricamente «más seguro». El resultado fue que en tres meses Bankers Trust redujo su exposición en Brasil de 925 millones de dólares a 775 millones y aumentó la de México de 938 a 1.175 millones de dólares. Banco Real, con los dólares recibidos, pudo salir de una crisis financiera y el estado brasileño vio cómo parte de su deuda externa se transformaba en interna, la cual debería ser servida en cruzados y no en dólares.

Conseguir un conjunto de préstamos aceptable para ambas partes y que pudiera ser permutable puede ser algo realmente complejo dado que los préstamos concedidos a diferentes países no suelen ser homogéneos. Por ello, la permuta, adquisición y venta de la deuda de otros terceros países es a menudo necesaria para lograr el resultado deseado.

15.3.4. El *swap* deuda/naturaleza

Algunos de los países en vías de desarrollo y con un gran volumen de deuda externa (especialmente en Iberoamérica), que persiguen el crecimiento económico, están destruyendo algunos de los más importantes bosques tropicales del mundo y otros débiles medio ambientes. Estos países pueden ver su futura prosperidad en peligro al no existir más recursos para la expansión agrícola e industrial. Irónicamente, desde el punto de vista de los banqueros, algunos proyectos diseñados para ayudar a dichos estados a devolver su deuda externa pueden acabar impidiéndolo a largo plazo.

Con ánimo de paliar en lo posible lo anterior se han creado, a partir de julio de 1987, los denominados *swap deuda/naturaleza*, que consisten en retirar parte de la deuda de un país a cambio de su cooperación en materia de conservación de su propio medio ambiente.

En un típico trato «deuda por naturaleza», un grupo o institución conservacionista (por ejemplo, el World Wildlife Fund) adquiere deuda en el mercado secundario con un fuerte descuento. Por este acuerdo, el Estado comprará la deuda de dicho grupo en moneda local, con una prima, pero aún por debajo del valor nominal de la obligación. Los grupos conservacionistas locales usarán dicho dinero para financiar la preservación de la tierra, los proyectos forestales y la educación en la conservación del medio ambiente.

En este tipo de permuta el banco es feliz porque ha conseguido vender una serie de activos molestos, aunque con un fuerte descuento. El gobierno está contento porque ha conseguido reducir algo su deuda externa pagando menos que su valor nominal. Los conservacionistas estarán de enhorabuena, puesto que han conseguido su objetivo, con más naturaleza preservada por sus dólares.

A modo de ejemplo, en la Figura 15.2 se muestra el esquema del *swap* realizado en marzo de 1988 entre el gobierno de Costa Rica y el World Wildlife Fund por tres millones de dólares. En dicha permuta el gobierno costarricense llegaba a pagar 75 centavos por cada dólar de deuda convertida y si a ello le añadimos que el precio de la deuda de dicho país es del 12,5 % de su valor nominal, las organizaciones altruistas pueden obtener seis veces más valor por sus dólares a través de este tipo de *swap*, que invirtiéndolos directamente en la economía local.

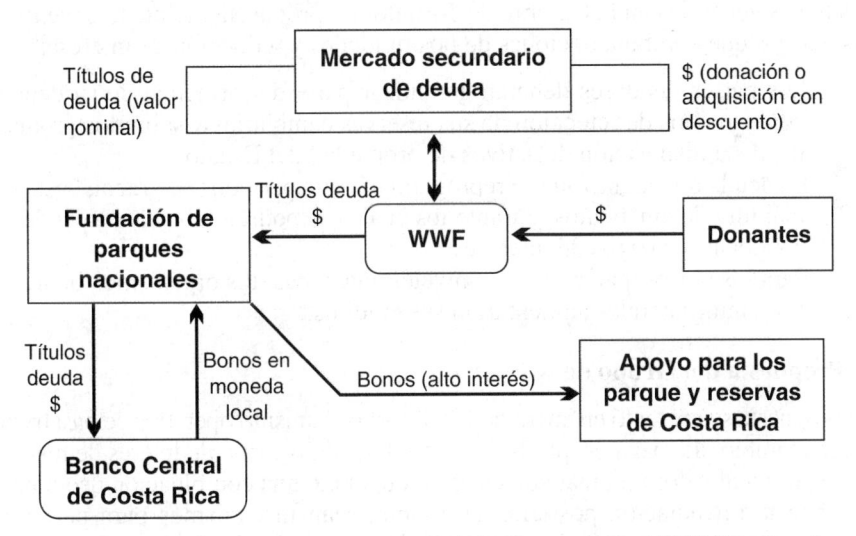

Figura 15.2. El *swap* Costa Rica/WWF (Fuente: World Wildlife Fund).

El primer caso de *swap deuda/naturaleza* fue el de Conservation International que en 1987 canceló 650.000 dólares de la deuda externa boliviana (a un precio de 100.000 dólares) a cambio de la protección gubernamental de 3,7 millones de acres de zona selvática para lo que Bolivia destinaría una cantidad equivalente a 250.000 dólares. Hasta 1990 se habían realizado 14 permutas de esta clase en Bolivia, Costa Rica, Ecuador, Filipinas, Madagascar, Polonia,

República Dominicana y Zambia. Han actuado como avalistas los gobiernos de Alemania y Holanda, así como WWF y Unicef.

En el caso de Brasil, el Bankers Trust propuso que un consorcio de gobiernos debería adquirir en el mercado secundario 50.000 millones de dólares de la deuda externa brasileña con un importante descuento y canjearla por una importante área de la selva amazónica. De esta forma Brasil estaría recibiendo un alquiler a cambio de ayudar a preservar el ecosistema mundial.

15.4. MENU DE OPCIONES

15.4.1. Planes y opciones para la reducción de la deuda

Tras el fracaso del Plan Baker, que fue considerado insuficiente, se intentó buscar soluciones más operativas, y se diseñaron diversas propuestas cuyo contenido sintetizamos a continuación.

■ **Propuesta japonesa**

Esta propuesta, conocida tambien como Plan Miyazawa, se presentó en la Reunión del FMI celebrada en Berlín en 1988, si bien ya había sido expuesta en sus líneas generales en la Cumbre de Toronto. La propuesta incluía tres elementos básicos que combina opciones de posibilidades y reducción de intereses:

– Los países deudores deberan garantizar parte del principal de su deuda, con derechos de retención de sus reservas cambiarias y sobre los productos de la disposición de activos de propiedad del Estado.
– La deuda no garantizada se reprogramaría con períodos de gracia, hasta un máximo de cinco años, durante los cuales se podrán rebajar, suspender o condonar los pagos de intereses.
– Para los países que cubran los niveles anteriores, los organismos bilaterales y multilaterales aumentarían sus créditos.

■ **Propuesta del Grupo de Río**

La propuesta se presentó en enero de 1989, y el mecanismo operativo se basaba en el intercambio de pagarés por bonos, con descuento y tipo de interés de mercado, o por igual valor nominal con cupón reducido, o una combinación de ambos.

Para la financiación posterior se establecerían mecanismos para períodos multianuales, con amortización y pago de intereses a largo plazo.

■ **La propuesta de Venezuela**

En 1989, Venezuela presentó una propuesta en el World Economic Forum celebrado en Suiza, que suponía la creación de una agencia multilateral, integrada por el FMI y el BM, que absorbería deuda externa mediante su compra en el mercado secundario. Estas operaciones se podrían realizar con un descuento del 50 %, cubriendo su importe con bonos sin riesgo a largo plazo. Además incluye el cambio de deuda antigua por nueva, mediante la rebaja de capitales o intereses.

■ **La propuesta Francesa**

En febrero de 1989, Mitterand presentó una propuesta que establece un mecanismo especial materializado en un fondo creado con aportación de recursos nominados en Derechos Especiales de Giro (DEGs), aportados por los países industrializados, y que soportarían la emisión de bonos para reducir la deuda pendiente o rebajar los tipos de interés.

15.4.2. El plan Brady

El tratamiento de la deuda externa experimentó un cambio sustancial en 1989 con la presentación del llamado Plan Brady en la Reunión bianual del Fondo Monetario Internacional (FMI) y del Banco Mundial (BM), que contó con el apoyo del Grupo de los 24.

El mencionado Plan gira en torno a un programa de reducción de la deuda externa materializado en un menú de opciones que incluye *swaps*, especialmente de deuda por activos, y la recompra de créditos para ser sustituidos posteriormente por deuda interna a largo plazo. Adicionalmente, se asigna dotación de dinero nuevo por parte de los bancos comerciales.

La aplicación de medidas concretas depende de las características de cada país, según sus propuestas (por ejemplo, planes de ajuste y privatizaciones), y por tanto, se aplica la técnica la de «caso a caso».

El funcionamiento del Plan Brady tiene implicaciones sobre los distintos agentes involucrados en el problema de la deuda externa, y que pueden sintetizarse en:

Gobiernos acreedores: A través del Club de París, deberán reprogramar o reestructurar sus préstamos, manteniendo la cobertura del crédito de exportación para los países con sólidos programas de reforma, y eliminando impedimentos tributarios, contables y reglamentarios.

Bancos comerciales: Proveer nuevo dinero, apoyando la reducción de la deuda y de su servicio suavizando de forma temporal y condicional algunas variables de la deuda corriente.

Países deudores: Se les exige mantener programas de ajuste compatibles con el crecimiento, y el diseño de medidas que estimulen la repatriación de capitales.

Instituciones Financieras Internacionales: Es necesaria la provisión de financiación por parte del FMI y del BM, a través de: recompra de la deuda, cambio de deuda antigua por nuevos bonos a la par, con intereses reducidos, o cambio de deuda antigua con descuento por nuevos bonos garantizados, por ejemplo, asegurados por activos.

El desarrollo de las líneas anteriores ha encontrado resistencia en la banca privada acreedora, que ha exigido compensaciones. Para estimular su actuación, a finales de 1989, el Parlamento norteamericano aprobó una iniciativa por la que las entidades que cooperasen en la provisión de nueva financiación obtendrían una reducción en la calificación del riesgo de sus préstamos, con la consecuente reducción en su provisión de reservas al efecto.

La actitud de los países endeudados ha sido muy diferente. Así, mientras que Costa Rica presentó una disposición a lograr un acuerdo rápido, y Brasil mostró una posición favorable iniciando un plan de privatizaciones, fundamentalmente en los sectores petroquímico, siderúrgico y de navegación fluvial, Argentina exigió como condición previa la concesión de un crédito puente de 1.500 millones de dólares.

A continuación, se analizan algunos de los acuerdos alcanzados dentro del mencionado Plan Brady.

■ Acuerdo Firmado por México

México fue el primer país que se acogió al procedimiento descrito en el Plan Brady, llegándose a un acuerdo en julio de 1989. Como consecuencia obtuvo un descuento en su deuda del 35 %, lo que supone un recorte de unos 18.000 millones de dólares. Para poder acceder al proyecto, México tuvo que diseñar un estricto plan de ajuste. En el acuerdo, se recogía que los Bancos comerciales podían elegir entre tres opciones:

- Cambiar antiguos préstamos por bonos a 30 años, con un interés del 6,25 %, sin disminución del nominal.
- Cambiar antiguos préstamos por bonos a 30 años, con un descuento nominal del 35 %, con un interés de Libor + 13/16.

Tanto estos bonos como los anteriores tendrán una garantía definida por bonos de cupón cero del Tesoro norteamericano y por fondos de organismos internacionales y del Gobierno de Japón. Aportar nuevos fondos durante los 4 años próximos, por un monto total del 25 % de los actuales préstamos.

En marzo de 1990, México cerró un acuerdo con la banca privada que afecta a 48.500 millones de dólares de deuda con este grupo. El 41 % de los bancos optaron por la primera alternativa, el 47 % por la segunda, y un 12 % por la tercera con una aportación de 1.500 millones de dólares aproximadamente. La reducción de pagos de intereses se sitúa en unos 1.000 millones de dólares al año.

■ Acuerdo Firmado por Costa Rica

Este país llegó en noviembre de 1989 a un acuerdo inscrito en el Plan Brady que afecta a un total de 1.825 millones de dólares. El acuerdo recoge las opciones siguientes:

- Conversión de deuda por capital por un total máximo de 20 millones de dólares por año, en los próximos cinco años.
- Canje de deuda por un bono a 20 años, con 10 años de gracia, y un interés

fijo del 6,25 %, o canje por bonos a 25 años, con 15 años de gracia y un interés de 6,25 %, sin garantía.
– Operaciones de recompra por parte de los bancos.

■ Acuerdo Firmado por Venezuela

En la reunión de agosto de 1989 en Nueva York, correspondiente a la segunda etapa de negociaciones de Plan Brady, Venezuela presentó las opciones siguientes:

– Recompra de deuda en el mercado secundario.
– Reducción de deuda a través de su conversión en capital. Cambio de títulos de deuda antigua por deuda nueva, fijando una rebaja de capital o intereses, con mayor garantía para la banca acreedora, y cambio de títulos manteniendo su valor nominal, pero con reducción de intereses.

BIBLIOGRAFIA

BIERMAN, Harold: «The Debt-Equity Swap». En STERN y CHEW (Ed.): *The Revolution in Corporate Finance*. Blackwell. Oxford. 1987.Págs. 119-123.
BURTON, Jonathan: «Back to nature - The financial way». *The Banker*. Diciembre 1988 Págs. 22-25.
CASILDA BÉJAR, R.: «El Plan Brady y los acuerdos de negociación de México, Filipinas y Costa Rica». *Boletín Información Comercial Española*, Madrid, 29 abril/5 mayo 1991.
CASILDA, Ramón: «La conversión de la deuda externa en capital: Análisis de sus consecuencias». *Análisis Financiero*, núm. 47. Marzo 1989. Págs. 29-36.
COOPER, John: «Swapping LDC Debt». *Management Accounting*. Octubre 1989. Págs. 28-30.
COOPERS & LYBRAND: A *Guide to Financial Investments*. Euromoney. Londres. 1987.
DÍEZ DE CASTRO, Luis, y MASCAREÑAS, Juan: «Operaciones de permuta financiera: Swaps». *Actualidad Financiera*, núm. 30. Julio. 1989. Págs. 1973-2012.
FOLKERTS-LANDAU, D.: «La gestión del riesgo del tipo de interés en PMA». *Finanzas y Desarrollo*, vol. 26, núm. 2. Ed. FMI-BM. Washington, junio 1989.
FOLKERTS-LANDAU,D.: «Market-to-market swaps». *Analytical Issues in Debt*. Ed. FMI, Washington, 1989.
GAJDECZKA, P., y STONE, M.: «El mercado secundario para los préstamos de los países en desarrollo». *Finanzas y Desarrollo*. Ed. FMI-BM, Washington, diciembre 1990.
HEYMAN, Tim, y GOLDMAN, Stephen: «The Casino Mentality». *Global Investor*. Mayo 1989. Págs. 105-112.
IRELAND, Louise: «Hedging down to the fundamentals». *Corporate Finance*. Octubre 1989. Págs. 11-15.
PARTRIDGE-HICKS, Stephen, y HARTLAND-SWANN, Piers: *Synthetic Securities*. Euromoney. Londres. 1988.
REYNES PASCUAL, A.: «Plan Brady para México: Valoración y perspectivas». *Boletín Información Comercial Española*, Madrid, 11/17 junio 1990.
SHEARSON LEHMAN HUTTON: *The Debt-Equity Swaps Handbook*. Business Int. Co. (Noviembre). 1988. Nueva York.
VARELA, F.: «Los mercados financieros internacionales: Evolución reciente». *Economistas*. España 1984. Un Balance, núm. 11 Madrid, diciembre 1984.
WANAMAKER, Melissa: «No easy path for debt-equity swaps». *Euromoney*, Special Supplement. septiembre 1988. Págs.: 2-14
WEITZ, M. A.: «Análisis de los mercados secundarios de títulos de deuda externa». *Economistas*, núm. 42. Madrid, febrero/marzo 1990.

16
Otros productos financieros de cobertura del riesgo

16.1. LA GESTION DEL RIESGO

Un gerente financiero antes de tomar cualquier decisión referente a la cobertura de sus riesgos (intereses y divisas), deberá identificarlos y gestionarlos. Para ello deberá seguir una serie de pasos:

1. Definir su política con respecto a la gestión del riesgo, es decir, si se va a cubrir totalmente durante todo el tiempo, si sólo parcialmente, o si no va a haber ninguna cobertura.
2. Determinar los activos y pasivos que van a ser afectados por las variaciones del tipo de interés o del tipo de cambio.
3. Determinar la volatilidad de los flujos de caja y de los beneficios respecto de las variaciones de los tipos de interés y de cambio, mediante un análisis de sensibilidad.
4. Identificar los instrumentos y productos de cobertura, que se ajustan a la política seguida por el Consejo de Administración.
5. Idear diversas y diferentes estrategias para la gestión del riesgo de cambio y de interés según los diversos ambientes en los que se pueda encontrar la empresa.
6. Realizar previsiones sobre la posible evolución de los tipos e implementar estrategias, que estén de acuerdo con las líneas maestras seguidas por el Consejo de Administración.

Cuando el director financiero ha llevado a cabo este metódico proceso, las estrategias para hacer frente al riesgo de interés, o al de cambio, pueden ser activadas rutinariamente, con el fin de proteger a la compañía de las variaciones adversas de dichos tipos, mientras toma ventaja de las que le sean favorables. Alguno de los productos financieros que pueden utilizarse para acometer dicha cobertura ya han sido analizados en los capítulos anteriores pero existen muchos más, algunos de los cuales veremos en los epígrafes posteriores y en el capítulo siguiente.

16.1.1. Estrategias en caso de que los tipos de interés asciendan

La aplicación de una estrategia para gestionar el riesgo de interés de una manera eficiente, está unida a los objetivos sobre el coste de la financiación y a las previsiones sobre dichos tipos de interés. Si se prevé que éstos van a incrementarse (por ejemplo, debido a: la política monetaria, al estado del mercado de cambios, a la creciente demanda de financiación por parte del Gobierno, a la subida de los precios de los metales, a un posible aumento de la inflación, etc.), entonces la empresa deberá sacar ventaja de su capacidad crediticia y endeudarse a un tipo fijo de interés en el mercado de capitales, retirando su deuda de tipo flotante.

La empresa debería utilizar un *swap de intereses* para convertir parte de su deuda flotante en fija y de esta manera adaptarla mejor a la estructura de sus activos. Esto no es necesario hacerlo si el valor de los activos varía de una forma directa con la inflación, puesto que no existirá ningún detrimento en los flujos de caja y en el balance.

Si se espera una rápida subida de los tipos de interés para los próximos años, sería aconsejable la utilización de un *swap a plazo* (*forward swap*) para cubrir sus necesidades futuras de financiación a los tipos de interés actuales, que son más bajos.

Una empresa puede adquirir opciones simples o compuestas para cubrir la parte fija de los *swaps de intereses* anticipados o para cubrir una emisión de deuda prevista. Por ejemplo, si la empresa está planeando fijar en el futuro alguna parte de su deuda de tipo flotante utilizando un *swap de intereses*, y si sus previsiones con respecto al tipo de interés fuesen inciertas, podría adquirir una *opción de venta* sobre el actual bono del Tesoro o pagaré, que tenga un vencimiento semejante. Si los tipos de interés ascienden, se ejerce la opción, contrarrestando el coste de entrar en el *swap* a los entonces altos tipos imperantes. Si los tipos caen, la opción expirará sin valor pero la empresa se habrá beneficiado fijando su deuda de tipo variable a un tipo fijo más bajo que el imperante. Algo semejante podría hacerse con una futura emisión de obligaciones.

Si se espera que los tipos de interés se mantengan invariables o que asciendan lentamente, entonces la adquisición de un tipo de interés *cap* (véase Epígrafe 14.4) puede ser económico, puesto que estaría protegida ante un fuerte ascenso de los tipos de interés. Si el coste del *cap* parece ser prohibitivo en un ambiente de alza de los tipos de interés, entonces un *collar* participativo (véase Epígrafe 14.4) puede ser un instrumento muy efectivo.

Una empresa podría cubrir su riesgo basado en el índice Libor, o en el Mibor, es decir, su deuda de tipo flotante o los *swaps*, a través del uso de futuros sobre eurodólares, FRAs (véase epígrafe siguiente) u opciones.

16.1.2. Estrategias en caso de que los tipos de interés desciendan

Deberemos refinanciar la deuda de tipo fijo con deuda de tipo flotante. También podremos realizar un *swap* para cambiar los intereses fijos en flotantes.

Si la empresa cree que los tipos de interés van a descender puede emitir un *cap* y ganar instantáneamente la prima del mismo. Claro que esta operación sería un decisión de oportunidad y no necesariamente de cobertura.

Adquirir opciones de compra para reducir el coste de la actual deuda de altos tipos de interés, o utilizar las opciones de compra en conjunción con las emisiones de bonos para beneficiarse de los declinantes tipos de interés. Cuando esto sucede, el valor de las opciones de compra aumenta, lo que hace descender el coste de la deuda emitida con superiores tipos de interés.

16.2. FRA (*FORWARD RATE AGREEMENT*)

El FRA, que podríamos traducir como «contrato a plazo sobre tipos de interés» y que surgió por primera vez en Suiza en 1984, es un contrato en el que dos partes acuerdan el tipo de interés que se va a pagar sobre un depósito teórico, con un vencimiento específico, en una determinada fecha futura. Lo cual permite eliminar el riesgo de fluctuaciones en el tipo de interés durante dicho período.

Los compradores y vendedores implicados en un FRA se denominan contrapartes. Una de ellas, la denominada *receptor fijo*, recibirá un tipo de interés fijo y pagará un tipo flotante; mientras que el *receptor flotante* será el encargado de realizar los pagos fijos y de recibir a cambio los pagos flotantes. El tipo de interés fijo es determinado en la *fecha de la firma* del contrato (*signing date*), fecha en la que no hay ningún intercambio de flujos de caja. Mientras que el tipo flotante se determina en la *fecha de inicio* del contrato (*reset date*), la cual se especifica en el contrato. Como se aprecia en la Figura 16.1 la fecha de inicio no coincide con la fecha de la firma del contrato.

Los pagos fijos y flotantes se basan en: *a)* el principal teórico especificado en el contrato; *b)* una medida aceptable del tipo de interés (generalmente el Libor para contratos internacionales y el Mibor para contratos en España); y *c)* una estructura temporal determinada.

El principal teórico es la cantidad sobre la que se pagan los intereses. Los pagos se realizan a través de una liquidación por diferencias entre el tipo de interés fijo del contrato y el tipo de mercado en la *fecha de inicio* del mismo. Si bien es cierto que algunos FRAs son liquidados con diferimiento, es decir, el pago se realiza en la *fecha de vencimiento* del mismo.

El contrato permite al adquirente fijar los costes financieros para un período futuro predeterminado. En el momento del vencimiento, el vendedor pagará al adquirente por cualquier aumento del tipo de interés, que supere el tipo acordado; siendo el comprador el que pagará al vendedor, si dicho tipo cayese por debajo del tomado como referencia. Esta cantidad se descuenta para reflejar dicho pago al comienzo del período del depósito teórico y no en su vencimiento. El período de duración del contrato de los FRAs se cita, por ejemplo, como «seis-nueve» meses, es decir, el tipo de interés a tres meses (nueve menos seis) a contar pasados seis meses[1] (véase Figura 16.1). Las cantidades en concepto del

---

[1] Los meses son de calendario no de 30 días

principal también se acuerdan en el contrato, aunque no existe intercambio alguno de estas cantidades (esto último se denomina en inglés, *outright*). El contrato se liquida al contado.

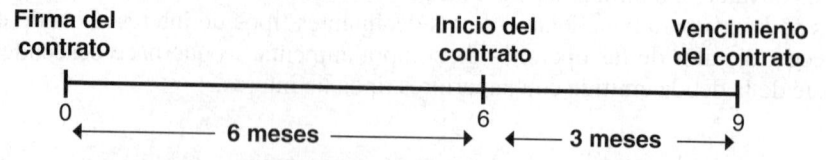

Figura 16.1. Estructura temporal de un FRA «seis-nueve».

En este tipo de contrato el «comprador» de un FRA es la parte contratante, que desea protegerse de un posible alza del tipo de interés, es decir, la parte que desearía hoy, como alternativa a un FRA, establecer el mismo tipo de interés sobre un depósito que fuese a obtener en una fecha futura.

Por ejemplo, una empresa que va a endeudarse dentro de seis meses y quiere asegurarse un tipo de interés del 10 % (durante los tres meses siguientes a esos seis), que es el que rige actualmente, en vez de arriesgarse a que el mismo haya subido durante dicho período de tiempo, contrataría un FRA «seis-nueve» al 10 % (véase la Figura 16.2).

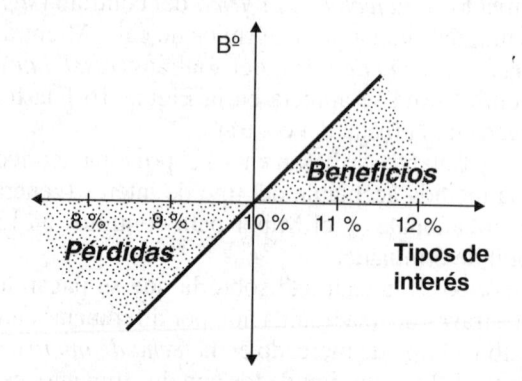

Figura 16.2. La estructura de pérdidas/ganancias de un comprador de un contrato FRA.

El «vendedor» es aquella parte que desea protegerse de un descenso del tipo de interés, siendo la venta del FRA análoga a la realización de un préstamo a desembolsar en el futuro. Por ejemplo, el banco que vende el FRA a la empresa del caso anterior no desea que el tipo de interés a tres meses dentro de un semestre descienda por debajo del 10 % (véase la Figura 16.3).

El día de la liquidación, que como ya hemos comentado suele coincidir con la *fecha de inicio* del contrato (en nuestro ejemplo a los seis meses de su firma), se calcula la diferencia entre el tipo de interés acordado en el FRA y el tipo de referencia especificado en el contrato (por lo general, el Libor, Mibor, o cualquier otro indicado en las pantallas de Reuters o Telerate). Esa diferencia se multiplica por la cantidad establecida como principal, y por el período de dura-

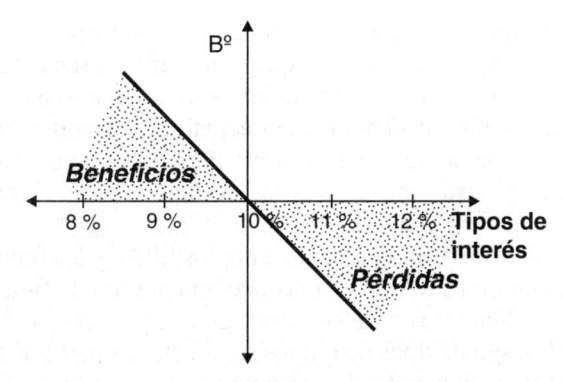

Figura 16.3. La estructura de pérdidas/ganancias de un vendedor de un contrato FRA.

ción del depósito, para hallar la cantidad debida. Si, en la fecha de liquidación, el tipo de referencia supera al tipo acordado, el vendedor abona la diferencia al comprador; si el de referencia es inferior al acordado, ocurrirá lo contrario. (Figura 16.4).

	Pagador
Mibor > Tipo FRA ————————>	Vendedor
Mibor < Tipo FRA ————————>	Comprador

Figura 16.4. El pagador del contrato FRA en la fecha de vencimiento.

Volviendo a nuestro ejemplo, si transcurridos los seis meses el tipo de interés de referencia (por ejemplo, el Mibor-90) a tres meses es del 11 % anual, el banco le prestará a la empresa a dicho tipo de interés la cantidad por ésta solicitada, pagándole seguidamente el equivalente trimestral al 1 % anual de diferencia entre el tipo actual y el acordado en el contrato; de esta forma el coste para la empresa seguirá siendo del 10 % anual. En nuestro ejemplo, el vendedor pagará al comprador 0,002433 pesetas por cada peseta de nominal. El cálculo se realizará según la siguiente expresión matemática, que surge de calcular los intereses al final del mes noveno para, seguidamente, actualizarlos a comienzos del mes sexto al tipo de interés de referencia:

$$Q = \frac{\dfrac{(T_{FRA} - T_{REF})}{100} \times N \times \dfrac{D}{360}}{\left[1 + \dfrac{T_{REF}}{100} \times \dfrac{D}{360}\right]} = \frac{(T_{FRA} - T_{REF}) \times N \times D}{36.000 + (T_{REF} \times D)}$$

$$Q = \frac{(10 - 11) \times N \times 90}{36.000 + (11 \times 90)} = -0,002433 \times N$$

donde T_{FRA} es el tipo acordado en el contrato, T_{REF} el tipo de referencia, N el nominal teórico y D el número de días que transcurren desde la fecha de inicio a la de vencimiento del mismo. El numerador de la expresión calcula la diferencia entre los tipos de interés y el denominador actualiza dicha diferencia para situarla a precios de la fecha de inicio del contrato FRA, puesto que, como ya comentamos anteriormente, este tipo de contrato se liquida en la fecha de inicio del mismo y no en la de vencimiento.

Como se puede observar el parecido entre los FRAs y los futuros financieros es notable, de hecho un FRA no es más que un contrato de futuros financieros ajeno al mercado oficial (*over the counter*). Lo que permite a los bancos ajustar su exposición al riesgo de tipos de interés sin afectar su perfil de liquidez, y con un menor efecto sobre el tamaño de su balance y el riesgo crediticio, que a través de la utilización del mercado interbancario.

Los FRAs, comparados con los futuros financieros, son más simples, flexibles, carecen de garantías, se hacen a medida del desajuste de los tipos de interés de un banco o de un cliente y, además, se pueden realizar en divisas que no poseen futuros financieros. A cambio los FRAs no pueden ser vendidos en un mercado específico, lo que sí ocurre con los futuros (así que el FRA es menos líquido que el contrato de futuros); en estos últimos el riesgo de crédito es uniforme y se considera reducido, mientras que en los FRAs, dependerá de la parte contratante. Por otro lado, el diferencial comprador/vendedor (*offer/bid*) es mayor que en los futuros, precisamente, por ser menos líquidos.

El mercado de los FRAs es, por lo general, un mercado interbancario, negociándose más de la mitad de los contratos a través de los *brokers*. Los bancos también negocian FRAs con clientes no bancarios, que los utilizan para cubrir préstamos futuros o como medio de negociar un contrato de futuros *over the counter*. Para el cliente, esto tiene la ventaja de ajustar las cantidades, fechas y tipos de interés a sus necesidades concretas y sin requerimientos de garantías. Para los bancos, el atractivo fundamental de los FRAs radica en ofrecer un medio de reducir el riesgo del tipo de interés sin aumentar las cifras del balance y en posibilitar la reducción de las cifras brutas del balance interbancario.

Los FRAs llevan implícito un riesgo de coste de reposición, puesto que si la otra parte incumple su pago, el banco se arriesga en la medida en que espera recibir dicho pago, según sea el nivel de los tipos de interés ese momento. Así que el riesgo de pérdida dependerá tanto de la evolución adversa de los tipos de interés como del incumplimiento de la otra parte. Por ejemplo, si un banco adquiere un FRA al 10 % con objeto de protegerse contra un alza del interés y, este último, asciende al 12 % en la fecha del vencimiento, momento en que la parte contraria decide no pagar, el banco dejará de percibir una compensación anticipada del 2 % anual sobre el principal acordado para el período cubierto por el FRA. En todo caso, para minimizar dicho riesgo de impago, las contrapartes suelen exigir garantías como, por ejemplo, la entrega de títulos del Tesoro.

16.2.1. Ejemplo

Las alternativas de un banco que decide financiar un préstamo de 10 millones de dólares a seis meses son:

a) Endeudarse a seis meses a un Libor de 8,375 %.
b) Financiar mediante fondos propios los tres primeros meses a un coste del 8,0625 %.

De optar por la alternativa *b)*, el banco corre el riesgo de que los tipos de interés aumenten y de que el coste global de financiar el préstamo a seis meses supere el 8,375 % de la primera alternativa. Para protegerse de tal riesgo, el banco podría participar en el mercado FRA, en el que los FRAs de «tres-seis» meses se cotizan con un diferencial *offer/bid* de 8,5 % – 8,25 %. Mediante la compra de un FRA a un tipo del 8,5 %, se limita el coste de financiación al 8,5 % para dentro de tres meses. El coste global de financiar el préstamo por esta vía es del 8,36 %, casi el mismo que el de financiarse a seis meses al 8,375 %.

Si, transcurrido un trimestre, el Libor a tres meses está por encima del 8,5 %, la contraparte del banco pagará la diferencia al comprador del FRA. El pago compensará cualquier aumento del coste de intereses en que incurra el banco cuando acuda al mercado en busca de fondos. Si dentro de tres meses el Libor está por debajo del 8,5 %, el banco pagará a la otra parte la diferencia; sin embargo, se verá compensado al financiarse a un tipo inferior al 8,5 %. El banco actúa como *receptor flotante* y su contraparte como *receptor fijo* puesto que cobrará el 8,5 %.

Como el volumen del préstamo es de 10 millones de dólares y como para simplificar trabajaremos con meses de 30 días, el coste de ambas alternativas se calcula del siguiente modo:

a) Endeudamiento a 6 meses de plazo al 8,375 % de interés anual:

10.000.000 $ × 8,375/100 × 180 días/360 días = 418.750 $

b) Endeudamiento a tres meses al 8,0675 % anual y posteriormente un FRA al 8,5 % anual durante otros tres meses. En este caso el Libor alcanza el 10,5 % de interés, luego el banco recibe el 2 %, descontado, por el hecho de que se paga al comienzo y no al final del período de depósito de tres meses:

Primeros tres meses:

10.000.000 $ × 8,0625/100 × 90 días/360 días = 201.562,5 $

$$\text{Resto: } \frac{(8{,}5 - 10{,}5) \times 10.000.00\ \$ \times 90}{36.000 + (10{,}5 \times 90)} = -48.721{,}07\ \$$$

La cantidad a tomar a préstamo en el segundo período de tres meses será:

El principal   10.000.000,00 $
Interés al cabo de tres meses   201.562,50 $
Cantidad percibida por el FRA   – 48.721,07 $
               10.152.841,43 $

El interés a pagar por dicha cantidad en ese segundo período de tres meses será:

10.152.841 $ × 10,5/100 × 90 días/360 días = 266.512,10 $

Lo que nos lleva a decir que los desembolsos totales son:

201.262,50 $ – 48.721,07 $ + 266.512,10 $ = 419.353,53 $

Cantidad que es algo superior a los desembolsos realizados bajo la alternativa *a*), porque el FRA sólo cubría la cantidad redonda de 10 millones de dólares, y no los 10.201.562,5 dólares que debían cubrirse de hecho.

16.2.2. El cálculo del tipo de interés FRA

Se pretende encontrar el tipo de interés teórico para un período determinado, basado en los tipos de interés establecidos en el mercado interbancario de depósitos. En la tabla de la Figura 16.5 se muestra un ejemplo de los tipos de interés en el mercado interbancario que vamos a utilizar para calcular el tipo de interés para un FRA de «seis-nueve» meses.

Período	Días	Tipos de interés Pagador	Receptor	
1 mes	30	13,675	13,800	
2 meses	61	13,625	13,750	
3 meses	91	13,600	13,725	
6 meses	183	13,500	13,600	Comprador
9 meses	275	13,435	13,500	Vendedor
12 meses	365	13,400	13,475	

Figura 16.5. Tipos de interés en el mercado interbancario.

Para calcular el tipo de interés teórico del FRA es necesario conocer los tipos de interés de los períodos mayor (T_L) y menor (T_C), así como el número de días del período mayor (D_L) y del menor (D_C), con estos valores y la fórmula siguiente obtendremos el Tipo FRA:

$$\text{Tipo FRA} = \frac{[T_L \times D_L] - [T_C \times D_C]}{\left[1 + \dfrac{T_L \times D_C}{36.000}\right] \times [D_L - D_C]}$$

Así que el tipo FRA para el comprador será:

$$\text{Tipo FRA comp.} = \frac{[13{,}435 \times 275] - [13{,}600 \times 183]}{\left[1 + \dfrac{13{,}435 \times 183}{36.000}\right] \times [275 - 183]} = 12{,}26\,\%$$

$$\text{Tipo FRA vend.} = \frac{[13{,}500 \times 275] - [13{,}500 \times 183]}{\left[1 + \dfrac{13{,}500 \times 183}{36.000}\right] \times [275 - 183]} = 12{,}63\,\%$$

La diferencia entre el precio teórico del FRA y el precio de mercado nos dará la medida de las expectativas existentes en el mercado de depósitos, lo que puede dar lugar a operaciones de arbitraje si dichas diferencias son apreciables.

16.2.3. Tipos de FRAs

Opción sobre un FRA. Cuando la tesorería de la empresa busca tomar ventaja de los movimientos del mercado, pero desea una cobertura en caso de que su estrategia sea equivocada, surge la necesidad de utilizar una *opción sobre un FRA*. La entidad bancaria suscribe una opción sobre un tipo de interés y, a cambio de una prima, recibe un precio garantizado al cual pueda ejercer su opción para prestar o endeudarse. Si el mercado se mueve favorablemente para el propietario, éste puede dejar vencer la opción y aprovecharse de la tendencia favorable siempre, eso sí, que dicha tendencia le proporcione un beneficio que supere el coste de la prima.

Strip de FRA. Consiste en una serie de contratos de FRAs con diferentes plazos (un «tres-seis», más un «seis-nueve», más un «nueve-doce», por ejemplo). Tienen por objeto cubrirse de los movimientos de los tipos de interés. Su falta de liquidez hace difícil su cobertura por períodos más largos de tiempo.

16.3. FXA (*FORWARD EXCHANGE AGREEMENT*)

Los FXAs, o acuerdos sobre tipos de cambio futuros, nacen a finales de 1987 desarrollados por el Midland Bank británico. Por la misma época, el Barclays desarrollaba un hermano gemelo del anterior denominado ERA (*exchange rate agreement*), es decir, acuerdo sobre el tipo de cambio. El FXA es un instrumento de cobertura flexible desarrollado, expresamente, para una gestión activa del riesgo de interés y de cambio con un mínimo riesgo de liquidación (*exposure settlement*).

Un FXA es un *swap de divisas* sintético del tipo «a plazo» / «a plazo» (*forward/forward*), es decir, que los intercambios de divisas no se producen en el momento actual sino a partir de un momento determinado. Combina dos contratos a plazo teóricos en único trato. Y es liquidado por un único pago realizado por una de las partes a la otra con objeto de compensar las oscilaciones del tipo de cambio durante la vida del contrato. El FXA es la réplica en el mercado de divisas del FRA (*forward rate agreement*). Esto hace ser al FXA un cuasi-instrumento del mercado de dinero, que no forma parte del balance, y que permite, garantizando un tipo *swap* a plazo en divisas, negociar con un menor riesgo de liquidación que los instrumentos tradicionales del mercado a plazo.

Una transacción puede ser fácilmente revertida en cualquier momento antes de la *fecha de fijación* (*fixing date*) al tipo de mercado prevalente. A diferencia de los mercados de futuros, un FXA no requiere de depósitos de garantía existiendo únicamente una liquidación en dinero en la *fecha de valoración* (*value date*) especificada. Incluso, la documentación es mínima, sólo la confirmación de los términos estándar y las condiciones. Se cotizan tanto en cantidades y períodos normalizados, como dispares debido a las necesidades de los clientes.

16.3.1. El contrato

El FXA es un contrato entre dos partes e implica dos divisas. El principal teórico está expresado en la divisa primaria, y la exposición para el período futuro se expresa en la segunda divisa.

Las dos partes están de acuerdo en la *fecha del trato* (*dealing date*) en compensarse mutuamente en la fecha de valoración por cualquier cambio en el *swap* de divisas a plazo por un contrato especificado en el futuro (véase Figura 16.6). La liquidación se realiza a través de un único pago en la segunda divisa, cuyo tipo de cambio se marca en la *fecha de fijación*, dos días antes de la *fecha de valoración*.

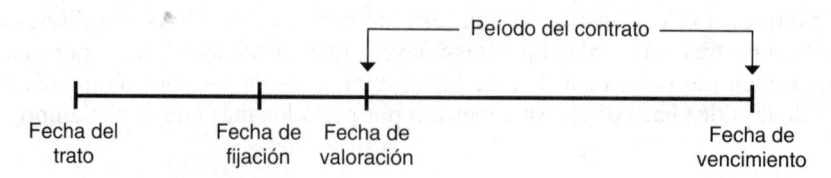

Figura 16.6. Las fechas principales del FXA.

Su novedad y las complejas matemáticas de este mercado, requiere que las instituciones financieras instalen nuevas oficinas de liquidación y nuevos procedimientos contables antes de conseguir la posición idónea para llegar a ser un creador de mercado. La fórmula oficial de liquidación puede ser simplificada en tres componentes que determinan la cantidad de compensación a pagar:

1. La diferencia entre los puntos de la prima del *swap a plazo* que se fijaron en la *fecha del trato* y los prevalentes en la *fecha de fijación*.
2. El interés sobre las variaciones en el tipo de cambio a plazo entre las *fechas del trato* y de *fijación*.
3. El descuento del diferencial de compensación para la *fecha de valoración*.

Su cálculo se realiza aplicando la expresión matemática expuesta a continuación:

$$N \times \left[\frac{[P_{FXA} - P_L] - [T_{FXA} - T_{CL}] \times \dfrac{\text{Tipo} \times D}{36.000}}{1 + \dfrac{\text{Tipo} \times D}{36.000}} \right]$$

donde N es el nominal teórico, T_{FXA} es el tipo de cambio del *FXA* en la fecha del trato, T_{CL} es el tipo de cambio de contado en la fecha de liquidación del contrato, P_{FXA} son los puntos de la prima a plazo del *FXA* en la fecha del trato (llevan signo negativo), P_L los puntos de la prima a plazo en la fecha de la liquidación (llevan signo negativo), *Tipo* es el tipo de interés de referencia (Libor, por ejemplo) y D la duración del contrato en días.

El gran éxito de los FXAs y ERAs se debe a que, al igual que los FRAs, no implican gastos ni complicadas transacciones en el mercado. Y dado que ningún contrato de transacción al contado (*spot*) o de divisa a plazo está implicado, los FXAs y ERAs soportan sólo pequeñas cantidades de cobertura de riesgo lo que es un factor muy importante en el negocio bancario. Son atractivos para las empresas al no requerir las grandes líneas de crédito que los intercambios físicos implican para la banca.

FXAs y ERAs son prácticamente iguales, su única diferencia radica en que los primeros disponen de un factor de ajuste de las oscilaciones en el tipo de contado durante la vida del contrato, mientras que los ERAs no lo tienen. Esto es lo que hace suponer a muchos especialistas que el ERA desaparecerá en favor del FXA.

Los FXAs más comunes según las monedas implicadas son los que relacionan el dólar con: la libra esterlina, el marco, el franco suizo y el yen; así como el que relaciona el marco con la libra esterlina. Por otra parte, según los plazos:

- Tres-seis (tipo a plazo a tres meses dentro de tres meses).
- Seis-doce (tipo a plazo a seis meses dentro de seis meses).
- Nueve-doce (tipo a plazo a tres meses dentro de nueve meses).

16.3.2. Ejemplo

Supóngase que una empresa radicada en Gran Bretaña necesita proteger el valor de una posición en activos financieros nominados en dólares entre los meses de marzo y junio (fechas en las que suele presentar balances trimestrales). Si el día 5 de enero identifica un riesgo de 10 millones de libras (a los actuales tipos de cambio) comenzando el 15 de marzo, a través de la adquisición de un contrato FXA puede asegurar el tipo de cambio a plazo para el período de tres meses marzo-junio.

En el FXA, la empresa está de acuerdo en comprar teóricamente diez millones de libras contra el valor de dólar el 15 de marzo y vender diez millones de libras contra el valor de la divisa americana el día 15 de junio. El 5 de enero el tipo de cambio a plazo para el 15 de marzo es 1,95 $/£ y el contrato *swap* a plazo realizado entre el 15 de marzo y el 15 de junio (un «tres-seis» meses) tiene una prima de 270 pb.

Supongamos que en la fecha de fijación la libra se ha fortalecido hasta situarse en 2 $/£. El *swap a plazo* vale ahora una prima de 300 pb, y el Libor sobre la libra es del 13,5 %. De acuerdo a la fórmula anterior, el banco pagará a la empresa $45.674 dólares el 15 de marzo, lo que le compensará por el aumento en los tipos de cambio a plazo entre la *fecha del trato* y la de *fijación*.

$$10.000.000 \times \left[\frac{[-0,0270 - (0,0300)] - (1,95 - 2,00) \times \frac{13,5 \times 92}{36.000}}{1 + \frac{13,5 \times 92}{36.000}} \right]$$

16.4. CAPS

A partir de 1984 han surgido una serie de productos financieros inspirados en las opciones sobre tipos de interés, que protegen al comprador de las variaciones de dichos tipos y que se denominan *caps*, *floors y collars* [2]. Su madurez es usualmente inferior a tres años pero con la introducción de los *capped FRNs* (véase Capítulo 6) los bancos pueden ofrecer mayores plazos. Con ellos, el comprador puede limitar la exposición a los movimientos en los tipos de interés. Por otra parte, su vida es mayor que la que estaría disponible en el mercado de opciones. Claro que no son fácilmente negociables y una vez adquiridos no pueden ser revendidos, sino sólo cancelados con la contraparte.

El contrato *cap* es un instrumento de gestión del riesgo de interés a medio y largo plazo, que permite al tesorero protegerse durante una serie de períodos contra un alza de los tipos de intereses flotantes. Al tratarse de una opción, el tesorero será el comprador del *cap*, lo que le garantizará un tipo de interés máximo en el caso de un préstamo o deuda. La contraparte del *cap*, suele ser una entidad bancaria, que al venderlo recibe una prima por garantizar que la carga financiera debida a los intereses no traspasará un límite máximo indicado en el contrato.

Es, pues, un acuerdo realizado entre el comprador y el vendedor con respecto al valor máximo de un tipo de interés flotante basado en un índice determinado. Este último suele ser el Libor, Mibor, papel comercial, tipo preferencial o bonos del Tesoro. El *cap* es un conjunto de opciones de compra europeas sobre

---

[2] Podríamos traducirlos como «techo», «suelo» y «cuello», pero en el ámbito financiero internacional se les denomina siempre en inglés, por lo que mantenemos dicha terminología.

tipos de interés por las que el comprador paga al vendedor una prima y, si los tipos se mueven hacia arriba, recibirá una cantidad de dinero igual a la diferencia entre el valor actual del índice elegido (Libor, Mibor, etc.) y el tipo límite especificado en el contrato (que hace el papel de *precio de ejercicio*) en la *fecha de comparación* especificada (*reset date*). Véase la Figura 16.7.

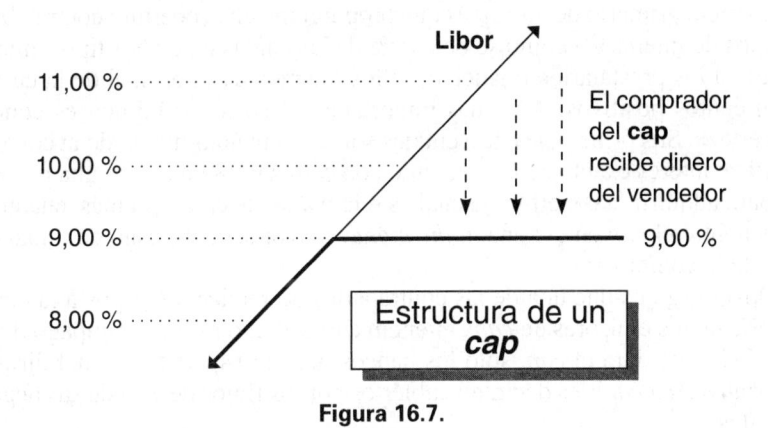

Figura 16.7.

Por ejemplo, si la empresa ha adquirido un *cap* con un tipo límite del 9,00% indiciado al Libor a tres meses por 100 millones de dólares, y el Libor al contado ha aumentado al 10,00% al pasar los tres meses, entonces el comprador del *cap* recibirá en la fecha de comparación:

$$[10,00\% - 9,00\%] \times 90/360 \times 100.000.000 \$ = 250.000 \$$$

El mercado de *caps* es una extensión del mercado *over-the-counter* de opciones sobre tipos de interés, en el que el *cap* es diseñado individualmente por el banco para el cliente. Por lo general, el tipo de interés de referencia es a corto plazo y no existe intercambio del principal.

16.4.1. Características del contrato *cap*

a) *Tipo de interés de referencia*: Tipo de interés interbancario a uno, tres o seis mes, tipo preferencial, etc.
b) *Vencimiento*: Desde tres meses hasta 12 años.
c) *Frecuencia*: Se refiere a las *fechas de comparación* en las que el nivel de los tipos de interés se compara con el tipo de interés acordado como máximo para concretar el pago a realizar. La frecuencia más común puede ser de uno, tres y seis meses. El término frecuencia también hace referencia a las *fechas de pago*.
d) *Tipo de interés cap*: Es el tipo de interés de ejercicio de la opción que, aunque suele ser fijo, podría variar a lo largo del tiempo de una manera predeterminada.

e) Principal teórico: La cantidad teórica sobre la que se realiza el contrato, que puede ser fija o variar a lo largo del tiempo.

16.4.2. Ventajas y desventajas del contrato *cap*

El beneficio primario de un *cap* es que proporciona una cobertura contra alzas de los tipos de interés así como se beneficia de las caídas de dichos tipos, mientras permite a los prestatarios financiarse ellos mismos hasta el final de la curva de rendimientos positivos. Aún más importante, el coste «máximo» es conocido con certeza. Sus principales desventajas son: el tamaño limitado de la cobertura; el tipo de interés exacto no es conocido con certeza; y se requiere una prima inicial para adquirir la cobertura la cual es relativamente cara. Además, cuanto más se encuentre el *cap* en la zona *in the money* mayor será el riesgo de impago por parte de la contraparte.

Otro riesgo es que una de las contrapartes no realice los pagos a la otra. La mayoría de los emisores de *caps* intentan cubrir dicho riesgo de impago durante el período que dura el *cap*, sólo los bancos más desesperados, o mal dirigidos, emitirían *naked caps*, es decir, no cubiertos por los flujos de caja de sus negocios normales.

Aquellas empresas que venden *caps* cubiertos con base en sus negocios naturales tal vez no corran riesgos, pero limitan sus beneficios si los tipos de interés aumentan. La mayoría habrá fijado el coste de su financiación a tipos más bajos a los que venden el *cap*. Esto quiere decir que ellos, sólo se beneficiarían de un aumento en los tipos de interés hasta el indicado en el *cap*, puesto que, por encima del mismo, el beneficio potencial se lo llevará el comprador de éste. Inversamente, si los tipos no aumentan, la institución conseguirá más dinero (gracias a la prima por vender el *cap*) que de otra forma no tendría.

Además de ser de gran valor para las empresas que miran con preocupación su exposición al riesgo de los tipos de interés domésticos, los *caps* también pueden ayudar a las multinacionales, con filiales en países en vías de desarrollo, en programas de protección de los tipos de cambio, que no disfrutan de cobertura contra los movimientos adversos de los tipos de interés.

Un típico usuario de un *cap* será un director financiero preocupado sobre su endeudamiento basado en un tipo de interés flotante, como el Libor o el Mibor, que está sujeto al riesgo de una subida del mismo y que, además, encuentra el coste de un *swap* de intereses fijo-flotante demasiado caro. Por esta razón, hay quien se refiere al *cap* como un tipo de «seguro de incendios».

16.4.3. La prima del contrato *cap*

La prima de este contrato de opción podrá hacerse efectiva mediante pagos realizados al principio de cada período anual, o con un solo pago global durante los dos días hábiles siguientes a la fecha de adquisición del contrato. La prima se expresa en porcentaje del valor nominal del contrato *cap* y depende de los siguientes parámetros:

a) Del precio de ejercicio: Cuanto menor sea el precio de ejercicio (es decir, cuanto más bajo sea el tipo *cap*), mayor será la prima, y lo contrario.

b) De la duración del contrato: A mayor duración mayor prima puesto que la cobertura abarca un período de tiempo más grande, por lo que el riesgo del vendedor será mayor y deberá ser remunerado convenientemente.

c) De las condiciones del mercado (volatilidad y nivel de los tipos de interés): La prima es una función creciente de la volatilidad (definida ésta como la variabilidad histórica y anticipada de los tipos de interés) puesto que a mayor volatilidad mayor riesgo para el vendedor. Por otra parte, cuanto más grande sea el tipo de interés que rige en el mercado mayor será el valor de la prima del *cap*.

Los *caps* pueden ser realmente caros si no se tiene cuidado. Así, por ejemplo, en mayo de 1992 con el Libor-3 meses alrededor del 4 %, un *cap* del 5,5 % sobre el Libor durante dos años costaba 114 puntos básicos, pero si se extendía a siete años su coste ascendía a 1.187 puntos básicos. Si el *cap* era al 6,5 %, costaba 61 pb y 836 pb, respectivamente, para dos y siete años.

Obsérvese que en el primer caso si la prima era de 114 puntos básicos, ésta se extiende a lo largo de dos años y si suponemos que el tipo de interés es del 5 %, equivaldría a 61 pb cada año. Esto quiere decir que si el Libor-3 meses es inferior al 6,11 % (0,0550 + 0,0061), el comprador no debería haber hecho nada y dejar flotar el tipo de interés. Como parece lógico el escenario podría ser peor si los precios de ejercicio son mayores y los plazos más largos.

16.4.4. Ejemplo

Si una empresa adquiere un *cap* al 11 % durante cinco años referido a un Mibor-90 días sobre un principal teórico de 100 millones de pesetas, el banco que actúa de contraparte le cobraría en concepto de prima 2,46 millones de pesetas, por ejemplo, a realizar en un único pago. A cambio de ello, cada tres meses (o en cada fecha de liquidación) si el Mibor-90 está por encima del 11 % el banco le pagará a la empresa propietaria del *cap* la diferencia durante dicho período. Por ejemplo, si la fecha de liquidación fuese el 15 de marzo de 1991, y el Mibor-90 estuviese al 13,5 %. El banco pagará

$$100{,}000{.}000 \times (0{,}135\text{-}0{,}11) \times 91/360 = 631{.}945 \text{ pts.}$$

La empresa disfrutará de este derecho 15 veces a lo largo de la vida del *cap* (5 años).

16.4.5. Otros tipos de contratos *caps*

a) La *opción sobre un cap (caption)*: Consiste en una opción de compra sobre un *cap* en el futuro. El usuario suele ser una empresa que desconoce el movimiento futuro de los tipos de interés y está comprometida en una oferta importante y, por tanto, necesita tener la capacidad adecuada para fijar el coste de su empréstito.

b) *Cap amortizable (amortizing cap)*: Un *cap* puede ser necesario para limitar los costes financieros de un préstamo que se va amortizando paulatinamente. En este caso, será necesario utilizar una serie de pequeños *caps* con vencimientos que coincidan con el de cada cuota de amortización del préstamo. A esta serie de contratos se le denomina *cap amortizable*.
c) *Cap estacional (seasonal cap)*: Su principal teórico varía según sean las deudas estacionales del inversor.
d) *Cap con principal variable*: Permiten al cliente asegurar un tipo de interés máximo sobre un préstamo cuyo principal varía según la duración del mismo. No es necesario que la variación del nominal siga un sistema de amortización financiera de tipo lineal.
e) *Cap diferido*: Son *caps* contratados en una fecha determinada pero que entran en vigor en una fecha futura distinta a la de su contratación. Sería el caso de una empresa que necesitase endeudarse dentro durante cinco años pero a comenzar dentro de doce meses.

16.5. FLOOR

Es lo opuesto a un contrato *cap*. El contrato *floor* es un instrumento de gestión del riesgo de interés a medio y largo plazo, que permite al inversor protegerse durante una serie de períodos contra una bajada de los tipos de intereses flotantes. Al tratarse de una opción, el inversor será el comprador del *floor*, lo que le garantizará un tipo de interés mínimo en el caso de una inversión. La contraparte del *floor*, suele ser una entidad bancaria, que al venderlo recibe una prima por garantizar que la carga financiera debida a los intereses no traspasará un límite mínimo indicado en el contrato.

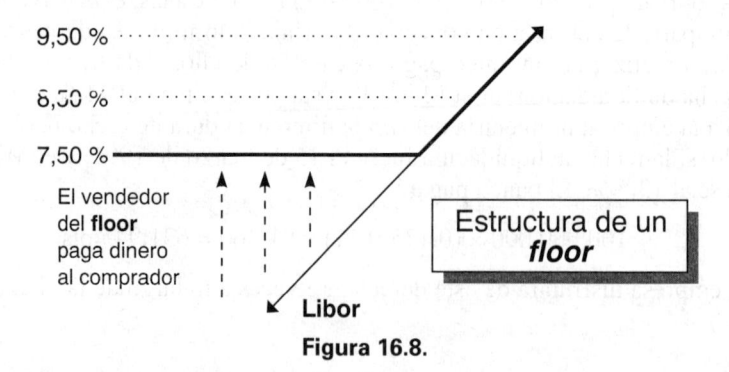

Figura 16.8.

En resumidas cuentas, un tipo de interés *floor* es un acuerdo entre el comprador y el vendedor por el que el primero, después de pagar una prima, recibirá un pago cuando el tipo *floor* caiga por debajo del índice elegido (Libor, Mibor, preferencial, etc.). Este instrumento financiero equivale a la compra de una serie de opciones de venta europeas sobre el índice elegido por las que el comprador paga al vendedor una prima y, si los tipos se mueven hacia abajo, recibirá una cantidad de dinero igual a la diferencia entre el tipo límite especificado en el contrato y el valor actual del índice elegido (*precio de ejercicio*) en la *fecha de comparación* (véase Figura 16.8).

Por ejemplo, si una sociedad tiene un activo financiero con un tipo de interés variable indiciado a un Libor a tres meses por 25 millones de dólares y desea garantizarse un tipo mínimo de rendimiento del 7,50 %, y si suponemos que el tipo cae hasta el 6,50 %, entonces el propietario del *floor* recibiría:

$$[7,50\ \%-6,50\ \%]\times 90/360\times 25.000.000 = 62.500\ \$$$

Al igual que en el caso del contrato *cap*, el *floor* es una opción de venta *over-the-counter* sobre tipos de interés diseñada por un banco a deseos de su cliente. El principal es teórico y, por tanto, no se intercambia y el tipo de interés es a corto plazo. Las características del contrato son las mismas que se vieron en el apartado anterior para el contrato *cap*.

El ingreso generado por la venta de un *floor* suele ser más pequeño que el coste de un *cap*. Esta es una de las razones de que se vendan pocos *floors*. Como con el caso de los *caps*, la prima aumenta con la vida del *floor*. Mientras que a diferencia de aquéllos, la prima desciende cuanto mayor sea el nivel del precio de ejercicio.

Por otra parte, también es necesario señalar que existen las *opciones sobre floor (floor option)* que conceden el derecho a realizar un *floor*. Aunque se realizan menos opciones de este tipo que sobre *caps* debido a que el mercado de *floors* está menos extendido.

16.5.1. Ventajas y desventajas del contrato *floor*

La ventaja inicial de un *floor* es que proporciona una cobertura contra descensos acusados de los tipos de interés así como se beneficia de las alzas de los mismos. Sus principales desventajas coinciden con las del contrato *cap*, es decir, el tamaño limitado de la cobertura; el tipo de interés exacto no es conocido con certeza; y se requiere una prima inicial para adquirir la cobertura. También hay que tener en cuenta el riesgo de insolvencia por parte de la contraparte que aumenta cuando el *floor* está en la zona *in the money*.

Los típicos usuarios de los *floors* son inversores que los adquieren con objeto de cubrirse de las posibles caídas de los rendimientos de sus inversiones por debajo de un cierto nivel. O, también, los emisores de préstamos a tipos de interés fijo que los permutan en tipo flotante y venden un *floor* para realizar su nivel de financiación sub-Libor: el riesgo asumido, en este caso, es que si los tipos caen por debajo del tipo de ejercicio, por ejemplo un 6 %, ellos renuncian a esa ventaja a cambio de mantener sus tipos limitados a dicha cantidad.

16.5.2. Ejemplo

Trasco tenía un préstamo indiciado al Mibor + 50 pb y la entidad bancaria le había comprado un *floor* por el que el tipo Mibor mínimo es del 7 %. Cuando Trasco contabilizó el préstamo el Mibor estaba sobre el 10 % y su director financiero pensaba que el *floor* nunca sería necesario puesto que a fin de cuentas el Mibor tendría que haber caído por debajo del 6,5 % (7 % – 0,5 %) antes de que fuese activado.

Diversos años más tarde con el Mibor acercándose al 8 %, el director financiero de Trasco decidió mantener fijos los tipos de interés durante los próximos cinco años del préstamo porque pensó que el Mibor no podría bajar más. Para ello estaba dispuesto a realizar un *swap* a un Mibor del 8,5 % durante cinco años que resultaría ser de un 9 % si tuviésemos en cuenta los 50 puntos básicos del préstamo original. Al realizar esto se olvidó de la existencia del *floor* puesto que él pensaba que el Mibor nunca llegaría a un valor del 6,5 %. El director financiero estaba contento de pagar un 9 %, lo que nunca habría sospechado es que acabaría pagando un 10,5 %. Veamos lo que ocurrió.

El Mibor acabó cayendo por debajo del 6,5 % (en concreto al 5 % tal y como se aprecia en la Tabla 16.1) y Trasco se encontró con que el tipo de interés del préstamo se paralizaba en el 7 % debido al *floor*. En la época en la que se realizó el *swap* un contrato *floor* como el aquí señalado costaba un total de 25 pb, pagados inicialmente o 6,5 puntos básicos anuales. Si Trasco se hubiera asegurado y hubiese adquirido el *floor*, podría haber bloqueado el tipo de interés al 9,065 % en lugar de al 9 %, lo que sin duda era mejor del 10,5 %.

Tabla 16.1.

	Proyectado	Actual
Préstamo	(Mibor + 50)	(7,00)
Swap flot.	Mibor	5,00
Swap fijo	(8,50)	(8,50)
	9,00	10,50

16.6. COLLAR

Con objeto de paliar el inconveniente del coste de la prima por la adquisición de un *cap* o *floor*, es posible combinar ambos productos financieros para formar lo que se denomina un *collar* de tipos de interés de tal manera que la prima pagada por la compra de uno de ellos sea reducida por la venta del otro. Es decir, lo que se pretende es aprovecharse de los beneficios de una cobertura asimétrica sin tener que pagar inicialmente nada a cambio; esto es, el inversor pretende beneficiarse de un movimiento favorable de los tipos de interés, al mismo tiempo, que se asegura contra los movimientos de aquéllos que le sean adversos.

Un *collar* de tipos de interés es un producto financiero que al combinar *caps* y *floors* limita los pagos de un préstamo a tipo de interés flotante, tanto si éste asciende (*cap*) como si desciende (*floor*). El *collar* se forma comprando un *cap* y vendiendo un *floor*, o al contrario [3]. Es, por tanto, un acuerdo por el que el comprador posee la cobertura contra ascensos de los tipos de interés y la obligación de pagar al vendedor del *collar* si el tipo de interés indiciado desciende por debajo del tipo *floor*. Tanto el *cap* como el *floor* tendrán el mismo principal teórico, la misma duración y el mismo tipo de referencia a corto plazo, sólo los precios de ejercicio serán distintos. Como el *cap* fija el tipo de interés máximo, mientras que el *floor* fija el tipo mínimo, se produce un «túnel» en el interior del cual evolucionará la tasa efectiva del préstamo o de la inversión.

El dinero proveniente de la venta de un *cap* debe contrarrestar exactamente al coste del *floor*. Cuanto más pequeño sea el precio de ejercicio del *cap*, mayor será la probabilidad de que sea *in the money* y, por tanto, mayor será su precio. Por otro lado, cuanto más pequeño sea el precio de ejercicio del *floor*, menor será la probabilidad de que éste sea *in the money*, lo que implicará un precio de adquisición menor. Concluiremos, por tanto, que para un tipo *floor* determinado existirá sólo un tipo *cap* con el mismo precio que haga que la transacción tenga un coste nulo.

No todos los *collars* tienen un coste nulo, pero en los que ocurre esto, el banco vendedor instrumenta el contrato de la siguiente forma:

a) El comprador elige el límite superior (o el límite inferior) que desea en su cobertura.
b) El banco calcula la prima correspondiente del *cap* (o del *floor*) mediante un modelo financiero.
c) La prima calculada se asigna a un *floor* (o a un *cap*) del mismo vencimiento.
d) Conocida la prima del *floor* (o del *cap*) se calcula el tipo de interés de ejercicio que corresponde a la opción que vende el comprador.

A la vista de lo anterior se observa que el *collar* es una formidable herramienta de cobertura cuando la curva de rendimiento está alisada y la volatilidad de los tipos de interés es inferior a lo normal. Aunque los *collars* de coste nulo pueden tener un coste de oportunidad muy grande si los tipos de interés se mueven claramente en contra del usuario del mismo. Este contrato equivale a adquirir una serie de opciones de compra y vender otra de opciones de venta (véase el teorema de la *paridad put-call* en el Capítulo 9).

16.6.1. Ejemplo de un *collar*

Una empresa tiene contraída una deuda que se extiende a lo largo de dos años a un tipo de interés flotante Mibor-90, por lo que decide fijar un tipo máximo del 15 %. Para ello adquiere un contrato *cap* de una duración de tres meses contra el Mibor-90, a un precio de ejercicio del 15 % por lo que paga una prima del 0,55 %.

---

[3] Si se adquiere el *cap* y se vende el *floor* se le denomina *collar prestatario*. Si fuese al contrario sería un *collar prestamista*.

398 *Ingeniería Financiera*

Con objeto de reducir el coste de la cobertura, la empresa acepta no beneficiarse de un descenso de los tipos de interés por debajo del 11 %. Así que vende un contrato floor de dos años de duración contra un Mibor-90 al precio de ejercicio del 11 % por lo que recibe una prima del 0,35 %.

El coste total de la cobertura *collar* es del 0,20 % bastante más baja que los 0,55 % que costaría el *cap*, eso sí, a cambio de no beneficiarse de un descenso de los tipos de interés (Figura 16.9). En cada una de las fechas de comparación podrá ocurrir lo siguiente:

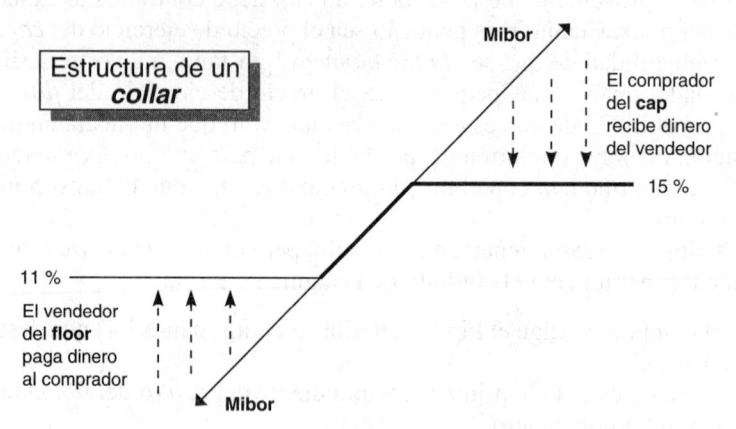

Figura 16.9. Estructura y composición de un collar.

a) Si el Mibor-90 es mayor que el tipo cap del 15 %, la contraparte del *collar* pagará a la empresa: Mibor – 15 %.

b) Si 11 % < Mibor-90 < 15 %, no tendrá lugar ningún transvase de fondos entre las contrapartes.

c) Si el Mibor-90 es inferior al tipo *floor* del 11 %, la empresa pagará a su contraparte: 11 % - Mibor.

16.6.2. La valoración de un *collar*

El precio de un *collar* es la diferencia entre los precios de un *cap* y de un *floor*. Recuerde que el precio de un *cap* es la suma de los precios de las opciones de compra implícitas. Esto es, el precio de un *cap* (véase el Apéndice A):

$$\text{Cap} = \sum C_i(t_{s,i})$$

donde $C_i(t_{s,i})$ es una opción de compra sobre tipos de interés que vence en el instante s para un período que termina en i ($i = 0, 1, ..., n - 1$). De forma similar un *floor* es la suma de los precios de las opciones de venta implícitas. Así, su precio es igual a:

$$\text{Floor} = \sum P_i(t_{s,i})$$

donde $P_i(t_{s,i})$ es una opción de venta sobre tipos de interés que vence en el momento s para un período que termina en i ($i = 0,1,..., n-1$). De esta manera un *collar* es igual a:

$$\text{Collar} = \text{Cap} - \text{Floor}$$

16.6.3. Estudio comparativo de los costes de los *caps*, *collars* y *swaps*

Swaps, *caps* y *collars* son instrumentos financieros ampliamente utilizados por los inversores en orden a cubrir sus riesgos, pero su campo de actuación es distinto según las circunstancias debido a la diferente combinación entre el grado de cobertura, rendimiento esperado de la misma y coste, que cada uno de ellos proporciona al inversor.

Si el tipo de interés tiende a ascender la permuta financiera de intereses fijo-flotante, o *swap de intereses*, es uno de los instrumentos financieros ideales para cubrir semejante contingencia. Pero la situación cambia si los intereses, en vez de ascender, caen, pues ello implicaría la necesidad de deshacer el acuerdo *swap* en condiciones no muy ventajosas, es decir, con un coste alto. Algo semejante ocurriría si lo que se espera es una caída de los tipos de interés: ello haría que la empresa permutase un tipo fijo a cambio de uno variable para aprovecharse del descenso, aunque arriesgándose a que los tipos asciendan inopinadamente perjudicando a la empresa, que debería deshacer a toda prisa la permuta.

Los *caps* son ideales cuando se quieren evitar las causas perjudiciales de un ascenso de los tipos de interés sobre un préstamo contraído por la empresa, al mismo tiempo, que se aprovecha del descenso inesperado de los mismos. A cambio de esto último, su coste es mayor que el del *swap* (véase Figura 16.10).

El *collar* protege de un ascenso de los tipos de interés pero no permite beneficiarse demasiado del descenso de los mismos. Esto hace que su coste sea inferior al del *cap*, pero mayor que el del *swap* cuando el tipo de interés asciende (véase Figura 16.10).

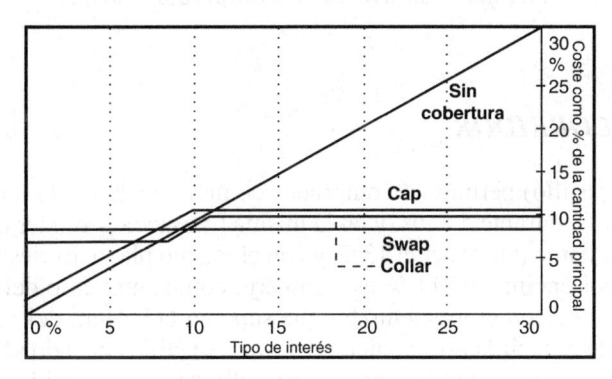

Figura 16.10. Comparación del coste de los *swaps, caps y collars*. (Fuente: First Interstate Bank).

400 Ingeniería Financiera

Un caso que podemos comentar a modo de ejemplo es la operación financiera realizada por la empresa norteamericana News Corporation. Esta empresa tenía invertidos 15 millones de dólares a tipo fijo a través de un par de operaciones *swap* en abril de 1989 cuando los tipos de interés andaban alrededor del 8 %. Al poco tiempo, los tipos ascendieron al 9,5 % lo que hizo decidirse a la empresa por deshacer el par de acuerdos *swaps* y adquirir una pareja de contratos *caps*. Dos meses más tarde, en junio, cuando los tipos de interés americanos volvieron a descender, News vendió los *caps* y volvió a realizar *swaps*. Esta compañía tenía la siguiente política de gestión de su cartera de renta fija a largo plazo: 50 % a tipo fijo a través de *swaps*; 25 % a tipo flotante con *caps*; 25 % a tipo flotante. En la Figura 16.11, se muestra el programa de gestión de deuda de News Corp.

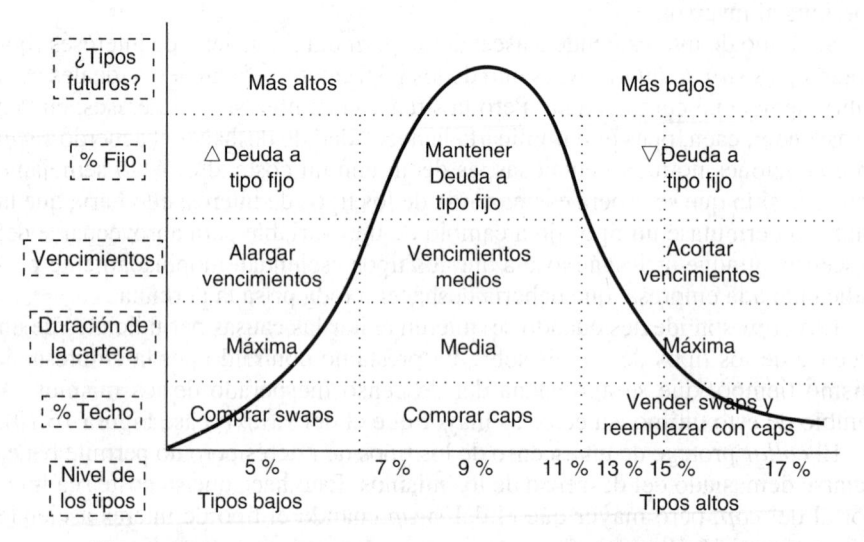

¿Tipos futuros?	Más altos		Más bajos
% Fijo	△ Deuda a tipo fijo	Mantener Deuda a tipo fijo	▽ Deuda a tipo fijo
Vencimientos	Alargar vencimientos	Vencimientos medios	Acortar vencimientos
Duración de la cartera	Máxima	Media	Máxima
% Techo	Comprar swaps	Comprar caps	Vender swaps y reemplazar con caps
Nivel de los tipos	5 % Tipos bajos	7 % 9 %	11 % 13 % 15 % 17 % Tipos altos

Figura 16.11. Programa de gestión de la deuda de News Corp.
(Fuente: Security Pacific y Corporate Finance)

16.7. EL *CORRIDOR*

El *corridor* (pasillo) permite al comprador de un *cap* adquirirlo a un nivel, por ejemplo al 11 % durante 5 años, y en la misma transacción vender otro *cap* a un nivel superior como puede ser el 13 % y con el mismo plazo. El riesgo de que los tipos suban por encima del 11 % está cubierto como en el caso del *cap* clásico, pero se desprotege en el momento en que superen la barrera del 13 %. Este es otro sistema de reducir la prima inicial del *cap* y se utiliza cuando se cree que los tipos de interés van a ascender pero no más allá de cierta cantidad (el 13 % en nuestro caso).

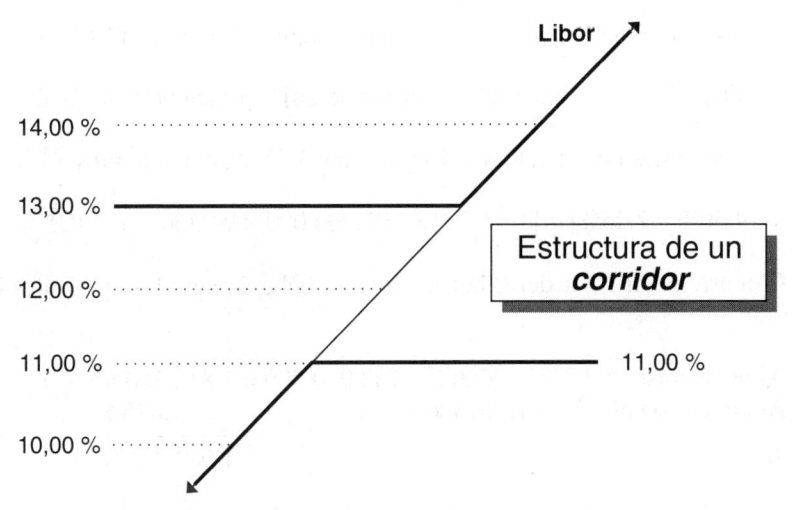

Figura 16.12. *El corridor.*

16.8. ACUERDO PARTICIPATIVO SOBRE TIPOS DE INTERES (*PARTICIPATING INTEREST RATE AGREEMENT - PIRA*)

A través de un *acuerdo participativo sobre tipos de interés* (PIRA) la compañía que compra el *cap* (o tipo de interés máximo) no paga ningún precio inicial, sino que en su lugar paga un porcentaje fijo sobre la diferencia entre el tipo de ejercicio del *cap* y su tipo de contado cuando este último sea inferior al tipo *cap*. En realidad lo que está haciendo dicha compañía es, además de comprar un *cap*, está vendiendo un *floor* con el mismo tipo de interés de ejercicio pero sobre un principal teórico que es sólo una parte del utilizado en el contrato *cap*. Es decir, la diferencia con un *collar* radica en que aunque el tipo de interés de ejercicio es el mismo, la cantidad de *caps* adquiridos no es igual a la cantidad de *floors* emitidos.

La principal ventaja del PIRA es que permite a las empresas beneficiarse de la caída de los tipos de interés para aumentar el margen de ingresos, pero reparte un porcentaje de este beneficio con el banco a cambio de no pagar ninguna prima por la adquisición del *cap*. De hecho, el valor de un PIRA se calcula a través de la siguiente expresión en la que α es un valor constante entre cero y la unidad:

$$PIRA = Cap - \alpha \times Floor$$

Por ejemplo, un PIRA a tres años con un tipo de interés de ejercicio del 9,50 % indiciado a un Libor-3 meses tiene un 73 % de participación de la empresa. Lo que significa que sobre los 100 millones de dólares del principal teórico, el 27 % del beneficio irá a parar al banco siempre que los tipos se mantengan por debajo del 9,50 %; en caso contrario, si el Libor supera dicho tipo de interés, el principal sólo soportará un interés del 9,50%.

La expresión matemática para calcular la liquidación de un PIRA es:

[Tipo PIRA – Libor] × [1 – participación] × principal × días/360

Si suponemos que el valor del Libor es del 7,25 %, obtendremos:

[9,50% – 7,25%] × [1 – 0,73] × 100.000.000 × 90/360 = 151.875 $

Con arreglo al valor del Libor la empresa deberá pagar los siguientes intereses:

Al prestamista: 0,0725 × 90/360 × 100.000.000 = 1.812.500 $
Al banco con el que ha realizado el PIRA: 151.875 $

Total   1.964.375 $

Siendo el tipo de interés efectivo del 7,86 % (Figura 16.13).

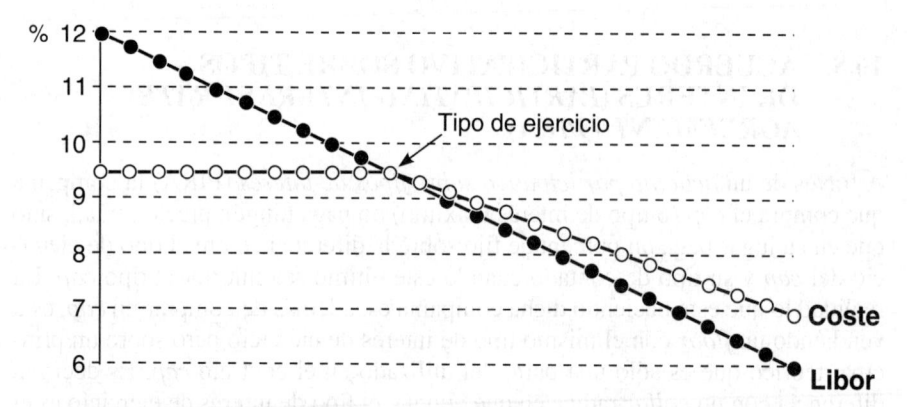

Figura 16.13. Esquema de los pagos del ejemplo anterior sobre el PIRA.

16.9. EL CILINDRO (*CYLINDER*)

El *cilindro* es el equivalente en la cobertura del riesgo de cambio a lo que el *collar* hace en la cobertura del riesgo de interés. Si, por ejemplo, el director financiero de una empresa americana quiere invertir 10 millones de libras esterlinas en Gran Bretaña y planea liquidar dicha inversión después de transcurrir un año, estará preocupado acerca del valor del dólar en la fecha de vencimiento de la inversión. Si el directivo considera que el dólar no va a caer demasiado o que la prima pagada por realizar una opción sobre divisas resulta prohibitiva podrá realizar una operación *cilindro* (Figura 16.14).

Para ello adquirirá una opción de compra de 1,6200 $/£ con la fecha de vencimiento a un año vista y, al mismo tiempo, emitirá una opción de venta de

Otros productos financieros de cobertura del riesgo 403

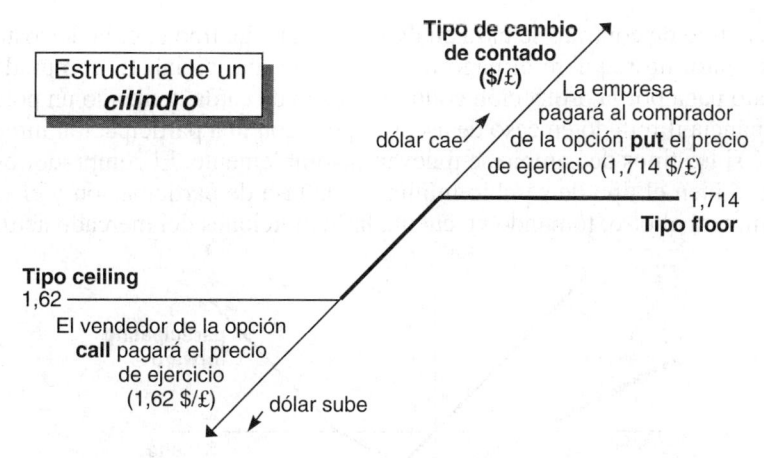

Figura 16.14. Estructura de una operación financiera *cilindro*.

1,7140 $/£. Con lo que prácticamente no pagará ninguna prima consiguiendo un *cilindro* de coste nulo. En la fecha de expiración de los contratos de opciones puede ocurrir:

a) Que el tipo de cambio al contado sea inferior a 1,6200 $/£, en cuyo caso éste será el tipo de cambio que rija para el empresa americana. Recibirá a cambio de sus libras 16,2 millones de dólares.
b) Que el tipo de cambio al contado se encuentre entre 1,6200 $/£ y 1,7140 $/£ en cuyo caso la empresa cambiará sus libras al tipo de contado.
c) Que el tipo de cambio al contado sea superior a 1,7140 $/£ en cuyo caso recibirá 17,14 millones de dólares.

La amplitud del *cilindro* es determinada por el tamaño del tipo de cambio máximo (*ceiling*), pues a mayor *ceiling* menor tipo *floor*, y por la prima pagada. Se dice que la estrategia seguida es de bajo riesgo cuando la amplitud del *cilindro* es pequeña, siendo de mayor riesgo cuando esta última aumenta. Si la amplitud fuese nula nos encontraríamos ante un contrato a plazo ordinario, sin riesgo.

16.10. CONTRATO A PLAZO PARTICIPATIVO (*PARTICIPATING FORWARD CONTRACT*)

Es un contrato para comprar o vender divisas, en una fecha futura, con un tipo de cambio mínimo (*floor*) predeterminado y con un ilimitado potencial de beneficios si los tipos de cambio se desplazan favorablemente. Es la versión del PIRA en el campo de la cobertura de los tipos de cambio

Si la divisa se mueve a favor del comprador el beneficio obtenido será igual a un porcentaje de la oscilación de la divisa, el cual se habrá tenido que especificar previamente y que recibe el nombre de tasa de participación.

Este tipo de contrato se basa en una estrategia del tipo opción de coste nulo y, por tanto, no requiere el pago de ninguna prima inicial. El comprador del contrato paga por la protección contra el riesgo de caída, teniendo un potencial de ganancia ilimitado en caso de ascenso pero con una participación inferior al 100 % si los tipos de cambio se mueven favorablemente. El comprador especificará, o bien el tipo de cambio mínimo, o la tasa de participación y el emisor determinará el otro, tomando en cuenta las condiciones del mercado actual.

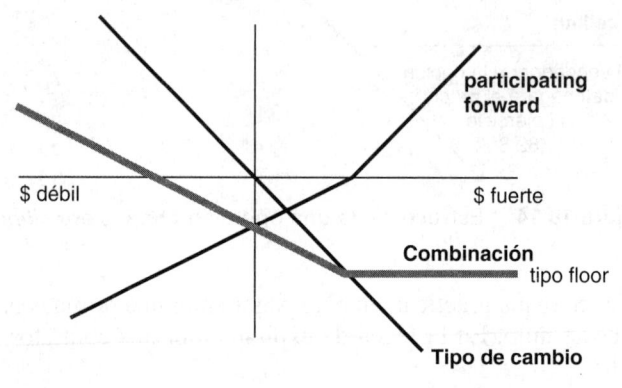

Figura 16.15. Esquema de un *participating forward*.

La determinación del tipo de cambio y de la tasa de participación están interrelacionados. Un contrato a plazo participativo con un tipo mínimo alejado del tipo a plazo, ofrecerá una tasa de participación superior, a la de un contrato con el tipo mínimo más cercano al tipo a plazo (véase la Tabla 16.2).

Tabla 16.2. Porcentaje de la ganancia obtenida por el inversor si el tipo de cambio al contado es inferior al tipo *floor*

Tipo del PFC	% beneficio para el inversor
1,6500 $/£	24 %
1,6200 $/£	48 %
1,6000 $/£	60 %

Entre los beneficios de este tipo de contrato destacaremos la no existencia de primas iniciales y que, además, ofrece protección contra los movimientos desfavorables del tipo de cambio y un potencial de ganancias ilimitado, cosa que no ofrecía el *cilindro*. Por el contrario, no existe un mercado líquido para este instrumento financiero, por lo que los contratos deberán mantenerse hasta su vencimiento; el tipo mínimo será menos favorable que el tipo para un equivalente *contrato a plazo* (*forward contract* – véase Capítulo 4) y será incluso menos favorable cuanto mayores sean las tasas participativas.

DE AQUI EN ADELANTE

Remitimos al lector, primeramente, a las revistas financieras especializadas entre las que destacaremos *Corporate Finance, Global Investor* (pertenecientes ambas al grupo Euromoney), *Risk* y *La Revue Banque*. Por otra parte también se puede consultar la bibliografía expuesta en los capítulos dedicados a las opciones y los *swaps* puesto que estos productos son derivados de aquéllos. En todo caso se recomiendan los siguientes libros sobre la gestión del riesgo de interés:

ANTL, Boris: *Management of Interest Rate Risk*. Euromoney. Londres.
COOPERS & LYBRAND: *A Guide to Financial Investments*. Euromoney. Londres.
COSTA, Luis, y FONT, Montserrat: *Nuevos Instrumentos Financieros para el Empresario Europeo*. ESIC. Madrid.
ECKL, S.; ROBINSON, J., y Thomas, D.: *Financial Engineering*. Basil Blackwell. Londres.
GUP, Benton, y BROOKS, Robert: *Interest Rate Risk Management*. Probus. Chicago (Ill.).
MINGUET, Albert: *Les Techniques de Gestion du Risque d'Intérêt*. Puf. París.
REDHEAD, Keith, y HUGHES, Steward: *Financial Risk Management*. Gower. Londres.

BIBLIOGRAFIA

ABASCAL, Santos: «El FRA de plazo fijo: La opción de liquidez». *Inversión y Finanzas*. Enero 1989. Págs. 12-13.
ANTL, Boris: *Management of Interest Rate Risk*. Euromoney. Londres. 1988.
ANTL, Boris: «Soft approach to interest-rate exposure». *Corporate Finance*. Marzo 1989. Págs. 48-53.
ANTL, Boris: «Software solutions for forex risk management». *Corporate Finance*. Febrero 1989. Págs. 47-58.
ARAGONÉS, José: «Swaps, Caps, Floors y Swaptions». *Actualidad Financiera*, núm. 8 Febrero 1989. Págs. 551-558.
BEAUFILS, Bernard y otros autores: *La Banque et les Nouveaux Instruments Financiers*. La Revue Banque. Lyon. 1986.
BELIN, Eugene: «Hedging a foreign currency portfolio». *Global Investor*. Septiembre 1988. Págs. 61-65.
CASILDA, R., y PÉREZ, M.: «Los convenios de tipos de interés futuros (FRAs)». *Análisis Financiero*, núm. 45. Julio 1988. Págs. 25 y ss.
COOPERS & LYBRAND: *A Guide to Financial Investments*. Euromoney. Londres. 1987.
COSTA, Luis, y FONT, Montserrat: *Nuevos Instrumentos Financieros para el Empresario Europeo*. ESIC. Madrid. 1993.
COX, Andrew: «Realising the true value of the FXA». *Corporate Finance*. Noviembre 1990. Pág. 48.
CHASE MANHATTAN: «The Chase Glossary of Risk Management». *Risk*. 1989.
DAS, Satayajit: «Swap strategies in the new climate». *Corporate Finance*. Agosto 1989. Págs. 12-13.
DESARBES, Sebastien: «Les produits hybrides de couverture des risques de change». *La Revue Banque*, núm. 502. Febrero, 1990. Págs. 169-172.

DICKINS, Paul: «A big future for FXA business». *Corporate Finance.* Mayo, 1988. Págs. 16-18.
DÍEZ DE CASTRO, Luis, y MASCAREÑAS, Juan: «Contrato sobre tipos de interés futuros (FRA) y contrato sobre tipos de cambio futuros (FXA)». *Actualidad Financiera,* núm. 27. 1989. Págs. 1793-1811.
DUYE, François, y EL AMM, Habib: «Caps et Floors». *La Revue Banque,* núm. 8. Septiembre, 1990. Págs. 838-843.
ECKL, S.; ROBINSON, J., y THOMAS, D.: Financial Engineering. Basil Blackwell. Londres. 1990.
FITZGERALD, Desmond: *Financial Options.* Euromoney. Londres. 1987.
FONT VILALTA, Montserrat: «Innovaciones e hibridajes en los instrumentos a tipo variable utilizados en la gestión financiera de la empresa». *Actualidad Financiera,* núm. 28. 1989. Págs. 1880-1897.
FONT VILALTA, Montserrat: «Nuevos instrumentos para la gestión financiera de la empresa». *Empresa y Sociedad,* núm. 5-6. 1989. Págs. 56-65.
GRUSON, Pierre: *Les Taux d'Intérêt.* Dunod. París. 1992.
GUP, Benton, y BROOKS, Robert: *Interest Rate Risk Management.* Probus. Chicago (Ill.). 1993.
IEE: «Nuevos productos financieros». *Rev. del Inst. de Estudios Económicos,* núm. 2. Madrid. 1986.
INVERSIÓN Y FINANZAS: «Alternativas para cubrir posiciones». *Inversión y Finanzas.* Abril, 1989. Págs. 16-22.
IRELAND, Louise: «Dollar caps set to top swaps market». *Corporate Finance.* Julio, 1988. Págs. 36-38.
IRELAND, Louise: «Pioneers of Portfolio Policy». *Corporate Finance.* Julio, 1989. Págs. 39-41.
LAYARD-LIESCHING, Ronald: «More power to your portfolio». Global Investor. Julio-agosto, 1989. Págs. 54-57.
LAMOTHE, Prosper: *Opciones Financieras.* McGraw Hill. Madrid, 1993.
LUDWING, Mary: *Understanding Interest Rate Swaps.* McGraw Hill. Nueva York. 1992.
MINGUET, Albert: *Les Techniques de Gestion du Risque d'Intérêt..* PUF. París, 1993.
PEDRAJA, Pedro: «La Contabilización de Futuros Financieros por las Entidades de Depósito». *Actualidad Financiera,* núm. 2. Enero, 1990. Págs. 101-119.
REDHEAD, Keith, y HUGHES, Steward: *Financial Risk Management.* Gower. Londres. 1988.
RODRÍGUEZ, Carlos: «FRA: Combatir la incertidumbre de tipos de interés». *Inversión y Finanzas.* Noviembre 1988. Págs. 36-37.
SOOD, Arvinder: «Cultivating the customer-designed protective hedge». Corporate Finance. Octubre 1987. Págs. 85-88.
SOOD, Arvinder: «Interest rate risk management: the basics». Corporate Finance. Septiembre, 1987. Págs. 21-23.
SPIESER, Philippe: *Structure des Taux d'Intérêt.* SEFI. Bailly. 1991.
THE BANKER: «Caps and Floors». *The Banker.* Febrero 1989. Págs. 9.
THOMAS, Lee: «The currency hedged catechism». *Global Investor.* Julio-agosto 1989. Págs. 49-53.
WALMSLEY, Julian: *The New Financial Instruments.* John Wiley & Sons. Nueva York. 1988.

EJERCICIOS

1. Usted es el director gerente de un pequeño banco que recibirá un pago de 120 millones de pesetas dentro de dos meses. Al mismo tiempo su institución está de acuerdo en prestar 122,1 millones de pesetas dentro de cinco meses. Teniendo en cuenta el actual momento financiero, usted decide que la mejor manera de invertir los 120 millones de pesetas es en certificados de depósito indiciados al Mibor-3 meses. Su problema es que piensa que los tipos de interés pueden caer durante los próximos dos meses reduciendo los intereses recibidos por dicho depósito.

   Bajo las actuales condiciones del mercado el depósito proporciona un interés del 7 % nominal anual. Para cubrir el riesgo de interés entra en un FRA «dos-cinco» como *receptor fijo*; la tasa de interés fija del acuerdo es del 7 %. Calcule cuál es el resultado combinado del FRA recibido y del depósito realizado en el caso de que los tipos de interés aumenten al 7,5 % o caigan al 6 %.

2. Supongamos que su banco pedirá prestado dentro de dos meses un millón de dólares durante un trimestre a través de un préstamo en eurodólares (basados en el Libor-3 meses). Por otra parte, usted está de acuerdo en invertir dentro de dos meses ese millón de dólares en una inversión que paga un Libor + 50 pb y cuyo valor esperado es de 7,5 % de interés nominal anual, siendo el plazo de dicha inversión de tres meses. Usted supone que bajo las actuales condiciones del mercado el Libor-3 meses dentro de dos meses será del 7 %, pero claro, éste puede variar así que decide entrar en un FRA «dos-cinco» como *receptor flotante* siendo la tasa fija actual del FRA del 7 %. ¿Qué le ocurrirá al préstamo solicitado por usted y al acuerdo FRA si el Libor-3 meses en la fecha de inicio del FRA es del 8 %? y ¿si fuese del 5,75 %?

3. Utilizando la tabla de la Figura 16.5 calcule los tipos FRA comprador y vendedor de un acuerdo «tres-seis» y de un «tres-nueve».

4. Supóngase que una empresa radicada en Gran Bretaña necesita proteger el valor de una posición en activos financieros nominados en marcos entre los meses de marzo y junio. Si a comienzos de enero identifica un riesgo de 10 millones de libras (a los actuales tipos de cambio) comenzando el 1 de marzo, a través de la adquisición de un contrato FXA puede asegurar el tipo de cambio a plazo para el período de tres meses marzo-junio.

En dicho FXA, la empresa está de acuerdo en comprar teóricamente diez millones de libras contra el valor del marco el 1 de marzo y vender diez millones de libras contra el valor de la divisa germana el día 1 de junio. A comienzos de enero el tipo de cambio a plazo para el 1 de marzo es 2,5 DM/£ y el contrato *swap* a plazo realizado entre el 1 de marzo y el 1 de junio (un «tres-seis» meses) tiene una prima de 250 pb.

Supongamos que en la fecha de fijación la libra se ha fortalecido hasta situarse en 2,55 DM/£. El *swap a plazo* vale ahora una prima de 270 pb, y el Libor sobre la libra es del 13,5 %. Calcule cuantos marcos pagará el banco a la empresa con objeto de compensar el aumento de los tipos de cambio a plazo.

5. Si una empresa adquiere un *cap* al 10 % durante cinco años referido a un Mibor-90 días sobre un principal teórico de 300 millones de pesetas, el banco que actúa de contraparte le cobraría en concepto de prima 6,30 millones de pesetas a realizar en un único pago. A cambio de ello, cada tres meses (o en cada fecha de liquidación) si el Mibor-90 está por encima del 10% el banco le pagará a la empresa propietaria del *cap* la diferencia durante dicho período. Calcule lo que el banco le pagará a la empresa si el Mibor-90 el día de la primera fecha de liquidación dentro de tres meses fuese del 12,5 %, si tres meses después fuese del 11,75 %, si a los nueve meses fuera del 10,25 % y si al año alcanzase el 9,5 %.

6. Una sociedad tiene un activo financiero con un tipo de interés variable indiciado a un Libor a seis meses por 250 millones de dólares y desea garantizarse un tipo mínimo de rendimiento del 8,25 %, y si suponemos que el tipo cae hasta el 7,00 % seis meses después, calcule cuánto recibiría el propietario del *floor* si la prima pagada por éste fuese de medio millón de dólares al semestre.

7. Un PIRA a tres años con un tipo de interés de ejercicio del 12 % indiciado a un Mibor-90 tiene un 70 % de participación de la empresa. El principal teórico es de 500 millones de pesetas. Calcular el valor de liquidación del PIRA para el banco si el Mibor-90 toma en un momento dado el valor del 9,5 %. Calcúlense también los intereses totales que deberá pagar la empresa al prestamista y al banco, expresando cuál es el interés efectivo de la operación.

8. Calcule el valor de un *cap* cuyo tipo de interés se ha fijado en un 7,5 % y que se extiende a lo largo de tres años sabiendo que los tipos nominales son los siguientes: 5,40 % (6 meses), 5,70 % (12 meses), 5,95 (18 meses), 6,20 % (24 meses), 6,45 (30 meses) y 6,60 % (36 meses). La volatilidad del subyacente es del 15 %. Con estos datos obtenga el valor de la prima semestral a pagar por la adquisición de dicho *cap*. Nota: Para realizar este ejercicio es necesario haber visto el Capítulo 9 y el Apéndice A del capítulo en el que nos encontramos).

Apéndice A: La valoración de un *cap* [4]

Como ya hemos visto, un *cap* está formado por una serie de opciones de compra europeas sobre tipos de interés y se valora a través de la expresión de Black y Scholes. Aparte de la volatilidad, toda la información relevante para su valoración se encuentra en la estructura temporal de los tipos de interés existente a lo largo del horizonte temporal del análisis.

En la Tabla 16.A.1 se muestra dicha estructura temporal en la que se han calculado los tipos cupón cero y los tipos a plazo implícitos semestrales a través de la utilización de los tipos de interés nominales de las emisiones sabiendo que éstas pagan los cupones semestralmente.

Tabla 16.A.1: Estructura temporal de los tipos de interés

PLAZO	TIPO NOMINAL	TIPO CUPON CERO	TIPO A PLAZO
6	5,45	$_0r_6 = 5,4500$	-
12	5,65	$_0r_{12} = 5,7338$	$_6r_{12} = 5,8579$
18	5,90	$_0r_{18} = 5,9975$	$_{12}r_{18} = 6,4237$
24	6,24	$_0r_{24} = 6,3625$	$_{18}r_{24} = 7,3307$
30	6,50	$_0r_{30} = 6,6448$	$_{24}r_{30} = 7,6358$
36	6,70	$_0r_{36} = 6,8643$	$_{30}r_{36} = 7,8159$

El tipo cupón cero se calcula siguiendo el procedimiento mostrado a continuación para el tipo $_0r_{12}$ (esta expresión se lee como "el tipo de interés desde el mes 0 hasta el mes 12"):

$$100 = (5,65/2) \times (1,0545)^{-0,5} + (100 + 5,65/2) \times (1 + {_0r_{12}})^{-1}$$

Mientras que el tipo a plazo se obtiene a través de los tipos cupón cero. Así, por ejemplo, el tipo a plazo que va desde el mes 24 al mes 30 ($_{24}r_{30}$) y que es igual al 7,6358 % se obtiene despejando en la siguiente ecuación:

$$(1 + 0,063625)^2 \times (1 + {_{24}r_{30}}/2) = (1 + 0,066448)^{2,5}$$

Por otra parte, un *cap* de tres años de plazo, que tiene una fecha de liquidación cada seis meses, se compone de cinco opciones sobre tipos de interés y cubre seis períodos semestrales (véase Figura 16.A.1). Por ejemplo, la quinta opción tiene un tiempo de vencimiento de 30 meses y cubre el tipo de interés del período que va desde el mes 30 hasta el 36. De tal manera que si el tipo *cap* es del 8 %, el propietario tendrá derecho a recibir después de transcurridos 30 meses los intereses de ese instante a cambio de pagar el 8 %.

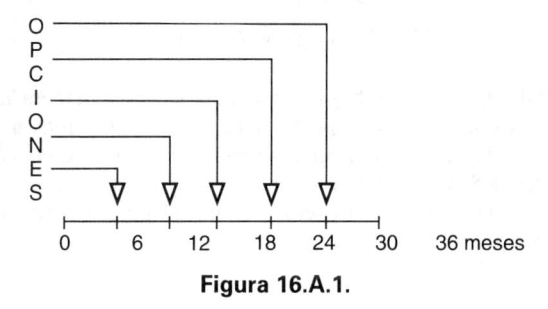

Figura 16.A.1.

---
[4] Basado en el caso mostrado por Eckl, Robinson y Thomas.

Comenzaremos valorando la quinta opción a través de la expresión de Black y Scholes, para lo que necesitaremos: el precio del subyacente (S); el precio de ejercicio (E); el plazo hasta el vencimiento (t), que será de 30 meses o 913 días reales; el tipo de interés (r), que será igual a $_0r_{30}$ = 6,6448 %; y la volatilidad (σ) a la que daremos un valor del 16 %.

La opción concede a su propietario el derecho a recibir el tipo de interés semestral dentro de 30 meses, el cual es incierto hasta el vencimiento de la opción. Sin embargo, el tipo a plazo actual para dicho período es igual al tipo implícito en la estructura temporal de los tipos de interés $_{30}r_{36}$ = 7,8159 %. Este tipo se pagará al final del período, es decir, en el mes 36. Para obtener el precio de contado subyacente (S) deberemos actualizar dicho tipo de interés al momento actual:

$$S = (_{30}r_{36}/2) \times (1 + {_0r_{36}})^{-36/12} = (0,078159/2) \times (1,068643)^{-3} = 3,2022 \%$$

El precio de ejercicio para esta quinta opción también tiene que ser actualizado, y como la opción vence en el mes 30, es decir, al comienzo del sexto período deberemos descontar el tipo *cap* o de ejercicio del 8 % al mes 30 desde el mes 36 utilizando para ello el tipo a plazo respectivo:

$$E = (0,08/2) \times (1 + (_{30}r_{36} \times 6/12))^{-1} = 3,8496 \%$$

Aplicando ahora la expresión de Black y Scholes obtendremos un valor de la quinta opción, que vence dentro de 30 meses, igual a: 0,297 %.

Este mismo procedimiento se utiliza para las otras cuatro opciones y después de calcular sus valores procederemos a calcular el valor del *cap* a través de la suma de los valores de las cinco opciones componentes. El valor del *cap* de este ejemplo es de 0,698% (no se han tenido en cuenta los costes de transacción) que se pagará al comienzo del período a modo de prima del *cap*. Si el tipo de interés semestral para el primer período de intereses es superior al precio de ejercicio, se añadirá a la prima inicial el valor actual de dicho diferencial. A veces, la prima inicial se transforma en prima anual con objeto de permitir añadírsela a cualquier tipo de interés o diferencial. Esto se hace dividiendo dicha prima por el valor actual de una renta unitaria postpagable de n períodos al tipo de interés i, donde i es el tipo de interés nominal (o tipo *swap*) para el período relevante y n es el número de períodos (semestres en nuestro ejemplo), con lo que obtendremos la prima a pagar al comienzo de cada uno de los seis períodos:

$$A = \text{prima inicial} \times [(1-(1+i)^{-n})/i] =$$

$$= 0,698 \% \times [(1-(1+0,067/2)^{-6})/(0,067/2)] = 0,13 \%$$

Lo que equivale a 26 puntos básicos anuales. De esta manera una empresa que pueda conseguir una financiación a tipo flotante para los próximos tres años, pagando los cupones cada seis meses al tipo Mibor semestral más un diferencial de 60 pb, vería aumentar este último a 86 pb, si el tipo de interés subyacente estuviese limitado con un *cap* al 8 %. Con lo que la empresa estaría segura de no pagar durante los tres años ningún interés superior al 8,86 %.

Apéndice B: Estudio de un caso práctico sobre los *Caps* y *Collars* como alternativas a los *Swaps* de tipos de interés[5]

1. INTRODUCCION

El siguiente caso ilustra cómo un banco que pide prestado a un tipo de interés flotante utilizó un acuerdo *collar* sobre tipos de interés a modo de cobertura para reducir su exposición a los mismos mientras obtenía un considerable ahorro en sus costes al compararlo con la alternativa del préstamo a tipo fijo a través del uso de un *swap* de tipos de interés.

2. LA SITUACION DE PARTIDA

En 1985, una empresa de comunicaciones había realizado un acuerdo para adquirir cinco estaciones emisoras para el final del otoño. La adquisición sería financiada por una combinación de préstamos bancarios, emisiones de deuda convertible, y por la venta de ciertos activos de la empresa. El apalancamiento de la misma aumentaría fuertemente durante los años inmediatamente posteriores a la adquisición hasta que los flujos de caja de esta última redujesen a los préstamos bancarios a límites más razonables, y la empresa estaría expuesta al riesgo de ascenso de los tipos de interés debido a que los préstamos bancarios eran de tipo flotante. El director financiero había calculado los puntos muertos de los tipos de interés, que podía ser servido sin problemas por los flujos de caja de la adquisición. Un número de instituciones financieras había realizado una serie de presentaciones al director financiero para explicarle cómo el tipo de interés podía ser fijado mediante un *swap* de intereses. El Banco de Inversiones Citicorp sugirió el uso de *caps* y *collars* de tipos de interés. A la sazón ésta era la única institución financiera que ofrecía *collars*.

3. ESTRUCTURA DE LAS ALTERNATIVAS

Hacia 1985 los *swaps* de tipos de interés habían llegado a ser un bien conocido mecanismo para convertir los préstamos de tipo flotante en otros de tipo fijo para casi cualquier vencimiento desde dos a diez años. La utilización de los *caps* de tipos de interés para limitar a un máximo el aumento de dichos tipos se utilizaban desde 1983, pero los *collars*, por esa época, apenas eran conocidos. Las economías de estos dos últimos no eran fácilmente comprensibles para la mayoría de los prestatarios y, además, vencimientos superiores a tres años eran difíciles de conseguir. El prestatario estaba más interesado inicialmente en un vencimiento de 5-7 años. Citicorp estaba fijando precios para estos vencimientos.

Los *swaps* de intereses son acuerdos para permutar tipos flotantes por tipos fijos. Por esa época era fácil realizar un *swap* de intereses de cinco años en el que la empresa pagaría alrededor del 10,2 % a cambio de recibir pagos en Libor, que serían utilizados

---

[5] Traducción de HEIN, M.: «Case study: Caps and collars as alternatives to interest rate swaps». En ANTL, Boris (ed.): *Management of Interest Rate Risk*. Euromoney. 1988. Págs. 275-277.

para pagar los intereses de los préstamos bancarios. La empresa conocería con certeza que sus costes financieros a lo largo de cinco años serían del 10,2 % más el diferencial crediticio de sus préstamos. Este se situaba alrededor del 2,6 % anual por encima del Libor de ese momento. Si los tipos ascendían por término medio menos del 2,6 % a lo largo de la vida del préstamo, la fijación del tipo de interés resultaría más caro que la parte no cubierta. Como esta última representaba un riesgo inaceptable, el director financiero tenía una fuerte inclinación a realizar el acuerdo *swap*.

Citicorp propuso dos alternativas. La primera resultó ser un *cap* de intereses por el que la empresa pagaría una prima inicial, a cambio de la que Citicorp le aseguraría que el tipo Libor de la empresa no excedería de un determinado nivel. En cualquier momento en que esto sucediese, Citicorp le pagaría la diferencia. Por ejemplo, por una prima del 4,2 % la empresa podría hacerse con un *cap* al 10,125 % durante cinco años.

¿Cómo debería valorarse esta alternativa? Con un *cap*, los costes financieros de la compañía variarían con los tipos de mercado hasta alcanzar el nivel del *cap*. Por tanto, la empresa sabría que su coste financiero máximo sería del 10,125 % (más su diferencial crediticio) y que su coste financiero actual sería el que marcase el tipo de mercado durante los cinco años, quizás mucho menos del 10,125 %. Por tanto, no sería posible predecir *a priori* cuál sería el coste. Esto implicaría la necesidad de que la empresa realizase una predicción del comportamiento futuro de los tipos de interés. Y, además, debería tenerse en cuenta el importante montante de la prima inicial pagada. Para calcular el coste total de la financiación con un *cap*, es necesario amortizar la cuota. Para propósitos contables, la cuota se amortiza linealmente, pero ello ignora el valor del dinero en el tiempo. Para propósitos de comparación sería mejor convertir la cuota a una basa anual utilizando un tipo de descuento asumido, o calculando el coste anual sobre la base de una tasa interna de retorno. Así, por ejemplo, el coste anual de una cuota del 4,2 % sobre cinco años si el tipo de interés del prestatario fuese del 10 %, sería del 1,11 %, lo que representaría un coste total del 11,1 %. Ahora es posible realizar algunas comparaciones:

Tipo de mercado (%)	4,0	6,0	8,0	10,0	12,0	14,0
Tipo fijo (%)	10,2	10,2	10,2	10,2	10,2	10,2
Tipo del *cap* (%)						
Tipo de mercado (%)	4,0	6,0	8,0	10,0	12,0	14,0
Refinanciación del *cap* (%)	–	–	–	–	(2,0)	(4,0)
Cuota anual (%)	1,1	1,1	1,1	1,1	1,1	1,1
Coste total (%)	5,1	7,1	9,1	11,1	11,1	11,1

Resulta obvio, que a los tipos de mercado vigentes en el momento de nuestro caso (7,625 %), financiarse con un *cap* resultaría más barato que a un tipo fijo, y si los tipos descendiesen la ventaja aún sería mayor. En el peor de los casos, si los tipos aumentasen a niveles altos, el coste de la financiación con *cap* sería sólo un 1,1 % más caro que si el tipo fuese fijo. Aquí tenemos un *trade-off*: el riesgo de pagar un 1,1 % más si los tipos suben a cambio de los posibles ahorros en los pagos si los tipos no suben o, incluso, descienden. ¿Qué hacer?, bueno ese es un problema decisional. En nuestro caso, el prestatario no se sentía nada a gusto con el coste total máximo en caso de que las cosas fuesen a peor. ¿Qué otras alternativas tenía?, la realización de un *collar*, tal y como le propuso Citicorp.

Un *collar* es lo mismo que un *cap* excepto que el prestatario tiene un tipo de interés *floor* en su coste financiero además del *cap*. Cuando los tipos de mercado caen por debajo del *floor*, el prestatario deberá pagar la diferencia al proveedor del *collar*, es decir, el coste financiero se encierra en una banda limitada por el *floor* y por el *cap*, por ejemplo, entre el 7,625 % y el 10,125 %. ¿Cuál es la ventaja de hacer esto? La prima inicial total es inferior (alrededor de un 2,6 %, en nuestro ejemplo) debido a que el prestatario sacrifica algunos de sus ahorros potenciales en favor del proveedor del *collar*. El coste total de la financiación con un collar puede ser atractivo si lo comparamos con la financiación mediante un tipo de interés fijo.

¿Cómo puede valorarse esta alternativa? Como en el caso del *cap*, la cuota inicial deberá ser amortizada, pudiendo entonces realizar una serie de comparaciones. Deberemos tomar dos puntos de referencia, el coste total en el *floor* y el coste total en el *cap*:

	Coste total en el	
	Floor	*Cap*
Tipo del préstamo (%)	7,625	10,125
Cuota anual (%)	0,690	0,690
Coste total (%)	8,315	10,815

Estos resultados pueden compararse a la alternativa del tipo fijo. En el peor, de los casos, con un collar se estaría alrededor de los 62 puntos básicos (10,815 % – 10,2 %) por encima de la alternativa fija; y, en el mejor de los casos, el coste resultaría ser unos 190 puntos básicos por debajo de la fija (10,2 % – 8,315 %). Dependiendo del punto de vista de la compañía, esto podría ser un muy atractivo *trade-off*.

4. RESULTADOS

El director financiero decidió cubrir 100 millones de dólares de la época haciendo un *swap* de 50 millones y un *collar* del mismo valor. Los tipos Libor aumentaron ligeramente en la segunda mitad de 1985 antes de caer por debajo del 6 % en 1986. En consecuencia, el coste financiero de la empresa de la parte cubierta con el *collar* fue del 8,13 % comparado al 10,2 % pagado en la parte del *swap*. La compañía se ha ahorrado una parte importante de dinero desde que el trato fue realizado. Vistas las cosas desde hoy, hubiera sido mejor utilizar un *cap* pero, como ya vimos, el director financiero no estaba dispuesto a apechar con las consecuencias de una fuerte subida de los tipos de interés en el momento de tomar la decisión.

5. CONCLUSIONES

Es importante saber que los *trade-offs* económicos entre las alternativas de cobertura disponibles no siempre siguen el modelo indicado en el ejemplo anterior. Durante 1986, con una curva de rendimientos alisada, los tipos fijos parecían ser mucho más atractivos que los *caps*, y de hecho se realizaron menos *caps* que en el año anterior. Los *collars* no proporcionaron *trade-offs* atractivos debido al poco valor que se daba a las previsiones que apuntaban un descenso de los tipos de interés. En 1987, los *caps* volvieron a tomar protagonismo, manteniéndose la apatía sobre los *collars*.

Apéndice C: Contrato marco «FRACEMM»

Cualquier variación en los términos y condiciones contenidos en este contrato marco, debe ser explícita y claramente convenida en el momento en que se pacte el contrato, y especificada en los correspondientes documentos de confirmación.

Las partes contratantes, reconociéndose capacidad recíproca, pactan para regular este contrato, jurídicamente vinculante, las siguientes:

Estipulaciones

Primera. Definiciones

1. Contrato a plazo de tipo de interés. Un contrato a plazo de tipo de interés es un acuerdo entre dos parte para protegerse contra una futura variación de tipos de interés para un importe principal teórico y durante un período de contrato especificado.

En la fecha del contrato se convendrá un tipo de interés, un principal teórico y un período de contrato, procediéndose en la fecha de inicio de dicho período en la forma siguiente:

– Si el tipo de interés del contrato resultase inferior al tipo de interés de liquidación, una de las partes denominada «vendedor» deberá abonar a la otra parte denominada «comprador» la cantidad resultante según la fórmula financiera aplicable al caso.
– Si el tipo de interés del contrato resultase superior al tipo de interés de liquidación, la parte denominada «comprador» deberá abonar a la parte denominada «vendedor» la cantidad resultante según la fórmula financiera aplicable al caso.

Las partes no se comprometen a prestar o tomar en préstamo el principal teórico del contrato y no tendrán que liquidar ninguna cantidad en el caso de que los dos tipos de interés coincidan.

2. Fecha del contrato. Día, mes y año en que se acuerda el contrato a plazo de tipos de interés.

3. Importe teórico. Importe del principal teórico sobre el que se va a aplicar el posible diferencial de tipos de interés con objeto de obtener la cantidad resultante.

4. Moneda. Este contrato se referirá exclusivamente a importes en pesetas.

5. Período del contrato. Tiempo, expresado en número de días, transcurrido desde la fecha de inicio a la fecha de vencimiento del contrato, sobre el que se va a aplicar el posible diferencial de tipos de interés con objeto de obtener la cantidad resultante.

6. Fecha de inicio. Día, mes y año a partir del cual comienza el período de contrato.

Si la fecha de inicio originalmente convenida resultare no ser día hábil, será aquella del día inmediatamente siguiente que sea hábil a todos los efectos incluso para la obtención del correspondiente tipo de interés de liquidación.

7. Fecha de vencimiento. Fecha en que finaliza el período de contrato. Si la fecha de vencimiento originariamente convenida resulta no ser un día hábil, la fecha de vencimiento será el día inmediatamente siguiente que sea día hábil.

8. Tipo de interés del contrato. Tipo de interés que convengan las partes para el

período contratado, expresado en tanto por ciento anual sobre la base del año comercial de 360 días.

9. Vendedor. Es la Entidad que trata de protegerse contra un futuro descenso de los tipos de interés y que deberá abonar al «comprador» la cantidad que resulte en el caso de que el tipo de interés de liquidación sea superior al tipo de interés del contrato, o recibirla en el caso contrario.

10. Comprador. Es la Entidad que trata de protegerse contra un futuro aumento de los tipos de interés y que deberá abonar al «vendedor» la cantidad que resulte en el caso de que el tipo de interés de liquidación sea inferior al tipo de interés del contrato, o recibirla en el caso contrario.

11. Fecha de fijación del tipo de interés de liquidación. Será el día hábil que coincida con la fecha de inicio, ambas partes se confirmarán por cruce de télex o similar, al tipo de interés de liquidación aplicable al importe y duración del período contratado. Si una de las partes omitiera la notificación, se estará a la determinación efectuada en la notificación de la otra.

12. Referencia de liquidación «FRACEMM». Será aquel sistema o procedimiento que permita determinar el tipo de interés de liquidación.

Dicho tipo de interés será el que se publique en las pantallas electrónicas para liquidación de «FRAS» de las agencias REUTER y/o TELERATE, siendo el resultante de aplicar las normas para su determinación que figuran en el Anexo núm. 1 a este contrato.

Si por cualquier circunstancia las pantallas para liquidación de «FRAS» de REUTER y/o TELERATE no estuvieran disponibles en la fecha de inicio, el tipo de interés de liquidación se determinará de acuerdo con las mismas especificaciones contenidas en el citado Anexo núm. 1, salvo en lo relativo a la inserción electrónica de las cotizaciones y la posterior publicación en pantalla electrónica de los tipos de interés de liquidación, que serán sustituidas por medios de comunicación y difusión alternativos como son el teléfono, télex, etc.

13. Tipo de interés de liquidación. Significa el tipo obtenido de la referencia de liquidación «FRACEMM» en la fecha de inicio y para el período contratado entero (expresado en meses) más próximo.

14. Fecha de liquidación. Significa la fecha en que debe ser pagada la cantidad resultante del posible diferencial de intereses, y será la del día hábil siguiente al de la fecha de fijación o inicio.

15. Cantidad resultante. Importe que resulta de aplicar el diferencial de intereses sobre el principal teórico y durante el período acordado, pero descontado al tipo de interés de liquidación, ya que se paga por anticipado en la fecha de liquidación.

La fórmula a aplicar para obtener la cantidad resultante será:

– En el caso que el tipo de interés de liquidación sea superior al tipo de interés del contrato;

$$\frac{\left[T_C - T_L\right] \times I \times P}{36.000 + T_L \times P}$$

siendo:

T_c = Tipo de interés del contrato (en % anual).
T_L = Tipo de interés de liquidación (en % anual).
I = Importe teórico (en pesetas).
p = Período del contrato.

despreciándose en ambos casos los decimales.

Segunda. Formalización de las operaciones

1. Declaración y garantías. Cada parte que interviene en un contrato a plazo de tipo de interés declara desde ahora y garantiza a la otra que:

1.1. Las partes son entidades legalmente constituidas y con capacidad plena para desarrollar las actividades mercantiles de su objeto social.

1.2. El presente contrato no vulnera los Estatutos o contratos que vinculen a cualquiera de las partes contratantes.

1.3. Tienen pleno poder y competencia para comprometerse o comprometer a la Sociedad que representan en el contrato a plazo de tipo de interés y para ejercitar los derechos y cumplir las obligaciones que se deriven de este contrato, habiéndose obtenido todas las autorizaciones y consentimientos necesarios para comprometerse, asegurando el pleno vigor de los mismos.

1.4. Que las obligaciones que asumen en el contrato a plazo de tipo de interés son obligaciones legales válidas y vinculantes de acuerdo con sus términos, y se asumen con el fin de facilitar la posibilidad de protegerse del riesgo de intereses en que incurren en el curso normal de sus operaciones.

2. Documentación. Los contratos a plazo de tipos de interés pueden convenirse oralmente o por escrito, pero en cualquier caso ambas partes estarán obligadas a dar confirmación por escrito de cualquier contrato a plazo de tipo de interés concluido oralmente.

2.1. Confirmación del contrato (se acompaña modelo como Anexo núm. 2). En las confirmaciones del contrato deben constar literalmente los mismos datos y como mínimo habrán de referirse a:

- Fecha del contrato.
- Importe teórico.
- Período del contrato.
- Fecha de inicio.
- Fecha de vencimiento.
- Tipo de interés del contrato.
- Nombre del vendedor.
- Nombre del comprador.
- Referencia de liquidación.

2.2. Confirmación de liquidación (se acompaña modelo como Anexo núm. 3). En las confirmaciones de liquidación deben constar literalmente los mismos datos, y como mínimo deberán de referirse a los datos incluidos en el Punto 2.1, y a los que se enumeran a continuación:

- Tipo de interés de liquidación.
- Cantidad resultante.

Tercera. Legislación y Fuero aplicables

El presente contrato marco y los contratos a plazo de tipos de interés que de él se deriven, se regirán con la legislación española, y se someterán a los Organos Arbitrales que sean en cada caso competentes (Diriban, Serdi, Dirimer).

Cuarta. Pago de la cantidad resultante

El pago de la cantidad resultante prevista en este contrato se realizará en la fecha de liquidación, en la cuenta corriente abierta en el Banco de España en Madrid, sin necesidad de previo requerimiento y se entenderá neto y libre de cualquier clase de impuestos o retenciones o deducción de o a cuenta de ningún tipo de impuesto que, si existiese, se asumirá por la parte que hubiese de realizar el pago. Si legalmente fuese obligatorio repercutir el impuesto a la parte que reciba el pago, la cantidad resultante se incrementará de tal forma que efectuada la retención o el pago del impuesto, la parte que reciba el pago obtenga el importe neto que hubiese recibido de no ser aplicado embargo o retención alguna.

Quinta. Interés moratorio

La cantidad resultante que se debe pagar en virtud del presente contrato si no se realiza en la fecha de liquidación, devengará un interés moratorio equivalente al promedio publicado por el Banco de España para las operaciones de depósito cruzadas a día, más un diferencial de dos puntos. La cantidad resultante de aplicar el interés moratorio se capitalizará diariamente y devengará a su vez el interés moratorio previsto en esta estipulación a efectos de lo regulado en el Artículo 317 del Código de Comercio.

Sexta. Confirmaciones

Ambas partes se comprometen y facultan para que puedan compensarse la cantidad que se adeuda por la otra parte en virtud del presente contrato con los saldos, depósitos de toda clase de cuentas, en cualquier divisa, que la parte deudora mantenga en la entidad acreedora, o en cualquiera de sus Agencias o Sucursales, facultando expresamente e irrevocablemente a la parte acreedora para que, sin previo aviso pueda reducir o cancelar los saldos para pagar la deuda, abonando y traspasando la cantidad necesaria a la parte acreedora y reteniendo o realizando valores u otra clase de títulos o derechos o depósitos que el deudor tenga o tuviese en lo sucesivo en la entidad acreedora.

Séptima. Gastos y comisiones

Todos los gastos y comisiones que pudieran gravar el otorgamiento de este contrato serán por cuenta de las partes contratantes y por mitades.

Octava. Confirmaciones y Notificaciones

Todas las confirmaciones y notificaciones que hayan de efectuarse en virtud del presente contrato, podrán efectuarse también por télex o telefax, pactándose estos sistemas de comunicación a efectos del Artículo 51 del Código de Comercio y se enviarán tanto por estos medios como por cualquier otro por escrito admitido en derecho, a los Departamentos de Tesorería de las entidades contratantes.

Novena. Intransmisibilidad de Derechos

El presente contrato sólo produce efecto entre las partes contratantes sin posibilidad de que terceros puedan tener derechos derivados de este contrato, por lo que las partes no podrán ceder, transmitir o subrogar a terceros en los derechos u obligaciones derivados del presente o de los contratos a plazo de tipo de interés que se formalicen con arreglo al mismo.

Y para que así conste, firman el presente contrato marco FRACEMM.

ANEXO 1: Normas para la determinación de tipos de liquidación de «FRA» a través de pantalla electrónica.

1. El grupo formado por aquellas Entidades representativas en el mercado de depósitos, y elegidas por el procedimiento arbitrado por la Comisión de Estudio del Mercado Monetario, cotizará diariamente los tipos de interés de oferta de depósitos a plazo por meses de uno a doce, ambos inclusive.
2. Las Entidades mencionadas en el punto anterior, se obligan a cotizar diariamente los doce plazos citados.
3. Cada una de las Entidades que integren dicho grupo cotizante, insertará en las pantallas electrónicas las doce cotizaciones mencionadas, antes de las 9,30 h. de cada día hábil.
4. Cada Entidad cotizante podrá efectuar antes de las 9,30 h., cuantas inserciones estime oportuno.
5. El ordenador reflejará automáticamente la hora y minutos de la última inserción de cada Entidad cotizante.
6. El mencionado proceso de inserción se efectuará en circuito limitado a las Entidades cotizantes, hasta la publicación de los tipos de interés medios.
7. Cada tipo de interés se cotizará con uno o dos enteros, y tres decimales, siendo el último cero o cinco.
8. A partir de las 9,30 h., y antes de las 9,45 h., un ordenador del sistema electrónico de cotización, calculará el tipo medio para cada uno de los doce plazos citados siguiendo las reglas siguientes:

a) Eliminación en todos los plazos de las Entidades que aparecen en pantalla con una hora cero en sus cotizaciones.

b) Eliminación en todos los plazos de las entidades que aparezcan en pantalla con una hora posterior a las 9,30 h. en sus cotizaciones.

c) Eliminación en todos los plazos de las Entidades que hayan dejado de cotizar en algún plazo.

d) Cumplidas las tres premisas anteriores y tras las eliminaciones correspondientes, en su caso, se procedería a la eliminación del tipo más alto y del tipo más bajo para cada plazo.

e) Cuando en el tipo más alto y/o más bajo coincidan dos o más Entidades no se eliminará ninguna de las condiciones.

f) Una vez efectuadas las mencionadas depuraciones, se obtiene un conjunto de tipos intermedios que sirve de base para el cálculo del tipo medio para cada plazo mediante media aritmética.

g) Para el cálculo del tipo medio se trunca en la diezmilésima inclusive con la equidistancia al alza.

h) A partir de las 9,30 h., y antes de las 9,45 h., se harán públicos en la pantalla correspondientes, los tipos medios de cada uno de los doce plazos citados.

9. Los tipos de interés medios así obtenidos y publicados en circuito abierto para todas las Entidades, serán los de liquidación para los contratos a plazo de tipo de interés («FRA») cuya fecha de inicio sea coincidente con la fecha de dicha publicación.

ANEXO 2:

A:
DE:

Les confirmamos el siguiente contrato a plazo de tipo de interés («FRA») núm.........., pactado entre ambas Entidades de acuerdo con los términos y condiciones del Contrato Marco «FRACEMM» de fecha 3.3.88

FECHA DEL CONTRATO:
IMPORTE TEORICO (en millones de pesetas):
PERIODO DEL CONTRATO (en días):
FECHA DE INICIO:
FECHA DE VENCIMIENTO:
TIPO DE INTERES DEL CONTRATO:
NOMBRE DEL VENDEDOR:
NOMBRE DEL COMPRADOR:
BROKER:
REFERENCIA DE LIQUIDACION:
TERMINOS Y CONDICIONES DISTINTAS A LAS «FRACEMM» (en su caso):

POR Y EN NOMBRE DE:

ENTIDAD:

FIRMADO D:

ANEXO 3:

A:
DE:

Les confirmamos la liquidación que corresponde al siguiente contrato a plazo de tipo de interés («FRA») núm.........., pactado entre ambas Entidades de acuerdo con los términos y condiciones del Contrato Marco «FRACEMM» de fecha 3.3.88

FECHA DEL CONTRATO:
IMPORTE TEORICO (en millones de pesetas):
PERIODO DEL CONTRATO (en días):
FECHA DE INICIO:
FECHA DE VENCIMIENTO:
TIPO DE INTERES DEL CONTRATO:
NOMBRE DEL VENDEDOR:
NOMBRE DEL COMPRADOR:
BROKER:
REFERENCIA DE LIQUIDACION:
TERMINOS Y CONDICIONES DISTINTAS A LAS «FRACEMM» (en su caso):
TIPO DE INTERES DE LIQUIDACION:
CANTIDAD RESULTANTE:
FECHA DE LIQUIDACION:
INSTRUCCIONES DE LIQUIDACION (márquese lo que proceda):

fl Abonaremos la CANTIDAD RESULTANTE, con valor de la FECHA DE LIQUIDACION, en su cta., núm.............. en Banco de España, Madrid.

fl Nos abonarán la CANTIDAD RESULTANTE, con valor de la FECHA DE LIQUIDACION, en nuestra cta., núm.............. en Banco de España, Madrid.

POR Y EN NOMBRE DE:

ENTIDAD:

FIRMADO D:

17
Ingeniería Financiera

17.1. CONCEPTO

17.1.1. Antecedentes

Los primeros antecedentes de lo que hoy consideramos como *Ingeniería Financiera* los podemos encontrar en la simple gestión de tesorería, en operaciones como la de ajustar la fecha de emisión de efectos comerciales de manera que se pudieran adaptar los períodos de descuento a los tipos de interés más bajos, o el simple cambio de una póliza de crédito por otra en condiciones diferentes de interés o plazo.

Operaciones que habitualmente ha realizado la banca y que pueden ser consideradas dentro de lo que hoy se denomina Ingeniería Financiera, son las de sindicación de créditos, o el aseguramiento y colocación de una emisión de títulos.

El auge de la Ingeniería Financiera se produce cuando el conjunto de instrumentos financieros se hace más numeroso y, a su vez, los bancos e intermediarios financieros se hacen más activos tomando, en muchos casos, la iniciativa de ofrecer a los clientes las nuevas posibilidades. Todo ello se ha generado en un clima de competencia entre los distintos operadores: bancos, agentes de cambio, *brokers*, intermediarios financieros, etc., dentro de un sistema de interconexión de los mercados en donde desaparece la distinción entre el corto y el largo plazo, títulos y préstamos, fondos propios y deuda, etc.

Al reforzar la competencia, las posibilidades de arbitraje y los juegos de tipos de interés, el objetivo de los operadores consiste en encontrar nuevas soluciones a los problemas de financiación, arrastrar una masa de capital en constante crecimiento, ofrecer a los emisores ventajosos montajes y atraer a los inversores mediante una creciente gama de posibilidades.

17.1.2. Causas de su aparición

Si hubiera que fijar una sola razón por la que surge la Ingeniería Financiera esa sería la falta de estabilidad. Falta de estabilidad en el sistema de cambios, en los tipos de interés, en los mercados, en la solvencia de los países, y en resumen, un mayor riesgo en el conjunto de operaciones financieras y comerciales. Muchas empresas se han dado cuenta que esta inestabilidad puede causarles dificultades en la consecución de los flujos de caja previstos y, en algunos casos, llevarles a la quiebra o a tomas de control hostiles. Todo ello ha creado la demanda de instrumentos financieros, que gestionen este tipo de riesgos.

El *riesgo ambiental*, es aquel que afecta a los resultados de una empresa debido a los cambios imprevistos en el ambiente económico en el que se desenvuelve la misma y que escapa totalmente a su control (véase Figura 17.1). Así que este riego deberá ser identificado y medido, puesto que la rentabilidad de una empresa no sólo depende de lo eficientes que sean sus directivos para controlar el riesgo propio del negocio de la compañía, sino que también dependerá de lo bien que controlen el riesgo ambiental.

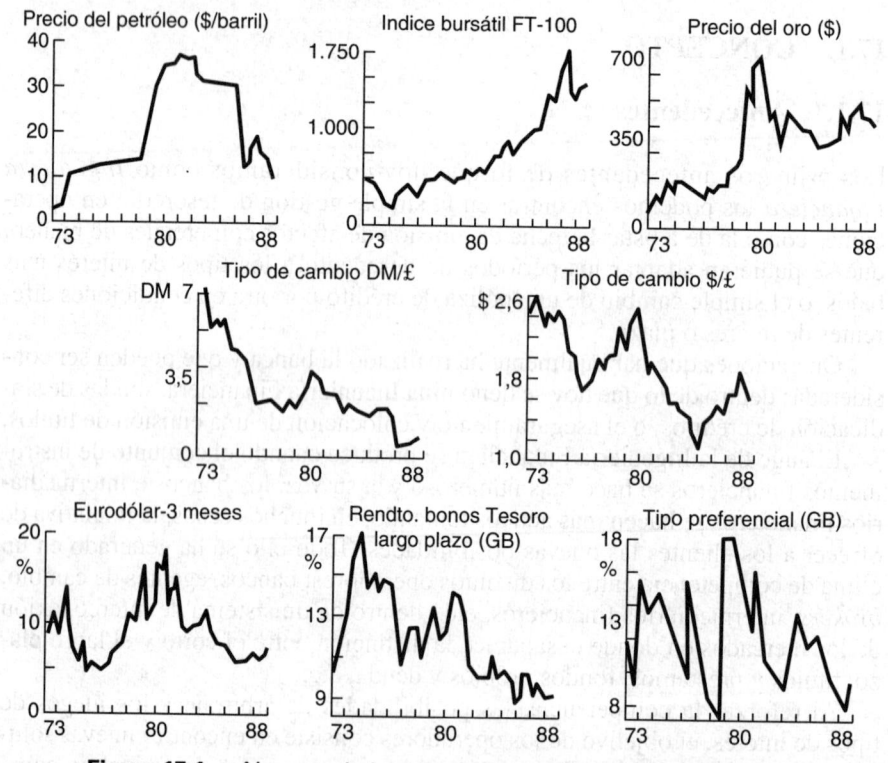

Figura 17.1. Algunos de los componentes del riesgo ambiental.

Entre los riesgos a los que está expuesta una empresa podemos destacar:

- Movimientos en los precios de las materias primas.
- Variaciones en los tipos de cambio de las divisas en las que se denominan dichas materias primas.
- Oscilaciones en el precio de la energía, que se necesita para procesar dichas materias.

- Cambios en el tipo de cambio de su propia moneda (si aumenta, reducirá su competitividad en el exterior, ocurriendo lo contrario si desciende, si se expresa en su forma indirecta).
- Cambios en las tasas de interés de su país, que afectarán al coste de su endeudamiento y, posiblemente, a sus ingresos por ventas.
- Alteraciones en los tipos de interés de otros países, que afectarán a sus competidores y, por tanto, al comportamiento de las ventas de la empresa, etc.

Cada una de estas influencias puede ser resumida a través de una representación gráfica denominada *perfil del riesgo*, del que se muestran algunos ejemplos en la Figura 17.2, y que identifica y mide el riesgo financiero. La inclinación de la recta que mide el perfil del riesgo indica la sensibilidad del comportamiento de la empresa a las variaciones en el tipo de cambio.

Ante estos nuevos y mayores riesgos las empresas tratan en primer lugar de examinar su propia estructura y las características de sus competidores intentando identificar aquellos riesgos que más pueden afectarles. A continuación, cabe una doble actitud: *a)* tratar de preverlos e intentar evitarlos, o *b)* ante la ineficacia contrastada de las previsiones, tratar de protegerse, es decir, cambiar y reforzar el

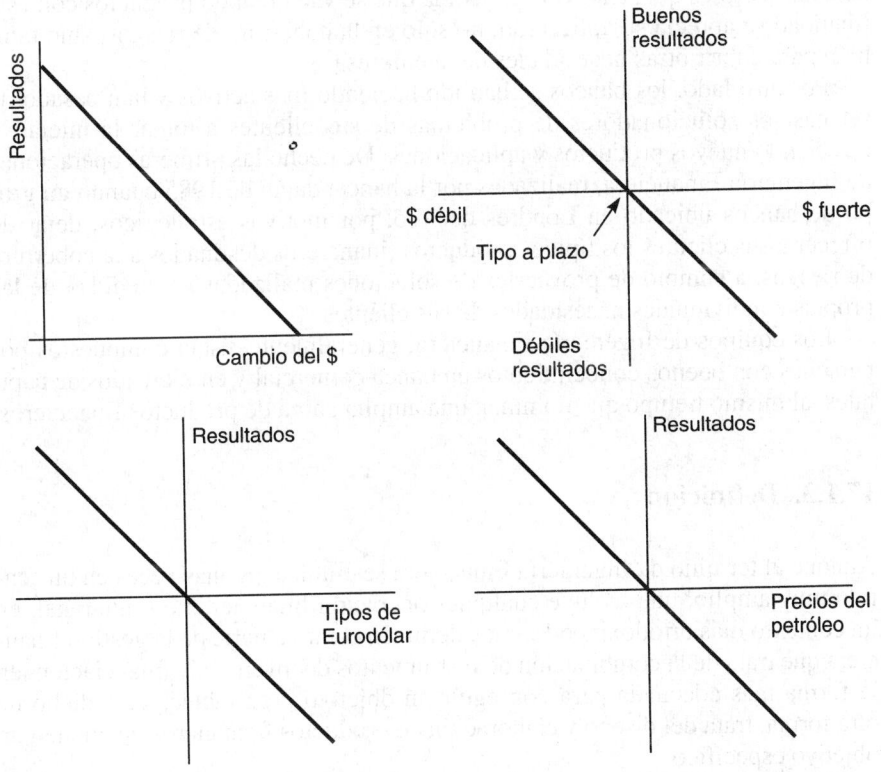

Figura 17.2. Impacto de la cotización del dólar en el resultado de la empresa y perfiles del riesgo del tipo de cambio, de los tipos de interés de los eurodólares y de los precios del petróleo.

perfil de riesgo. Con lo que ya no se trata de evitar el riesgo, lo que es imposible, sino de «gestionarlo». Las empresas identifican sus riesgos, luego dibujan los perfiles de los mismos con relación a cada factor que les puede afectar en su comportamiento y, por último, se centran en aquellos que más les afectan.

Esta actitud, que es la que conduce directamente a la Ingeniería Financiera, se puede materializar de dos formas: *a)* cambiando el tipo de operaciones que realiza la empresa como, por ejemplo, fusionándose con otra que tenga un perfil de riesgo distinto, o *b)* añadiendo a su cartera alguna operación financiera que cubra los posibles riesgos, como el uso de productos financieros de los denominados «fuera de balance», que permiten a la empresa dejar sus operaciones intactas mientras la protegen de las fluctuaciones en su ambiente. Debido a que el coste de la primera es bastante más grande que el de la segunda, las empresas tienden cada vez más a utilizar esta última.

Lo que la empresa desea es gestionar su riesgo ambiental y continuar con el negocio que mejor conoce: el suyo propio. Precisamente, la posibilidad de separar el riesgo de las fluctuaciones en los precios de las operaciones físicas subyacentes de una empresa y gestionarlos separadamente, a través del uso de productos derivados, es la mayor de las innovaciones financieras de la década de los ochenta. Pero es que, a su vez, a medida que se van creando productos con esta finalidad se aprecia su aplicación, no sólo en la cobertura de riesgos, sino también para cubrir otras necesidades de la empresa.

Por otro lado, los bancos se han ido haciendo más activos y han pasado de ser pasivos solucionadores de problemas de sus clientes a tomar la iniciativa ofreciendo nuevos productos y aplicaciones. De hecho las primeras operaciones de Ingeniería Financiera, realizadas por la banca, datan de 1985 cuando un grupo de bancos ubicado en Londres decidió, por motivos estratégicos, dejar de ofrecer a sus clientes los típicos productos financieros destinados a la cobertura de riesgos, a cambio de proveerles de soluciones realizadas «a medida» de las propias e individuales necesidades de sus clientes.

Los equipos de Ingeniería Financiera, generalmente, están compuestos por personas con buenos conocimientos en banca comercial y en mercados de capitales, al mismo tiempo que dominan una amplia gama de productos financieros.

17.1.3. Definición

Aunque el término de Ingeniería Financiera se emplea algunas veces en un sentido muy amplio, que incluye cualquier operación financiera no tradicional, en un contexto más ortodoxo podríamos definirlo como la parte de la gestión financiera que trata de la combinación de instrumentos de inversión y financiación, en la forma más adecuada para conseguir un objetivo preestablecido, o dicho de otra forma, trata del diseño y elaboración de productos financieros que tienen un objetivo específico.

Características básicas de la Ingeniería Financiera son:

a) La existencia de un objetivo. Se trata de elaborar una operación con vis-

tas a conseguir algo, como puede ser la disminución del riesgo o la consecución de un crédito.
b) *La combinación de instrumentos*. Precisamente la Ingeniería Financiera surge cuando aparecen instrumentos que pueden ser combinados entre sí con efectos incluso diferentes de aquéllos para los que fueron originalmente creados.
c) *La conjunción de operaciones*, que aisladamente pueden ser consideradas de inversión y financiación, generalmente con la intención de que las posiciones queden compensadas.
d) *Operaciones siempre a medida* y, por tanto, en número prácticamente infinito, ya que cada operación puede ser diferente en función de las condiciones del problema, de los instrumentos que se empleen y del objetivo a alcanzar.
e) *Internacionalización de las operaciones*. La mayor parte de las operaciones requieren la utilización de instrumentos específicos de mercados internacionales o que sólo se negocian en dichos mercados.

17.2. LOS INSTRUMENTOS Y OPERACIONES SIMPLES

La mayoría de las operaciones de la Ingeniería Financiera se instrumentan con base en cuatro instrumentos financieros básicos, que ya hemos analizado con profusión en los capítulos anteriores, y que se utilizan para gestionar el riesgo estratégico de la empresa; ellos son:

- Contratos a plazo (*forward contract*).
- Futuros (*futures*).
- Permutas financieras (*swaps*).
- Opciones (*options*).

Estos cuatro instrumentos son la base de la *ingeniería financiera*, puesto que la combinación de los mismos lleva a construir productos financieros sofisticados que se adecuan a la solución de problemas concretos pero, como más adelante comprobaremos, ellos pueden subdividirse en bloques más pequeños que forman lo que se denomina las piezas de construcción (*building-blocks*) de la ingeniería financiera. Seguidamente pasaremos a estudiar de forma somera algunas de las operaciones que se pueden realizar con dichos instrumentos sin necesidad de combinarlos.

17.2.1. El contrato a plazo

Tal vez la forma más simple de protegerse de las variaciones del tipo de cambio de una divisa (el dólar, por ejemplo) sea utilizando un contrato a plazo (véase Capítulo 4). Este obliga a ambas partes a realizar un intercambio determinado de divisas en una fecha futura determinada. Según el mismo, la empresa estaría de acuerdo en adquirir hoy la divisa que ella necesita a un precio predeterminado (el *tipo de cambio a plazo*) para que le sea entregada en una fecha convenida (*fecha de expiración*). Si se trata de una empresa importadora, cuanto más alto esté el dólar en la fecha de expiración del acuerdo, más valdrá el contrato para comprar dólares al precio prefijado.

De esta manera la combinación de la exposición al riesgo subyacente, que proviene del propio negocio de la empresa (la importación), y de su contrato de cambio a plazo permanecerá constante. Ello es así porque si el dólar sube, se reducirán los beneficios del negocio de la importación pero dicha reducción será contrarrestada por el aumento del valor del contrato a plazo. Puesto que en la fecha de expiración el valor del mismo dependerá de la diferencia entre el tipo de cambio a plazo, que figura en el contrato, y el tipo de cambio de contado en dicho momento, la exposición de la empresa tendrá una forma de línea recta tal y como se muestra en la Figura 17.3.

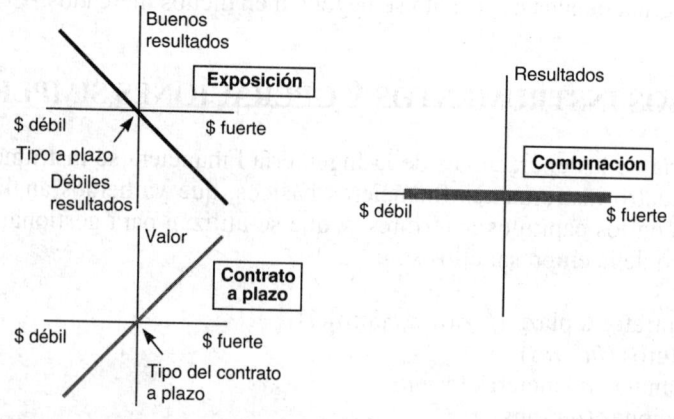

Figura 17.3. Esquema de los pagos realizados a través de la cobertura del riesgo mediante un contrato a plazo.

Este tipo de cobertura también puede ser realizada utilizando un FXA (véase capítulo anterior) y si, en vez de hablar de tipos de cambio, nos referimos a cobertura del tipo de interés podemos utilizar un FRA (véase el capítulo anterior). La principal diferencia entre éste y el clásico contrato de divisas a plazo, es que el FRA no requiere que ninguna de las dos partes realice ningún depósito o préstamo. En la fecha de expiración el valor del contrato será liquidado en dinero según sea la diferencia entre el tipo FRA y el de contado al que se multiplicará la cantidad teórica del préstamo o depósito.

17.2.2. Los contratos de futuros financieros

Los contratos de futuros financieros son muy similares a los contratos a plazo, vistos en el apartado anterior, siempre que analicemos su valor en la fecha de expiración del contrato. Esto es, si el tipo de contado en dicha fecha coincide con el tipo implícito en el contrato, el valor del contrato de futuros será nulo. En caso contrario, el producto de la diferencia entre ambos tipos por el tamaño del contrato nos dará su valor. El gráfico obtenido sería idéntico al mostrado en la Figura 17.3 para el contrato a plazo.

Sin embargo, ambos contratos difieren en el momento en que consideremos el proceso de ajuste al mercado que se produce diariamente en los contratos de futuros financieros, lo que dificulta mucho más el cálculo del verdadero valor del contrato de futuros. Ello se debe a que los cobros o pagos debidos a dicho proceso de ajuste afectan a los ingresos y costes financieros, por lo que el valor exacto del contrato dependerá de los movimientos diarios en el tipo a plazo hasta su expiración y, por tanto, del precio de los futuros.

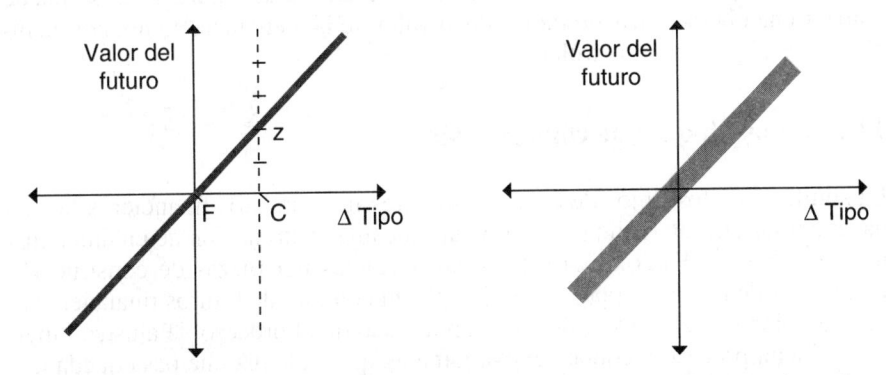

Figura 17.4. Flujos del contrato de futuros cuando el tipo de contado en la fecha de expiración es C (izquierda). Representación general de los flujos de caja en un contrato de futuros (derecha).

En la Figura 17.4 se muestra cómo en la fecha de expiración si el tipo de contado toma un valor igual a C, lo más probable es que el valor del contrato de futuros sea C – F (donde F es el tipo implícito en el contrato de futuros), que en la figura viene representado por el punto Z; pero debido al proceso de ajuste al mercado el valor final podrá oscilar hacia arriba o hacia abajo de dicho punto Z (pero siempre en la línea de puntos). Así que la representación general de un contrato de futuros financieros será una banda más que una línea, tal y como aparece en la Figura 17.4 (derecha).

17.2.3. La permuta financiera o *swap*

El swap de divisas es muy similar a un contrato a plazo de larga duración, con la complicación de que al tener que volver a intercambiar los principales en la fecha de expiración del contrato *swap*, esto se realizará al tipo de contado que regía en el momento de firmar el acuerdo y no al tipo a plazo que existía en dicho instante. Para compensar esto, las contrapartes intercambian los pagos de intereses teniendo en cuenta el diferencial entre los tipos de contado y a plazo, lo que transforma un intercambio de contado en uno a plazo.

De tal manera que si sólo hubiese un intercambio, los flujos del *swap* podrían mostrarse en una gráfica igual a la mostrada para el contrato a plazo (Figura 17.3). Pero lo más normal es que haya varios intercambios de pagos, lo que impide que podamos representar el *swap* como una función de un solo tipo de contado.

La permuta financiera de tipos de interés implica una sucesión de pagos de intereses. Si en el momento de realizar cada pago, cada uno de los tipos de contado coincidiese con el tipo a plazo anticipado en el acuerdo de permuta, la corriente de pagos por intereses tendría un valor nulo. Claro que, en la realidad, esto sería una pura coincidencia. En todo caso si, en lugar de hablar de desviaciones del tipo de contado, hablásemos de desviaciones netas en la corriente de tipos de contado aún podríamos utilizar el gráfico mostrado en la Figura 17.3.

A veces, para contrarrestar el efecto mostrado en la Figura 17.2, se puede realizar una operación *swap* indiciada al valor de la mercancía como, por ejemplo, sobre el precio del petróleo.

17.2.4. Los bloques de construcción

La similitud de los flujos de caja de estos tres instrumentos financieros llega a hacer pensar que, en realidad, no son más que una combinación de un único instrumento básico. Es como si estuvieran formados por piezas de construcción financieras de un día de plazo. Por ejemplo, el contrato de futuros financieros es una sucesión de contratos a plazo de un día debido al proceso de ajuste al mercado. Dicho proceso reconoce explícitamente que cada día que pasa queda uno menos para su expiración (véase la Figura 17.5 izquierda).

El caso menos obvio es el referente a los contratos a plazo, puesto que hasta el último día no se realiza ninguna transacción. Podríamos, entonces, suponer que dicho contrato está formado por unos bloques diarios pegados de tal manera que es imposible separarlos (véase la Figura 17.5 derecha). El *swap* es un caso intermedio entre los anteriores, debido a que no tienen lugar pagos diarios, pero

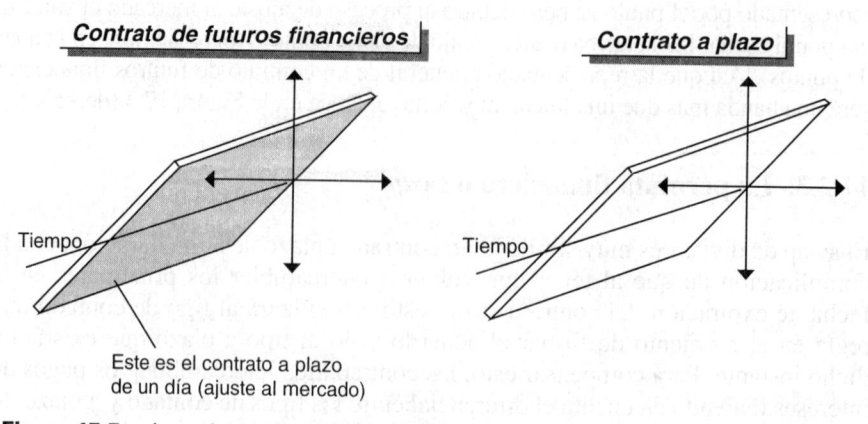

Figura 17.5. Las piezas de construcción en los contratos de futuros y a plazo.

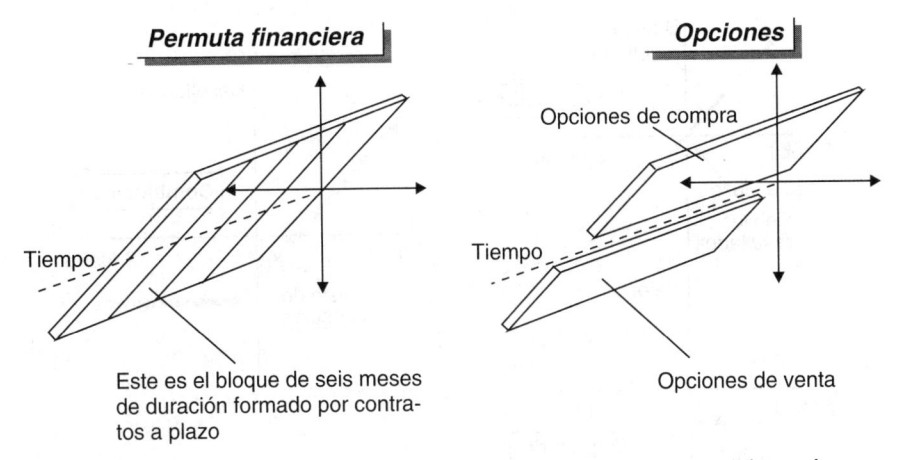

Figura 17.6. Las piezas de construcción en los contratos swap y de opciones.

tampoco hay que esperar hasta la fecha de expiración del contrato para que tengan lugar, sino que los mismos ocurren cada seis meses, por ejemplo. Así que tendríamos unos bloques diarios pegados de tal manera que no podrían separarse nada más que de seis en seis meses (véase la Figura 17.6).

Más adelante comprobaremos la utilidad, de cara a la Ingeniería Financiera, de considerar a dichos productos financieros como una composición de bloques individuales diarios, tal y como fue enunciado en 1987 por C. W. Smithson.

17.2.5. Las opciones

Este instrumento financiero se diferencia de los tres anteriores en que su propietario no tiene la obligación de ejercerlo, sino sólo el derecho a hacerlo. Precisamente, por tener dicho derecho él ha tenido que pagar un precio (la prima), que le permite ejercerlo cuando la situación le sea favorable. El valor neto de la opción en la fecha de expiración será igual al valor de mercado que tenga en dicho momento menos la prima pagada.

Supongamos que una empresa importadora cree que el dólar tiene una mayor tendencia a bajar de precio que a aumentar el mismo, y por dicho motivo no está muy interesado en realizar un contrato a plazo, que si bien le cubre del alza del dólar no le permite beneficiarse de su caída.

Como ya sabemos, el uso de una opción de compra de dólares, le da a su propietario el derecho a adquirirlos a un precio prefijado a cambio de realizar un pequeño pago inicial. Claro que este «pequeño» pago inicial puede ser determinante para que desaparezcan las posibles ganancias del comprador de la opción en caso de que el dólar descienda sólo un poco (véase Figura 17.7); aparte de que también hace que la combinación de este instrumento con la exposición de la empresa resulte algo más cara de lo que ocurría en el caso anterior, si el dólar se mueve hacia arriba.

Una cobertura perfecta sin coste podría conseguirse a través del teorema de

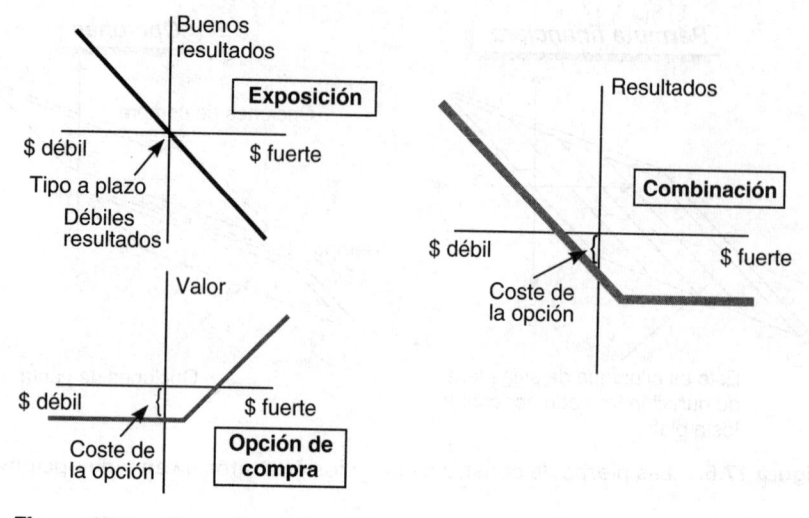

Figura 17.7. Esquema de los pagos realizados a través de la cobertura del riesgo mediante una opción de compra.

la paridad *put-call*, que consiste en adquirir un número determinado de opciones de compra y vender otro número de opciones de venta de tal manera que lo pagado por las primeras se financie por lo cobrado en las segundas. Ambos tipos de opciones tendrán el mismo precio de ejercicio (que deberá coincidir con el tipo a plazo) y la misma fecha de expiración de tal manera que ocurrirá lo mostrado en la Figura 17.8.

Así, que la cobertura tiene la misma forma que la que vimos en los contratos

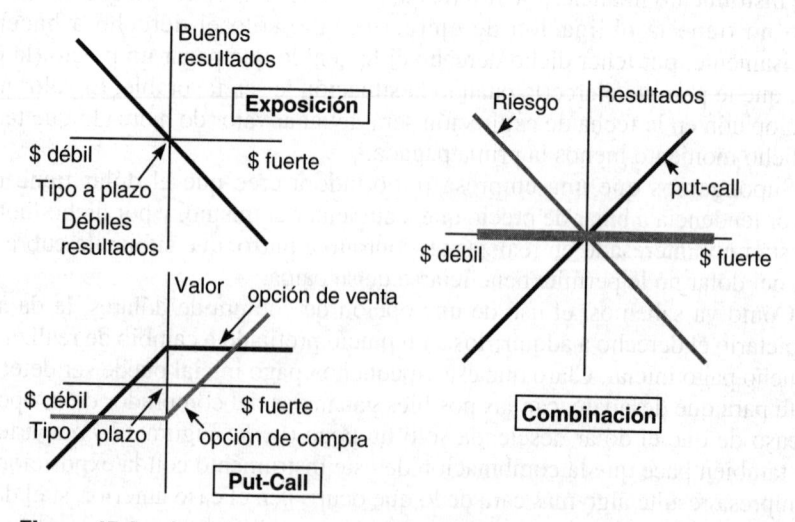

Figura 17.8. La cobertura del riesgo de cambio a través del teorema de la paridad *put-call*.

a plazo, en los futuros y en los *swaps*. La opción que durase un único día sería idéntica a un bloque de construcción de los que hablábamos antes, es decir, tome una opción de compra de un día de duración y, simultáneamente, emita una de venta de la misma duración, usted tendrá un contrato a plazo de un día. Si observa la Figura 17.6 derecha, verá la misma idea para un tiempo más largo, los bloques son inseparables pero están subdivididos en dos: la opción de venta y la de compra.

Si usted observa la Figura 17.7 verá que la combinación resultante de la opción de compra más la exposición al riesgo da como resultado otra opción (en este caso la compra de una opción de venta). Así, que la inversión en un activo financiero subyacente financiada a través de un préstamo da lugar a una opción. De aquí a decir que un instrumento del mercado de dinero más un préstamo a un día forman lo que hemos denominado un bloque de construcción, no hay más que un paso.

17.3. INGENIERIA FINANCIERA

Una vez establecido que los bloques o piezas de construcción son la base de los cuatro instrumentos financieros principales, vamos a ver cómo combinando aquéllos de diversas formas podemos crear nuevos productos financieros más sofisticados que se adapten a los requerimientos de las empresas e inversores.

Si volvemos a mirar la Figura 17.7 observaremos cómo el importador ha conseguido establecer una cobertura importante mediante el uso de opciones de compra. Ahora bien, a muchos inversores el coste pagado por dicha cobertura (la prima de la opción) les parecerá prohibitivo y por ello este instrumento financiero no figura en su agenda. Como sabemos, el precio de ejercicio de una opción de compra es un factor importante en la determinación del coste de la misma, puesto que cuanto mayor sea aquél más barata será la opción y viceversa. Así que si se quiere abaratar el coste de la opción habrá que elegir un precio de ejercicio mayor, aunque ello redunde en una menor protección.

Para reducir el coste de la protección aún más se puede recortar, en vez de eliminar, parte de la exposición de la compañía a través de la adquisición de una opción sobre una parte de las divisas, lo que implicará un coste menor. En la Figura 17.9 se muestra una comparación entre la cobertura de una cantidad de un millón de dólares y de sólo la mitad de dicha cantidad, a través de la adquisición de una opción de compra de divisas. En el gráfico representativo de la combinación se muestra la cobertura parcial del medio millón.

Con objeto de reducir aún más el coste inicial de la protección, se puede adquirir una opción de compra y vender una opción de venta, que tengan unos precios de ejercicio tales que sus primas coincidan, es decir, que ambas opciones valgan lo mismo. Este tipo de instrumento financiero recibe los siguientes nombres: túnel, opción de coste cero, *collar* (véase Capítulo anterior), *floor-ceiling swap*, cilindro, etc. Normalmente, no implica ningún desembolso, y protege totalmente del riesgo de alza del dólar a partir de cierto tipo de cambio preesta-

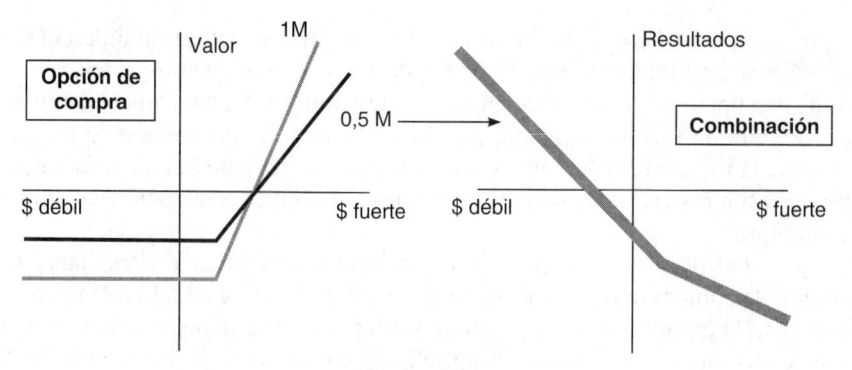

Figura 17.9.

blecido (precio de ejercicio de la opción de compra, c), a cambio no permite aprovecharse de las ventajas de un descenso del tipo de cambio a partir de una cantidad preestablecida (precio de ejercicio de la opción de venta, v). Entre ambos precios de ejercicio permanece la exposición (véase la Figura 17.10).

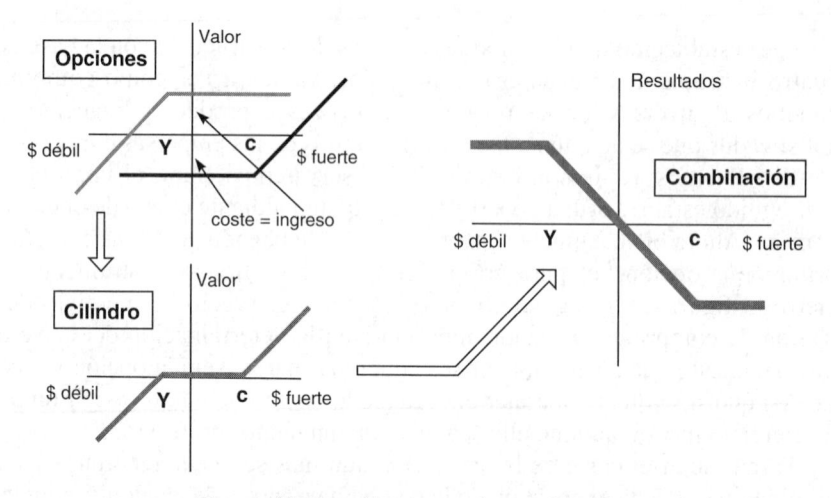

Figura 17.10. Esquema de un cilindro.

Supongamos, ahora, que la empresa está de acuerdo con casi todo lo mostrado en la Figura 17.10, pero quiere beneficiarse de un descenso acusado del dólar mientras mantiene la misma protección en caso de alza. Para ello podrá reducir el precio de ejercicio de la opción de venta mientras aumenta la cantidad en que la misma fue emitida, con lo que el coste de ambas opciones sigue siendo el mismo (Figura 17.11).

Una alternativa consiste en tomar la misma opción de compra otra vez y vender una opción de venta con el mismo precio de ejercicio y sobre la misma cantidad que la anterior. La opción de compra es *out of the money* y la de venta es *in the money*. Así dólar a dólar esta última es más valiosa que la opción de compra.

Ingeniería Financiera 433

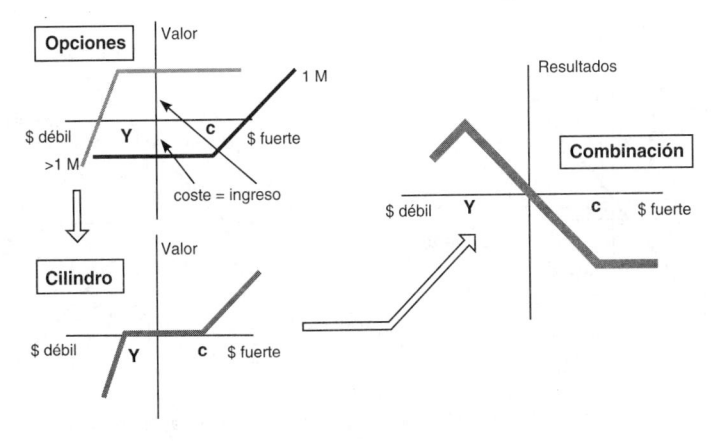

Figura 17.11.

Para producir un valor equivalente, la opción de venta deberá ser emitida sobre una cantidad más pequeña que la de compra.

Esta combinación de opciones *put-call*, conocida como opción participativa o de reparto de beneficios (véase capítulo anterior), no implica ninguna salida de dinero y proporciona una protección contra un alza del dólar a cambio de repartir la ganancia (sin ningún límite) en caso de descenso del mismo (Figura 17.12).

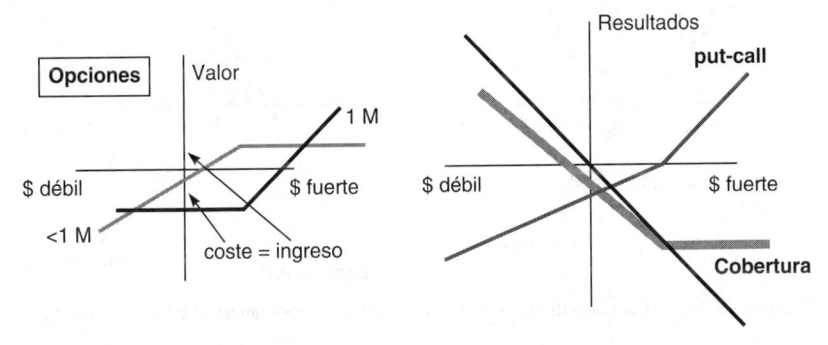

Figura 17.12. Esquema de una opción participativa y de su cobertura.

Partamos ahora de la base de que una empresa ha diseñado su presupuesto con base en un tipo de cambio superior al del tipo a plazo. Veamos cómo, utilizando un tipo de combinación *put-call* denominado *ratio forward*, puede asegurarse un tipo mejor que el tipo a plazo y así poder obtener los objetivos marcados en el presupuesto. Según esta combinación se adquiere una opción de compra profundamente *in the money* con objeto de defenderse de una posible apreciación del dólar. Se paga vendiendo una opción de venta con el mismo precio de ejercicio. Como esta última opción es *out of the money*, tendrá un valor inferior a la de su opción de compra equivalente. Así, que para poder hacer que los costes de ambos tipos de opciones sean idénticos deberemos emitir la opción de venta por una cantidad superior a la de compra (Figura 17.13).

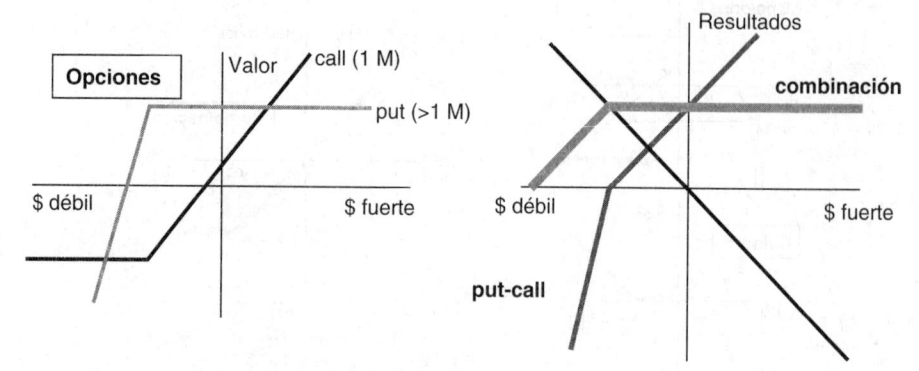

Figura 17.13. Esquema de la cobertura de un *ratio forward*.

Si una empresa se quiere beneficiar de las fluctuaciones del tipo de cambio sin importarle la dirección de las mismas podrá utilizar dos opciones de compra (o una con doble montante), lo que dará como resultado la cobertura en forma de «V» mostrada en el esquema de la Figura 17.14.

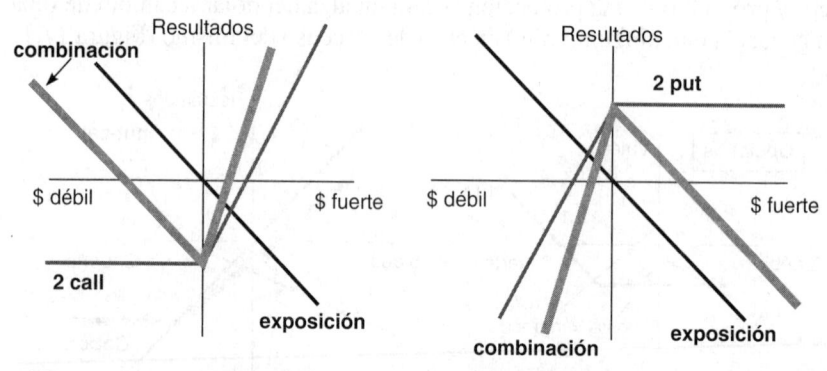

Figura 17.14. Esquema de los pagos de las coberturas en forma de V.

Como se ve la lista de combinaciones posibles que hagan frente a la exposición al riesgo de la empresa y, al mismo tiempo, le proporcionen una cobertura acorde con los deseos de la misma, es prácticamente interminable. Sólo hay que especificar las necesidades del cliente y juntar los bloques de construcción necesarios para diseñar un producto financiero *ad hoc* que satisfaga los requerimientos de aquél.

17.4. OPERACIONES COMPLEJAS DE INGENIERIA FINANCIERA

Si bien el conjunto de operaciones de Ingeniería Financiera es prácticamente ilimitado, se pueden estudiar algunas de las que tratan de resolver los problemas de mayor frecuencia en la empresa.

17.4.1. Protección contra las variaciones de los tipos de interés

Una empresa cuya clientela sea muy sensible a las variaciones del tipo de interés puede encontrarse con que, cuando éstos aumentan, sus ventas se contraen. Así que si financian sus operaciones utilizando un típico préstamo con interés variable, se encontrará doblemente expuesta al riesgo de variación de dichos tipos, puesto que deberá hacer frente a unos mayores pagos de intereses en el preciso momento en que sus ventas descienden. Para evitar esto algunas entidades financieras ofrecen préstamos variables opuestos (*reverse floating loans*) cuyos costes están inversamente relacionados a los tipos de interés del mercado (por ejemplo, 20 % - Libor). En realidad, dicho «nuevo» tipo de préstamo no es más que un clásico préstamo con tipo flotante acoplado a un *swap* de intereses cuyo principal teórico es el doble que el principal del préstamo (véase Figura 17.15).

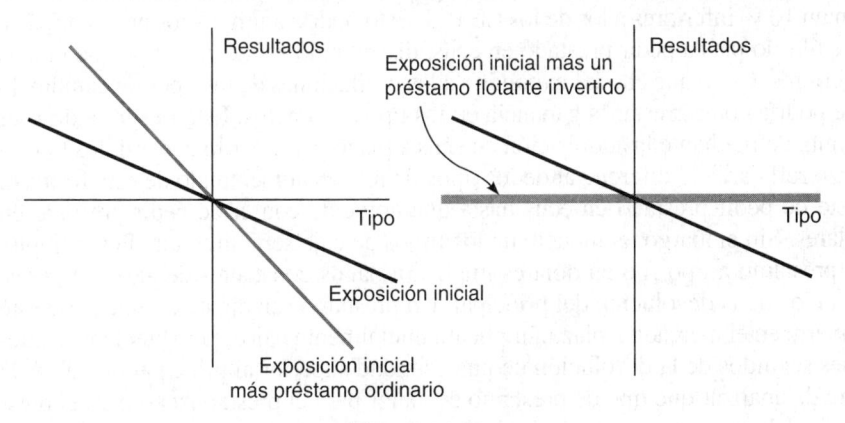

Figura 17.15.

17.4.2. Aplazamiento de flujos monetarios

Es frecuente que a la empresa le interese disponer en un determinado momento de mayores flujos monetarios, y esto por diversas razones como pueden ser las de solvencia o fiscales.

La Ingeniería Financiera proporciona también la posibilidad de traslado de estos flujos entre distintos períodos; así, por ejemplo, una empresa con altas posibilidades de deducción o desgravación en un determinado período de tiempo puede desear aumentar al máximo sus ingresos en dicho período a costa de los posibles flujos potenciales de períodos futuros en que su posición fiscal puede ser más desfavorable. El uso de una operación *swap* de interés fijo contra intereses variables puede resolver este problema.

Por lo general, el *swap* se diseña de tal manera que el VAN de los pagos esperados por una de las partes coincida con el VAN de los pagos de la otra. Así que en el momento de poner en marcha la permuta financiera ninguna cantidad de dinero cambia de manos (exceptuando los costes de transacción). Ahora bien, si una de las partes se sitúa por encima, o por debajo, del tipo actual del mercado, los VANs de los flujos de caja esperados ya no coincidirán, con lo que será necesario pagar (o cobrar) una cantidad monetaria diferencial en el momento en que se pone en acción el *swap*.

De esta manera, una empresa que espera pagar mayores cantidades, en concepto de impuestos en el futuro, de las que paga actualmente, puede entrar en un *swap* del tipo comentado anteriormente (*off-market swap*), que le proporciona unos cobros en la actualidad a cambio de aumentar sus pagos futuros. Resumiendo, a través de la transformación del perfil temporal de sus flujos la empresa ha trasladado sus obligaciones impositivas.

Algo parecido puede conseguirse vendiendo (comprando) opciones de compra *in the money* y adquiriendo (vendiendo) opciones de venta *out of the money*.

El típico contrato a plazo también puede ser utilizado para transformar los flujos de caja y las deudas fiscales. Supongamos que los tipos de interés de la CEE son un 10 % inferiores a los de los EE UU. Esto podría animar a los prestatarios de este último país a pedir prestado en ecus, disfrutando así de unos tipos de interés inferiores. Claro que ello les expondría a las oscilaciones de los tipos de cambio, lo que podría contrarrestar la ganancia en los tipos de interés. Este riesgo podría ser eliminado mediante la adquisición de ecus a plazo pero, por lo general, los tipos a plazo reflejarán el diferencial de los tipos de interés aumentando de esta forma el coste de pedir prestado en ecus hasta que coincida con el de pedir prestado en dólares. Sin embargo, el modelo de los flujos de caja será diferente. Por ejemplo, un préstamo a tipo fijo en dólares implicará pagos constantes de altos intereses, seguidos de la devolución del principal. Un préstamo semejante en ecus, que esté cubierto en el mercado a plazo, implicará inicialmente bajos, pero crecientes, intereses seguidos de la devolución de una cantidad superior al principal inicial. A la hora de analizar qué tipo de préstamo es mejor para el prestamista o para el prestatario deberemos analizar no sólo la diferencia entre ambas corrientes de flujos de caja sino también el tratamiento fiscal de los intereses y del principal.

17.4.3. Transformando las expectativas de ganancia en liquidez

En el caso de necesidades de liquidez en un período de recesión del mercado, la empresa puede obtener recursos por la venta de opciones de compra sobre su producto, que serán ejercidas sólo en el caso en que el mercado se reactive, lo que solucionaría su problema actual a costa sólo de una disminución en las hipotéticas ganancias futuras.

Veamos un ejemplo. Hace algún tiempo el precio del petróleo cayó por debajo de los 10 $/barril lo que forzó a una conocida empresa petrolera a aumentar su endeudamiento. Sin embargo, a causa de la caída de dicho precio la calificación de la empresa descendió en el mercado de deuda, lo que hizo que tuviese que pagar mayores intereses justo cuando ella necesitaba el dinero más que nunca. Este problema se solucionó a través de un empréstito, que pagaba como intereses la mayor de las dos cantidades siguientes: el 11 % anual (tipo muy inferior al que debería haber pagado según su calificación), o el valor de la mitad de un barril de petróleo por cada 100 dólares prestados.

Como se aprecia, la empresa vendió opciones de compra sobre el petróleo a sus prestamistas a cambio de un menor tipo de interés en la deuda. Mientras que el precio del petróleo se mantuviese por debajo de los 22 $/barril (precio de ejercicio de la opción), la empresa pagaría el 11 % de interés. Pero si dicho precio superaba la cantidad anteriormente especificada, el tipo de interés ascendería, claro que en ese momento la empresa se habría recuperado financieramente hablando y no tendría mayor problema en hacer frente a dichos pagos (véase Figura 17.16). En este mismo sentido se sitúa la emisión de obligaciones con *warrant* a un interés menor que el del mercado a cambio de la posible menor ganancia futura en el caso de que el valor de las acciones de la empresa asciendan.

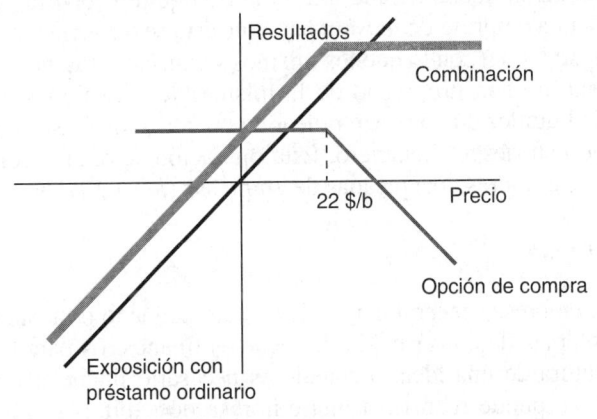

Figura 17.16. Salvando dificultades en la liquidez de la compañía.

Semejante situación se daría en las empresas de oro, que podrían financiar sus operaciones en dicho metal, con lo que conseguirían contrarrestar las fluctuaciones en su precio y en los tipos de interés. Existen bancos que aceptan realizar préstamos con el principal y los intereses denominados en oro.

Otra modalidad semejante a las anteriores es la denominada Facilidad de Conversión de Moneda (*Currency Conversion Facility*), que posibilita la obtención de un préstamo por parte de una empresa a un tipo de interés inferior al del mercado, a cambio de darle al prestamista la posibilidad de convertir el principal, en una fecha y tipo de cambio predeterminados, en una divisa alternativa. De esta manera la posibilidad de realizar unos pagos superiores en el futuro, si la opción fuera ejercida, es aceptada a cambio de obtener unas costes financieros actuales más bajos.

17.4.4. Dificultades en la obtención de recursos financieros

Gran número de empresas se encuentran en la imposibilidad de obtener recursos financieros por diversas razones, como pueden ser: alto riesgo, reducida solvencia, etc., también ante esta situación la Ingeniería Financiera ofrece un amplio espectro de soluciones entre las que están:

■ Parcelación

La parcelación de la empresa en el tiempo y en el espacio a través de instrumentos como opciones y futuros que comprometen sólo una parte de la empresa, o toda ella durante un período de tiempo limitado, creando las llamadas *ventanas de riesgo*, que son contempladas con mejor disposición por parte de los acreedores.

■ El Leasing

Una empresa que tenga dificultades para hacer frente a los pagos de intereses y amortización de su deuda debido a la falta de liquidez, podría vender parte de sus activos a una empresa de *leasing* para que ésta se los arriende a continuación (*sale and lease back*), con lo que los mismos seguirían formando parte de la empresa (aunque no son propiedad de la misma) y, a cambio, ésta obtiene una inyección de liquidez que puede emplear en la reducción de sus recursos ajenos, disminuyendo su riesgo financiero. Esta operación se realiza con bastante frecuencia en las compras apalancadas de empresas (*leveraged buy out o LBO*).

■ Capital-riesgo

Cuando una empresa (generalmente, de tamaño pequeño o mediano) se encuentra con problemas de consecución de recursos financieros para llevar a cabo la viabilidad futura de una idea, o cuando es necesario financiar una adquisición apalancada, se puede recurrir a una empresa de capital-riesgo. Este tipo de financiación consiste en la apuesta temporal y minoritaria por empresas innovadoras; para ello la sociedad de capital-riesgo adquiere parte de las acciones de las mismas, con lo que proporciona una inyección financiera necesaria para alimentar el desarrollo del negocio, pretendiendo obtener como compensación unas plusvalías, vía ganancias de capital, por el elevado riesgo asumido y la larga espera exigida. Las fases del ciclo de financiación mediante capital-riesgo son:

a) Contactos previos.
b) Estudio del proyecto e inversión.
c) Seguimiento y asesoramiento.
d) Desinversión o salida.

La labor de la Ingeniería Financiera se desarrolla en la fase del estudio del proyecto e inversión, al diseñarse el conjunto de instrumentos financieros en los que se materializará la inversión de la empresa de capital-riesgo. Entre éstos incluiremos a las acciones ordinarias, acciones preferentes, obligaciones convertibles, préstamos participativos, etc.

17.4.5. Conversión de deuda

Cuando una empresa se encuentra en el umbral de la suspensión de pagos debido a que su estructura financiera está totalmente desequilibrada del lado de las deudas lo que, unido a una coyuntura económica nada favorable, hace que le sea imposible hacer frente no ya a la amortización de las mismas sino, incluso, al pago de los intereses, puede intentar la conversión de parte de sus recursos financieros ajenos en propios.

Esto no es nada fácil debido a que implica una negociación bastante dura con sus acreedores, los cuales se van a convertir en accionistas y, con toda probabilidad, tendrán la mayoría del capital social de la empresa y, por ende, la capacidad de decisión necesaria para que ésta tome el rumbo deseado por ellos.

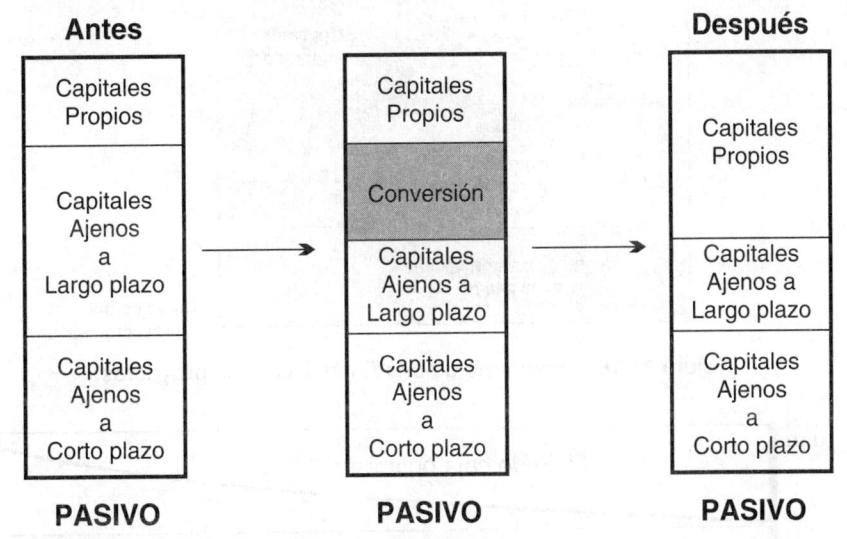

Figura 17.17. Esquema de la conversión de deuda en recursos propios.

Como se puede apreciar en el esquema de la Figura 17.17, si se consigue convertir parte de la deuda a largo plazo se conseguirá disminuir el coeficiente de endeudamiento y con ello el riesgo financiero.

17.4.6. Financiación de proyectos

Una operación que puede ser tomada como ejemplo de Ingeniería Financiera es la de financiación de proyectos complejos o *project financing*.

El objetivo en este caso es el de conseguir el máximo de financiación para un proyecto con el mínimo compromiso sobre los activos de la empresa. Se trata de aislar el proyecto del resto de actividades de la empresa, de manera que el propio proyecto sea el garante de la financiación. Como se puede apreciar no es un cometido fácil, pues en principio el único respaldo sería el cumplimiento de las expectativas de éxito que se tengan sobre el mismo.

Y es, precisamente, en ese momento cuando entra la Ingeniería Financiera, ajustando los flujos de pagos de la deuda a los flujos de cobros previstos, combinando créditos, obligaciones y acciones, eligiendo aquellos mercados y, por tanto, monedas más favorables, creando un entramado de *swaps*, opciones y futuros de forma que se ofrezcan garantías a los prestamistas y al mismo tiempo se limiten los riesgos, y todo ello contemplando globalmente el proyecto en el tiempo (a lo largo de toda su vida) y en el espacio (Figuras 17.18 y 17.19).

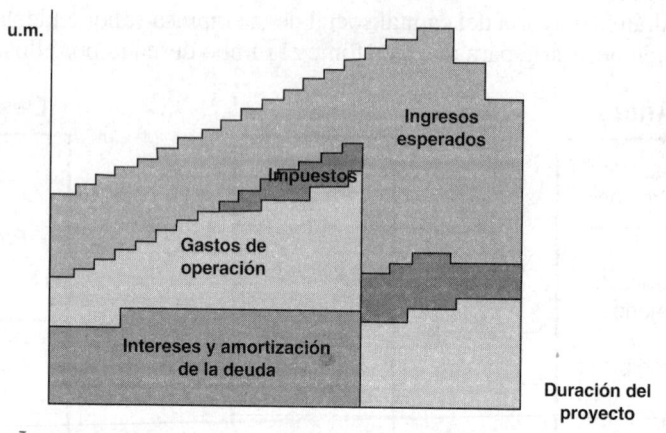

Figura 17.18. Esquema de una financiación de proyectos.

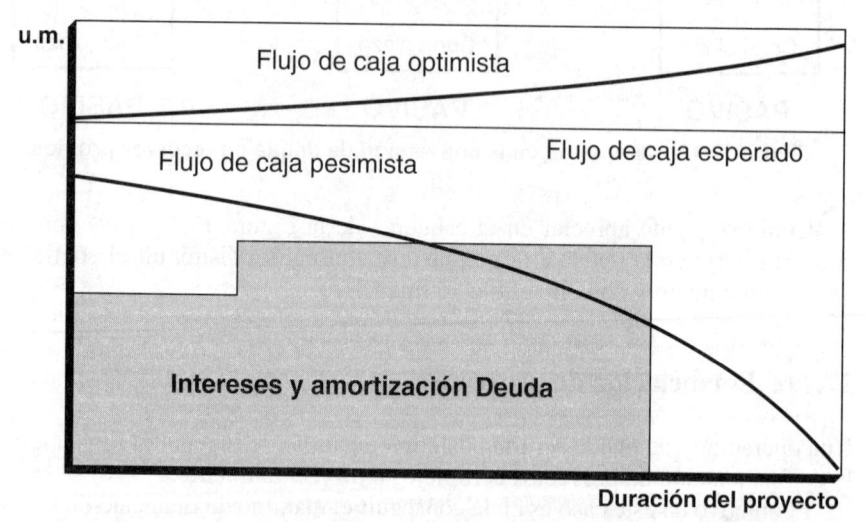

Figura 17.19. Otro análisis de una financiación de proyectos.

17.4.7. Productos normalizados

Algunas operaciones de Ingeniería Financiera basadas en distintas modalidades asociadas a acciones u obligaciones se han convertido a su vez en productos normalizados, algunos de los que ya han sido comentados en los capítulos anteriores. Entre ellos podemos destacar los siguientes:

a) Productos basados en deuda: Bonos cupón cero, títulos del Tesoro separables (o *strip*, un inversor adquiere los intereses, mientras que otro recibe la amortización del principal), bonos de tipo ajustable (ARN) y flotante (FRN), bonos de oferta ajustable, efectos comerciales en eurodivisas, etc.

b) Productos basados en acciones: Acciones preferentes con tipo ajustable, con conversión ajustable (CAPS), con título subastado (DARP), con tipo ajustable un punto (SPARS), etc.

c) Productos basados en títulos convertibles: Acciones preferentes canjeables por obligaciones convertibles, deuda convertible con tipo ajustable, deuda convertible con cupón cero, etc.

17.4.8. Ejemplos de otros productos financieros

a) FIPS *(foreign interest payment security)*: Es un bono perpetuo denominado en una divisa extranjera que puede ser amortizado anticipadamente durante determinadas fechas. El valor de dicha amortización anticipada está relacionado inversamente con el valor de la divisa en que se emitió. El prestamista vende al prestatario una opción de compra sobre una divisa extranjera, cuyo valor suele estar en la forma de un aumento de los intereses.

b) ICON *(index currency option note)*: Un bono cuyo principal al ser amortizado puede verse reducido si un tipo de cambio determinado se sitúa por encima de un nivel predeterminado. El prestamista vende al prestatario una opción de compra sobre una divisa extranjera, cuyo valor suele estar en la forma de un aumento de los intereses.

c) *Contrato a plazo con descuento (forward with rebate)*: Es una combinación de un contrato a plazo y una opción. Es un contrato a plazo en el que se obliga al comprador a adquirir (o vender) una divisa a un tipo de cambio específico en una fecha futura determinada. El banco estará dispuesto a pagar al comprador una rebaja en dólares si el tipo de contado en el vencimiento es más favorable para el comprador que el tipo de cambio que figura en el contrato.

17.5. LA DEFINICION DEL PERFIL DE RIESGO DE LA EMPRESA

En el primer epígrafe hicimos mención a la necesidad de definir el perfil de riesgo de la empresa o del negocio de cara a poder cubrirlo a través del uso de productos financieros más o menos innovadores. Una vez que hemos visto la amplia gama de éstos que hasta ahora han sido desarrollados, creemos que ha llegado el momento de volver más detenidamente sobre el tema del perfil de riesgo.

El primer y más importante paso que una empresa deberá dar para la gestión de su riesgo, será la creación de un comité de directivos de la misma que estudiará e identificará seriamente las exposiciones al riesgo de sus negocios. Esto, desafortunadamente, no suele acometerse hasta que la sociedad no ha sido herida de gravedad por algún imprevisto, que podría haberse evitado, como puede ser una alteración significativa de los tipos de cambio, por ejemplo.

El siguiente paso será involucrar a las principales áreas funcionales de la empresa: planificación estratégica, compras, marketing, finanzas, contabilidad y fiscal. Este grupo de trabajo tendrá como objetivo primordial la comprensión de las exposiciones que se crean en la organización, dónde se crean y cómo lo hacen. Deberá ser posible cuantificarlas y predecirlas, además de identificar si son recurrentes o surgen espontáneamente.

La clave de este procedimiento es el conocimiento de las líneas de negocio de la compañía y de cómo están expuestas al riesgo. A veces, varias de ellas estarán expuestas al mismo tipo de riesgo (riesgo de cambio, por ejemplo) lo que multiplicará la variabilidad de los flujos de caja esperados por encima de lo que la gerencia ha supuesto. Así que el equipo directivo deberá averiguar las variables que provocan esas fluctuaciones en la corriente de flujos esperados, puesto que la variabilidad (el riesgo) tiene un coste, que se verá reflejado en el descenso de los resultados esperados a largo plazo de la compañía.

Por otro lado, además de los riesgos internos que hemos comentado, también habrá que identificar los riesgos ambientales o externos que afectan a la empresa y que generan otra serie de exposiciones que deberán ser analizadas y cubiertas en alguna medida. A este tipo de exposiciones debidas a alteraciones en el precio de las variables económicas y que la gerencia de la empresa no controla, se las denomina *exposiciones económicas*.

Mientras que a las exposiciones producidas por los riesgos internos de la empresa y cuyos efectos se reflejan en los estados financieros de la misma se las denomina *exposiciones contractuales* (o *contables*). Puesto que reflejan el impacto que las variaciones del precio de las variables económicas, con las que la empresa está relacionada a través de un contrato, ejercen sobre la cuenta de pérdidas y ganancias y sobre el balance de la compañía.

17.5.1. Las exposiciones económicas

Caterpillar, la famosa compañía americana de fabricación de máquinas de construcción, vendía sus productos a lo largo y ancho del mundo fabricándolos en los Estados Unidos con las materias primas que adquiría en dicho país. Como resultado de todo ello, no fue capaz de reconocer su exposición al riesgo de cambio. Para colmo, en los primeros años ochenta se produjo un colapso en el mercado de materias primas, lo que hizo muy difícil la venta de equipos de minería y construcción.

Pero lo que realmente dañó a Caterpillar fue la depreciación del dólar con respecto al yen. La empresa americana competía directamente con Japón, cuya principal empresa Komatsu se hizo con el control del mercado. El fallo de la empresa americana fue no reconocer que al existir competidores japoneses los cambios en la paridad dólar/yen debían de ser contrarrestados, si no se querían sufrir las consecuencias.

Las exposiciones económicas se refieren a los riesgos que se corren debido a las posibles variaciones de los tipos de cambio reales. Mientras que las de tipo contractual se refieren a las variaciones en los tipos de cambio nominales.

Así, por ejemplo, un exportador español que venda en el mercado alemán está expuesto a las variaciones en el tipo de cambio real (y no al nominal). De tal manera que si el marco se aprecia un 4 % sobre la peseta y su inflación fuese del 1 %, mientras que la española fuese nula, el exportador verá cómo su precio en pesetas aumenta un 5 %. Pero si la inflación española se sitúa en un 3 % superior a la alemana entonces el margen de explotación del exportador aumentará sólo en un 1 %.

Estas exposiciones no contractuales afectan a los beneficios de explotación de la compañía (ingresos, costes y beneficios), inciden directamente en la posición competitiva de la empresa y pueden ser gestionados únicamente con instrumentos financieros que varían con los tipos de cambio reales como, por ejemplo, la construcción de plantas de fabricación en el extranjero o mediante la utilización de coberturas basadas en tipos de cambio reales (Figura 17.20).

	Exposición económica	Exposición contractual
Tipo de exposición	Económica	Contractual
Ejemplos	Ingresos, coste, beneficio	Deuda, acreedores, clientes
Exposición al riesgo de cambio	Real	Nominal
Gestión del riesgo	Construcción de la planta en el extranjero Cobertura basada en tipos de cambios reales	Contratos a plazo, futuros, opciones *swaps*
Impacto observado en	Postura competitiva	Estados contables

Figura 17.20. Exposiciones económicas y exposiciones contractuales o contables (Fuente: Lessard y Lightstone).

El impacto de las variaciones de los tipos de cambio nominales se refleja en las exposiciones contractuales como, por ejemplo, el endeudamiento, los efectos comerciales a pagar y los efectos comerciales a cobrar. Al estar denominados en términos nominales son sensibles a variaciones en los tipos nominales, por lo que pueden ser cubiertos con productos financieros del tipo de los *swaps*, futuros, opciones y contratos a plazo.

Es primordial saber si las exposiciones son de tipo financiero u operativo antes de tomar cualquier decisión tendente a cubrir los riesgos, debido a que no se pueden resolver problemas operativos con medios financieros. Por ejemplo, si usted fabrica en México pero espera que el peso mejicano se aprecie, su coste de fabricación aumentará. Es un problema operativo al que la gerencia podrá hacer frente en un plazo de doce meses (lo que puede llevar el trasladar las fábricas a otra zona más barata, por ejemplo), pero no en un día.

La gestión del riesgo puede proporcionar a la empresa un período de ajuste de tipo financiero, lo que puede dar tiempo a la directiva para subsanar el problema operativo (trasladar la fábrica, cambiar la estructura de costes, etc.) con un mínimo daño en sus resultados.

17.5.2. Cobertura flexible

Toda empresa deberá definir los niveles de tolerancia de la cantidad de riesgo que está dispuesta a soportar. La cobertura del mismo deberá ser cuanto más flexible mejor, lo que quiere decir que deberemos vigilar el comportamiento del mercado y estar dispuestos a cubrir sus riesgos no más allá de lo necesario. La flexibilidad en la cobertura es fundamental debido a los cambios económicos a largo plazo producidos por las diferencias entre las políticas fiscales y monetarias entre los países.

Lufthansa, la compañía aérea alemana, contrató en 1984 la compra de aviones Boeing para ser entregados en 1987. Lufthansa realizó un contrato a plazo por el que fijaba el cambio en dólares a 3,05 marcos por dólar durante esos tres años. En el momento de la entrega, el marco se había apreciado hasta situarse en 2 marcos por dólar, ya se puede imaginar la pérdida de la compañía alemana por realizar una cobertura inflexible.

La gestión del riesgo puede ser utilizada positivamente para impulsar el crecimiento de una empresa, o defensivamente para proteger sus beneficios y su cuota de mercado actual. En todo caso, si se gestiona adecuadamente, el riesgo tenderá a descender y si los flujos de caja se estabilizan la compañía tendrá mejores resultados a largo plazo y se conseguirá un aumento del precio de mercado de la misma. En resumen, se mejorará la eficiencia de su gestión.

17.5.3. El objetivo: La reducción de la volatilidad de los flujos de caja

La empresa deberá tener claros sus objetivos de cara a la cobertura del riesgo, lo que puede, a su vez, alterar la composición de los negocios actuales de la misma, o puede implicar el ajuste de sus exposiciones actuales.

Tanto el mundo académico como el práctico están de acuerdo en que el principal objetivo es la estabilización de los flujos de caja esperados. El argumento esgrimido para optar por esta decisión es que una compañía que sabe el valor que van a alcanzar sus cobros y pagos podrá realizar una mejor planificación estratégica de cara al mercado manteniendo su competitividad en el mismo. Mientras que la volatilidad puede hacer competitiva a una empresa, hoy, y echarla del mercado al día siguiente. La cobertura del riesgo, pues, posibilita que los beneficios presupuestados sean alcanzados con bastante probabilidad, lo que incidirá en la política de dividendos de la empresa y en la confianza de los inversores.

No hay que olvidar que el valor de mercado de la empresa es igual al valor actual de sus flujos de caja esperados. El precio de sus acciones, en cada momento del tiempo, incorpora las expectativas a partir de dicho instante sobre: los flujos netos de caja futuros, los tipos de interés futuros, los tipos de cambio futuros, etc. Como se aprecia hay mucha información reflejada en el precio de las acciones, y cualquier información sobre la variación del valor de alguna de dichas variables afectará al precio del título. Por tanto, los movimientos en los precios de las acciones nos proporcionarán los datos que incorporan exactamente los elementos que nos permitirán medir la exposición económica de la compañía.

En todo caso, conviene recalcar que los factores específicos de la empresa, tales como los flujos de caja, ingresos y costes, son sólo parte de las consideraciones que una compañía deberá analizar a la hora de evaluar las exposiciones y poner en marcha un programa de gestión de riesgos. El ignorar las exposiciones competitivas podría alterar de forma inesperada la estructura de riesgo empresarial de forma que perjudique a los resultados de la sociedad. De tal manera que cada exposición debe ser considerada cuando se desarrolla la gestión estratégica de la empresa.

17.6. SITUACION ACTUAL Y PERSPECTIVAS FUTURAS DE LA INGENIERIA FINANCIERA

Todo el fenómeno de la desintermediación, que ha llevado a prescindir en muchos casos de los bancos para lo que, hasta hace poco, eran sus operaciones tradicionales, ha provocado el que cada día más entidades financieras de este tipo se conviertan en bancos de inversión o de negocios. Son precisamente estos últimos los que han tomado como tarea principal las operaciones de Ingeniería Financiera.

Los bancos se han dado cuenta que las operaciones de Ingeniería Financiera no son más difíciles que la gestión de una cartera de valores y que su posición y relaciones dentro del sistema financiero les otorga una situación de privilegio y ventaja sobre cualquier empresa que tratara de realizar Ingeniería Financiera por su cuenta. Aunque sería posible que una empresa montara un departamento de Ingeniería Financiera, se encontraría, por un lado, con el problema de no disponer de la red de relaciones necesaria para ejecutar las operaciones planificadas y, por otro, le resultaría muy costoso su mantenimiento en relación con el número de operaciones que una empresa, incluso de grandes dimensiones, puede llegar a realizar.

Como ya se ha mencionado anteriormente, son los bancos de negocios o *merchant banks* los que específicamente asumen las operaciones de Ingeniería Financiera. La incorporación de la banca tradicional a este tipo de operaciones pasa por la creación, dentro de su organización, del correspondiente banco de negocios filial.

La característica común a la Ingeniería Financiera es que no necesita de una gran infraestructura ni tampoco de una gran cantidad de personal. Tiene, por tanto, un alto valor añadido, generando sus ingresos por retribución de los servicios, puesto que rara vez la institución financiera toma posiciones en una operación de este tipo. Se limita a planear la operación y a ejecutarla, pero siempre en nombre del cliente.

La banca comercial está luchando por adaptar y simplificar sus estructuras de tal modo que puedan introducir la Ingeniería Financiera a un mayor número de clientes, en particular a empresas más pequeñas y con una menor sofisticación en su gerencia financiera. La moda en estos momentos consiste en aconsejar a las empresas cómo gestionar sus instrumentos de cobertura más activamente, así como qué instrumentos comprar y cuáles vender.

La mayoría de los equipos de Ingeniería Financiera comprenden profesionales que disponen de amplios conocimientos en mercados de capitales, en banca comercial, en tesorería, en temas legales y fiscales, etc.

De todo lo anterior se puede deducir el crecimiento futuro de la Ingeniería Financiera, y ello por varias razones. La primera es la de que al ser algo similar a un juego de construcción en el que se pueden ir combinando instrumentos con fines diversos, el total de posibilidades es prácticamente infinito y, por ello, con un amplio campo todavía sin explorar. En segundo lugar, permite a los bancos ir ajustando sus propios riesgos a medida que suministra instrumentos o servicios a sus clientes.

Es esta interacción entre oferta y demanda la que mantiene el campo de la Ingeniería Financiera en continuo crecimiento, así la volatilidad de los tipos de cambio a partir de comienzos de los setenta fue lo que provocó el nacimiento de instrumentos como futuros, *swaps* y opciones sobre divisas. La volatilidad de los tipos de interés tuvo un efecto dinamizador similar, primero con la utilización de futuros y, posteriormente, la de *swaps* y opciones combinados en distintas formas. La volatilidad de los mercados de bienes físicos ha provocado la utilización de *swaps* ligados al oro y al petróleo. La inflación condujo a la creación de los mercados de índices y otros instrumentos derivados. De todo ello se puede deducir que la aparición de nuevas situaciones conducirá a la creación de nuevos instrumentos y combinaciones para hacerles frente, y todo ello, lógicamente, de la mano de la Ingeniería Financiera.

Un signo adicional del desarrollo de la Ingeniería Financiera lo proporciona el hecho de que la mayoría de instrumentos tienen aplicaciones que van más allá de aquellas para las que fueron concebidos.

No cabe duda que la evolución del sistema económico se encamina hacia un crecimiento del sector servicios y dentro de él el sistema financiero es uno de los más dinámicos y con mayores posibilidades de evolución. La Ingeniería Financiera está llamada a ser, dentro de este sector, el motor de gran parte de dicha evolución.

La competencia provocará formas de financiación cada vez más complejas, el desarrollo de nuevos productos y servicios, una pugna constante entre instituciones financieras y empresas para identificar operaciones de mayor beneficio y menor riesgo, con unos menores costes de transformación. A todo ello contribuirá el cada vez mayor grado de libertad en que se desenvuelve el sistema financiero, la agilización de las relaciones financieras con el apoyo informático, la internacionalización o globalización de las relaciones financieras y, sobre todo, la actitud creativa de los agentes financieros.

DE AQUI EN ADELANTE

La Ingeniería Financiera como tal es un campo muy nuevo, lo que hace que los libros publicados sobre el tema sean todavía bastante escasos y que sólo se pueda seguir su desarrollo a través de artículos, muchos de los cuales figuran en la bibliografía. Durante 1990 fue editado el que podríamos considerar como primer libro sobre este tema, que aunque compuesto en gran medida por artículos de sus autores (consúltese la bibliografía), es un libro imprescindible para todo estudioso de este tema. Nos estamos refiriendo al escrito por ECKL, S., ROBINSON, J., y THOMAS, D.: *Financial Engineering*, publicado por Basil BLACKWELL (Oxford). También de esa época es el libro de SMITH, Clifford, y SMITHSON, Charles: *The Handbook of Financial Engineering*, Harper & Row, 1990. Un año más tarde publicó el libro de Alain CHOINEL: *Introduction à l'Ingénierie Financière*, La Revue Banque, París, 1991. Muy recientemente se ha publicado el libro de Naru PAREKH: *Financial Engineering*, Euromoney. Londres, 1993.

Sobre el tema de la Financiación de Proyectos se aconseja consultar el ya clásico libro de Peter NEVITT (1989): *Project Financing*, publicado por Euromoney. O también el de Isabelle KAYALOFF (1988): *Export and Project Financing*, también publicado por Euromoney.

BIBLIOGRAFIA

BRADY, Simon: «Hedging is not only for the Big Boys». *Euromoney*. Suplemento de abril. 1989. Págs. 2-10.
BULLEN, H.; WILKINS, R., y WOODS, C.: «The Fundamental Financial Instrument Aproach». *Journal of Accountancy*. Noviembre 1989. Págs. 71-78.
CHASE MANHATTAN: «Guide to Financial Engineering». *Corporate Finance*. Abril 1988.
CHASE MANHATTAN: «Guide to Financial Innovation». *Corporate Finance*. Septiembre 1989. Págs. 33-40.
CHASE MANHATTAN: «The Chase Glossary of Risk Management». *Risk*. 1989.
CHASE MANHATTAN: «Guide to Financial Risk Management». Euromoney. Suplemento Especial. Abril 1989. Págs. 11-22.
CHOINEL, Alain: *Introduction a l'Ingenierie Financière*. La Revue Banque. París. 1991.
DESARBRES, Sébastien: «Les produits hybrides de couverture des risques de change». *La Revue Banque*. Febrero 1990. Págs. 169-172.
DÍEZ de CASTRO, Luis, y MASCAREÑAS, Juan: «Ingeniería Financiera: Estado de la Cuestión». *Actualidad Financiera* núm. 13. Septiembre. 1988. Págs. 1615-1636.
DÍEZ de CASTRO, Luis, y MASCAREÑAS, Juan: «Introducción a la Ingeniería Financiera». *Contabilidad. Teoría y Práctica*. Santiago de Chile. Enero-junio 1988. Págs. 306-315.
ECKL, S.; y ROBINSON, J. N.: «Some Issues in Corporate Hedging Policy». *Accounting and Business Research.*, núm. 80. 1990. Págs. 287-298.
ECKL, S.; y ROBINSON, J. N., y THOMAS, D.: *Financial Engineering*. Basil Blackwell. Oxford. 1990.
FINNERTY, John: «Financial Engineering in Corporate Finance: An Overview». *Financial Management*, vol. 17, núm. 4 (Winter). 1988. Págs. 14-33.

HESTON, Clark, y GREIFF, Gregory: «Defining the risk profile». Corporate Finance. Agosto 1990. Págs. 10-14.
HUDSON, Mike: «The value in going out». *Risk*, vol. 4, núm. 3. Marzo 1991.
KAYALOF, Isabelle: *Export and Project Finance*. Euromoney. Londres. 1988.
KELLER, Paul: «The rocket men are still at work». Euromoney. Septiembre 1989. Págs. 148-158.
LEE, Peter: «Off with their legs». Corporate Finance. Septiembre 1988. Págs. 186-202.
LESSARD, Donald, y Lightstone, John: «Volatile Exchange Rates Can Put Operations at Risk» *Harvard Business Review*, vol. 64, núm. 4. Julio-Agosto 1986.
NEVITT, Peter: *Project Financing*. Euromoney. 1989.
PAREKH, Naru: *Financial Engineering*. Euromoney. Londres. 1993.
PUTNAM, Bluford: «Managing Interest Rate Risk; An Introduction to Financial Futures and Options». STERN y CHEW (Eds.): *The Revolution in Corporate Finance*. Blackwell. Oxford. 1987. Págs. 239-251.
RANDHAWA, Harpal: «Engineering Added Value». *Accountancy*. Octubre 1989. Págs. 83-87.
ROBINSON, Nick: «Toy-time in the markets». *The Banker*. Mayo 1988. Págs. 56-58.
SMITH, Clifford, y SMITHSON, Charles: *The Handbook of Financial Engineering*. Harper & Row. 1990.
VASSEUR, Michel: «L'Ingénierie Financière (I). Description». *La Revue Banque*, núm. 501. Enero 1990. Págs. 7-14.
VASSEUR, Michel: «L'Ingénierie Financière (II). Le point de vue juridique». *La Revue Banque*, núm. 502. Febrero 1990. Págs. 116-128.

Bibliografía general

ABASCAL, Santos: «El FRA de plazo fijo: La opción de liquidez». *Inversión y Finanzas*. Enero 1989. Págs. 12-13.
ADELL, Ramón: «Los mercados de futuros financieros: El análisis de la evolución de la base». *Actualidad Financiera*, núm. 36. Octubre 1989. Págs. 2400-2414.
ADELL, Ramón, y KETTERER, Joan: *La Gestión de Tesorería con Futuros Financieros*. Gestió 2000. Barcelona 1991.
AGGARWAL, Arun: «The ECU: A real asset?». *Accountancy*. Agosto 1989. Págs. 70-71.
AGGARWAL, Raj: «True cost of default». *Corporate Finance*. Febrero 1991. Págs. 12-13.
AGLIETTA, M., y GHYMERS, C.: *L'integration monetaire en Europe*. Recherches Economiques de Louvain, vol. 59 (1-2). Lovaina. 1993.
ALEXANDER, Gordon, y SHARPE, William: *Investments*. Prentice Hall. Englewood Cliffs (NJ). 1990.
ALEXANDER, Gordon, y SHARPE, William: *Fundamentals of Investments*. Prentice Hall. Englewood Cliffs (NJ). 1990.
ALIBER, R.: *Riesgo de cambio y financiación en la empresa*. Pirámide. Madrid. 1983.
ANASTASSIADES, Michel, y PARANT, Philippe: *Les Swaps*. Eska. París. 1990.
ANTL, Boris (ed.): *Management of Interest Rate Risk*. Euromoney. Londres. 1988.
ANTL, Boris (ed.): *Swap Finance Service*. Euromoney. Londres. 1987.
ANTL, Boris: «Soft approach to interest-rate exposure». *Corporate Finance*. Marzo 1989. Págs. 48-53.
ANTL, Boris: «Software solutions for forex risk management». *Corporate Finance*. Febrero 1989. Págs. 47-58.
ARAGONÉS, José R.: *Economía Financiera Internacional*. Pirámide. Madrid. 1990.
ARAGONÉS, José: «Swaps, Caps, Floors y Swaptions». *Actualidad Financiera*, núm. 8. Febrero 1989. Págs. 551-558.
ARELLANO, Ignacio: «Cómo hacer frente a los riesgos de futuros financieros». *Estrategia Financiera*, núm. 48. 1990, págs. 51-56, y núm. 49, págs. 53-64.
ASOCIACIÓN PARA LA UNIÓN MONETARIA EUROPEA: *El ECU para la Europa de 1992*. París. 1989.
AUGROS, Jean: *Les Options surs Taux d'Intérêt*. Economica. París. 1989.
BAYLEY, W., y STULZ, R.: «The pricing of stock index options in a general equilibrium model». *Journal of Financial of Quantitative Analysis*, núm. 24. 1989. Págs. 1-12.

BALL, Colin, e IRELAND, Louise: «Swap unwinds: what are they worth?». *Corporate Finance.* Enero 1989. Págs. 15-17.
BALLADUR, Eduard: «La reconstrucción del sistema monetario internacional: Tres enfoques alternativos». *ICE*, núm. 2.126. 1988. Págs. 1065-1067.
BALLARAT, Luis: «Futuros: La predicción de los tipos de interés». *Estrategia Financiera.* Enero 1989. Págs. 39-45.
BALLARAT, Luis: «Los contratos de futuros como gestión del riesgo de interés (1)». *Estrategia Financiera.* Diciembre 1988. Págs. 9-15.
BALLARAT, Luis: «Los contratos de futuros como gestión del riesgo de interés (2)». *Estrategia Financiera.* Enero 1989. Págs. 39-45.
BARDWELL, Tim, e IRELAND, Louise: «SWAPS: Checklist». *Corporate Finance.* Mayo 1988. Págs. 21-25.
BARENBLAT, J., y MEALER, D.: *Stock Index Options.* Probus. Chicago. 1992.
BEAUFILS, Bernard, *et al.*: «La Banque et les Nouveaux Instruments Financiers». *La Revue Banque.* Lyon. 1986.
BELIN, Eugene: «Hedging a foreign currency portfolio». *Global Investor.* Septiembre 1988. Págs. 61-65.
BIERMAN, Harold: «The Debt-Equity Swap». En STERN y CHEW (eds.): *The Revolution in Corporate Finance.* Blackwell. Oxford. 1987. Págs. 119-123.
BIGER, N., y HULL, J.: «The valuation of currency options». *Financial Management*, núm. 12. 1983. Págs. 24-28.
BLACK, Fischer, y JONES, R.: «Simplifying Portfolio Insurance». *Journal of Portfolio Management*, núm. 14. 1987. Págs. 48-51.
BLACK, Fischer: «Cómo obtuvimos la fórmula para valorar opciones». *Análisis Financiero*, núm. 53. 1991. Págs. 12-16.
BLACK, Fischer, y SCHOLES, Myron: «The Pricing of Options and Corporate Liabilities». *Journal of Political Economy*, núm. 81. Mayo-junio 1973. Págs. 637-659. Existe traducción en castellano: «Valoración de Opciones y de Pasivos de una Empresa». *Análisis Financiero*, núm. 53. 1991. Págs. 18-27.
BLACK, Fischer; DERMAN, Emmanuel, y TOY, William: «A One-Factor Model of Interest Rates and Its Application to Treasury Bond Options». *Financial Analysts Journal.* Enero-febrero 1990. Págs. 33-39.
BLACK, Fischer: «Living up to Model». *Risk*, núm. 3. Marzo 1990. Págs. 11-13.
BLACK, Fischer, y SCHOLES, Myron: «The Pricing of Options and Corporate Liabilities». *Journal of Political Economy.* Mayo-junio 1973. Págs. 637-659.
BODIE, Zvi; KANE, Alex, y MARCUS, Alan: *Investments.* Irwin. Homewood (Il.). 1993.
BOOKSTABER, R., y LANGSAM, J.: «Portfolio Insurance Trading Rules». *Journal of Future Markets*, núm. 8. 1988. Págs. 15-32.
BOOKSTABER, Richard, y CLARKE, Roger: «Problemas para valorar la rentabilidad de carteras con opciones». *Análisis Financiero*, núm. 53. 1991. Págs. 36-51.
BOOKSTABER, Richard: *Option Pricing and Strategies in Investing.* Addison Wesley. Reading (Mass.). 1981.
BORREL, Máximo, y ROA, Alfonso: *Los Mercados de Futuros Financieros.* Barcelona. Ariel. 1990.
BOWE, Michael: *Eurobonds.* Dow Jones-Irwin. Homewood (Ill.). 1988.
BRADY, Simon: «Hedging is not only for the Big Boys». *Euromoney.* Suplemento de abril. 1989. Págs. 2-10.
BRADY, Simon: «When the swap meets the option». *Euromoney Special Supplement.* Abril 1989. Págs. 26-43.

BREALEY, Richard, y MYERS, Stewart: *Fundamentos de Financiación Empresarial.* McGraw Hill. Madrid. 1993.
BRENAN, R., y SOLANKI, R.: «Optimal Portfolio Insurance». *Journal of Financial and Quantitative Analysis*, núm. 16. 1981. Págs. 279-300.
BRENNER, M.; COURTADON, G., y SUBRAMANYAM, M.: «The valuation of index options». *Joint AMEX/SOFFEX Seminar.* Zurich. 1987.
BRIGHAM, Eugene, y GAPENSKI, Louis: *Financial Management.* The Dryden Press. Nueva York. 1988.
BUCKLEY, Adrian: *Multinational Finance.* Philip Alan. 1986.
BUCKLEY, Adrian: *The Essence of International Money.* Prentice Hall. Hemel Hempstead (GB). 1990.
BULLEN, H.; WILKINS, R., y WOODS, C.: «The Fundamental Financial Instrument Approach». *Journal of Accountancy.* Noviembre 1989. Págs. 71-78.
BURTON, Jonathan: «Back to nature - The financial way». *The Banker.* Diciembre 1988. Págs. 22-25.
CARVERHILL, A., y CLEWLOW, L.: «Valuing average rate options». *Risk*, núm. 3. 1990. Págs. 25-29.
CASANOVAS, Montserrat: *Opciones Financieras.* Pirámide. Madrid. 1992.
CASILDA BÉJAR, R.: «El Plan Brady y los acuerdos de negociación de México, Filipinas y Costa Rica». *Boletín Información Comercial Española*, Madrid, 29 abril/5 mayo 1991.
CASILDA, R., y PÉREZ, M.: «Los convenios de tipos de interés futuros (FRAs)». *Análisis Financiero*, núm. 45. Julio 1988. Págs. 25 y ss.
CASILDA, Ramón: «La conversión de la deuda externa en capital: Análisis de sus consecuencias». *Análisis Financiero*, núm. 47. Marzo 1989. Págs. 29-36.
CAVALLA, N. M.: *Handbook of Traded Options.* MacMillan. Londres. 1989.
CELEBUSKI, Matthew; HILL, Joanne, y KILGANNON, John: «Managing Currency Exposures in International Portfolios». *Financial Analysts Journal.* Enero-febrero 1990. Págs. 16-23.
CENTELLES, Fernando: «Ventajas de un Mercado Organizado de Opciones». *Estrategia Financiera.* Marzo 1990.
COLEMAN, Thomas: «Comment utiliser le future sur le T-Bond». *La Revue Banque*, núm. 494. Mayo 1989. Págs. 513-516.
CONNOLLY, M.: *The International Monetary System: Choices of the Future.* Praeger. 1982.
COOPER, John: «Swapping LDC Debt». *Management Accounting.* Octubre 1989. Págs. 28-30.
COOPER, Ron: «They're teaching the old swap new tricks». *Euromoney.* Abril 1989. Págs. 43-54.
COOPERS & LYBRAND: «A Guide to Financial Investments». *Euromoney.* Londres. 1987.
CORNELL, Bradford, y SHAPIRO, Alan: «Managing Foreing Exchange Risks». En STERN y CHEW (eds.): *New Developments in International Finance.* Blackwell. Oxford. 1988. Págs. 44-59.
CORNELL, Bradford: «The Future of the Floating Rate Bonds». En STERN y CHEW (eds.): *The Revolution in Corporate Finance.* Blackwell. Oxford. 1987. Págs. 172-177.
COSTA, Luis, y FONT, Montserrat: *Commodities. Mercados Financieros sobre Materias Primas.* ESIC. Madrid. 1993.
COSTA, Luis, y FONT, Montserrat: *Nuevos Instrumentos Financieros.* ESIC. Madrid. 1992.

COURTADON, Georges, y MERRICK, John: «The Options Pricing Model and the Valuation of the Corporate Securities». En STERN y CHEW (eds.): *The Revolution in Corporate Finance*. Basil Blackwell. Oxford. 1987. Págs. 197-212.
COX, Andrew: «Realising the true value of the FXA». *Corporate Finance*. Noviembre 1990. Pág. 48.
COX, J., y RUBINSTEIN, M.: *Options Markets*. Prentice Hall. Englewood Cliffs (NJ). 1985.
COX, J.; ROSS, S., y RUBINSTEIN, M.: «Options pricing: A simplified approach». *Journal of Financial Economics*, núm. 7. 1979. Págs. 229-263.
CHASE MANHATTAN: «Guide to Financial Engineering». *Corporate Finance*. Abril 1988.
CHASE MANHATTAN: «Guide to Financial Innovation». *Corporate Finance*. Septiembre 1989. Págs. 33-40.
CHASE MANHATTAN: «Guide to Financial Risk Management». *Euromoney*. Suplemento Especial. Abril 1989. Págs. 11-22.
CHASE MANHATTAN: «The Chase Glossary of Risk Management». *Risk*. 1989.
CHEW, Lillian: «Strip Mining». *Risk*, vol. 4, núm. 2. Febrero 1991.
CHOINEL, Alain: «Introduction a l'Ingénierie Financière». *La Revue Banque*. París. 1991.
DAS, Dilip (ed.): *International Finance*. Routledge. Nueva York. 1993.
DAS, Satayajit: «Swap strategies in the new climate». *Corporate Finance* (agosto). 1989. Págs. 12-13.
DAS, Satayajit: *Swap Financing*. IFR Publishing. Londres. 1989.
DEHAPIOT, Tanguy, y MANCHET, Stéphane: «Mode de volatilité aléatoire et prix des options». *Finance*, vol. 10, núm. 2. 1989. Págs. 7-25.
DESARBRES, Sébastien, y DELOUYA, Michel: «Les lookback options sur devises». *La Revue Banque*. núm. 508. Septiembre 1990. Págs. 844-848.
DESARBRES, Sébastien: «Les produits hybrides de couverture des risques de change». *La Revue Banque*, núm. 502. Febrero 1990. Págs. 169-172.
DICKINS, Paul: «The Rating Game». *Corporate Finance*. Febrero 1989. Págs. 44-46.
DICKINS, Paul: «Yankee Bonds Dandy!». *Corporate Finance*. Marzo 1989. Págs. 45-47.
DICKINS, Paul: «A big future for FXA business». *Corporate Finance*. Mayo 1988. Págs. 16-18.
DICKINS, Paul: «Futures & Options: When the growing gets tough». *Corporate Finance Supplement*. Londres. Marzo 1988. Págs. 1-32.
DÍEZ DE CASTRO, Luis, y MASCAREÑAS, Juan: «Operaciones de permuta financiera: Swaps». *Actualidad Financiera*, núm. 30. Julio 1989. Págs. 1973-2012.
DÍEZ DE CASTRO, Luis, y MASCAREÑAS, Juan: «Contrato sobre tipos de interés futuros (FRA) y contrato sobre tipos de cambio futuros (FXA)». *Actualidad Financiera*, núm. 27. 1989. Págs. 1793-1811.
DÍEZ DE CASTRO, Luis, y MASCAREÑAS, Juan: «Ingeniería Financiera: Estado de la Cuestión». *Actualidad Financiera*, núm. 13. Septiembre 1988. Págs. 1615-1636.
DÍEZ DE CASTRO, Luis, y MASCAREÑAS, Juan: «Introducción a la Ingeniería Financiera». *Contabilidad. Teoría y Práctica*. Santiago de Chile. Enero-junio 1988. Págs. 306-315.
DUFEY, Gunter: «International Capital Markets: Structure and Response in an area of Instability». *Sloan Management Review*. Primavera 1981. Págs. 35-45.
DUFLOUX, Claude, y MARGULICI, Laurent: «A propos des euro-crédits». *La Revue Banque*, núms. 403 a 411. 1981.
DUYE, François, y EL AMM, Habib: «Caps et Floors». *La Revue Banque*, núm. 8. Septiembre 1990. Págs. 838-843.

Bibliografía general 453

ECKL, S., y ROBINSON, J. N.: «Some Issues in Corporate Hedging Policy». *Accounting and Business Research*, núm. 80. 1990. Págs. 287-298.
ECKL, S.; ROBINSON, J., y THOMAS, D.: *Financial Engineering*. Basil Blackwell. Londres, 1990.
EITEMAN, D., y STONEHILL, A.: *Las Finanzas de las Empresas Multinacionales*. Addison-Wesley. Willmington. 1992.
EL KAROUI, Nicole, y GEMAN, Hélyette: «Note worthy». *Risk*, vol. 4, núm. 3. Marzo 1991. Págs. 58-60.
ELTON, Edwin, y GRUBER, Martin: *Modern Portfolio Theory and Investment Analysys*. John Wiley. Nueva York. 1991.
EMERY, Douglas, y FINNERTY, John: *Principles of Finance*. West Pub. Saint Paul (MN). 1991.
EUROMONEY: «Futures and Options». *Euromoney Supplement*. Londres. Julio 1989.
EUROMONEY: «Special IMF/World Bank issue». *Euromoney*. Septiembre 1993.
EVNINE, J., y RUDD, A.: «Index options: The early evidence». *Journal of Finance*. Julio 1985. Págs. 743-756.
FEIGER, G., y JACQUILLAT, B.: *International Finance: Text and Cases*. Allyn and Bacon. Boston. 1982.
FERNÁNDEZ BLANCO, Matilde (ed.): *Opciones: Activos, Mercados y Valoración*. Instituto Español de Analistas de Inversiones. Madrid. 1991.
FERNÁNDEZ, Pablo: *Opciones y Valoración de Instrumentos Financieros*. Deusto. Bilbao. 1991.
FERNÁNDEZ, Pablo: «Utilización de la fórmula de Black y Scholes». *Análisis Financiero*, núm. 53. 1991. Págs. 28-35.
FERNÁNDEZ, Pablo: «Valoración y ejercicio anticipado de la put americana». *Análisis Financiero*, núm. 53. 1991. Págs. 66-70.
FINK, Robert, y FEDUNIAK, Robert: *Future Trading. Concepts and Strategies*. New York Institute of Finance. Nueva York. 1988.
FINNERTY, John: «Financial Engineering in Corporate Finance: An Overview». *Financial Management*, vol. 17, núm. 4. Invierno 1988. Págs. 14-33.
FISHER III, Frederick: «Eurobonds». *Euromoney*. Londres, 1987.
FITZGERALD, Desmond: «Financial Futures». *Euromoney*. Londres, 1987.
FITZGERALD, Desmond: «Financial Options». *Euromoney*. Londres, 1987.
FOLKERTS-LANDAU, D.: «La gestión del riesgo del tipo de interés en PMA». *Finanzas y Desarrollo*, vol. 26, núm. 2. Ed. FMI-BM. Washington. Junio 1989.
FOLKERTS-LANDAU, D.: «Market-to-market swaps». *Analytical Issues in Debt*. Ed. FMI. Washington. 1989.
FONT VILALTA, Montserrat: «Innovaciones e hibridajes en los instrumentos a tipo variable utilizados en la gestión financiera de la empresa». *Actualidad Financiera*, núm. 28. 1989. Págs. 1880-1892.
FONT VILALTA, Montserrat: «Nuevas técnicas financieras: Operaciones SWAP». *Esic-Market*. Enero-marzo 1987. Págs. 151-175.
FONT VILALTA, Montserrat: «Nuevos instrumentos para la gestión financiera de la empresa». *Empresa y Sociedad*, núms. 5-6. 1989. Págs. 56-65.
FRANCIS, Jack, y TAYLOR, Richard: *Theory and Problems of Investments*. McGraw Hill. Nueva York. 1992.
FRANCIS, Jack: *Management of Investments*. McGraw Hill. Nueva York. 1988.
FREIXAS, Xavier: *Futuros Financieros*. Alianza. Madrid, 1990.

FULLER, R., y FARRELL, J.: *Modern Investments and Security Analysis*. McGraw Hill. Singapur. 1987.
GAJDECZKA, P., y STONE, M.: «El mercado secundario para los préstamos de los países en desarrollo». *Finanzas y Desarrollo*. Ed. FMI-BM. Washington. Diciembre 1990.
GARMAN, M.: «Recollection in tranquillity». *Risk*, núm. 2. 1989. Págs. 16-19.
GARMAN, M., y KOHLHAGEN, S.: «Foreign currency option values». *Journal of International Money and Finance*. 1983. Págs. 231-237.
GEMMILL, Gordon: «A primer on the pricing of options on currencies and short-term interest rates». *Investment Analyst*, núm. 81. 1986. Págs. 16-22.
GEMMILL, Gordon: *Options Pricing*. McGraw Hill. Londres. 1993.
GIAVAZZI, Francesco y GIOVANNINI, Alberto: «Modèles du SME: l'Europe n'est-elle qu'une zone deutsche mark?». *Revue Economique*, núm. 3. Mayo 1988. Págs. 641-666.
GIDDY, Ian: «The Foreign Exchange Option as a Hedging Tool». En STERN y CHEW (eds.): *New Developments in International Finance*. Oxford. 1988. Págs. 83-94.
GIL GARCÍA, Elena: «Relaciones básicas entre opciones financieras». *Actualidad Financiera*, núm. 38. 1990. Págs. 2297-2336.
GÓMEZ SALA, Juan, y MARHUENDA, Joaquín: «Cobertura del riesgo de cambio en el mercado español de opciones sobre divisas». *Análisis Financiero*, núm. 46. Noviembre 1988. Págs. 23-33.
GÓMEZ SALA, Juan, y MARHUENDA, Joaquín: «Los contratos de opciones negociables». *Actualidad Financiera*, núm. 30. Julio 1988. Págs. 1447-1462.
GÓMEZ-REY, E.: *Créditos y Préstamos Internacionales*. Ediciones del Foro. Madrid. 1982.
GONZÁLEZ, Sara, y MASCAREÑAS, Juan: *El Sistema Monetario Europeo*. Eudema. Madrid. 1993.
GOODHART, William: «Enter the Matador». *Global Investor*. Junio 1990. Págs. 25-27.
GRABBE, J.: *International Financial Markets*. Elsevier. Nueva York. 1986.
GRUSON, Pierre: *Les Taux d'Intérêt*. Dunod. París. 1992.
GUP, Benton, y BROOKS, Robert: *Interest Rate Risk Management*. Probus. Chicago (Ill.). 1993.
GUP, Brenton, y BROOKS, Robert: *Interest Rate Risk*. Probus. Chicago (Ill.). 1993.
HARDWICK, Julien: «Future Futures». *Global Investor*. Julio/agosto 1990. Págs. 36-39.
HARDWICK, Julien: «Swaps: asset or liability for the fund manager». *Global Investor*. Octubre 1990. Págs. 33-38.
HAUGEN, Robert: *Modern Investment Theory*. Prentice Hall. Englewood Cliffs (NJ). 1990.
HEATH, D., y JARROW, R.: «Ex-dividend stock price behaviour and arbitrage opportunities». *Journal of Business*, núm. 61. 1988. Págs. 95-108.
HELLER, Lucy: «Euro-Commercial Paper». *Euromoney*. Londres. 1987.
HENDERSON, Schuyler: «Should swap termination payments be one-way or two-way?». *International Financial Law Review*. Octubre 1990. Págs. 27-32.
HESTON, Clark, y GREIFF, Gregory: «Defining the risk profile». *Corporate Finance*. Agosto 1990. Págs. 10-14.
HEYMAN, Tim, y GOLDMAN, Stephen: «The Casino Mentality». *Global Investor*. Mayo 1989. Págs. 105-112.
HUDSON, Mike: «The value in going out». *Risk*, vol. 4, núm. 3. Marzo 1991.
HULL, John, y WHITE, Alan: «Root and Branch». *Risk*, núm. 8. Septiembre 1990.

HULL, J., y WHITE, A.: «The pricing of options on assets with stochastic volatilities». *Journal of Finance*, núm. 42. 1987. Págs. 281-300.
HULL, John: *Options, Futures and other derivative securities*. Prentice Hall. Englewood Cliffs (NJ). 1988.
ICE: «Significado y evolución del Derecho Especial de Giro». *Boletín Económico de Información Comercial Española*, núm. 2303. Págs. 3797-3800.
IEE: «Nuevos Productos Financieros». *Revista del Instituto de Estudios Económicos*, núm. 2. 1986.
INVERSIÓN Y FINANZAS: «Alternativa para cubrir posiciones». *Inversión y Finanzas*. Abril 1989. Págs. 16-22.
IRELAND, Louise: «Call of the swaption market». *Corporate Finance*. Julio 1988. Págs. 38-41.
IRELAND, Louise: «Counting on your counterparty». *Corporate Finance*. Marzo 1989. Págs. 31-35.
IRELAND, Louise: «Dollar caps set to top swaps market». *Corporate Finance*. Julio 1988. Págs. 36-38.
IRELAND, Louise: «Hedging down to the fundamentals». *Corporate Finance*. Octubre 1989. Págs. 11-15.
IRELAND, Louise: «Pioneers of Portfolio Policy». *Corporate Finance*. Julio 1989. Págs. 39-41.
IRELAND, Louise: «Spread-locks: safe combinations». *Corporate Finance*. Julio 1989. Págs. 11-13.
JONES, Morven, y PERRY, Simon: «How to hedge a reverse floater». *Corporate Finance*. Septiembre 1990. Págs. 47-48.
JUNQUERA, Mónica: «El papel del ECU en el SME». *ICE*, núm. 2.014. 1985. Págs. 4196-4197.
KAYALOFF, Isabelle: «Export and Project Finance». *Euromoney*. Londres. 1988.
KELLER, Paul: «The rocket men are still at work». *Euromoney*. Septiembre 1989. Págs. 148-158.
KEMNA, A., y VORST, T.: «A pricing method for options based on average asset values». *Journal of Banking and Finance*, núm. 14. 1990. Págs. 113-129.
KESSLER, Guillermo: «La peseta en el Sistema Monetario Europeo. Algunas consideraciones». *ICE*. Febrero 1987. Págs. 7-28.
KOLB, R.: *Options. An Introduction*. Kolb Publishing. Miami. 1991.
KVASNICKA, J.: *Readings in International Finance*. Federal Reserve Bank of Chicago. 1987.
LA CLAVIÈRE, Bertrand: «Se protéger contre une remontée des taux d'interêt (III): Swaps et Futures». *La Revue Banque*, núm. 492. Marzo 1989. Págs. 301-310.
LABUSZEWSKI, John, y NYHOFF, John: *Trading Financial Futures: Markets, Methods, Strategies and Tactics*. John Wiley. Nueva York. 1988.
LABUSZEWSKI, John, y NYHOFF, John: *Trading Options on Futures: Markets, Methods, Strategies and Tactics*. John Wiley. Nueva York. 1988.
LAMOTHE, Prosper: *Opciones Financieras*. McGraw Hill. Madrid. 1993.
LAMOTHE, Prosper: «Síntesis de los Contratos de Futuros sobre Indices Bursátiles». *Estrategia Financiera*, núm. 56. Octubre 1990. Págs. 22-25.
LAYARD-LIESCHING, Ronald: «More power to your portfolio». *Global Investor*. Julio-agosto 1989. Págs. 54-57.
LEE, Peter: «Off with their legs». *Corporate Finance*. Septiembre 1988. Págs. 186-202.

LEHMAN BROTHERS: «Guide to Swaps and Derivative Products». *Euromoney Supplement.* Noviembre 1990. Págs. 43-46.
LEONG, Kenneth: «The Emperor's New Clothes». *Risk*, núm. 8. Septiembre 1990.
LEROUX, François, y ALBOUY, Michel: «Les paniers monetaires optimaux et la réduction du risque de change». *Finance*, vol. 3, núms. 2-3. 1982. Págs. 241-261.
LESSARD, Donald y LIGHTSTONE, John: «Volatile Exchange Rates Can Put Operations at Risk». *Harvard Business Review*, vol. 64, núm. 4. Julio-agosto 1986.
LEVI, M.: *International Finance.* McGraw Hill. Nueva York. 1990.
LOFTON, Todd: *Getting Started in Futures.* John Wiley & Sons. Nueva York. 1989.
LOOSIGIAN, Allan: *Stock Index Futures. Buying and Selling the Market Averages.* Addison-Wesley Pub. Reading (Mass.). 1985.
LÓPEZ PASCUAL, Joaquín: «El mercado de bonos matador». *Actualidad Financiera*, núm. 23. 1991. Págs. 410-419.
LÓPEZ PASCUAL, Joaquín: «El rating: un indicador de referencia para el inversor particular susceptible de aplicación a otros productos financieros». *Actualidad Financiera*, núm. 25. Junio 1993.
LÓPEZ PASCUAL, Joaquín: «Las agencias de rating y el significado de sus calificaciones». *Actualidad Financiera*, núm. 38. Octubre 1993.
LÓPEZ PASCUAL, Joaquín: «Los préstamos sindicados». *Actualidad Financiera*, núm. 9. 1993. Págs. 135-142.
LORD, Timothy, y LEE, Vivian: «Briefing». *Euromoney.* 1989. Págs. 86-88.
LUDWIG, Mary: *Understanding Interest Rate Swap.* McGraw Hill. Nueva York. 1992.
MACWILLIAMS, Katie, e IRELAND, Louise: «OTC Options Checklist». *Corporate Finance.* Agosto 1988. Págs. 58-61.
MAINS, Norman: «Using Eurodollar Futures and Options». *Institute Financial Futures and Options* (Drexel Burnham Lambert). 9 de junio de 1986.
MARGRABE, W.: «The value of an option to exchange one asset for another». *Journal of Finance*, núm. 33. 1978. Págs. 177-186.
MARTÍN, José L.: «La Cobertura de los Riesgos de Tipo de Interés Mediante el Mercado de Futuros». *Actualidad Financiera*, núm. 12. 1989. Págs. 859-871.
MARTÍNEZ ABASCAL, Eduardo: *Futuros y Opciones en la Gestión de Carteras.* McGraw Hill. Madrid, 1993.
MASCAREÑAS, Juan: «La Estructura Temporal de los Tipos de Interés». *Actualidad Financiera*, núm. 19. Mayo 1991.
MASCAREÑAS, Juan: «La Gestión de Carteras de Renta Fija (II): Duración y Convexidad». *Actualidad Financiera*, núm. 20. Mayo 1991.
MASCAREÑAS, Juan: «La Gestión de Carteras de Renta Fija (I): El Cálculo del Rendimiento». *Actualidad Financiera*, núm. 20. Mayo 1991.
McMILLAN, Lawrence: *Options as a Strategic Investment.* New York Institute of Finance. Nueva York. 1986.
MEFF: *Mibor-90.* MEFFSA. Barcelona. 1990.
MERTON, Robert: «Theory of Rational Option Pricing». *Bell Journal of Economics and Management Science*, núm. 4. 1973. Págs. 141-183.
METCALFE, Richard: «Out of the shadows». *Risk*, vol. 3, núm. 9. Octubre 1990. Págs. 40-42.
MINGUET, Albert: *Les Techniques de Gestion du Risque d'Intérêt.* PUF. París. 1993.
MISKOVIC, Maureen: *Futures and Options: A Practical Guide for Institutional Investors.* Longman. Londres. 1989.

Mouy, Stéphane: «Contrat Cadre de Swap et Ratio de Solvabilité». *La Revue Banque*, núm. 499. Noviembre 1989. Págs. 1048-1053.
Muns, Joaquín: *Crisis y Reforma del Sistema Monetario Internacional*. Instituto de Estudios Fiscales. Madrid. 1978.
Natemberg, S.: *Option Volatility and Pricing Strategies*. Probus. Chicago. 1988.
Nevitt, Peter: «Project Financing». *Euromoney*. 1989.
Ontiveros, Emilio, y otros: *Mercados Financieros Internacionales*. España Calpe. Madrid. 1991.
Options Development Group: *Introduction to Traded Options*. Scimitar Press. Londres. 1987.
Options Development Group: *The Currency Options*. Scimitar Press. Londres. 1987.
Options Development Group: *The Index Options*. Scimitar Press. Londres, 1987.
Options Development Group: *Traded Put Options*. Scimitar Press. Londres, 1987.
Parekh, Naru: «Financial Engineering». *Euromoney*. Londres. 1993.
Partridge-Hicks, Stephen, y Hartland-Swann, Piers: «Synthetic Securities». *Euromoney*. Londres, 1988.
Pedraja, Pedro: «La Contabilización de Futuros Financieros por las Entidades de Depósito». *Actualidad Financiera*, núm. 2. Enero 1990. Págs. 101-119.
Pérez-Campanero, J.: *El Sistema Monetario Europeo y el ECU*. FEDEA. Madrid. 1990.
Perold, A., y Sharpe, William: «Dynamic Strategies for Asset Allocation». *Financial Analysts Journal*. Enero-febrero 1988. Págs. 16-27.
Peyrard, Josette: *Risque de Change*. Vuibert Gestion. París. 1986.
Pretus, Enrique: «El rating. Su aplicación en las entidades financieras». *Actualidad Financiera*, núm. 10. Marzo 1993. Págs. 71-89.
Putnam, Bluford: «Managing Interest Rate Risk: An Introduction to Financial Futures and Options». En Stern y Chew (eds.): *The Revolution in Corporate Finance*. Basil Blackwell. Oxford. 1987. Págs. 239-251.
Randhawa, Harpal: «Engineering Added Value». *Accountancy*. Octubre 1989. Págs. 83-87.
Redhead, Keith, y Hughes, Steward: *Financial Risk Management*. Gower Pub. Aldershot (GB). 1988.
Redhead, Keith: *Introduction to Financial Futures and Options*. Woodhead-Faulkner. Londres. 1990.
Reynes Pascual, A.: «Plan Brady para México: Valoración y perspectivas». *Boletín Información Comercial Española*. Madrid. 11/17 junio 1990.
Riehl, H., y Rodríguez, R.: *Mercados de Divisas y Mercados de Dinero*. Interamericana. Madrid. 1985.
Roa, Alfonso: «Funcionamiento del contrato Mibor a 90 días». *Estrategia Financiera*, núm. 56. Octubre 1990. Págs. 16-21.
Roa, Alfonso: «Guía Práctica de las Opciones (II)». *Estrategia Financiera*. Diciembre 1990.
Robinson, Nick: «The merely cosmetic vallue of reset swaps». *Corporate Finance*. Septiembre 1988. Págs. 16-18.
Robinson, Nick: «Toy-time in the markets». *The Banker*. Mayo 1988. Págs. 56-58.
Rodríguez Tamayo, Pedro: «Swaps». *Boletín de Estudios Económicos*, núm. 132. Diciembre 1987. Págs. 499-521.
Rodríguez, Carlos: «FRA: Combatir la incertidumbre de tipos de interés». *Inversión y Finanzas*. Noviembre 1988. Págs. 36-37.

ROMBACH, Edward: «Not so Perfect». *Risk*, vol. 3, núm. 9. Octubre 1990.
ROSS, Stephen: «The Arbitrage Theory of Capital Asset Pricing». *Journal of Economic Theory*, núm. 13. Diciembre 1976. Págs. 341-360.
ROTHSTEIN, N.: *The Handbook of Financial Futures*. McGraw Hill. Illinois. 1988.
RUBINSTEIN, N.: «One for another». *Risk*, núm. 4. 1991. Págs. 30-32.
RUTTERFORD, Janette: *Introduction to Stock Exchange Investment*. MacMillan Press. Londres. 1983.
RUTTIENS, Alain: «Classical Replica». *Risk*. Febrero 1990.
SANCHÍS, Manuel: «Los mecanismos de funcionamiento del Sistema Monetario Europeo». *ICE*, núm. 2.014. 1985. Págs. 4.189-4.195.
SCHMITT, Bernard: *El ECU y las soberanías nacionales en Europa*. Paraninfo. Madrid. 1990.
SCHWARZ, E.; HILL, J., y SCHNEEWEIS, T.: *Financial Futures*. Dow Jones-Irwing. Homewood (Ill.). 1986.
SHANAHAN, Terence: «Horses for Courses». *Risk*, vol. 3, núm. 3. Marzo 1990. Págs. 62-64.
SHANAHAN, Terence: «Locking up the Treasury». *Risk*, vol. 3, núm. 2. Febrero 1990.
SHANAHAN, Terry, y DURRANT, Jim: «Driving Factors». *Risk*, vol. 3, núm. 10. Noviembre 1990. Págs. 14-18.
SHAPIRO, Alan: «International Capital Budgeting». En STERN y CHEW (eds.): *New Developments in International Finance*. Blackwell. Oxford. 1988. Págs. 165-180.
SHEARSON LEHMAN HUTTON: *The Debt-Equity Swaps Handbook*. Business Int. Co. Nueva York. Noviembre 1988.
SHERRED, Katrina (ed.): *Equity Markets and Valuation Methods*. The Institute of Chartered Financial Analysis. San Francisco (Cal.). 1987.
SHIRREF, David: «Dealing with Default». *Risk*, vol. 4, núm. 3. Marzo 1991. Págs. 19-23.
SHIRREF, David: «Not so sexy». *Risk*, vol. 3, núm. 6. Junio 1990. Págs. 26-29.
SIMON, Yves: *Finance Internationale. Questions et exercices corrigés*. Economica. París, 1992.
SIMON, Yves: *Techniques Financières Internationales*. Economica. París. 1986.
SMITH, Clifford, y SMITHSON, Charles: *The Handbook of Financial Engineering*. Harper & Row. 1990.
SMITH, Clifford; SMITHSON, Charles, y WAKEMAN, L.: «The Evolving Market for Swaps». En STERN y CHEW (eds.): *The Revolution in Corporate Finance*. Oxford. 1987. Págs. 252-264.
SMITH, Courtney: *Option Strategies*. John Wiley. Nueva York. 1988.
SMITH, David: «By the bootstraps». *Risk*, vol. 3, núm. 4. Junio 1990. Págs. 40-42.
SOLDEVILLA, Emilio: «Las Opciones Bursátiles». *Situación*, núm. 2. 1989. Págs. 5-73.
SOLNIK, Bruno: *Inversiones Internacionales*. Addison Wesley Iberoamericana. Wilmington (Del.). 1993.
SOLOMON, Robert: *The International Monetary System, 1945-1981*. Harper & Row. Nueva York. 1982.
SOOD, Arvinder: «Cultivating the customer-designed protective hedge». *Corporate Finance*. Octubre 1987. Págs. 85-88.
SOOD, Arvinder: «Interest rate risk management: the basics». *Corporate Finance*. Septiembre 1987. Págs. 21-23.
SPIESER, Philippe: *Structure des Taux d'Intérêt*. SEFI. Bailly. 1991.
STERN, Joel, y CHEW, Donald (eds.): *New Developments in International Finance*. Blackwell. Oxford. 1988.

SUÁREZ SUÁREZ, Andrés: *Decisiones Optimas de Inversión y Financiación en la Empresa.* Pirámide. Madrid. 1993.
SUTTON, William: *The Currency Options Handbook.* Woodhead-Faulkner. Cambridge (UK). 1988.
SWISS BANK CORPORATION: *Currency and Stock Options.* Zurich. 1984.
TABATONI, Pierre, y ROURE, Francine: *La Dynamique Financière.* Les editions d'organisation. París. 1988.
THE BANKER: «Caps and Floors». *The Banker.* Febrero 1989. Pág. 9.
THE ECONOMIST: «Enter the dragons». *The Economist.* 9 de octubre de 1993. Pág. 86.
THOMAS, Lee: «The currency hedged catechism». *Global Investor.* Julio-agosto 1989. Págs. 49-53.
TOPSACALIAN, Patrick: *Principes de Finance Internationale.* Economica. París. 1992.
TRIFFIN, Robert: «The European Monetary System and the Dollar in the Framework of the World Monetary System». *Banca Nazionale del Lavoro Quaterly Review.* Septiembre 1982.
TYGIER, Claude: «Basic Handbook of Foreign Exchange». *Euromoney.* Londres. 1988.
UGARTE, Josu: «Futuros y Opciones Financieras». *Boletín de Estudios Económicos,* núm. 132. Diciembre 1987. Págs. 523-551.
UGEUX, Georges: «Floating Rate Notes». *Euromoney.* Londres. 1985.
VALERO, Francisco: *Opciones en Instrumentos Financieros.* Ariel. Barcelona. 1988.
VALIN, Gérard, y LE ROY, Hervé: «L'Assurance des "Futures" sur Indices et des Options Négociables: Espoirs et Paradoxes». *La Revue Banque,* núm. 491. Febrero 1989. Págs. 117-122.
VAN DORMAEL, Armand: *Bretton Woods: Birth of a Monetary System.* Holmes & Meier. Nueva York. 1978.
VAN HORNE, James: *Financial Management and Policy.* Prentice Hall Int. Englewood Cliffs (NJ). 1992.
VAN ROY, Eric: «Foreign Currency Options». *Revue de la Banque.* Abril 1989. Págs. 283-289.
VARELA, F.: «Los mercados financieros internacionales: Evolución reciente». *Economistas.* España. 1984. Un Balance, núm. 11. Madrid. Diciembre 1984.
VARLET, Didier: «Où vont les Bourses de Futures et d'Options Américaines?». *La Revue Banque,* núm. 494. Mayo 1989. Págs. 507-420.
VASSEUR, Michel: «L'Ingénierie Financière (I). Description». *La Revue Banque,* núm. 501. Enero 1990. Págs. 7-14.
VASSEUR, Michel: «L'Ingénierie Financière (II). Le point de vue juridique». *La Revue Banque,* núm. 502. Febrero 1990. Págs. 116-128.
WALMSLEY, Julian: *The New Financial Instruments.* John Wiley. Nueva York. 1988.
WANAMAKER, Melissa: «No easy path for debt-equity swaps». *Euromoney.* Special Supplement. Septiembre 1988. Págs. 2-14.
WEITZ, M. A.: «Análisis de los mercados secundarios de títulos de deuda externa». *Economistas,* núm. 42. Madrid. Febrero 1990.
WRAGG, L. (ed.): «Composite Currencies. SDR's ECU's and other instruments». *Euromoney.* Londres. 1984.
ZÁNGANO, G.: «The Atractions of the ECU». *Euromoney.* Febrero 1985.

Indice analítico

Acuerdo de Jamaica, 10
adquirir la base, 248
ADR, 92
agency fee: véase «comisión de agencia»
AIAF, 76
AIBD, 73
ajuste al mercado, 223, 233, 285, 308
   apreciación, 16
APT, 115
Arbitrage Pricing Theory: véase «APT»
arbitraje, 38, 45, 54, 234
arbitraje *boxspread*, 214
arbitraje con opciones, 171
arbitraje sobre índices, 252
aseguradores, 83
asignación de activos, 118
Asset swaps: véase «swap de activos»
assets a llocation: véase
   «asignación de activos»

Banco Asiático de Desarrollo, 74
Banco Central Europeo, 24
Banco de España, 16
Banco de Pagos Internacioales de Basilea, 22
Banco Mundial, 375
banco agente, 67, 72
banco director, 67, 72, 76
banco participante, 67, 72
base (futuros), 246, 266, 282
base anual «bond basis», 298
base anual «money market», 298
basis rate swap, 317
bear spread: véase «diferencial bajista»
beta ,107, 109, 190, 217, 274

beta de la opción, 190
bid: véase «precio comprador»
billetes de banco, 34
Black, Fisher, 184, 223
bond convenants: véase «cláusulas restrictivas»
bono *bulldog*, 71
bono *canguro*, 71
bono *dragón*, 74
bono entregable más económico, 245, 271
bono *matador*, 71, 75
bono nocional, 221
bono *rembrand*, 71
bono *samurai*, 71
bono *yankee*, 71
bonos basura, 85
borrower: véase «prestatario»
Bretton Woods, 4, 5
broker, 29, 126, 127, 131, 242, 369, 384
bull spread: véase «diferencial alcista»
bund, 221
Bundesbank, 17
butterfly spread: véase «Diferencial mariposa»

calificación, 85, 301
call: véase «opción de compra»
Cámara de compensación, 126, 131, 233, 236, 244, 251
cap (valoración), 409
cap 390, 399, 400, 411
cap amortizable, 394
cap con principal variable, 394
cap descubiertos, 392

461

Indice analítico

cap diferido, 394
cap estacional, 394
Capital Assets Pricing Model: véase «CAPM»
Capital Market Line: véase «CML»
capital-riesgo, 492
CAPM, 100, 107, 114, 116
Capped FRN, 78
caps, 311
caption: véase «opción sobre un cap»
cartera de mercado, 100, 103
cartera óptima, 98
carteras eficientes, 97, 111
Cassel Gustav, 50
CBOE, 126
CBOT, 221
Cedel, 72, 76
cesta de monedas, 6, 7, 17
cilindro, 402
clausilas restrictivas, 86
Clearing house: véase «cámara de compensación»
Club de París, 366
CME (*Chicago Mercantile Exchange*), 243, 257
CML, 103, 106
cobertura (medida del comportamiento), 282
cobertura, 41, 240, 265
cobertura anticipada, 265
cobertura corta, 241, 267, 282
cobertura cruzada, 265, 285
cobertura de carteras de valores, 217
cobertura directa, 265, 285
cobertura flexible, 498
cobertura larga, 242, 268, 282
cobertura líquida, 265
cobertura *stack*, 281
cobertura *strip*, 278
coberturistas, 36, 234, 241
cocktail swap, 354
coeficiente de determinación, 274
coeficiente de volatilidad: *véase* «beta»
coeficiente multiplicador (futuros), 251
collar (valoración), 398
collar, 396, 399, 411
comisión de agencia, 69
comisión de dirección, 68
comisión de mantenimiento, 68
comisión de participación, 68
Comité de Gobernadores de Bancos Centrales, 17, 22

commitment free: véase «comisión de mantenimiento»
commodity accounts: véase «cuenta de mercancías»
compromiso cambiario en el SME, 14
contrato de divisa a plazo, 50, 93, 95, 142, 208, 232, 266, 404, 480
contrato de divisa a plazo participativo, 403
Convertible FRN, 78
convexidad, 274
corridor, 400
cost of carry, 267
coste de mantenimiento (relación), 246, 267
coste del crédito internacional, 67
coste esperado de reemplazamiento, 306
Cox, J., 177
creador de mercado, 126, 301
crédito internacional, 63
crédito *stand by*, 83
créditos multidivisas, 66
créditos sindicados, 65
cruce de participaciones, 118
cuenta de efectivo, 242
cuenta de mercancías, 242
cupón corrido, 73, 310
currency conversion facility, 491
currency option swap, 354
curvas de indiferencia, 98
cheapest to deliver: véase «bono entregable más económico»
Chen, N. F.: 116

dealer, 127, 131
deferred swap: véase «swap diferido»
DEG, 6
delta de la opción, 174, 175, 177, 189, 207
depreciación, 16
Derecho Especial de Giro: *véase* DEG
devaluar, 17
diferencial, 65, 72, 79, 243, 249
diferencial (comprador/vendedor), 33, 300
diferencial alcista, 147, 250
diferencial bajista, 148, 250
diferencial cóndor, 150
diferencial de inflación, 48
diferencial de rendimiento, 87
diferencial horizontal, 152

Indice analítico

diferencial *interspread*, 51
diferencial mariposa, 149
diferencial temporal, 152
diferencial temporal alcista, 153
diferencial temporal bajista, 154
diferencial temporal neutro, 155
diferencial vertical, 152
dividendos, 171
divisa, 27
doble hora embrujada, 253
Drop-lock FRN, 78
duración, 274, 275
duración modificada, 275

EAFE (índice), 117
Ecofin, 17
ECP, 81
ECU, 17, 74, 232
efecto Fisher, 46, 55
efecto Fisher internacional, 47, 57
elasticidad de la opción, 190
equity swap: véase «swap de acciones»
ERA, 387
especulación, 45, 235
especuladores, 36, 234, 241
estrategias complejas, 143
estrategias simples sintéticas, 140
estructura temporal de los tipos de interés, 250, 409
euroacciones, 91
Euroclear, 72, 76
eurocrédito, 63
eurodivisa, 63
eurodólares, 64
euronotas, 82, 83
europapel comercial: *véase* «ECP»
europesetas, 71
Excel, 200
exposición contable, 40
exposición contractual, 497
exposición de transacción, 40
exposición económica, 41, 497
Extendible notes, 78

factor de conversión, 244, 267, 270, 272
FECOM, 17, 22
fecha de vencimiento, 127
financiación de proyectos, 493
floor, 311, 394

floor broker, 131, 394
floor-ceiling swap, 318
FMI, 5, 9, 366, 375
Fondo Monetario Internacional: *véase*FMI
fondos de amortización, 77
fondos de rescate, 77
foreign interest payment security (FIPS), 494
forward contract: véase «contrato de divisa a plazo»
forward start swap: véase «swap diferido»
forward with rebate, 495
FRA, 387, 480
FRACEMM, 414
FRN, 72, 77, 358
frontera eficiente, 97, 101, 102
FT-100 (índice), 103, 215
futuros financieros, 231, 481
futuros sobre divisas, 257
futuros sobre índices bursátiles, 251
futuros sobre tipos de interés, 255
FXA, 387, 480

gamma de la opción, 174, 191
garantía, 131, 232, 242
garantía de mantenimiento, 242
garantía de variación, 283
garantía inicial, 242, 244
Garman, M., 210, 211, 224
gestión del riesgo, 379
gilt, 221
GNMA, 256
Grupo de Río, 374

IBCA, 85
Ibex-35 (índice), 103, 215, 254
ICCH, 205
index currency optión note (ICON), 495
indicador de divergencia, 20, 22
índice Big Mac, 49
Informe Werner, 13
ingeniería financiera, 475, 478, 485
initial margin: véase «garantía inicial»
inmunizacion, 266
Instituto Monetario Europeo, 24
interest rate swap: véase «swaps de intereses»
International Monetary Market (IMM), 259

Inverse FRN, 78
ISDA, 299

Kemma, A., 224
Kohlhagen, S., 210, 211

Lamothe, Prosper, 192
lápidas, 66, 72
Laspeyres, 254
lead manager bank: véase «banco director»
leasing, 492
Libor, 65, 72, 293
LIFFE, 128, 221, 232, 257
Línea característica del título, 109
Linther, John, 107
Liquidación por diferencias, 251
London International Stock Exchange, 205, 215

Macaulay, Frederik, 274
maintenance margin: véase «garantía de mantenimiento»
Major Market Index (MMI), 253
mandato, 67, 76
margen de intervención, 15
margen máximo de divergencia, 20
margin call: véase «reclamación de garantía»
margin: véase «garantía»
market maker: véase «creador de mercado»
marking to market: véase «ajuste al mercado»
Markowitz, Harry, 96
MATIF, 221, 243
MEFF, 127, 129, 130, 215, 221, 243, 244, 254
mercado de dinero, 81
mercado de divisas, 27
mercado eficiente, 101
mercado gris, 76
mercado perfecto, 28
Merton, 210, 219
Mibor, 65, 293
Minimax FRN, 78
Mismatched FRN, 78
Modelo de Valoración de Activos Financieros: véase «CAPM»

modelo de Black y Scholes, 184, 186, 196, 200, 312, 409
modelo de mercado, 108, 274
Moody's, 85
Morgan Guaranty, 72
Morgan Stanley, 117

NIF, 83

obligación internacional, 71, 75
obligaciones convertibles, 72
off market swap, 489
offer: véase «precio vendedor»
opción al descubierto, 128, 131
opción *asiática*, 223
opción *at the money*, 130, 152, 155
opción de compra (arbitraje), 171
opción de compra, 125, 127, 131, 177, 483
opción de compra cubierta, 155
opción de venta (arbitraje), 174
opción de venta, 125, 128, 137, 182, 483
opción *in the money*, 130, 154, 157, 173
opción *lookback*, 224
opción *out of the money*, 130, 153, 157, 173
opción sobre un *cap*, 393
opción sobre un FRA, 387
opciones (método binomial), 177
opciones (valoración), 165
opciones americanas, 128
opciones compuestas, 225
opciones con barrera, 225
opciones diferidas, 226
opciones digitales, 226
opciones europeas, 128
opciones exóticas, 223
opciones multiíndices, 226
opciones sintéticas, 141
opciones sobre divisas (arbitraje), 212
opciones sobre divisas (valoración), 210
opciones sobre divisas, 203
opciones sobre el diferencial del *swap*, 323
opciones sobre futuros de tipos de interés (valoración), 223
opciones sobre futuros de tipos de interés, 20
opciones sobre índices (valoración), 219
opciones sobre índices, 214
open interest: véase «volumen abierto»
operación contraria, 241, 243

Indice analítico

order book official, 131
over the counter (OTC), 127, 384

parcelación, 491
paridad de los tipos de interés, 46, 52, 258
paridad poder adquisitivo, 46, 47
paridad *put-call*, 175, 183, 212, 484
parqué, 91, 313
Pascal, B., 183
perfil de riesgo, 476, 496
Perpetual FRN, 78
pesos pivote, 19
petrodólares, 64
pipos, 33, 37
PIRA, 401
Plab Baker, 374
Plan Brady, 375
posición corta, 128, 239, 251
posición larga, 239, 251
precio comprador, 31, 298
precio de apertura (futuros), 233
precio de cierre (futuros), 233
precio de ejercicio, 127, 130, 168
precio de liquidación (futuros), 233
precio del riesgo, 104
precio del tiempo, 104
precio vendedor, 31, 298
préstamo *back to back*, 345
préstamo paralelo, 345
prestatario, 67
prima a plazo, 37
prima de insolvencia, 87
prima de la opción, 130, 167
program tradings, 253
punto muerto, 208
puntos de *swap*, 37
puntos oro, 2, 3
purchase fund: véase «fondos de rescate»
put: véase «opción de venta»
Puttable perpetual FRN, 78

rating: véase «calificación»
ratio de cobertura (futuros), 269
ratio de cobertura (modelo de punto básico), 271
ratio de cobertura (modelo de regresión), 273
ratio de cobertura (modelo del factor de conversión), 270, 272

ratio de cobertura (modelo simple), 270
ratio de cobertura (opciones), 178, 182
ratio de cobertura de mínimo riesgo, 270
reclamación de garantía, 242
Recta del Mercado de Capitales: *véase* «CML»
Recta del Mercado de Títulos: *véase* «SML»
recursos *set aside*, 367
rendimiento, 92
Reuter, 31
revaluar, 17
reverse floatings loans, 488
reversing trade: véase «operación contraria»
rho de la opción, 193
Ricardo, David, 50
riesgo, 92
riesgo ambiental, 476
riesgo crediticio, 301, 302
riesgo de cambio, 40, 93, 94
riesgo de correlación, 285
riesgo de desacuerdo, 302
riesgo de insolvencia, 88, 285
riesgo de la base, 248, 267, 283
riesgo de liquidez, 285
riesgo de los tipos de interés, 284
riesgo de redondeo, 286
riesgo específico, 108, 214, 218
riesgo político, 94
riesgo residual, 274, 283
riesgo sistemático, 108, 214, 242, 252, 302
roll over: véase «sistema de renovación»
Roll, E, 116
roller coaster swap, 323
Ross, Stephen, 115, 177
Rubinstein, M., 177
RUF, 84

Scholes, Myron, 184
Securities Market Line: véase «SML»
seguro de cambio, 37
Serial FRN, 78
serpiente monetaria, 13, 14, 16, 22
Sharpe, William, 107, 274
sindicato bancario, 72
sinking fund: véase «fondos de amortización»
Sistema Monetario Internacional (SMI), 1
sistema de patrón de cambios-dólar, 4, 13
sistema de patrón de cambios-oro, 3
sistema de renovación, 81, 255, 277

sistema de patrón-oro, 2
sistema monetario europeo: *véase* SME
SME: 13, 30, 74
Smithsonian Institute, 6
SML, 105
SNIF, 84
Solnik, Bruno, 114, 117
spread (bid/offer): véase «diferencial comprador/vendedor»
spread-lock, 322
spread: véase «diferencial»
Standard & Poor's, 75, 85
Standar & Poor's (índice), 103
Step-down FRN, 78
straddle, 143, 243
strangle, 145
strap, 146
strip, 146
strip de FRA, 387
subasta, 81, 83
superacciones, 226
supershares: véase «superacciones»
swap (cotización), 297
swap (valoración), 328
swap a plazo, 380
swap al descubierto, 323
swap amortizativo, 321
swap cancelable, 323
swap combinado, 323
swap con vencimientos asimétricos, 355
swap contingente, 323
swap creciente, 321
swap cupón cero, 318
swap de acciones, 361
swap de activos, 292, 345, 358
swap de activos sintéticos, 360
swap de divisas (valoración), 356
swap de divisas, 75, 345, 347, 481
swap de divisas dual, 355
swap de divisas fijo-fijo, 350
swap de divisas flijo-flotante, 348
swap de divisas flotante-flotante, 353
swap de intereses, 22, 37, 291, 380, 399, 411, 481
swap de intereses extendido, 323
swap de intereses fijo/flotante, 293, 297
swap de intereses flotante/flotante, 293, 297
swap del principal, 356
swap deuda/deuda, 371
swap deuda/moneda local, 371
swap deuda/naturaleza, 372

swap diferido, 319
swap in the money, 308
swap out the money, 309
swap rate lock, 323
swap reversible, 323
swap warrants, 320
SWAPCEEM, 299, 333
swapción, 310
swapción bermuda, 312
swapción pagadora, 311, 312, 314
swapción receptora, 311, 312, 315
swaps de deuda externa, 368
swaps deuda/capital, 365, 369
SWIFT, 31

tasa de variación, 32, 39
Telerate, 31
tender panel: véase «subasta»
Teorema de la separación, 102
Teoría de la Valoración por Arbitraje: *véase* «APT»
Teoría de Selección de Carteras, 97
teoría de las expectativas, 46, 56
teoría de selección de carteras, 7, 96
The Economist, 48
theta de la opción, 193
time spread: véase «diferencial temporal»
tipo *ceiling*, 403
tipo de cambio, 2, 27, 29, 69, 92, 93
tipo de cambio a plazo, 35, 480
tipo de cambio al contado, 35
tipo de cambio base, 32
tipo de cambio cruzado, 32
tipo de cambio directo, 32, 92
tipo de cambio *forward: véase* «tipo de cambio a plazo»
tipo de cambio indirecto, 32, 92
tipo de cambio pivote, 19
tipo de cambio *spot: véase* «tipo de cambio al contado»
tipo de interés, 68, 206
tipo de interés fijo, 72
tipo de interés flotante, 65, 72
tipo de interés preferencial, 65
tipo de interés sin riesgo, 170
Tobin, James, 102
tombstones: véase «lápidas»
tramos, 65
Tratado de Maastricht, 23
Tratado de Roma, 13

triple hora embrujada, 129, 253
triple witching hour: véase «triple hora embrujada»
TRUF, 84

umbral de divergencia, 21
underwrites: véase «aseguradores»
unidad de cuenta, 2
unidad de referencia, 3
Unión Europea, 13

valor del elemento temporal, 169
valor del punto básico, 277
varianza, 7
vega de la opción, 195
venta al mayor esfuerzo, 82
volatilidad, 168, 185, 206, 275
volumen abierto (futuros), 233, 236, 243
Vorst, T., 224

warrants, 72

McGRAW-HILL Le ofrece

- Administración
- Arquitectura
- Biología
- Contabilidad
- Derecho
- Economía
- Electricidad
- Electrónica
- Física
- Informática
- Ingeniería
- Marketing
- Matemáticas
- Psicología
- Química
- Serie McGraw-Hill de Divulgación Científica
- Serie McGraw-Hill de Electrotecnologías
- Serie McGraw-Hill de Management
- Sociología
- Textos Universitarios

-- ✂ ------------

Sí envíenme el catálogo de las novedades de McGRAW-HILL en

☐ Informática   ☐ Economía/Empresa   ☐ Ciencia/Tecnología
                    ☐ Español   ☐ Inglés

Nombre .... Titulación ....
Empresa .... Departamento ....
Dirección .... Código postal ....
Localidad .... País ....

¿Por qué elegí este libro?

☐ Renombre del autor
☐ Renombre McGraw-Hill
☐ Reseña en prensa
☐ Catálogo McGraw-Hill
☐ Buscando en librería
☐ Requerido como texto
☐ Precio
☐ Otros ....
....

Temas que quisiera ver tratados en futuros libros McGraw-Hill:
....
....
....

Este libro me ha parecido:

☐ Excelente   ☐ Bueno   ☐ Malo

Comentarios ....
....

Por favor, rellene esta tarjeta y envíela por correo a la dirección apropiada.

IF2

OFICINAS DEL GRUPO IBEROAMERICANO

USA
McGRAW-HILL IBEROAMERICAN GROUP
28 th. floor 1221 Avenue of the Americas
New York, N.Y. 10020

BRASIL
MAKRON BOOKS EDITORA, LTDA.
Rua Tabapua 1105, Sao Paulo, S.P.
Telf.: (5511) 280 66 22 Fax: (5511) 829 49 70

ESPAÑA
McGRAW-HILL/INTERAMERICANA
DE ESPAÑA, S.A.
Apartado Postal 786 F.D.
Edificio Valrealty, - 1.ª planta - c/Basauri, 17
28023 Aravaca (Madrid)
Telf.: (341) 372 81 93. Fax: (341) 372 84 67

ARGENTINA, PARAGUAY Y URUGUAY
McGRAW-HILL EXPORT ESPAÑA
Apartado Postal 786 F.D.
Edificio Valrealty, - 1.ª planta - c/Basauri, 17
28023 Aravaca (Madrid)
Telf.: (341) 372 81 93. Fax: (341) 372 84 67

CHILE
McGRAW-HILL/INTERAMERICANA DE CHILE, LTDA.
Seminario, 541
Casilla 150, Correo 29
Santiago
Telf.: 222 94 05. Fax: (56-2) 635-4467

PORTUGAL
EDITORA McGRAW-HILL DE PORTUGAL, LDA.
Av. Almirante Reis, 59, 6.º, 1100 Lisboa
Telf.: (3511) 315 49 84. Fax: (3511) 352 19 75

COLOMBIA
McGRAW-HILL/INTERAMERICANA
DE COLOMBIA, S.A.
Apartado 81078, Santafé de Bogotá, D.E.
Transversal 42B, 19-77, Santafé de Bogotá, D.E.
Telf.: (571) 268 27 00. Fax: (571) 268 55 67

ECUADOR, BOLIVIA Y PERU
McGRAW-HILL EXPORT COLOMBIA
Apartado 81078, Santafé de Bogotá, D.E.
Transversal 42B, 19-77, Santafé de Bogotá, D.E.
Telf.: (571) 268 27 00. Fax: (571) 268 55 67

VENEZUELA
McGRAW-HILL/INTERAMERICANA
DE VENEZUELA, S.A.
Apartado Postal 50785, Caracas 1050
Calle Vargas, Edificio Centro Berimer
Planta 1.ª Boleíta Norte. Caracas
Telfs.: 238 24 97 - 238 34 94. Fax: 238 23 74

MEXICO
McGRAW-HILL/INTERAMERICANA
DE MEXICO, S.A.
Apartado Postal 5-237, México 5, D.F.
Atlacomulco 499-501
Fracc. Industrial San Andrés Atoto,
Naucalpan de Juárez, Edo. de México, 53500
Telf.: (525) 576 90 44. Fax: Ventas (525) 576 08 15

CENTROAMERICA Y CARIBE
McGRAW-HILL EXPORT MEXICO
Apartado Postal 5-237, México 5, D.F.
Atlacomulco 499-501
Fracc. Industrial San Andrés Atoto,
Naucalpan de Juárez, Edo. de México, 53500
Telf.: (525) 576 90 44. Fax: Ventas (525) 576 08 15

Envíe la tarjeta por correo a la dirección apropiada